# ECONOMIA INTERNACIONAL

Renato Baumann
Otaviano Canuto
Reinaldo Gonçalves

# ECONOMIA INTERNACIONAL

## *Teoria e Experiência Brasileira*

3ª Tiragem

ELSEVIER

EDITORA CAMPUS

Editoração Eletrônica
Estúdio Castellani

*Copidesque*
Michele MacCulloch

Revisão Gráfica
Gypsi Canetti

*Projeto Gráfico*
Elsevier Editora Ltda.
A Qualidade da Informação.
Rua Sete de Setembro, 111 - 16º andar
20050-006 Rio de Janeiro RJ Brasil
Telefone: (21) 3970-9300 FAX: (21) 2507-1991
E-mail: *info@elsevier.com.br*
*Escritório São Paulo*
Rua Quintana, 753 / 8º andar
04596-011 Brooklin São Paulo SP
Tel.: (11) 5105-8555

ISBN 85-352-1441-0

CIP-Brasil. Catalogação-na-fonte.
Sindicato Nacional dos Editores de Livros, RJ

B341e

Baumann, Renato
Economia internacional : teoria e experiência brasileira / Renato Baumann, Otaviano Canuto, Reinaldo Gonçalves. – Rio de Janeiro : Elsevier, 2004 3ª reimpressão

ISBN 85-352-1441-0

1. Relações econômicas internacionais. 2. Comércio internacional. 3. Brasil – Relações econômicas exteriores. I. Canuto, Otaviano. II. Gonçalves, Reinaldo, 1951-. III. Título.

04-1263. CDD 337
CDU 339



*Central de atendimento*
tel: 0800-265340
Rua Sete de Setembro, 111, 16o andar - Centro - Rio de Janeiro
e-mail: info@elsevier.com.br
site: www.campus.com.br

# Sumário

# Prefácio

Nós, autores deste livro, somos professores de Economia Internacional em cursos de graduação e pós-graduação há vários anos. Ao longo desse período, sentimos falta de um livro que apresentasse a teoria básica de comércio e investimento de finanças internacionais, e também tivesse como referencial a experiência da economia brasileira no seu relacionamento com o setor externo.

O leitor atento encontrará aqui algumas passagens que compuseram um esforço inicial,[1] o qual a nosso ver demandava ajustes expressivos. Esses trechos foram substancialmente editados e atualizados, e a eles foram acrescentados diversos capítulos totalmente novos. De fato, os novos capítulos compõem a maior parte desta obra.

Este livro é destinado aos cursos de graduação e pós-graduação de Economia Internacional, mas acreditamos que certamente será útil para alunos não apenas dos cursos de economia. Outras áreas que podem ser beneficiadas pelo material aqui exposto incluem os cursos de relações internacionais, ciência política, administração, diplomacia e diversos outros, sobretudo (mas não apenas) na área de ciências humanas.

Este é um livro-texto, com formato didático, em que cada capítulo apresenta ao final palavras-chave e exercícios para fixação de leitura, bem como as referências bibliográficas correspondentes.

Procuramos manter a ênfase – base da proposta inicial do projeto – nas referências à economia brasileira. Assim, por exemplo, o primeiro grupo de sete capítulos é seguido por um capítulo exclusivamente sobre a experiência brasileira com o comércio internacional; os Capítulos 9 a 11 são seguidos por um capítulo sobre a relação da economia brasileira com o investimento internacional; e os

---

[1] R. GONÇALVES, R. BAUMANN, L. C. PRADO, O CANUTO, *A Nova Economia Internacional*, Ed. Campus, 1998.

Capítulos 13 a 15 são seguidos por um capítulo específico sobre a experiência brasileira com as crises externas recentes; e aos Capítulos 17 e 18 segue-se o capítulo sobre o Brasil e o sistema monetário internacional.

Essa característica de enfatizar aspectos da experiência brasileira, apresentando-os de forma sistemática, nos faz crer que este livro seja de interesse também em outras áreas, não exclusivamente acadêmicas.

A estrutura do livro apresenta a seqüência habitualmente encontrada nos livros-texto de Economia Internacional, com a apresentação inicial dos modelos teóricos associados ao comércio e investimento e, em seguida, as análises de ajuste externo e de finanças internacionais.

Os Capítulos 1 e 2 introduzem o objeto e a metodologia básica da economia internacional, justificando a importância do seu estudo e, em seguida, a base da chamada teoria "pura" do comércio internacional. Os modelos mais tradicionais de explicação do comércio internacional são substituídos, no Capítulo 3, pela discussão dos efeitos de economias de escala e concorrência imperfeita.

No Capítulo 4 revela-se a dimensão da política comercial externa, com as noções de necessidade de intervenção e as análises dos diversos efeitos associados à imposição de barreiras ao comércio.

O Capítulo 5 apresenta a discussão sobre o crescimento econômico e o comércio internacional, bem como algumas digressões sobre a relação entre comércio e desenvolvimento.

Nos Capítulos 6 e 7 são abordados temas de grande atualidade. O primeiro discute diversas facetas dos processos de integração – comercial e monetária – entre países, e o segundo trata das negociações no nível multilateral, analisando os principais temas envolvidos. Eles são seguidos, como já dito, por um capítulo sobre a experiência brasileira com o comércio internacional e com política comercial externa.

Os Capítulos 9 e 10 demonstram o tratamento da relação entre fluxos de capitais e as reservas internacionais de uma economia e o tratamento teórico dos fluxos de investimento internacional.

Nos Capítulos 11 e 12, procede-se a uma discussão sobre os processos chamados de globalização financeira e globalização produtiva e a uma análise da experiência brasileira no seu relacionamento recente com os fluxos de investimento internacional.

O Capítulo 13 oferece as principais noções de uma ferramenta básica para a análise do setor externo, o Balanço de Pagamentos. Aí são apresentadas estratégias alternativas para lidar com desequilíbrios do Balanço, assim como com sua relação com a taxa de câmbio.

Os Capítulos 14 e 15 discutem de políticas de ajustamento macroeconômico, exibindo tanto os modelos teóricos sobre o tema quanto a discussão sobre as características dos diversos tipos de ajuste, em regimes de taxas de câmbio fixas ou flexíveis. Eles são seguidos por um capítulo em que se expõe a discussão sobre situações de desajuste simultâneo nas contas fiscais e no Balanço de Pagamentos de uma economia, com referência à experiência da economia brasileira no período recente.

Os Capítulos 17 e 18 mostram a evolução do sistema monetário internacional desde o período do Padrão-Ouro até os nossos dias. Um destaque especial é dado à apresentação da experiência européia na formação da moeda comum, tanto no que se refere ao processo em suas diversas etapas quanto a seus efeitos sobre os países em desenvolvimento. No Capítulo 19 é apresentada a relação do Brasil com o sistema monetário internacional nesse mesmo período.

A preparação dos Capítulos 9 a 12 ficou a cargo de Reinaldo Gonçalves, os Capítulos 13 a 16 são de autoria de Otaviano Canuto e Renato Baumann se encarregou da elaboração dos demais capítulos que compõem o livro, assim como de sua organização.

# Siglas mais importantes

## Siglas

| | |
|---|---|
| FMI | Fundo Monetário Internacional |
| GAB | General Agreement to Borrow |
| BID | Banco Interamericano de Desenvolvimento |
| GATT | Acordo Geral sobre Tarifas e Comércio |
| DES | Direitos Especiais de Saque |
| G-10 | Grupo dos 10 Países Industrializados Mais Ricos do Mundo |
| CEE | Comunidade Econômica Européia |
| SME | Sistema Monetário Europeu |
| UME | União Monetária Européia |
| ECU | Moeda Contábil Européia |
| BCE | Banco Central Europeu |
| UNCTAD | Conferência das Nações Unidas sobre Comércio e Desenvolvimento |
| OCDE | Organização para a Cooperação e o Desenvolvimento Econômico |
| SUMOC | Superintendência da Moeda e Crédito |
| CEPAL | Comissão Econômica para a América Latina e o Caribe |
| OMC | Organização Mundial do Comércio |
| CPA | Conselho de Política Aduaneira |

| | |
|---|---|
| CACEX | Carteira de Comércio Exterior |
| BEFIEX | Comissão para a Concessão de Benefícios Especiais à Exportação |
| ALALC | Associação Latino-americana de Livre Comércio |
| ALADI | Associação Latino-americana de Integração e Desenvolvimento |
| MCCA | Mercado Comum Centro-Americano |
| CARICOM | Comunidade do Caribe |
| MERCOSUL | Mercado Comum do Sul |
| APEC | Organização de Cooperação Econômica Ásia-Pacífico |
| ASEAN | Associação de Nações do Sudeste Asiático |
| GATS | Acordo Geral sobre o Comércio de Serviços, da OMC |
| TRIPS | Acordo sobre Propriedade Intelectual |
| TRIMS | Acordo sobre Medidas de Investimento que Afetam o Comércio |
| ASCM | Acordo sobre Subvenções e Medidas Compensatórias |
| SME | Sistema Monetário Europeu |
| UEP | União Européia de Pagamentos |
| BIS | Banco Internacional de Compensações da Basiléia |
| G-7 | Grupo dos 7 países mais ricos do mundo |

# Capítulo 1

# O objeto, a metodologia e a importância da Economia Internacional

## O objeto da Economia Internacional

A Economia Internacional é provavelmente o campo da teoria econômica mais diretamente associado à noção de limites geográficos. Como o próprio nome indica, o objeto da Economia Internacional é o estudo das relações econômicas entre nações.

Essa definição aparentemente tautológica encerra, no entanto, uma primeira distorção, que é importante ter presente. O elemento básico de análise da Economia Internacional é um determinado espaço geográfico e suas relações com o resto do mundo. Assim, a dimensão central é o conjunto de transações entre agentes econômicos residentes nesse espaço geográfico e suas contrapartes não-residentes no mesmo espaço. Vem daí a idéia de que associar essa percepção à noção de país ou nação não é totalmente correto.

Esse ponto é ilustrado, por exemplo, se considerarmos – em uma dimensão temporal – a evolução do mapa dos continentes europeu e africano, apenas para dar dois exemplos mais marcantes de regiões em que a configuração dos países ou nações tem mudado com freqüência ao longo do tempo.

As transações entre sérvios e montenegrinos – que foram relações internacionais até a Primeira Guerra Mundial, e voltaram a sê-lo recentemente – foram consideradas durante um período de tempo como transações internas na antiga Iugoslávia. De modo semelhante, para certos tipos de análise, a União Européia é considerada uma unidade de referência, em que pese estar constituída por países/nações cujo número tem aumentado nas últimas décadas.

Desse modo, seja porque a configuração de países/nações é variável no tempo, seja porque a análise a partir de países é menos precisa, é fundamental ter presente que o objeto da Economia Internacional é o conjunto de transações econômicas associadas à pertinência ou não a um determinado espaço geográfico.

Em que pesem essas considerações, no entanto, para fins de simplificação e de didatismo na apresentação, e também para poder usar as estatísticas disponíveis, este livro adotará – como o fazem os demais livros-texto de Economia Internacional – o conceito de "País" como unidade de análise.

Assim, a maior parte dos modelos apresentados aqui considera o que acontece com o "nosso país" ou o "país de referência do analista" (em geral chamado de "País A") nas suas relações com outros países (País B, País C etc.) ou com o Resto do Mundo em seu conjunto.

O leitor está avisado desde já de que se trata de puro artificialismo didático, o qual não guarda necessariamente relação com unidades políticas nacionais (no sentido discutido, por exemplo, em Hobsbawm (1990); essa noção entre residentes e não-residentes é de particular importância na análise dos registros dessas transações, por meio do Balanço de Pagamentos, como será visto no Capítulo 9).

## O método de análise da Economia Internacional

O estudo das relações econômicas entre "países" se divide em dois grandes ramos da Economia Internacional – a análise das relações comerciais e a análise das relações financeiras entre países.

O primeiro desses ramos (também chamado de a 'teoria pura de comércio internacional') foi preponderante por muito tempo. As principais razões foram: o tipo de intervenção de política econômica, as preocupações a respeito das relações com o resto do mundo e suas implicações sobre o aparato produtivo interno de cada país, e o cenário em que o movimento internacional de capitais era limitado. O desenvolvimento dos modelos teóricos relativos às relações comerciais foi, originalmente, mais avançado e completo do que os modelos relativos às finanças internacionais.

Essa distinção tem diversas implicações. Por exemplo, existem mais tentativas de explicação teórica sobre os vínculos entre o processo de crescimento econômico e suas implicações sobre os fluxos de comércio do que, em sentido inverso, das implicações do setor externo para o processo de crescimento de uma economia.

De forma semelhante, há diferenças no método de abordagem e tratamento dos temas associados a cada um desses ramos da Economia Internacional. Dada a importância da dimensão de prazo na análise de variáveis financeiras, os modelos que lidam com finanças privilegiam em grande medida trajetórias de ajuste a determinadas situações. São modelos mais recentes – frutos da própria importância que as transações financeiras assumiram nas últimas décadas – e puderam se beneficiar de avanços gerais da própria ciência econômica, assim como do seu tratamento matematizado.

Já os modelos relacionados às transações comerciais tipicamente comparam duas situações tópicas e daí derivam conclusões. Esse é um método que os economistas denominam "estática comparativa". Uma vez que os movimentos nos fluxos de comércio, assim como seus efeitos sobre as estruturas produtivas, têm lugar em períodos de tempo não muito curtos, justifica-se até certo ponto a menor preocupação com a descrição e a análise de processos de ajuste.

Assim, a maior parte dos modelos apresentada neste livro tem esse caráter de "estática comparativa", contrapondo duas situações distintas.

## A importância da Economia Internacional

Existem elementos na vida de uma pessoa ou no dia-a-dia de uma comunidade cuja percepção torna-se, de tão corriqueira, relativamente difícil de explicitar. Não é trivial explicar, por exemplo, a importância e as características do processo respiratório, ou da necessidade de contar com ar puro. Também não é simples explicar a necessidade de alimentação diária. São elementos que estão sempre presentes.

Guardadas as devidas proporções, o fato de nem as pessoas nem os países poderem ser considerados ilhas isoladas dá ao economista o material substantivo para analisar as relações econômicas de modo a levar em consideração o que ocorre fora das fronteiras do país no qual se encontra.

Então, a relevância dos temas tratados pela Economia Internacional deriva de estarem presentes tanto nas atividades diárias das pessoas e empresas quanto de serem elementos que não podem deixar de ser considerados pelas autoridades de um país ao determinarem sua linha de política econômica.

O fato de poder dispor de um medicamento cujo princípio ativo foi fabricado em outro país, de poder comprar um equipamento fotográfico fabricado em outro país, de poder trabalhar em uma empresa fabricante de determinado produto cujo mercado principal é constituído por consumidores residentes em outro país é tão ilustrativo quanto o fato de que – para a autoridade monetária, por exemplo – a projeção de expansão da oferta monetária depende da entrada de investimentos externos e/ou de capitais de empréstimos em um determinado período. De modo semelhante, as decisões tanto dos fabricantes nacionais quanto dos importadores ou das autoridades da área macroeconômica são afetadas quando ocorrem variações inesperadas na taxa de câmbio.

Essa percepção da importância da interação com outras economias tem aumentado de forma gradual, mas constante, nas últimas décadas, seja pelo crescimento dos fluxos de comércio internacional, seja pela crescente interação financeira em nível global que tem se acelerado nos últimos trinta anos.

O noticiário diário é cheio de referências a aspectos relacionados, como o surgimento de barreiras de novos tipos ao comércio internacional e como elas afetam negativamente as economias de terceiros países, ou a aproximação entre países em termos de preferências comerciais (sobretudo unidades geograficamente próximas, que buscam processos de integração regional). Há referências recorrentes à ocorrência de crises sistemáticas em determinadas economias, revelando um dos aspectos mais notáveis dos últimos anos, a vulnerabilidade derivada da interação das economias no plano financeiro internacional, sem uma contrapartida de regulação e supervisão minimamente aceitáveis.

Esses argumentos são freqüentemente ilustrados por indicadores gerais relativos ao crescimento do comércio mundial de bens e serviços, assim como das transações financeiras internacionais. A Tabela 1.1 mostra a evolução do comércio mundial nas últimas cinco décadas.

**Tabela 1.1** Crescimento do comércio mundial – 1950-2001

| Período | Exportações Mundiais (média do período) (US$ bilhões) |
|---|---|
| 1950-1960 | 91,2 |
| 1961-1970 | 195,7 |
| 1971-1980 | 986,2 |
| 1981-1990 | 2302,3 |
| 1991-2001 | 4995,8 |

*Fonte:* FMI, *International Financial Statistics*; dados apresentados em Ipeadata

Há uma inequívoca evolução positiva e acentuada do volume de transações internacionais, com destaque para um salto pronunciado nesse ritmo entre as décadas de 1960 e 1970, fato freqüentemente relacionado (ver Capítulo 7) aos efeitos da liberalização das barreiras comerciais, a partir de negociações no âmbito do GATT.

A remoção das barreiras tarifárias e de outros tipos sobre os fluxos comerciais permitiu – aliada a outros fatores – que o crescimento do volume de comércio mundial entre 1950 e 1980 superasse sistematicamente o ritmo de crescimento da produção por entre 2 e 3 pontos percentuais, elevando o grau de abertura da maior parte das economias. A Tabela 1.2 ilustra esse argumento para os últimos dez anos.

**Tabela 1.2** Crescimento médio anual (%) do produto e do comércio mundiais

| Período | Comércio Mundial | Produto Mundial |
|---|---|---|
| Média 1994-1998 | 2,9 | 2,5 |
| Média 1999-2002 | 7,4 | 4,2 |

*Fonte:* ONU, *Estudio Económico y Social*, 2003

Do ponto de vista financeiro, a massa de recursos associada aos empréstimos bancários, que representava menos de 1% do valor de produção mundial em meados dos anos 60, passou a corresponder a aproximadamente 40% do valor da produção já no início da década de 1990. Estima-se que a relação entre o estoque de investimento direto externo e a produção mundial tenha dobrado, passando de 4,5%, em 1960, a quase 9,0%, trinta anos depois (UNCTAD, 1994). O significado disso é o investimento externo ter se tornado mais dinâmico que a formação de capital nacional e, ao mesmo tempo, a movimentação financeira ter superado em grande escala os sistemas financeiros nacionais.

Se a esses indicadores acrescentarmos, por exemplo, dados de resultados comerciais diferenciados por regiões, tipos de produtos transacionados e outros, surge toda uma agenda de tópicos. Os destaques ficam por conta do protecionismo por parte dos países desenvolvidos, da persistência de níveis excessivos de pobreza em algumas regiões do mundo, da integração regional, da atuação de organismos internacionais e outros, que são bem freqüentes no noticiário diário e pertencem todos eles ao campo de abrangência da Economia Internacional. A Tabela 1.3 ilustra a evolução recente da estrutura de comércio para o conjunto dos países industrializados e para os países em desenvolvimento.

**Tabela 1.3** Evolução da estrutura (%) do comércio mundial, por grupos de países e tipos de produtos (1980-1997)

| | 1980 | 1990 | 1995 | 2000 |
|---|---|---|---|---|
| Países Industrializados | | | | |
| Manufaturas | 71 | 78 | 79 | 80 |
| Alimentos | 11 | 9 | 9 | 7 |
| Matérias-primas agrícolas | 4 | 3 | 3 | 2 |
| | | | | |
| Países em Desenvolvimento | | | | |
| Manufaturas | 20 | 54 | 67 | 69 |
| Alimentos | 12 | 12 | 10 | 7 |
| Matérias-primas agrícolas | 4 | 3 | 3 | 2 |

*Fonte:* UNCTAD (2002), UNCTAD (2003)

É notável observar que o comércio internacional tem se caracterizado de forma crescente pela participação de produtos industrializados na pauta exportadora, tanto dos países desenvolvidos quanto dos países em desenvolvimento. Como toda média, esses números refletem situações individuais de países com graus diferenciados de dependência em relação à exportação de produtos primários. Mas a Tabela 1.3 é suficientemente ilustrativa do argumento de que o crescimento do volume de transações internacionais nas últimas décadas esteve associado, grosso modo, a um aumento considerável da importância do comércio de produtos industrializados.

Uma das características centrais deste livro é adotar como referencial básico as relações econômicas externas da economia brasileira. A Figura 1.1 (com base em dados do Banco Central) a seguir ilustra a importância crescente do comércio internacional para o Brasil. Note que o volume de transações comerciais com o resto do mundo tem aumentado de forma expressiva desde o início da década de 1970, alternando períodos de geração líquida de divisas (por vezes excessiva) com períodos – como nos anos 90 – de déficit comercial. Independente do resultado líquido, o fato relevante a enfatizar é a participação crescente do setor externo na economia brasileira, ressaltando a importância dos temas tratados neste livro.

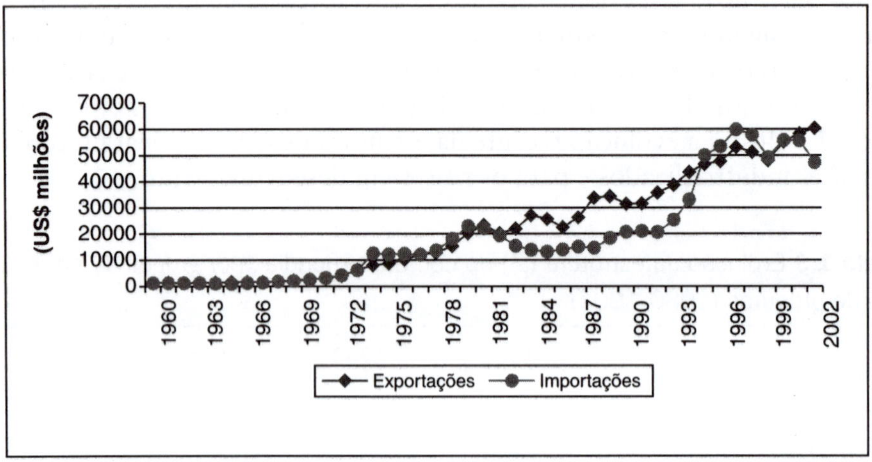


**Figura 1.1** *Brasil – Evolução do comércio internacional 1960-2002.*

O envolvimento crescente da economia brasileira com o mercado internacional de bens é notável não apenas no que se refere aos volumes transacionados. O aprofundamento do processo de industrialização, aliado às políticas comerciais externas ativas e variadas – tanto em relação às exportações quanto às importações – levaram a modificações substantivas na pauta de comércio externo do país, como ilustra a Tabela 1.4.

Nas quase quatro décadas indicadas na Tabela 1.4, a economia brasileira passou de um padrão de trocas internacionais baseado no intercâmbio de produtos primários por produtos industrializados para um padrão em que tanto a pauta exportadora quanto as importações correspondem ao grosso das transações. Isso tem implicações variadas, por exemplo, no referente aos efeitos internos do comércio (produtos industrializados são fabricados, o que implica necessidade de recursos para financiar o ciclo produtivo), em relação às barreiras externas diferenciadas por tipos de produtos, e quanto às regras concorrenciais.

De modo semelhante, as relações financeiras são ilustradas na Tabela 1.5, que mostra a participação dos países em desenvolvimento nos fluxos globais de capital na última década, em comparação com sua presença em termos de produção e de contingente populacional.

**Tabela 1.4** Brasil: Composição (%) do comércio de mercadorias – 1965-1999

| | 1965 | 1980 | 1999 |
|---|---|---|---|
| Exportações | | | |
| Produtos Primários | 74,4 | 28,9 | 18,3 |
| Produtos Industrializados | 24,9 | 69,7 | 80,0 |
| Outros | 0,7 | 1,4 | 1,7 |
| Importações | | | |
| Produtos Primários | 36,6 | 50,7 | 13,4 |
| Produtos Industrializados | 63,0 | 49,3 | 86,6 |
| Outros | 0,4 | 0,0 | 0,0 |

*Fonte:* CEPAL (2001)

**Tabela 1.5** Participação (%) dos países em desenvolvimento em diversos indicadores globais

| | Média 1991-97 | 1998 | 1999 | 2000 |
|---|---|---|---|---|
| Nos fluxos totais de capital privado | 12,8 | 9,9 | 7,6 | 7,6 |
| No total de investimento externo direto | 31,2 | 25,9 | 18,9 | 15,9 |
| Na produção global | 20,7 | 21,6 | 21,7 | 22,5 |
| No comércio global | 29,2 | 30,7 | 30,7 | 33,4 |
| Na população global | 86,0 | 85,0 | 85,1 | 85,2 |

*Fonte:* Studart (2002), Tabela 3, p. 148

Os dados da Tabela 1.5 mostram ao menos três características básicas do envolvimento dos países em desenvolvimento com os mercados de capitais internacionais. Primeiro, sua participação nesses mercados é relativamente menor do que a dos países industrializados (os percentuais mostrados na tabela são relativamente baixos). Segundo, essa participação é totalmente desproporcional ao peso relativo desses países em termos de sua produção e tamanho demográfico. Terceiro, em função das diversas crises internacionais, essa participação se reduziu de forma expressiva a partir de 1997.

Ainda outra dimensão é a participação do capital estrangeiro no processo produtivo. Para a economia brasileira, o Censo de Capital Estrangeiro indicava que em 1995 a participação de empresas de capital estrangeiro correspondia a 10% do total da produção, com grandes diferenças entre setores: 19,5% na indústria de transformação, 59,9% na indústria de mineração e 0,6% na construção civil. Os impactos que níveis de participação como esses podem provocar no equilíbrio macroeconômico da economia reforçam a importância do estudo sistemático de suas características, fatores determinantes de comportamento.

Esse conjunto de indicadores parece suficiente para justificar a importância do estudo da economia internacional de forma sistemática. Esse é o propósito deste livro.

## Referências bibliográficas


CEPAL. *Indicadores Económicos.* Chile: Santiago, 2001.

HOBSBAWM, E. *Nações e Nacionalismo desde 1780,* Rio de Janeiro: Ed. Paz e Terra, 1991.

STUDART, R. "Integração financeira, instabilidade e desempenho macroeconômico nos anos 90: algumas possíveis conexões perversas". *In*: FENDT, R. e TEDESCO, Lins, (orgs.). *Arquitetura Assimétrica – O espaço dos países emergentes e o Sistema Financeiro Internacional.* Rio de Janeiro: Fundação Konrad Adenauer/ FGV-IBRE, 2002. (Debates, 23).

UNCTAD. *World Investment Report.* Genebra, 1994.

UNCTAD. *Handbook of Statistics.* Genebra, 2002.

UNCTAD. *Back to Basics: market access issues in the Doha Agenda.* Genebra, 2003.

# Capítulo 2

# A teoria "pura" do comércio internacional

## O mercantilismo

A chamada teoria "pura" do comércio internacional lida com fatores 'reais', em contraposição às formulações alternativas que consideram fatores 'monetários'. Assim, a teoria 'pura' adota uma perspectiva de longo prazo, concentrando-se nos fatores reais que determinam os fluxos de comércio (elementos como o estoque e a qualidade de recursos, técnicas de produção etc.).

Grosso modo, essa teoria está centrada em algumas hipóteses básicas, presentes na maior parte dos modelos teóricos, com algumas variações. Como ficará claro ao final deste capítulo e ao longo do Capítulo 3, é o relaxamento de algumas dessas hipóteses que dá origem às diversas formulações teóricas alternativas. De modo geral, supõe-se que: a) todas as variáveis reais do sistema econômico são determinadas de forma independente dos fluxos monetários (moeda é neutra). Portanto, o que interessa são os preços relativos (a moeda apenas determina o nível de preços absolutos); b) todos os preços são flexíveis; c) os mercados de produtos e de fatores estão estruturados em concorrência perfeita; d) para cada país considerado, o estoque de fatores de produção é dado (exógeno), e independe de sua remuneração; e) os fatores de produção são móveis entre setores, e imóveis entre países; f) não há problemas de informação, de forma que a tecnologia de produção está disponível para todos os fabricantes de um produto em um dado país; g) a estrutura de distribuição de renda (portanto, a estrutura de preferências de consumo) é dada e constante; h) não existem barreiras comerciais ou de custos de transporte que afetem o comércio internacional; e, i) os preços internacionais são dados (hipótese de "país pequeno").

A teoria busca responder a algumas questões básicas como: (i) existem e (nesse caso) quais são os ganhos com o comércio internacional? (ii) qual o padrão dos fluxos de comércio (isto é, que produtos uma economia deveria exportar e importar)? (iii) qual é a quantidade de produtos comercializados internacionalmente? e (iv) a que níveis de preços os produtos comercializados podem ser exportados e importados? Em outras palavras, a teoria 'pura' procura identificar o que determina o comércio internacional.

A visão que dominou a discussão sobre esses pontos entre os séculos XVI e XVIII foi essencialmente uma postura mercantilista, segundo a qual o comércio internacional era uma fonte de riqueza, sob uma ótica peculiar – a de acumulação sem limites de poder de compra, possibilitada por crescentes ganhos derivados de superávits comerciais. Da mesma forma que a posse de terras era vista então como fonte de riqueza e poder, sendo considerada um fim em si mesmo, por analogia a acumulação de metais preciosos de curso internacional, decorrente do saldo entre exportações e importações, também era considerada um objetivo básico. A prosperidade de uma economia era medida pelo seu estoque de metais preciosos.

A visão mercantilista implicava uma percepção estática da disponibilidade de recursos. A atividade econômica era, portanto, reduzida a um jogo de soma zero, no qual os ganhos de um país têm lugar em detrimento dos resultados obtidos pelos demais (Appleyard e Field, 1998).

Como lembram Sodersten e Reed (1994), a doutrina mercantilista era altamente nacionalista ao priorizar o bem-estar do próprio país, ao mesmo tempo em que favorecia a regulação e o planejamento da atividade econômica como meios eficientes de atingir os objetivos estabelecidos. Ela também via o comércio externo com suspeição: um governo devia tratar de promover ao máximo suas vendas ao resto do mundo, enquanto impunha barreiras às aquisições de produtos estrangeiros.

Foi a desconfiança de a motivação principal dos agentes econômicos não ser a acumulação pura e simples de metais preciosos, mas a satisfação de suas necessidades básicas, que levou no final do século XVIII os chamados autores "clássicos" a proporem um enfoque alternativo, com ênfase não mais nos objetivos da nação, mas nas motivações de cada indivíduo (ou 'agente econômico'). Esse era o período de consolidação dos impérios e de exploração sistemática das colônias com propósitos econômicos. A motivação para a atividade econômica passava a ser a satisfação das necessidades de consumo.

## A visão clássica

Entre os primeiros a atacarem a lógica mercantilista está David Hume, que em 1752 com seu Political Discurses questionou o argumento básico de uma economia poder acumular indefinidamente divisas (ouro) sem afetar com isso sua posição competitiva no mercado internacional.

Seu argumento era o de que a acumulação de ouro via superávits comerciais acabaria por afetar a oferta interna de moeda e, assim, elevar o nível de preços e salários internos. Esse aumento, por sua vez, comprometeria a competitividade das exportações do país superavitário, reduzindo sua possibilidade de continuar gerando excedente comercial. Em outras palavras, o movimento de divisas entre dois países opera como um mecanismo automático que leva à igualdade entre os valores das exportações e importações. Esse raciocínio é conhecido como o mecanismo *preço-fluxo-espécie* de Hume.

Note que para chegar a tais conclusões são necessários alguns supostos: existência de um vínculo direto entre a quantidade de moeda e o nível de preços (teoria quantitativa da moeda); a demanda por bens é elástica no nível de preços; concorrência perfeita nos mercados de bens e fatores de produção; e um padrão de oferta monetária do tipo Padrão-Ouro (ver Appleyard e Field, 1998).

A lógica básica da visão clássica, iniciada com Adam Smith (1776), é que – à diferença da razão mercantilista – para duas economias manterem espontaneamente vínculos comerciais entre si, é preciso ambas terem a ganhar com essas transações.

Para entender a argumentação – baseada em processos produtivos centrados em um único fator de produção –, é preciso uma pequena digressão relativa à chamada Teoria do Valor-Trabalho.

## A teoria do Valor-Trabalho

Os economistas clássicos desenvolveram sua argumentação a partir de um modelo em que o processo produtivo na economia depende de apenas um fator de produção, o trabalho.

Para o economista do século XXI acostumado a discussões sobre fatores produtivos como recursos naturais, capital humano e outros, a ênfase em trabalho pode parecer uma simplificação excessiva. No entanto, é possível defendê-la não apenas fazendo referência ao momento histórico de sua formulação – quando as técnicas produtivas eram efetivamente mais intensivas em mão-de-obra do que nos dias atuais – como, sobretudo, porque é possível teoricamente conceber uma 'tradução' de outros fatores de produção em termos de unidades equivalentes de mão-de-obra por meio de algum 'fator de conversão equivalente'.

É claro que uma condição básica adicional para o funcionamento desse enfoque é considerar o trabalho como algo homogêneo, não havendo qualquer atributo (por exemplo, anos de escolaridade) capaz de introduzir diferenciais entre tipos de trabalho. É preciso ainda que haja concorrência perfeita nos mercados de produto, pleno acesso ao mercado de trabalho e inexistência de quaisquer limitações institucionais à mobilidade de mão-de-obra.

Assim, na ótica clássica, a teoria do Valor-Trabalho afirma que – como esse é o único fator de produção – em uma economia 'fechada' (isto é, sem relações comerciais com o resto do mundo) os preços dos produtos são determinados por seu conteúdo de trabalho. Vem daí a idéia de os produtos serem intercambiados de acordo com as quantidades relativas de trabalho que eles concentram.

Essa teoria proporciona uma ferramenta importante para identificar as razões por que uma economia mantém relações comerciais com o resto do mundo, e as características dos fluxos de comércio.

## *Vantagens absolutas*

Adam Smith demonstrou desconforto com a visão predominante na sua época em relação ao comércio internacional. Segundo ele, à diferença do que propunham os mercantilistas, "a riqueza não consiste em dinheiro, ou ouro e prata, mas naquilo que o dinheiro pode comprar" (Smith, 1976, p. 459). Isto é, os mercantilistas teriam percebido que o comércio internacional traz bem-estar a uma economia, mas não conseguiram entender por que isso ocorre.

De acordo com Smith, uma economia só manterá transações espontâneas com outra se perceber claros ganhos derivados desse intercâmbio. Como a noção de ganho está associada ao potencial de aquisição de determinados itens via comércio, a explicação está necessariamente relacionada às características do processo produtivo em cada economia. O comércio internacional se justificará apenas quando for mais barato adquirir itens produzidos em outra economia.

O argumento das vantagens absolutas pode assim ser apresentado a partir de um exemplo numérico simples.

Partindo da noção de valor-trabalho (apenas o conteúdo de fator trabalho determina os custos de produção), suponha (em um mundo com apenas dois países e dois produtos) que em um determinado País A a produção de uma unidade de alimentos demande 20 unidades de trabalho, e a produção de uma unidade de tecidos demande 10 unidades de trabalho. Ao mesmo tempo, em um outro País, B, a produção de uma unidade de alimentos demande 10 unidades de trabalho e a produção de uma unidade de tecidos requeira 20 unidades de trabalho.

Nesse contexto, o País A tem vantagem absoluta na produção de tecidos (é mais barato produzir tecidos em A), enquanto o País B tem vantagem absoluta na produção de alimentos.

Na hipótese de haver comércio entre A e B, e se esse comércio ocorrer à relação de 1:1, isto é, troca de uma unidade de alimentos por uma unidade de tecidos, será possível ao País A a seguinte estratégia: em lugar de despender 20 unidades de trabalho para produzir alimentos, é mais eficiente alocar essas mesmas 20 unidades desta forma: 10 unidades para produzir tecidos e trocar por alimentos produzidos em B, e 10 unidades para produzir quantidade adicional de tecidos para consumo interno. O leitor atento já percebeu a importância da taxa de câmbio. Mas esse tema só será tratado nos Capítulos 13 a 15 deste livro. A teoria 'pura' de comércio lida apenas com variáveis de estrutura produtiva.

Haverá ganhos para os países A e B em assim proceder? A demonstração de que há benefícios é feita ao se considerar a relação entre os preços dos dois produtos (alimentos e tecidos) no comércio internacional em contraposição a essa mesma relação vigente em A e em B. Isto é, em A isoladamente, a relação entre os preços de alimentos e tecidos era de 2:1. Em B, isoladamente, essa mesma relação era de 1:2. Como a relação de preços no mercado internacional (1:1, como vimos) está situada entre esses dois valores, deduz-se que o comércio entre A e B é factível e trará ganhos para ambos os países, com cada país se especializando na produção e na exportação de um dos produtos.

Note que aqui se aplica o conceito de "especialização completa", no qual cada país produz e exporta apenas um produto, à diferença do conceito de "especialização incompleta", quando cada país produz e exporta cada um dos produtos considerados.

Em um modelo simples como esse, composto de apenas dois países (embora se possa conceber o País B como sendo o 'resto do mundo'), se há benefícios para ambos os países, pode-se inferir que o comércio traz benefícios também para o conjunto das economias, aumentando o bem-estar em nível mundial.

Para que houvesse esse benefício, no entanto, foi preciso identificar uma situação em que cada país claramente se beneficiasse da especialização em um dos produtos. No entanto, a situação mais provável de ser encontrada é que não seja assim. Até pelas diferenças em graus de adiantamento e em níveis de complexidade do parque produtivo, é mais freqüente perceber que determinados países têm vantagens absolutas em todo seu espectro produtivo. Isso eliminaria a possibilidade de existir comércio espontâneo e rentável entre economias distintas? A resposta é negativa, mas depende do conceito alternativo de vantagens comparativas.

## Vantagens comparativas

A lógica subjacente ao conceito de vantagens absolutas é imediata e relativamente simples e previsível. Se observarmos uma situação como a descrita anteriormente, é quase inevitável inferir que haverá vantagens na especialização completa no comércio.

Porém, já em 1817, com a publicação de Princípios de Economia Política e Tributação, David Ricardo levantou a questão de que é mais freqüente encontrar economias mais eficientes na produção de todos os bens. A situação proposta por Adam Smith seria de fato um caso particular da formulação mais abrangente de Ricardo. Ainda assim, será possível haver comércio internacional e com isso ganhos para as economias participantes.

Ricardo notou que a idéia de vantagens absolutas determina o padrão de trocas internas em um país com perfeita mobilidade de fatores de produção, levando, no limite, à uniformização dos preços dos fatores. No mercado internacional, contudo, a lógica é distinta, dada a baixa (ou inexistente) mobilidade dos fatores entre países. Há que se considerar a estrutura produtiva de cada economia.

A teoria ricardiana pode ser apresentada de duas maneiras: a) como uma tentativa de isolar as variáveis relevantes para explicar os fluxos de comércio internacional, ou b) como uma tentativa de demonstrar que o comércio internacional proporciona mais benefícios que uma situação de isolamento (Bhagwati, 1972).

O modelo de Ricardo supõe a existência de dois países, dois produtos, um único fator de produção (trabalho), e a relação entre os preços dos produtos antes do comércio como sendo uma função apenas das quantidades de fator empregadas na produção de cada item. Seu exemplo hipotético relaciona os custos de produção (em termos de unidades de trabalho) de vinho e tecidos na Inglaterra e em Portugal, da seguinte forma:

**Tabela 2.1** Custos de produção no modelo de Ricardo

| | Vinho | Tecidos | Relação de Preços (Vinho/Tecidos) |
|---|---|---|---|
| Portugal | 80 | 90 | 80/90 = 0,89 |
| Inglaterra | 120 | 100 | 120/100 = 1,2 |

Nesse exemplo, Portugal tem vantagens absolutas na produção tanto de vinho quanto de tecidos, em virtude de usar menos unidades de trabalho na fabricação de ambos os produtos do que a Inglaterra. Assim, segundo a lógica de Adam Smith, não haveria espaço para comércio entre os dois países.

Entretanto, é possível haver comércio, segundo Ricardo, se considerarmos a noção de *eficiência relativa na produção*[1] de cada item em cada país (Ethier, 1995). O número *relativo* de unidades de trabalho requeridas para produzir uma unidade de vinho (80 em Portugal, 120 na Inglaterra, ou 80/120=2/3=0,67) é inferior ao número *relativo* de unidades de trabalho requeridas para produzir uma unidade de tecidos (90 em Portugal, 100 na Inglaterra, ou 90/100=9/10=0,9). Essa diferença faz com que ambos os países tenham um incentivo para comercializar. E qual seria a composição do comércio entre ambos?

Comparemos esses indicadores relativos aos preços relativos vigentes em cada país antes da existência do comércio, como indicado na Tabela 2.1. Em Portugal, uma unidade de vinho podia ser trocada por 0,89 unidade de tecidos. Na Inglaterra, uma unidade de vinho podia ser trocada por 1,2 unidade de tecidos. A produção de vinho é, portanto, relativamente mais barata em Portugal do que na Inglaterra. Assim, Portugal tem um estímulo para se especializar na produção e exportação de vinho, enquanto a Inglaterra deve se especializar na produção de tecidos.

Se a Inglaterra pode importar uma unidade de vinho a um custo inferior a 1,2 unidade de tecidos, terá ganho com o comércio. Se Portugal pode importar mais do que 0,89 unidade de tecidos em troca de uma unidade de vinho, também será beneficiado. Desse modo, se uma unidade de vinho pode ser exportada de Portugal para a Inglaterra em troca de algo entre 0,89 e 1,2 unidade de tecidos, ambos os países serão beneficiados pelo comércio internacional.

Em termos gerais, se chamarmos de a quantidade de trabalho requerido para a produção de uma unidade de um produto, sendo $\alpha_v$ a quantidade de trabalho requerida para a produção de uma unidade de vinho, e $\alpha_t$ a quantidade de traba-

[1] Um padrão eficiente de produção implica uma situação em que é impossível aumentar a produção de um item sem ter de reduzir a produção do outro.

lho requerida para a produção de uma unidade de tecido, e I (Inglaterra) e P (Portugal) indicativos dos dois países, então podemos dizer que se

$$\frac{\alpha_v^I}{\alpha_t^I} > \frac{\alpha_v^P}{\alpha_t^P}$$

então, Portugal tem vantagens comparativas na produção e na exportação de vinhos em relação à Inglaterra.

Ricardo expressou os ganhos com o comércio em termos de economia de unidades de trabalho porque considerava o comércio um mecanismo para economizar 'esforço'. O mesmo argumento pró-comércio pode ser apresentado se considerarmos que, com a existência de comércio internacional, um mesmo esforço produtivo permite consumir uma quantidade maior de ambos os produtos.

Uma condição básica para esse resultado é condicionar as trocas no mercado internacional a uma determinada relação de preços. No exemplo, vinho e tecidos são intercambiados em uma proporção de 1:1. Uma variação da relação de preços que levasse as possibilidades de comércio além do intervalo 0,89-1,2 levaria a um desequilíbrio entre os ganhos para cada país e eventualmente tornaria inviável a existência de comércio entre eles, pois um dos países teria uma perda.

Outra condição para haver ganhos com o comércio é que os preços internacionais sejam distintos dos preços no mercado interno de cada país. Essa é a hipótese de "país pequeno", isto é, nenhum dos dois países tem condições de afetar os preços no mercado internacional; ambos são 'tomadores de preços'. A razão para tanto é razoavelmente intuitiva. Caso um dos países fosse "grande" o suficiente, os preços relativos internacionais coincidiriam com seus preços relativos internos, e não haveria ganho com o comércio.

A teoria das vantagens comparativas pode ser explicada também em termos de custo de oportunidade (Haberler, 1936). Em um mundo com apenas dois produtos, X e Y, o custo de um produto (X) é a quantidade do segundo produto (Y) de que se deve abrir mão para poder produzir uma unidade adicional de X. Assim, a economia com o menor custo de oportunidade em um dos produtos possui vantagem comparativa na produção e na exportação daquele produto.

Essa associação entre vantagens comparativas e custo de oportunidade é representada por um esquema gráfico bastante utilizado nas análises da teoria 'pura' de comércio, a fronteira de possibilidades de produção, a qual relaciona – para um dado de estoque de fator produtivo – as quantidades que poderiam ser ofertadas de cada um dos produtos. A Figura 2.1 ilustra o ponto.

Suponha dois países, P e I. Deveria ficar claro da análise visual que a fronteira de possibilidades de produção no País I é mais inclinada. Isso significa que o País I deve abrir mão de mais unidades do produto T por unidade de V (o produto V é relativamente mais caro). O inverso se observa no País P: uma unidade adicional de T demanda mais unidades do produto V. Essa é exatamente a história contada pelos dados da Tabela 2.1, para Portugal e Inglaterra, em relação a tecidos e vinho.

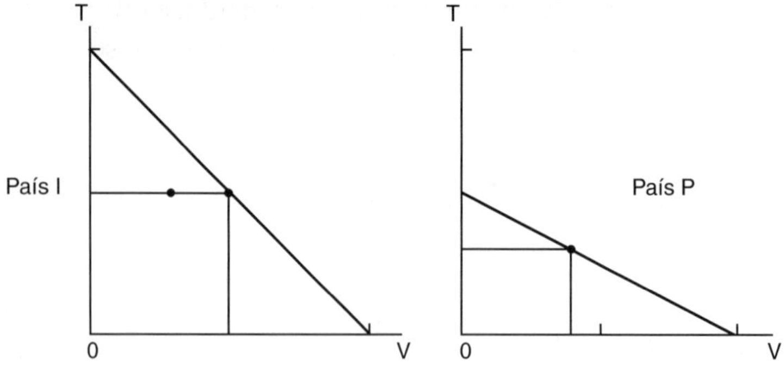


**Figura 2.1**

Como no exemplo apresentado na Tabela 2.1, suponhamos que o comércio ocorra a uma relação de preços no mercado internacional de 1:1, entre tecidos e vinho. Essa relação é, como vimos, um valor intermediário entre as relações de preços vigentes nos dois países antes do comércio (respectivamente 0,89 e 1,2). Conforme ocorre comércio entre P e I, como ambos os países são 'tomadores de preços', é essa relação 1:1 que passa a vigorar para ambos. Assim, a representação das fronteiras de produção com comércio internacional passa a ser como ilustrado na Figura 2.2.

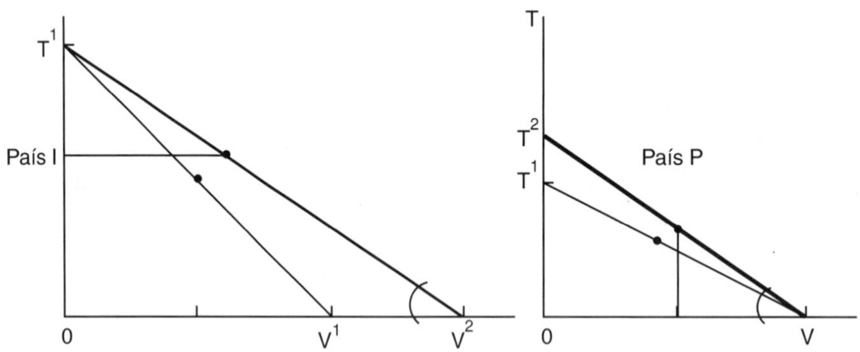


**Figura 2.2**

Agora o País I pode obter mais do produto V do que se tentasse produzir internamente. Sua linha de preços relativos passa a ser $T^1V^2$, isto é, os termos de troca internacional. De modo semelhante, o País P consegue mais do produto T do que na ausência de comércio externo. Sua linha de preços relativos passa a ser $T^2V$. Note que a inclinação de $TV^2$ e de $T^2V$ é exatamente a mesma, refletindo a relação entre os preços de T e de V no mercado internacional, e sua diferença para esses preços relativos em cada país isoladamente.

O leitor atento já deve ter reparado que essa conclusão é diretamente vinculada à hipótese de a relação de preços no mercado internacional ser de 1:1. Se introduzirmos variações de padrões de demanda na análise, considerando outras possíveis relações de preços, a posição de equilíbrio final será determinada pela interação das estruturas produtivas dos países I e P antes do comércio e por sua interseção com a curva representativa de demanda internacional para os dois produtos.

É essa possibilidade de obter mais produtos via comércio internacional em comparação com a situação de isolamento de cada economia que reflete os ganhos com o comércio. A partir daí é possível afirmar que – dados os supostos do modelo – a existência de comércio internacional será sempre benéfica, pela possibilidade de atingir um nível mais alto de consumo. Note que essa afirmativa é estritamente verdadeira ao se comparar uma situação de existência de comércio a uma alternativa de não-comércio. Disso não se deve inferir, contudo, que um nível mais alto de envolvimento com o comércio internacional seja necessariamente melhor que um grau de abertura menor da economia, tema a ser retomado nos Capítulos 4 e 5.

## *Questionamento da noção de vantagens comparativas*

Desde sua formulação, o conceito de vantagens comparativas tem sido um ponto de partida para a teoria de comércio internacional. Segundo a concepção de Ricardo, as vantagens comparativas são determinadas por diferenças nas funções de produção (tecnologia de produção) de dois países. É possível argumentar que há dificuldades para generalizar esse conceito (Maneschi, 1998).

Entre outros motivos, pelo fato de as fontes de vantagens comparativas – originalmente apresentadas por Ricardo como fruto das diferenças nas funções de produção de dois países – serem de fato muitas e variadas, como diferenças em tecnologias de produto (características dos produtos), gostos, dotação de fatores de produção, possibilidade de absorver ganhos de escala, entre outras.

Do ponto de vista empírico, o comércio internacional tende – se não existirem barreiras comerciais ou custos de transporte – a igualar os preços dos produtos produzidos em países distintos, o que torna menos imediata a identificação a priori de qual país deveria se especializar em qual produto. Da mesma forma, a consideração de mais de dois produtos torna não apenas a elaboração teórica, mas também os testes empíricos, menos imediatos do que faz supor o enunciado básico. Por último, mas não menos importante, a noção de vantagens comparativas não precisa ser necessariamente associada a uma visão estática: é possível "construir" vantagens comparativas ao longo do tempo, como demonstra a teoria do desenvolvimento, e como será visto no Capítulo 5.

## Teoria neoclássica

O modelo de Ricardo está baseado na aceitação de alguns supostos, entre os quais cabe ressaltar: a) um mundo de tipo 2x2 (dois países, dois produtos); b) há um único fator de produção relevante, o trabalho; c) cada país dispõe de um estoque dado de mão-de-obra; d) os trabalhadores são perfeitamente móveis entre os setores produtivos, mas imóveis entre países; e) há diferenças nas tecnologias de produção entre os dois países; f) os custos de produção são constantes, independente da quantidade produzida; g) não há barreiras ao comércio internacional, nem custos de transporte.

O final do século XIX e o início do século XX testemunharam uma série de questionamentos em relação aos supostos básicos da teoria clássica de comércio internacional. Se o comércio existe em função das diferenças em custos comparativos, então o que explica essas diferenças? Por que as funções de produção diferem entre países? Por que supor custos constantes? Por que considerar apenas um fator de produção, quando os processos produtivos eram crescentemente dependentes de capital?

Essas e outras questões levaram à formulação de um enfoque diferenciado, fortemente baseado nas relações microeconômicas, que é conhecido como o enfoque neoclássico.

Segundo esse novo enfoque, relaxando-se os supostos (a), (b), (e) e (f), e adaptando o suposto (c) para dois fatores, temos agora um contexto conhecido como "modelo 2x2x2" (dois países, dois produtos, dois fatores de produção – trabalho e capital), com mesma função de produção para cada produto nos dois países, e com os processos produtivos apresentando custos de oportunidade crescentes (rendimentos decrescentes dos fatores).

A representação dos processos produtivos passa a ser não mais uma fronteira de possibilidades de produção reta, mas côncava em relação à origem, como na Figura 2.3

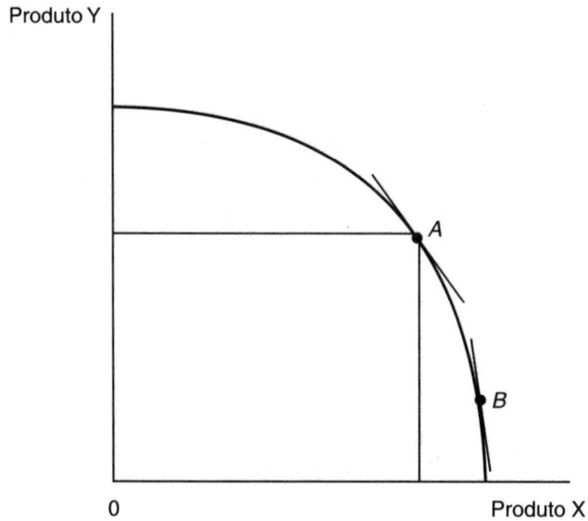


**Figura 2.3**

A lógica subjacente a esse formato é que ao se mover do ponto A para o ponto B, isto é, passar a produzir mais X que Y, uma economia deverá abrir mão de quantidades crescentes de um produto (Y) para produzir uma unidade adicional de X. Isso é consistente com a observação empírica de que muitas indústrias operam com custos de oportunidade crescentes, e não constantes.

A razão para tanto está associada à disponibilidade dos fatores de produção. Um aumento na produção de X só pode ocorrer – sabendo que o estoque de fatores é dado e finito – deslocando-se fatores de produção do setor Y para o setor X. O custo de oportunidade no ponto A é dado pela inclinação da tangente que passa por aquele ponto (indicando a inclinação no ponto da fronteira de produção ou curva de possibilidade de produção). É evidente que esse custo será maior no ponto B que no ponto A (pela maior inclinação da tangente em B que em A). Note que os custos são crescentes quer o movimento seja no sentido de A para B quer em sentido inverso.

A inclinação em cada ponto da fronteira de produção indica a taxa marginal de transformação (isto é, a variação do custo marginal da produção de Y como resultado da variação do custo marginal na produção de X). Como em concorrência o custo marginal de um produto é igual ao seu preço, naquele ponto temos também a razão $P_X / P_Y$, uma relação básica na análise que se segue. No ponto A, essa relação é menor que em B, indicando existir em A um menor estímulo à produção de X em relação a Y.

Podemos acrescentar agora a condição de um setor produtivo empregar de forma mais intensiva um dos fatores de produção do que outro. Por exemplo, o setor X emprega mais unidades de trabalho por unidade de produto que o setor Y. O grau de concavidade da fronteira de possibilidades de produção dependerá das diferenças entre a intensidade no uso de fatores entre os setores. Se o capital e o trabalho forem facilmente substituíveis em ambos os setores e as intensidades com que são empregados não diferirem de forma significativa entre setores, a fronteira será quase linear.

Essa lógica pode agora ser aplicada ao comércio internacional ao enfatizarmos que as diferenças entre os países estão relacionadas às suas dotações de fatores de produção, e não às diferenças nos processos produtivos em cada setor, entre um país e outro. É uma concepção diametralmente oposta à visão clássica.

## *Teorema de Heckscher-Ohlin*

O modelo usado com mais freqüência no enfoque neoclássico de comércio internacional foi concebido no início do século XX originalmente por Eli Heckscher, em 1919, e posteriormente desenvolvido por seu aluno Bertil Ohlin, no início da década de 1930.

O modelo enfatiza diferenças na dotação ou estoque de fatores de produção como o principal determinante das vantagens comparativas no comércio internacional, e busca explicitamente *explicar* a composição dos fluxos de comércio, isto é, o padrão de comércio internacional.

O modelo está baseado em um conjunto de supostos básicos: a) trata-se de um modelo de tipo 2x2x2; b) não há restrições ao comércio nem custos de transporte; c) existe concorrência perfeita nos mercados de bens e de fatores de produção; d) as funções de produção são idênticas entre países, distintas entre setores, e apresentam rendimentos constantes de escala; e) as condições de demanda são iguais e homotéticas nos dois países (isto é, os produtores se deparam com gostos semelhantes por parte dos consumidores de ambos os países, e as preferências dos consumidores não se alteram quando varia seu nível de renda); f) há diferenças na intensidade de emprego de cada fator por parte de cada setor, e o setor que é intensivo em trabalho em um país também o é no outro país (não há reversibilidade do uso de fatores); g) os fatores de produção são totalmente móveis entre os setores, e imóveis entre países; e seus preços, totalmente flexíveis; h) os produtos e os fatores são homogêneos em ambos os países.

Em sua essência, o chamado Teorema de Heckscher-Ohlin afirma que cada país tem vantagens comparativas no produto cujo processo produtivo emprega de forma intensiva o fator de produção abundante naquele país. Assim, cada país produzirá e exportará o produto intensivo em seu fator abundante.

Essa formulação impõe o duplo desafio de definir 'intensidade relativa de fatores' e 'abundância' de fatores.

Suponha que os dois fatores de produção considerados sejam trabalho e capital, remunerados, o primeiro, por um salário por hora de trabalho, $w$; e o segundo por uma taxa de remuneração, $r$, definida como o custo de aluguel dos serviços do capital.

O conceito de não-reversibilidade na intensidade do uso de fatores significa que para qualquer relação $w/r$, o setor X empregará de forma mais intensiva o fator trabalho, e o setor Y empregará mais intensivamente o fator capital, em ambos os países. Fica afastada assim a possibilidade de que a produção de X, possa ser intensiva em trabalho em um país e intensiva em capital em outro.[2]

A questão da abundância de fatores pode ser definida em termos físicos ou – mais relevante – em termos dos preços dos fatores. Em termos físicos, pode-se dizer que o País A é abundante em trabalho (em relação ao País B) se, ao considerarmos os estoques de fatores, obtivermos

$$\frac{L_A}{K_A} > \frac{L_B}{K_B}$$

Em termos de preços dos fatores, podemos afirmar que o País A é abundante em trabalho (em relação ao País B) se

$$(w/r)_A < (w/r)_B.$$

Esse Teorema é rigorosamente demonstrável em um modelo 2x2x2. No entanto, as tentativas de sua generalização para contextos com mais de dois países ou com mais de dois produtos são menos promissoras.

[2] O exemplo mais freqüentemente referido é a produção de arroz, que pode ser mecanizada (como nos países desenvolvidos) ou intensiva em trabalho humano, como tipicamente se encontra em países asiáticos, por exemplo. Isso não invalida necessariamente o modelo, se os produtos resultantes dos dois processos forem considerados diferentes, de modo a preservar a validade do suposto na listagem (h) acima.

Por exemplo, com mais de dois países nos quais seja possível ordenar $\frac{L_1}{K_1} < \frac{L_2}{K_2} < \frac{L_3}{K_3} < \ldots < \frac{L_n}{K_n}$ tudo o que se pode inferir é a análise ser válida para cada par de países, e o sentido do comércio entre o primeiro e o n-ésimo país. Nada pode ser dito sobre os demais países sem mais informações complementares.

Com dois países, mas mais de dois produtos, o que se consegue é ordenar os produtos segundo a intensidade de fatores. Há um problema de consistência, uma vez que passamos a ter mais produtos que países, o que deixa indeterminada a estrutura produtiva em *cada* país.

Essas limitações têm constituído um dos problemas para a verificação empírica do Teorema, como será discutido mais adiante.

## Os ganhos com o comércio no modelo neoclássico

A seção "Vantagens Comparativas", anteriormente neste capítulo, mostrou que – segundo o enfoque clássico – é possível representar os benefícios derivados do comércio internacional a partir de uma fronteira de possibilidades de produção linear.

A possibilidade de custos de oportunidade crescentes determina um formato da fronteira de produção côncavo em relação à origem. Conforme vimos, essa fronteira é o *locus* das diferentes combinações de produção de bens que envolvem o pleno emprego de fatores e o uso das técnicas mais eficientes. Essa curva reflete, então, as condições pelo lado da oferta.

Pelo lado da demanda, cabe introduzir o conceito de curva de indiferença social. Essa curva expressa as diferentes combinações de produtos que expressam um determinado nível de satisfação ou bem-estar para o conjunto da sociedade. A curva de indiferença social tem as mesmas características da curva de indiferença do consumidor individual: convexa com relação à origem, negativamente inclinada e não se intercepta.

A Figura 2.4 ilustra a noção de ganhos com o comércio.

Em um sistema autárquico, sem comércio com o resto do mundo, a produção e o consumo ocorriam no ponto de tangência entre a linha de preços dos dois produtos e a fronteira de produção, representado como o ponto P=C. Com a abertura ao comércio, dado que o preço relativo de X é mais alto, há um estímulo à produção de X (em detrimento da produção de Y). Isso significa que o ponto de produção se desloca de P para P'. A essa relação de preços será possível ao país trocar X por Y obtido por meio do comércio, e assim atingir um nível de consumo C', superior a C. Logo, existe um duplo movimento de mudança do ponto de produção e de descolamento entre o ponto de produção e o de consumo. Como C' está sobre uma curva de indiferença social mais elevada (II) que a do ponto C, houve, portanto, um ganho em termos de bem-estar social, com mais consumo.

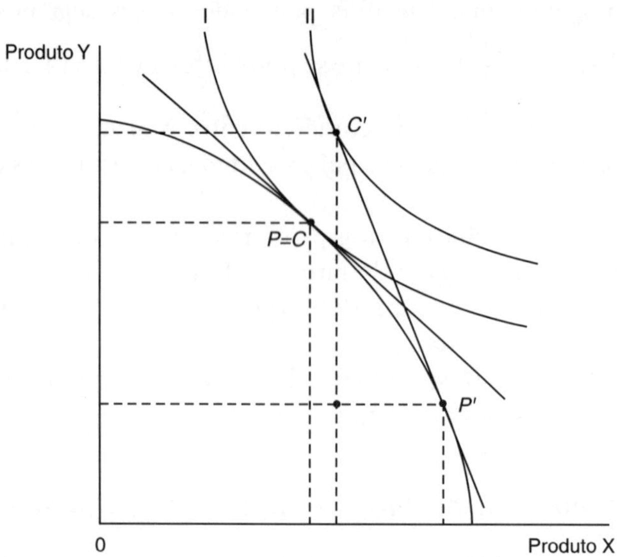


**Figura 2.4**

Até aqui, houve referência apenas ao que ocorre no mercado de produtos, como resultado do comércio internacional. No entanto, o que ocorre no mercado de produtos tem repercussões sobre o mercado de fatores produtivos, e existe, portanto, uma relação direta também entre o comércio internacional e o mercado de fatores.

## *Teorema de equalização de preços*

A intuição de que existe relação direta entre o comércio internacional e o mercado de fatores em cada um dos países envolvidos é antiga. Eli Heckscher, em sua formulação, já em 1919 afirmava que o comércio internacional iguala os preços dos fatores entre os países. Bertil Ohlin em 1933 qualificou essa afirmativa, dizendo que existe apenas uma *tendência* à equalização dos preços dos fatores. Em 1941, Wolfgang Stolper e Paul Samuelson associaram as barreiras à remuneração de fatores. Em 1948 e 1949, Samuelson formalizou de forma definitiva o teorema de equalização de preços de fatores. Isso fez com que o Teorema de equalização de preços de fatores passasse a ser freqüentemente referido como Teorema Heckscher-Ohlin-Samuelson.

A tríplice relação entre comércio internacional, preços de produtos e preços de fatores de produção é geralmente ilustrada pelo aparelho analítico conhecido como a Caixa de Edgeworth-Bowley. Esse aparelho associa quantidade de produção de bens com quantidade empregada de fatores e o rebatimento, nessa caixa, das variações dos preços relativos dos produtos derivadas do comércio com o resto do mundo. A Figura 2.5 ilustra o ponto.

A parte superior da Figura 2.5 repete a análise associada à Figura 2.4. A parte inferior é a Caixa de Edgeworth-Bowley, que tem como seus lados os estoques dos dois fatores de produção, L e K, e como dois dos seus ângulos os pontos de produção nula de X ($O_x$) e de Y ($O_Y$).

Ao longo da chamada "curva de contrato" da Caixa, estão os pontos de tangência entre as isoquantas, que mostram as combinações eficientes nos dois setores, dadas as relações de preços dos fatores e o pleno emprego dos fatores.

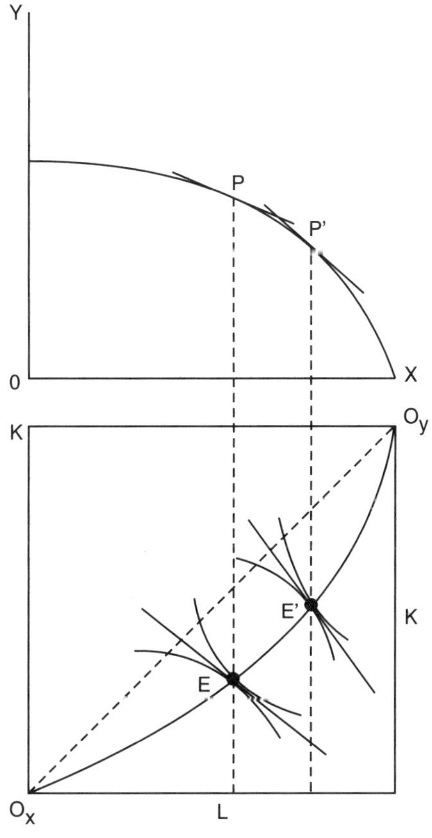


**Figura 2.5**

Em isolamento, o país produz e consome no ponto P, como visto. Esse ponto corresponde a uma relação de preços de produtos $(P_X/P_Y)_d$, vigente no mercado interno. Com comércio – se o país é "pequeno" (isto é, não afeta os preços no mercado internacional) – a relação de preços passa a ser distinta, digamos $(P_X/P_Y)_i$.

Como vimos, $(P_X/P_Y)_i > (P_X/P_Y)_d$: o preço relativo de X é maior no mercado internacional. Isso leva o país a aumentar a produção e a exportação de X. Suponhamos que o setor produtor de X empregue relativamente mais o fator trabalho (X é intensivo em trabalho). Nesse caso, o aumento na produção de X vai demandar que tanto trabalho quanto capital sejam deslocados do setor Y para o setor X, isso porque as funções de produção em ambos os setores utilizam os dois fatores.

Ora, a diferença no uso relativo de fatores em X e em Y fará com que os fatores não sejam liberados na mesma proporção em que são requeridos. Como conseqüência, o preço do fator usado intensivamente no setor em expansão (no caso, o trabalho) tende a subir em relação ao preço do outro fator.

Isso é ilustrado na Caixa de Edgeworth-Bowley pelo movimento do ponto E para o ponto E'. Em E, há menos produção de X e menos emprego de L (e, portanto, mais produção de Y) que em E'.

Em E e em E', os pontos de tangência das isoquantas relativas a X e a Y correspondem também às relações de preços dos dois fatores (note a inclinação do ângulo das tangentes em cada caso). Em E, essa relação é $(w/r)_d$ e em E' essa relação é $(w/r)_i$. Como fica claro no exame da Figura 2.5, $(w/r)_d < (w/r)_i$.

Existe, portanto, uma relação direta entre relação de trocas no mercado internacional, preços relativos no mercado interno de cada país, e efeito sobre os mercados de fatores em cada país. Resta considerar o processo de igualação dos preços dos fatores.

O argumento é de que o comércio livre, que: a) iguala os preços dos produtos entre os dois países; b) usando a mesma tecnologia e c) produzindo os mesmos produtos, deve igualar também as remunerações dos fatores nos dois países. O comércio de produtos **substitui** a migração internacional dos fatores.

Chamemos de *k* a relação entre os estoques de fatores em cada país. Ela será uma média ponderada das proporções em que os fatores são empregados nos dois setores. Assim, $k_x = \frac{L_x}{K_x}$ e $k_y = \frac{L_y}{K_y}$.

Como por hipótese o produto X é intensivo em trabalho, existe uma relação direta entre a relação (w/r) e a relação (L/K), e essa relação é mais intensa em X que em Y, como mostra a Figura 2.6.

Na hipótese de uma redução de (w/r) haverá um estímulo ao aumento de L/K em ambos os setores. Como conseqüência, a produção de X – intensivo em trabalho – aumenta mais do que proporcionalmente, e isso provoca uma redução no seu preço relativo $(P_x/P_y)$.

Relacionando agora com a questão da equalização: segundo o Teorema de Heckscher-Ohlin, cada país exporta o produto que emprega intensivamente o fator abundante. A demanda por exportações eleva o preço daquele produto, o que afeta os preços dos fatores, mas de maneira mais pronunciada o preço do fator empregado de forma intensiva no setor exportador. No limite, $w$ e $r$ nos dois países tenderão a convergir. A Figura 2.7 ilustra esse ponto. As linhas $E_A$ e $E_B$ representam os estoques de fatores de produção nos países A e B respectivamente, e definem um espaço de possibilidades para que ocorra a igualdade dos preços dos fatores. Para cada país existe um intervalo de possibilidades de preços relativos associado às relações L/K nos dois setores. Esses intervalos são identificados na Figura 2.7 pelos nomes dos dois países.

A equalização de preços ocorre na área comum às possibilidades de preços relativos e à relação L/K para os dois países. Ela indica que a igualdade dos preços dos produtos leva a uma convergência entre os preços dos fatores.

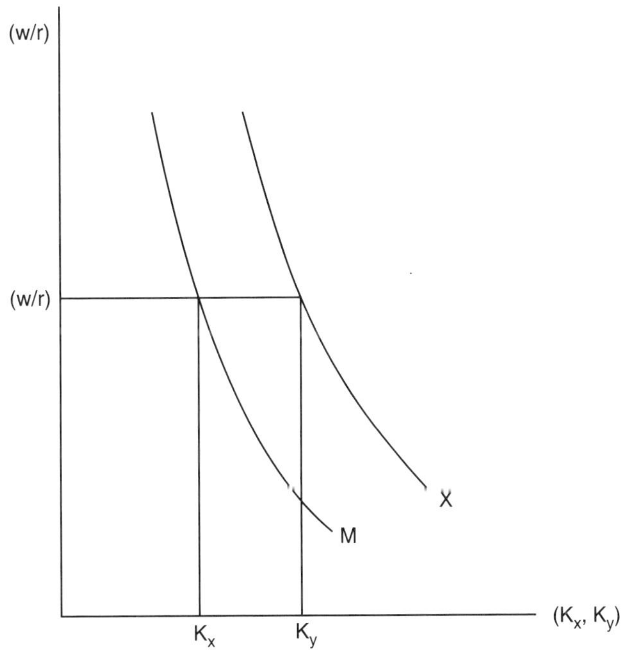


**Figura 2.6**

A Figura 2.7 sugere também que essa equalização só pode ocorrer (área sombreada) se as linhas $E_A$ e $E_B$ não forem muito distantes uma da outra. Em outras palavras, para que a equalização de preços de fatores possa ocorrer, é necessária alguma proximidade entre as dotações de fatores nos dois países: é razoável imaginar que entre países com dotações de fatores muito díspares esse efeito não ocorra – o nível de salários e a remuneração do capital dificilmente serão convergentes entre, digamos, os Estados Unidos e o Haiti, apenas em função do dinamismo do comércio entre os dois países. Para que haja equalização, o intervalo possível de valores para a relação entre os preços de fatores é aquele no qual algo de ambos os produtos é produzido em cada um dos países.

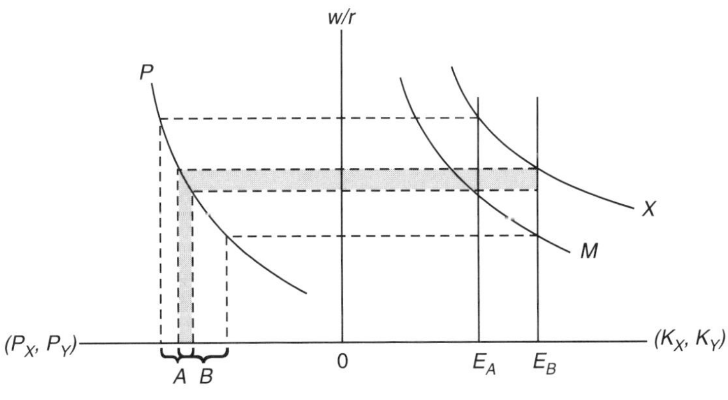


**Figura 2.7**

Outra condição básica para que possa haver equalização de preços de fatores é a inexistência de especialização completa no comércio. Isto é, ambos os países devem produzir alguma quantidade de ambos os produtos. Caso contrário, isto é, se cada país produzir um único item, as relações (w/r) não terão como convergir.

### *Teorema de Stolper-Samuelson*

A formulação mais freqüentemente associada à lógica de equalização de preços dos fatores de produção como resultado do comércio internacional é a de Wolfgang Stolper e Paul Samuelson.

Eles analisaram os efeitos da imposição de uma barreira à importação de um produto (tema do Capítulo 4) e associaram os efeitos de uma política comercial restritiva à lógica do modelo de Heckscher-Ohlin (H-O). Como resultado, ficou demonstrado que – em um modelo de tipo H-O – qualquer interferência no comércio internacional para elevar o preço local do produto importado necessariamente beneficiará o fator de produção usado intensivamente no setor em concorrência com o produto importado.

Suponhamos que um determinado país seja rico em trabalho e que haja dois produtos X e Y, sendo X intensivo no uso de trabalho e Y intensivo no uso de capital. Nos termos do modelo neoclássico, esse país tem vantagem comparativa e exporta o produto X (intensivo no uso do seu fator abundante, trabalho) e tem desvantagem comparativa e importa o produto Y (intensivo no uso do seu fator escasso, capital). Se houver uma política comercial protecionista com relação ao produto Y, haverá substituição de importações. Esse aumento da produção doméstica de Y significa uma pressão no mercado de fatores, isto é, uma pressão de demanda pelo fator escasso (capital). Assim, os produtores de Y tenderão a escolher técnicas de produção que usem mais trabalho e menos capital. Esse aumento da relação L/K na produção de Y implica uma queda do produto marginal do trabalho e, portanto, uma tendência de queda do preço do fator trabalho. O resultado é que a proteção e a conseqüente substituição de importações afeta a distribuição funcional da renda por meio da redução da relação entre o preço do trabalho e do capital.

## Equilíbrio internacional

Foi mostrado que a teoria 'pura' assegura benefícios sociais para uma economia aberta ao comércio internacional. Por analogia, em um modelo com dois países, se o comércio traz benefícios a um dos países também terá efeitos positivos sobre o outro. Isso leva à noção de equilíbrio internacional entre as posições de equilíbrio desejável em um e em outro país.

O ponto pode ser ilustrado ao reconsiderarmos a Figura 2.4, na qual se mostrou que a relação de preços no mercado internacional permite o acesso a um nível mais elevado de consumo. Na Figura 2.8, o mesmo exercício é mostrado, mas identificando mais de uma relação de trocas no mercado internacional.

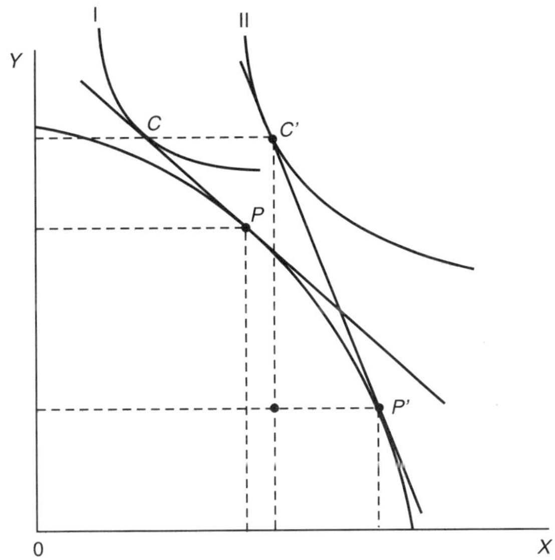


**Figura 2.8**

A uma dada relação de preços dos produtos X e Y no mercado internacional (relação de trocas ou termos de intercâmbio) corresponde um nível de produção de ambos os produtos dado por P, e um ponto de consumo dos dois produtos dado por C. Se variarmos essa relação de preços, o nível de produção será P', e o nível de consumo C'. Ao variarmos infinitamente a relação de preços, conseguiremos definir uma relação entre a importação de Y, a exportação de X e as relações de troca. A essa relação damos o nome de "curva de oferta recíproca". Repetindo o exercício para o outro país, isso permite obter uma posição de equilíbrio, como mostra a Figura 2.9.

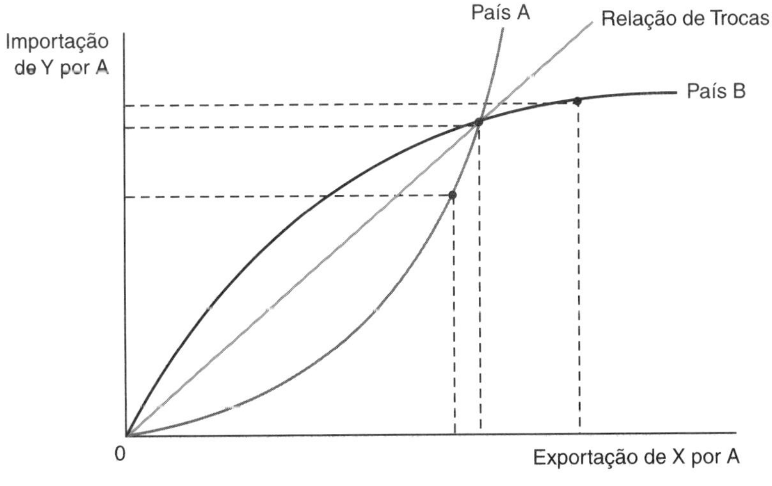


**Figura 2.9**

Para cada país essa curva de oferta recíproca mostra os pontos de oferta de exportações e demanda por importações que corresponderiam a cada relação de trocas. O ponto no qual as duas curvas se interceptam corresponderá a uma relação de trocas que maximiza os benefícios para ambos os países, e é o ponto de equilíbrio com livre-comércio (isto é, sem barreiras comerciais de qualquer tipo ou custos de transporte).

## Testes empíricos

A primeira tentativa de testar empiricamente a composição dos fluxos de comércio internacionais foi de McDougall (1951 e 1952).

Segundo a teoria Ricardiana, os custos de mão-de-obra (definidos pela produtividade do trabalho) seriam o determinante principal da composição do comércio. McDougall usou dados de 25 produtos em 1937 para comparar as exportações e a produtividade da mão-de-obra dos Estados Unidos e da Inglaterra no comércio com terceiros países.

A hipótese era de que como a produtividade da mão-de-obra na indústria dos Estados Unidos era o dobro da produtividade na Inglaterra, seria razoável esperar que nos setores em que a produtividade norte-americana fosse maior que duas vezes a produtividade inglesa, os Estados Unidos seriam o exportador dominante. Nos setores em que a produtividade inglesa superasse uma vez e meia a produtividade norte-americana, a Inglaterra seria o exportador dominante.

McDougall encontrou como resultado que efetivamente a relação entre as exportações norte-americanas e inglesas era maior onde a relação entre as produtividades dos dois países era mais pronunciada, e considerou que isso daria apoio empírico ao argumento ricardiano de diferenças nas produtividades relativas de mão-de-obra serem determinantes das vantagens comparativas. Stern (1962) repetiu o exercício com dados para 1950 e obteve resultados semelhantes.

Os problemas com essa interpretação são, entre outros: a) o modelo de Ricardo prevê que *ou* os *Estados Unidos ou* a Inglaterra exportariam um produto para terceiros mercados, dificilmente *ambos* e b) os mesmos resultados poderiam ser obtidos de um modelo com mais de um fator de produção, e isso nos leva à formulação de Heckscher-Ohlin.

O trabalho pioneiro e a referência mais freqüente nesse sentido é o de Wassily Leontief (1954). Ele usou os dados da matriz de insumo-produto recém-construída então (dados para 1947) para os Estados Unidos e estimou os efeitos – para o uso de fatores – de uma redução de US$1 milhão nas importações dos Estados Unidos e um aumento igual nas exportações.

Como os Estados Unidos são ricos em capital, como resultado, a relação K/L do setor exportador (supostamente intensivo em capital) deveria ser mais elevada que a do setor composto pelas indústrias competidoras com importações (supostamente intensivas em trabalho).

Seus resultados foram:

Teste de Leontief: quantidades de capital e trabalho requeridos para reduzir importações e aumentar exportações em US$1 milhão nos Estados Unidos em 1947.

| | **Setores Exportadores** | **Setores Competidores Com Importações** |
|---|---|---|
| Capital (US$ mil) | 2551 | 3091 |
| Trabalho (homens/ano) | 182 | 170 |
| Relação K/L | 14,0 | 18,1 |

Contrariando as expectativas baseadas no modelo Heckscher-Ohlin, segundo esses números, o setor exportador dos Estados Unidos em 1947 empregava mão-de-obra mais intensamente que o setor competidor com importações.

Esse resultado ficou conhecido na literatura como o "Paradoxo de Leontief".

As críticas a esse exercício se concentraram, sobretudo, em explicações baseadas: a) no conceito de capital humano (a qualidade da mão-de-obra deveria ser explicitada, sobretudo quando o diferencial de competitividade em relação aos parceiros comerciais é tão pronunciado como no caso dos Estados Unidos); b) na não-consideração de um terceiro fator de produção – recursos naturais – o qual ajudaria a explicar por que as importações demandam mais capital que trabalho; c) na possibilidade de haver viés de demanda (se um país rico em capital demanda produtos intensivos em capital, pode acabar importando esse tipo de produtos); d) e na possibilidade de reversão na intensidade de fatores (uma vez que Leontief só considerou um país, não teria captado a possibilidade de que as exportações dos Estados Unidos fossem de fato mais intensivas em capital quando comparadas às de outros países).

A qualificação mais relevante é atribuída a Minhas (1962). Em diversas oportunidades ele encontrou – em trabalhos conjuntos com R. Solow, H. Chenery e K. Arrow – que funções de tipo CES aplicadas aos mesmos setores em países diversos indicam a reversão de fatores como um fenômeno comum. A elasticidade de substituição difere entre setores e a reversão de fatores ocorre em intervalos relevantes dos preços relativos de fatores (isto é, com relações $w/r$ para países tão distintos quanto os Estados Unidos e a Índia, por exemplo).[3]

É virtualmente impossível no âmbito deste livro reproduzir toda a literatura que se seguiu ao experimento de Leontief. Talvez a apreciação mais concernente a respeito seja a de Bhagwati (1965, pg 177): "...enquanto o exercício de Leontief levou a maioria dos teóricos a um reexame das condições suficientes para a hipótese de Heckscher-Ohlin, as proposições de Heckscher-Ohlin são tão plausíveis que os esforços têm sido para resgatá-las dos resultados de Leontief, preservando a hipótese e redefinindo os contextos a ela aplicáveis" (tradução livre).

[3] Note que o resultado de Minhas também compromete a relevância empírica do teorema de equalização de preços de fatores, baseado na relação unívoca entre preços de fatores e intensidade de uso de fatores.

Os rumos tomados por essa literatura, que busca explicar os fluxos de comércio internacional, foram provavelmente mais influenciados pela constatação empírica de que a maior parte do comércio internacional acontece entre países industrializados (logo, não muito diferentes em termos das dotações de fatores) e esse comércio é predominantemente de produtos manufaturados, duas condições comprometedoras para a utilização de Heckscher-Ohlin como fonte de explicação.

## Explicações alternativas para os fluxos de comércio

Os esforços de explicar os fluxos de comércio internacional de produtos manufaturados podem ser classificados em quatro grupos de modelos: a) 'disponibilidade'; b) baseados na demanda interna; c) modelos que enfatizam diferenças tecnológicas entre os processos produtivos de países distintos; e, d) modelos que enfatizam a existência de ganhos de escala e diferenciação de produtos.

### *Enfoque da 'disponibilidade'*

No mesmo período em que a discussão sobre os resultados de Leontief era mais intensa, Kravis (1956) lançou como hipótese alternativa a determinação da composição do comércio de bens acima de tudo pela 'disponibilidade'. O comércio é, portanto, relativamente limitado aos produtos não-disponíveis originalmente no país.

Essa noção de disponibilidade comporta um duplo significado: físico – aplicável a, por exemplo, estoque de algum tipo de minério – e econômico, no sentido de um produto cuja oferta interna só se poderia concretizar a custos excessivamente elevados.

A explicação básica para considerar a disponibilidade como o atributo básico de definição dos fluxos é, segundo Kravis, o fato de as barreiras comerciais, os custos de transporte, as políticas das grandes empresas etc. tenderem a eliminar do comércio os produtos que podem ser produzidos nos diversos países.

Os problemas com essa formulação derivam, entre outros, de sua difícil averiguação empírica e do fato de seu enunciado refletir um contexto típico da década de 1950, em que efetivamente as barreiras eram bem mais expressivas e explícitas do que cinqüenta anos depois.

### *Modelos baseados na demanda interna*

O primeiro esforço de compreensão das transações de manufaturas é freqüentemente atribuído a Drèze (1960). Analisando o comércio entre a Bélgica e seus parceiros na Comunidade Européia, Drèze avançou a hipótese de as economias de escala dependerem menos do tamanho da firma ou da indústria do que do número de produtos elaborados. Para ele, a diferenciação relevante é a existente para os consumidores nos países importadores; portanto, é mais expressiva entre produtores do que em um mesmo grupo de produtos.

Por conseguinte, os países com grande mercado interno podem se especializar na produção e na exportação de produtos que se beneficiam de rendimentos crescentes de escala, enquanto países pequenos têm mais chance de competir em produtos padronizados.

Uma formulação mais elaborada do peso da demanda interna encontra-se no modelo de Linder (1961).

De modo oposto ao modelo de Heckscher-Ohlin, segundo o qual quanto maiores as disparidades de fatores, mais intenso o comércio entre países, para Linder os tipos e características dos produtos manufaturados consumidos em um país são específicos à própria estrutura industrial e ao nível de renda *per capita* do país.

À medida que a renda aumenta, os consumidores demandam uma variedade maior de produtos. Do lado da oferta, os produtores ofertam mais daqueles bens para os quais existe comprovadamente demanda (demanda interna; em quase todos os países é a demanda interna que absorve a maior parte do que é produzido).

Conclui-se, assim, que como os padrões de demanda são semelhantes em países com mesmo nível de renda *per capita*, o comércio tende a ser mais intenso entre países de mesmo nível de renda. Como conseqüência, a especialização na produção e na exportação de produtos terá as características demandadas pelo estrato de renda em que se concentra a maior parte da população.

O problema é que se países com proporções semelhantes de capital e trabalho produzem bens semelhantes, não fica claro qual é a fonte de vantagens comparativas que determina o comércio. Além disso, em países em desenvolvimento com estruturas regressivas de distribuição de renda o padrão de consumo não reflete o padrão do estrato de renda correspondente à maior parte da população.

## *Modelos baseados na tecnologia de produção*

Outro conjunto de esforços para explicar os determinantes do comércio de produtos manufaturados enfatiza diferenças na tecnologia de produção entre países distintos.

O primeiro modelo a enfatizar esse aspecto foi o de Posner (1961). Seu objeto de análise foi o comércio de manufaturas entre países desenvolvidos. Segundo sua hipótese básica, o comércio internacional é causado por mudanças técnicas que afetam apenas algumas indústrias.

Supondo que todos os fatores de produção existam em proporções iguais em todos os países (descartando-se, portanto, um enfoque de tipo Hecksher-Ohlin), que existam diferentes tipos de máquinas e de operações em países distintos, que cada país tem (inicialmente) a mesma taxa de salário, mesma taxa de lucro e mesma renda da terra, que todas as indústrias existam em todos os países e que exista a possibilidade de vantagem temporária específica de uma indústria, Posner propõe dois conceitos centrais para o seu argumento.

O primeiro conceito é o de "economias dinâmicas de escala", segundo o qual, quando ocorre progresso técnico, os custos unitários de produção da empresa caem ao longo do tempo. O segundo é o de “hiato de resposta externa”, o período de tempo entre a utilização de uma inovação por uma empresa no exterior e o momento em que o novo produto torna-se competitivo com os produtos nacionais.

Nesse contexto, as vantagens comparativas passam a ser definidas não mais por diferenças nos estoques de fatores, como no modelo de Heckscher-Ohlin, mas por diferenças na distribuição do investimento entre indústrias e o “gap” tecnológico.

Entre outras limitações do modelo de Posner, está o fato de que ele enfatiza em excesso o processo de imitação, e desconsidera, por exemplo, os efeitos da mobilidade do capital. Isso torna o modelo incapaz de prever a direção e o ritmo do comércio.

Outro modelo baseado nas diferenças na tecnologia de produção é o de R.Vernon (1966). O modelo de Vernon (conhecido como modelo do ‘ciclo do produto’) se diferencia do modelo de Posner porque esse último enfatiza o *tempo* levado para uma inovação representar uma vantagem comparativa que beneficia um país no mercado internacional, enquanto Vernon destaca o *processo de transição* de um produto diferenciado para um produto padronizado.

O argumento pode ser apresentado como um horizonte de tempo em quatro momentos.

Em um primeiro momento, $t_1$, o país desenvolvido A é inicialmente exportador de um novo produto com posição monopolística no mercado. No momento $t_2$ a produção de alguns países desloca as exportações do país A em alguns mercados. No momento $t_3$, a produção externa passa a ser competitiva em terceiros mercados, reduzindo ainda mais as exportações de A. Finalmente, no momento $t_4$,a produção de terceiros países passa a ser competitiva no próprio mercado de A.[4]

Esse enfoque não apenas torna desnecessárias as considerações sobre estoques de fatores de produção, como traz à consideração aspectos implícitos no modelo, como o grau de proteção ao inovador e outros – que serão considerados em mais detalhes no Capítulo 3 – como o papel da diferenciação de produtos e a concorrência imperfeita nos mercados de produtos.

O modelo do Ciclo do Produto permite ressaltar algumas características do processo produtivo e da estrutura da demanda, por tipo de produtos, como resumido a seguir.

Características do Ciclo do Produto

| **Características** | **Produto Novo** | **Produto Padronizado** |
|---|---|---|
| Produção | produção em pequena escala | produção em grande quantidade |
| Tecnologia | técnicas sendo criadas/adaptadas | poucas variações |
| Tipo de Mão-de-obra | cientistas e engenheiros | trabalhadores pouco qualificados |
| Tipo de Mercado | mercado de vendedores | mercado de compradores |
| | informação limitada | informação facilmente disponível |

[4] O exemplo mais comumente referido é a presença marcante de fornecedores asiáticos de produtos e componentes de informática no mercado dos Estados Unidos.

Esse modelo pode ser ilustrado graficamente como se vê na Figura 2.10.

Entre $t_0$ e $t_1$, temos a etapa de novo produto. Entre $t_1$ e $t_2$, o período de amadurecimento do produto. E, a partir de $t_2$, a fase em que o produto atinge a etapa de produção padronizada, quando parte do consumo interno é satisfeita com importações.

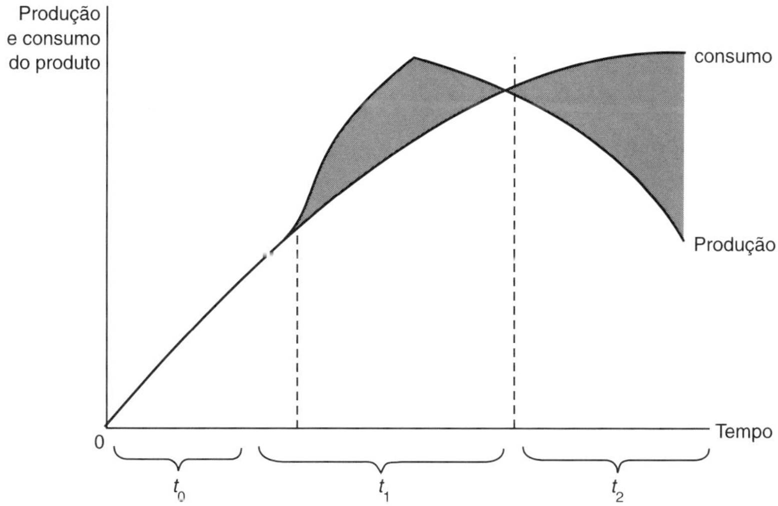


**Figura 2.10**

## Palavras-chave

- Vantagem Comparativa
- Heckscher-Ohlin
- País pequeno
- Especialização completa
- Mercantilismo
- Modelo 2x2x2
- Fronteira de possibilidades de produção
- Curva de indiferença social
- Termos de troca
- Equalização de preços de fatores
- Ciclo do produto

## Exercícios

1. Que são vantagens comparativas de um sistema econômico? Ilustre e discuta as implicações para a análise e o desenho de políticas econômicas.
2. Explique o significado, ilustre em termos gráficos e discuta os conceitos de intensidade de uso de fatores e de abundância relativa de fatores.

3. O que é o chamado "Paradoxo de Leontief"? Que explicações têm sido dadas para esses resultados?
4. Por que razões a equalização de preços de fatores é tão rara na prática?
5. O que é o chamado "ciclo do produto"? Descreva sua formulação e ilustre com exemplos. Como essa formulação se compara com a de hiato tecnológico, como explicações para o comércio de produtos manufaturados?

## Referências bibliográficas


APPLEYARD, D. e FIELD, A. *International Economics: Trade Theory and Policy*. Cingapura: McGraw-Hill, 1998.

BHAGWATI, J. "The pure theory of international trade: a survey". *In:* AMERICAN ECONOMIC ASSOCIATION & THE ROYAL ECONOMIC SOCIETY. *Surveys of economic theory: growth and development*, vol. II, Londres: St. Martin's Press, 1972. V.2.

BLINDER, B. *An essay on trade and transformation.* Nova York: Wiley, 1961.

DRÉZE, J. "Quelques reflexions sereines sur l'adaptation de l'industrie Belge au Marché Commun". *Comptes rendus de travaux de la Société Royale d'Économie Politique de Belgique,* nº 275, dezembro, 1960.

ETHIER, W. *Modern international economics.* Nova York: W. Norton & Company, 1995.

HABERLER, G. *The theory of international trade.* Londres: W. Hodge and Co., 1936.

HECKSHER, E. "The effect of foreign trade on the distribution of income". *In:* ELLIS, H. S. & METZLER, L.A, (orgs.). *Readings in the theory of international trade.* Homewood: Irwin, 1949.

HEFFERNAN, S. e SINCLAIR, P. *Modern international economics.* Oxford: Basil Blackwell, 1990.

KRAVIS, I. "Availability and other influences on the commodity composition of trade", *Journal of Political Economy,* v. 64, abril, 1956.

LEONTIEF, W. "Domestic production and foreign trade: the american capital position re-examined", *Economia Internazionale,* v. 7, 1954.

LINDER, S.B. *An Essay on Trade and Transformation.* Nova York: Wiley, 1961.

MANESCHI, A. *Comparative advantage in international trade: a historical perspective.* Cheltenham, UK: Edward Elgar, 1998.

METZLER, A., (orgs.). *Readings in the theory of international trade.* Homewood: Irwin, 1941.

MCDOUGALL, D. A. "British and American Exports: a study suggested by the theory of comparative costs", part I, *Economic Journal,* v. 61, dezembro, 1951.

_________. "British and American exports: a study suggested by the theory of comparative costs", part II, *Economic Journal,* v. 62, setembro, 1952.

MINHAS, B. S. "The homohypallagic production function, factor intensity reversals, and the Hecksher-Ohlin Theorem", *Journal of Political Economy,* v. 70, abril, 1962.

OHLIN, B. *Interregional and international trade.* Cambridge: Harvard University Press, 1993.

POSNER, M. "International trade and technical change", *Oxford Economic Papers*, v. 13, 1961.

SAMUELSON, P. "International Trade and the Equalization of Factor Prices", *Economic Journal,* v. 58, No. 233, 1948.

SAMUELSON, P. "International factor-price equalization once again", *Economic Journal,* v. 59, nº 234, 1949.

SMITH, A. *The Wealth of Nations.* Chicago: The University of Chicago Press, 1976.

SODERSTEN, B. e REED, G. *International Economics.* Nova York: St. Martin's Press, 1994.

STERN, R. "British and American productivity and comparative costs in international trade", *Oxford Economic Papers*, v.14, outubro, 1962.

STOLPER, W. e SAMUELSON, P. "Protection and real wages". *In:* ELLIS, H.S. & _________. "International trade and the equalization of factor prices", *Economic Journal*, junho, v. 58, 1948.

VERNON, R. "International investment and international trade in the product cycle" *Quarterly Journal of Economics*, v. 80, 1966.

# Capítulo 3

## Economias de escala e concorrência imperfeita

O Capítulo 2 mostrou que – segundo o modelo de vantagens comparativas – os ganhos de comércio serão maiores entre economias mais díspares quanto à sua estrutura produtiva. No entanto, a evidência indica que o comércio internacional é mais intenso entre os países industrializados, os quais se supõe têm dotações parecidas de fatores de produção e estruturas produtivas semelhantes. Por exemplo, Dias (1989) mostra que o comércio entre países industrializados (o chamado comércio "Norte-Norte") correspondia a 47% das exportações totais mundiais em 1962. Em 1981, esse percentual havia se elevado para 52%. No caso dos produtos manufaturados (classificação SITC, seções 5 a 8), a participação do comércio entre esses países nas exportações mundiais era de 58% em 1962, e de 69% em 1983. Isso reforça a necessidade de explicações alternativas para as correntes de comércio.

O Capítulo 2 também mostrou algumas tentativas de explicação desse fenômeno a partir de diferenças no ritmo de inovação tecnológica. Contudo, essas formulações se caracterizam por um elevado grau de empiricismo, e relativamente baixo nível de formulação teórica.

Outros fatores explicativos, mais explorados recentemente pelos teóricos de comércio internacional, estão associados à existência de economias de escala (já de longa data identificada como um fator explicativo potencial do comércio: nos anos 30 Ohlin (1968) reconhecia que economias de escala poderiam ser fontes adicionais de definição dos fluxos de comércio, mas não considerava que sua importância superasse à da dotação relativa de fatores de produção), à existência de rendimentos crescentes no processo produtivo, e – associado a ambos – à existência de mercados não-concorrenciais. Como conseqüência, é possível derivar teoricamente explicações convincentes para a existência de intercâmbio entre dois países de produtos considerados semelhantes. Essa possibilidade é afastada pelo modelo de vantagens comparativas. Mas a constatação empírica da existência (predominância) de comércio entre produtos manufaturados há muito demanda uma explicação convincente.

Neste capítulo, são apresentados alguns dos modelos teóricos que compõem a chamada "nova teoria do comércio internacional", com ênfase em atributos relegados pelo modelo básico de vantagens comparativas.

## Economias de escala

A existência de economias de escala está associada à existência de retornos não-constantes de escala, um dos pilares do modelo de vantagens comparativas. Com retornos crescentes de escala, a uma variação de um ou mais fatores de produção corresponderá um aumento da produção mais do que proporcional àquela variação.

Essas economias de escala podem ser:

a. internas à firma – quando cada firma pode obter custos médios mais baixos se produz em escala crescente. Isso é possível porque em níveis de produção elevados torna-se mais factível a especialização dos trabalhadores em tarefas específicas e/ou o emprego de equipamentos especializados. Note que as economias de escala internas à firma não são consistentes com a hipótese de concorrência perfeita: por definição, aquelas firmas competitivas nas quais ocorrem ganhos de escala procurarão sempre aumentar a produção, e isso resultará em maior participação no mercado e, portanto, em violação da condição de concorrência perfeita.

b. externas à firma – quando o custo médio de cada firma depende do tamanho da indústria a que pertence; uma expansão da firma não altera seus custos médios se a indústria não se altera.

c. internacionais – resultantes da divisão internacional do trabalho. A existência de tais economias de escala depende do tamanho do mercado mundial, e não da concentração geográfica da produção. O custo médio da firma depende do tamanho da indústria em nível mundial. Essa lógica aplica-se evidentemente a empresas transnacionais, que operam em diversos países, podendo diferenciar suas linhas de produção em mercados distintos. Note que nesse caso as economias de escala são ao mesmo tempo internacionais e internas à firma.

A idéia mais simples de rendimentos crescentes externos à firma é a única compatível com a idéia de concorrência perfeita, uma vez que os rendimentos de escala são percebidos por cada firma em separado, mas aumentam de forma externa a elas. Existem três possibilidades: a) os rendimentos de escala em um setor podem aumentar com o aumento da produção daquele setor; b) os rendimentos de escala podem aumentar com o crescimento de *outro* setor; ou c) os rendimentos de escala podem aumentar com a produção daquele setor em nível mundial.[1]

Há (ao menos) três modelos mais conhecidos que associam a existência de economias de escala à determinação dos fluxos de comércio internacional.

O primeiro e mais conhecido é o modelo de Kemp (1964) (ver derivação formal em Bhagwati e Srinivasan (1984), Capítulo 26).

Kemp supõe: a) um modelo com dois países e dois produtos; b) economias de escala externas à firma; c) os ganhos de escala de uma firma dependem da produção de outra firma; d) dada a relação entre preços de fatores, a escolha do processo produtivo independe do nível de produção; e) a intensidade das economias de escala é semelhante em ambos os setores.

Isso permite derivar uma fronteira de possibilidades de produção convexa em relação à origem, como indicado na Figura 3.1, supondo que o grau de economias de escala em ambos os setores é intenso o suficiente, de modo a assegurar um formato como o ilustrado a seguir.

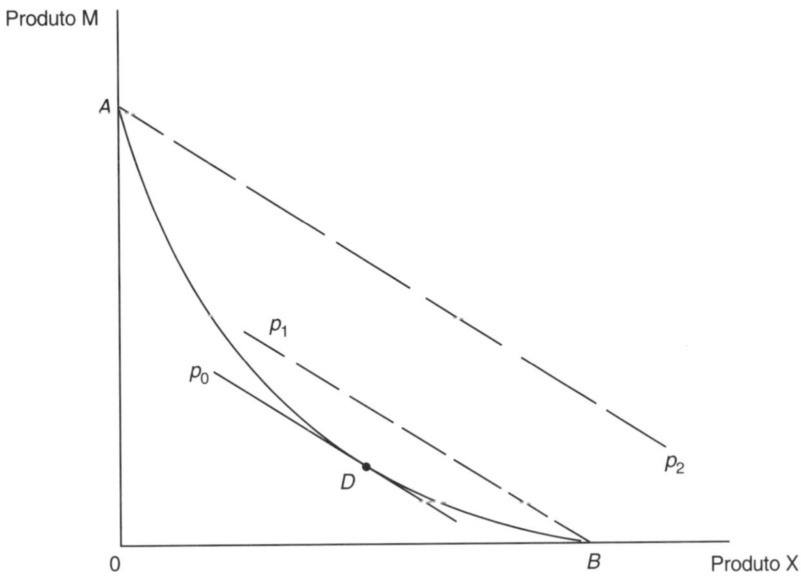


**Figura 3.1**

No ponto D há tangência entre a fronteira de possibilidades de produção e a relação entre os preços dos produtos $\left(\frac{P_X}{P_M}\right)$ indicada como $P_0$, correspondente à situação de equilíbrio sem comércio internacional. Isto é, nesse ponto, a relação entre os preços de X e de M é igual à relação entre os Custos Marginais de produzir X e M.

[1] Uma quarta possibilidade seria que os rendimentos crescentes aumentassem com a produção de *todos* os setores.

Existem, contudo, outras duas possíveis posições de equilíbrio, o que torna o equilíbrio em D instável.

As relações de preços $P_0$, $P_1$ e $P_2$ são idênticas (paralelas). Mas em um ponto como B (especialização completa na produção de X), por exemplo, a relação $\left(\frac{P_X}{P_M}\right)$ entre os preços dos produtos é maior que a relação entre os Custos Marginais de produzir X e M: a curva $P_1$ é mais inclinada que a fronteira de possibilidades de produção. Assim, B é um ponto de equilíbrio mais estável que o ponto D: não haveria estímulo para a economia – uma vez atingido B – regressar a D.

De modo semelhante, um ponto como A é igualmente estável, com especialização completa na produção de M.

Com a existência de comércio internacional, e a determinação de nova relação de trocas, o padrão de especialização no comércio dependerá de como a relação entre os preços dos produtos no mercado internacional se compara a essa mesma relação no mercado interno.

Temos três possibilidades:

a. se a relação $\left(\frac{P_X}{P_M}\right)$ internacional for maior que a $\left(\frac{P_X}{P_M}\right)$ interna, a produção de X será tanto mais rentável quanto mais X se produza, e isso leva à especialização completa em X;

b. se a relação $\left(\frac{P_X}{P_M}\right)$ internacional for menor que a $\left(\frac{P_X}{P_M}\right)$ interna, o equilíbrio ocorrerá com especialização em M;

c. no caso de igualdade entre as duas relações de preços, a especialização poderá ocorrer em X, em M, ou em alguma combinação dos dois, dependendo nesse caso da condição determinada pela estrutura de demanda.

Esse modelo chama a atenção para dois aspectos importantes. Primeiro, a diferença do modelo de vantagens comparativas e a existência de economias de escala permitem uma variedade de possibilidades, e não é mais trivial a previsão quanto ao padrão de especialização.

Segundo, uma situação de comércio livre (sem barreiras) pode não ser mais suficiente para assegurar ganhos de bem-estar social.

Por exemplo, na Figura 3.2 (baseada em Bhagwati e Srinivasan, 1984), uma economia que em isolamento tivesse sua estrutura de produção especializada em M (ponto A) e mantivesse esse padrão com uma relação de preços internacionais como $P_2$ teria claros benefícios em termos de bem-estar. No entanto (e dada a suposição (e) anterior, de que a intensidade de economias de escala é semelhante em ambos os setores), uma opção por especializar-se em X (ponto B) levaria a perdas (ponto $C_B$), mesmo com idêntica relação de trocas.

Note que o modelo de Kemp se baseia em uma situação peculiar, em que ambos os setores considerados apresentam rendimentos crescentes de escala. De fato, o aspecto essencial é que um dos setores apresente economias de escala.

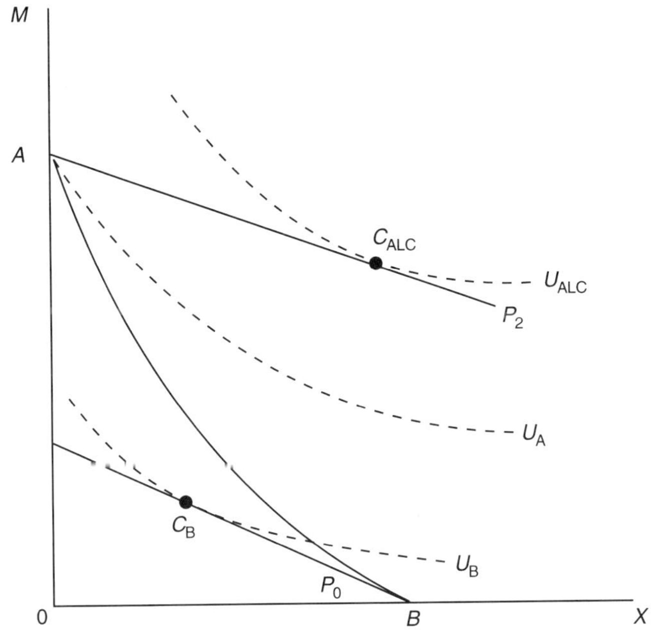


**Figura 3.2**

No entanto, é fundamental não se perder de perspectiva que o formato resultante da curva de possibilidades de produção – freqüentemente apresentado como convexo em relação à origem quando existem economias de escala – é de fato um resultado líquido do ocorrido nos dois setores.

Além dessa possibilidade de ambos os setores apresentarem rendimentos crescentes, é possível a um dos setores ter rendimentos constantes ou decrescentes, mesmo os rendimentos decrescentes em um setor mais do que compensando os rendimentos crescentes no outro. Se o efeito líquido varia para níveis distintos de produção, os custos de oportunidade da produção podem ser crescentes para certos segmentos da fronteira de produção e decrescentes em outros. A Figura 3.3 ilustra esse ponto.

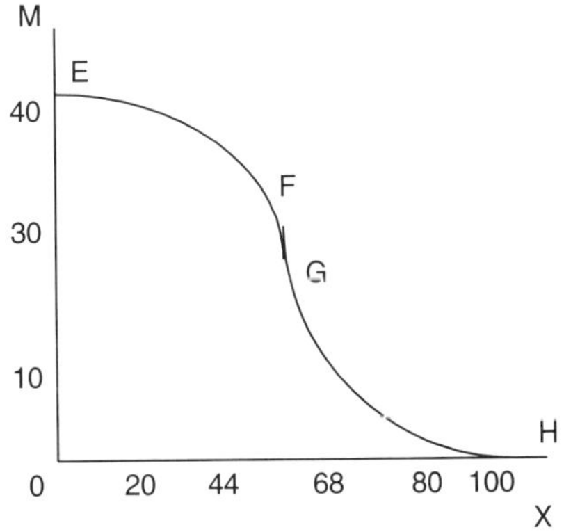


**Figura 3.3**

Note que o setor X apresenta inicialmente rendimentos decrescentes, enquanto o setor M apresenta rendimentos inicialmente crescentes, e logo depois decrescentes. Isso dá origem a um formato peculiar da fronteira de produção, como esse mostrado na Figura 3.3, com um trecho – entre os pontos E e F – em que os custos de oportunidade são crescentes, e um trecho – entre os pontos G e H – em que os custos de oportunidade são decrescentes. Essa última situação é a que freqüentemente representa a existência de economias de escala. Mas não se deve perder de perspectiva que ela corresponde a um efeito líquido das situações encontradas nos dois setores.

Outro modelo de explicação de comércio com base em economias de escala é o de Panagariya (1980), que difere do de Kemp por supor um único fator de produção, trabalho, usado no processo produtivo em ambos os setores. Nesse modelo, a produção da firma depende do volume de produção do setor a que ela pertence, e cada firma atua como se não tivesse poder de influenciar as decisões das demais firmas do setor. Supõe, além disso, que a indústria M é sujeita a rendimentos crescentes de escala, enquanto a indústria X apresenta rendimentos decrescentes de escala, e que o estoque de mão-de-obra é dado, constante.

Nessas condições, a fronteira de possibilidades de produção será convexa em relação à origem nas proximidades do eixo correspondente ao setor X, e côncava em relação à origem nas proximidades do eixo correspondente ao setor M (como na Figura 3.3). Panagariya mostra que nessas circunstâncias as possibilidades de equilíbrio estão limitadas à especialização completa no produto M ou em algum ponto correspondente à especialização incompleta.

Assim, para uma economia "pequena" (com relação de preços de produtos dada) não haveria possibilidade de especialização no setor com rendimentos crescentes de escala. Nesse caso, temos uma situação na qual a abertura ao comércio pode ser pior em termos de bem-estar social do que a preservação de uma situação de isolamento, exceto se existir algum mecanismo internacional de compensação, ou alguma estrutura de estímulos internos à produção no setor X.

Outro modelo foi proposto por Krugman (1979). À diferença dos anteriores, esse modelo associa a existência de economias de escala (internas à firma) a uma estrutura de mercado de tipo monopolística (de tipo Chamberlin: cada firma tem algum poder relativo no mercado, mas a existência de ganhos atrai novos competidores, reduzindo as margens de lucro e, portanto, o grau de imperfeição da concorrência).

O modelo de Krugman está baseado na existência de um único fator de produção, o trabalho (assim como outras hipóteses convencionais, como a existência de mesma função de utilidade para todos os indivíduos na economia, pleno-emprego de fatores, todos os produtos são fabricados com a mesma função de custos, e outras).

O tamanho reduzido de cada firma em relação ao conjunto da economia faz com que os efeitos de suas decisões sobre as decisões das demais possam ser ignorados na análise. Mas as tentativas de maximização de lucro sempre terão êxito em prazo curto, uma vez que atrairão novos concorrentes.

A análise de Krugman está baseada em condições mais bem representadas no gráfico mais relevante do seu artigo, reproduzido aqui como Figura 3.4, que relaciona o consumo *per capita* de um produto característico a seu preço em termos de salários.

A curva PP mostra a relação entre o preço do produto e o custo marginal de sua produção. Isso pode ser mostrado como sendo $P_i = RMg_i \frac{e_{Di}}{e_{Di} \quad 1}$, em que $P_i$ é o preço do i-ésimo produto; $RMg_i$, a receita marginal (receita para a firma associada à produção de uma unidade adicional de i); e $e_{Di}$, a elasticidade da demanda pelo produto i.

À medida que aumenta o consumo de i, aumenta seu preço (medido em unidades de salário); portanto, PP tem inclinação positiva. Mas, com o aumento do consumo, a demanda torna-se menos elástica; então, PP tem o formato indicado na Figura 3.4.

A curva ZZ mostra a condição de lucro zero no longo prazo, por causa da entrada de novas firmas no mercado. Ela pode ser entendida a partir da condição: Lucro = Receita – Custos. A Receita é igual a Preço x Quantidade, e os custos – nesse modelo – são iguais aos custos com o pagamento da mão-de-obra empregada (a mão-de-obra empregada na produção de cada item é, por hipótese, uma função linear da quantidade produzida: $L_i = a + b Q_i$). Assim, a condição de lucro zero no longo prazo é:

$$PQ - (a + bQ) W = 0, \text{ que pode ser reescrita como } PQ = (a + bQ) W, \text{ ou}$$

$$P/W = (a + bQ) / Q, \text{ que pode ser reescrita como } P/W = b + a/Q.$$

Como a produção total, Q, é por definição igual à força de trabalho multiplicada pelo consumo *per capita*, chega-se à expressão $P/W = b + a/(Lc)$. Conforme aumenta o consumo *per capita*, aumenta a produção, há apropriação de ganhos de escala, e uma pressão à baixa sobre os preços, com redução da margem de lucro.

A curva ZZ indica que ao mesmo tempo em que aumenta o consumo *per capita*, há ganhos de escala, e os preços se reduzem (em relação ao salário). Nos pontos acima de ZZ, os lucros são maiores que zero, estimulando a entrada de novas firmas e trazendo a posição de volta à curva ZZ. Um aumento na dotação de fator de produção (aumento no estoque de mão-de-obra) desloca a curva ZZ para a esquerda (Z'Z'), uma vez que torna o consumo *per capita* correspondente a níveis mais baixos de preço de produção em termos de salário (com aumento da quantidade produzida e do número de itens produzidos).

A análise de Krugman para demonstrar a possibilidade de comércio supõe que existem duas economias exatamente iguais, com tecnologias e estruturas de demandas idênticas (e, portanto, preços e salários). A teoria convencional eliminaria a possibilidade de existir comércio entre elas.

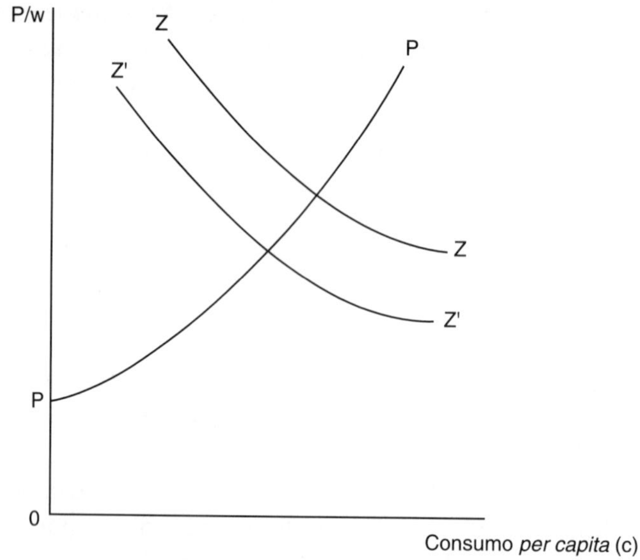


**Figura 3.4**

Seu argumento é de que – ao contrário dos modelos convencionais – é possível haver comércio entre as duas economias, e ganhos para ambas, derivados desse comércio.

A razão pela qual se torna possível a existência de intercâmbio entre essas economias é que a abertura do mercado da outra economia amplia o tamanho do mercado percebido por cada firma. Com esse mercado ampliado, passam a operar os ganhos derivados das economias de escala, reduzindo os custos de produção para todos os itens fabricados. O efeito é semelhante ao de um aumento na oferta de mão-de-obra, deslocando a curva ZZ para a esquerda.

Como resultado, haverá um triplo efeito positivo do comércio: a) um aumento na escala de produção; b) maior variedade de produtos disponíveis para o consumo, e c) os benefícios afetarão a todos os indivíduos do sistema, aumentando o nível de bem-estar social em proporções maiores do que o previsto pelos modelos convencionais.

O volume do comércio internacional resultante é previsível, uma vez conhecidos o tamanho da força de trabalho em cada economia e o percentual do consumo de cada indivíduo destinado à produção do outro país.

Não é possível estabelecer nesse modelo, no entanto, é o padrão de especialização – qual país exportará o quê. Tudo o que se pode dizer é: cada variedade de mercadoria será produzida em um único país, porque o modelo afasta a possibilidade de as firmas competirem pelos mesmos mercados.

Como o próprio Krugman ressalta no seu artigo, a dupla condição de que o volume de comércio é determinado, mas não a composição dos fluxos de comércio, corresponde à mesma linha de argumentação derivada do modelo de Linder (ver seção "Modelos baseados na demanda interna" no Capítulo 2).

A grande contribuição desse modelo de Krugman é mostrar que a existência de economias de escala abre enormes possibilidades para a existência de intercâmbio, mesmo em situações de semelhança nas dotações de fatores.

## Concorrência imperfeita

Se o relaxamento da hipótese de rendimentos constantes de escala leva, como visto na seção "Economia de escala" anteriormente neste capítulo, à existência de comércio em bases distintas daquelas previstas pela teoria convencional, o mesmo pode ser dito do relaxamento da hipótese de concorrência perfeita. Neste caso, contudo, as possibilidades que passam a existir em relação à composição dos fluxos comerciais são ainda mais variadas, dada a multiplicidade de modelos de concorrência imperfeita.

Existem, como se sabe, duas situações tópicas em termos de estrutura de mercado. Quando o número de firmas é grande, temos uma situação de concorrência perfeita. Quando existe um único produtor, uma situação de monopólio. Os casos intermediários caracterizam situações de concorrência imperfeita, a qual – como o próprio nome indica – associa características dos dois casos limites. É precisamente porque pode existir uma variedade enorme de situações intermediárias que se torna impossível esgotar todas as possibilidades. A seguir são apresentados apenas alguns casos.

O modelo mais tradicional é o de Cournot (1838) (para mais detalhes, ver Heffernan e Sinclair, 1990). Ele é baseado em hipóteses bastante restritivas, como: a) os produtos de cada firma são homogêneos; b) o objetivo das firmas é maximizar lucros; c) cada firma define seu nível de produção; d) cada firma considera que seus rivais não reagirão às suas decisões; e) os custos marginais das firmas são comuns e horizontais; f) o número de firmas é exógeno.

O suposto (d) constitui o centro do modelo de Cournot. Os supostos (b) e (c) implicam que as firmas definirão sua produção levando em conta apenas a relação entre sua receita marginal e seus custos marginais (pela hipótese (e), iguais para todas as firmas). Quanto maior o número de firmas em operação no mercado, menor a diferença entre a receita marginal e os custos marginais; portanto, mais próximo o mercado de um perfil de concorrência perfeita.

Suponhamos agora a existência de dois países, A e B, de tamanho semelhante, com estruturas de demanda idênticas e o mesmo número de firmas. A produção em A e em B será igual. Pela ótica convencional, não haveria comércio entre os dois países.

Entretanto, o modelo permite prever a existência de comércio entre A e B. O argumento é de que caso não houvesse comércio, o número de firmas em cada país seria a metade do número de firmas totais no mundo (dado que o modelo considera apenas dois países), o que tornaria os preços excessivamente elevados. As firmas do outro país seriam atraídas a vender no exterior, pois perceberiam uma oportunidade para obter receitas marginais mais elevadas do que se operassem apenas no próprio país de origem.

Esse comércio poderia ser desbalanceado (um dos países sendo superavitário em relação ao outro) se, além disso, houvesse diferenças nas estruturas de demanda ou um número desigual de firmas entre os dois países.

Em termos de impacto sobre o nível de bem-estar, esse modelo abre a possibilidade de que uma situação de isolamento possa ser superior à existência de comércio. Como o comércio traz um benefício aos consumidores porque reduz o nível de preços, pode dar-se a situação em que a redução no excedente dos produtores de um país (queda na sua taxa de lucro) supere a elevação do excedente dos consumidores (se as curvas de demanda forem muito diferentes nos dois países), de tal modo que como resultado líquido haja uma perda em termos de bem-estar social.

Se relaxarmos o suposto (b) e considerarmos a possibilidade de as empresas privilegiarem o aumento de suas vendas e não a maximização de lucro, obteremos como resultado que uma empresa com esse perfil produzirá mais do que suas concorrentes que buscam maximizar lucro. Essa elevação da produção acabará trazendo o nível de preços próximo aos custos marginais. O resultado é semelhante ao da entrada de novas firmas no mercado, no modelo de Cournot.

No entanto, é possível que se uma empresa busca maximizar suas vendas enquanto suas rivais têm como meta maximizar lucros, a primeira empresa poderá acabar lucrando mais que as outras, em virtude de o maximizador de vendas produzir mais com a mesma margem de lucro que seus rivais (Vickers, 1985). Em um cenário internacional oligopolista, os acionistas e os governos estimulam suas empresas a maximizarem o volume de vendas, o que tem efeitos sobre a composição da pauta de comércio e sobre o equilíbrio comercial.

Se relaxarmos – no modelo de Cournot – o suposto (c), de que cada empresa define sua produção, isso dá margem à existência de conluio entre empresas para determinação de preços, com a formação de cartéis, com preços mais altos, menos produção e menor número de empresas. Esse comportamento será tanto mais fácil de se obter quanto mais "nacional" for o cartel: como os acordos entre empresas requerem o intercâmbio de informações sobre as decisões individuais de cada empresa, assim como mecanismos de punição para aquelas empresas que não cumpram com os acordos, é menos 'fácil' a formação de cartéis em nível internacional.

É possível imaginar também que, ao fixarem seu volume de produção, as empresas levem em consideração as reações dos competidores, à diferença do estabelecido pelo suposto (d). Segundo o modelo de Cournot, as firmas reduzem sua produção em resposta a um aumento por parte de um competidor. Isso abre a possibilidade de que uma firma procure forçar esse tipo de reação aumentando a própria produção. No caso de haver uma única firma com esse procedimento, o país de origem dessa firma será mais provavelmente um exportador líquido, aumentando sua oferta exportadora acima da oferta dos demais países (embora com efeitos negativos sobre sua relação de trocas).

Outros resultados podem ser obtidos se (à diferença do suposto (e)) houver diferenças entre as curvas de custos marginais de diversas empresas. A implicação que nos interessa aqui – do ponto de vista internacional – é a de um país cujas empresas tenham custos mais elevados tender a produzir menos, portanto, a importar.

De modo semelhante, se (à diferença do suposto (f)) houver possibilidade de entrada de novas empresas e saída de empresas, se não existirem custos fixos e se as novas empresas tiverem as mesmas condições (isto é, acesso à informação, à tecnologia etc.) que as empresas em operação no mercado, o número de empresas tenderia a aumentar até a estrutura de mercado se aproximar de uma concorrência perfeita.

Mais interessante é o caso de existência de custos fixos. Se os custos fixos de produção forem altos em relação ao tamanho da demanda em nível mundial, o mercado é considerado um "oligopólio natural": dificilmente haverá possibilidade de entrada de novos competidores. Um exemplo freqüentemente referido a esse respeito é o setor de empresas construtoras de aeronaves, em que os custos elevados em termos não apenas de estoque de capital requerido, mas de conhecimento e requerimentos de pesquisa são uma barreira 'natural' à entrada de concorrentes.

Em uma concorrência monopolística, as firmas oferecem a seus consumidores produtos diferenciados. Os produtos podem ser semelhantes, mas diferem em termos de sua posição geográfica, de modo que os consumidores se deparam com custos distintos de transporte, ou os produtos podem apresentar características diferenciadas, levando à existência de mercados diferenciados. Essa última possibilidade será vista na próxima seção.

A análise básica para o caso da diferenciação geográfica vem de Hotelling (1929), com análise de um duopólio espacial. Como ele mostrou, se os preços dos produtos forem determinados de forma exógena, os dois produtores se posicionarão no mesmo ponto, ao centro do mercado (uma empresa que se afastasse faria menos negócios e teria menores ganhos que sua rival). Salop (1979) mostrou que o número de firmas depende do tamanho do mercado e do nível de custos fixos. Dixit e Stiglitz (1977) introduziram o conceito de preferência dos consumidores por variedades dos produtos.

Como resultado das análises desses modelos e inferências para o comércio internacional, temos (Heffernan e Sinclair, 1990) – do modelo de Salop – que uma economia mais populosa tende a ter um número maior de empresas, preços mais baixos e menores custos de transporte. Se a economia fosse isolada do resto do mundo, ela teria um número muito maior (o dobro) de firmas, de modo a poder minimizar a soma de custos fixos e custos de transporte. Do modelo de Dixit/Stiglitz, deduzimos que quanto maior for uma economia, maior será não apenas o volume de produção, mas também a variedade de produtos.

Assim, como os modelos de Salop e Dixit e Stiglitz sugerem, os preços dos itens produzidos em concorrência monopolística serão mais baixos em economias maiores do que em países pequenos. Para que disso não resulte as economias maiores serem exportadoras líquidas, as funções de custos para todas as firmas em todos os países precisam ser iguais, com preços de fatores e tecnologias semelhantes. Nesse caso, o tamanho do país de origem seria irrelevante.

Em resumo, a consideração de cenários em que a estrutura de mercado difere de concorrência perfeita permite derivar uma quantidade grande de possibilidades, com conseqüências variadas sobre o ritmo e a composição do comércio internacional.

## Diferenciação de produtos

A possibilidade de os consumidores terem sua demanda influenciada por atributos distintos dos produtos permite analisar a diferenciação de produtos aparentemente homogêneos, mas que se distinguem por algum atributo específico.

Dois tipos de diferenciação são considerados:

a. *Diferenciação vertical* – nesse caso, os consumidores privilegiam algum atributo associado à qualidade do produto. Assim, por exemplo, automóveis de uma determinada marca podem ser considerados superiores a outros de outras marcas, pelo fato de os primeiros oferecerem algum tipo de item (barras laterais para a segurança dos passageiros, por exemplo). Nesse caso, um consumidor com acesso a um automóvel do primeiro grupo sentirá um grau de satisfação maior do que se tivesse de se contentar com os veículos do segundo grupo. Note-se que nos dois casos trata-se de automóveis cuja utilidade básica – transporte de passageiros – é atendida em ambos os casos.

b. *Diferenciação horizontal* – nesse caso, a variedade dos produtos está associada a suas características, efetivamente percebidas (odor de um perfume) ou inferidas (o efeito decorativo da embalagem de um perfume).

A existência de produtos semelhantes, mas que possuem características específicas que os diferenciam segundo algum desses critérios abre – do ponto de vista do comércio internacional – a possibilidade de que venhamos a ter intercâmbio entre dois países, com exportações e importações simultâneas de produtos normalmente classificados como idênticos. O chamado comércio intra-setorial é tratado na seção a seguir.

## Comércio intra-setorial[2]

A idéia de comércio intra-setorial só veio a ter um tratamento teoricamente mais sólido a partir da década de 1960. Por muito tempo, esse tipo de intercâmbio foi considerado como não muito mais do que uma 'curiosidade estatística'. De fato,

[2] A maior parte da literatura refere-se a "comércio intra-industrial", limitando ao setor manufatureiro a existência desse tipo de intercâmbio. De fato, é aí que esse tipo de transações é mais freqüente e a teoria explicativa para esse tipo de comércio é mais próxima a produtos manufaturados. Mas – como é mostrado na exposição – já desde o início do século XX a constatação de simultaneidade de fluxos de comércio em produtos semelhantes abrangia produtos não-manufaturados. Daí a preferência pela denominação mais genérica.

esse é um dos exemplos mais evidentes do hiato de tempo entre a constatação da evidência e sua aceitação pela teoria econômica.

As primeiras referências datam do início do século XX, quando Taussig, em 1911 (Taussig, 1947), registrava como 'anomalia' a exportação e a importação simultâneas de artigos de lã entre a França e a Inglaterra, atribuindo-a a diferenças de marcas e de gostos dos consumidores. Na década de 1930, Haberler (1936) constatou fenômeno semelhante e o atribuiu a diferenças qualitativas entre as mercadorias exportadas e importadas, a flutuações sazonais na oferta, ao fato de as estatísticas de comércio (em nível nacional) refletirem o que ocorre em regiões diversas, com comportamento de oferta e demanda distintos e imperfeições de mercado, entre outros motivos.

Nos anos 60, o modelo de S.B. Linder (1961) (ver Capítulo 2) indicou a primeira formulação teórica para o comércio intra-setorial ao enfatizar as estruturas de demanda por faixas de renda *per capita* dos diversos países.

Nessa mesma época, Verdoorn (1960), analisando os efeitos da integração entre Bélgica, Holanda e Luxemburgo, encontrou evidências de dispersão de preços nos produtos comercializados e indicações de diferenças na qualidade ou no tipo de produtos. Balassa (1966), ao analisar o comércio intra-europeu, concluiu que a redução das barreiras comerciais entre os países do Mercado Comum levou a uma especialização intra-setorial. H.Grubel (1967) encontrou igualmente evidências de que o aumento do comércio intra-Mercado Comum Europeu ocorreu precisamente naqueles produtos mais passíveis de diferenciação e tentou uma explicação teórica para esses resultados (Grubel, 1970). Porém, foi apenas em 1975, com o trabalho conjunto de Grubel e Lloyd (Grubel e Lloyd, 1975), que o tema passou a ter tratamento empírico definitivo.

Antes da teorização explicativa, a literatura sobre comércio intra-setorial se concentrou no debate sobre a procedência ou não da própria evidência empírica.

Diversos métodos para averiguação da intensidade desse tipo de comércio foram propostos por diversos autores.[3] O mais usado, no entanto, é o índice proposto por Grubel e Lloyd (1975), que tem o seguinte formato:

$$I_{GL} = \frac{\sum_{i=1}^{n}(X_i + M_i) - \sum_{i=1}^{n}|X_i - M_i|}{\sum_{i=1}^{n}(X_i + M_i)} \cdot 100, \qquad \text{com } 0 < I_{GL} < 1, \text{ e}$$

onde X = exportações, M = importações e i = cada produto considerado.

Esse índice tem ao menos dois tipos de problemas, que contribuíram para o relativo descrédito sofrido pelo tema das transações intra-setoriais durante um bom tempo.

[3] Ver, por exemplo, Verdoorn (1960), Michaely (1962), Aquino (1978), Balassa (1966), Linneman (1966), entre outros.

Primeiro, as estimativas de $I_{GL}$ são sensíveis ao nível de agregação da classificação de produtos. Quando estimado a um nível maior de agregação, o índice será sempre mais elevado. Podemos citar como exemplo estimativas com base em dados para setores ou capítulos; uma alternativa mais aceitável é estimar os índices para produtos individuais e a partir daí agregá-los – idealmente segundo algum critério de ponderação – a capítulos ou setores. Segundo, o índice tende a ser subestimado quando há desequilíbrio comercial, porque o segundo termo do numerador não se aproximará de zero, eliminando a hipótese (pouco provável) de se obter $I_{GL} = 0$.

Mais recentemente, os novos caminhos de formulação teórica abertos pelos modelos de Falvey (1981) e Krugman (1979) permitiram um tratamento mais rigoroso do tema (Sodersten/Reed, 1994).

O primeiro, Falvey, analisa o comércio intra-setorial a partir da diferenciação "vertical" dos produtos.

Em um modelo do tipo 2x2x2 (dois países, dois fatores, dois produtos), com o fator trabalho móvel entre setores enquanto o capital é fixo, suponha que um dos produtos (X) seja homogêneo e o outro (Y) seja diferenciado segundo algum atributo.

A base para a diferenciação de Y é a *qualidade*. A demanda por qualidades distintas depende da renda dos consumidores (e dos preços), de tal forma que os consumidores sempre preferirão consumir, digamos, $Y_2$, superior em qualidade em relação a $Y_1$. Cada consumidor compra um número dado de unidades de um ou ambos os produtos a cada período.

Do lado da oferta, para produzir uma unidade de Y de qualidade superior, uma empresa deve empregar mais capital por unidade de trabalho. Assim, por exemplo, para produzir uma unidade de Y (de qualquer qualidade) é necessária uma unidade de trabalho, e uma quantidade *q* de capital, sendo que quanto maior a qualidade, mais unidades de capital serão requeridas.

O custo de produção de uma unidade de Y de qualidade *q* no país A será dado por: $C_A(q) = w_A + q\, r_A$. E no país B por: $C_B\,(q) = w_B + q\, r_B$.

Suponha agora que o país A seja abundante em mão-de-obra: $w_B > w_A$ e $r_B < r_A$.

Haverá algum $q^*$ que iguale o custo unitário em ambos os países:

$w_B + q^*\, r_A = w_B + q^*\, r_B$, e, portanto, $q^* = \frac{w_A \quad w_B}{r_A \quad r_B}$, o que permite reescrever a diferença de custos entre países em termos da qualidade dos produtos:

$$C_A\,(q) - C_B\,(q) = \frac{w_A \quad w_B}{q^*}\,(q - q^*)$$

O país A terá vantagem comparativa na produção e na exportação de um produto de qualidade *q* quando o custo de produzir essa variedade for menor do que em B: $(C_A\,(q) < C_B\,(q))$.

Como $w_B > w_A$, o país B (abundante em capital) terá vantagem comparativa naqueles produtos de qualidade superior, em cuja produção é empregada uma quantidade maior de capital.

Se houver demanda por produtos de baixa e de alta qualidade haverá comércio intra-setorial no produto Y, com o país B exportando variedades de alta qualidade, e o país A exportando produtos intensivos em mão-de-obra (X) e produtos Y (intensivos em capital) de qualidades mais baixas.

### A incidência do comércio intra-setorial

A incidência de comércio intra-indústria tem aumentado de forma expressiva nas últimas décadas. Esse tipo de transações também é encontrado com mais facilidade em alguns setores que em outros.

Por exemplo, no seu trabalho já clássico sobre o tema, Grubel e Lloyd (1975) já encontravam (Tabela 3.1, p. 31) que em 1967 os índices médios (para dez países) variavam entre 66% para produtos químicos e 30% para alimentos e animais vivos, lubrificantes e outras matérias-primas. Também fica claro a partir de suas estimativas que há razoável disparidade da importância desse tipo de comércio entre países. Assim, para 1967 o índice médio para o conjunto das mercadorias variava entre 22% no Japão e 71% no Reino Unido.

Greenaway e Milner (1986) apresentam (Tabela 6.1, p. 82) os seguintes índices de Grubel-Lloyd para os anos de 1937, 1960 e 1969, confirmando as diferenças setoriais:

| | **1937** | **1960** | **1969** |
|---|---|---|---|
| Metais | 37% | 57% | 68% |
| Mecânica | 25% | 34% | 43% |
| Material de Transporte | 17% | 34% | 64% |
| Produtos Químicos | 34% | 33% | 34% |
| Têxteis | 28% | 31% | 49% |

Globerman e Dean (1986) mostram que o crescimento da incidência de comércio desse tipo foi intenso nas décadas de 1960 e 1970 entre os países da OCDE, mas que para alguns outros países industrializados houve uma inflexão nesse ritmo de aumento nos anos 80. Para um conjunto de 11 países, os índices de comércio intra-indústria foram mais altos em 1980 que em 1975 em 9 casos, e mais altos em 1985 que em 1980 em apenas 5 casos.

Já os países da América Latina aparentemente por essa época aumentaram a importância relativa de suas transações intra-setoriais a níveis comparáveis aos dos países industrializados.

Estimativas (Baumann, 1994) de índices Grubel-Lloyd para países selecionados no ano de 1988 indicaram uma relativa concentração dos setores em que esse índice superava os 50%, segundo atributos de emprego fatorial e intensidade tecnológica. Foram analisados os dados de comércio dos Estados Unidos, Alemanha Ocidental, Reino Unido, França, Itália, Japão e o conjunto de 12 países que formam a ALADI.

A maior parte dos casos de incidência desses índices relativamente elevados estava concentrada em: a) setores intensivos em mão-de-obra e recursos naturais – entre 8% dos casos (ALADI) e 10% dos casos (Estados Unidos); b) indústrias maduras, intensivas em mão-de-obra e com baixo conteúdo tecnológico – entre 26% dos casos (Itália) e 35% dos casos (ALADI); c) indústrias novas, intensivas em mão-de-obra, com conteúdo tecnológico médio – entre 10% dos casos (ALADI) e 18,6% (Reino Unido); d) indústrias novas, intensivas em capital, com conteúdo tecnológico médio – entre 6% dos casos (Reino Unido) e 7% (ALADI e Estados Unidos).

Em termos de evolução no tempo, o gráfico a seguir – com índices estimados para produtos a cinco dígitos da classificação SITC – mostra que no comércio do Brasil com os Estados Unidos aproximadamente um terço do comércio é intra-setorial, enquanto nas transações com outros países do Cone Sul – Argentina em particular – esse índice se aproxima dos 40%, tendo sido mais intenso na segunda metade da década de 1990.

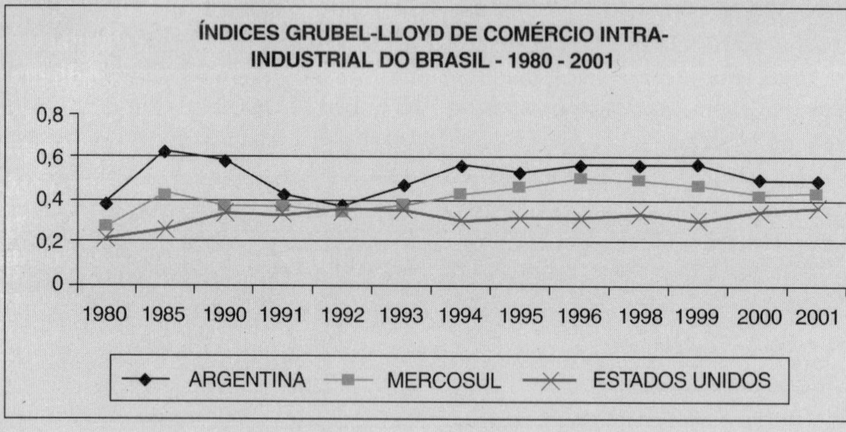


O modelo de Krugman enfatiza, de forma diferente do modelo de Falvey, a existência de diferenciação "horizontal" de produtos. De fato, a evidência empírica sugere que em mercados nos quais o comércio intra-indústria é expressivo, diversas empresas produzem mais de uma variedade de um dado produto, e em alguns casos têm facilidades de produção e distribuição localizadas em mais de um país (Greenaway & Milner, 1986).

Sua formulação pressupõe: a) apenas um fator de produção (trabalho); b) um grande número de empresas, cada uma produzindo uma variedade distinta de um produto X; c) perfeita mobilidade de entrada e saída de firmas no mercado; d) oferta de mão-de-obra fixa; e) cada consumidor tem a mesma função utilidade (dado o nível de consumo total, um aumento da variedade dos produtos aumenta o nível de bem-estar dos consumidores); e f) a demanda por mão-de-obra pela i-ésima empresa é dada por $L_i = \alpha + \beta x_i$ (cada empresa requer uma quantidade fixa de mão-de-obra, mais uma quantidade marginal determinada).

Em uma economia em isolamento do resto do mundo, os supostos (c), (d), (e) e (f) asseguram que uma variedade não será produzida ao mesmo tempo por duas empresas. No longo prazo, as empresas podem obter apenas lucros normais (como visto anteriormente, pela lógica chamberliniana a existência de lucros acima do normal atrai novos concorrentes, de modo que a margem de lucro tende ao ponto no qual o preço iguala o custo médio das empresas):

$$p_i = w\left(\frac{\alpha}{x_i} + \beta\right), \text{ em que w é a taxa de salário.}$$

Cada empresa produzirá exatamente a mesma quantidade de uma variedade, com o mesmo custo médio, e venderá ao mesmo preço. O número de empresas é determinado pelo estoque de mão-de-obra (uma vez que o gasto total com todas as variedades de produto deve ser igual aos pagamentos totais feitos ao fator trabalho).

Uma vez existindo comércio com o resto do mundo, suponha que exista outra economia idêntica à primeira, e inexistam barreiras comerciais e custos de transporte internacional.

Uma empresa em um país que produzia uma variedade idêntica à produzida no segundo país mudará sua produção para outra variedade que nenhuma outra empresa produza (uma vez que seus custos de produção serão os mesmos, independente da variedade).

Como resultado, cada variedade de produto será produzida por uma única empresa, de modo que cada variedade será produzida apenas em um país. O número de empresas não se altera em relação à etapa pré-comércio. O único ganho em termos de bem-estar é o aumento do número de variedades de produto à disposição dos consumidores.

Mais uma vez, existirá comércio de tipo intra-setorial, mesmo entre economias idênticas. O problema é que – como em outros modelos – não será possível prever qual variedade será produzida em qual país.

Entre outras implicações, a existência de comércio intra-setorial de magnitude considerável no total de comércio de um país faz com que a ampliação do grau de abertura de uma economia ao comércio com o resto do mundo envolva menores custos de ajuste do que no caso de haver apenas comércio inter-setorial: os fatores desempregados por uma empresa podem ser absorvidos por outras empresas do mesmo setor, e o tipo de habilidade produtiva requerida é o mesmo; portanto, os custos de treinamento são mais baixos.

De modo semelhante, é possível argumentar que a existência de comércio de tipo intra-setorial cria uma certa "dependência" dos processos produtivos de dois países, reduzindo até certo ponto a probabilidade de imposição de barreiras comerciais por parte de um dos países, em razão de a percepção de dano causado por importações ser menos imediata e mais difusa.

## Comércio intrafirma

A chamada "nova teoria de comércio" exposta na seção anterior foi um indiscutível avanço metodológico, ao associar organização industrial e determinação de fluxos de comércio. A incorporação de elementos como rendimentos de escala, concorrência imperfeita e diferenciação de produtos permite conceber a especialização no comércio em produtos que não correspondem à dotação relativa de fatores produtivos, bem como dá margem a processos produtivos complementares, entre plantas produtivas situadas em países distintos, levando à intensificação de transações intrafirma.

O argumento básico para a existência desse tipo de comércio é o de que, para certos tipos de produtos, a integração vertical internacional dos processos produtivos pode ser uma pré-condição para a eficiência produtiva.

### A dificuldade em quantificar o comércio intrafirma

O reconhecimento da importância do comércio entre duas ou mais unidades de uma mesma empresa situadas em países distintos é relativamente recente. Isso tem imposto uma dificuldade empírica na avaliação da real importância desse tipo de transação para cada país.

A confiabilidade da pouca informação disponível é um problema adicional. Em vista de existirem artifícios como mecanismos de preço-transferência (quando uma empresa transnacional transfere renda de ou para sua subsidiária operando em outro país em função de diferenciais de tributação, que por sua vez variam a cada período), os dados de exportação e importação de uma empresa podem de fato estar refletindo subvaloração ou supervaloração das exportações e importações realizadas pela empresa.

Soma-se a isso o problema da classificação dos dados entre setores produtivos, o que contribui para aumentar o grau de dificuldades com o qual o pesquisador se depara.

O país para o qual as informações são mais facilmente disponíveis são os Estados Unidos, que disponibilizam com regularidade dados relativos às operações de subsidiárias de empresas norte-americanas com suas matrizes.

Segundo a OCDE (1992), em 1989 o comércio de tipo intrafirma das empresas norte-americanas correspondia a mais da terça parte do comércio externo total dos Estados Unidos naquele ano.

No caso do Brasil, a fonte primária desse tipo de informação é o Censo do Capital Estrangeiro, feito pelo Banco Central do Brasil. Esse Censo foi realizado em 1995 e em 2000. Segundo os dados divulgados, as transações de tipo intra-firma passaram de 20% do total das exportações em 1995 para 38% desse total, em 2000. Essa importância crescente tem claras implicações para o desenho da política de comércio exterior.

Esse tipo de situação requer a identificação dos atributos que tornam as transações internas à firma mais rentáveis do que as transações com outras empresas. Freqüentemente, os argumentos estão relacionados aos requerimentos – no processo produtivo – de trabalhadores com alto grau de especialização e/ou à hipótese de a venda de produtos aos consumidores externos demandar mais do que simplesmente o processamento industrial do produto, envolvendo, adicionalmente, serviços de apoio técnico.

A literatura sobre investimentos externos tende a confirmar que imperfeições de mercado e altos custos de transação constituem incentivos para a internalização de produtos que incorporam conhecimento específico, gerado na empresa. Em particular no que se refere às manufaturas, os processos produtivos mais modernos demandam como insumos atividades de pesquisa e desenvolvimento de produtos, conhecimento técnico e especialização em marketing. É difícil para uma empresa transnacional transferir esses ativos intangíveis de um país a outro por meio de transações comerciais, até pela dificuldade em estabelecer preços de equilíbrio para essas transações (OCDE, 1992).

Resultado semelhante pode ser determinado, por exemplo, a partir dos efeitos de barreiras à movimentação internacional dessa mão-de-obra especializada, ou da existência de diferenças na legislação relativa a patentes, licenciamento e outras formas de operação por parte de grandes firmas (exemplos de modelos nessa linha são os de Markusen e Maskus, 1999; e Baldwin, 1988).

O aspecto relevante é que a existência de barreiras ou de requerimentos desse tipo para o processo de produção ou comercialização eleva os custos de uma empresa. A empresa precisa controlar, em outro país, próximo aos consumidores, atividades que diferem do processo produtivo como tal. Isso impõe a necessidade de lidar com esse tipo de serviço tanto no país de origem quanto no outro país, se a empresa pretende operar em ambos os mercados. Assim, pode vir a ser relativamente mais barato e eficiente, para a grande empresa, operar essas etapas internamente, sobretudo no caso de atividades específicas à empresa (por exemplo, no caso de empresas que detêm o monopólio da patente da matéria-prima ou dos componentes e do produto final, como a indústria farmacêutica e a de produtos de informática). Isso dá origem a transações de tipo interno à firma, mesmo entre unidades localizadas em territórios nacionais distintos.

Outro conjunto de fatores determinantes do comércio intrafirma está relacionado às políticas governamentais, no país de origem da empresa ou no país em que opera sua subsidiária. Barreiras comerciais externas, regulação do movimento internacional de capital, políticas de estímulo ao investimento, tributação de ganhos, regulação de concorrência no mercado interno, níveis de taxas de juros e de taxas de câmbio são elementos que podem influenciar o surgimento desse tipo de transações.

Esse tipo de procedimento não é, contudo, universal. Nem todas as empresas transnacionais procedem assim. Em geral, as transações intrafirma são mais freqüentemente encontradas em relação àqueles produtos e serviços que demandam mais intensamente mão-de-obra altamente especializada.

Por exemplo, estudo da OCDE indica que o percentual de transações intrafirma tende a ser elevado (acima de 50% do total das transações internacionais das empresas) nas indústrias farmacêutica, de computadores, de semicondutores e veículos automotores. O mesmo estudo encontra percentuais inferiores a 10% para as indústrias de aço e vestuário[4] (OCDE, 1996).

Em suma, as indústrias com produção intensiva em conhecimentos científicos e em larga escala dependem mais de insumos de alta tecnologia, alta qualidade, alto grau de capacitação dos trabalhadores e peças e componentes altamente especializados. Sua aquisição tem elevado valor estratégico para as empresas, de modo que elas preferem manter controle direto sobre a provisão desses insumos, por meio de investimento direto e de transações internas à firma.

Note que mais uma vez: i) a relação com a dotação relativa de fatores dos países envolvidos não é imediata, ii) nesse caso os determinantes do desempenho comercial (tanto exportações quanto importações) são decisões internas à firma, e não necessariamente respostas a políticas de estímulo (ou desestímulo) ao comércio exterior, iii) não há correspondência direta com a noção de transações intra-setoriais, e iv) essa é uma característica relacionada a determinados setores produtivos mais do que a outros.

## Palavras-chave

- Concorrência monopolística
- Comércio intra-setorial
- Comércio intrafirma
- Rendimentos Crescentes
- Ganhos de Escala
- Diferenciação vertical de produtos
- Diferenciação horizontal de produtos

## Exercícios

1. Qual é a importância da estrutura da demanda no mercado nacional na determinação da composição do comércio de produtos manufaturados? Explicite os supostos e a lógica dos modelos que levam a tal conclusão.
2. O que é comércio intra-setorial? Como é medido? Qual sua importância para desenho de política econômica? Quais os problemas para sua quantificação?
3. Mostre que um mercado caracterizado por concorrência imperfeita a abertura ao comércio internacional traz ganhos para os consumidores e força os produtores a operarem como se estivessem em concorrência perfeita.

[4] Resultados semelhantes aos apresentados em Bonturi & Fukasaku (1993). Algo nessa linha foi encontrado igualmente para as relações comerciais entre empresas japonesas e suas subsidiárias em Takeuchi (1990).

4. Qual é a importância da existência de economias de escala na determinação da estrutura de comércio de um país?
5. A incidência de comércio intra-setorial implica a existência de comércio intrafirma? Quando cada um deles ocorre?

## Referências bibliográficas


AQUINO, A. "Intra-Industry Trade and Inter-Industry Specialization as Concurrent Sources of International Trade in Manufactures". *Weltwirtschaftliches Archiv.* Vol. 114, nº 2, 1978.

BALASSA, B. "Tariff reductions and trade in manufactures among industrial countries". *American Economic Review,* v. 56, nº 3, 1966.

BALDWIN, R. *Factor market barriers and trade barriers: gains from trade in 1992. 1988.* (NBER Working Paper Series nº 2656).

BAUMANN, R. "Intra-industry trade: a comparison between Latin America and some industrial countries". *Weltwirtschaftliches Archiv*, Band 130, Heft 3, 1994.

BHAGWATI, B.N. e SRINIVASAN, T. N. *Lectures on International trade.* The MIT Press, Cambridge, Mass.,1984.

BONTURI, M. e FUKASAKU, K. *Globalisation and intra-firm trade: an empirical note.* 1993. (OECD Economic Studics, nº 2).

COURNOT, A. *Recherches sur les principles mathématiques de la théorie de richesses,* 1838.

DIAS, V. V. The Structure of South-South Trade. In:_________ (org.). *South-South Trade: trends, issues, and obstacles to its growth.* Nova York: Praeger Publishers, 1989.

DIXIT, A. D. e STIGLITZ, J. E. "Monopolistic competition and optimum product diversity". *American Economic Review*, v. 67, 1977.

FALVEY, R. E. "Commercial policy and international trade". *Journal of International Economics*, v. 11, 1981.

GREENAWAY, .D. e MILNER, C. *The Economics of intra-industry trade.* Oxford: Basil Blackwell, 1986.

GRUBEL, H. "Intra-Industry specialization and the pattern of trade". *Canadian Journal of Economics and Political Science*, v. 33, 1967.

_________. "The theory of intra-industry trade". *In:* MCDOUGALL, A. & SNAPE, R. H. (org.). *Studies in International Economics.* Amsterdam: North-Holland, 1970.

_________. e LLOYD, P. J. *Intra-industry trade: the theory and measurement of international trade in differentiated products.* Londres: Macmillan, 1975.

HABERLER, G. *The theory of international trade with its applications to commercial policy*. Londres: William Hodge & Company, 1936.

HEFFERNAN, S. e SINCLAIR, P. *Modern international economics.* Oxford: Basil Blackwell, 1990.

HOTELLING, H. "Stability in competition". *Economic Journal*, v. 39, 1929.

KEMP, M.C. *The pure theory of international trade.* New Jersey: Prentice-Hall, 1964.

KRUGMAN, P. "Increasing returns, monopolistic competition, and international trade". *Journal of International Economics*, v.9, nº 4, 1979.

_________. "Scale economies, product differentiation and the pattern of trade". *American Economic Review*, v. 70, 1980.

LINDER, S.B. *An Essay on Trade and Transformation.* Nova York: Wiley, 1961.

LINNEMANN, H. *An econometric study of international trade flows.* Amsterdam: North-Holland, 1966.

MARKUSEN, J. R. e MASKUS, K. E. *Multinational firms: reconciling theory and evidence.* 1999. (NBER Working Paper Series, nº 7163)

MICHAELY, M. *Concentration in international trade.* Amsterdam: North-Holland, 1962.

OCDE. *Globalisation of Industry: overview and sector reports.* Paris, 1996.

_________. *Intra-firm trade study.* 1992. (TD/TC/WP (92)68/REV1).

OHLIN, B. *Interregional and international trade.* Cambridge, Mass.: Harvard University, 1968.

PANAGARIYA, A. "Variable returns to scale in general equilibrium theory once again". *Journal of International Economics,* v.10, nº 4, 1980.

SALOP, S. Monopolistic competition with outside goods. *Bell Journal of Economics*, v. 10, 1979.

SODERSTEN, B. e REED, G. *International Economics.* Nova York: St. Martin's Press, 1994.

TAKEUCHI, K. *Does Japanese direct foreign investment promote Japanese imports from developing countries?* Washington, D.C.: World Bank, 1990. (World Bank Working Papers, nº 458).

TAUSSIG, F. W. *Principles of economics.* Nova York: Macmillan, 1947.

VERDOORN, J. P. "The intra-bloc trade of Benelux". *In:* ROBINSON, E. A. G., (org.). *Economic consequences of the size of nations.* Londres: Macmillan, 1960.

VICKERS, J. "Delegation and the theory of the firm". *Economic Journal, Supplement*, v. 95, 1985.

# Capítulo 4

# A teoria da proteção

Este capítulo trata da chamada Teoria da Proteção, que procura identificar os efeitos da adoção de medidas específicas em relação às importações e/ou às exportações de uma economia, assim como as razões para sua adoção. Pode-se dividir sua apresentação em:

- Teoria Positiva – a análise dos diversos efeitos derivados da adoção de barreiras às importações ou da concessão de incentivos às exportações;
- Teoria Normativa – a análise dos motivos econômicos que levam as autoridades de um país a adotarem certos tipos de intervenção na política comercial externa;
- Economia Política da Proteção – a análise dos processos de decisão quanto à adoção de tais medidas, bem como a identificação do grupo de agentes econômicos que podem ser penalizados ou beneficiados por medida de política.

É relevante, em primeiro lugar, entender a razão para que ocorra intervenção na política comercial.

## Equilíbrio externo e intervenções comerciais

Suponha a existência de um produto, fabricado internamente, mas que pode ser também suprido por fornecedores externos. A Figura 4.1 ajuda a visualizar o argumento.

Suponha que – por alguma razão, que não vem ao caso cujo detalhamento agora – houve um aumento na demanda pelo produto considerado. A curva de demanda se deslocará horizontalmente, da posição D para D'. Como resultado, se ao preço p havia uma situação de equilíbrio, em que toda a demanda era satisfeita pela produção interna, como resultado desse deslocamento haverá um excesso de demanda igual a qq', o qual será satisfeito por importações.

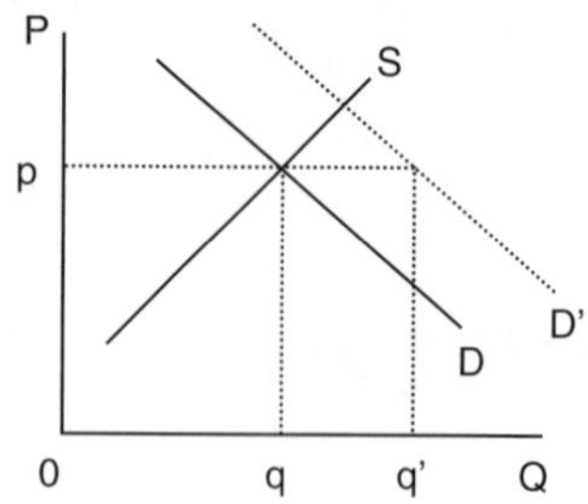


**Figura 4.1**

Esse movimento por si só não é suficiente para gerar qualquer ação de governo se o montante importado for considerado "normal" pelas autoridades do país. A noção de um volume "normal" ou "excessivo" de importações é algo que varia de período para período, e difere segundo as funções-objetivo da política econômica a cada momento, assim como de um país para outro.

Imaginemos, contudo, que qq' seja de fato considerado um valor demasiado elevado de importações, comprometendo as contas externas do país. A questão é que tipo de ação pode ser tomada pelas autoridades a fim de fazer face a esse novo contexto.

Há pelo menos duas linhas de ação que podem ser adotadas:

I. As autoridades podem buscar um "ajuste automático" das contas externas por meio da operação das forças de mercado. Tudo o mais mantido constante (sobretudo mantendo-se inalterada a taxa de câmbio, e abstraindo-se a existência de financiamento externo), as importações serão financiadas pela receita de divisas com exportações e pela utilização das reservas de divisas acumuladas pelo país. Para facilitar o argumento, suponhamos que o país não exporte um montante suficiente para financiar essa expansão da demanda por importações. A conseqüente redução do nível de reservas reduzirá o ritmo de expansão da oferta monetária, sobretudo se existir alguma regra predefinida que vincule essa oferta à disponibilidade de reservas (a exemplo do Padrão-Ouro, como veremos no Capítulo 17). A oferta monetária restringida retrairá o ritmo de atividade econômica, afetando negativamente o nível de preços internos. Como resultado, a produção nacional se tornará mais barata que o produto externo, e no limite ocorrerá um reequilíbrio das contas externas do país. Essa racionalização é conhecida como o "mecanismo preço-espécie-fluxo", atribuído a David Hume.

Essa linha de ação apresenta, como fica claro, o triplo inconveniente de: a) depender de uma vinculação entre variação nas reservas e oferta monetária interna; b) levar a um equilíbrio nas contas externas, mas ao risco de ele ocorrer em um nível mais baixo de atividade econômica do que seria desejável e c) envolver prazos de ajustamento que podem ser demasiadamente longos.

II. De maneira alternativa, as autoridades do país podem atuar diretamente sobre o desequilíbrio nas contas externas, reduzindo a demanda por importações por meio de: a) mudança na composição e volume de gastos governamentais, com o propósito de reduzir importações; b) alteração nos preços relativos, via política cambial, de modo a tornar as importações relativamente mais caras que a produção nacional; e c) dificultar as importações com a imposição de restrições quantitativas ou de elevação de preços dos produtos importados pela cobrança de imposto sobre importações.

O objeto da Teoria Positiva da Proteção é este último item, vale dizer a identificação das conseqüências imediatas decorrentes de imposição de barreiras ao comércio.

## Teoria positiva da proteção

A variedade de instrumentos utilizados para fazer face a uma importação considerada excessiva é grande. Por exemplo, o governo pode impor a exigência de se pagar uma determinada quantia sempre que ocorrer uma importação. Esse tipo de barreira – tarifa fixa em valor predeterminado – era comum até o início do século XX, e freqüentemente cobrada em metal precioso.

Como alternativa, o governo pode determinar nao o valor a ser cobrado, mas um percentual fixo, de modo que o valor pago seja uma função direta do valor importado. Essa é a chamada tarifa *ad valorem*, e é um dos instrumentos mais utilizados desde há algum tempo.

O governo pode atuar não sobre o preço dos produtos importados, mas sobre a quantidade importada, por meio da imposição de restrições quantitativas que fixem um volume máximo permitido para importação. São as quotas de importação.

Outras barreiras são menos identificáveis diretamente. Por exemplo, a existência de política disciplinadora das compras por parte do governo pode implicar a proibição de compras de determinados itens no exterior. Isso é freqüente quando se trata de material militar, mas aplica-se também a outros itens; por exemplo, quando há normas para a aquisição de bens e serviços por parte do poder público.

Em algumas circunstâncias a imposição de barreiras é fruto de acordos entre o país exportador e o importador. Assim, um tipo de barreira é o conjunto das chamadas "restrições voluntárias às exportações", em que um país aceita limitar suas vendas de determinados produtos a outro país, como resultado de acordo bilateral.

A essas barreiras soma-se um conjunto de outras, chamadas genericamente de barreiras não-tarifárias, as quais incluem ações diversas sobre potenciais importações a partir, por exemplo, de normas internas que regulamentam aspectos fitossanitários, normas técnicas requeridas para a comercialização de certos produtos no mercado interno, entre diversas outras.

Por último, há barreiras ao comércio consideradas "naturais", no sentido de que não são resultantes diretas da ação de governo. O exemplo mais notável é a existência de custos de transporte de mercadorias entre países, que encarecem relativamente o produto a ser importado.

A teoria lida com essa diversidade de tipos de barreiras considerando que todos eles podem ser convertidos de algum modo em "equivalente tarifário", e de tal forma a análise possa se concentrar apenas na existência de uma tarifa *ad valorem,* e isso permita identificar os diversos efeitos associados.

## A análise em equilíbrio parcial – o caso do "país pequeno"

Considere uma economia que produza um único produto, possível de competir com importações. Dado o peso reduzido dessa economia no mercado internacional, o preço internacional do produto é determinado exogenamente. Para facilidade de exposição, vamos supor ainda que não há variação na taxa de câmbio.

Nesse contexto particular, um excesso de demanda pode ser representado como na Figura 4.2.

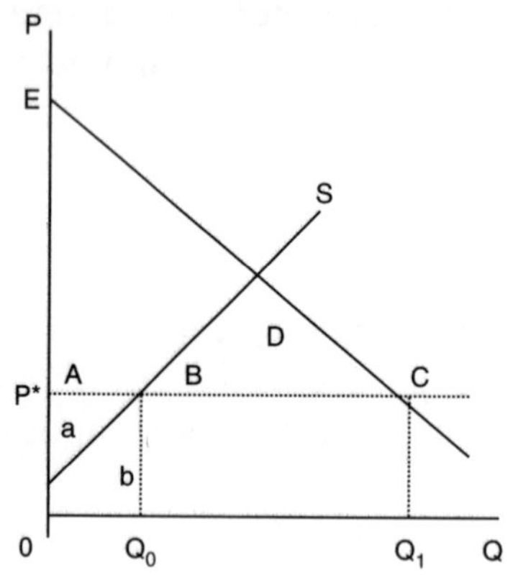


**Figura 4.2**

A Figura 4.2 mostra as curvas de oferta e demanda, medidas em termos do nível de preços no mercado interno e das quantidades produzidas e demandadas do produto. Com comércio livre (isto é, sem barreiras e sem custos de transporte) o preço no mercado interno será igual ao nível de preços no mercado internacional, que é dado e igual a P*.

No nível de preços P*, haverá produção no ponto B, correspondente a uma quantidade $0Q_0$. Nesse mesmo nível de preços o consumo ocorrerá no ponto C, correspondente a uma quantidade $0Q_1 > 0Q_0$. Assim, uma quantidade igual à diferença $0Q_1$-$0Q_0$ será importada.

O formato das curvas de oferta e de demanda permite identificar um ganho para os produtores (excedente do produtor), que é igual à área **a**: corresponde à quantidade pela qual a receita total ($0P^* \times OQ_0$) supera o mínimo requerido para haver produção (indicado pela área **b**, na figura). De modo semelhante, há um ganho para os consumidores (excedente do consumidor) que é indicado pela área sob a curva de demanda, entre 0 e $Q_1$, e acima de P* (triângulo ACE).

Agora suponha que a importação de $0Q_1$-$0Q_0$ seja considerada excessiva pelas autoridades. Haverá imposição de barreira para reduzir esse montante. Aqui chegamos ao domínio da teoria positiva da proteção – a identificação dos efeitos derivados dessa tarifa.

## Medição dos efeitos de uma tarifa

Mantenhamos os mesmos supostos anteriores, de país pequeno, com excesso de demanda pelo produto importável e taxa de câmbio fixa. Agora o país adota uma tarifa de t% sobre o valor importado. A Figura 4.3 mostra cada um dos efeitos decorrentes dessa tarifa.

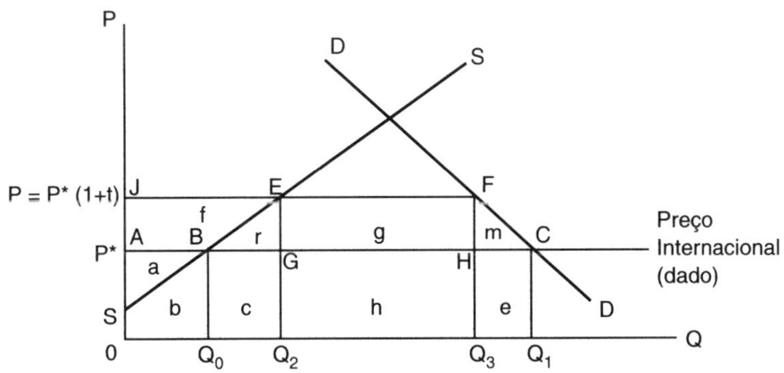


**Figura 4.3**

Após a imposição da tarifa, o preço interno passa a ser $P = P^* + P^*. t = P^* (1+t)$, que é obviamente maior que o nível de preços internacionais P*. Nesse nível mais alto haverá estímulo para os produtores ofertarem uma quantidade maior do produto, enquanto os consumidores se retrairão.

A quantidade produzida agora passa a ser $0Q_2 > 0Q_0$, correspondendo ao ponto E na curva de oferta interna. O consumo reduz-se de $0Q_1$ para $0Q_3$, refletindo o preço mais alto para os consumidores internos. Isso corresponde ao ponto F na curva de demanda.

A imposição da tarifa consegue atingir seu objetivo principal, que era a redução do volume importado. Como o produto importado ficou mais caro no mercado interno, agora as importações passam a ser iguais a $Q_2 Q_3$ (segmento EF na Figura 4.3), menores que $Q_0 Q_1$, o volume importado antes da imposição da tarifa. O valor das importações após a tarifa é dado pela área GH $Q_2 Q_3$, menor que o valor importado anterior, de BC $Q_0 Q_1$.

Uma tarifa é um imposto incidente sobre as importações. Portanto, a cobrança desse imposto gera arrecadação fiscal determinada pela alíquota (t%) vezes a base impositiva. Essa base é igual ao volume remanescente de importações após a incidência da tarifa, portanto $Q_2 Q_3$. Assim, a adoção da tarifa tem como efeito adicional a geração de recursos fiscais iguais à área EFGH (ou área **g**), na Figura 4.3.

Como houve estímulo aos produtores locais, a imposição de uma tarifa também afeta o excedente do produtor. Agora o excedente do produtor é dado pela soma das áreas **a** e **f**. A área **f** indica o excedente absorvido por indivíduos que detêm fatores de produção usados intensivamente no setor competidor com importações, e são, portanto, beneficiados pela elevação do preço interno e o conseqüente estímulo ao aumento da produção.

A perda do excedente do consumidor é dada pela área sob a curva de demanda e entre os preços interno e internacional, isto é, pela área AJFC (ou a soma das áreas **f+r+g+m** na Figura 4.3).

O nível de bem-estar social total se reduz em proporção à soma das áreas **r+m**, que são consideradas "pesos mortos", derivadas da imposição da tarifa. Essas áreas dependem evidentemente: a) da magnitude da tarifa e b) da elasticidade-preço (inclinação) das curvas de oferta e de demanda. O "peso morto" ocorre porque há uma perda de excedente do consumidor sem uma contrapartida de ganho para os produtores ou o governo.

Existem, portanto, diversos efeitos derivados da adoção de uma tarifa: a) efeito sobre a produção (estímulo à produção interna competidora com importações); b) efeito sobre o consumo (redução do nível de consumo do produto importado); c) efeito fiscal (aumento da arrecadação fiscal derivada do novo imposto sobre importações); d) efeito sobre a alocação dos fatores de produção (que tenderão a mover-se em direção aos setores mais protegidos contra concorrência de produtos importados); e e) efeitos distributivos.

Os efeitos distributivos são variados, e compreendem: i) os efeitos sobre a renda real dos trabalhadores, em função do peso do produto importado (agora mais caro) na cesta de consumo; ii) os efeitos derivados da alocação dos recursos fiscais derivados do imposto sobre importações; iii) efeitos associados ao aumento da remuneração dos fatores de produção empregados na indústria competidora com importações.

Esse último aspecto – a possibilidade de que a imposição de uma tarifa beneficie relativamente o fator empregado intensivamente no setor competidor com importações – foi originalmente proposto por Stolper e Samuelson (Stolper e Samuelson, 1941).

Esses efeitos derivados da imposição de uma tarifa podem ser mensurados empiricamente. Suponha que ocorra elevação do nível tarifário, passando a barreira comercial de um nível $t_1$ para um nível mais alto, $t_2$.

A variação relativa no preço da importação ($\Delta P_M$) será igual a $(t_{2-t1}) / (1 + t_1)$.

A variação no valor das importações ($\Delta V_M$) será dada por $(\Delta P_M)$. $\varepsilon$, onde $\varepsilon$ = elasticidade-preço da demanda por importações.

O efeito sobre o nível de bem-estar é dado por $(\Delta V_M)$. ½ $(t_{2-t1})$.

O efeito sobre a arrecadação fiscal será dado por $\Delta G = (t_2$ . novo valor importado) – ($t_1$ . valor importado original).

Seja agora $\eta$ = elasticidade-preço da oferta.

A perda de excedente do consumidor será (em termos dos pontos indicados na Figura 4.3) dada por: $Q_1 (1 - 0.5\ \varepsilon.\ t)\ t.\ P^*$.

O ganho com o excedente do produtor será $Q_0 (1 + 0.5\ \eta.t)\ t.\ P^*$.

E a estimativa dos "pesos mortos" será dada por:

$$0.5\ (\varepsilon Q_1 + \eta\ Q_0)\ t^2.\ P^*.$$

A mesma lógica de identificação dos efeitos derivados de uma tarifa sobre importações pode ser aplicada para analisar os efeitos de um incentivo à exportação.

## Equivalência entre tarifa e subsídio à exportação

A literatura sobre teoria da proteção identifica como subsídio todos os estímulos dados para aumentar a oferta de produtos exportáveis. Cabe, no entanto, uma palavra de cautela, uma vez que no jargão das relações multilaterais no âmbito da Organização Mundial do Comércio (como será visto no Capítulo 7) existe uma diferença pronunciada entre incentivos em sentido geral e subsídios.

Os incentivos às exportações compreendem todas as ações de apoio direto ou indireto à atividade exportadora. Aí estão incluídos, por exemplo, o apoio à realização de feiras internacionais, a isenção de impostos sobre a circulação interna de mercadorias, a criação de agências no exterior para apoio logístico aos exportadores nacionais, e uma série de outras medidas desse tipo. Boa parte dessas ações é plenamente aceitável pelos demais países e não constitui motivo de controvérsia nas negociações internacionais.

A idéia de subsídio envolve uma transferência de renda real da sociedade a um setor selecionado, no caso o setor exportador. Os subsídios assim considerados são objeto de regulamentação explícita por parte da Organização Mundial do Comércio e são freqüentes os casos de questionamento de um país em relação a outro quanto à concessão desses subsídios.

A apresentação – no âmbito da teoria – dos efeitos dessas medidas consideradas de forma indistinta reflete a percepção de que ambos os conjuntos de ações (haja ou não transferência de renda real ao setor exportador) têm efeitos semelhantes enquanto estímulo à atividade naquele setor. Mas deve ficar claro que no campo não-teórico há implicações relevantes associadas à designação uniforme de subsídios.

O argumento teórico pode ser apresentado da seguinte forma. Suponha que um determinado país tem vantagens comparativas em um produto e exporta uma certa quantidade desse produto. Como antes, supomos que os preços internacionais são dados, e que não há variações na taxa de câmbio. Agora, a autoridade econômica considera que é possível aumentar a quantidade exportada, por meio da concessão de um incentivo adicional à atividade exportadora. A Figura 4.4 ilustra o argumento.

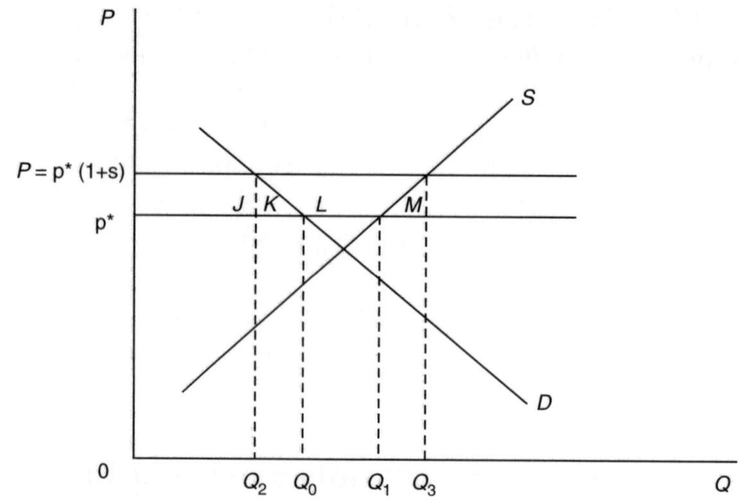


**Figura 4.4**

O incentivo é representado por uma taxa de s% por unidade de valor exportado. Assim, do ponto de vista do exportador – único setor beneficiado – há um aumento na margem de valor adicionado, que tem efeito semelhante ao de uma elevação no preço do produto no mercado interno. É como se o preço percebido pelo produtor do item exportável passasse de P* para P = P* (1+s).

Como conseqüência desse estímulo, o excedente exportável que era igual a $Q_0\ Q_1$ é agora ampliado para $Q_2\ Q_3$. Ocorre uma perda em termos de excedente do consumidor, uma vez que mais produção será destinada ao mercado externo. Essa perda é dada pela soma das áreas J e K na Figura 4.3. Ao mesmo tempo, há um ganho extra em termos do excedente do produtor, que será dado pela soma das áreas J+K+L. Como se supõe que, nesse caso, a concessão de subsídio à exportação implicou transferência de renda real ao setor exportador, o custo fiscal do subsídio é dado pela soma das áreas K + L + M. O custo em termos de perda de bem-estar social ("pesos mortos") será dado pela soma das áreas K (perda em consumo) e M (distorção na produção).

## *Equivalência entre tarifa e quota*

Até aqui a análise se baseou nos efeitos associados a intervenções sobre os preços dos produtos importáveis ou exportáveis. Mas as barreiras comerciais podem igualmente incidir sobre as quantidades transacionadas. Os efeitos da adoção de barreiras quantitativas sobre as importações são até certo ponto semelhantes aos da adoção de tarifas, com algumas peculiaridades.

Suponha uma situação semelhante à anterior, de um "país pequeno" com problema de excesso de demanda por importações, e com taxa de câmbio fixa e invariável. Agora as autoridades resolvem conter as importações impondo restrições sobre o volume importado, limitando-o a um nível máximo. Pode-se pensar, por exemplo, em uma situação na qual a adoção de uma tarifa é dificultada por negociações internacionais, ou em que haja premência em bloquear novas compras no exterior a curto prazo. A Figura 4.5 mostra o que ocorre nesse caso.

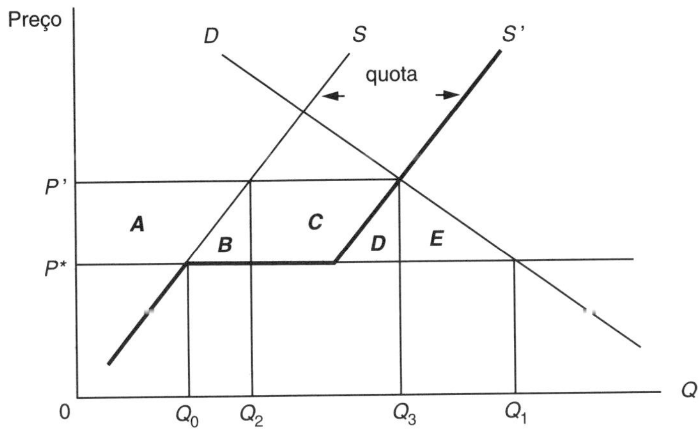


**Figura 4.5**

O país considerado tinha inicialmente um excesso de demanda por importações igual a $Q_0\,Q_1$, considerado excessivo. As autoridades decidem então impor um teto à quantidade importada igual a $Q_2\,Q_3 < Q_0\,Q_1$.

O fato de agora o volume importado ser limitado a um nível inferior àquele para o qual se sabe que havia demanda existente leva a uma elevação do preço do produto importado no mercado interno, o qual sobe de P* (o preço no mercado internacional) para P'> P*.

A decisão de dificultar as importações não afeta – pelo fato de o país ser "pequeno" no mercado internacional – a intenção dos fornecedores internacionais de atenderem à demanda existente sempre que o preço for superior a P*. Isso faz com que a nova curva de oferta de produtos *importáveis* após a imposição de uma quota passe a ter o formato marcado em negrito no mercado interno. Para preços a partir de P* haverá oferta, à mesma elasticidade da curva de oferta inicial. Portanto, S' é paralela à curva S.

Com o preço internacional P* e a quota $Q_2Q_3$, há um excesso de demanda que faz o preço interno aumentar. O preço que equilibra o mercado passa a ser P´, o que faz com que a produção interna ($Q_2$) mais a quota de importação sejam iguais à demanda total ($Q_3$).

Como resultado, as novas importações serão, evidentemente, iguais à quota ($Q_2\,Q_3 < Q_0\,Q_1$). Haverá perda de excedente do consumidor em montante igual à soma das áreas A+B+C+D+E, e ganho para o produtor (excedente do produtor) igual à área A.

Uma diferença básica em relação à imposição de tarifa é a área C+D, corresponde à receita que o governo absorveria, se fosse adotada tributação em lugar de restrição quantitativa.

Quotas são em geral preferidas em relação a tarifas, por causa de seu efeito sobre importações. No entanto, uma quota define um limite superior ao volume importado, e o efeito exato, por exemplo, sobre a produção de produtos concorrentes com os importados, depende da estrutura do mercado interno para o produto importável.

Em alguns casos pode não existir uma tarifa comparável a uma quota. Por exemplo, no caso de um monopolista operando na parte decrescente da curva de custo. Seu custo médio aumenta com a restrição à importação. Ele só produzirá nesse ponto se for forçado por uma restrição quantitativa. No caso de uma tarifa ele preferirá ampliar a importação.

Uma tarifa e uma quota podem não levar a um mesmo aumento no nível de preços internos: a) se houver controle de preços; b) se os consumidores dos produtos importados restringidos conseguirem licenças para importar (não haverá estímulo para elevar o preço interno); c) se houver monopólio na produção interna.

A maior diferença de uma quota em relação à imposição de uma tarifa é que, como visto, essa última gera arrecadação de recursos fiscais, uma vez que é um imposto, enquanto uma quota é *apenas* uma restrição quantitativa. No entanto, há geração de uma quase-renda semelhante à arrecadação. A diferença é que agora não é a entidade arrecadadora quem se beneficia desse ganho. Esse ganho é apropriado por um grupo de agentes econômicos: aquelas empresas ou indivíduos que têm acesso às licenças para importar podem se beneficiar de forma diferenciada. Esse aspecto será tema de maiores considerações mais adiante, quando tratarmos da economia política da proteção. Antes, cabe considerar o caso de um país que pode influenciar os preços no mercado internacional.

## O caso do "país não-pequeno"

Suponha agora que o país considerado tem dimensões econômicas suficientes para afetar o nível de preços no mercado internacional, preservando ainda o suposto de não haver alterações na taxa de câmbio.

Na hipótese de ocorrer um excesso de demanda por importações, as autoridades econômicas decidem impor uma tarifa sobre as importações, provocando assim todo o conjunto de efeitos já tratados nas seções anteriores.

Mas o fato de essa ser uma economia de grandes dimensões tem conseqüências peculiares, não condizentes com as condições consideradas até aqui. O fato de uma tarifa encarecer, como visto, o produto importado no mercado interno faz com que a demanda interna por esse produto se retraia. Se a economia afetada é grande o suficiente, esse retraimento da demanda interna terá repercussões também em nível internacional, reduzindo o nível de demanda em termos mundiais. Esse efeito – e a diferença com o caso do "país pequeno" – pode ser visto na Figura 4.6.

Na figura à esquerda, o "país pequeno" ilustra uma situação de oferta infinitamente elástica do produto importável. O preço é 'dado', e variações na demanda interna não são capazes de alterar o preço no mercado internacional.

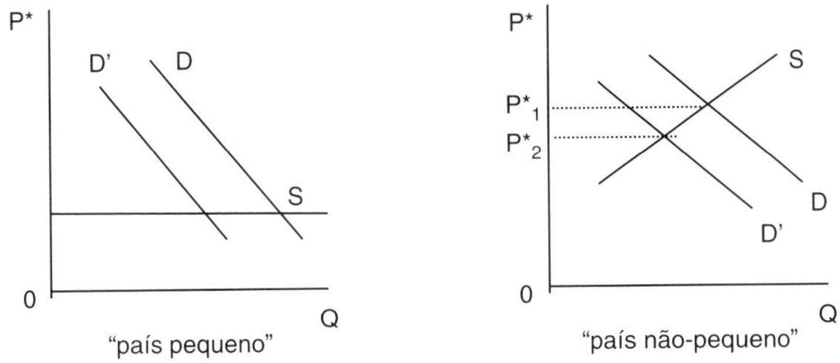


**Figura 4.6**

A figura à direita mostra o caso de um país 'grande'. A curva de oferta é agora inclinada, de tal forma que uma redução na demanda interna tem implicações porque o nível de preços no mercado internacional se reduz. Uma redução da demanda de D para D' provoca uma redução do nível de preços internacionais de $P^*_1$ para $P^*_2$.

A importância desse movimento está associada ao fato de que o nível de bem-estar é uma função do esforço de geração de divisas para se conseguir atingir um nível desejado de consumo. Em outras palavras, quanto mais elevada a relação de trocas, maior o nível de bem-estar. Assim, uma redução no preço das importações ($P_M$) eleva a relação de trocas ($P_X/ P_M$), e, portanto, aumenta o nível de bem-estar social da economia.

Desse raciocínio deriva a condição que é peculiar ao caso de uma economia grande: existe um nível tarifário (a tarifa 'ótima') que – ao mesmo tempo em que induz aos diversos efeitos associados a uma tarifa – permite aumentar o nível de bem-estar social da economia, porque leva a uma redução dos preços de importação.

Essa tarifa é geralmente indicada como $t_0 = 1/\eta$, em que $\eta$ = elasticidade da curva de oferta de produtos competidores com importações no mercado interno. Isso pode ser visto com o auxílio da Figura 4.7 a seguir (demonstração em Corden (1997), p. 100).

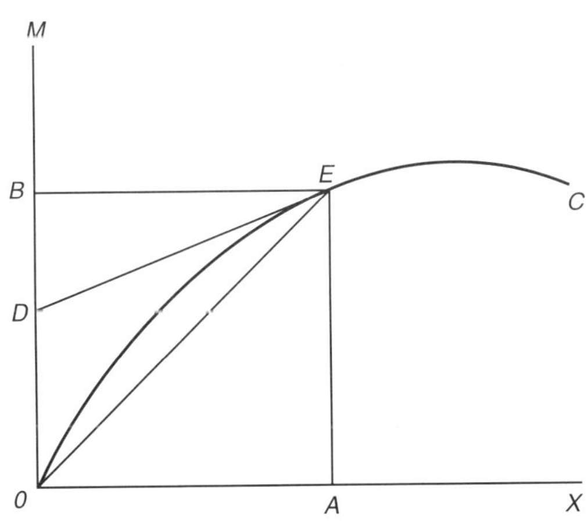


**Figura 4.7**

A Figura 4.7 mostra a relação entre a quantidade exportada do produto X e a quantidade importada do produto M. O equilíbrio entre a relação de preços (no mercado interno) dos dois produtos e a taxa marginal de transformação externa (ponto de tangência com a curva de oferta externa representada por OC) ocorre no ponto E.

O preço do produto importado M no mercado interno será igual a OA/DB, enquanto seu preço internacional é OA/OB. A tarifa pode ser definida como a diferença entre o preço interno e o preço internacional, isto é, (OA/DB – OA/OB)/(OA/OB) = OD/DB.

A elasticidade de oferta do produto importável M no ponto E ($\eta$) é igual a DB/OD. Como a tarifa nesse ponto é, conforme visto, igual a OD/DB, então a tarifa que maximiza o nível de bem-estar é $t_o = 1/\eta$.

Não é possível conceber, contudo, que um país grande possa sempre aumentar seu nível de bem-estar ao elevar o nível tarifário. Nesse caso, a tarifa *ótima* tenderia para infinito. Há, portanto, limite dentro do qual a atuação da tarifa pode maximizar o nível de bem-estar. A partir de certo ponto, a elevação do nível de preço interno será de tal magnitude que toda a demanda existente pode passar a ser satisfeita por produção interna, e não haverá mais importação. Nesse nível, a tarifa é chamada de *tarifa proibitiva*.

Assim, é possível pensar em uma relação entre o nível tarifário e o nível de bem-estar do tipo ilustrado na Figura 4.8.

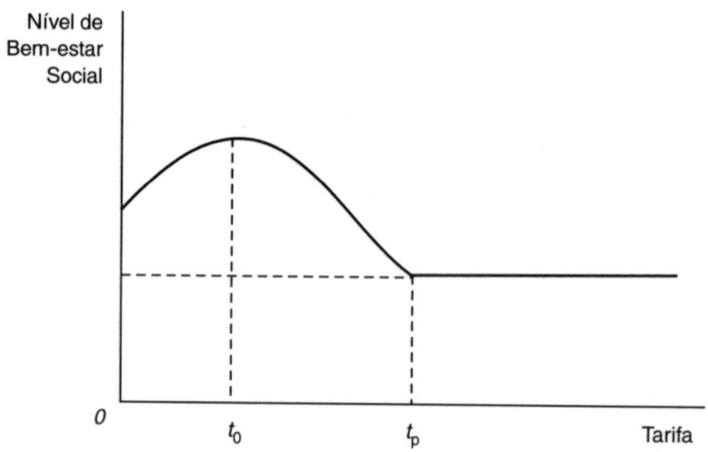


**Figura 4.8**

Para níveis baixos de tarifa existe uma relação direta entre os aumentos dos níveis tarifários e o nível de bem-estar social alcançável. Esse bem-estar é maximizado com a tarifa *ótima* ($t_o$). A partir de certo ponto, essa relação passa a ser decrescente, até que se torna estável com um nível tarifário ao qual não ocorrem mais transações comerciais com o resto do mundo.

Essa relação entre os efeitos sobre os preços internacionais que uma economia grande pode conseguir tributando as importações levou Metzler (L. Metzler,

1948) a conceber uma situação extrema hoje conhecida como o Paradoxo de Metzler.

Na hipótese de que uma tarifa adotada por uma economia *grande* reduza os preços internacionais via retração de sua demanda, essa redução pode ser tão intensa a ponto de acabar levando a uma redução inclusive dos preços internos (isto é, a uma queda de $P = P^* (1+t)$).

Nesse caso – e se existem dois setores na economia, um produtor de bens exportáveis e outro produtor de bens competitivos com produtos importáveis – essa queda de $P_M$ provocará uma elevação de $P_X / P_M$ também no mercado interno. Como conseqüência, os recursos produtivos empregados no setor competitivo com importações tenderão a mover-se para o setor exportador. Assim, chega-se ao paradoxo de uma barreira às importações acabar estimulando o setor exportador, ao mesmo tempo em que barateia (em lugar de encarecer) as importações no mercado interno. Haverá aumento tanto de exportações quanto de importações. A condição básica para tanto é que a elasticidade de demanda por exportações seja inferior a um.

## Pequeno glossário em relação às tarifas

A análise até aqui se concentrou na identificação dos diversos efeitos derivados da adoção de uma tarifa *ad valorem*, isto é, um percentual fixo sobre o valor importado. Foi mencionado também que uma tarifa pode ser 'fixa', no sentido de se cobrar um valor por importação realizada, independente do valor envolvido.

Existem, no entanto, outras designações de tipos de tarifas, cuja presença é importante.

De imediato, a noção de *tarifa ótima*, cujas peculiaridades são em termos do tipo de economia que pode se beneficiar, e em termos dos limites para os quais esse benefício possa ocorrer.

A tarifa *proibitiva* é aquela que anula a possibilidade de comércio, tornando a demanda por um determinado produto igual à oferta interna. A Figura 4.9 ajuda na compreensão deste e do próximo conceito.

No nível de preços internacionais – $P^*$ (dado) –, existe um excesso de demanda e a autoridade econômica decide impor uma tarifa. Se essa tarifa for em um nível elevado, digamos $t_p$, o preço no mercado interno levará a um aumento da oferta e a uma redução da demanda em tal magnitude que os dois se igualarão e não haverá importação. Daí o nome *tarifa proibitiva* (ponto E na Figura 4.9).

Nada impede, contudo, que a tarifa seja definida em um nível ainda maior do que $t_p$. Evidentemente, em qualquer nível de proteção superior a $t_p$ não apenas não haverá comércio, como o nível tarifário passa a ser redundante. De uma tarifa superior a $t_p$ diz-se que existe "água na tarifa", por se tratar de uma barreira comercial inteiramente redundante para os propósitos de desestimular importações.

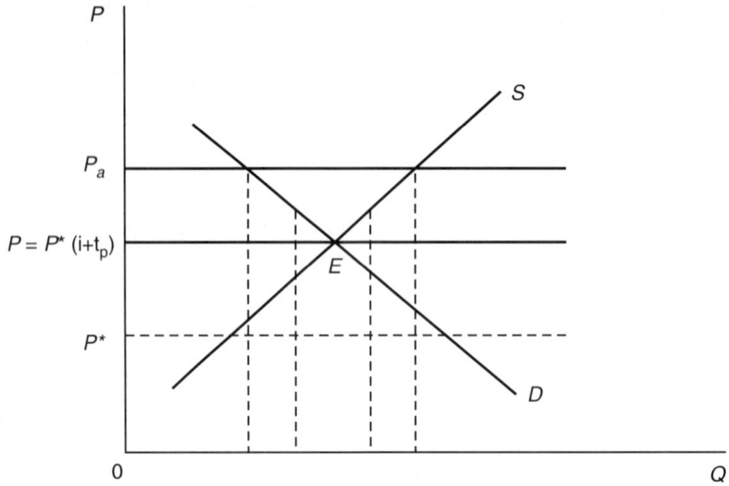


**Figura 4.9**

Por mais estranho que possa parecer, a incidência de níveis tarifários excessivos foi, até recentemente, bem mais acentuada do que seria de se imaginar. A razão para tanto esteve geralmente associada à preservação de estruturas monopólicas, sem concorrência de produtos importados, e que permitiam manter níveis de preços elevados como o nível $P_a$, na Figura 4.9, envolvendo margens de lucro acima do nível *normal*, característico de um sistema competitivo.

Outra distinção relevante a ser feita é entre *tarifa aplicada* e *tarifa consolidada*. Esse é um jargão diretamente relacionado à Organização Mundial do Comércio (e anteriormente com o GATT), como será visto no Capítulo 7.

A *tarifa aplicada* é aquela que vigora de fato em um determinado país em um período de tempo. Já a *tarifa consolidada* é a tarifa em um nível máximo que o país se compromete a obedecer como um *teto* para sua política tarifária. Na hipótese de um determinado produto vir a ter uma tarifa acima do nível *consolidado*, o país deverá ter de negociar esse novo nível com todos os demais países-membros da OMC, que são mais de cem. Isso torna na prática a tarifa *consolidada* um limite máximo.

Do ponto de vista operacional, um conceito relevante é o de *tarifa verdadeira*. Em algumas economias – como na economia brasileira durante boa parte das décadas de 1970 e 1980 – coexistem tarifas, sobretaxas, reduções tarifárias preferenciais, isenções tarifárias, regimes especiais de importação, e outros. A estimativa da tarifa vigente nesse caso é algo complexo, porque demanda o cálculo em termos de produto, de agente importador, de origem geográfica do produto, e eventualmente até do período em que foi realizada a importação.

Para lidar com situações desse tipo, os economistas utilizam uma aproximação, dada pela razão entre o valor arrecadado de imposto de importação (por produtos ou grupos de produtos) e o valor importado. Em princípio, essa relação leva a um valor aproximado da alíquota média realmente incidente sobre as importações.

Um exemplo numérico ilustra o conceito. Suponha que o valor importado de um determinado produto X em um ano seja de US$1.000,00, a alíquota do Imposto de Importação (tarifa nominal) seja de 15%, e a taxa de câmbio seja de 2:1 (isto é, R$2,00 por US$1,00).

Nesse caso, teríamos que o valor importado total foi, em reais, de US$1.000.00 × 2 = R$2.000,00, e a arrecadação fiscal derivada desse imposto foi igual a R$2.000,00 × 15% = R$300,00. Se dividirmos esse valor arrecadado pelo valor total importado, temos R$300,00 / R$2.000,00 = 15%, a mesma alíquota nominal do Imposto de Importação.

Suponha agora que o conjunto de entidades religiosas e instituições educacionais do país tenha um regime de importação especial, isento de imposto, e esse conjunto de instituições tenha importado naquele ano 30% das importações totais. Além disso, suponha que 20% das importações provenham de países-membros da ALADI (Associação Latino-americana de Integração) e tenham um tratamento diferenciado, por exemplo com margem de preferência de 90% (isto é, sobre os produtos provenientes desses países incide uma tarifa de um décimo da tarifa nominal, ou seja, 1,5%).

Nesse caso, temos duas distorções que afetam o cálculo da tarifa. A alíquota praticada agora certamente não será os 15% nominais. Pela ótica da tarifa *verdadeira*, podemos estimar a alíquota da seguinte maneira, por meio da receita fiscal:

- US$300 de importações pagam tarifa zero; a arrecadação é, portanto, nula.
- US$200 de importações pagam alíquota de 10% da alíquota nominal, isto é, 1,5%. A receita fiscal derivada desses produtos é de US$200 × 2 × 1,5% = R$6,00.
- US$500 pagam alíquota plena (15%). A receita fiscal derivada desses produtos é de US$500 × 2 × 15% = R$150,00.
- A receita fiscal total é de R$6,00 + R$150,00 = R$156,00
- A tarifa *verdadeira* é igual à receita de imposto de importação/valor importado, ou seja, $t_v$ = R$156,00 / R$2.000,00 = 7,8%, portanto, bem menor que a alíquota nominal.

A análise da imposição de uma tarifa mostra que existe de fato um grau de proteção a um determinado setor, ao encarecer os produtos importados concorrentes com a produção nacional, e ao induzir – via elevação de preço interno – um aumento da produção naquele setor.

Essa noção é imediata quando se trata de um único produto. Ela é menos trivial, contudo, quando consideramos mais de um produto e, sobretudo, quando um é empregado como insumo na produção do outro, e quando esse insumo também sofre a ação de uma tarifa. Agora o efeito líquido sobre a margem de proteção ao primeiro produto é menos claro, porque essa margem dependerá do peso relativo do insumo na composição dos custos de produção, assim como da relação entre os níveis tarifários nos dois setores.

Para lidar com essa questão, existe o conceito de *tarifa efetiva*. Ela mede essencialmente a margem de proteção ao valor adicionado em um determinado setor, levando em consideração as tarifas não apenas sobre o produto final, mas também sobre cada um dos insumos empregados na sua produção, assim como o peso relativo de cada insumo no processo produtivo.

A estimativa da *tarifa efetiva* requer a disponibilidade de coeficientes de insumo-produto ($a_{ij}$, que indica quanto de um insumo *i* é empregado na produção de um produto *j*), conseguidos usando as Matrizes de Insumo-Produto para cada setor. É evidente que o nível de desagregação dessa matriz determina o grau de desagregação da estimativa da tarifa efetiva, e é claro que a análise pressupõe que a tecnologia de produção seja do tipo de coeficientes fixos.

Sejam:

$a_{ij}$ = coeficiente da matriz de insumo-produto
$t_j$ = tarifa nominal sobre o produto *j*
$t_i$ = tarifa nominal sobre o insumo *i*

A expressão da tarifa efetiva para um setor *j* é dada por:

$$TE_j = \frac{t_j - \sum_i a_{ij} t_i}{1 - \sum_i a_{ij}}$$

Com base nessa expressão é possível inferir (Corden, 1977) que:

Se $t_j = t_i$, então $TE_j = t_j = t_i$

Se $t_j > t_i$, então $TE_j > t_j > t_i$

Se $t_j < t_i$, então $TE_j < t_j < t_i$

Se $t_j < t_i a_{ij}$, então $TE_j < 0$

Se $t_j = 0$, então $TE_j = -\left( t_i \frac{a_{ij}}{1 - a_{ij}} \right)$

Se $t_j = 0$, então $TE_j = \left( \frac{t_j}{1 - a_{ij}} \right)$

Ou seja, o grau de proteção efetiva de um setor tem relação com os níveis tarifários incidentes sobre os produtos daquele setor e sobre os insumos utilizados no seu processo de fabricação.

A utilidade de considerar a margem de proteção efetiva, em lugar de simplesmente a estrutura de proteção nominal, deriva primeiro do fato de que quanto mais ampla a base produtiva de uma economia (isto é, quanto mais setores produtivos existirem e quanto mais produtos forem transacionados), mais difícil será a identificação da margem de proteção conseguida. Para uma economia como a brasileira, por exemplo, o desenho de uma estrutura tarifária envolvendo mais de 13 mil itens deve necessariamente levar esse conceito em consideração.

Além disso, e diretamente associada ao ponto anterior, a importância de considerar a estrutura de proteção efetiva está relacionada ao reconhecimento do efeito da proteção sobre os produtores em um dado setor. É apenas a partir da identificação dessa estrutura de proteção efetiva que é possível conhecer quais setores estão sendo efetivamente estimulados por uma dada estrutura tarifária.

Em casos limites, existe a possibilidade – teórica e empírica – de que a taxa de proteção efetiva de um setor venha a ser negativa, na hipótese de tarifas mais elevadas sobre insumos com peso importante no processo produtivo do que as tarifas sobre o produto final. Nesse caso, em vez de proteger a estrutura tarifária, estaria de fato desestimulando a produção nesses setores, uma vez que torna sua estrutura de custos insustentável.[1]

É por esse motivo, entre outros, que a teoria recomenda idealmente a apresentação de uma estrutura tarifária com as características de ser de níveis baixos (para evitar as distorções derivadas de uma tarifa) e o mais homogênea possível (isto é, com um grau mínimo de dispersão entre os níveis mínimo e máximo), de modo a evitar distorções indesejadas no grau de proteção (efetiva) aos diversos setores; portanto, minimizando as distorções (e as ineficiências) na alocação dos fatores produtivos.

Uma última consideração é que – assim como em relação à tarifa nominal – também é possível estimar (por exemplo, Pastore *et alli*, 1979), por fórmula semelhante, o grau de promoção "efetiva" às exportações, considerando-se a margem de incentivo (ou subsídio) ao produto final exportável em relação ao grau de proteção aos insumos empregados na produção do item exportável.

## Teoria normativa da proteção

A chamada Teoria Normativa da proteção tem como um de seus pontos de partida a constatação de – em que pesem os ensinamentos da teoria positiva, quanto às distorções induzidas pela adoção de uma estrutura tarifária – não apenas em nenhuma economia encontrar-se exemplo de comércio totalmente livre (sempre

[1] A literatura sobre tarifa efetiva é extensa. Corden (1977) apresenta uma boa visão geral dos temas mais relevantes. Um aspecto central é o método de agrupamento dos diversos insumos, sobretudo quando eles compreendem bens e serviços. Corden, Balassa, Little & Mirrlees propuseram três dos métodos mais freqüentemente usados para lidar com essa questão. Outro aspecto, empírico, é o fato de que a evidência tende a indicar, em boa parte dos casos, fortes correlações entre as estruturas de proteção nominal e efetiva. Por último, e dado ser recomendável que a estrutura tarifária seja homogênea e com alíquotas reduzidas, há igualmente toda uma discussão quanto aos métodos para se reduzir o nível e o grau de dispersão de uma estrutura tarifária.

existe algum tipo de barreira ao comércio internacional), como nas décadas que se seguiram a Segunda Guerra Mundial o uso de barreiras comerciais foi uma característica no conjunto dos países menos desenvolvidos.

Essa percepção levou, por exemplo, Harry Johnson (1965) a propor que a existência de distorções na economia[2] – como a insuficiência de oferta de alguns produtos pela indústria local, a necessidade de proteger um setor até que ganhe escala competitiva, a imobilidade de fatores, a rigidez de preços, e outros – não deveria ser motivo suficiente para se buscar sua solução com barreiras ao comércio externo. E mais: o uso de tarifas para corrigir distorções internas pode levar a uma piora do nível de bem-estar social.

Esse tipo de considerações deu margem a um enfoque novo para abordar a questão da política comercial externa – o das recomendações de política econômica – e abriu um novo capítulo na literatura sobre proteção, ao explicitar os diversos tipos de distorções, e derivar daí uma listagem taxonômica de tipos de política mais recomendáveis em cada caso. A referência mais importante nesse sentido é o texto de Bhagwati (1991).

O raciocínio proposto no artigo de Bhagwati parte de um modelo com dois produtos e processo produtivo competitivo, e representado por uma fronteira de possibilidades de produção côncava em relação à origem, como visto no Capítulo 2. No ponto de equilíbrio (tangência entre a fronteira de produção, a relação entre os preços dos produtos e a curva de indiferença mais alta possível), haverá igualdade entre a Taxa Marginal de Transformação Interna (TmgI), a Taxa Marginal de Transformação Internacional (TmgE) e a Taxa Marginal de Substituição no Consumo (TMgSC).

A hipótese de não ser possível atingir esse equilíbrio reflete a existência de (ao menos) uma (ou mais) das seguintes distorções:

a. TmgE ≠ TmgI = TMgSC (quando existe monopólio no comércio internacional);
b. TmgI ≠TMgSC = TmgE (quando existem externalidades na produção, e o objetivo (não-econômico) da política econômica é aumentar a produção em um dos setores; isto é, a limitação é imposta pelo nível de produção);
c. TMgSC ≠ TmgI = TmgE (quando os importadores de um produto cobram uma mesma margem sobre os custos, tanto para produtos importados quanto para a produção local; isto é, a limitação é imposta pelo nível de consumo);
d. operação fora da fronteira de possibilidades de produção (ocorre quando existe imperfeição no mercado de fatores; ou seja, a limitação é imposta pelo baixo nível de emprego em um setor).

[2] Note que autores como Corden (1997) fazem uma distinção entre divergências – diferenças entre os custos (ou benefícios) marginais sociais e os custos (ou benefícios) marginais privados – que são provocadas por falhas de mercado ou outras circunstâncias independentes da ação governamental, e distorções que são divergências provocadas por políticas públicas de algum tipo, como a adoção de barreiras à importação.

Essas distorções podem ser determinadas tanto por imperfeições no funcionamento dos mercados (de produtos e de fatores) internos quanto induzidas por políticas econômicas.

A análise das diversas possibilidades de distorção dá margem a que se identifique uma hierarquia de tipos de intervenções mais adequados em cada caso. Isto é, aquelas intervenções que induzam os menores custos sociais, com a maior efetividade em induzir os efeitos desejados.

O exemplo apresentado em Corden (1997) é ilustrativo:

i. se a distorção for um nível de emprego na indústria inferior ao desejado e motivado pelo fato de os custos privados de empregar mão-de-obra naquele setor superarem os custos sociais de oportunidade para a mão-de-obra, a solução mais indicada é subsidiar o emprego de trabalhadores naquele setor (já que isso não provocaria distorções adicionais)

ii. poderia se pensar em subsidiar a produção industrial. No entanto, isso poderia acabar induzindo a mecanização adicional na indústria.

iii. poderia ser adotado um sistema de incentivos à produção competidora com importações ou de tarifas associadas a incentivos à exportação. Em ambos os casos, haveria distorção adicional sobre o nível de consumo interno. E assim sucessivamente.

A condição essencial para que essas recomendações de política façam sentido é que exista a possibilidade de financiar os subsídios requeridos, e que os efeitos distributivos dos subsídios (isto é, a redistribuição de recursos de contribuintes para os setores subsidiados) sejam marginais.

Segundo esse enfoque de tipo taxonômico, existiria um tipo *ótimo* de intervenção para cada tipo de divergência ou distorção (o "primeiro-melhor"). Quanto mais distante do ótimo for a política adotada ("segundo-melhor", "terceiro-melhor" etc.), maiores os custos impostos pela distorção de política, e menor a efetividade dessa política para lidar com o problema.

O enfoque normativo permite também identificar razões para que a adoção de tarifas sobre importações seja uma alternativa sensata em termos de política econômica, mesmo com todas as distorções associadas, e mesmo para o caso de "país pequeno".

Assim, por exemplo, pode ser justificável do ponto de vista econômico taxar as importações, se não houver alternativa razoável de base impositiva; para diversos países de menor dimensão econômica os recursos advindos da tributação de transações com o resto do mundo são a principal fonte de receita fiscal. A crítica a esse argumento é que o governo deveria – em lugar de tributar importações – impor um imposto direto sobre o consumo interno total, podendo gerar inclusive um ganho fiscal maior.

Do mesmo modo, é possível aceitar um certo nível não excessivamente elevado e temporário de proteção com base no chamado argumento da "indústria nascente" (argumento associado, sobretudo, a Mill, 1848; List, 1904; e Hamilton, 1934), pelo qual um setor recém-implantado precisa de condições especiais até que os custos iniciais possam ser amortizados e o setor atinja escala produtiva para poder concorrer com unidades produtivas maiores e existentes há mais tempo no exterior.[3]

A crítica ortodoxa a esse argumento é a de que a proteção não deveria ser necessária, pois empresas iniciantes podem tomar empréstimos para financiar seus prejuízos iniciais. E se isso não é possível, o problema não se resolve com mais proteção, senão com ajustes no mercado de capitais.

Ao se relaxar a hipótese de que as autoridades em um país devem mover-se em um mundo de opções ideais de política econômica ("primeiro-melhor"), surge uma série de argumentos que explicam (embora não justifiquem) a adoção de tarifas.

Uma tarifa pode ser adotada com base em argumentos de eqüidade: uma tarifa sobre importação de bens de luxo penaliza consumidores ricos, sendo benéfica do ponto de vista social. A crítica é que nesse caso uma transferência direta dos mais ricos aos mais pobres permitiria obter os mesmos benefícios, sem os custos derivados da proteção.

Há, assim, argumentos que – entre diversos outros – ilustram decisões de adotar barreiras ao comércio: dificuldades de arrecadação de outros tipos de impostos, interesse em estimular a produção de alguns setores selecionados, existência de custos para prover os produtores da alternativa de subsídios em lugar de proteção tarifária, o objetivo de proteger determinados segmentos produtivos como parte de uma política industrial, que possibilite o desenvolvimento tecnológico, ou mesmo uma estratégia do tipo 'política comercial estratégica' na qual as empresas protegidas no mercado interno desenvolvem maior capacidade de competição no mercado externo. Para cada um desses argumentos a Teoria Normativa leva ao questionamento de se a opção pela tarifa é a melhor opção.

O caso da 'política comercial estratégica' merece alguma consideração adicional. O enfoque foi iniciado por Brander e Spencer (1985) e desenvolvido em Krugman (1986) e Krugman (1990), que chamou esse campo de proposições de 'nova economia internacional'.

Em poucas palavras, o enfoque da política comercial estratégica consiste, grosso modo, em identificar uma racionalização que justifique um tipo de política industrial em que mesmo setores oligopolistas possam ser estimulados via subsídios ou proteção em relação a produtos importados: a razão básica é que por meio de intervenção governamental se consegue aumentar os ganhos dessas empresas nacionais e com isso reduzir os ganhos dos competidores externos, aumentando assim os benefícios para o país.

---

[3] O argumento da indústria nascente é essencialmente centrado na comparação de níveis de custos. Uma empresa nova (e por analogia um setor recém-instalado) opera à esquerda do ponto mínimo da curva de custo médio. Assim, quanto mais aumentar sua produção, menores serão seus custos. Essa situação inicial se compara de modo desfavorável a concorrentes (externos) que já contam com plantas produtivas amortizadas e produção em escala que permite custos médios baixos. Daí a necessidade de proteção temporária.

Como indica Brander (1986), se há um mercado internacional para um dado produto, mas relativamente poucas empresas operando nesse mercado, é possível para essas empresas obterem lucros acima do nível que teriam em um contexto competitivo. Assim, a política comercial surge como uma tentativa racional de procurar obter uma parcela tanto maior desses lucros quanto possível.

Para chegar a esse resultado os modelos básicos desse enfoque supõem um mesmo mercado para as duas empresas (nacional e estrangeira), em que não há possibilidade de entrada para novas empresas, de modo que a análise se concentra nos operadores existentes. O objetivo da política nacional é fazer com que a empresa nacional lucre, em detrimento da empresa estrangeira. As duas empresas determinam sua produção supondo que a produção da concorrente se mantém fixa (estilo Cournot). Não há retaliação por parte do outro governo às ações de incentivo à empresa nacional.

Nesse contexto, parece justificável a intervenção estatal de modo a maximizar os ganhos via comércio internacional. A conseqüência prática é evidentemente a racionalização para o renovado protecionismo observado nos últimos anos, assim como para o aumento de subsídios a diversos setores. Os exemplos mais notáveis estão na indústria aeronáutica, na siderurgia, em produtos de alta tecnologia, na indústria de alimentação, entre outros.

Do ponto de vista de racionalização teórica, contudo, como lembra Corden (1997), esse enfoque deixa a desejar sob diversos aspectos: não é claro o critério para a escolha dos setores a serem beneficiados, a intensidade dos subsídios ou da margem de proteção recomendada; o argumento torna-se mais frágil quando o número de empresas não é pequeno, e não se pode ignorar a possibilidade de retaliação por parte de outros países.

## A economia política da proteção

A economia política da proteção lida com o processo de definição da política comercial externa – quem determina (e de que modo) o nível e a incidência setorial de uma estrutura tarifária, por exemplo – e com a racionalização de por que uma determinada estrutura de proteção permanece em vigor, a partir da identificação de quem se beneficia dessa situação, e por que isso funciona como apoio à sua preservação.

Em relação ao processo de definição de uma dada estrutura de proteção, ela é a resultante de dois vetores: a pressão de parte de agentes econômicos e a resposta a essa pressão por parte das instituições governamentais.[4]

Como enfatiza Nelson (1981), tradicionalmente os países concordaram em negociações multilaterais que, se um dado país adotasse medidas protecionistas, isso lhe imporia o ônus de justificar sua ação. No entanto, em diversos países esse ônus tem sido na prática transferido aos agentes econômicos que demandam proteção. Como conseqüência, as autoridades de um país freqüentemente atuam

[4] Ver Tharakan (1979) e Goldstein (1986).

em negociações internacionais como representantes de fato dos interesses de setores privados, ao mesmo tempo em que internamente se observa o crescimento de instâncias burocráticas às quais as demandas por proteção passam a ser encaminhadas e que se encarregam de estabelecer os níveis de proteção.

Esses mecanismos têm contribuído para realçar as diferenças entre tarifas e barreiras não-tarifárias, no sentido de que as primeiras freqüentemente refletem processos políticos de mudanças na legislação correspondente, enquanto as segundas são geralmente definidas no âmbito puramente administrativo.

Esse processo torna a estrutura resultante de proteção menos transparente, embora se possa argumentar (Nelson, 1981) que a burocracia impõe ela própria regras autodefinidas e procedimentos específicos, tornando essas decisões mais previsíveis do que aquelas resultantes de negociações políticas, reduzindo assim os custos para os setores que demandam proteção, e ao mesmo tempo impondo limites ao poder discricionário da burocracia.

Do ponto de vista da identificação de quem se beneficia com uma dada estrutura de proteção, o ponto de partida é a percepção de que os custos da proteção (relacionados aos efeitos distorcidos provocados por ela) são difusos, enquanto os benefícios são concentrados em grupos bem identificáveis. Isso se traduz em impacto político, de tal modo que é possível associar os benefícios apropriados pelos grupos de pressão como resultado de uma dada estrutura de proteção.

Aqui a teoria econômica se aproxima de outras ciências sociais. Ao tentar isolar as variáveis determinantes, alguns analistas enfatizam o comportamento de grupos específicos de pressão, a partir da capacidade de certos grupos em impor a adoção de medidas de política que beneficiem sua produção para o mercado interno. Outras análises adotam um enfoque eleitoral e enfatizam o número de eleitores que podem se beneficiar da adoção de uma dada medida protecionista, ao mesmo tempo em que se pode avaliar a política comercial de um país a partir de seu papel no mercado internacional: se, por exemplo, países grandes, hegemônicos, tendem em princípio a adotar políticas comerciais mais liberais (Goldstein, 1986).

O argumento é que em democracias representativas os governos moldam suas políticas não apenas em função das demandas por parte do eleitorado em geral, mas também em resposta às pressões de grupos com interesses específicos.

No caso do enfoque analítico baseado em grupos de interesse, há duas vertentes: a da competição política entre dois candidatos (os grupos avaliam as perspectivas a partir das propostas dos candidatos e contribuem com recursos para o que parece mais promissor para atender aos seus interesses) e a do apoio político ao governo em busca de reeleição (grupos interessados acenam com apoio à campanha quando suas demandas por proteção são atendidas; veja em Grossman e Helpman, 2002).

Um enfoque alternativo ao dos grupos de interesse é o que considera objetivos sociais. A política comercial externa é definida a partir de objetivos nacionais e internacionais. Segundo Corden (1997), a política comercial tem em geral um viés conservador, em razão de os governos procurarem evitar perdas reais para segmentos específicos da população. Isso em parte explica (Appleyard e Field, 1998) por que alguns governos preferem negociar a adoção de restrições voluntárias às exportações, em lugar de impor tarifas.

Por último, mas não menos importante, a política comercial externa de um país pode também refletir uma postura geopolítica definida. Por exemplo, os países industrializados adotam já há algum tempo concessões tarifárias seletivas para produtos provenientes de países de menor renda, com base no Sistema Geral de Preferências, com o propósito de ajudar essas economias (Appleyard e Field, 1998).

## Palavras-chave

- Tarifa *ad valorem*
- Restrições quantitativas às importações
- Efeitos de uma tarifa
- "Pesos Mortos" derivados de uma tarifa
- Tarifa ótima
- Subsídio à exportação
- Paradoxo de Metzler
- Tarifa verdadeira
- Tarifa efetiva
- Distorções da política comercial externa
- Política comercial estratégica
- Economia política da proteção

## Exercícios

1. Quais os efeitos distributivos de uma tarifa?
2. O que é uma *tarifa proibitiva?* O que se entende por "água na tarifa"? Ilustre graficamente.
3. Em que uma tarifa difere de uma restrição quantitativa à importação? Explicite os supostos de sua análise e discuta os diversos aspectos envolvidos, ilustrando com exemplos.
4. Por que se diz haver limites para a adoção de uma tarifa *ótima*?
5. Quando uma tarifa efetiva é negativa? Qual o significado econômico? Que sugestões de política você infere de uma situação como essa?
6. Por que é relevante identificar o processo de definição de uma estrutura de barreiras comerciais e os agentes beneficiados por ela?

## Referências bibliográficas

APPLEYARD, D. R. e FIELD, A. J. *International economics : trade theory and policy.* Cingapura: Irwin McGraw-Hill, 1998.

BHAGWATI, J. "The generalized theory of distortions and welfare". *In*: ________, (ed.). *International trade: selected readings*. Cambridge Mass.: The MIT Press, 1991.

BRANDER, J. A. "Rationales for strategic trade and industrial policy". *In*: KRUGMAN, P. (ed.) *Strategic trade policy and the new international economics*. Cambridge Mass.: The MIT Press, 1986.

BRANDER, J.A e SPENCER, B. "Export subsidies and international market share rivalry". *Journal of International Economics*, vol. 18, 1985.

CORDEN, W. M. *The theory of protection*, Oxford: Oxford University Press, 1977.

________. *Trade policy and economic welfare*, 2a. ed. Oxford: Oxford University Press, 1997.

ETHIER, W. *Modern international economics*. Nova York: W. Norton & Company, 1995.

GOLDSTEIN, J. "The political economy of trade: institutions of protection". *American Political Science Review*, v. 80, nº. 1, março, 1986.

GROSSMAN, G. N. e HELPMAN, E. *Interest groups and trade policy*. New Jersey: Princeton University Press, 2002.

HAMILTON, A. "Report on Manufactures". *In*: MCKEE, S. (ed.). *Papers on Public Credit, Commerce and Finance*. Nova York: Columbia University Press, 1934.

HEFFERNAN, S. e SINCLAIR, P. *Modern international economics*. Oxford: Basil Blackwell, 1990.

JOHNSON, H. "Optimal trade intervention in the presence of domestic distortions". In: CAVES, R.; JOHNSON, H.; KENEN, P. B., (eds.). *Trade, growth and the balance of payments*. Rand Mc Nally, 1965.

KRUGMAN, P. "Import protection as export promotion: international Competition in the Presence of oligopoly and economics of scale". *In*: KRUGMAN, P. *Rethinking international trade*. Cambridge, Mass.: The MIT Press, 1990.

________. (ed.) *Strategic trade policy and the new international economics*. Cambridge, Mass.: The MIT Press, 1986.

LIST, F. *The national system of political economy*. Nova York: Longmans, Green & Co., 1904.

METZLER, L. "Tariffs, the terms of trade and the distribution of national income". *Journal of Political Economy*, v. 57, fevereiro, 1949.

MILL, J.S. "Principles of political economy". *In*: ROBSON, J.M., (ed.). *Collected Works of John Stuart Mill*. Toronto: University of Toronto Press, 1848, v. 3.

NELSON, D. R. *The political structure of the new protectionism*. Washington, D.C.: The Word Bank, 1981. (The World Bank Staff Working Paper, 471).

PASTORE, A.C; Savasini, J.A. A.; Rosa, J.A.; Kume, H. *Promoção Efetiva às Exportações no Brasil*. Rio de Janeiro: Fundação Centro de Estudos do Comércio Exterior (Estudos 2), 1979.

STOLPER, W. e SAMUELSON, P. A. "Protection and real wages". *Review of Economic Studies*, v. 9, 1941.

THARAKAN, P. K. M. *Political economy of protection: an empirical investigation of the Belgian Case*. Estolcomo: University of Stockholm/Institute for International Economic Studies, 1979. (Seminar Paper, nº 134).

# Capítulo 5

## Crescimento econômico e comércio internacional

No Capítulo 2, foi visto que o comércio internacional de mercadorias pode ser considerado um substituto ao movimento internacional de fatores de produção, dado que uma das conseqüências do comércio é afetar os preços dos fatores empregados na produção dos itens comercializados.

Neste capítulo, invertemos o raciocínio, para analisar os efeitos de variações nos fatores de produção sobre a estrutura de comércio.

À diferença do tratamento teórico da relação entre comércio e crescimento – um campo que margeia a literatura sobre desenvolvimento e a macroeconomia –, o tratamento dos efeitos do crescimento sobre a composição do comércio é um campo bastante explorado em suas possibilidades.

Essa é uma literatura que se intensificou no período seguinte ao final da Segunda Guerra Mundial, uma vez que, naquela época, havia uma enorme preocupação geral – dos países europeus em particular – em relação ao novo cenário dominado por uma nova economia hegemônica. Até então, a experiência de dois séculos anteriores era a de uma predominância da economia britânica, com um elevado grau de abertura ao comércio externo, dada sua dependência de recursos naturais importados.

O surgimento dos Estados Unidos como principal locomotiva da economia mundial implicava duas características específicas: havia um mercado diferencial de produtividade nos processos produtivos daquela economia em relação ao resto do mundo (que se traduzia, nos primeiros anos pós-armistício, em enormes superávits comerciais), e um baixo grau de abertura, o que levava à preocupação quanto à sincronia entre os ciclos econômicos nos Estados Unidos e sua capacidade de propagação para as demais economias. Assim, dependendo do tipo de crescimento econômico, haveria um impacto diferenciado sobre o resto do mundo, envolvendo a própria composição dos fluxos de comércio.

Essa preocupação deu origem a um conjunto de modelos teóricos que procuram estabelecer a relação entre o tipo de crescimento econômico, seu impacto sobre os setores exportador e importador e, conseqüentemente, o efeito sobre as contas externas de um país.

## Comércio e crescimento

### *Efeitos do crescimento econômico sobre o perfil de especialização comercial de um país*

Suponha um determinado país, que produza e exporte um produto X e produza e importe M, o qual não tenha condições de alterar os preços internacionais (hipótese de "país pequeno"), e cujo processo produtivo seja feito em condições de custos constantes (portanto, sua fronteira de possibilidades de produção é uma reta). Não existe, portanto, especialização *completa*: o país produz algo de ambos os produtos considerados na análise. A Figura 5.1 ilustra a situação inicial.

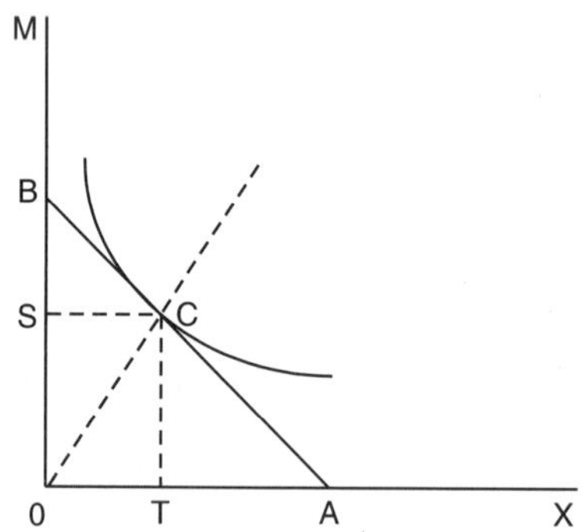


**Figura 5.1**

Na situação inicial, o país produz AT do produto X, em troca de BS do produto M. Não há recursos ociosos e a produção se dá ao longo da fronteira de possibilidades de produção AB.

A relação de trocas no mercado internacional é igual à inclinação da curva AB, e o país atinge um nível de bem-estar correspondente a C.

Suponha agora que o país considerado experimente crescimento, e isso se traduz em maior produção em nível agregado. Isso lhe permitirá atingir um nível de consumo agregado mais elevado, e – como se trata de um país pequeno – a relação entre os preços de X e de M permanecerá inalterada. A Figura 5.2 ilustra esse movimento.

**Efeitos do crescimento econômico sobre o consumo:** o crescimento é ilustrado pelo deslocamento da fronteira de possibilidades de produção de AB para A'B', de forma paralela, porque os preços relativos dos produtos se mantêm inalterados (país "pequeno").

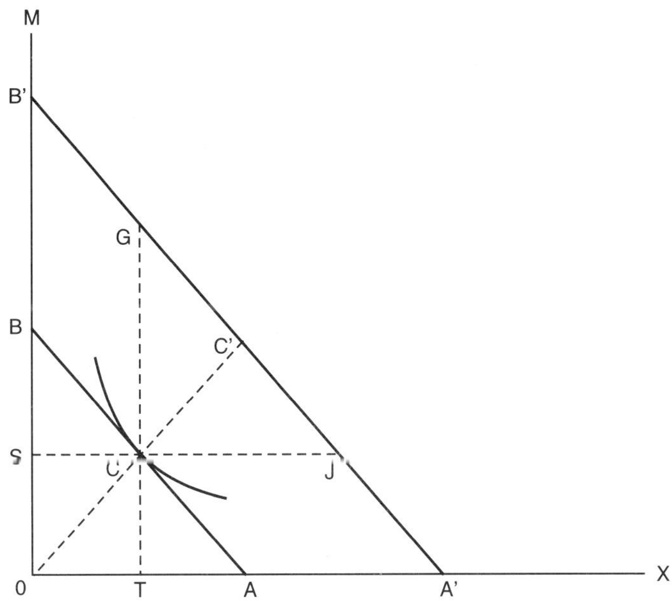


**Figura 5.2**

O que acontece com a estrutura de consumo?

No caso de a composição de consumo se deslocar de C para C', isto é, preservando a mesma proporção dos dois produtos na cesta de consumo, o crescimento é considerado *neutro*, uma vez que não há alteração no peso do produto importado no consumo.

Mas existem outras quatro possibilidades:

a. Se a estrutura de consumo se desloca de C para algum ponto do segmento C'G, isso significa que terá aumentado o peso *relativo* do produto M (importado) na cesta de consumo. Diz-se então que o crescimento foi de tipo "viesado pró-comércio".
b. Se a estrutura de consumo se deslocar de C para algum ponto de C'J, terá reduzido o peso *relativo* do produto importado; portanto, o crescimento é "viesado anticomércio".
c. Se a estrutura de consumo se deslocar de C para algum ponto de GB', terá aumentado o peso *absoluto* do produto importado na cesta de consumo; portanto, o comércio é de tipo "ultra-prócomércio".
d. De modo semelhante, um deslocamento de C para algum ponto de JA' implicará uma redução do peso *absoluto* do produto importado no consumo; portanto, um crescimento de tipo "ultra-anticomércio".

Esse conjunto de efeitos sobre o consumo pode ser sintetizado considerando-se as propensões média e marginal a consumir produtos importados, e a elasticidade-renda da demanda por importados, como a seguir (Heller, 1973):

| Tipo de Viés | Propensão Média e Marginal a Consumir Importados | Elasticidade-Renda da Demanda por Importados |
|---|---|---|
| Ultra-pró-comércio | Pmgl>1 | $\varepsilon_Y > 1$ |
| Pró-Comércio | Pmgl > Pmel | $\varepsilon_Y > 1$ |
| Neutro | Pmgl = Pmel | $\varepsilon_Y = 1$ |
| Anticomércio | Pmgl < Pmel | $\varepsilon_Y < 1$ |
| Ultra-Anticomércio | Pmgl < 0 | $\varepsilon_Y < 0$ |

**Efeitos do crescimento econômico sobre a produção:** Suponha agora (para facilidade de apresentação) que o processo produtivo no país apresente rendimentos decrescentes (custos crescentes na produção), retendo a hipótese de serem dados os preços relativos dos produtos no mercado internacional. A Figura 5.3 ilustra a análise do ponto de vista da produção.

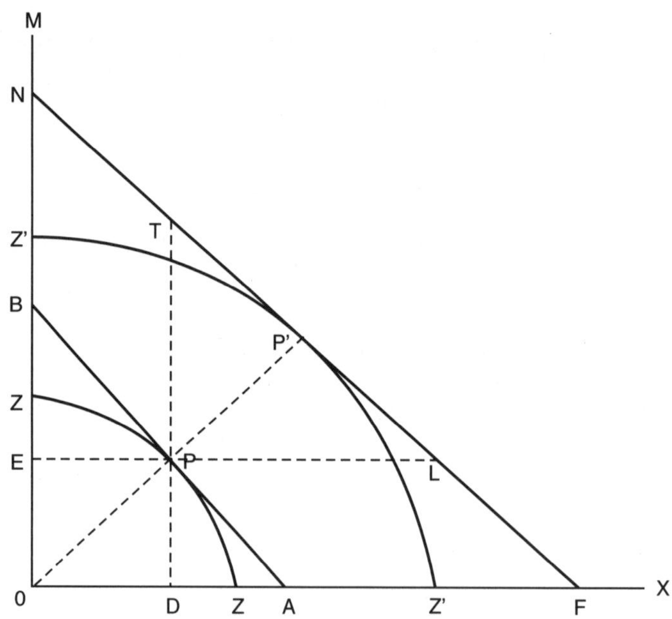


**Figura 5.3**

De modo semelhante à análise anterior, o crescimento econômico implica um deslocamento da fronteira de possibilidades de produção, preservando a mesma relação de preços entre os dois produtos.

Na hipótese de o ponto de produção se deslocar de P para P', não houve alteração na composição do produto agregado; assim, o crescimento econômico é considerado *neutro*.

Se a produção se desloca de P para algum ponto em P'T, isso significa que aumentou a produção nacional do produto importável, alterando sua participação *relativa* no produto agregado; portanto, o crescimento é de tipo "anticomércio".

Se a produção se desloca de P para algum ponto em P'L, isso significa que reduziu a produção nacional do produto importável, alterando sua participação *relativa* no produto agregado; portanto, o crescimento é de tipo "pró-comércio".

Se a produção se desloca de P para algum ponto de TN, isso significa que aumentou a produção nacional do produto importável, alterando sua participação *absoluta* no produto agregado; portanto, o crescimento é de tipo "ultra-anticomércio".

Se a produção se desloca de P para algum ponto em LF, isso significa que reduziu a produção nacional do produto importável, alterando sua participação *absoluta* no produto agregado; portanto, o crescimento é de tipo "ultra-pró-comércio".

Esse conjunto de efeitos sobre o consumo pode ser sintetizado considerando-se as propensões média e marginal a produzir produtos importados, e a elasticidade-renda da oferta de produtos importáveis, como a seguir (Heller, 1973).

| Tipo de Viés | Propensão Média e Marginal a Ofertar Importáveis | Elasticidade-Renda da Oferta de Importados |
|---|---|---|
| Ultra-pró-comércio | PmgSI >1 | $\sigma_Y < 0$ |
| Pró-Comércio | PmgSI > PmeSI | $\sigma_Y < 1$ |
| Neutro | PmgSI = PmeSI | $\sigma_Y = 1$ |
| Anticomércio | PmgSI < PmeSI | $\sigma_Y > 1$ |
| Ultra-Anticomércio | PmgSI < 0 | $\sigma_Y > 1$ |

Fica claro dessa apresentação que nem os efeitos sobre o consumo nem os efeitos sobre a produção são capazes de determinar isoladamente o resultado final do crescimento econômico sobre a composição do comércio externo. Isso é uma resultante de ambos efeitos, tomados em forma conjunta. O leitor fica convidado a explorar algumas possibilidades conjuntas alternativas.

## *Crescimento via aumento na dotação de fatores – O Teorema de Rybczynski*

**O crescimento de uma economia pode ocorrer de duas maneiras básicas:** pelo aumento na dotação de fatores, ou por algum tipo de progresso técnico que faça com que o volume produzido por unidade de fator empregado aumente. No primeiro caso (aumento na dotação de fatores), as novas unidades de fatores produtivos receberão remuneração igual à sua contribuição marginal à produção. No segundo caso (progresso técnico), como os avanços tecnológicos são considerados exógenos e facilmente disponíveis, os ganhos são apropriados por outros fatores de produção.

Vejamos inicialmente o crescimento derivado de aumento na dotação de fatores, mantendo a hipótese de "país pequeno" (preços internacionais dados), e preservando a característica de que na produção de uma das mercadorias, X, é empregada mais intensivamente o fator trabalho, enquanto a produção da outra, M, requer relativamente mais capital.

Suponha, por exemplo, um influxo de imigrantes ou um aumento da taxa de crescimento vegetativo da população. Em ambos os casos haveria um aumento no estoque de mão-de-obra na economia. Que efeitos esse aumento traria para o padrão de comércio internacional dessa economia? A análise é mais facilmente visualizada por um esquema como o da Figura 5.4, usando o artifício da Caixa de Edgeworth-Bowley.

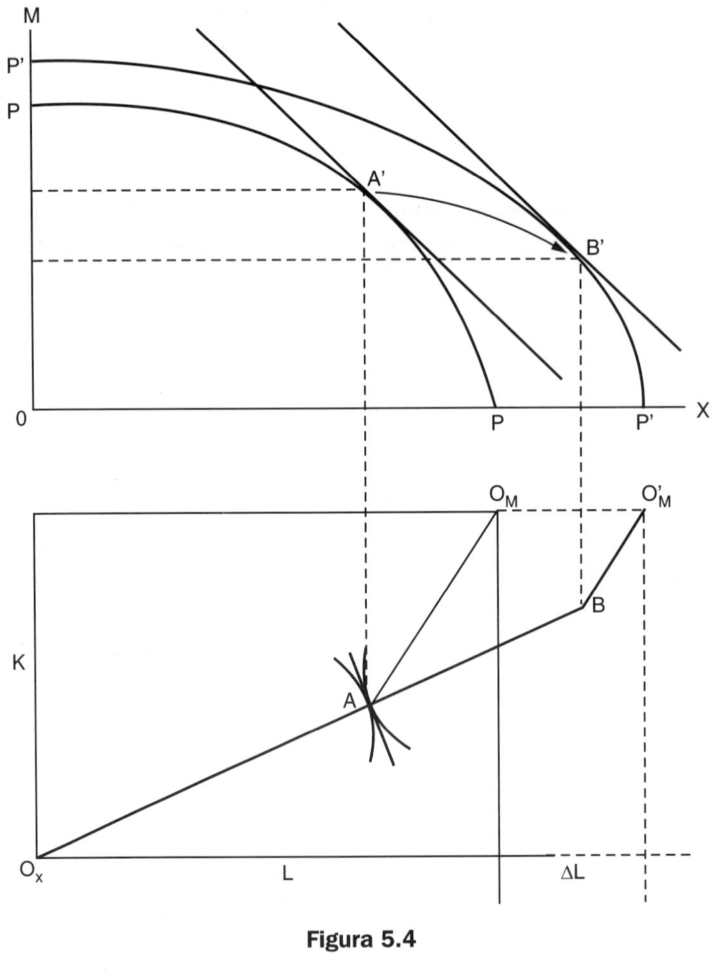


**Figura 5.4**

Antes do aumento do estoque de trabalho, a economia opera sobre a fronteira de produção PP. Dada a relação de preços ($P_X / P_M$) o equilíbrio da produção ocorre no ponto A'. Na parte de baixo da Figura 5.4 está representado o que ocorre no mercado de fatores.

As laterais da Caixa de Edgeworth-Bowley correspondem à dotação de fatores, respectivamente K e L. Ao ponto A' corresponde na Caixa o ponto A, que, por sua vez, indica uma interseção entre duas isoquantas relativas à produção de X e de M.

O aumento da disponibilidade de trabalho é representado na Figura 5.4 como uma ampliação da lateral correspondente ao estoque daquele fator. O ponto de origem da produção de M se desloca de $O_M$ para $O'_M$. Com essa maior disponibilidade de um dos fatores de produção, a fronteira de possibilidades de produção se desloca de PP para P'P'. Como por hipótese o país é "pequeno", (isto é, não tem como alterar os preços relativos dos dois produtos), a relação de preços ($P_X/P_M$) se mantém inalterada, e o novo ponto de equilíbrio da produção terá lugar no ponto B', ao longo da fronteira de produção, correspondendo ao ponto B, na Caixa.

Há um duplo efeito envolvido aqui. Há um aumento no volume global de produção (deslocamento da fronteira), mas note que ao ponto B' corresponde a uma quantidade produzida de X *maior* do que em A', ao mesmo tempo em que uma quantidade produzida de M *menor* do que originalmente.

A razão para esse resultado está associada à função de produção – que demanda ambos fatores – e à hipótese de diferenças nas intensidades relativas do uso de fatores nos dois setores. Como os trabalhadores adicionais têm de ser absorvidos pela economia (o modelo não admite ociosidade de fatores, portanto, o raciocínio é todo ao longo da fronteira de produção), uma certa quantidade de capital deverá ser liberado do setor M para o setor X. Como o primeiro emprega intensivamente capital, essa migração intersetorial implicará menor produção no setor M, em comparação à situação inicial.

Assim, o crescimento decorrente do aumento do estoque de um dos fatores é ultraviesado (ver seção anterior deste capítulo) em seus efeitos sobre o comércio externo da economia. Isso permite concluir que – dadas as hipóteses relativamente restritivas deste modelo – um aumento na oferta de um dos fatores de produção aumentará a produção do setor que emprega esse fator intensivamente, em detrimento do outro setor. Essa conclusão é conhecida como o Teorema de Rybczynski (Rybczynski, 1955).

### *Aumento no estoque de ambos os fatores*

Uma possibilidade alternativa é que haja aumento nos estoques de ambos os fatores de produção, e não apenas em um deles. Para a produção poder aumentar, sem alterar os preços relativos dos fatores, portanto, os preços dos produtos, é necessário levar em consideração a proporção em que os fatores são empregados em ambos os setores. A Figura 5.5 ilustra essa situação.

Inicialmente, o equilíbrio ocorre no ponto A', que corresponde ao ponto A, no interior da Caixa. Suponha agora que haja aumento do estoque de (ambos) fatores, *na mesma proporção empregada no setor* M. Os preços relativos de produtos não se alteram (a relação ($P_X/P_M$) se mantém inalterada), e o novo equilíbrio ocorre no ponto B'. As laterais da Caixa, na parte inferior da Figura, se alteram em forma proporcional.

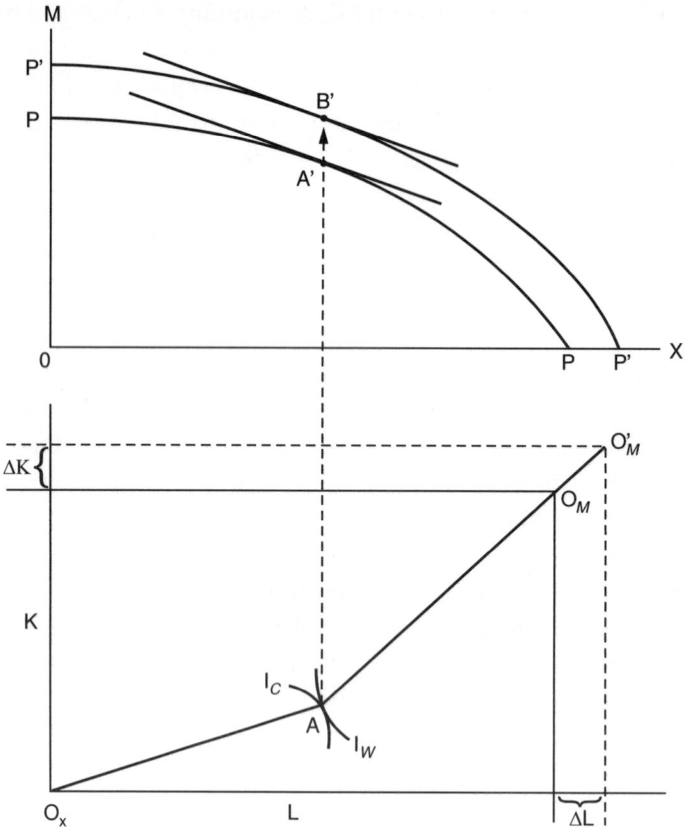


**Figura 5.5**

À diferença da situação anterior, agora houve aumento da produção de M – o ponto de produção passa de A' para B', em um nível de produção de M superior ao da situação inicial – enquanto a produção de X se manteve inalterada. Do ponto de vista dos efeitos sobre o comércio, esse crescimento é do tipo *viesado* e permite inferir que, em um modelo desse tipo, um aumento no estoque de fatores na proporção em que eles são empregados em um dos setores leva ao aumento na produção desse setor apenas.

Outra possibilidade é o estoque de ambos os fatores aumentar, agora não na proporção em que eles são empregados em um dos setores, como visto, mas na proporção em que eles são encontrados na economia em geral. A Figura 5.6 mostra o que ocorre nesse caso.

O equilíbrio inicial da produção é indicado, como antes, pelo ponto A'. O aumento do estoque de fatores implica uma ampliação de ambas as laterais da Caixa, e o novo ponto de produção passa a ser B', correspondente à tangência da fronteira de produção com a relação de preços de produtos. Ao ponto B' corresponde um volume maior de produção tanto de X quanto de M.

A razão para essa preservação do equilíbrio setorial é: como o estoque de fatores aumentou na mesma proporção em que é encontrado na economia como um todo, ambos os setores puderam se beneficiar, não sendo necessária a liberação de fatores já empregados para viabilizar esse aumento. Como conseqüência, ambos os setores são beneficiados.

Desse modo, o crescimento quando o estoque de fatores aumenta *na mesma proporção existente na economia como um todo* tem efeito neutro sobre o padrão de comércio internacional da economia afetada.

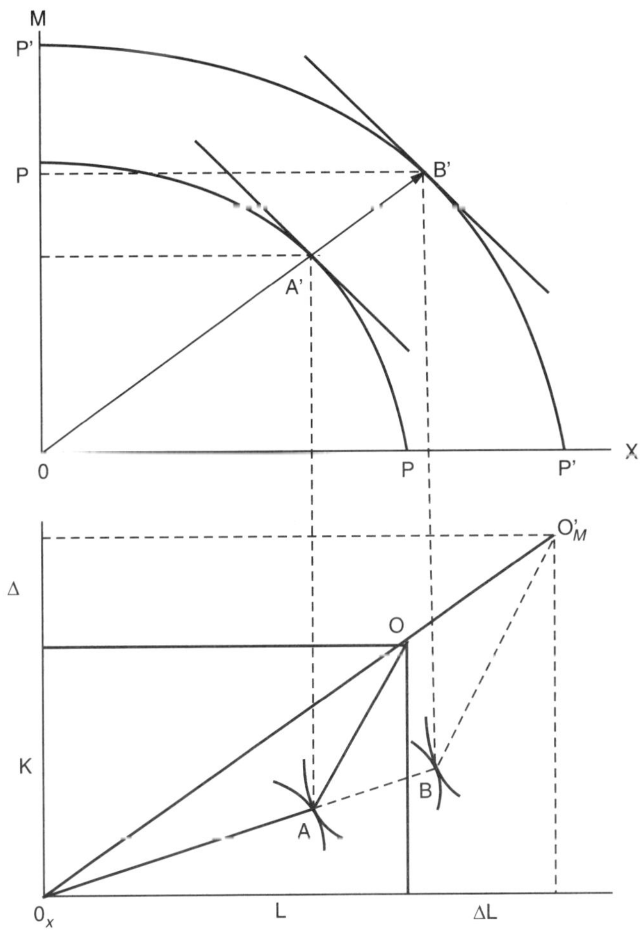


**Figura 5.6**

Esse conjunto de possibilidades pode ser sintetizado no quadro a seguir (Heller, 1973).

| Caso | Tipo de Aumento de Estoque de Fator | Mudanças na Produção |
|---|---|---|
| 1 | $\Delta K/\Delta L > (K/L)_M$ | $\Delta M > 0$ ; $\Delta X < 0$ |
| 2 | $\Delta K/\Delta L = (K/L)_M$ | $\Delta M > 0$ ; $\Delta X = 0$ |

| Caso | Tipo de Aumento de Estoque de Fator | Mudanças na Produção |
|---|---|---|
| 3 | $\Delta K/\Delta L = (K/L)_{Total}$ | $\Delta M > 0$ ; $\Delta X > 0$ |
| 4 | $\Delta K/\Delta L = (K/L)_X$ | $\Delta M = 0$ ; $\Delta X > 0$ |
| 5 | $\Delta K/\Delta L < (K/L)_X$ | $\Delta M < 0$ ; $\Delta X > 0$ |

## *Crescimento via progresso técnico*

Um caso alternativo de crescimento econômico é quando ele é viabilizado não por variações no estoque de fatores produtivos, mas por alterações no processo produtivo que tormam possível obter um volume maior de produção com a mesma quantidade de fatores, ou, alternativamente, um mesmo volume de produção empregando menos fatores.

Para facilidade de exposição, vamos supor que essa modificação na função de produção ocorra de forma exógena – com isso evitamos ter de especificar o papel de pesquisa e desenvolvimento de novos produtos, como ela se relaciona com a atividade produtiva etc. –, e que o acesso às novas modalidades produtivas seja universal, isto é, não haja problemas de acesso à informação.

O progresso técnico pode ocorrer evidentemente em ambos os setores considerados, com a mesma magnitude, ou em apenas um dos setores.

Vejamos, primeiro, o progresso técnico em ambos os setores. A Figura 5.7 mostra o que ocorre nesse caso.

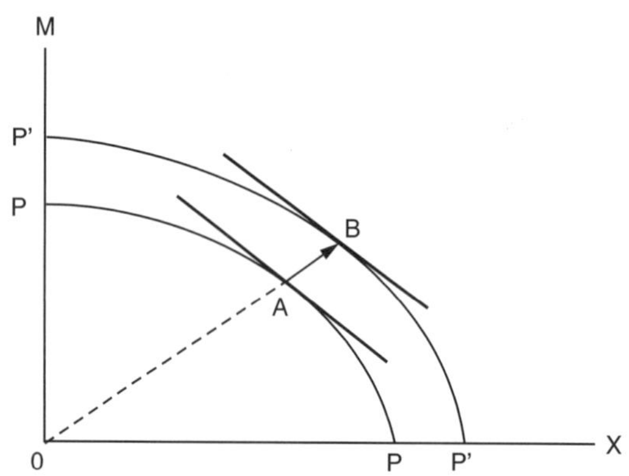


**Figura 5.7**

No caso de progresso técnico em ambos os setores, a mesma quantidade de fatores pode produzir um volume maior de ambos os produtos considerados.[1] Mantida a mesma relação entre os preços dos produtos, o ponto de produção passaria de A para B, com maior oferta tanto de X quanto de M.

[1] Nesse caso as laterais da Caixa de Edgeworth-Bowley (não mostrada aqui) permaneceriam inalteradas, sendo a única alteração a expansão do ponto A para o ponto B.

Do ponto de vista do efeito sobre a especialização no comércio internacional dessa economia, o resultado seria nulo. Isso permite afirmar que *um progresso técnico nos dois setores leva a um aumento proporcional na produção em ambos, sendo, portanto, neutro do ponto de vista da especialização no comércio.*

Mais interessante para os propósitos de análise é a situação alternativa, de progresso técnico em apenas um dos setores. Esse progresso pode ser de dois tipos: neutro – quando afeta a produtividade de ambos os fatores em proporções semelhantes – ou viesado – quando afeta a produtividade de um dos fatores mais do que proporcionalmente.

Vejamos primeiro o caso do progresso técnico neutro. Como está concentrado em um único setor, haverá redução dos custos de produção naquele setor apenas, aumentando a margem de lucratividade na produção daquela mercadoria e levando à expansão na sua produção. A Figura 5.8 ilustra o ponto.

Com os preços relativos de produtos dados, a redução nos custos no setor X estimulará a produção de X. Isso é representado pelo deslocamento da fronteira de produção de PP para PP', com a produção indo do ponto A para o ponto B.

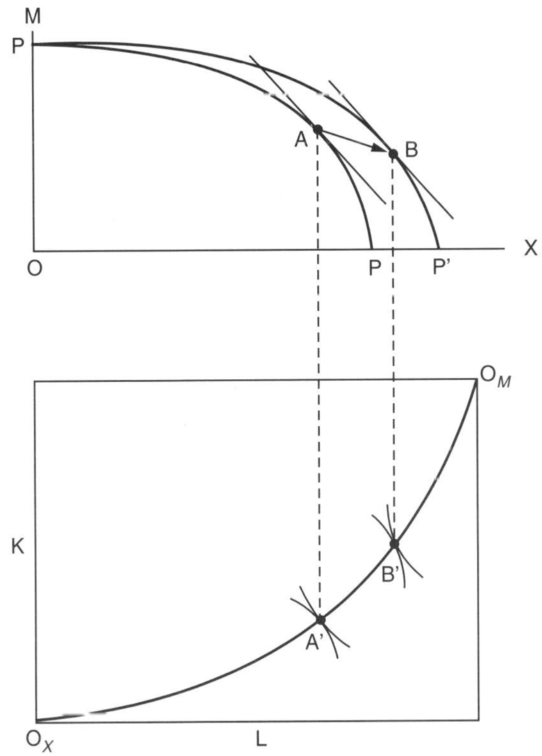


**Figura 5.8**

Note que esse aumento da produção de X demandará o emprego de ambos os fatores, havendo migração de fatores do setor M para o X, portanto, redução do volume produzido de M.

Assim, *um progresso técnico neutro em um dos setores tem um impacto não-neutro sobre a estrutura de especialização de comércio da economia, ao levar à expansão da produção apenas naquele setor em que teve lugar o progresso técnico, em detrimento da produção do outro setor.*

Vejamos agora o caso de progresso técnico não-neutro em apenas um dos setores. Por definição, um progresso técnico não-neutro significa uma alteração na tecnologia de produção em que as produtividades dos dois fatores são afetadas em proporções distintas.

Há novamente aqui duas possibilidades. O progresso técnico pode beneficiar o fator de produção empregado de forma intensiva naquele setor afetado, ou pode afetar mais intensamente o outro fator.

Suponhamos uma situação no qual, por alguma alteração tecnológica, se tenha beneficiado a produtividade da mão-de-obra no setor que emprega esse fator de forma intensiva. A Figura 5.9 mostra os resultados.

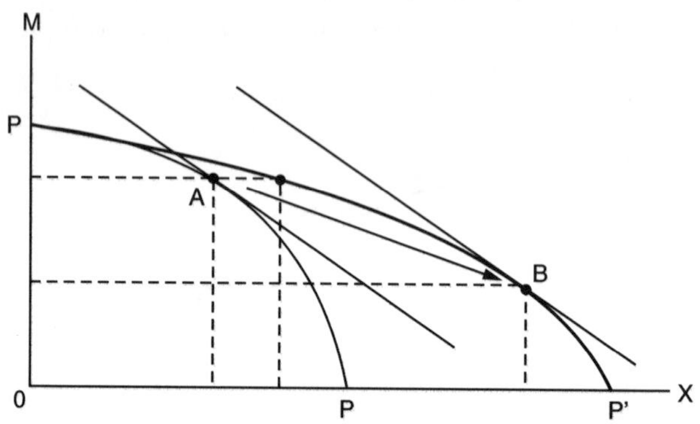


**Figura 5.9**

O ponto de equilíbrio inicial é, como antes, no ponto A. Agora, como o progresso técnico (poupador de mão-de-obra) teve lugar no setor X, haverá um aumento da quantidade de capital por trabalhador naquele setor. Essa demanda derivada por fator só poderá ser atendida se houver liberação de capital da parte do setor M. À medida que o setor M contrai sua produção, haverá liberação de relativamente mais capital que mão-de-obra (uma vez que esse é o setor intensivo em capital). Esse capital liberado será empregado no setor X, que expandirá, de tal forma a restabelecer a produtividade marginal do trabalho, portanto, a relação salário-lucro inicial.

O ponto de equilíbrio da produção passará a ser B. A esse ponto correspondem: a) um aumento na produção de X; b) uma redução no volume produzido de M e c) um emprego relativo de menos unidades de trabalho por unidades de capital, uma vez que o progresso técnico considerado foi do tipo poupador de mão-de-obra.

Isso permite dizer que *o progresso técnico que poupa o fator de produção empregado de forma intensiva em um setor levará a um tipo de crescimento ultraviesado* em relação à especialização no comércio internacional.

A última possibilidade é a de um progresso técnico poupador de capital no setor que emprega intensivamente mão-de-obra (setor X, no nosso caso). Nesse caso, o capital liberado de X (que é relativamente limitado) será absorvido pelo setor M, levando a uma expansão de M. Mas como o progresso técnico teve lugar no setor X, este setor também experimentará expansão de sua produção. O resultado líquido dependerá das magnitudes relativas.

Assim, pode-se dizer que *o progresso técnico em um setor que beneficie relativamente a produtividade do fator não empregado de forma intensiva nesse setor levará a um tipo de crescimento econômico cujo efeito sobre a especialização internacional da economia não é possível de se determinar a priori*, sem informações adicionais.

## A economia "não-pequena" e a possibilidade de crescimento "empobrecedor"

Até aqui os efeitos do crescimento econômico foram apresentados para a situação em que a economia considerada não tem capacidade de afetar os preços relativos de produtos no mercado internacional (hipótese de "país pequeno").

Uma alternativa foi proposta por Bhagwati (1958), para o caso de uma economia "não-pequena", que permite vislumbrar uma situação em que o crescimento econômico é de fato daninho em termos de bem-estar social.

A idéia é que com o crescimento econômico –induzido seja por aumento no estoque de fatores, seja por progresso técnico de algum tipo – o país passa a produzir mais de uma mercadoria e a ofertar uma quantidade maior desse produto no mercado internacional. Dado o tamanho da economia, essa oferta adicional poderá ser excessiva em termos do mercado internacional, levando, portanto, à redução do preço relativo do produto exportado.

Ao se reduzir $P_X$, com tudo o mais mantido constante, haverá uma queda na razão ($P_X / P_M$), como mostra a Figura 5.10.

Na posição inicial, o equilíbrio era atingido em um ponto A de produção, a uma dada relação de preços entre os produtos. O consumo ocorria no ponto $C_1$, que – como visto – assegurava um ganho em comparação à situação de isolamento do comércio internacional.

Com o crescimento econômico, passa a haver maior produção tanto de X quanto de M, representado pelo deslocamento da fronteira de produção. No entanto, dado o peso relativo da economia no mercado internacional, a maior oferta de X implica um relativo barateamento desse produto. Isso é representado pelo deslocamento da curva de relações de troca, de $RT_1$ para $RT_2$. A essa relação de preços corresponde um ponto de consumo $C_2$, o qual está sobre uma curva de indiferença do consumidor mais baixa que a anterior.

Assim, como conseqüência única do crescimento e do peso relativo da economia no mercado internacional, haverá uma queda no nível de bem-estar social da economia. A isso se chama "crescimento empobrecedor".

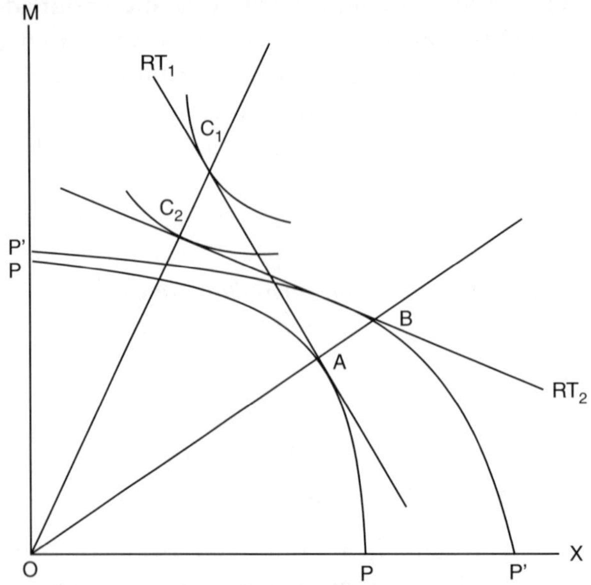


**Figura 5.10**

## Comércio e desenvolvimento

A Teoria de Desenvolvimento surgiu nos anos seguintes ao final da Segunda Guerra Mundial, ao concentrar atenção no que deveria ser a orientação básica para o emprego de recursos. Assim, autores como Rostow (1956), Rosenstein-Rodan (1943) e Nurkse (1953), entre outros, se preocuparam em discutir se os recursos deveriam ser concentrados em alguns poucos setores com grande efeito multiplicador, ou se, ao contrário, deveria haver pulverização, alocando-se parcelas menores dos recursos disponíveis em diversos setores.

O objeto desse corpo teórico sempre foi o tratamento diferenciado dos países com menor grau de desenvolvimento, como uma categoria de análise em si.

A geração seguinte de modelos na teoria do desenvolvimento se concentrou no tratamento da alocação eficiente de fatores e na escolha das melhores técnicas produtivas, dada a dotação de fatores de produção de uma economia. Então, por exemplo, Eckaus (1955) e outros se preocuparam com as proporções fatoriais mais adequadas, o que levou, no campo operacional, a recomendações de critérios específicos a serem adotados na análise de projetos de investimento, como explicitado em Little e Mirrlees (1968) e Dasgupta; Marglin; Sen (1972).

Em paralelo a essas preocupações, as décadas de 1960 e 1970 testemunharam esforços em direções diversas, tratando de caracterizar os países menos desenvolvidos como efetivamente uma categoria de análise diferenciada. Desse modo, por exemplo, Chenery (1970) busca caracterizar as diversas etapas do desenvolvimento econômico (medido por níveis de renda *per capita*) como apresentando características próprias, mutantes à medida que a economia evolui no seu nível de produto por habitante.

De modo semelhante, outros autores procuraram tratar de forma sistemática diversos aspectos relacionados ao processo de desenvolvimento, como o processo de migração dos setores mais retrógrados aos setores produtivos mais modernos e competitivos (Lewis, 1955 e 1964), e os determinantes e as características dos processos migratórios entre o campo e as cidades ou entre regiões distintas (Todaro, 1969).

Mais relevante para os propósitos deste capítulo, outros autores se preocuparam com a importância vital – para o processo de crescimento e desenvolvimento das economias de menor expressão – da disponibilidade de divisas. Assim, Furtado (1964) e (1969), Chenery e Strout (1966), Prebisch (1950), Singer (1950) e outros enfatizaram as limitações da disponibilidade de recursos para financiar o processo de desenvolvimento, com particular ênfase na capacidade de geração de divisas na quantidade requerida para sustentar esse processo.

É essa percepção de que uma economia em desenvolvimento – uma estrutura mutante por definição – tem necessidade de um volume expressivo de divisas para viabilizar suas importações de produtos básicos, bem como de equipamentos e insumos intermediários para satisfazer às necessidades básicas da população, e ao mesmo tempo tornar viável a produção de uma série de itens que caracterizem um parque industrial *strictu sensu*, que dá origem a considerações sobre como melhor lidar com essa questão.

De um lado, está a opção por viabilizar a oferta interna dos itens demandados, e com isso reduzir a pressão sobre o balanço de pagamentos. De outro lado, está a alternativa de procurar gerar mais divisas por meio de exportações competitivas, de tal modo a poder contar com os recursos necessários sem penalizar o setor importador. A primeira estratégia é conhecida como "industrialização via substituição de importações". A segunda é genericamente designada de "promoção de exportações".

## Estratégias de substituição de importações e promoção de exportações

A idéia básica associada a um processo de substituição de importações é a de promoção — no mercado interno de uma economia – da capacidade de oferta de itens anteriormente conseguidos por meio do comércio externo. Dessa maneira, a produção nacional *substitui* a oferta de alguns produtos importados.

Essa estratégia de promoção da industrialização tem em geral um forte componente de indução e, portanto, de dependência de recursos públicos, uma vez que está freqüentemente associada à provisão de incentivos fiscais e creditícios. Ela parte da identificação – a partir da análise da pauta de importações – daqueles produtos para os quais existe demanda interna suficiente, e dos estímulos para produzir no país esses bens e serviços com demanda comprovada. A produção competitiva com importações passa a ser, então, considerada justificável – sobretudo em períodos de escassez de divisas – ao se supor que a existência dessa demanda a qual pode ser desviada para produtos nacionais, justificaria os esforços para a implantação de novas unidades produtivas.

Vista de uma perspectiva de desenvolvimento econômico – cujo objetivo é alterar a estrutura produtiva de um sistema econômico – tal estratégia é associada a um processo que procura repetir de forma acelerada (e em condições históricas distintas) a experiência de industrialização dos países desenvolvidos (Tavares, 1977).

O objetivo não é tanto as economias menos desenvolvidas chegarem a competir com as economias avançadas, senão a constituição de sistemas econômicos nacionais flexíveis, diversificados (de modo a reduzir a vulnerabilidade frente às flutuações das relações de troca, altamente desastrosas em sistemas dependentes de poucos produtos), com condição de poder gerar, a partir do próprio dinamismo, um ritmo sustentável de crescimento do produto (Bruton, 1989).

Esse objetivo requer certo grau de isolamento (supostamente temporário) em relação à produção (considerada mais competitiva, por ser feita em escala maior e em unidades produtivas com custos fixos já amortizados) originária dos países industrializados. Assim, uma estratégia de substituição de importações requer um grau expressivo de proteção em relação à concorrência de produtos importados, seja por meio de barreiras comerciais (substituição de importações induzida pelos efeitos da proteção comercial sobre a oferta nacional), seja por preços relativos (leia-se taxa de câmbio) que encareçam os produtos importados em relação aos seus concorrentes nacionais, estimulando os produtores locais (substituição "espontânea" de importações).

Em geral, a existência de um processo de substituição de importações é identificada a partir da proporção da oferta total de um determinado produto que é satisfeita por itens importados. Isso impõe a necessidade de diferenciar entre um processo que implique *apenas* a redução da proporção de itens importados na oferta total e um processo no qual essa redução seja associada a noções de otimalidade do processo produtivo (Desai, 1969). No segundo caso, deveria ser possível definir-se – a partir da disponibilidade de fatores de uma economia – o que seria um nível desejável ("ótimo") de produção de um determinado item, e, com base nesse nível, avaliar a adequação do sistema produtivo efetivamente encontrado, e identificar os ajustes requeridos para aproximar-se daquele ponto "ótimo".

A lógica subjacente da estratégia de substituição de importações como instrumento para indução do desenvolvimento econômico é, portanto, a de que algum custo em termos de eficiência estática[2] é aceitável, pois levará (a médio prazo) a uma menor dependência em relação à oferta externa, e, portanto, menor necessidade – ao longo do tempo – de divisas (supostamente escassas) para poder adquirir tais produtos, permitindo alocar essas divisas para a aquisição de outros itens (como bens de produção e tecnologia) com efeito mais expressivo sobre a competitividade do sistema.

---

[2] Os custos estão associados à ineficiência derivada da adoção de barreiras comerciais e/ou provisão excessiva de recursos reais a determinados setores produtivos, freqüentemente escolhidos a partir da composição das importações, e sem considerações seja quanto à sua relação com os padrões de vantagens comparativas da economia, seja quanto ao uso alternativo dos recursos envolvidos.

A recomendação desse tipo de estratégia esteve freqüentemente associada a um diagnóstico que obedecia a uma seqüência lógica, resumida nos seguintes passos: a) as economias menos desenvolvidas em geral apresentam um parque produtivo limitado, com oferta de poucos produtos; b) esses produtos são em geral pouco elaborados, freqüentemente produtos *in natura*; c) a demanda por esses produtos é limitada, com baixa elasticidade, seja em relação aos preços, seja em relação à renda, o que faz o desempenho exportador desses países ser pobre e fortemente dependente dos ciclos de atividade das principais economias; d) a demanda interna nos países menos desenvolvidos é predominantemente satisfeita com produtos fabricados no exterior; desse modo, a disponibilidade de divisas é vital para o funcionamento do sistema econômico e a satisfação dos consumidores locais; e) há poucos graus de liberdade das autoridades nacionais em conseguir aumentar a receita líquida de exportações de forma sustentada (mesmo desconsiderando a evolução dos termos de troca desses países em relação aos países industrializados, na tradição de Singer, 1950; e Prebisch, 1950), uma vez que as baixas elasticidades-preço e renda da demanda por exportações são um fator limitador; f) assim, o aumento do grau de industrialização não é um fim em si mesmo, mas a busca de uma maneira mais eficiente e factível de reduzir a vulnerabilidade externa, por meio da viabilização mais eficiente de inserção na economia internacional, menos sujeita a oscilações bruscas na receita de divisas, e pela redução do peso do setor externo no conjunto da atividade econômica de cada país.

Nesse contexto, seria inócuo tratar de estimular o setor exportador, uma vez que a probabilidade de resposta por parte da demanda externa é baixa. Esse diagnóstico é freqüentemente chamado de "pessimismo em relação às elasticidades".

Essa estratégia baseada na substituição de importações caracterizou – com intensidades variadas – boa parte da experiência de política econômica dos países menos desenvolvidos nas duas ou três décadas (dependendo de que países consideramos) que se seguiram ao final da Segunda Guerra Mundial. Ela foi colocada em cheque, no entanto, por dois tipos de considerações.

De um lado, a experiência mostrou que para países com dimensões econômicas limitadas o potencial para substituir importações é reduzido, uma vez que a tecnologia empregada nos processos produtivos demanda escala indivisível, e, portanto, é necessário poder dispor de mercado além de um certo tamanho para a produção poder ser realizada sem capacidade produtiva ociosa excessiva. Além disso, a geração de empregos no setor industrial ficou geralmente aquém do desejável. Mais importante que esses aspectos, contudo, a experiência mostrou que, mesmo em processos bem-sucedidos de substituição de importações por produção interna, a dependência de importações não diminuiu (Tavares, 1977). Em diversos casos, os insumos utilizados nos processos produtivos são de origem externa. Isso significa que não apenas a dependência em relação às importações não diminuiu, como eventualmente aumentou, e com menor grau de compressibilidade, pois corresponde a componentes requeridos para o próprio processo produtivo.

Por outro lado, mesmo no conjunto de países menos desenvolvidos surgiram exemplos de que políticas de estímulo às exportações podem dar bons frutos, levando à melhora do desempenho exportador em termos de maiores taxas de crescimento da geração de divisas e de diversificação da pauta exportadora. O "pessimismo em relação às elasticidades" deveria ser qualificado, sobretudo em relação a sistemas econômicos nos quais já existisse alguma capacidade produtiva manufatureira, e em que o desempenho exportador estivesse sendo dificultado pela estrutura de preços relativos. Essa percepção deu origem a uma literatura especializada relativamente grande sobre as distorções internas induzidas pela política comercial externa.

## *Intervenções ótimas e viés da política comercial externa*

Segundo a teoria básica da proteção (ver Capítulo 4), apenas em economias de maior porte faz sentido adotar política comercial intervencionista, uma vez que apenas nesses casos é possível melhorar as relações de troca como resultado dessas intervenções. Assim, segundo a teoria, apenas uma *tarifa ótima* deveria ser considerada. A única possibilidade alternativa para países pequenos deveria ser necessariamente limitada em escopo (para evitar as distorções induzidas no consumo e na produção) e no tempo de aplicação (é justificável apenas no caso de *indústria nascente*, e, portanto, temporária por definição).

A freqüência com que os diversos países adotam barreiras (explícitas ou não) em relação a produtos importados concorrentes com a produção interna levou, como visto no Capítulo 4, ao surgimento de considerações sobre atuações *desejáveis* e atuações *possíveis* por parte das autoridades.[3]

De forma semelhante, a discussão sobre a existência ou não de favorecimento aos setores cuja produção é predominantemente voltada para o mercado interno, ou contemplam exportações, levou Balassa (1989) a classificar as estratégias de política econômica como voltadas *para dentro*, *para fora* ou *neutras*.

As políticas *para dentro* prejudicam relativamente os segmentos exportadores. Possuem um "viés antiexportador", refletido, por exemplo, em uma proteção efetiva negativa do valor adicionado nas atividades de exportação. No caso em que a proteção efetiva dos segmentos exportadores iguale ou supere a proteção efetiva aos setores produtores para o mercado interno, o sistema terá viés "neutro" ou "pró-comércio".

O problema com as políticas de tipo intervencionista são os custos que elas podem impor ao sistema econômico, em alguns casos de magnitude expressiva. Entre outros, a literatura[4] ressalta os seguintes custos: a) custos sociais da "apropriação de rendas extraordinárias" (*rent-seeking*), derivada da atuação de grupos

---

[3] Os economistas classificam essas políticas segundo tradução livre (e infeliz) do jargão em inglês como políticas de 'primeiro-melhor' ('first-best') e de outras ordens inferiores ('second-best', 'third-best' etc).

[4] Ver, entre outros, Krueger (1974), Bhagwati (1980), Little; Scitovsky;Scott (1970), Liebenstein (1966).

interessados na preservação de determinadas barreiras comerciais; b) custo social de tipo "peso morto", relacionado à existência e à atuação de monopólio em alguns setores, e preservado pela baixa concorrência com produtos competitivos importados; c) custo social derivado da ineficiência na alocação dos recursos disponíveis ("ineficiência de tipo X"), com subutilização de alguns recursos e baixa produtividade dos recursos empregados.

Esse tipo de análise recomenda que o desenho e a prática de uma política comercial externa deve ser idealmente do tipo mais "neutro" possível, para evitar vieses excessivos, e conseqüentemente evitar induzir alocação de recursos de forma que não corresponda à dotação de recursos. Assim, devem ser evitados: i) a seleção *a priori* dos setores produtivos a serem incentivados,[5] ii) graus de intervenção no sistema econômico que distorçam a identificação "natural" dos sinais de custos relativos no emprego dos fatores por parte dos agentes econômicos, e iii) os vieses da política comercial.

## Palavras-chave

- Viés Pró-Comércio e viés Anticomércio
- Crescimento neutro e não-neutro
- Teorema de Rybczynski
- Substituição de Importações
- Promoção de Exportações
- Crescimento Empobrecedor

## Exercícios

1. Quando se pode dizer que um crescimento é "empobrecedor"? Que condições são requeridas para isso ocorrer?
2. Mostre o que ocorre com o comércio externo de um país quando há um aumento expressivo de imigração de trabalhadores. Ilustre graficamente e explicite os supostos requeridos para sua análise.
3. "O efeito do crescimento sobre o comércio é o resultado líquido dos seus efeitos sobre o consumo e sobre a produção." Discuta, ilustrando graficamente.
4. O que é o chamado "viés" da política comercial?
5. Que diferença faz – para os efeitos sobre a composição da pauta de comércio – se o progresso técnico poupa um ou outro dos fatores de produção?

[5] Uma vez que freqüentemente essa seleção obedece a critérios políticos, não correspondendo necessariamente à melhor alocação dos recursos.

## Referências bibliográficas


BALASSA, B. "Outward orientation." *In*: CHENERY, H.; SRINIVASAN, T. N. (orgs.). *Handbook of International Economics*. Amsterdam: North-Holland, 1989.

BHAGWATI, J. "Immizerizing growth: a geometric note". *Review of Economic Studies*, junho, 1958.

_________. "Lobbying and welfare". *Journal of Public Economics*, v. 14, nº 3, dezembro, 1980.

_________ e SRINIVASAN, T.N. *Lectures on international trade*. Cambridge: The MIT Press, 1984.

BRUTON, H. Import substitution. *In*: CHENERY, H. e SRINIVASAN, T.N., (orgs.). *Handbook of International Economics*, Amsterdam: North-Holland, 1989.

CHENERY, H.B. *Structural change and development policy*. Washington, D.C.: World Bank, 1970.

_________ e STROUT, A M. "Foreign assistance and economic development". *American Economic Review*, v.56, setembro, 1966.

DASGUPTA, P.; MARGLIN, S.; SEN, A. *Guidelines for project evaluation*. Nova York: UNIDO, 1972.

DESAI, P. Alternative measures of import substitution. *Oxford Economic Papers*, v. 21, nº. 3, 1969.

ECKAUS, R. S. O problema das proporções fatoriais nas zonas subdesenvolvidas. *In*: AGARWALA, A. N. e SINGH, S. P., (orgs.). *A Economia do subdesenvolvimento*. Rio de Janeiro: Forense, 1969. (Reprodução).

FURTADO, C. *Development and underdevelopment*. University of California Press, 1964.

_________. "Formação de capital e desenvolvimento econômico". *In*: AGARWALA, A. N. e SINGH, S. P., (orgs.). *A economia do subdesenvolvimento*. Rio de Janeiro: Forense, 1969. (Reprodução).

HELLER, H.R. *International trade: theory and empirical evidence*. New Jersey: Prentice-Hall, 1973.

KRUEGER, A. "The political economy of the rent-seeking society". *American Economic Review*, v. 64, nº 320, junho, 1974.

LEWIS, A. "O desenvolvimento econômico com oferta Ilimitada de mão-de-obra". *In*: AGARWALA, A. N. e SINGH, S. P., (org.) *A economia do subdesenvolvimento*. Rio de Janeiro: Forense, 1969. (Reprodução).

_________. *The theory of economic growth*. Londres: Allen & Unwin, 1955.

LIEBENSTEIN, H. "Allocative efficiency versus x-efficiency". *American Economic Review*, v. 56, nº 3, 1966.

LITTLE, D. e MIRRLEES, J. *Manual of industrial project analysis in developing countries: social cost-benefit analysis*, Paris: OECD, 1968, v.2.

LITTLE, I e SCITOVSKY, t. & SCOTT, J. *Industry and Trade in Some Developing Countries: A Comparative Study*. Londres, Oxford University Press, 1970

NURKSE, R. "Alguns aspectos internacionais do desenvolvimento econômico", *The American Economic Review*, maio, 1953.

PREBISCH, R. *The economic development of Latin America and its principal problems*, Nova York: ECLAC, 1950.

ROSENSTEIN-RODAN, P.N. "Problemas de industrialização da Europa Oriental e Sul-Oriental". *The Economic Journal*, junho/setembro, 1943.

ROSTOW, W. "A decolagem para o desenvolvimento auto-sustentado", *The Economic Journal*, março, 1956.

RYBCZYNSKI, M. "Factor endowments and relative commodity prices", *Economica*, novembro, 1955.

SINGER, H. "The distribution of gains between investing and borrowing countries". *Papers and Proceedings of the American Economic Association*, v. 40, maio, 1950.

SODERSTEN, B. e REED, G. *International Economics*, Nova York: St. Martin's Press, 1994.

TAVARES, M.C. "Auge e declínio do processo de substituição de importações". *In*: ________. *Da substituição de importações ao capitalismo financeiro*. Rio de Janeiro: Zahar, 1977.

TODARO, M. A. "Model of labour migration and urban unemployment in less developed countries", *The American Review*, março, 1969.

# Capítulo 6

# Integração regional

Em dezembro de 1985, os países da União Européia aprovaram um documento, chamado de Ata Única Européia, no qual se comprometiam a completar a formação de um mercado regional único em 1992. Como parte desse processo, uma grande quantidade de estudos e projetos foi elaborada, visando recuperar a competitividade da produção dos países-membros em seu conjunto, no que ficou conhecido como "Projeto Europa-92".

Dada a dimensão do mercado europeu e o fato de já há algum tempo a maior parte do comércio externo dos países da Comunidade Européia ter lugar entre esses países, essa iniciativa suscitou temores de que como resultado desse esforço se obtivesse de fato uma "Fortaleza-Europa", com elevação das barreiras ao comércio com o resto do mundo.

Por essa época, na América Latina, as restrições impostas pela escassez de divisas, derivada da crise da dívida externa, afetava a maior parte dos países da região, que voltaram a ver na integração regional uma ferramenta de recuperação do seu dinamismo, como se verá adiante.

Seja qual tenha sido o motivo inicial, o fato é que a partir da segunda metade da década de 1980, e ao longo da de 1990, observou-se um ressurgimento com intensidade inusitada de acordos de preferência comercial envolvendo um número variado de países.[1] Esse processo foi mais intenso na América Latina, mas ocorreu também em outras regiões.

Em dezembro de 2002 estava notificado na Organização Mundial do Comércio (OMC) um total de 250 acordos regionais de comércio, sendo que, des-

[1] Há diversas indicações da importância crescente dessas transações, assim como da complexidade crescente das diversas iniciativas de integração entre países latino-americanos em CEPAL (1994) e BID (2002). Segundo CEPAL (2003) a importância relativa das exportações intra-regionais nas exportações totais dos países da região passou de 13,9% em 1990 a 20,2% em 1997, reduzindo-se a 14,3% em 2002.

ses, 150 foram formalizados a partir de 1995. Há outros 170 acordos em processo de negociação, o que permite prever não menos de 300 acordos de preferências comerciais em 2005.

Ao mesmo tempo em que esse processo se acelerava – a partir de meados da década de 1980 – tinha lugar uma rodada de negociações comerciais multilaterais (ver Capítulo 7). A comparação entre processos de preferências regionais e de abertura multilateral tornou-se inevitável e de fato ocupou boa parte das análises relativas ao comércio internacional por um bom tempo.

Este capítulo apresenta a teoria básica sobre integração regional e sobre um aspecto vinculado a estágios superiores de integração, que é a formação de áreas monetárias. Depois apresenta em linhas gerais o debate sobre o uso da integração regional para o desenvolvimento econômico dos países envolvidos, e ilustra os argumentos com alguma evidência empírica.

## Teoria da integração – os diversos níveis de integração

O primeiro aspecto importante ao se falar de um processo de integração regional é determinar o grau ou nível de integração. Os efeitos e as implicações são marcadamente distintos entre diferentes níveis.

O nível mais simples a considerar é quando dois ou mais países negociam entre si preferências comerciais. Uma Área de Preferências Comerciais compreende a redução ou isenção de imposto de importação no comércio entre os países envolvidos, apenas para um grupo reduzido de produtos. Não há maiores implicações, além da facilitação de comércio setorialmente localizado; cada país mantém independência na sua política comercial em relação ao resto do mundo e, freqüentemente, essas preferências ocorrem entre países sem proximidade geográfica. Um exemplo é o conjunto de concessões comerciais entre os Estados Unidos e Israel.

O nível imediatamente seguinte é o de uma Área de Livre Comércio (ALC). Uma ALC implica concessões comerciais generalizadas, compreendendo a maior parte (ou a totalidade) da pauta comercial entre os países envolvidos. Cada país preserva sua autonomia em definir a política comercial em relação ao resto do mundo, mas o grau de amplitude das concessões entre os países participantes demanda dois tipos de providências:

a. a definição de "regras de origem" (estabelecimento de critérios claros em relação ao percentual de valor adicionado em um dos países da ALC, de modo a caracterizar um determinado produto como produção nacional de um dos países, e assim qualificá-lo para as preferências tarifárias; ao mesmo tempo, isso evita a *triangulação* de produtos originários de terceiros países que são importados por um dos países da ALC e reexportados para outro, beneficiando-se das preferências negociadas);

b. alinhamento das taxas de câmbio dos países participantes, para evitar o surgimento de situações em que um ou alguns países passam a ser sistematicamente superavitários no comércio com seus parceiros, graças à competitividade induzida pela desvalorização cambial.

Um exemplo de área de livre comércio é aquela criada desde o início dos anos 90 entre os Estados Unidos, Canadá e México. O NAFTA (criado em 1994) é basicamente um conjunto de concessões comerciais (embora tenha algumas disciplinas sobre outros temas, como critérios para compras governamentais), em que cada país preserva sua autonomia no desenho da política comercial externa.

Quando uma ALC conta, além dessas condições, com barreiras externas comuns em relação a países não-membros (tarifa externa comum), atinge-se uma União Aduaneira (UA). Esse tipo associa a característica de ser, ao mesmo tempo, uma ALC plena entre os países participantes, à peculiaridade de os países se comprometerem a definir em forma conjunta a sua política comercial externa, e ao fato de que os países-membros se apresentam em negociações internacionais como uma única voz.

Como agora o comércio é livre entre dois ou mais países, e, além disso, os choques externos são enfrentados com medidas de proteção definidas em conjunto, torna-se necessário – além de alinhar as políticas cambiais dos países participantes – promover a convergência de suas políticas fiscal e monetária, para facilitar o alinhamento dos ciclos econômicos dos países participantes. Um exemplo freqüentemente citado é o da UA formada entre a Bélgica, a Holanda e Luxemburgo em 1947, que foi absorvida pela Comunidade Européia em 1958.

Um Mercado Comum é o estágio seguinte nessa taxonomia de graus de integração. Um Mercado Comum (MC) consiste em uma UA acrescida de plena mobilidade de fatores de produção entre os países participantes. Assim, além do comércio livre entre os participantes, da adoção de barreiras externas comuns, de negociar em conjunto com terceiros países, agora os fatores produtivos podem se deslocar livremente entre os diversos países. Forma-se gradualmente um mercado único de fatores na região, e não mais em nível nacional.

Nesse nível torna-se necessário – além da coordenação das políticas cambial, fiscal e monetária – compatibilizar as legislações correlatas, como as normas trabalhistas, previdenciárias, regulação de capital, proteção aos investidores, regulação de concorrência e diversas outras. Até aqui, os graus anteriores de integração podiam ser – com graus variados de probabilidade de êxito – desenvolvidos a partir de negociações intergovernamentais, sem grandes requisitos quanto à institucionalidade regional. Um Mercado Comum – por implicar a coordenação de políticas internas e externas – demanda a existência de instituições supranacionais que permitam gerir esses diversos aspectos de forma homogênea nos diversos países. O exemplo mais claro de Mercado Comum é o formado pela União Européia.

O nível seguinte ao Mercado Comum é a União Monetária. Além de todas as características anteriores, nesse nível os países participantes abrem mão dos ganhos relacionados à "senhoriagem" derivada da emissão de moeda nacional, e aceitam a livre circulação de moeda emitida por autoridade regional. As autoridades monetárias nacionais perdem sua função básica – e a política macroeconômica perde graus de liberdade – e são substituídas por um órgão emissor único para toda a região. Isso força as diversas economias participantes a manter entre si um forte grau de convergência de suas políticas fiscais (uma vez que as políticas cambial e monetária passam a ser função do órgão emissor regional), reduzindo a margem de manobra para lidar com situações de disparidades de desempenho ou de níveis de renda entre regiões da mesma área. Uma vez mais, os exemplos aqui são o da união monetária entre Bélgica e Luxemburgo em 1921, e o dos 12 membros da União Européia que aderiram à moeda comum européia (euro), a partir do Tratado de Maastricht, de 1991.

Por último, uma vez consolidada a União Monetária e reconhecida a crescente perda de autonomia das autoridades nacionais na sua capacidade de gestão macroeconômica, o último estágio de integração é a União Política, ou fusão dos Estados nacionais em um único (novo) Estado. Os exemplos freqüentemente citados em relação a esse nível são os processos de unificação da Itália e da Alemanha, na segunda metade do século XIX.

A literatura mais recente sobre integração regional enfatiza ainda uma outra diferenciação entre níveis de acordos preferenciais. São chamados de "integração rasa", ou de acordos de "primeira geração", aqueles processos cuja negociação compreende basicamente temas comerciais e aspectos diretamente relacionados. O Mercosul é um dos exemplos. Sob essa ótica, os acordos de "gerações posteriores"[2] incluem – além de temas comerciais – outros aspectos, como políticas de compras governamentais, políticas de regulação de concorrência, políticas ambientais e outros temas. Exemplos desse segundo tipo são os acordos preferenciais entre o México e a Nicarágua, e o acordo chamado G-3, entre o México, a Colômbia e a Venezuela.

O número de acordos de integração existentes hoje é enorme. De fato, são pouquíssimos os países que não têm ao menos um acordo de preferências comerciais. No continente americano existem alguns processos de integração que envolvem diversos países, e um grande número de acordos bi ou trilaterais.

Os processos de integração plurilaterais existentes no continente americano são, indo em direção ao norte: a) a ALADI (Associação Latino-americana de Integração), que compreende 12 países (Argentina, Bolívia, Brasil, Chile, Colômbia, Cuba, Equador, México, Paraguai, Peru, Uruguai e Venezuela); b) o Mercado Comum do Sul (Mercosul), com quatro membros (Argentina, Brasil, Paraguai e Uruguai); c) a Comunidade Andina, com cinco membros (Bolívia, Colômbia, Equador, Peru e Venezuela); d) o Mercado Comum Centro Americano (MCCA) com cinco membros (Costa Rica, El Salvador, Guatemala, Honduras e Nicarágua); e) o Mercado Comum da Comunidade do Caribe (CARICOM), com 14 membros (Antigua & Barbuda, Bahamas, Barbados, Belize, Dominica, Granada, Guiana, Jamaica, Montserrat, São Cristóvão & Neves, Santa Lucia, São Vicente & Granadinas, Suriname e Trinidad & Tobago); f) o NAFTA, com três membros (México. Estados Unidos e Canadá).

Além desses há uma variedade de acordos, todos com a característica comum de terem sido firmados recentemente (BID, 2002): Acordos Chile-Venezuela

[2] Não existem acordos de 'segunda', 'terceira', 'quarta' gerações. A distinção é apenas entre 'primeira geração' e 'gerações posteriores'.

(1993), Colômbia-Chile (1994), Costa Rica-México (1994), México-Colômbia-Venezuela (G-3) (1994), Bolívia-México (1994), Chile-Canadá (1996), Chile-Mercosul (1996), Bolívia-Mercosul (1996), México-Nicarágua (1997), MCCA-República Dominicana (1998), Chile-Peru (1998), Chile-MCCA (1999), Chile-México (1999), México-América Central (2000), CARICOM-República Dominicana (2000), Costa Rica-Canadá (2001), Costa Rica-Trinidad&Tobago (2002), El Salvador-Panamá (2002).

Algo semelhante – embora com intensidade menor – é encontrado no resto do mundo. Assim, merecem referência a União Árabe do Maghreb (Argélia, Líbia, Mauritânia, Marrocos e Tunísia); a APEC (Fórum de Cooperação Econômica Ásia-Pacífico) (Austrália, Brunei, Canadá, Chile, China, Hong-Kong, Indonésia, Japão, Coréia do Sul, Malásia, México, Nova Zelândia, Papua Nova Guiné, Filipinas, Cingapura, Taiwan, Tailândia e Estados Unidos); a Associação de Nações do Sudeste Asiático (ASEAN) (Brunei, Camboja, Indonésia, Laos, Malásia, Myanmar, Filipinas, Cingapura e Tailândia); a Comunidade de Estados Independentes (Armênia, Azerbaijão, Bielorússia, Geórgia, Casaquistão, Kirguistão, Moldávia, Rússia, Tajaquistão, Turcomenistão, Ucrânia e Uzbequistão); a Comunidade Econômica dos Estados Centro-Africanos (Burundi, Camarões, República Centro-Africana, Chade, Congo, Guiné Equatorial, Gabão, Ruanda, São Tomé & Príncipe e Zaire); a Comunidade Econômica dos Estados Africanos Ocidentais (Benin, Burkina Faso, Cabo Verde, Costa do Marfim, Gâmbia, Gana, Guiné, Guiné-Bissau, Libéria, Mali, Mauritânia, Niger, Nigéria, Senegal, Serra Leoa e Togo); a Associação Européia de Livre Comércio (Áustria, Finlândia, Islândia, Liechstenstein, Noruega, Suécia e Suíça); e a Associação do Sul da Ásia para Cooperação Regional (Bangladesh, Butão, Índia, Maldivas, Nepal, Paquistão e Sri Lanka).

Essas listas mostram uma característica comum e importante nos esforços para a integração regional: acordos de preferências comerciais e mesmo áreas de livre comércio podem ser feitas entre países sem grande proximidade geográfica. Já Uniões Aduaneiras e estágios mais avançados de integração estão diretamente associados à vizinhança entre países.

Além dessa, outra particularidade merece destaque nesses esquemas. Cada esquema regional tem um eixo de comércio entre dois ou três países cujo volume de transações comerciais é mais intenso do que no restante dos países, ou mesmo entre esses países "centrais" e os demais parceiros. Assim, por exemplo, na União Européia as transações entre França e Alemanha são mais expressivas do que as demais; no Mercosul as relações entre Brasil e Argentina são as mais importantes; na Comunidade Andina o destaque fica para as transações entre a Colômbia e a Venezuela, e assim sucessivamente. Parte da explicação para tanto está associada às dimensões econômicas relativas, e parte deriva das facilidades proporcionadas por vínculos comerciais existentes previamente à assinatura dos acordos formais, por menores barreiras em termos de infra-estrutura, por complementaridade de estruturas produtivas e de composição de demanda, entre diversos outros fatores.

## Avaliação de um esquema de integração

### *A análise básica – criação e desvio de comércio*

Antes do surgimento da teoria de "second-best" ("segundo-melhor") nos anos 50 (com Meade, 1955; e Lipsey e Lancaster, 1956), considerava-se que a integração regional deveria ser estimulada, pois era entendida como um movimento na direção do livre-comércio e, portanto, um mecanismo que levaria ao aumento do nível de bem-estar social.

Esse argumento foi questionado pela primeira vez por Viner (1950), que chamou a atenção para o fato de uma União Aduaneira não ser necessariamente um passo na direção do livre-comércio porque libera as barreiras comerciais apenas entre um grupo de países, impondo restrições ao resto do mundo.

Essa combinação de liberação comercial seletiva e imposição de barreiras a produtos provenientes de terceiros mercados pode levar ao que Viner chamou de "criação de comércio" ou ao "desvio de comércio".

A "criação de comércio" é a substituição de produção nacional – supostamente obtida a custos elevados – por produção semelhante proveniente do país parceiro, a custos mais baixos. É gerado um novo fluxo de comércio entre os dois países, ou o comércio preexistente é consideravelmente aumentado.

O "desvio de comércio" é o outro lado da mesma moeda. Ao estimular o comércio entre os participantes de um esquema de integração e ao mesmo tempo manter (ou elevar) as barreiras em relação ao resto do mundo, de fato se está substituindo o acesso a produtos mais baratos provenientes de terceiros países (que agora ficaram mais caros pela imposição de barreiras) por produtos do país parceiro (beneficiados pelo tratamento preferencial discriminatório).

A "criação de comércio" é benéfica, no sentido de que traz um efeito positivo ao volume total de comércio em nível mundial. Já o "desvio de comércio" é daninho porque penaliza os consumidores nos países participantes da União Aduaneira, e os produtores nos países afetados pelo tratamento discriminatório. Um dado esquema de integração é, dessa maneira, considerado positivo quando o primeiro efeito supera o segundo.

Evidentemente, pelo que já foi visto nos capítulos anteriores, como o enfoque ortodoxo privilegia o livre-comércio porque ele leva ao nível máximo de bem-estar social, os esquemas de integração situam-se em um nível de "segundo-melhor", dadas as distorções inerentes à sua formação.

O argumento pode ser visualizado da seguinte forma, para o caso de um "país pequeno", com concorrência perfeita, tanto no mercado de produtos quanto no mercado de fatores, perfeita mobilidade de fatores entre setores (e imobilidade entre países), e nível de preços determinado pela estrutura de custos. Os produtos são consumidos segundo proporções fixas, independente da estrutura de preços relativos.

Sejam três países, A, B e RM (o Resto do Mundo), que originalmente comercializam entre si. O país A e o B decidem formar uma União Aduaneira, da qual não participa o país RM. A análise é feita a partir do país A, em relação a um dado produto, digamos Y. Note que esse tipo de análise requer a adoção de barreira externa comum por parte de A e de B. Assim, em termos da taxonomia apresentada na primeira seção deste capítulo, temos um nível de integração correspondente a pelo menos uma União Aduaneira. Por hipótese, o Resto do Mundo é o produtor mais eficiente de P, isto é, aquele que exporta P com o nível de preços mais baixo.

A Figura 6.1 (adaptada da Figura 11.1 de El-Agraa, 1985) ilustra os efeitos associados à formação da União Aduaneira.

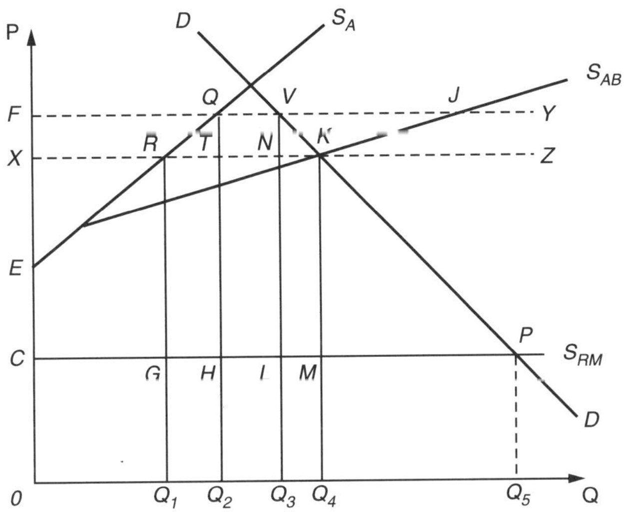


**Figura 6.1**

Na Figura 6.1, a linha $S_{RM}$ indica a curva de oferta (infinitamente elástica) por parte do Resto do Mundo. Como o país A (o ponto de referência para análise) é pequeno, o nível de preço internacional é dado e igual a OC.

A curva $S_A$ indica a curva de oferta por parte dos produtores em A; e a curva D, a curva de demanda pelo produto Y. No nível de preços internacionais, o país A produzirá $0Q_1$ e consumirá $0Q_5$. Haverá, então, uma importação igual a $Q_5 - Q_1$.

Suponha que esse nível de importação seja considerado excessivo e o país A imponha uma tarifa não-discriminatória (isto é, incidente sobre todos os produtos impostados, independente de sua procedência) sobre o produto Y. Essa tarifa é de CF, portanto, o nível de preços no mercado interno subirá para OF, gerando uma arrecadação igual a HQVL.

Com tarifa não-discriminatória, a curva de oferta de A será EQVY, isto é, sua própria curva de oferta até o ponto Q, e a partir daí a curva de oferta internacional, acrescida de tarifa. A produção em A será aumentada para $0Q_2 > 0Q_1$, e o consumo cairá para $0Q_3 < 0Q_5$.

Agora o país A e o país B decidem formar uma União Aduaneira, reduzindo as barreiras comerciais no comércio bilateral. Com a União Aduaneira, a tarifa

OF é aplicada aos produtos provenientes de RM, mas é removida para os produtos vindos de B. A curva de oferta passa a ser ERKJY. O preço interno em A cai de OF para OX. A produção interna cai para $0Q_1$, há um aumento no consumo de $0Q_3$ para $0Q_4$, e um aumento nas importações para $Q_1Q_4$, provenientes de B.

O excedente do consumidor aumenta para XFVK, composto de XFRQ (redução do excedente do produtor) e de QTVN (redução do imposto – um benefício para os consumidores). A análise dos ganhos líquidos com a União Aduaneira se concentra nos triângulos RQT e VNK.

A redução na produção de $0Q_2$ para $0Q_1$ leva a um aumento de importações igual a $Q_1Q_2$. O custo para importar de B é, portanto, $Q_1RTQ_2$, enquanto a importação, quando proveniente de RM, custava $Q_1RQQ_2$. Há, então, um ganho igual ao triângulo RQT.

Ao mesmo tempo, o aumento no consumo de $0Q_3$ para $0Q_4$ implica aumento de importações de $Q_3Q_4$, ao custo de $Q_3NKQ_4$, o que significa um ganho de bem-estar para os consumidores, igual a $Q_3VKQ_4$. Há, assim, um ganho igual ao triângulo NVK.

Em livre-comércio o nível de importações é dado pelo ponto em que a curva D é igual a $S_{RM}$. Também em livre-comércio, as importações correspondentes a $Q_2Q_3$ custariam $Q_2HLQ_3$. Agora essas mesmas importações vindas de B custam $Q_2TNQ_3$. Há, desse modo, uma perda, que é igual à receita fiscal HTNL (desse modo, QTVN é retransferido aos consumidores, na União Aduaneira).

Assim, a soma dos triângulos RQT+NVK (a "criação de comércio") deve ser comparada à perda de arrecadação HTNL (o "desvio de comércio") para se chegar ao resultado líquido, em termos de bem-estar social. É a comparação de ambos que determina se uma dada União Aduaneira é positiva, em termos de seus impactos sociais.

## Considerações sobre os ganhos

Essa análise chama a atenção para a questão importante do nível da tarifa externa comum a vigorar para os parceiros de uma União Aduaneira. De forma geral, pode-se afirmar que quanto mais próxima do nível de preços internacionais for essa tarifa comum, mais positivo será o impacto da União Aduaneira. Em outras palavras, quanto mais baixa a barreira externa, tanto mais próximos os países envolvidos estarão de uma situação de livre-comércio; portanto, maiores os benefícios. Por outro lado, os benefícios da União Aduaneira serão tanto maiores quanto mais elevado o nível tarifário vigente *antes* da formação da União: nesse caso, serão maiores as reduções tarifárias envolvidas; logo, maiores os triângulos RQT e NVK.

De modo semelhante, quanto mais elásticas as curvas de oferta e de demanda, maior a probabilidade de a integração ter impacto positivo, uma vez que serão mais intensos os efeitos sobre a produção e o consumo.

Também se infere dessa análise que um processo de integração será mais provavelmente benéfico quanto maior o número de países participantes, haja vista o menor número de países afetados negativamente pelo "desvio de comércio": com um número grande de países envolvidos aumenta a probabilidade de que entre eles estejam os produtores de mais baixo custo.

Por último – mas talvez mais relevante que os argumentos anteriores –, uma União Aduaneira será tanto mais efetiva quanto mais semelhantes as estruturas produtivas dos países envolvidos. Essa semelhança – que reflete, por sua vez, proximidade nos padrões de oferta e demanda dos países participantes – aumenta a probabilidade de "criação de comércio" (portanto, efeito positivo) tanto por meio de intercâmbio tradicional quanto de comércio intra-setorial.

Essa análise, baseada em Viner, foi questionada por Cooper e Massell (1965), os quais sugeriram que a formação de uma União Aduaneira deveria idealmente ocorrer como um duplo movimento.

Na Figura 6.1, a redução de preço de OF para OX deveria ocorrer em duas etapas. Primeiro, uma redução da tarifa de forma indiscriminada para CX, tanto para os produtos provenientes de B quanto para os produtos de RM. Em seguida, a criação da União Aduaneira teria lugar a partir do novo preço OX.

Como conseqüência, os ganhos com a "criação de comércio" RQT+NVK permaneceriam, mas as perdas com o "desvio de comércio" HTNL deixariam de existir. A razão é que a nova curva de oferta passaria a ser ERKZ, e isso asseguraria o contínuo acesso das importações provenientes de RM ao mercado do país A, ao custo $Q_2HLQ_3$. Além disso, as novas importações derivadas da "criação de comércio" ($Q_1Q_2+Q_3Q_4$) geram receita fiscal de RTGH+NLKM (Cooper e Massell (1965); dessa análise eles concluem que uma redução tarifária é superior à formação de uma União Aduaneira).

Note que a experiência latino-americana dos anos 90 foi exemplar nesse sentido: a revitalização dos esquemas de integração ocorreu de forma simultânea a processos de abertura comercial multilateral (redução indiscriminada das barreiras comerciais). Como resultado, não é trivial isolar – do crescimento verificado nos fluxos de comércio internacional – o que é devido aos processos de abertura e o que é resultado de preferências diferenciadas. Isso é verdade mesmo para os fluxos de comércio intra-regional.

O argumento de Cooper e Massell foi questionado por Wonnacott e Wonnacott (1981), a partir da consideração de que nesse tipo de análise o terceiro país (RM, no nosso caso) aceita passivamente tanto a definição do nível tarifário do país A quanto a formação da União Aduaneira. Ao se admitir a existência de barreiras impostas pelo Resto do Mundo, os países A e B se deparam com dois preços internacionais (o preço ao qual eles exportam e o preço ao qual eles importam do Resto do Mundo), que são considerados como dados por hipótese (são ambos "países pequenos"). Isso possibilita identificar uma fonte adicional de ganho de bem-estar social para A e B, ao evitar os custos dos impostos pelas barreiras adotadas pelo Resto do Mundo. Pode não ser conveniente reduzir tarifas de modo unilateral se essa redução pode ser usada na mesa negociadora em troca de redução nas barreiras impostas pelos demais países. Como conseqüência, passa a não ser mais trivial a conclusão de que uma redução unilateral de tarifas seja superior à formação de uma União Aduaneira.

O tema da definição da tarifa externa comum após a formação de uma União Aduaneira foi tratado por Kemp e Wan (1976), os quais sugeriram existir uma tarifa externa comum que coloca os países-membros da União e o resto do mundo em situação melhor. Essa tarifa é a que mantém as importações provenientes do resto do mundo no mesmo nível de antes da formação da União.

Nesse caso, em um modelo com dois países, a soma de três efeitos levará à melhora do nível de bem-estar em escala mundial. Esses efeitos são: i) o resto do mundo não é necessariamente afetado, porque as importações de seus produtos se mantêm; ii) um dos países participantes da União pode ganhar em termos de bem-estar, se a perda em termos de arrecadação não superar os ganhos dos produtores e consumidores; iii) o outro país necessariamente terá melhora de bem-estar, uma vez que suas exportações para o parceiro aumentarão.

Os processos de integração podem implicar tanto custos quanto benefícios. Entre os custos mais comumente referidos (Devlin e Ffrench-Davis, 1998) destacam-se: a) as preferências concedidas entre os países-membros podem desviar fluxos de comércio de empresas eficientes localizadas nos países que não pertencem à União Aduaneira, eventualmente afetando a eficiência dessas empresas; b) acordos de integração podem melhorar as relações de troca dos países-membros, às expensas dos países não-membros, estimulando o apoio à preservação das margens de preferência e barreiras em relação ao resto do mundo; c) quando há assimetria nos níveis tarifários entre os parceiros potenciais antes da formação da União Aduaneira, a perda de receita fiscal como processo de liberação pode ter efeitos distributivos expressivos; d) um esquema de integração pode atrair investimento direto externo às expensas de outros países cujas economias seriam mais atrativas sob livre-comércio; e) os benefícios da integração são freqüentemente distribuídos de forma assimétrica entre os países-membros, e tendem a concentrar-se em alguns desses países; f) a proliferação de acordos preferenciais implica custos administrativos por sua superposição, dando margem a comportamento de tipo "rent-seeking"[3] e tornando difícil a identificação dos ganhos entre países; g) a emergência de acordos regionais gera reações defensivas, em que um país adere não por ser sua melhor opção, mas por causa dos custos potenciais de não participar; e h) a integração regional desvia a atenção de negociações multilaterais e pode eventualmente reduzir o estímulo para abertura comercial unilateral.

---

[3] Bhagwati (1982) e Krueger (1974) chamaram a atenção para o fato de em sistemas com barreiras comerciais existir margem para que alguns indivíduos busquem ganhar, por exemplo, com a posse de licenças para importar, quando existem limites quantitativos à importação. Bhagwati chamou essas atividades de 'busca de lucro não-produtivo' ('unproductive profit-seeking') e Krueger enfatizou as atividades de 'lobby' associadas a sistemas em que existem restrições quantitativas às importações, em busca de ganho 'fácil', não-produtivo.

## Argumentos para a relação entre integração e desenvolvimento – considerações sobre a América Latina

A análise anterior enfatizou aspectos estáticos da avaliação de processos de integração regional. Contudo, esses processos também podem ter (e freqüentemente têm) impactos dinâmicos não desprezíveis. Esses impactos estão relacionados: a) à absorção de economias de escala possibilitadas pelo tamanho ampliado do mercado, para empresas e setores operando abaixo do ponto ótimo antes da integração; b) à geração (ou ampliação) de economias de escala externas às empresas; c) à influência positiva na atração de investimentos; e d) ao aumento da eficiência econômica, derivado do aumento da concorrência e da redução nos graus de incerteza, entre outros.

Os processos de integração regional têm sido vistos como oportunidades de facilitação de negócios – sobretudo quando o comércio internacional é afetado pela imposição de barreiras variadas –, mas ao longo do tempo essa tem sido considerada também uma ferramenta adicional para promover o desenvolvimento econômico. A concepção relativa à contribuição que a integração regional pode dar ao desenvolvimento tem, no entanto, mudado ao longo do tempo, como de resto tem se modificado a própria noção dos meios para promover esse desenvolvimento.

É ilustrativo a esse respeito rever as proposições de uma instituição como a CEPAL (Comissão Econômica para a América Latina e o Caribe, órgão da Organização das Nações Unidas) em relação à integração regional, e sua evolução ao longo do tempo.

A idéia de criar um mercado comum latino-americano esteve presente nos estudos da CEPAL desde 1949, pois se entendia que os países da região precisavam de um mercado de alcance regional para o desenvolvimento de sua indústria, passo necessário para reduzir a vulnerabilidade nas contas externas, porque, conforme se imaginava, a dependência de exportações de produtos primários com baixo grau de processamento expunha as economias da região a flutuações excessivas nas relações de troca e a uma tendência negativa, a longo prazo, no poder de compra das exportações.

Os primeiros passos para a integração regional na América Latina foram dados na América Central. Em 1951, foram assentadas as bases para o que viria a ser o Mercado Comum Centro-Americano. A recomendação da CEPAL nessa época era de que os países deveriam proceder a uma integração limitada, centrada na localização ótima de algumas atividades econômicas importantes, sobretudo de caráter industrial e de transformação de produtos agropecuários e minerais.

Nos anos 60, a perspectiva geral era a de que – dadas as condições experimentadas na segunda metade dos anos 50 – a região enfrentaria desequilíbrio crescente do Balanço de Pagamentos, restringindo a importação de bens de capital. Nesse contexto, a recomendação era de que pela integração regional se criasse um mercado regional que viabilizasse (via ganhos de escala) a produção de bens de capital e de bens intermediários.

A década de 1980 foi caracterizada, na América Latina, como um período de "asfixia cambial" provocada pela dívida externa. A região dependia dos países industrializados para a maior parte dos seus ganhos de divisas e para as importações de bens de produção. Nesse contexto, a integração passou a ser vista – além de proporcionar mercado de dimensões ampliadas – como uma via de saída para a própria crise, uma vez que o comércio intra-regional permitiria, no curto prazo, a utilização da capacidade produtiva instalada, enquanto o regionalismo[4] possibilitaria um ressurgimento do dinamismo comercial com menor uso de divisas.

Além disso – e reconhecendo que, sobretudo na segunda metade da década de 1980, a intensificação dos esforços de regionalização ocorreu em paralelo a processos de abertura multilateral –, a exploração dos mercados vizinhos possibilitaria aos produtores nacionais de cada país coordenar suas estruturas produtivas, aproveitar um "efeito-aprendizagem" das exportações regionais[5] para poder lançar-se posteriormente a terceiros mercados, e eventualmente levaria à maior coordenação de posições negociadoras externas dos países da região, com ações concertadas no cenário internacional.

Já nos anos 90, permaneceu a ênfase à importância da integração regional, com a ressalva de que as preferências concedidas em nível regional devem ser compatíveis com a abertura multilateral (chamado "regionalismo aberto" por convenção). Essa ênfase levou à multiplicidade de acordos ilustrada na primeira seção deste capítulo. A intensidade desse processo deu origem a um grau de preocupação crescente com sua multiplicidade e os custos administrativos dela derivados. A configuração superposta dos diversos arranjos preferenciais tem sido chamada (BID, 2002) de "tigela de espaguete", como forma de ilustrar os diversos vínculos criados. Porém, nos anos 90, novas dimensões foram acrescentadas aos argumentos em favor da integração regional.

A integração não apenas permite apropriar ganhos de economias de escala. Ela permite, além disso, reduzir rendas não-produtivas associadas à falta de concorrência, ela influencia as expectativas de investidores internos e externos, reduz custos de transações, aumenta a eficiência produtiva, contribuindo para a estabilização de preços, e facilita a absorção de progresso tecnológico.

A liberalização do comércio intra-regional traz associada uma tendência ao aumento relativo das transações de tipo intra-indústria, em virtude de aproximar consumidores com padrões semelhantes de demanda e de os produtos comercializados na região (no caso da América Latina) tenderem a ser mais intensivos em tecnologia do que os produtos exportados para o resto do mundo. No

---

[4] Sobretudo a utilização de recursos para o 'clearing' de pagamentos bilaterais, como o Convênio de Crédito Recíproco.

[5] O argumento é basicamente o de que explorar mercados como os da região permite *aprender* em termos de algumas atividades básicas essenciais do esforço exportador, como a entrega a tempo, a provisão de assistência técnica, o controle de qualidade de produtos e insumos, a qualidade de marketing e outros, que capacitariam os produtores locais a só então aventurar-se a explorar mercados mais sofisticados, como os dos países industrializados.

caso do Mercosul, Lucángeli (1993) estima que o índice de transações intra-setoriais entre Brasil e Argentina em 1992 era de 28,5% para o comércio total, e de 33,7% para produtos manufaturados. O BID (2002) calcula que esse índice variou – para o conjunto dos países do Mercosul – de 36,7% em 1990 51,2% em 1997.

Os benefícios da integração podem ainda ser extensivos ao conjunto do sistema econômico em cada país, uma vez que o próprio aumento do volume de transações demanda ajustes em termos institucionais e de superação de deficiências de infra-estrutura. Assim, a integração regional tem sido vista como uma ferramenta adicional de reforço aos processos de reforma interna que buscaram elevar a competitividade das economias em desenvolvimento, seja como parte integrante do processo de abertura comercial, seja como parte da sinalização – por parte das autoridades de cada país – do compromisso em levar adiante essas iniciativas de abertura.

Por último, os processos de integração possibilitam que países com posições afins em relação a temas negociados em foros internacionais adotem postura negociadora comum, reforçando seu poder de barganha. Entre outros exemplos dessa característica, caberia mencionar o fato de os países-membros do Mercosul negociarem em conjunto com terceiros países, e a pressão exercida sobre alguns parceiros quando ocorreram tentativas de modificar o quadro político interno de forma não-democrática (BID, 2002).

## A economia política da integração

Um processo de integração regional – sobretudo a partir do nível em que os países aceitam se submeter a uma política comercial externa comum – implica uma situação na qual os países participantes abrem mão voluntariamente de uma parcela de sua soberania nacional. Logo, há um processo interno em cada país que leva à aceitação do projeto de integração, seguido de um processo de definição – junto ao país-parceiro – das características desse projeto.

Assim como no Capítulo 4 foi visto que a definição de uma estrutura de barreiras ao comércio reflete o resultado líquido da atuação dos diversos grupos de pressão na economia; no caso de um processo de integração, o seu grau, as características básicas, o nível de institucionalidade, os setores a serem incluídos no tratamento preferencial e outras dimensões são todos resultados da interação entre os governos dos países participantes, assim como da interação de cada governo com os grupos de pressão em cada economia.

Como lembram Grossman e Helpman (2002), uma união aduaneira pode ter diversas combinações de impactos sobre os atores econômicos em um dado setor. Os produtores do país que exporta para os parceiros freqüentemente ganham. Esses agentes são uma fonte de apoio político para o esquema de integração. Por outro lado, os produtores no país que passa a importar do parceiro não ganham e freqüentemente têm perdas. Esses agentes são uma fonte de resistência em relação ao esforço de integração.

Já o resultado para o público em geral é menos claro. Se a maior parte dos produtos será exportada para os países parceiros, o nível geral de bem-estar deve aumentar, visto que o excedente do consumidor não cairá no país exportador.

Se os setores que são exportadores potenciais para o mercado formado com a integração estão uniformemente distribuídos entre os países participantes, o nível de bem-estar agregado deverá aumentar. A criação de uma União Aduaneira terá um apoio generalizado, a menos de pressões contrárias de parte de algum setor competidor com importações. No caso dessas pressões, o resultado dependerá da capacidade de mobilização por parte dos segmentos negativamente afetados, e de sua pressão superar o movimento favorável de parte dos setores exportadores.

O processo de acomodação dos setores negativamente afetados pode requerer algum tipo de proteção, de tal forma a tornar politicamente viável o projeto de integração. Assim, pode-se dizer (Grossman e Helpman, 2002), sempre que um acordo comercial der lugar ao "desvio de comércio", haverá ganhos privados, enquanto os custos serão compartilhados por todos os contribuintes e consumidores. Na medida em que os interesses dos setores afetados são mais bem representados no processo político que os interesses da sociedade em seu conjunto, o "desvio de comércio" aumentará as chances de consolidar um processo de integração, mesmo contribuindo para uma alocação ineficiente de recursos nos países participantes.

No limite, um processo de integração pode ser viabilizado se alguns setores – potencialmente afetados negativamente, e com grande capacidade de mobilização – forem mantidos fora do processo negociador. As exclusões são mais prováveis nos casos dos setores para os quais a soma ponderada dos benefícios políticos de acesso ao mercado por parte do país exportador e dos custos políticos de deparar-se com importações competitivas é negativa.

Uma última consideração quanto à economia política da integração está associada ao fato de que normalmente os processos de integração são entendidos como derivados de um conjunto de textos legais – acordos, protocolos, atas etc. – entre dois ou mais países. No entanto, pode-se dizer que essa é a integração *formal*, amparada em compromissos firmados entre as partes contratantes.

Existe, ao mesmo tempo, o que se poderia chamar (em contraposição) de integração *informal*. Esta é a integração tornada viável de fato por obras fronteiriças, pela construção de estradas, pontes e facilidades de transmissão de energia e de comunicações entre dois ou mais países, ou mesmo por atos de ordem administrativa que facilitam a tramitação de cargas nos postos aduaneiros. Esse processo facilita, na prática, a interação entre os agentes econômicos dos países envolvidos, sem que seja necessária formalização diplomática.

Já se tornou lugar-comum dizer que o processo de integração na Europa Ocidental foi uma formalização de uma interação preexistente dos agentes econômicos dos diversos países, os quais já comercializavam entre si a maior parte de suas exportações. Na América Latina, ao contrário, o relativo isolamento entre os agentes dos diversos países tradicionalmente fez com que, por diversas razões, a maior parte de suas transações externas fosse com países de outras regiões. Os acordos foram de fato uma decisão política que se superpôs a uma realidade adversa.

A conseqüência lógica dessas considerações é que os investimentos em infra-estrutura fronteiriça naturalmente darão uma grande contribuição para aproximar a situação latino-americana da européia, no sentido de gerar oportunidades de negócios para aproximar naturalmente os agentes econômicos dos diversos países.

### A questão das instituições em processos de integração regional

Um tema recorrente nas discussões sobre integração regional é a existência ou não de instituições que possam estabelecer normas a serem cumpridas pelos países participantes, assim como penalidades para o não-cumprimento dessas normas.

Segundo a classificação de tipos de integração apresentada na primeira seção deste capítulo, fica claro que só faz sentido começar a pensar em instituições comuns a partir de um nível de integração em que políticas comuns devam ser adotadas, como no caso de uma União Aduaneira.

Há uma variedade razoável de modelos de institucionalidade nos diversos exercícios de integração. A complexidade não é um atributo característico de uma região em particular, nem a existência de instituições supranacionais assegura o sucesso de um exercício de integração. Não é claro se essa é uma condição necessária. Certamente não é uma condição suficiente para o sucesso da integração regional.

Grosso modo, pode-se sugerir que existem duas situações extremas – a européia, de total dependência das normas supranacionais, e a dos países do Cone Sul (assim como a dos países do Nafta), de opção apenas por relações inter-governamentais.

No caso da Europa, as instituições básicas do que viria a ser a Comunidade Européia – o Conselho Ministerial, o Parlamento Europeu e a Corte Européia de Justiça (assim como o primeiro tributo regional, a taxa cobrada pela Comunidade Européia do Carvão e do Aço) – datam de 1951, portanto, bem antes da assinatura do Tratado de Roma, de 1957, o qual deu origem à Comunidade Européia. A experiência européia sempre foi sobre-determinada pela existência de mecanismos e instituições supranacionais para viabilizar a integração.

Em um outro extremo, pode ser mencionada a experiência do Mercosul, no qual os países-membros optaram por um sistema em que a única instituição existente é uma Secretaria Administrativa, sem qualquer função normativa ou executiva.

Entre esses dois extremos encontra-se uma série de composições variadas de estruturas institucionais, como ilustrado a seguir.

- ALADI – Associação Latino-Americana de Integração – Conselho de Ministros de Relações Exteriores (órgão supremo); Comitê de Representantes; Secretaria-Geral; Órgãos Auxiliares: Conselho para Assuntos Financeiros e Monetários, Comissão Assessora de Assuntos Financeiros e Monetários, Reunião de Diretores Nacionais de Aduanas, Comissão de Orçamento, Comissão de Assistência e Cooperação Técnica, Conselho de Transporte para a Facilitação do Comércio, Conselho Assessor de Financiamento das Exportações, Conselho de Turismo, Conselho Assessor Empresarial, Comissão Assessora de Nomenclatura, Conselhos Setoriais, Conselho Trabalhista, Comissão Assessora de Valoração Aduaneira, Conselho Assessor de Assuntos Aduaneiros
- CAN – Comunidade Andina (Sistema Andino de Integração) – Conselho Presidencial Andino; Conselho de Ministros das Relações Exteriores; Comissão; Secretaria-Geral; Parlamento Andino; Tribunal de Justiça; Conselho Consultivo Empresarial; Corporação Andina de Fomento; Conselho Consultivo Laboral; Fundo Latino-Americano de Reservas; Universidade Simon Bolívar
- CARICOM – Comunidade do Caribe – Conferência de Chefes de Governo; Conselho de Ministros; Conselho para o Comércio e Desenvolvimento Econômico; Conselho para Relações Exteriores e da Comunidade; Conselho para o Desenvolvimento Humano e Social; Conselho para Planejamento e Finanças; Comitês: Assuntos Legais, Orçamento, Presidentes dos Bancos Centrais; Agência Caribenha de Resposta Emergencial a Desastres; Instituto Meteorológico Caribenho; Organização Meteorológica Caribenha; Corporação Caribenha de Alimentos; Instituto Caribenho de Saúde Ambiental; Instituto Caribenho de Pesquisa e Desenvolvimento Agrícola; Assembléia de Parlamentares da Comunidade Caribenha; Centro Caribenho para a Administração do Desenvolvimento; Instituto Caribenho para Alimentação e Nutrição; Banco de Desenvolvimento Caribenho; Universidade de Guiana; Universidade das Índias Ocidentais; Instituto de Direito Caribenho; Secretariado da Organização dos Estados do Caribe Ocidental
- MCCA – Mercado Comum Centro-Americano – Conselho de Ministros de Integração Econômica; Secretaria-Geral do Sistema de Integração Centro-Americano; Comitê Executivo de Integração Econômica; Secretaria de Integração Econômica Centro-Americana
- NAFTA – Acordo de Livre-Comércio da América do Norte – Comissão de Livre-Comércio (Ministros de Comércio); Secretaria; Comissão de Cooperação no Campo do Trabalho; Comissão de Cooperação Ambiental
- MERCOSUL – Mercado Comum do Sul – no Mercosul não há organismos supranacionais. As negociações e a gestão das normas são feitas a partir de uma estrutura composta por representantes dos quatro países-membros: Presidência *pro tempore* (rodízio semestral); Conselho do Mercado Comum (Ministros de Relações Exteriores e de Economia dos quatro países); Grupo Mercado Comum (representantes dos Ministérios de Relações Exteriores, de Economia e dos Bancos Centrais dos quatro países); Comissão de Comércio; Comissão Parlamentar Conjunta (16 parlamentares e cada país); Foro Consultivo Econômico e Social; Reuniões de Ministros das diversas pastas; Subgrupos de Trabalho: Comunicações, Aspectos Institucionais, Regulamentos

Técnicos e Avaliação de Conformidade, Assuntos Financeiros, Transportes, Meio Ambiente, Indústria, Agricultura, Energia e Mineração, Assuntos Trabalhistas, Emprego e Seguridade Social, Saúde, Investimentos, Comércio Eletrônico, Acompanhamento de Conjuntura Econômica e Comercial; Comitês: Cooperação Técnica, Diretores de Aduanas, Sanidade Animal e Vegetal; Grupos *ad hoc*: Setor Açucareiro, Relacionamento Externo, Compras Governamentais, Concessões; Reuniões Especializadas – Ciência e Tecnologia, Turismo, Comunicação Social, Gênero, Autoridades de Aplicação em Matéria de Drogas, Prevenção do Uso Indevido e Recuperação de Dependentes, Promoção Comercial, Municípios/Intendências do Mercosul, Infra-estrutura da Integração; Grupos: Serviços, Alto Nível para o Acompanhamento do Sistema de Soluções de Controvérsias; Comissão Sócio-Laboral; Comitês Técnicos: Tarifas, Nomenclaturas e Classificação de Mercadorias, Assuntos Aduaneiros, Normas e Disciplinas Comerciais, Políticas Públicas que Distorcem Competitividade, Defesa da Concorrência, Práticas Desleais de Comércio, Defesa do Consumidor, Medidas e Restrições Não-Tarifárias, Setor Automotivo, Setor Têxtil; Comitê de Defesa Comercial e Salvaguardas

- APEC – Cooperação Econômica Ásia-Pacífico – Fórum de Líderes das Economias Integrantes; Reuniões Ministeriais e de Funcionários de Alto Nível; Conselho Consultivo de Negócios (três representantes de cada país); Secretaria; Comitês: Econômico, de Administração e Orçamento, Comércio e Investimento; Subcomitê sobre Cooperação Econômica e Tecnológica; Grupos de Trabalho: Energia, Ciência e Tecnologia Industrial, Telecomunicações, Promoção Comercial, Transportes e outros
- SADC – Comunidade para o Desenvolvimento da África Austral – Reunião de Cúpula de Chefes de Estado ou de Governo; Conselho de Ministros; Setor de Finanças e Investimentos; Comitê de Governadores de Bancos Centrais
- UNIÃO EUROPÉIA – Conselho Europeu (formado por Chefes de Estado ou de Governo); Conselho de Ministros (fixa a legislação, juntamente com o Parlamento); Parlamento Europeu (626 delegados eleitos diretamente, com poder orçamentário, de controle da Comissão e legislativo); Comissão Européia (órgão executivo); Tribunal de Justiça; Tribunal de Contas; Banco Europeu de Investimento; Conselho Econômico e Social; Comitê das Regiões; *Ombudsman* Europeu; Banco Central Europeu
- AEC – Associação dos Estados do Caribe – Reunião de Cúpula dos Chefes de Estado; Conselho de Ministros; Secretaria; Comitês: Desenvolvimento do Comércio, Relações Exteriores, Transporte, Turismo Sustentável, Desastres Naturais, Orçamento e Administração; Conselho de Representantes Nacionais do Fundo Especial

## Um tema associado – integração monetária

Uma união monetária entre dois países tem dois componentes principais: sua política cambial conjunta e a integração do mercado de capitais. O primeiro significa que os países aceitam fixar a paridade entre suas moedas sem qualquer margem de flutuação. O segundo implica a remoção de todos os obstáculos à livre movimentação do capital entre os países, bem como tratamento igualitário do capital, independentemente de sua origem (desde que provenha de um dos países-membros).

Essas mesmas condições se aplicariam a um sistema de taxas de câmbio fixas, com abertura financeira. No entanto, uma união monetária requer, além desses componentes, que os países participantes coordenem suas políticas monetárias de forma a evitar distorções. Por exemplo, diferenças nas taxas de crescimento da oferta monetária – descontadas as diferenças em produtividade – levariam a diferentes taxas de inflação, o que por sua vez demandaria variações nas taxas de câmbio, comprometendo a paridade fixa. Com moeda comum é necessária a criação de um Banco Central comum, encarregado de controlar a oferta monetária e fixar a taxa de câmbio em relação às demais moedas do resto do mundo. Assim, é necessário um aparato institucional razoavelmente sofisticado e específico para a área.

A necessidade de existir um Banco Central comum para a área monetária é razoavelmente intuitiva. Se não existisse uma autoridade monetária para a área em seu conjunto – e uma vez eliminados o risco cambial nas transações entre os parceiros, e o risco inflacionário pela fixação das paridades, com a criação da moeda comum –, cada país continuaria emitindo a própria moeda. A percepção de ganho com "senhoriagem" derivado do monopólio da emissão levaria os países menores a adotarem uma postura agressiva, emitindo moeda a ritmos superiores às de seus parceiros maiores, de modo a maximizar esse ganho. Então, uma moeda comum requer necessariamente a criação de um Banco Central comum (Krugman, 1995).

Como lembra Krugman (1995), a teoria econômica tem razoavelmente mapeadas as orientações no que se refere à integração regional de comércio, mas é pouco elucidativa quando se trata de integração monetária. Como se trata de fixar a taxa de câmbio para um conjunto de países, não é claro qual arranjo – se taxas flexíveis, taxas fixas ou moeda comum – seria mais associável a um sistema de livre-mercado. De modo geral, contudo, a literatura enfatiza a existência de benefícios e custos associados à formação de uma união monetária, derivados da fixação de paridades e redução de riscos cambiais.

Entre os benefícios destacam-se:

i. a eliminação das flutuações entre as paridades das moedas dos países que compõem a união monetária reduz a incerteza associada a essas flutuações, e assim estimula negócios, contribuindo para aumentar o volume de transações intra-área. Isso é particularmente relevante para as empresas de médio e pequeno porte, para as quais os custos com a busca de proteção contra os riscos cambiais podem ser expressivos em relação à sua receita.

   Esse talvez seja o argumento mais utilizado. No entanto, ele requer uma qualificação. Em geral, ao se fixar a taxa de câmbio, aumenta a volatilidade da atividade econômica real se os choques econômicos provêm do setor real interno, mas reduz essa volatilidade se os choques se originam no setor monetário.

Para ilustrar este ponto, considere[6] que com uma taxa de câmbio fixa a taxa de juros interna é fixa para uma dada taxa de juros externa e dadas as expectativas quanto à variação cambial. É possível representar essa questão em um plano que relaciona a taxa de juros e o nível de renda; na Figura 6.2 – em que a curva IS corresponde aos níveis de equilíbrio no mercado de bens e serviços e a curva LM ao equilíbrio no mercado monetário – isso corresponde à taxa de juros $i_0$.

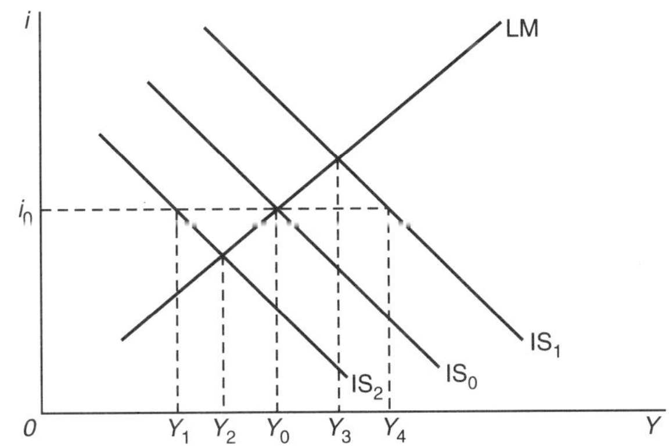


**Figura 6.2**

Suponha que os choques sejam derivados do lado real da economia, o que significa variações da curva IS. A taxa de câmbio fixa impõe a necessidade de definir metas para a taxa de juros. Com a taxa de juros fixada em $i_0$, os choques do lado real farão a renda variar entre os níveis $Y_1$ e $Y_4$. Com flexibilização da taxa de câmbio, a renda variaria apenas entre $Y_2$ e $Y_3$.

O caso dos choques provenientes do setor monetário é ilustrado pela Figura 6.3.

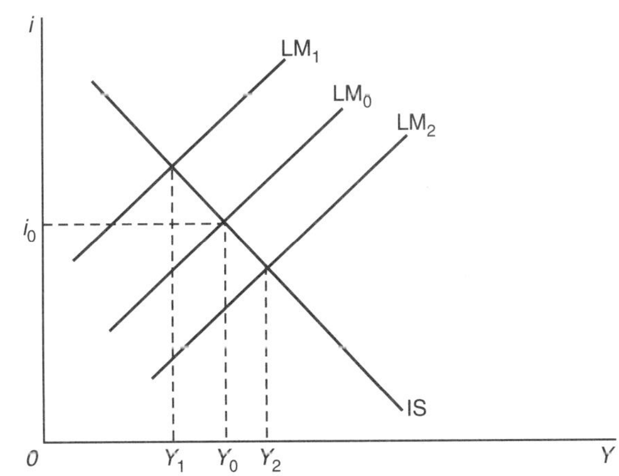


**Figura 6.3**

[6] Apresentação com base em Hallwood & MacDonald (1996) e De Grauwe (1992).

Suponha agora que a curva LM seja instável, em função, por exemplo, de um padrão instável de demanda por moeda. Uma taxa de câmbio fixa – e a determinação da taxa de juros interna associada a ela – permite que o nível de renda real se mantenha estável em $Y_0$. A alternativa de adotar uma taxa de câmbio flexível e metas para a expansão monetária levaria o nível de renda a variar entre $Y_1$ e $Y_2$.

Assim, o benefício – sobre a renda real – da redução das incertezas associadas à fixação das paridades deve ser qualificado pela maior exposição da economia a variações provenientes do setor real.

ii. A remoção de controles sobre o movimento internacional de capital e das distorções no tratamento diferenciado ao capital financeiro entre países-membros permite melhorar a eficiência na alocação de recursos entre esses países.

iii. A unificação de moedas permite reduzir o nível de reservas que os países mantêm para se precaver de desequilíbrios nas transações com os parceiros. Com moeda única reduz-se a necessidade dessas reservas, havendo, portanto, uma redução de custos: a flutuação da taxa de câmbio (agora única) passa a ser limitada à sua paridade com moedas de terceiros países.

iv. No nível microeconômico, há redução de custos operacionais derivados da redução do risco cambial e dos controles administrativos, sobretudo para empresas que operam simultaneamente em diversos países da região. No caso do euro, estima-se que esses ganhos podem atingir entre 0,25% e 0,5% do PIB da Comunidade Européia (Claassen, 1997).

v. Na medida em que as taxas de juros se reduzem com a formação da área monetária, ao eliminar-se o componente de risco, poderá haver ganhos em termos dinâmicos, derivados de aumento na formação de capital fixo.

vi. A unificação de moedas permite diminuir a possibilidade de variações excessivas ("overshooting") das taxas de câmbio, suavizando a trajetória das paridades e permitindo com isso maior estabilidade econômica.

vii. A redução da variabilidade nos preços relativos – conseguida com a estabilidade da taxa de câmbio – também traz consigo um ganho em termos de bem-estar social.

viii. A unificação de diversas moedas pode levar ao surgimento de uma nova moeda mais forte no cenário internacional do que a soma das moedas anteriores. Esse argumento foi usado, por exemplo, pela Comissão Européia (Goodhart, 1995), ao sugerir que a criação do euro permitiria uma postura negociadora mais forte por parte dos países participantes em suas relações com os Estados Unidos e outros países.

Quanto aos custos de uma união monetária, cabe ressaltar:

i. a adesão a uma moeda única reduz graus de liberdade dos países participantes, que perdem a liberdade para determinar as próprias políticas monetárias e, conseqüentemente, a taxa de inflação considerada desejável. Os países diferem, em termos do grau de rigidez no ajuste dos salários, nas preferências por níveis de desemprego e na sua aceitação de taxas de inflação. Essas são variáveis que estão determinadas pelas circunstâncias políticas e pela própria história de cada sociedade. O alinhamento da política monetária a um objetivo de taxa de inflação baixa – como, por exemplo, no caso europeu, indicava a experiência da Alemanha – impõe a outros países eventualmente a necessidade de esforço de ajuste elevado. Esse é um argumento que tem a ver com a relação entre nível de desemprego e taxa aceitável de inflação, como indicado, por exemplo, pela Curva de Philips. O formato dessa curva difere entre países e segundo o horizonte temporal de análise. Isso significa que esse é um tipo de custo predominantemente de curto prazo (no longo prazo ocorrem ajustes das variáveis reais relevantes).

Esse ponto pode ser ilustrado pela Figura 6.4, que mostra (demonstração com base em DeGrauwe, 1992), do lado direito, as Curvas de Philips (relação entre as variações de salário e o nível de desemprego) para dois países – digamos Brasil e Argentina – e do lado esquerdo a relação entre as variações de salário e os aumentos no nível de preços de cada economia.

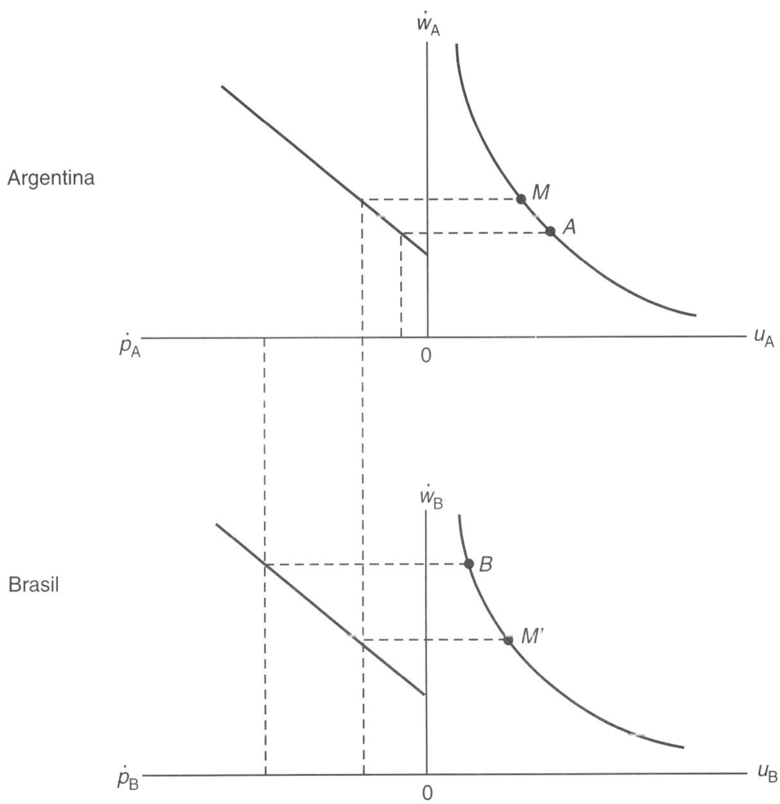


**Figura 6.4**

Com uma área monetária comum Argentina e Brasil manterão fixas suas taxas de câmbio. Isso impõe a necessidade de igualar suas taxas de inflação, e a isso corresponderá um dado nível de atividade econômica, e, portanto, de desemprego. O ponto em comum é, digamos, o ponto M na Argentina, correspondente ao ponto M', no Brasil. O problema considerado como um custo da área monetária ocorreria se – como é provável, sobretudo se estivermos considerando diversas economias com dimensões e níveis marcadamente distintos de desenvolvimento econômico – a Argentina preferisse um ponto como A, enquanto o Brasil preferisse um ponto como B, com níveis diferenciados de desemprego e taxas de inflação. Essa análise pressupõe, evidentemente, estabilidade das Curvas de Phillips. Mas o argumento é essencialmente o mesmo que pode ser apresentado em modelo alternativo com possibilidade de variações dessas curvas, ou mesmo se as curvas tiverem formato distinto, menos inclinado.

ii. Os governos obtêm um ganho único quando a taxa de inflação não é nula. Esse ganho é o chamado imposto inflacionário, e está associado tanto ao monopólio de emissão de moeda quanto à vantagem de poder diferir gastos e receitas de forma *impune*. Quanto mais alta a taxa de inflação, maior esse benefício. Ao aderir a uma união monetária, perder a capacidade de emissão (esta passa a ser exclusividade do Banco Central comum) e eventualmente ter de aceitar uma taxa de inflação mais baixa do que aquela que seria desejável em vista das condicionantes específicas da economia, o governo perde essa fonte de ganho. A alternativa que se coloca é sua substituição por um imposto explícito. No entanto, essa alternativa pode ser (e freqüentemente é) politicamente inaceitável. Como resultado, há uma perda, que pode ser expressiva, no caso de países forçados a aceitar taxas de inflação muito mais baixas na união monetária do que as taxas com as quais convivia antes da formação da união.

iii. Os países participantes de uma união diferem também em termos do seu grau de desenvolvimento econômico. Em alguns casos as disparidades são marcantes (por exemplo, a diferença entre o PIB da Alemanha e o de Portugal em 1999 era de 19 vezes; no Mercosul, nesse mesmo ano, a diferença entre o PIB do Brasil e o do Paraguai era de 91 vezes), e pode haver, além disso, diferenças pronunciadas entre o nível de desenvolvimento entre regiões dentro de cada país. A maior liberdade de movimento de capital e trabalho, associada à formação de união monetária, pode levar ao deslocamento dos fatores das áreas menos favorecidas para as áreas em que há economias de aglomeração e nível mais elevado de produtividade, consolidando e eventualmente aprofundando os desníveis existentes.

iv. A adesão a uma moeda comum implica por definição a perda dos graus de liberdade na determinação da política cambial de cada país. Isso pode ser um custo significativo se houver desequilíbrios comerciais expressivos entre os países participantes da união: individualmente cada país não poderá dispor de um mecanismo importante para alterar sua posição relativa.

Nesse contexto, ganha importância a existência de mecanismos compensatórios intra-área, em que uns países ajudem a financiar os déficits de seus parceiros.

v. Os países de renda mais baixa no conjunto de participantes da união monetária podem acabar atraindo investimentos externos de baixo valor agregado, enquanto os países mais desenvolvidos atraem os investimentos em atividades de maior valor adicionado, por exemplo, em pesquisa e desenvolvimento e outros atributos. Com o tempo, isso contribuirá para aumentar (em lugar de reduzir) as diferenças entre os participantes.

Note que o debate sobre os benefícios e custos associados à formação de uma área monetária é do tipo de estática-comparativa, no qual se comparam duas situações estanques. Existe, contudo, uma série de outras considerações de caráter dinâmico, relacionadas ao processo de transição de uma moeda a outra. As perturbações causadas por problemas de informação se incluem entre os maiores custos desse processo. Como lembra Goodhart (1995), há vários exemplos históricos de conflitos entre regiões, em que países distintos se empenham seja para controlar o Banco Central comum, seja para isolar-se de suas determinações em busca de alternativas de reserva de valor.

## O processo europeu de integração monetária

**(Com base em Gros e Thygesen, 1998; McCallum, 1996; Hallwood e MacDonald, 1996; e Pilbeam, 1994)**

As tentativas de aproximação monetária européia têm sua origem em uma condição central – a maior parte do comércio europeu sempre foi entre países europeus – e em algumas condicionantes históricas, que datam dos anos seguintes ao final da Segunda Guerra Mundial.

Ao final da década de 1940, o comércio entre países europeus era feito com base em cerca de 200 acordos preferenciais bilaterais, cada um envolvendo linha de crédito. A falta de conversibilidade das moedas era uma limitação básica (como veremos no Capítulo 17), e a carência de divisas fortes (dólar ou ouro) um fator determinante.

Em 1950, foi criada a União Européia de Pagamentos, um mecanismo de "clearing" de saldos comerciais, em que cada país tinha direito a uma quota de 15% do valor total de seu comércio internacional em 1949. Os débitos inferiores a 20% da quota podiam ser resgatados com crédito junto à UEP, enquanto débitos superiores a esse percentual deveriam ser liquidados em ouro.

Em 1958, a conversibilidade das moedas contribuiu para superar a restrição básica de liquidez. Mas nos anos seguintes as preocupações centrais em relação à consolidação da união aduaneira entre os países passaram a ser os freqüentes ajustes cambiais, que por sua vez afetavam a Política Agrícola Comum.

Em dezembro de 1969, em Haia, o Conselho Europeu reafirmou o propósito de atingir uma União Econômica e Monetária (assim como ampliar a Comunidade para a entrada de novos sócios). Diversas propostas se seguiram, com projetos variados sobre como atingir esse objetivo.

Em 1970 o chamado Plano Werner propunha a união monetária a ser alcançada em uma década, a partir de algumas etapas definidas, sendo a mais relevante delas a fixação de um limite máximo de variação de 0,6% para as flutuações bilaterais entre as moedas européias.

Em 1972, teve início a experiência da "serpente" entre moedas européias (descrita no Capítulo 18), que se caracterizou por uma razoável instabilidade na composição dos países participantes. No ano seguinte, foi lançado o Fundo Europeu de Cooperação Monetária (FECM), que seria incorporado em 1994 ao Instituto Monetário Europeu.

A partir de 1974, foi adotada a Unidade de Conta Européia, mais tarde (1978) rebatizada de ECU, referência básica para a elaboração de orçamentos e para os desembolsos dos diversos fundos europeus.

Em 1976, o Plano Duisenberg propôs a criação de uma "zona-alvo" para as paridades das moedas européias, e no ano seguinte, a Comissão Européia propunha a estabilidade das paridades e a ampliação dos recursos no orçamento da Comunidade para lidar com essa estabilidade.

Em 1978, foi criado o Sistema Monetário Europeu (SME), com critérios técnicos definidos para ajustes no caso de desvios de uma das moedas em relação à paridade média das moedas participantes da Comunidade, associados às facilidades de crédito de curto e médio prazos para assistência financeira.

São geralmente reconhecidas quatro etapas na experiência com o SME: i) 1979-83, quando houve sete realinhamentos entre as paridades das moedas participantes; ii) 1983-87, com quatro realinhamentos; iii) 1987-89 (um realinhamento); e iv) 1989-95, com seis realinhamentos. A moeda âncora do processo era o marco alemão, e entre 1979-90 esses realinhamentos implicaram revalorização do marco de 42%, em relação à média das moedas do SME.

À diferença das desvalorizações ocorridas no início dos anos 70, os ajustes nas paridades sob o SME foram decisões crescentemente conjuntas, buscando compensar os diferenciais de inflação entre países.

As análises em geral consideram que o SME permitiu menor volatilidade de taxas de câmbio nominais e reais, alterações nos níveis dessas taxas (via realinhamentos) e inflação mais baixa nos países participantes. É importante ressaltar, contudo, que esse processo pôde contar com o apoio paralelo do FECM, para financiar as intervenções.

Em 1985, o Conselho Europeu passou a adotar medidas para a internacionalização do ECU, ampliando o estímulo para seu uso como reserva e permitindo sua aquisição por parte de Bancos Centrais de fora da área. Em 1987, novo acordo (Acordo Basle-Nyborg) ampliou ainda mais o uso do ECU na liquidação de débitos, e o uso dos recursos do FECM.

A primeira metade dos anos 90 foi marcante para o processo de unificação monetária, sobretudo a crise de 1992-93, que levou à ampliação da banda entre moedas do SME para +/- 15%.

No entanto, já em julho de 1990 entrava em operação a primeira etapa prevista pelo Relatório Delors (de abril de 1989) para a unificação monetária. E em 1991 foi assinado o Tratado de Maastricht, que deu origem à moeda única européia. Em Janeiro de 2000, o euro começou a operar como moeda de uso corrente.

O que essa listagem mostra é que o processo de integração monetária mais avançado na atualidade – a moeda comum européia – é a etapa superior de uma seqüência considerável de tentativas frustradas e pequenos avanços pontuais, e isso mesmo para países cuja concentração geográfica de comércio se encarrega de prover a motivação em reduzir as flutuações entre suas moedas. Ainda assim, a adesão ao euro continua sendo parcial entre os países-membros da União Européia.

Uma das principais lições dessa experiência é – em que pesem as diversas reversões de expectativas ao longo do tempo – esse processo só poder ter sido levado adiante porque havia um grau razoável de coesão política em torno do projeto da integração monetária. Talvez isso tenha sido obtido pela peculiaridade da situação européia, em termos da importância do comércio intra-regional, e da relação desse grupo de países com as flutuações do dólar estadunidense.

O debate sobre união monetária é centrado na chamada Teoria de Área Monetária Ótima, que se preocupa em identificar os critérios ideais para definir que países deveriam participar de uma união monetária.

A referência básica é Mundell (1961), que propôs a associação do critério essencial à mobilidade de fatores de produção entre os países participantes. Quanto maior essa mobilidade, mais benéfica será a união monetária. Se o grau de mobilidade é baixo, a taxa de câmbio não deveria ser fixa. O argumento é que se um país pertence a uma área monetária e se defronta com uma queda na demanda por seus produtos suficientemente intensa para provocar déficit nas suas contas externas, a alta mobilidade de capital permitirá o financiamento desse déficit mais facilmente, sem ser preciso desvalorizar a moeda nacional. Ao mesmo tempo, a mobilidade da mão-de-obra tornará possível evitar a incidência de desemprego localizado em áreas deprimidas, uma vez que os trabalhadores poderão sempre migrar para outros países participantes da união monetária.

Um critério alternativo foi proposto por McKinnon (1963). Segundo ele, é fundamental levar-se em consideração o grau de abertura das economias envolvidas. Quanto maior o peso dos setores produtores de itens "comercializáveis" em relação aos produtores de serviços ou itens "não-comercializáveis", tanto maiores os benefícios de pertencer a uma união monetária. Apenas economias relativamente *fechadas* podem usar de modo eficiente as variações da taxa de câmbio. Argumenta-se que uma economia com grande participação relativa de setores "comercializáveis" será mais vulnerável aos efeitos da inflação provocada por uma desvalorização cambial e ao desemprego provocado por uma apreciação cambial, tornando indesejáveis os ajustes via taxa de câmbio. Assim, quanto mais *aberta* uma economia em relação ao comércio internacional, maior o potencial de ganhos em aderir a uma área monetária.

Outro enfoque (Kenen, 1969) adota como critério o grau de diversificação da pauta comercial dos países. Quanto mais diversificadas forem as exportações e as importações de um país, mais ele se beneficiará de uma união monetária. A razão é que uma economia diversificada implica menor variabilidade de sua receita de divisas com exportações e seus gastos de divisas com importações. Conseqüentemente, menor sua necessidade de ajustar as contas externas e menor a dependência de variações cambiais.

Outros critérios possíveis (K.Pilbeam, 1994) compreendem, por exemplo, o grau de integração financeira dos países participantes em relação aos mercados internacionais: de forma semelhante ao argumento de Mundell, quanto mais integrada for uma economia ao mercado financeiro internacional, maior sua facilidade de financiar seus déficits externos e menor sua dependência de variações cambiais. Logo, países com maior abertura em suas Contas de Capital tendem a ser mais beneficiados em uma área monetária.

De modo semelhante, uma união monetária formada por países com taxas semelhantes de inflação tem maior probabilidade de sucesso, uma vez que as necessidades de ajustes de paridades serão menores.

Diversos autores (talvez a referência mais freqüente seja o artigo de Ishiyama, 1975) questionam a adoção de um único critério para identificar a composição e o tamanho ideal de uma área monetária. O bom senso parece estar na consideração de mais de uma dessas dimensões, sem esquecer o lado básico da economia política: o sucesso de um processo de integração, e mais ainda de uma área monetária, depende de forma crucial do comprometimento dos agentes econômicos, portanto, do grau de coesão social em torno de um projeto desse tipo.

## Palavras-chave

- Área de Livre-Comércio
- União Aduaneira
- Mercado Comum
- Criação de comércio
- Desvio de comércio
- Ganhos com integração regional
- Regionalismo Aberto
- União Monetária
- Área Monetária Ótima

## Exercícios

1. O que você diria da importância da política de câmbio em processos de integração regional? E com relação à política fiscal?
2. Qual o significado e a relevância prática dos conceitos de criação e desvio de comércio?

3. A probabilidade de ocorrer criação de comércio como resultado de um processo de integração econômica é maior quando as economias dos países participantes são semelhantes ou muito distintas? Por quê?
4. O que você teria a dizer sobre uma análise dinâmica de um processo de integração regional? Como você imagina que ela afetaria as estimativas estáticas de criação e desvio de comércio?
5. Quais os principais benefícios e custos de uma União Monetária?
6. Que países devem formar uma União Monetária?

## Referências bibliográficas


APPLEYARD, D. e FIELD, A. *International economics: trade, theory and policy*. Cingapura: Irwin McGraw-Hill, 1998.

BHAGWATI, J. Directly-unproductive profit-seeking (DUP) activities. *Journal of Political Economy*, 1982.

BID. *Beyond Borders : the new regionalism in Latin America*. Washington, D.C., 2002.

CEPAL. *Integración y reciprocidad económica en Centroamérica*. Santiago: Chile, 1952. ( E/CN.12/AC.17/3 ).

_________. "The international economic relations and regional co-operation of Latin America". Santiago: Chile, 1984. (E/CEPAL/SES.20/G.18).

_________. *El Mercado Común Latinoamericano*. Santiago: Chile, 1959.

_________. *Open Regionalism in Latin America and the Caribbean*. Santiago: Chile, 1994.

_________. *Panorama de la Inserción Internacional de América Latina y el Caribe, 2002*. Santiago: Chile, 2003.

_________. *Reexamen de la integración económica en América Latina y búsqueda de nuevas orientaciones*. Santiago: Chile, 1979. (E/CEPAL/R.209).

_________. *Las relaciones económicas internacionales de América Latina y la cooperación regional*. Santiago: Chile, 1985. (*Estudios e Informes de la CEPAL*, nº 49).

CLAASEN, E. *Global Monetary Economics*. Oxford: Oxford University Press, 1997.

COOPER, C. A. e MASSELL, B. F. "A new look at Customs Union Theory". *Economic Journal*, v.75, 1965.

CORDEN, W. M. *Economic policy, exchange rates and the international system*. Oxford: Oxford University Press, 1994.

DE GRAUWE, P. *The economics of monetary integration*. Oxford: Oxford University Press, 1992.

DEVLIN, R. e FFRENCH-DAVIS, R. "Towards an evaluation of regional integration in Latin America in the 1990s". *In*: TEUNISSEN, J. *Regional integration and multilateral cooperation in the global economy*. The Hague: FONDAD, 1998.

EL-AGRAA, A.M. "International Economic Integration". *In*: GREENAWAY, D (ed.). *Current issues in international trade – theory and policy*. Basingstoke: Macmillan Pulbishers Ltd, 1985

GOODHART, C. The political economy of Monetary Union. *In*: KENEN, P., (ed.). *Understanding interdependence: the macroeconomics of the open economy.* Princeton: Princeton University Press, 1995.

GROS, D. e THYGESEN, M. *European Monetary Integration – From the European Monetary System to Economic and Monetary Union.* Nova York: Addison Wesley Longman Ltd, 1998.

GROSSMAN, G. M. e HELPMAN, E. "The politics of Free Trade Agreements". *In*: _________. *Interest groups and trade policy.* Princeton: Princeton University Press, 2002.

HALLWOOD, C. P. e MACDONALD, R. *International money and finance.* Oxford: Blackwell Publishers, 1996.

HEFFERNAN, S. e SINCLAIR, P. *Modern international economics.* Oxford: Basil Blackwell, 1990.

ISHIYAMA,Y. "The theory of optimum currency areas: a survey". *IMF Staff Papers*, v.22, 1975.

KEMP, M. C. e WAN, H. "An elementary proposition concerning the formation of Customs Unions". *Journal of International Economics,* v. 6, 1976.

KENEN, P. "The theory of optimum currency areas: an eclectic view". *In*: MUNDELL, R. A. e SWOBODA, K., (eds.). *Monetary problems of the international economy.* Chicago: University of Chicago, 1969.

KRUEGER, A. "The political economy of the rent-seeking Society". *American Economic Review,* v. 69, 1974.

KRUGMAN,.P. *Currencies and crises.* Cambridge: The MIT Press, 1995.

LIPSEY, R. G. e LANCASTER, K. "The general theory of the second best". *Review of Economic Studies*, v.24, 1956.

LUCÁNGELI, J. "La presencia del comercio intra-industrial en el intercambio entre la Argentina y Brasil". *Boletín Informativo Techint,* nº. 275, Jul./Sept., 1993.

MEADE, J. *The theory of international economic policy: trade and welfare,* Oxford: Oxford University Press, 1955.

MCCALLUM, B. *International monetary economics.* Oxford: Oxford University Press, 1996.

McKINNON, R. "Optimum Currency Areas". *American Economic Review.* Vol. 53, 1963

MUNDELL, R. "A theory of optimum currency areas". *American Economic Review*, v. 51, 1961.

PILBEAM, K. *International finance.* Hong-Kong: Macmillan Press, 1994.

SODERSTEN, B. e REED, G. *International economics.* Nova York: St. Martin's Press, 1994.

THYGESEN, M. D. Gros. *European monetary integration: from the European Monetary System to Economic and Monetary Union.* Nova York: Addison Wesley Longman, 1998.

VINER, J. *The Customs Union Issue.* Nova York: Carnegie Endowment, 1950.

WONNACOTT, G. P. e WONNACOTT, R. J. "Is Unilateral tariff reduction preferable to a custom union? The curious case of the missing foreign tariffs". *American Economic Review*, v. 71, 1981.

# Capítulo 7

# Negociações internacionais

Tendo visto as interações entre o processo produtivo interno, a estrutura de comércio e os ganhos ou perdas dela provenientes, os efeitos das barreiras ao comércio internacional, a relação entre o crescimento econômico e o comércio internacional e as características da integração regional, cabe agora analisar o contexto em que ocorrem as relações comerciais.

Este capítulo mostra as principais características do cenário internacional de regulação das trocas comerciais e os traços mais significativos de alguns processos de negociação em curso.

## O cenário de regulação internacional

Para se entender a arquitetura institucional existente é importante a referência ao momento em que ela foi criada. A década de 1930 foi traumática para as relações econômicas e políticas entre os países. A proliferação de atitudes protecionistas afetou de forma negativa o comércio internacional (Kindleberger, 1987) e comprometeu de maneira marcante as perspectivas de recuperação da crise recessiva que marcou os primeiros anos da década.

Aos traumas da crise econômica e política seguiram-se os traumas ainda mais profundos da Segunda Guerra Mundial. Com essa perspectiva, quando o conflito bélico se aproximava do fim, a maior parte dos países procurou montar um sistema que evitasse a possibilidade de mais um conflito em escala mundial, evitasse as crises de liquidez de divisas e impedisse os danos provocados pela imposição de barreiras comerciais.

Foi com esse referencial que se criaram estas instituições internacionais: Organização das Nações Unidas, como um local para as negociações voltadas para assegurar a paz mundial; Fundo Monetário Internacional, encarregado primordialmente de prover liquidez internacional e evitar crises nas contas externas dos países associados; e o Banco Mundial, instituição incumbida de prover recursos para os projetos relacionados ao desenvolvimento econômico. A tentativa de se criar uma Organização Mundial do Comércio viu-se frustrada, sobretudo pela resistência de parte do Congresso dos Estados Unidos em se submeter a disciplinas externas. Como sucedâneo, foi assinado em 1947, em caráter provisório, um acordo que deu origem ao Acordo Geral sobre Tarifas e Comércio, mais conhecido pela sigla em inglês: GATT (General Agreement on Tariffs and Trade). A reunião que criou o FMI teve lugar em 1944, na cidade de Bretton Woods, Estado de New Hampshire, nos Estados Unidos. Com certa licenciosidade e imprecisão cronológica esse conjunto de instituições é freqüentemente referido como o Sistema de Bretton Woods.

Neste capítulo, a instituição que nos interessa desse conjunto é o GATT, sua evolução e principais características e forma de atuação.

## O GATT

O acordo que criou o GATT foi firmado por 23 países, sendo quase a metade de países em desenvolvimento: Brasil, Birmânia (atual Myanmar), Ceilão (atual Sri Lanka), Chile, China, Cuba, Índia, Líbano, Paquistão, Rodésia (atual Zimbabwe) e Síria. Até 1979, apenas oito países da América Latina e Caribe (Argentina, Brasil, Chile, Cuba, Peru, Nicarágua, República Dominicana e Uruguai) eram partes contratantes do GATT (CEPAL, 2002).

O GATT é considerado uma organização internacional peculiar, uma vez que tem um duplo caráter. De um lado, é um conjunto de normas de procedimentos para as relações comerciais entre as partes contratantes. Essas normas são essencialmente de tipo jurídico e regulamentam a elaboração, a prática e o controle das regras conveniadas. De outro, o GATT é um fórum para negociação comercial, em que ressalta o aspecto essencialmente político (Seitenfus, 2000).

Um pilar central do GATT é a chamada Cláusula da Nação Mais Favorecida[1] (NMF), segundo a qual as concessões feitas por uma parte contratante a outra não podem ser distintas do tratamento concedido às demais partes. Assim, os mesmos benefícios concedidos por um país A a um país B deverão ser estendidos aos países C, D etc.: trata-se do princípio de não-discriminação. Outros aspectos igualmente importantes são a proibição ao uso de restrições quantitativas ao comércio e o tratamento "nacional" aos produtos importados, os quais, uma vez transposta a fronteira, devem estar submetidos às mesmas condições de concorrência que os produtos nacionais de cada país.

[1] Artigo 1o. do Acordo: "Qualquer vantagem, favor, privilégio ou imunidade concedida por uma Parte Contratante a um produto originário de outro País ou destinado a ele, será concedida imediata e incondicionalmente a todo produto similar originário dos territórios de todas as demais Partes contratantes ou a elas destinado." (Seitenfus 2000, p. 161)

A cláusula NMF teve de ser contornada para absorver situações preexistentes – como a área de livre comércio entre Bélgica, Holanda e Luxemburgo. Essa cláusula foi diretamente violada já em 1957, quando os países europeus assinaram o Tratado de Roma, que criou a Comunidade Européia, pois os processos de integração regional são violações dessa cláusula. Para lidar com essa situação de fato, foi criada formalmente uma condição de excepcionalidade que tornou as condições regionais diferenciadas aceitáveis às normas do GATT (Artigo XXIV).

Outra excepcionalidade concedida é a de limitações nas contas externas dos países-membros do GATT. O Artigo XI impõe uma proibição geral sobre o uso de restrições quantitativas (RQs) a importações. No entanto, os Artigos XII e XVIII estabelecem condições em que essas restrições podem ser justificáveis no GATT.

O Artigo XII, aplicável a todos os países, permite o uso de RQs com finalidade de ajuste do Balanço de Pagamentos, quando o nível de reservas internacionais do país está 'excessivamente baixo'. O texto define condições estritas de monitoramento.

Em 1957, foi criada uma facilidade exclusiva para os países em desenvolvimento em situações de crise de Balanço de Pagamentos. Sua Seção B permite a um país nessa situação adotar RQs "de modo a assegurar um nível de reservas adequado para a implementação de um programa de desenvolvimento econômico". Não é preciso muita criatividade para antever que essa possibilidade tem dado – ao longo do tempo – margem a comportamentos considerados abusivos por parte de diversos países, e esse sempre foi um dos temas de intensos debates no GATT.

O debate em torno ao Artigo XVIII-B tem se centrado em reações fortes de parte dos países desenvolvidos em relação a diversos aspectos: a) o texto não dá margem a um exame adequado da justificativa para adoção de medidas restritivas; b) as facilidades previstas não se justificam, uma vez que RQs protegem apenas por um período limitado de tempo e não eliminam a necessidade de política cambial mais ativa; c) as facilidades já existem no Artigo XII, no Artigo XIX (medidas de salvaguarda) e no próprio Artigo XVIII-B (proteção com base em indústria nascente); d) a maneira como os países em desenvolvimento têm usado esse recurso, nem sempre observando os procedimentos previstos (Whalley, 1989).

## As rodadas de negociação multilaterais

As reformas do GATT, assim como os processos de mudança nas barreiras comerciais das Partes Contratantes, ocorrem a partir de negociações multilaterais, envolvendo todos os países participantes.

Até o momento ocorreram oito rodadas de negociações, no âmbito do GATT: em Genebra (em 1947), Annecy (1949), Torquay (1951), Genebra (1956, 1960-1961 (chamada de Rodada Dillon) e 1964 a 1967 (Rodada Kennedy)), a Rodada Tóquio (1973 a 1979) e a chamada Rodada Uruguai

(1986-1994). Note-se que a cada rodada negociadora os prazos de duração passaram a ser cada ver mais longos, os temas crescentemente complexos, e – como se verá adiante – o que era o objetivo básico quando do início do GATT – a redução de níveis tarifários – foi sendo cada vez mais deslocado para a inclusão na agenda negociadora de novos temas, ao mesmo tempo em que o comércio internacional passou a ser cada vez menos afetado por tarifas, mantidas em níveis bem mais baixos do que há cinquenta anos, mas substituídas por barreiras dissimuladas de tipos variados.

**Tabela 7.1** Número de concessões comerciais resultantes das negociações multilaterais no GATT

| Ano | Rodada | Número de Concessões |
|---|---|---|
| I | Genebra – 1947 | 45.000 |
| II | Annecy – 1948 | 5.000 |
| III | Torquay – 1950-51 | 8.700 |
| IV | Genebra – 1956 | – |
| V | Rodada Dillon – 1960-61 | 4.400 |
| VI | Rodada Kennedy – 1964-67 | 6.000 |
| VII | Rodada Tóquio – 1973-79 | 27.000 |
| VIII | Rodada Uruguai – 1986-94 | 218.206 |

*Fonte:* Perdomo (1995)

As primeiras rodadas de negociações (1947-1961) envolviam os principais produtores de cada mercadoria negociada. O GATT possibilitava que os resultados das negociações bilaterais fossem estendidos aos demais países membros, via Cláusula da Nação Mais Favorecida, e que os detalhes de cada negociação fossem de conhecimento geral (Winters, 1989).

À medida que crescia o comércio mundial e aumentava o número de Partes Contratantes tornou-se cada vez mais complexo proceder a negociações bilaterais. Assim, a partir da Rodada Kennedy, passou-se a adotar fórmulas gerais para a redução das tarifas. Na prática, contudo, esse mecanismo funcionou apenas parcialmente, uma vez que as discussões multilaterais passaram a ser seguidas de barganhas bilaterais que alteravam o ritmo das reduções acordadas.

A Rodada Tóquio também adotou uma regra geral, embora os critérios tenham levado a discussões intensas. A novidade dessa Rodada foi o conjunto de Acordos relativos a barreiras não-tarifárias, com diversos Códigos de conduta sobre procedimentos aduaneiros, compras governamentais, subsídios e medidas compensatórias.

A Rodada Uruguai foi até aqui a mais expressiva, por incluir na agenda um conjunto de temas não imediatamente relacionados ao objeto inicial do GATT (como algumas normas disciplinadoras das políticas de propriedade intelectual e dos investimentos com efeitos sobre o comércio), consolidar uma estrutura institucional permanente, a Organização Mundial do Comércio (e não mais provisória, como foi o GATT entre 1947 e 1994) e adotar um caráter mandatório, como o GATT jamais teve.

À diferença das rodadas anteriores, nas quais os países podiam optar por aceitar ou não alguns dos dispositivos – como, por exemplo, no caso dos Acordos, o que regulamentava compras governamentais – os resultados da Rodada Uruguai tiveram de ser aceitos por todas as partes contratantes, sob pena de exclusão da OMC. Além disso, as decisões da OMC (de novo, à diferença do GATT) têm caráter impositivo, e devem ser cumpridas pela parte afetada.

A Tabela 7.2 mostra as variações nas tarifas médias por grupos de países, para produtos industrializados, antes e depois da Rodada Uruguai. Esses produtos são de particular importância no comércio internacional dos países em desenvolvimento: 77 países em desenvolvimento participaram das negociações da Rodada Uruguai, e para 44 deles as exportações industriais correspondem a mais de 70% do valor total exportado (M.Abreu (1996)).

**Tabela 7.2** Variações nas tarifas sobre produtos industrializados pré e pós-Rodada Uruguai, por grupos de países exportadores

| Origem | Tarifa Pré-RU | Tarifa Pós-RU | Redução (%) |
|---|---|---|---|
| Países Industrializados | 6.3 | 4.2 | 33 |
| Países em Desenvolvimento | 6.3 | 4.6 | 27 |
| Américas | 4.5 | 3.1 | 31 |
| Ásia | 6.0 | 5.2 | 20 |
| África | 8.2 | 6.5 | 26 |
| Europa | 8.3 | 6.1 | 26 |
| Todos os Países | 6.3 | 4.3 | 32 |

*Fonte:* Abreu (1996), Table 3.3, p. 63

A Tabela 7.2 mostra que as tarifas para os produtos industrializados foram em média reduzidas em um terço do nível vigente antes da Rodada Uruguai. No entanto, cabe mencionar que: a) as reduções foram mais intensas para os produtos provenientes dos países industrializados do que para os produtos originários dos países em desenvolvimento; e b) essas alíquotas tendem a ser menores (além de experimentarem uma redução mais acentuada) nos produtos originários dos países em desenvolvimento das Américas do que nos produtos provenientes da Ásia ou África.

Outra característica do cenário pós-Rodada Uruguai diz respeito ao percentual de tarifas consolidadas. Como visto no Capítulo 5, tarifas consolidadas são aquelas que cada país registra junto à OMC como alíquotas máximas. Qualquer alíquota acima daquele nível tem de ser negociada com as demais partes contratantes. Isso significa na prática um verdadeiro impedimento a superar aquele nível.

O número de alíquotas consolidadas aumentou significativamente na Rodada Uruguai. Talvez o caso mais marcante seja o dos países da América Latina. Nessa região – marcada historicamente por elevadas taxas de inflação – a Rodada Uruguai coincidiu no tempo com esforços de reformas para lidar com a inflação crônica. Assim, a maior parte dos países reformou sua política comercial externa, em grande medida buscando aumentar o grau de concorrência no mercado interno, eliminando ganhos monopólicos e assim controlando um componente importante de alimentação da inflação. Como conseqüência, foi necessário sinalizar o comprometimento com os processos de abertura comercial, e isso levou a América Latina a ser a única região em que os países têm 100% de suas tarifas consolidadas na OMC. Mesmo para os países industrializados os níveis de consolidação, embora elevados –superiores aos 90% –, não atingem a totalidade. A Tabela 7.3 mostra, contudo, que os níveis nos quais as tarifas foram consolidadas na OMC guardam alguma distância em relação aos níveis efetivamente praticados pelos países em desenvolvimento.

**Tabela 7.3** Médias tarifárias (%) nos países em desenvolvimento, 1999

| Região ou Grupo de Países | Tarifa Consolidada | Tarifa Aplicada |
|---|---|---|
| América Latina e Caribe | 38 | 13 |
| Leste Asiático e Pacífico | 30 | 17 |
| África Sub-Saara | 74 | 20 |
| Oriente Médio e Norte da África | 47 | 34 |
| Sul Asiático | 64 | 39 |
| Total dos Países em Desenvolvimento | 51 | 20 |

*Fonte:* adaptado de Bouzas e Keifman (2003), Table 7.1, p. 161

Os dados da Tabela 7.3 refletem, de fato, uma estratégia que persiste desde longa data, na qual os países em desenvolvimento, céticos em relação à sustentabilidade de manter o equilíbrio externo em contexto de abertura comercial, preferem preservar graus de liberdade para sua política em relação às importações, para a eventualidade de ser necessário algum ajuste futuro. Assim, países em desenvolvimento de todas as regiões consolidaram suas tarifas na OMC não apenas em graus diferenciados em relação ao número de linhas tarifárias, mas também em níveis acima das tarifas praticadas.

## A criação da OMC

À diferença do GATT a OMC – Organização Mundial do Comércio – é um organismo inter-governamental de alcance universal: no momento de sua criação era composta por 144 países, dos quais 2/3 se autodefinem como países em desenvolvimento, inclusive 29 países de menor desenvolvimento relativo, 11 são economias em transição (ex-socialistas) e 27 são países industrializados.[2]

A OMC foi o caminho encontrado pelos países participantes para incorporar em um único marco de direitos e obrigações os chamados novos temas, os códigos revistos da Rodada Tóquio, os novos acordos em matéria de comércio de mercadorias, o sistema de solução de controvérsias e o mecanismo de exame das políticas comerciais (Jaramillo, 1995). Esses temas compuseram a essência das negociações na Rodada Uruguai. A formação da OMC resolve igualmente a questão do caráter provisório do GATT.

Segundo o Acordo que estabelece a OMC, ela administrará dois tipos de acordos, os multilaterais e os plurilaterais.

Os acordos multilaterais são: a) o GATT (conforme modificações adotadas em 1994) e seus instrumentos jurídicos; b) os Códigos e acordos da Rodada Tóquio sobre subsídios e medidas compensatorias, medidas antidumping, licenças para importar, valoração aduaneira e normas técnicas; c) o Acordo geral sobre o comércio de serviços (conhecido como GATS – General Agreement on Trade in Services); d) o Acordo sobre os aspectos de direito de propriedade intelectual relacionados ao comércio (conhecido por sua sigla inglesa TRIPS – Agreement on Trade-Related Aspects of Intellectual Property Rights, Including Trade inCounterfeit Goods); e) o sistema de solução de controvérsias; e f) o mecanismo de exame das políticas comerciais das partes contratantes.

Os acordos plurilaterais são os que regulamentam o comércio de aeronaves civis, compras por parte do Estado, o comércio de produtos lácteos e o de carne bovina. Tanto o sistema de solução de controvérsias como o mecanismo de exame das políticas comerciais compreendem os acordos plurilaterais e os multilaterais.

A estrutura da OMC compreende uma conferência ministerial, o Conselho Geral, os conselhos de mercadorias, de serviços e de propriedade intelectual. Além disso há um órgão para solução de controvérsias, um mecanismo de exame das políticas comerciais e os comitês de assuntos orçamentários, financeiros e administrativos, de comércio e desenvolvimento e de Balanço de Pagamentos. O Conselho Geral nomeia o Diretor-Geral, que é o chefe da Secretaria da OMC.

A conferência ministerial e o Conselho Geral adotam decisões por maioria, exceto nos seguintes casos: i) maioria de três quartos – interpretações do Acordo da OMC e os acordos multilaterais anexos e exceções temporárias às obrigações aos acordos (*waivers*); ii) maioria de dois terços – regulamento financeiro e o orçamento anual, emendas à OMC ou aos acordos multilaterais; iii) unanimidade – modificações aos Artigos IX (procedimentos de votação) e X (emendas) da OMC e aos Artigos básicos do GATT, GATS e TRIPS, e ao texto do Acordo sobre solução de controvérsias.

Ao finalizar a Rodada Uruguai, estava prevista a realização de negociações posteriores sobre alguns dos temas para os quais não houve clima político

---

[2] CEPAL (2002). Não existe na OMC uma definição de país em desenvolvimento. Cabe a cada país se autodefinir. No entanto, a OMC adota a definição da ONU para os países de menor desenvolvimento relativo.

suficiente até a assinatura do Tratado de Marrakesh, de 1994, que consagrou o fim da Rodada. Questões relacionadas ao comércio de produtos agrícolas, temas associados à aplicação de subsídios e outros ficaram apenas parcialmente resolvidos em 1994.

Após algumas tentativas – algumas frustradas, como na Reunião Ministerial de Seattle, em 1999 – teve início uma nova rodada de negociações multilaterais no âmbito da OMC a partir da Quarta Conferência Ministerial, que teve lugar em Doha, no Qatar, em novembro de 2001. Esta é a nona rodada de negociações multilaterais e a primeira no âmbito da OMC.

A agenda negociadora compreende 21 temas, tão variados como: comércio de produtos agrícolas, serviços, acesso a mercado para produtos não-agrícolas, aspectos dos direitos de propriedade intelectual relacionados ao comércio (conhecidos pela sigla TRIMs), a relação entre comércio e investimento, a relação entre comércio e políticas de regulação de concorrência, a transparência na contratação pública, formas de facilitação de comércio, normas da OMC (critérios para aplicação de medidas antidumping e subsídios, acordos comerciais regionais), funcionamento do organismo de solução de controvérsias, a relação entre comércio e meio ambiente e a liberalização do comércio eletrônico, entre outros.

Os ministros acordaram que a data final para as negociações será o dia 1º de janeiro de 2005, exceto para as negociações relativas ao Entendimento sobre Solução de Controvérsias e as indicações geográficas de vinhos e bebidas alcoólicas.

Na reunião ministerial de Cancun, no México, ao final de 2003, as negociações chegaram a um nível elevado de dificuldade: os países em desenvolvimento apresentaram uma contra-proposta à posição conjunta dos Estados Unidos e União Européia quanto à liberalização do comércio de produtos agrícolas, e resistiram fortemente às propostas negociadoras nos chamados 'novos temas'. A seção a seguir ajuda a entender o debate.

## Temas controversos na OMC, da perspectiva dos países em desenvolvimento[3]

Os países em desenvolvimento têm manifestado freqüente descontentamento desde o antigo GATT, e essa situação mudou pouco com a situação vigente na OMC, apesar de formalmente existirem na OMC 97 disposições que estabelecem trato especial e diferenciado a esses países. Essas disposições são classificáveis em seis tipos: a) disposições para aumentar as oportunidades de comércio; b) disposições que requerem aos membros da OMC resguardar os interesses dos países em desenvolvimento membros da OMC; c) flexibilidade para o cumprimento das obrigações; d) períodos de transição; e) assistência técnica e f) disposições relacionadas a medidas para assistir aos países de menor desenvolvimento relativo.

Esses países têm se beneficiado das exceções possibilitadas pelo Artigo XVIII-B, adotando barreiras ao comércio em situações de crise das contas exter-



[3] A parte que se segue deste Capítulo está fortemente baseada em CEPAL (2003).

nas. Além disso, desde 1968 os países em desenvolvimento contam com o Sistema Geral de Preferências, estabelecido sob os auspícios da UNCTAD (Conferência das Nações Unidas sobre Comércio e Desenvolvimento), que possibilita o acesso de seus produtos aos mercados dos países industrializados a níveis tarifários diferenciados (o sistema Geral de Preferências foi estabelecido em forma voluntária pelos países industrializados, mas as preferências concedidas nunca foram consolidadas no GATT). Também, existe tratamento diferenciado na OMC aos países em desenvolvimento, que implica em geral maiores prazos para ajuste a reduções de tarifas, entre outras facilidades.

Entretanto, existem diversos aspectos que provocam uma percepção de ganho diferenciado, em benefício dos países industrializados.

Um dos problemas resultantes das negociações da Rodada Uruguai e da prática dos países desenvolvidos ao definir sua política comercial externa é que há um descompasso entre o nível tarifário médio acordado e a situação efetiva, para alguns produtos.

A estrutura tarifária consolidada dos países desenvolvidos para produtos não-agrícolas tem um nível médio de 4%, indiscutivelmente baixo (CEPAL (2002)). Porém, em que pesem esses níveis baixos, os países exportadores de produtos básicos enfrentam dois tipos de barreiras aos seus produtos: a incidência de 'picos' tarifários (definidos pela UNCTAD como as alíquotas de imposto de importação superiores a 12% *ad valorem*) e os escalonamentos tarifários, isto é, o aumento dos tributos conforme aumenta seu grau de elaboração.

O problema dos 'picos' tarifários é maior para os alimentos básicos (açúcar, arroz, leite e derivados, carne, frutas, legumes e hortaliças, e pescado), para os produtos da indústria alimentícia (suco de laranja e manteiga de amendoim), para os produtos têxteis e peças de vestuário, para calçados, couro e artigos de viagem, para os produtos da indústria automotriz e para os artigos eletrônicos de consumo e relógios.

A soma desses 'picos tarifários' e dos escalonamentos tarifários impõe aos países em desenvolvimento um duplo problema. Os 'picos' tarifários freqüentemente implicam que em vários setores como a agroindústria, a indústria têxtil e a de vestuário, entre outros, nos quais os países em desenvolvimento são competitivos – os países industrializados proporcionem margens elevadas de proteção efetiva aos seus produtores, dificultando a concorrência por parte dos produtores dos países menos desenvolvidos.

Além disso, os escalonamentos tarifários desestimulam de fato as exportações de produtos com maior valor agregado, forçando a uma permanência das exportações de produtos menos elaborados, com custos em termos de desestímulo à industrialização, maior dificuldade no acesso ao progresso tecnológico, e menores possibilidades de construção – nas economias menos desenvolvidas – de canais de transmissão de progresso técnico e outras limitações.

São relacionadas a essas questões as dificuldades de boa parte dos países em desenvolvimento em promover a plena aplicação dos resultados da Rodada Uruguai, até por falta de capacidade técnica e institucional. Mas em que pesem essas dificuldades há uma percepção geral nesse conjunto de países de que nem todas as partes contratantes se deparam com os mesmos custos e benefícios.

Esse argumento deriva da verificação de que os países industrializados conseguiram na Rodada Uruguai: a) incluir no sistema multilateral de comércio áreas nas quais têm liderança tecnológica; b) estender as normas do GATT de forma a incluir os direitos de agentes privados, limitando a capacidade dos governos dos países menos desenvolvidos de regulamentar suas atividades; c) reduzir os custos de ajuste dos setores que utilizam intensivamente recursos naturais e trabalho pouco qualificado, através de prazos longos de transição para o acesso a mercados mais abertos e competitivos; e d) aplicar graus variados de flexibilidade às normas relacionadas a políticas industriais e agrícolas.

Os diversos aspectos que os países em desenvolvimento têm especial interesse em modificar no âmbito da OMC são apresentados a seguir, em forma resumida.

## *Agricultura*

O setor agrícola é historicamente um dos mais controversos no GATT/OMC. Já em 1955 os Estados Unidos adotaram restrições quantitativas a um amplo número de produtos agrícolas, no que foi a primeira violação do texto do Acordo do GATT. A Comunidade Européia tem a sua Política Agrícola Comum, com uma significativa carga de subsídios e pela adoção de tarifas variáveis às importações de produtos agrícolas. O Japão adota igualmente expressivas barreiras comerciais e subsídios.

Como esses, diversos outros casos poderiam ser enumerados.

Este é um tema particularmente caro aos países em desenvolvimento, uma vez que a maior parte da população mundial de baixa renda vive em áreas rurais, e o setor agrícola corresponde a aproximadamente metade do emprego nos países em desenvolvimento. Além disso, há problemas na apropriação de valor em cadeias alimentares, determinados em grande medida pelas barreiras ao comércio e ao acesso à tecnologia. A UNCTAD estima que os países em desenvolvimento respondem por 90% da produção mundial de cacau, 44% do mercado mundial de licor de cacau, 38% do mercado de manteiga de cacau, 29% do mercado de cacau em pó, mas apenas 4% da produção global de chocolate.

O próprio texto do Acordo do GATT trata os produtos agropecuários de forma diferenciada, com o Artigo XI autorizando a adoção, em certas circunstâncias, de restrições quantitativas ao comércio, e o Artigo VXI estabelecendo as condições para a concessão de subsídios às exportações do setor (Perry, 1995). Desde a Rodada Uruguai um grupo de países[4] – conhecido como Grupo de Cairns – tem se destacado por defender posições convergentes, relacionadas à liberalização do comércio de produtos agrícolas.

---

[4] Argentina, Austrália, Bolívia, Brasil, Canadá, Chile, Colômbia, Costa Rica, Filipinas, Guatemala, Indonésia, Malásia, Nova Zelândia, Paraguai, África do Sul, Tailândia e Uruguai.

Como resultado da Rodada Uruguai as medidas não-tarifárias que afetavam o comércio dos produtos agrícolas seriam transformadas em tarifas. A partir de 1995 as tarifas deveriam ser reduzidas em um período de seis anos (10 anos para países em desenvolvimento) em 36% (24% para países em desenvolvimento). A redução mínima para cada linha tarifária (com algumas exceções) era de 15% para os países desenvolvidos e 10% para os países em desenvolvimento. Além dessas medidas foram assumidos compromissos em outras áreas relacionadas, como políticas de incentivo interno ao setor e subsídios às exportações agrícolas.

No entanto, ao final da rodada os grandes países importadores consolidaram tarifas em níveis que superam os 350% (casos de produtos lácteos e fumo; em termos de freqüência de picos tarifários por número de linhas tarifárias os setores mais afetados são carne e chocolate, segundo a UNCTAD, 2003).

Ademais, a incorporação dos produtos agrícolas às normas da OMC teve lugar em paralelo a diversas concessões especiais. De fato, não há subsídios proibidos ao setor. Apenas a classificação dos subsídios em tipos variados.

As negociações agrícolas são baseadas em três dimensões: a) critérios para acesso ao mercado (tarifas, medidas de salvaguarda, empresas importadoras estatais e outras questões associadas); b) concorrência das exportações (subsídios às exportações, créditos às exportações, ajuda alimentar, empresas comerciais estatais e restrições e impostos à exportação); e c) medidas de ajuda interna (classificadas em padrões ou 'caixas' azul, verde e amarela, correspondentes aos tipos de medidas).

Além desses aspectos há negociações em temas indiretamente relacionados, como as preocupações não-comerciais, as indicações geográficas de origem dos produtos, medidas fitossanitárias, o meio ambiente, as informações ao consumidor, as normas para etiquetagem, o bem-estar dos animais, o desenvolvimento rural e outros.

Com essa variedade de aspectos envolvidos e dados os interesses e a importância política dos temas relacionados ao setor agrícola, não surpreende que este seja um dos maiores obstáculos às negociações. Há divergências claras entre as posições dos países desenvolvidos e dos países em desenvolvimento, assim como entre estes últimos. O Capítulo 4, ao apresentar economia política da proteção, ajuda a compreender esse processo.

## Produtos têxteis e vestuário*

A liberalização do comércio de produtos têxteis e de vestuário tem sido uma das preocupações dos países em desenvolvimento na implementação da Rodada Uruguai. O Acordo sobre Produtos Têxteis e de Vestuário define três etapas sucessivas para a liberalização do comércio nesses produtos: 1995-97, 1998-2001 e 2001-2004. Em 1º de janeiro de 2005 o comércio internacional de produtos têxteis e de vestuário deverá estar totalmente regulado pelos dispositivos do GATT.

Segundo o Comitê de Monitoração do Comércio de Têxteis, embora tenha havido progresso em aproximar o comércio desses produtos do disposto no

*Com base em UNCTAD (2002)

GATT-1994, persiste um grande número de restrições, afetando em particular os países em desenvolvimento. Apenas 20% das importações feitas sob restrições quantitativas pelos Estados Unidos e Comunidade Européia foram liberadas.

Tem sido uma prática adotada por esses países o retardamento do processo de liberação até os últimos momentos do período acordado, e em paralelo o recurso ao uso de salvaguardas, elevação de tarifas nominais, aplicação de regras restritivas de origem e de medidas antidumping.

Como grande parte do comércio de produtos têxteis e de vestuário envolve produtos provenientes em países em desenvolvimento, este continua sendo uma fonte de preocupação para esses países.

## *Serviços*

A regulamentação do comércio internacional de serviços foi um dos temas mais conflitivos na Rodada Uruguai. As dificuldades vão desde a importância relativa desse comércio apenas para alguns países industrializados até as próprias limitações na definição de que tipo de comércio deve ser regulamentado. Há diferenças, por exemplo, nos tipos de dispositivos que regulam aqueles serviços prestados através do deslocamento físico de indivíduos entre países (freqüentemente associados às normas para migração) e os serviços prestados, por exemplo, via Internet (os quais implicam uma série de outras questões, relacionadas à própria identificação e ao potencial de tributação).

Além disso, um argumento freqüentemente utilizado pelos países que resistiam à inclusão do tema de serviços na agenda negociadora na Rodada Uruguai é que o GATT fora criado para regular o comércio de bens, e os serviços não deveriam pertencer ao seu conjunto de preocupações.

### As dificuldades com dados sobre o comércio de serviços
**(com base em Hockman, 1996)**

A pouca tradição com o comércio internacional de serviços é talvez uma das razões de por que os países dispõem em geral de estatísticas tão deficientes em relação ao seu comércio internacional de serviços. A principal fonte de informação é o Balanço de Pagamentos. No entanto, a Conta de Serviços do Balanço de Pagamentos tem uma série de limitações importantes:

a) Há dificuldades com o grau de cobertura. Nem sempre todos os serviços – por exemplo, serviços profissionais – estão contemplados nas estatísticas básicas da Conta de Serviços.
b) Falta em geral informação sobre origem e destino dos fluxos de comércio de serviços.
c) O grau de desagregação dos dados é em geral insuficiente para análise.
d) Os dados são em geral limitados a informações em valor transacionados, o que torna difícil isolar os efeitos-preço e quantidade.

e) As definições variam com freqüência, dificultando as comparações entre países e entre períodos distintos de tempo.
f) É em geral difícil compatibilizar os dados de comércio internacional de serviços com as estatísticas nacionais de produção e emprego, seja pelo grau de agregação dos dados, seja porque os dados de comércio de serviços incluem informações – como gastos de viajantes – que não constam dos levantamentos de produção.
g) Os dados são influenciados pela metodologia do Balanço de Pagamentos, a qual não contempla, por exemplo, as atividades de indivíduos que deixaram de ser residentes no país por mais de um ano. Sua produção vendida no outro país deixa de ser registrada no Balanço de Pagamentos.

O fato é: a Rodada Uruguai deu origem a uma solução contemporizadora, criando o GATS, ou Acordo Geral sobre o Comércio de Serviços, que – assim como o Acordo sobre produtos agrícolas – contém disposição sobre a liberalização progressiva desse comércio, para proporcionar o maior acesso aos mercados.

Os princípios básicos do GATS são: a) cobertura global (o âmbito de aplicação é todos os serviços objeto de comércio internacional, independentemente de seu modo de prestação); b) trato nacional (para os setores constantes das listas acordadas se deve outorgar aos serviços estrangeiros e aos provedores estrangeiros um tratamento não menos favorável que o dispensado aos serviços e provedores nacionais); c) condição de nação mais favorecida (não-discriminação entre os serviços e os provedores de serviços dos países membros da OMC); d) transparência (deve-se publicar e colocar à disposição dos interessados as medidas gerais aplicáveis ao comércio de serviços); e) reconhecimento (pode-se requerer o reconhecimento de um título acadêmico, antes da provisão de um serviço, com base em critérios universalmente aceitos); e f) liberalização progressiva (Jaramillo (1995a)).

As negociações sobre serviços compreendem o acesso aos mercados, mas também a aplicação das normas horizontais do GATS, como disciplina de regulamentações nacionais, critérios para imposição de salvaguardas, subsídios e compras governamentais. Além dessas dimensões, as negociações incluem também os critérios para acesso ao crédito e mecanismos de compensação por parte dos países que efetuaram aberturas unilaterais dos seus setores de serviços.

## *TRIPS*

Há um conjunto de temas relacionados às negociações multilaterais que surgiram no processo de desenvolvimento da Rodada Uruguai. Eles envolvem medidas de política que podem ter efeito sobre os fluxos de comércio, embora não sejam diretamente associadas ao setor comercial externo. São os chamados "temas de Cingapura", assim denominados a partir da Conferência Ministerial realizada em 1996, na qual foram identificados 'novos temas' que comporiam a agenda de uma eventual nova Rodada de negociações multilaterais (processo com prosseguimento na Conferência Ministerial de Genebra, em 1998). Esses temas são facilitação de comércio, transparência nas compras governamentais, investimentos e regulação de concorrência.

A Declaração de Doha, que lançou a nova Rodada de negociações, faz referência a alguns aspectos dos direitos de propriedade intelectual de interesse dos países em desenvolvimento, como a relação entre o acordo sobre as TRIPs e as condições de saúde pública, o propósito de estabelecer um sistema multilateral de notificação e registro das indicações geográficas de vinhos e outras bebidas alcoólicas, a relação entre o acordo sobre TRIPs e o Convênio sobre diversidade biológica, a proteção ao folclore e aos conhecimentos tradicionais.

Boa parte dos temas aí compreendidos está diretamente relacionada à noção de vantagens comparativas dinâmicas, seja porque demandam condições que viabilizem o acesso ao conhecimento, seja por protegerem o patrimônio natural das economias com abundância de recursos naturais, como é o caso dos países – como o Brasil – com grande biodiversidade.

O tema da Propriedade Intelectual é objeto de acordos e convenções internacionais desde muito antes da própria criação do GATT (Porzio, 1994). Já em 1883 o Convênio de Paris tentava replicar no campo internacional as instituições de propriedade intelectual. Em 1886 foi assinado o Convênio de Berna sobre esse tema. Ambos Convênios são ainda hoje os pilares do sistema internacional de propriedade intelectual, embora tenham passado por diversos ajustes ao longo do tempo.

O Acordo TRIPs consta de sete partes: disposições gerais e princípios básicos; normas relativas à existência, alcance e exercício de direitos de propriedade intelectual; observância dos direitos de propriedade intelectual; aquisição e manutenção dos direitos de propriedade intelectual e procedimentos contraditórios relacionados; prevenção e solução de diferenças; disposições transitórias; e disposições institucionais.

O Acordo: a) cria um novo organismo administrativo, o Conselho dos Aspectos dos Direitos de Propriedade Intelectual relacionados ao Comércio, instância política e administrativa encarregada de supervisionar e facilitar o cumprimento das disposições acordadas; b) parte da hipótese de que as partes contratantes já são membros de instituições que podem oferecer soluções em casos de infrações e c) impõe um sistema de solução de controvérsias sobre os temas de propriedade intelectual no âmbito da OMC.

Esse esquema tem encontrado forte resistência por parte de alguns países em desenvolvimento – entre eles o Brasil – que argumentam que os temas de propriedade intelectual devem ser tratados no âmbito da OMPI (Organização Mundial de Propriedade Intelectual), agência das Nações Unidas criada em 1967, com mandato específico sobre o tema. Contra esse argumento existe a percepção de que a OMPI carece de poderes efetivos para disciplinar os países signatários em casos de transgressão de normas (Braga, 1996).

As discussões sobre TRIPs tornam explícitas as diferenças entre as posições dos países industrializados, que têm interesse em reforçar a proteção aos direitos de maneira irrestrita, e dos países em desenvolvimento, para os quais a propriedade intelectual – sobre os novos investimentos – deveria ser um instrumento de transferência de tecnologia e apoio à industrialização.

Um aspecto de particular importância nos debates sobre TRIPs é a política em relação a medicamentos. A Declaração de Doha reconhece aos países menos desenvolvidos o direito de violar patentes farmacêuticas quando se trata de produzir medicamentos para atender à saúde pública.

## *TRIMS*

O Acordo TRIMs estabelece normas para evitar os efeitos sobre o comércio de bens das medidas relacionadas a estímulo aos investimentos. Nenhuma medida voltada para os investimentos pode ser incompatível com os dispositivos do GATT, sobretudo os Artigos III (trato nacional) e XI (eliminação geral das restrições quantitativas).

O texto final do Acordo não tenta definir o conceito de TRIMs; apenas lista em anexo as diversas medidas consideradas incompatíveis com os Artigos III e XI do Acordo Geral. São adotadas disposições sobre notificação obrigatória das medidas existentes e compromissos para eliminá-las em 2 anos (países desenvolvidos) ou 5-7 anos (países menos desenvolvidos). Foi criado um Comitê sobre TRIMs como órgão de consulta e fórum de discussão e foi acordado rever esse mecanismo em um prazo de cinco anos (Peña, 1994).

Assim, são consideradas incompatíveis as medidas que obriguem as empresas inversoras a usar no seu processo produtivo insumos nacionais, assim como as que vinculem as autorizações para uma empresa importar ao seu desempenho exportador, ou que limitem as importações das empresas por restrições no acesso às divisas.

O Acordo TRIMs tal como existe hoje é considerado por vários países em desenvolvimento como uma barreira ao seu processo de desenvolvimento econômico, uma vez que os países hoje industrializados empregaram esse tipo de medidas em forma intensa no passado, enquanto economias de porte médio hoje ficam impedidas de utilizar os mesmos tipos de instrumentos de política.

Além disso, diversos países em desenvolvimento enfrentaram dificuldades para reestruturar suas ofertas exportadoras, para adequá-las aos novos padrões de demanda. Diversos países se viram forçados a pedir adiamento nos prazos dos períodos de transição estabelecidos, para poder cumprir seus compromissos derivados dos Acordos TRIPs e TRIMs (Silva, 1995).

Os países em desenvolvimento consideram a OMC como lhes tendo tirado a capacidade de adotar uma série de instrumentos tradicionais de política industrial, pelo Acordo de Subsídios e Medidas Compensatórias, assim como o Acordo TRIMs impõe limites às condições que os governos podem impor a investidores estrangeiros para levá-los a investir segundo suas prioridades de política. O Brasil, a Índia e a China têm sido particularmente atuantes nas tentativas de modificar o Acordo TRIMs, a partir da falta de evidência empírica que demonstre que as medidas de TRIMs causem distorções ao comércio.

O Brasil e a Índia têm proposto mudanças no Acordo de TRIMs, alegando na OMC que o Acordo não lhes dá flexibilidade suficiente na adoção de políticas para corrigir problemas econômicos, sociais, tecnológicos e regionais, e portanto precisa ser alterado na atual rodada de negociações.

O Brasil apresentou proposta de flexibilização dos critérios para as nações em desenvolvimento, com o argumento de que isso é compatível com as normas da OMC, que permite ao país que se sentir afetado apresente reclamação para obter reparação, se provar que houve dano. O Brasil pretende usar medidas também para corrigir distorções no mercado interno causadas por práticas restritivas de empresas transnacionais, como arranjos entre matriz e filial que impeçam essa última de exportar.

A Índia propôs o estabelecimento de critérios objetivos para um país em desenvolvimento poder fazer uso de TRIMs sem ser questionado pela OMC (a partir do exemplo do Acordo de Subsídios, que isenta de sanções os países com renda *per capita* inferior a US$ 1 mil que deram subvenções proibidas às exportações).

Essas propostas encontram resistência, por exemplo, por parte da União Européia, segundo a qual o Acordo de TRIMs já dá autonomia suficiente para quem procura uma linha mais agressiva de política industrial. Se um país em particular tem uma necessidade específica ou está em crise complicada, pode buscar uma exceção e alguma flexibilidade junto à própria OMC.

## Solução de controvérsias

O Organismo de Solução de Controvérsias da OMC é constituído por todos os países membros e opera a partir da interpretação dos acordos, feita por equipes de especialistas.

No antigo sistema vigente no GATT não eram previstos prazos fixos para as diversas etapas de análise e decisão de cada processo, e assim as partes reclamadas podiam obstruir a adoção de resoluções contrárias a seus interesses. Na OMC o processo tem maior automaticidade.

O sistema de solução de controvérsias compreende várias etapas, das quais nem todas podem ser necessárias. O processo começa com o pedido de consultas, prossegue com a mediação do Diretor-Geral da OMC, continua com sessões de conciliação e mediação, e a partir daí com a constituição de um grupo especial que examina cada caso e propõe soluções (o chamado 'painel' de especialistas). Se as partes ainda não estiverem satisfeitas poderão pedir que o informe seja analisado pelo Órgão de Apelação.

A maior parte dos casos julgados até 2003 (300) correspondeu a medidas relacionadas aos procedimentos para investigação de medidas antidumping, imposição de direitos compensatórios e salvaguardas. Se a esses forem acrescentados os casos referentes a normas técnicas, medidas sanitárias e fitossanitárias, esse conjunto representa a metade dos casos considerados. Em outras palavras, esses números refletem a intensidade crescente do protecionismo não-tarifário.

Um dos problemas estruturais do sistema de soluções de controvérsias é que o único instrumento para sancionar um prejuízo aos direitos de uma parte contratante é a imposição de medidas comerciais discriminatórias pelo país demandante contra o país demandado, e essa retaliação é proporcional ao valor das perdas estimadas. A capacidade para fazer isso é proporcional ao tamanho econômico das duas partes. No caso dos pequenos exportadores suas medidas de retaliação têm impactos marginais sobre economias mais desenvolvidas. A alternativa de poder aplicar sanções conjuntas foi afastada já desde as negociações do GATT em 1965.

A essa limitação deve-se acrescentar a baixa regulamentação operacional dos dispositivos que prevêem tratamento preferencial e diferenciado aos países em desenvolvimento.

## *Subsídios às exportações*

O Acordo sobre Subsídios resultante da Rodada Uruguai é o documento mais longo resultante das negociações e busca suprir uma falha da estrutura vigente anteriormente no GATT, que não definia os subsídios com precisão.

No Acordo atual existem subsídios que são *proibidos*, *recorríveis* e *não-recorríveis*. A cada categoria correspondem medidas distintas, a partir de consultas e autorização dada pelo Comitê de Subsídios.

O Acordo determina dois critérios para a aplicação das disposições sobre subsídios e direitos compensatórios. Um é a definição do que se entende por subsídio. Entende-se existir subsídio quando um governo faz uma 'contribuição financeira' que dá uma vantagem a quem a recebe. O segundo critério é a especificidade dos subsídios outorgados a empresas ou a produtos (Espinosa, 1995).

São subsídios específicos – portanto recorríveis e sujeitos a direitos compensatórios – os programas governamentais que por legislação expressa e comprovável limitem seu alcance e portanto seus benefícios.

Os subsídios proibidos são aqueles concedidos às exportações e aqueles que condicionem sua concessão ao uso de produtos nacionais em detrimento dos importados.

Os subsídios não-recorríveis são os programas governamentais não específicos, ou que, ainda sendo específicos, cumprem determinados critérios de seleção.

O Acordo estabelece que se um membro da OMC concede subsídios proibidos ou recorríveis, o país afetado pode pedir consultas e recorrer ao Órgão de Solução de Controvérsias. Se forem subsídios permitidos que causam dano à produção nacional, existe a possibilidade de iniciar consultas e pedir autorização ao comitê correspondente para a imposição de contramedidas.

Uma parte expressiva das análises desse Acordo sob a ótica dos países em desenvolvimento dá ênfase ao fato de, ao limitar uma série de iniciativas, o Acordo de fato reduz a margem de manobra desses países, que se vêem impossibilitados de repetir práticas utilizadas no passado de forma intensa pelos países hoje industrializados, e por alguns dos países em desenvolvimento de comportamento exportador mais agressivo, derivando daí uma desigualdade de oportunidades. Avaliações alternativas (Tussie e Lengyel (1998)) permitem considerar, no entanto, que esse Acordo trouxe mais transparência à prática de concessões de subsídios, e que constitui de fato um estímulo à criatividade na busca de novas formas de estímulo ao setor exportador.

## *Risco de graduação*

Alguns dos países em desenvolvimento de nível mais elevado de renda, como o Brasil, têm se preocupado – além dos temas acima – com a questão da graduação.

Na OMC os países de mais baixa renda têm Tratamento Especial e Diferenciado, que consiste em geral em prazos mais longos para adotar as disciplinas acordadas, permite conceder incentivos a alguns setores, e outras regalias.

Os países industrializados têm tentado impor o conceito de graduação para conceder acesso a esse Tratamento Diferenciado, segundo o desempenho e a capacidade econômica dos países. Dos 144 países membros da OMC, dois terços são países em desenvolvimento, conforme as declarações dos próprios governos. Não há conceito definido na OMC em relação ao que consiste um país em desenvolvimento. Apenas os 49 países mais pobres são formalmente identificados.

Nos temas em discussão pretende-se criar novas categorias de países em desenvolvimento (avançado superior, de renda baixa, mais pobres), a partir de um conjunto de indicadores econômicos. Essa proposta encontra evidentemente forte reação por parte de países – como Brasil, China, Malásia, Cingapura – que se encontram em uma faixa intermediária de desenvolvimento.

### As propostas da CEPAL e da UNCTAD para as negociações multilaterais

Com base em diagnósticos de inadequação e nos interesses comuns, dois organismos das Nações Unidas preocupados com temas relacionados ao desenvolvimento econômico propuseram agendas – relevantes sob a ótica dos países em desenvolvimento – para as negociações multilaterais em curso. No caso da UNCTAD esses pontos estão apresentados em UNCTAD (2002), e são aqui chamados de Agenda UNCTAD.

Do mesmo modo, é possível identificar um conjunto de temas de interesse comum no cenário internacional, mas que transcendem a órbita estrita das negociações na OMC. A maior parte dessa agenda está apresentada em CEPAL (2003), a qual chamamos de Agenda CEPAL.

Em relação à Agenda UNCTAD, a primeira observação é de ter sido acordado na 4a. Reunião Ministerial em Doha – a qual lançou formalmente a atual rodada de negociações multilaterais em 2001 – matérias para ser objeto de negociação imediata, matérias para negociações futuras sujeitas a "consenso explícito" entre os membros e matérias para exame futuro, por parte dos organismos da OMC.

Entre as negociações imediatas estão as negociações sobre agricultura, serviços, produtos industriais, meio ambiente, regras da OMC em relação a medidas antidumping, subsídios e medidas compensatórias, mecanismos de solução de controvérsias e acordos regionais.

A Agenda UNCTAD recomenda, para as negociações agrícolas, que os países em desenvolvimento busquem: a) cortes tarifários, sobretudo nos picos tarifários; b) eliminação de medidas especiais de salvaguardas nos países desenvolvidos; c) apoio financeiro a países com problemas de ajustes; d) eliminação de subsídios às exportações; e) compromisso de limitar os agregados de produtos, para evitar desvio de subsídios de áreas em que não são necessários; f) margem para política de desenvolvimento, como redução de tarifas, medidas de salvaguardas especiais para segurança alimentar, e garantia de acesso a mercado para produtores de um único produto; g) disciplina nas políticas de subsídios, assistência técnica e financeira, etc.

Para as negociações de serviços as recomendações são de que os países em desenvolvimento busquem: a) fortalecer provisões do Art. XIX.2, pelo qual esses países podem condicionar o acesso a seus mercados, em bases setoriais; b) manter políticas adequadas sob as regras do GATS (p.ex., condições sob as quais os governos podem diferenciar entre empresas nacionais e estrangeiras); c) liberalização do movimento de pessoas; e d) avaliação independente da qualidade dos dados sobre comércio de serviços.

Nas negociações futuras, relativas a investimento, regulação de concorrência, transparência nas compras governamentais e facilitação de comércio, os países em desenvolvimento deveriam procurar identificar e isolar as práticas anticompetitivas que inibem suas exportações de bens e serviços, e impedem o desenvolvimento de suas empresas locais.

No tocante ao tratamento especial e diferencial e às questões de implementação das decisões, os países em desenvolvimento devem procurar conseguir: a) medidas concretas que resultem em provisões positivas (p.ex., na implementação de provisões relativas à transferência de tecnologia prevista nos Acordos TRIPs e GATS); b) fórmulas apropriadas para as negociações tarifárias e não-tarifárias; c) inclusão de tratamentos específicos, nos temas de serviços, de questões setoriais, do ponto de vista do desenvolvimento; d) regras de origem a serem aplicadas a novos acordos regionais; e) preservar os regimes preferenciais de acesso a mercado adotados recentemente por alguns países industrializados; f) tratamento mais favorável dos chamados "temas de Cingapura" (comércio e investimento, comércio e concorrência, compras governamentais, facilitação de comércio).

Esses são temas que estão diretamente vinculados ao redesenho das normas e formas de atuação da OMC. No entanto, a intensificação das transações em nível internacional no contexto globalizado amplia o escopo de preocupações por parte dos países em desenvolvimento para além do âmbito da OMC. A

CEPAL sistematizou as linhas gerais de uma agenda mais ampla, a partir da proposição de que os países em desenvolvimento devem procurar alterar o atual contexto em diversos sentidos.

Em primeiro lugar, na provisão de *bens públicos globais* de caráter macroeconômico: a) desenvolvimento de instituições que garantam a coerência global das políticas macroeconômicas das principais economias (para evitar a inconsistência das políticas manifestada na volatilidade das taxas de câmbio); b) supervisão macroeconômica de todas as economias com fins preventivos e elaboração de códigos de boas práticas de gestão macroeconômica; c) formulação de padrões internacionais de regulação e supervisão prudencial dos mercados financeiros, e de provisão de informação aos mercados; d) iniciativas relacionadas ao desenvolvimento de padrões internacionais de comportamento, centrados nos fluxos de capital que esses países recebem; e) cooperação internacional em matéria tributária; e f) criação de um novo organismo que se encarregue da cooperação tributária internacional.

Segundo, na busca de um desenvolvimento sustentável como bem público global: a) necessidade de modificar os padrões insustentáveis de consumo e produção, tanto em países industrializados como em países em desenvolvimento; b) gestão sustentável dos ecossistemas e diversidade biológica; c) exploração das possibilidades de impor punições globais a atividades de alcance internacional que possam provocar deterioração do meio ambiente mundial; d) educação, pesquisa, desenvolvimento, transferência e adaptação de tecnologias, assim como o acesso à informação; e e) maior coerência e compatibilidade entre o sistema comercial internacional, inclusive a proteção da propriedade intelectual, e o desenvolvimento sustentável.

Terceiro, conseguir mecanismos de correção de assimetrias financeiras e macroeconômicas: a) caráter preventivo para as atividades de supervisão macroeconômica do FMI e das instituições regionais complementares; b) incentivos ao cumprimento de padrões preventivos, macroeconômicos e financeiros; c) normas especiais para regular as operações financeiras com os países em desenvolvimento, em lugar de aplicar normas gerais; d) o FMI deveria ir se convertendo gradualmente em um quase-prestamista de última instância, recorrendo em épocas de crise a emissões de DES, em lugar de usar os mecanismos de financiamento atuais, sujeitos a ingerências por parte dos países industrializados; e) criação de mecanismo internacional que permita resolver os problemas de sobre-endividamento; e f) criação ou preservação de banco multilateral de desenvolvimento, com função contra-cíclica do financiamento multilateral.

Quarto, a busca de superação das assimetrias produtivas e tecnológicas: a) ampla liberação do comércio mundial de produtos agrícolas, o qual inclua a redução dos subsídios e tarifas; b) desmantelamento do Acordo Multifibras (Acordo sobre Têxteis e Vestuário) e redução dos picos tarifários e do escalonamento das tarifas em função do nível de processamento dos produtos; c) abertura dos serviços que supõem emprego intensivo de mão-de-obra; d) adoção de disciplinas multilaterais mais estritas em matéria de antidumping e de garantias de pleno cumprimento da proibição de impor restrições voluntárias às exportações, acordada na Rodada Uruguai; e) garantia de uma ampla participação dos países em desenvolvimento na formulação de normas técnicas; f) acordo multilateral de investimentos, que se limite à área de investimentos, mantenha a autonomia dos países em desenvolvimento em regular sua conta de capitais por razões macroeconômicas e mantenha sua autonomia para adotar políticas ativas em relação ao investimento direto externo; g) o caráter de bem público que tem o conhecimento deve prevalecer sobre o caráter de bem privado que lhe outorga a proteção de propriedade intelectual; h) necessidade de dispor de mecanismos efetivos de transferência de tecnologia e de instrumentos que garantam uma participação mais ampla dos países em desenvolvimento na geração de novos conhecimentos.

Quinto e último, deve-se buscar a plena inclusão da migração na agenda internacional, um tema de crescente importância – e com crescentes barreiras – nas relações econômicas internacionais.

## *A agenda de Doha*

As negociações multilaterais iniciadas na Reunião Ministerial de Doha, Qatar, em 2001 estão centradas em agenda negociadora que compreende: a) negociações para abrir os mercados de produtos agrícolas, reduzindo as formas de subsídios à exportação e o apoio doméstico aos agricultores; b) negociações sobre as relações entre acordos multilaterais de investimentos com efeitos ambientais e as regras da OMC, sobre procedimentos para troca de informações entre a OMC e esses acordos multilaterais, e redução de tarifas e barreiras não-tarifárias para serviços e produtos ambientais; c) negociações para abertura gradual dos mercados a fornecedores estrangeiros de serviços financeiros, telecomunicações, saneamento, turismo e educação, assim como negociações para permitir a contratação temporária de trabalhadores estrangeiros; d) negociações para reduzir tarifas sobre produtos industriais, incluindo picos tarifários e escalada tarifária; e) negociações para melhorar as disciplinas de medidas antidumping e medidas compensatórias; f) negociações sobre transparência em compras públicas e simplificação de procedimentos aduaneiros (facilitação de negócios); g) negociações sobre investimentos e políticas de regulação de concorrência; h) negociações sobre comércio eletrônico; i) negociações sobre implementação de acordos da Rodada Uruguai; e j) negociações para melhorar o mecanismo de solução de controvérsias.

## Palavras-chave

- Cláusula de Nação Mais Favorecida
- Rodadas de negociações multilaterais
- OMC
- GATT
- GATS

- Picos tarifários
- Temas de Cingapura
- TRIPs
- TRIMs

## Exercícios

1. Discorra sobre a importância da Rodada Tóquio e da Rodada Uruguai para os países em desenvolvimento.
2. O que é 'tarifa consolidada'? Como se compara a outros conceitos de tarifas?
3. O que é a Cláusula de Nação Mais Favorecida? Ela é exclusiva das negociações na Organização Mundial do Comércio, ou se aplica também a outras negociações?
4. Por que os países em desenvolvimento têm tanto desconforto com o tratamento atual dos chamados "temas de Cingapura"?
5. Qual a importância do comércio de produtos agrícolas e têxteis e vestuário para as negociações multilaterais?
6. Por que as negociações sobre o Acordo TRIMS são relevantes para os países em desenvolvimento?

## Referências bibliográficas


ABREU, M. "Trade in manufactures: the outcome of the Uruguay Round and developing countries interests." *In*: MARTIN, W. e WINTERS, A., (eds.). *The Uruguay Round and the developing countries.* Cambridge, Cambridge University Press, 1996.

BRAGA, C. A Primo. "Trade-related intellectual property issues: the Uruguay Round Agreement and its economic implications." *In*: MARTIN, W. e WINTERS, A. (eds.) *The Uruguay Round and the developing countries.* Cambridge: Cambridge University Press, 1996.

BOUZAS, R. & KEIFMAN, S. "Making trade liberalization work." *In*: KUCZYNSKI, P. P. e WILLIAMSON, J., (eds.). *After the Washington Consensus.* Washington, DC: Institute for International Economics, 2003.

CEPAL. *Panorama de la Inserción Internacional de América Latina y el Caribe 2001.* Santiago, Chile, 2002.

_________. *Panorama de la Inserción Internacional de América Latina y el Caribe 2002* Santiago, Chile, 2003.

_______. *Globalización y Desarrollo*, Santiago, Chile, 2002.

DE LA PEÑA, A. "Acuerdo sobre las medidas en materia de inversiones relacionadas con el comercio." *In*: LEIVA, P., (ed.). *La Ronda Uruguay y el Desarrollo de América Latina*. Santiago, Chile: Clepi/PNUD, 1994.

ESPINOSA, A. "Acuerdo sobre dumping y subsidios: de la Ronda Tokio a la Ronda Uruguay." *In*: MAZUERA, D. et al. *Colombia ante la Organización Mundial de Comercio.* Bogotá, Colombia: Fescol, 1995.

HOCKMAN, B. "Assessing the General Agreement on Trade in Services." MARTIN, W. e WINTERS, A. (eds.). *The Uruguay Round and the developing countries*. Cambridge: Cambridge University Press, 1996.

JARAMILLO, F. "Estructura de la Organización Mundial de Comercio." *In*: MAZUERA, D. et alli. *Colombia ante la Organización Mundial de Comercio*. Bogotá: Fescol, 1995.

_________. "Los nuevos temas: servicios, propiedad intelectual e inversión extranjera." *In*: MAZUERA, D. et alli. *Colombia ante la Organización Mundial de Comercio*. Bogotá, Colombia: Fescol, 1995a.

KINDLEBERGER, C. P. *The World in Depression: 1929-1939*. Aylesbury: Pelican Books, 1987.

OCAMPO, José Antonio, (coord). *Globalización y Desarrollo*. Santiago, Chile: CEPAL, 2002.

PERDOMO, A. "Liberalización de los mercados en la Ronda Uruguay y sus efectos para Colombia." *In*: MAZUERA, D. et alli. *Colombia ante la Organización Mundial de Comercio*, Bogotá: Fescol, 1995.

PERRY, S. "La Agricultura y la Ronda Uruguay del GATT." *In*: MAZUERA, D. et alli. *Colombia ante la Organización Mundial de Comercio*. Bogotá, Colombia: Fescol, 1995.

PORZIO, M. (1994). "El Acuerdo sobre la propiedad intelectual." *In*: LEIVA, P., (ed.). *La Ronda Uruguay y el Desarrollo de América Latina*. Santiago, Chile: Clepi/PNUD, 1994.

SEITENFUS, R. *Manual das Organizações Internacionais*. Porto Alegre, RS: Livraria do Advogado Ed., 2000.

SILVA, V. El camino hacia las nuevas negociaciones comerciales en la OMC (post Doha). Santiago, Chile: CEPAL, 2001. (Serie Comercio Internacional, nº.23).

TUSSIE, D. e LENGYEL, M. "Compromisos en la Organización Mundial de Comercio sobre promoción de exportaciones." *Integración y Desarrollo*, BID, v. 2, nº. 4/5, Ene./Ago. 1998.

UNCTAD. *Back to Basics: market access issues in the Doha Agenda*, Geneva, 2003.

_________. *Trade and Development Report*. Geneva, 2002.

WHALLEY, J., (coord.). *The Uruguay Round and Beyond. The Final Report from the Ford Foundation Project on Developing Countries and the Global Trading System*. London: Macmillan, 1989.

WINTERS, L. A. "Reciprocity." In: FINGER, J. M. e OLECHOWSKI, A. (eds.) *The Uruguay Round. A Handbook on the Multilateral Trade Negotiations*. Washington, DC: World Bank, 1989.

# Capítulo 8

# A experiência brasileira com comércio internacional e com política comercial externa

Uma característica básica deste livro é apresentar – em cada uma das quatro Partes que o compõem – um capítulo referente à experiência brasileira com os temas tratados naquela Parte. Este capítulo completa a Primeira Parte apresentando as principais características da experiência brasileira com os fluxos de comércio internacional e com a política comercial externa.

## Evolução do comércio internacional do país

A economia brasileira apresenta uma dupla peculiaridade no que se refere à sua relação com o mercado externo. De um lado, desde sua formação, no período colonial, sempre dependeu fortemente da disponibilidade de divisas para viabilizar seu crescimento. O texto clássico de Furtado (1976) descreve com maestria os diversos ciclos de exploração de recursos naturais e suas implicações para o desenvolvimento da colônia. Os desequilíbrios recorrentes das contas externas no período de industrialização das últimas décadas confirmam a percepção de se tratar de uma economia em que a disponibilidade de divisas tem sido sempre decisiva para seu desempenho.

Por outro lado, as dimensões do país permitem que aqui se desenvolva um mercado de tamanho não desprezível, fazendo o peso relativo das transações internacionais tender a ser sempre limitado, em relação ao conjunto da produção nacional. Assim, não faz sentido esperar de uma economia como a brasileira um grau de abertura (soma de exportações e importações, dividida pelo Produto Interno Bruto) comparável ao de outros países de menores dimensões, como o Chile, Cingapura ou República Dominicana.

Pode-se dizer que essa dupla relação (dependência de divisas, com mercado interno expressivo) marcou boa parte do debate sobre o desenho da política comercial externa do país no período após a Segunda Guerra Mundial, quando a economia brasileira já apresentava um parque industrial de dimensões razoáveis, mas que buscou – ao menos até a década de 1970 –, como norte para sua política econômica, intensificar o grau de industrialização por meio da implementação de setores produtores de insumos e bens de capital.

A provisão de incentivos à industrialização, aliada à proteção da indústria nascente e a um relativo pessimismo em relação à capacidade de resposta das exportações às variações de preços relativos, marcou a política econômica brasileira até meados da década de 1960, e – com intensidades variadas – alguns períodos posteriores.

Esses elementos – sempre referenciados ao risco de desequilíbrio externo – fizeram com que a política de exportações fosse adotada de forma gradual, e – ao menos em seu início – como uma compensação às distorções de preços relativos induzidas pelas barreiras às importações.

Os resultados em termos de desempenho nos anos 70 e 80 tornaram a experiência brasileira uma referência constante nos textos sobre promoção bem-sucedida de exportações. Só a partir da década de 1990, o processo de abertura comercial alterou essa relação, e a forma da política comercial mudou de modo substantivo. Nas seções a seguir são apresentados alguns dos traços principais dessa experiência.

## *Crescimento e composição dos fluxos de comércio*

O debate inicial quanto à adoção de uma política sistemática de promoção de exportações no Brasil e às suas características partiu de algumas interpretações que enfatizavam a existência de uma estrutura produtiva dualista, associada a uma distribuição pessoal e funcional de renda distorcida, e uma forte dependência do setor externo para a formação de poupança e para a transformação da poupança interna em investimento (ver, a respeito, Furtado, 1972, e Tavares, 1972).

Com esse referencial de análise, as apreciações dos resultados alcançados em termos de crescimento e diversificação das exportações (a partir da segunda metade dos anos 60), associadas a um período de inusitado crescimento da economia, passaram a enfatizar uma associação entre o caráter regressivo da apropriação dos ganhos desse crescimento e as distorções na estrutura de incentivos.

Essa associação derivava do tipo de incentivo adotado e da preocupação em promover uma diversificação da pauta exportadora. Ao mesmo tempo, a percepção de que havia uma tendência estrutural ao desequilíbrio das contas externas, como resultado do baixo grau de compressibilidade das importações (predominantemente compostas por insumos e bens de capital) (Tavares, 1975, Oliveira, 1975) e da presença de empresas de capital estrangeiro na indústria (Garcia, 1979), Doellinger e Cavalcanti, 1975, Fajnzylber, 1981, Newfarmer, 1983 e Baumann, 1985), levou a uma convivência entre a política de incentivo às exportações e a preservação de barreiras às importações. Aquela buscava essencialmente "neutralizar" os vieses impostos por esta.

Como resultado, a estrutura de incentivos às exportações era mais intensa nos setores com maior valor adicionado, o que por sua vez reforçava a percepção de distorção alocativa de recursos. Voltaremos a esse tema na seção "Os testes de composição fatorial da pauta de comércio", mais adiante neste capítulo.

O fato é que o valor das exportações brasileiras permaneceu relativamente constante durante muito tempo. De 1947 a 1967, esse valor variou entre um mínimo de US$1,1 bilhão em 1949 e um máximo de US$1,8 bilhão em 1951. Isso é tanto mais impressionante se considerarmos que o crescimento das exportações nesse período foi essencialmente errático e que, enquanto as exportações brasileiras cresceram 4% de 1953 a 1965, o comércio mundial cresceu aproximadamente 20% no mesmo período (dados de Little/Scitovsky/Scott, 1970, p.245).

O envolvimento da economia brasileira com o mercado internacional de mercadorias mudou de forma substantiva nas últimas décadas. Entre 1970 e 2000, o valor anual das exportações brasileiras aumentou vinte vezes, implicando alterações qualitativas importantes na relação entre o setor externo e o desempenho da economia como um todo.

Como já mencionado, a mudança de percepção quanto ao potencial de crescimento das exportações começou a ter lugar no final da década de 1960, com a adoção dos primeiros incentivos à atividade exportadora. Já na década seguinte, as variações foram expressivas. De um valor exportado de US$2,7 bilhões em 1970, a economia brasileira passou a US$20 bilhões em 1980. Esse patamar foi sendo gradualmente alterado, até atingir níveis de US$31 bilhões em 1990 e US$73 bilhões em 2003.

Tão importantes quanto o crescimento do valor exportado, as modificações na composição das exportações brasileiras foram notáveis. Em 1970, 75% do valor exportado correspondiam a produtos básicos, com os industrializados representando apenas 25% (9% eram produtos semimanufaturados). Esse quadro foi sendo gradualmente invertido, de tal modo que em 2000 os produtos básicos não eram mais de 23% das exportações, e 74% das exportações correspondiam a produtos industrializados (15,4% semimanufaturados e 59% manufaturados). É desnecessário se aprofundar quanto às implicações que essa mudança provoca, em termos de impacto sobre a estrutura produtiva, do tipo de incentivo requerido, e mesmo em relação às barreiras externas.

Do ponto de vista das importações o desempenho é igualmente notável, embora o ritmo de crescimento seja menos brilhante. Nas últimas décadas, o valor importado total evoluiu de US$13 bilhões em 1985 para US$56 bilhões em 2000, tendo alcançado US$48 bilhões em 2003.

Essa trajetória das importações está associada às intensas barreiras – de tipo tarifário, mas sobretudo não-tarifário – adotadas na economia brasileira até o final dos anos 80, e aos movimentos que se seguiram (ver seção a seguir) de liberação do comércio após 1988. Por origem geográfica, as importações brasileiras são predominantemente (48%) provenientes dos países que compõem o G-7, enquanto os parceiros do Mercosul participam com 12%. Há, então, uma diferença em termos da dispersão geográfica das exportações, em comparação à relativa concentração da dependência de fornecimento de produtos importados.

## *Distribuição geográfica das exportações brasileiras*

Nas últimas duas décadas, o comércio externo brasileiro apresentou algumas mudanças expressivas na composição geográfica dos mercados de destino de suas exportações. Nesse período, a economia brasileira manteve a característica básica de um "global trader", isto é, uma economia com relações pulverizadas com todas as demais áreas do mundo, ao mesmo tempo em que intensificou o intercâmbio com as economias vizinhas da América Latina, e – nos últimos anos – buscou intensificar relações comerciais com os países da Ásia. A Tabela 8.1 mostra as principais características da distribuição geográfica das exportações brasileiras.

**Tabela 8.1** Principais mercados de destino das exportações brasileiras – 1985-2002 (%)

| Mercado | Média 1985-90 | Média 1991-95 | Média 1996-2002 |
|---|---|---|---|
| Grupo das 7 Maiores Economias | 50,4 | 42,1 | 40,9 |
| NAFTA | 29,1 | 23,2 | 25,2 |
| Estados Unidos | 26,0 | 19,7 | 21,7 |
| União Européia | 29,7 | 28,9 | 27,0 |
| ALADI | 10,5 | 20,9 | 22,5 |
| Mercosul | 4,6 | 11,9 | 13,5 |
| Ásia | 14,4 | 16,6 | 13,1 |
| Japão | 6,7 | 6,6 | 4,6 |
| China | 2,0 | 1,7 | 2,4 |

*Fonte:* SECEX/MDIC

Segundo a Tabela 8.1, o intercâmbio com o grupo das sete maiores economias do mundo vem gradativamente perdendo participação como mercado de destino para as exportações brasileiras. Isso é verdade tanto nas relações com a América do Norte (Estados Unidos em particular), quanto nas exportações para a União Européia. É interessante notar, contudo, nos dados relativos à América do Norte, o aumento gradativo do comércio com o México e o Canadá, os dois outros sócios do NAFTA, cuja importância nas exportações totais brasileiras se ampliou – entre o primeiro e o terceiro períodos considerados – de 3 para 4 pontos percentuais.

Um dos destaques da Tabela 8.1 é o aumento do peso do comércio com outros países da América Latina,[1] com destaque evidente para o Mercosul, cuja importância relativa triplicou no período.

Chama a atenção, por último, na Tabela 8.1, que nas relações comerciais com a Ásia haja duas trajetórias bem marcadas. Enquanto tem se reduzido a importância relativa do mercado japonês, há um novo e intenso aumento nas exportações brasileiras para a China: esse mercado absorveu 4,2% das exportações brasileiras em 2002.

## *Os testes de composição fatorial da pauta de comércio*

Como indicado na seção "Crescimento e composição dos fluxos de comércio", anteriormente neste capítulo, o tema da eficiência alocativa dos incentivos às exportações esteve bastante presente nos debates sobre política econômica no Brasil no final da década de 1960 e início da de 1970. Afinal de contas, seria altamente ineficiente que a retomada do crescimento econômico estivesse associada a um desempenho sem precedentes de exportações que não correspondesse às vantagens comparativas do país.

Com essa preocupação, os primeiros anos da política de promoção de exportações foram pródigos em estudos que procuraram testar o Teorema de Heckscher-Ohlin (ver Capítulo 2) para o Brasil. Segundo Tyler (1972) encontrou para 1965, a relação entre valor adicionado por trabalhador no setor exportador é maior que essa mesma relação média para o setor manufatureiro. De acordo com Tyler (1973), as exportações brasileiras de manufaturados são mais intensivas em qualidade de mão-de-obra que as exportações dos países industrializados. Isso sugeriria um Paradoxo de Leontief para a economia brasileira. Mais tarde isso seria reforçado pelos resultados de Hidalgo (1985), para quem o Brasil exporta produtos intensivos em capital e importa produtos intensivos em trabalho.

Rocca e Barros (1972) encontraram que as exportações são intensivas em mão-de-obra não-qualificada e a intensidade de mão-de-obra qualificada é maior nas importações, desfazendo a percepção de Paradoxo. Da mesma forma, para Carvalho e Haddad (1981) os produtos exportáveis absorviam mais mão- de-obra que os importáveis, correspondendo às presumidas vantagens comparativas do país.

---

[1] É interessante notar que o mesmo não se aplica à área do Caribe: os países componentes do CARICOM (Mercado Comum do Caribe) jamais absorveram mais de 1% das exportações brasileiras, embora sua participação tenha aumentado entre os períodos considerados de 0,3% para 0,5%.

Mais recentemente, conforme Clements e Kim (1988) e Clements (1987) concluem, o desempenho das exportações supera o dos setores substitutivos de importações em termos distributivos; e Lafetá (1997) mostrou evidência de mão-de-obra mais qualificada nas importações que nas exportações.

Em seu conjunto, portanto, as evidências disponíveis tendem a confirmar que o padrão de comércio internacional da economia brasileira segue um padrão de tipo Heckscher-Ohlin. Nonnenberg (1995) questiona, porém, a relevância do custo relativo dos fatores na determinação da estrutura de comércio brasileiro no período recente: ela deve ser relativizada, levando-se em conta outros elementos determinantes, como as alterações na política de comércio nacional, a intensidade relativa em recursos naturais e os efeitos das barreiras comerciais externas.

## Características do setor exportador

A avaliação do desempenho exportador brasileiro esteve freqüentemente associada a aspectos microeconômicos do setor exportador. Esse setor permaneceu relativamente concentrado, com as exportações dependentes de um número reduzido de empresas: no que se refere a manufaturados, 53 empresas respondiam em 1990 por 44% do valor total exportado, e esse grau de concentração se reduziu muito pouco. No entanto, houve – durante a década de 1990 – um aumento expressivo (110%) de empresas exportadoras de manufaturas, sobretudo com o envolvimento crescente (sobretudo na primeira metade da década) na atividade exportadora por parte das empresas de pequeno porte (aumento de 123%) (Pinheiro e Moreira, 2000).

Em que pese esse aumento do número de empresas exportadoras, contudo, a participação das empresas estrangeiras no valor total exportado aumentou. Pinheiro e Moreira (2000) estimaram essa participação em 38,3% em 1999, cifra semelhante aos 39% obtidos por Baumann e Carneiro (2002), com base nas mil maiores empresas exportadoras no ano 2000.

Essa dimensão de propriedade de capital dos agentes exportadores tem dado margem a uma preocupação quanto ao desempenho (ver Fajnzylber, 1981; Newfarmer, 1983; e Baumann e Carneiro, 2002), uma vez que as subsidiárias de empresas estrangeiras tendem a exportar mais para os mercados de países menos desenvolvidos. De outro lado, Willmore (1986 e 1992) encontra efeito positivo da propriedade estrangeira para as exportações de manufaturas; e Pinheiro e Moreira (2000) mostraram que a concentração das exportações no mercado latino-americano não é exclusividade de empresas estrangeiras.

A evidência inequívoca é que essa participação expressiva de agentes externos na atividade exportadora tem levado a um aumento das transações de tipo intrafirma. Baumann (1993) estima que esse tipo de comércio teria crescido em média 16,5% ao ano entre 1980 e 1990, comparado a um crescimento das exportações totais brasileiras no mesmo período de 5,6%. O Censo de Capital Estrangeiro realizado pelo Banco Central do Brasil indica que esse comércio aumentou de 20% do valor exportado em 1995 para 38% no ano

2000. Do lado das importações, essa participação foi de 17% em 1995 para 33% em 2000.[2]

### *Transações intra-setoriais*

As estimativas de comércio intra-setorial para a economia brasileira geralmente têm utilizado o índice Grubel-Lloyd. Assim, Oliveira (1986) estimou que o percentual de transações intra-setoriais para produtos manufaturados teria crescido de 14% do total em 1969 para 59% do total em 1982. Lerda (1988) mostrou que esse índice era da ordem de 24% para o comércio total do país, e de aproximadamente 46% para produtos manufaturados, em 1985.

Há claras indicações, portanto, de que aumentou a intensidade das relações de tipo intra-industrial. Esse processo tem sido mais intenso nas relações comerciais com outros países da América Latina, sobretudo no Mercosul, mas também nas transações com outras regiões.[3]

## A política comercial externa

### *Perspectiva histórica*

A experiência brasileira com política comercial externa até meados da década de 1960 foi fortemente influenciada pela predominância da ênfase na proteção da produção nacional contra produtos importados competitivos. Isso se devia à interpretação de que havia uma tendência estrutural ao desequilíbrio externo, e que a maneira de reduzir essa tendência seria pela redução da dependência de produtos importados via barreiras ao comércio e estímulo à produção substitutiva interna. Entretanto, como mostra Tyler (1976), em que pesem as políticas intensamente adotadas, o coeficiente de importação da produção nacional apresentou pouca variação entre o final da década de 1940 e meados da década de 1960.

A partir de 1965, os primeiros incentivos às exportações começaram a ser concedidos, sob a forma de isenção de Imposto sobre Circulação de Mercadorias e de Imposto sobre Produtos Industrializados na atividade exportadora. A partir daí, uma variedade crescente de tipos de estímulos passou a ser adotada, em benefício do setor exportador.[4] O gráfico a seguir (a partir dos dados de Baumann (1989) ilustra a trajetória desses incentivos.

---

[2] Baumann e Carneiro (2002) alertam para o fato de a diferença na dispersão geográfica das exportações e importações das subsidiárias norte-americanas (que exportavam apenas 21% para os Estados Unidos em 2000, enquanto importavam 37% daquele país no mesmo ano) poder ter implicações para as negociações hemisféricas.

[3] Por exemplo, Baumann (1994) estima que entre 1980 e 1988 o número de setores (a 3 dígitos da classificação SITC de mercadorias) com índice Grubel-Lloyd superior a 50% variou no comércio entre o Brasil e diversas regiões da seguinte forma: América Latina, de 16 para 30; América do Norte, de 27 para 40; Europa Ocidental, de 10 para 8; permanecendo o Sudeste Asiático com 8 nos dois anos.

[4] Em Baumann e Moreira (1987) e em Baumann (1989) são apresentadas descrições dos incentivos e sua evolução de 1969 a 1985, assim como uma quantificação de sua importância relativa. Se fosse possível usufruir todos os benefícios simultaneamente, um exportador brasileiro receberia mais de 70 cents por dólar exportado, no início da década de 1980.

A política de incentivos ao setor exportador tinha entre suas características uma convivência com uma estrutura de barreiras elevadas e multifacetadas ao comércio. O argumento oficial para a preservação das barreiras era a tendência ao desequilíbrio externo; portanto, o argumento de defesa para a concessão de tantos incentivos era a necessidade de neutralizar o viés antiexportação da política comercial.

Essa simultaneidade de barreiras às importações e estímulos às exportações motivou alguns estudos (Savasini e Kume, 1979 e Pastore et al, 1979) que procuraram quantificar o efeito líquido dos incentivos sobre o valor adicionado no setor exportador e os custos dos recursos domésticos das exportações brasileiras.

Claramente a estrutura de incentivos privilegiava os setores com um componente mais pronunciado de valor adicionado, embora não fosse clara a racionalidade econômica de boa parte dos incentivos. Por exemplo, uma análise dos setores selecionados para receber crédito preferencial à exportação mostrou (Baumann e Braga, 1985) não ser possível identificar um critério lógico para a seleção desses setores nem para a distribuição setorial dos incentivos.

## Os programas Befiex

**(baseado em Baumann, 1990)**

Um dos incentivos mais expressivos concedidos às exportações no Brasil foi o concedido pela Comissão para Concessão de Incentivos Fiscais e Programas Especiais de Exportação, chamada BEFIEX, criada em maio de 1972.

As empresas cujos projetos eram aprovados pela Comissão tinham direito a importar com redução ou isenção de tributos bens de capital e partes, peças, componentes, matérias-primas e produtos intermediários, dentro de certos limites. Esses incentivos eram cumulativos às facilidades do mecanismo de *drawback* e aos demais incentivos às exportações.

Para ter direito a tais benefícios, as empresas firmavam contrato, comprometendo-se a: i) exportar um montante específico acumulado no período acordado (geralmente, dez anos); ii) atingir um saldo líquido de divisas acumulado no período envolvendo todas as transações da empresa com o exterior e geralmente correspondendo a – do valor acumulado das exportações; iii) atingir saldo líquido de divisas positivo a cada ano do contrato; iv) investir um montante de recursos determinado; e v) adquirir um valor mínimo determinado de equipamentos no mercado interno.

A penalidade pelo não-cumprimento dos compromissos era o recolhimento do valor dos tributos relevados, acrescidos de correção monetária e multa de até 30% de seu valor.

O valor exportado pelos Programas Befiex chegou a corresponder a 40% do valor total exportado de produtos manufaturados pelo Brasil, em meados da década de 1980, e compreendia setores tão variados quanto Material de Transporte (o primeiro e o mais expressivo), Indústria Mecânica, Têxteis, Calçados e Artigos de Couro, Produtos Alimentícios e outros.

Esse Programa foi extinto em 1990, mas – dados os prazos dos contratos – até meados da década de 1990 o valor exportado a partir desses Programas ainda correspondia a 30-40% das exportações totais de manufaturas.

Esse é o tipo de incentivo que o Acordo TRIMs proíbe, uma vez que vincula a provisão de incentivo a desempenho exportador e de geração de divisas, como mostra a seção "Temas controversos na OMC, da perspectiva dos países em desenvolvimento", do Capítulo 7.

Do lado das importações, permanecia em vigor a estrutura definida em 1957, pela Lei No. 3244, com novas alíquotas sendo concedidas por prazo definido e temporário, a partir de mecanismo discutido na seção "A economia política da política de importações". Esse mesmo processo – por meio da Comissão de Política Aduaneira – permitia criar regimes especiais de importação, que asseguravam redução ou isenção de alíquotas de imposto de importação em função do tipo de produtos (por exemplo, alimentos e medicamentos) ou do agente importador (empresas estatais, instituições religiosas, de ensino etc.), assim como impor sobretaxas, em função de outros fatores determinantes.

Um estudo da política de importações em meados dos anos 80 (Moreira e Araújo, 1984) mostrou que as alíquotas estabelecidas na Lei de 1957 raramente eram observadas na prática. Considerando os mais de 30 regimes de tributação que afetavam a política de importação, o estudo encontrou que mesmo excluindo-se as importações de petróleo (as quais à época tinham significado especial), cerca de 70% das importações eram feitas com algum tipo de benefício fiscal.

A percepção – por parte de agentes de governo, empresariado, acadêmicos e pesquisadores em geral – de que a estrutura tarifária estava visivelmente inadequada levou à primeira modificação da estrutura tarifária em fins de 1987. Além disso, ficava cada vez mais evidente que os resultados obtidos eram flagrantemente distorcidos, tanto do ponto de vista comercial (a economia brasileira era altamente superavitária no seu comércio com quase todos os países do mundo, com exceção do Oriente Médio, e em quase todos os setores, com exceção de combustíveis e lubrificantes), quanto do ponto de vista de impactos internos (a baixa concorrência com produtos importados permitia a preservação de margens de ganho elevadas, realimentando o processo inflacionário).

## *As reformas recentes*

A reforma de 1987, que entrou em vigor no início do ano seguinte, estabeleceu um cronograma de redução das alíquotas, negociado com os grupos produtores e importadores, e elaborado a partir de análises de competitividade comparada para diversos produtos, em relação a similares comercializados no mercado internacional.

A partir daí foram introduzidos três programas de reduções tarifárias: em 1988, em 1991, com a aceleração do ritmo de redução das alíquotas, e novamente em 1994, com o Plano Real, com nova aceleração do processo e antecipação da adoção – a partir de setembro daquele ano – da Tarifa Externa Comum do Mercosul (prevista para entrar em operação em janeiro de 1995) para boa parte dos produtos. A reforma de 1990 implicou ainda a eliminação dos regimes especiais de importação e das barreiras não-tarifárias, assim como a modificação substantiva das instituições encarregadas da política comercial externa.

O gráfico a seguir (com base em Kume; Piani; Souza, 2000) mostra a evolução da tarifa média nominal ponderada por valor adicionado, para o período de 1997 a 1998. A trajetória da curva deixa pouca margem a dúvida quanto à redução expressiva dos níveis tarifários (bem como do desvio-padrão entre as linhas tarifárias) até 1994, com uma relativa estabilidade a partir daí, em nível médio próximo aos 10%.

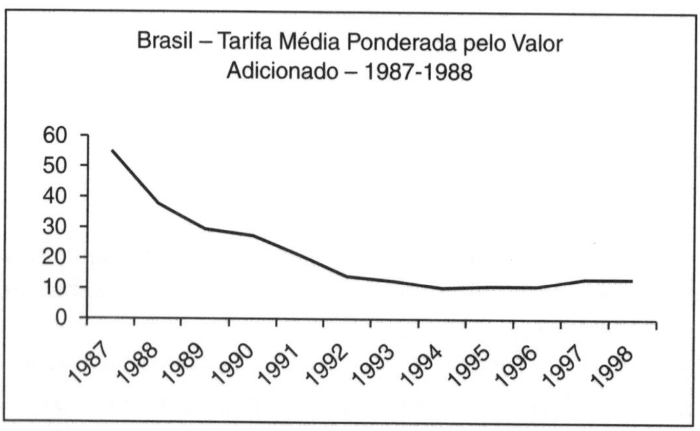

Isso não quer dizer, contudo, que a essa redução tarifária tenha correspondido um aumento imediato do valor importado. Como a Tabela 8.2 mostra, embora a direção da alíquota do imposto de importação tenha sido de redução continuada e que a isso tenha correspondido um aumento do valor importado total, houve uma diferença de ritmo: entre 1990 e 1993 a alíquota média simples (não-ponderada) foi reduzida à metade, enquanto os aumentos mais expressivos das importações ocorreram no período posterior a 1994.

**Tabela 8.2** Imposto de importação e valor importado – 1990-1995

| Ano | Alíquota média simples | Valor Importado (US$ bilhões FOB) |
|---|---|---|
| 1990 | 30,5 | 20,7 |
| 1991 | 23,6 | 21,0 |
| 1992 | 15,7 | 20,6 |
| 1993 | 13,5 | 22,8 |
| 1994 | 11,2 | 33,1 |
| 1995 | 12,8 | 49,3 |

*Fonte:* Kume/Piani/Souza (2000) e SECEX

A explicação para essa defasagem compreende outros elementos relevantes, como a recessão no início da década e a política cambial no período, o efeito-renda da demanda por produtos importados após a adoção do Plano Real em julho de 1994, e até um aspecto freqüentemente ignorado nas análises, que é o próprio processo de conhecimento, por parte dos consumidores, de produtos fabricados no exterior os quais estiveram ausentes do mercado nacional por décadas.

Do lado das exportações, a perspectiva de justificar a adoção de incentivos às exportações como medidas compensatórias das distorções produzidas pela estrutura de proteção deixou de existir, desde a intensificação do processo de abertura, na primeira metade da década de 1990. Ao mesmo tempo, durante toda essa década a ênfase anterior na atividade exportadora – que se traduzia na preocupação em assegurar níveis competitivos da taxa de câmbio e na provisão de incentivos intensos ao setor exportador, como mostrado na seção anterior – também desapareceu.

A expressão "promoção de exportações" tornou-se sinônimo de concessões excessivas a um setor privilegiado, com baixo grau de transparência nos critérios adotados e representando forte ônus fiscal; portanto, algo a ser evitado. A lógica passou a ser priorizar os ganhos de competitividade derivados do acesso a insumos e bens de produção importados mais baratos e eficientes que os nacionais, e isso deveria se refletir em ganhos de competitividade e desempenho exportador.

A sucessão de crises externas a partir de 1997 mostrou que o desempenho exportador deixava a desejar (justamente quando o sistema econômico demandava maior disponibilidade de divisas para fazer face às pressões sobre o Balanço de Pagamentos), mesmo após a desvalorização cambial expressiva ocorrida em 1999.

O tema de necessidade de uma política ativa de exportações voltou a ser considerado, embora em novas bases. Agora os instrumentos de política em relação ao setor estavam sobredeterminados pelas restrições fiscais, por acordos específicos (por exemplo, no âmbito do Mercosul), por preocupações com a transparência de critérios na provisão dos incentivos e, sobretudo, pelas determinações dos acordos firmados no âmbito da Organização Mundial do Comércio.

Nos últimos anos, têm sido adotados diversos programas de estímulo às exportações. Por exemplo, apenas no âmbito do governo federal cabe mencionar a simplificação de procedimentos operacionais e de câmbio na exportação, a agilização de despacho aduaneiro, a provisão de recursos por intermédio do PROEX do Banco do Brasil, o Fundo de Garantia para a Promoção da Competitividade, o Fundo de Aval às Microempresas e Empresas de Pequeno Porte, a criação da Seguradora Brasileira de Seguro de Crédito S/A e outros.

O período mais recente tem se caracterizado também pela crescente adoção de critérios diferenciados na definição de estímulos diferenciados por região de destino dos produtos, privilegiando-se o intercâmbio com os países vizinhos do Cone Sul e mais recentemente a aproximação com países de outras regiões, como a China, Índia e África do Sul. Surge, também, gradualmente, uma dimensão nova, que é o financiamento à instalação de unidades de produção ou de distribuição de produtos brasileiros em outros países. Resta, assim, muito a ser feito, principalmente no que se refere à estrutura de provisão e seguro do financiamento à produção para a exportação e a comercialização no exterior, ao desgravamento tributário que penaliza produtos a serem exportados, à melhora das condições de infra-estrutura, ao seguro de crédito à atividade exportadora e outras dimensões.

Dadas as características do setor exportador brasileiro, existe claramente necessidade de se diferenciar o formato da política, em função dos tipos de empresas. São distintas as necessidades de apoio público por parte de grandes empresas exportadoras de *commodities*, empresas médias e pequenas exportadoras de manufaturas padronizadas ou empresas grandes exportadoras de produtos não-padronizados.

## A economia política da política de importações

A seção "A economia política da proteção" do Capítulo 4 mostrou que uma dimensão relevante da política comercial externa é o processo de definição dessa política, e que esse processo está associado a grupos de agentes com interesses específicos, como também a processos de determinação dos instrumentos de política.

A política de importação no Brasil foi, por três décadas, baseada na Lei Nº. 3244, de 1957, que definiu a estrutura tarifária básica e criou a agência de governo encarregada por sua implementação, o CPA – Conselho de Política Aduaneira, transformado em 1979 em Comissão de Política Aduaneira. Na sua última década de atuação, a CPA consistia em um colegiado formado por 13 representantes de agências de governo e três representantes do setor privado, atuando em nome das Confederações Nacionais da Indústria, Comércio e Agricultura. Esse sistema vigorou até 1990, quando a Lei do Comércio Exterior modificou toda a institucionalidade da política comercial externa.

Até 1990, a estrutura tarifária básica permaneceu, mas as alíquotas podiam ser temporariamente alteradas por decisões da CPA, a partir dos pleitos encaminhados por empresas, mas sobretudo por associações de produtores, agências de governo e embaixadas.

Um estudo dos pleitos aprovados pela CPA no período 1980-1988 (Baumann (1993a)) mostrou que os 2856 pleitos analisados atenderam a demandas por parte de: associações de produtores (1059), empresas estatais (44), empresas nacionais privadas (251), empresas estrangeiras (485), instituições oficiais (886), embaixadas (19) e outros (112). Desses, os 2665 pedidos aprovados corresponderam a isenções de tarifas (526), reduções de alíquotas (1970) e elevações de alíquotas (169). Ainda mais, das reduções de alíquotas concedidas, 1704 o foram com base no argumento de inexistência de produção similar nacional.

Esses números revelam que nesse período havia uma clara inadequação da estrutura tarifária no país, e revelam ainda alguma transparência em identificar os agentes interessados em alterar as alíquotas, e sua direção.

O sistema que sucedeu à reforma das instituições de comércio exterior concentrou a atribuição de definir as alíquotas de imposto de importação em alguns Ministérios, e os critérios tornaram-se menos facilmente identificáveis. Por exemplo, uma análise das tarifas de importação no período 1994-1996 revelou (Baumann; Rivero; Zavattiero (1997)) que para alguns produtos as alíquotas tiveram variação pronunciada: nos 27 meses entre julho de 1994 e setembro de 1996 houve oito níveis de tarifas para, por exemplo, tintas de acrílico e tintas de polipropileno, com variações em ambos os casos entre zero e 20%. O número de produtos que sofreram variações freqüentes no imposto de importação não é desprezível. A Tabela 8.3 resume o ocorrido no período.

**Tabela 8.3** Incidência das variações no imposto de importação – julho/1994 a setembro/1996

| | **Nº de produtos** | **(%)** |
|---|---|---|
| Produtos considerados | 13.428 | 100,0 |
| Produtos com variação de alíquotas no período | 11,183 | 83,3 |
| Produtos com duas ou mais alterações de alíquotas | 3.830 | 28,5 |
| Produtos com três ou mais alterações de alíquotas | 939 | 7,0 |
| Produtos com cinco ou mais alterações de alíquotas | 148 | 1,1 |

*Fonte:* Baumann/Rivero/Zavattiero (1997)

A evidência é conclusiva. Cabe pouca dúvida de que para centenas de produtos a sinalização para os produtores e consumidores em relação ao preço do concorrente importado foi muito pouco clara nesse período. A explicação para tanto parece estar no campo da economia política, mais do que na perseguição de objetivos econômicos.

### *Os mecanismos de defesa comercial*

Até o final dos anos 80, as diversas restrições às importações no Brasil tornavam menos relevante a adoção de aparato de defesa comercial em sentido estrito. Assim, embora o país houvesse aderido ao Código Antidumping do GATT em abril de 1979, foi só em 1987 que esse acordo foi incorporado ao corpo jurídico nacional.

Além das tarifas, da aplicação freqüente de sobretaxas, da lista de itens de importação proibida, das barreiras à importação com base na Lei do Similar Nacional, dos requerimentos de licenças prévias para importar e outros artefatos, a legislação de comércio exterior incluía a "pauta de valor mínimo" e os "preços de referência" (para uma descrição detalhada e análise, ver Naidin, 1998).

A "pauta de valor mínimo" foi utilizada até 1988 e permitia alterar a base de cálculo de mercadorias importadas previamente selecionadas, para aplicação de imposto de importação. A autoridade aduaneira tinha o poder de arbitrar de modo unilateral o preço externo das mercadorias importadas.

O "preço de referência" foi estabelecido em 1970, e permitia ao Conselho de Política Aduaneira aplicar medida corretiva que equilibrasse os preços dos produtos importados, quando houvesse disparidade de preços de importação de mercadorias procedentes de diversas origens geográficas.

Ambos os mecanismos eram conflitantes com as regras do GATT e foram fontes de constantes conflitos com outros parceiros. Eles foram extintos em 1998, com a operação do Acordo de Valoração Aduaneira, que estabelece regras internacionais para esse propósito.

Em 1995 foram regulamentados os procedimentos administrativos e institucionais para a aplicação do Acordo Antidumping do GATT 1994 no Brasil. Aplicar essa legislação é atribuição do Departamento de Defesa Comercial, da Secretaria de Comércio Exterior, do Ministério do Desenvolvimento, Indústria e Comércio, que tem por atribuições a condução de investigações de dumping, subsídios e salvaguardas.

Naidin (1998) revela que entre 1988 e 1997 foram iniciadas no Brasil 107 ações antidumping. Os países mais afetados foram a China, os Estados Unidos e a Índia. Nesse mesmo período, dados do GATT indicam que as Partes Contratantes com maior número de ações foram os Estados Unidos, a Austrália, a União Européia e o Canadá.

## Experiência com integração regional

Historicamente, a diplomacia brasileira tem se caracterizado por apresentar – mais que outros países em desenvolvimento – uma dimensão econômica e uma preocupação "principista". A dimensão econômica se explica pelo relativamente baixo grau de conflitos fronteiriços que o país teve ao longo de sua história. A preocupação "principista" significa o cumprimento estrito das normas acordadas nos diversos foros internacionais, até como forma de proteção em relação às posturas mais agressivas de parte de países política e economicamente mais fortes.

Essas características – juntamente com outros determinantes conjunturais – levaram, por exemplo, a que o Brasil fosse um dos países signatários da criação do GATT, em 1947. Da mesma forma, o país tradicionalmente teve atuação destacada – juntamente com outras potências médias, como a Índia – na defesa dos interesses dos países em desenvolvimento nos fóruns multilaterais.

Essa forma de atuação, associada à prioridade em ampliar o mercado interno para viabilizar o processo de industrialização, no final dos anos 50, fez com que o Brasil fosse igualmente um dos países fundadores da Associação Latino-americana de Livre Comércio, a ALALC, criada pelo Tratado de Montevidéu, firmado em 1960, a qual foi posteriormente transformada em ALADI – Associação Latino-Americana de Integração e Desenvolvimento, pelo Tratado de Montevidéu de 1980.

Em outras palavras, o Brasil, já há algumas décadas, tem negociado preferências comerciais com os países vizinhos, convivendo – com momentos de intensidade variada – com o tema da integração regional.

A criação da ALALC foi claramente influenciada pelo momento criado pela assinatura do Tratado de Roma, que criou a Comunidade Européia. Os países sul-americanos (mais o México) que formaram essa Associação adotaram como pilares a Cláusula da Nação Mais Favorecida e a necessidade de consenso para a aprovação de normas, duas características do GATT. Os primeiros anos foram de intenso aumento no número de preferências comerciais concedidas (fato razoável de se esperar, dada a intensidade de "água" – tarifas redundantes – nas estruturas tarifárias), mas logo ficou claro que um aprofundamento do processo esbarrava em três limitações. Uma, o fato de que concessões posteriores tinham efeitos reais significativos. Outra, o próprio fato de que a partir da segunda metade dos anos 60, boa parte dos países da região contava com governos militares, ciosos da noção de soberania nacional, e isso gerava um ambiente pouco favorável ao aprofundamento das concessões. Terceiro, a exigência de consenso entre todos os participantes "engessava" o processo negociador.

A década de 1970 foi um período de baixa no processo de integração, tanto na Europa quanto na América Latina, por diversas razões. Os indicadores de importância relativa do comércio intra-regional no comércio total desses países atingiram seu ponto mínimo por essa época.

Em 1980, o tema da integração latino-americana voltou a ser redimensionado, com a substituição da ALALC pela ALADI, com novas características, a mais notória delas sendo a possibilidade de negociações bilaterais ou entre grupos limitados de países-membros, cujos resultados passariam a ser oportunamente estendidos aos demais sócios. Essa facilidade, juntamente com outros determinantes, permitiu a revitalização dos esquemas de integração regional na América Latina.

No caso do Brasil, a segunda metade da década de 1970 foi caracterizada por um ciclo de investimentos em insumos básicos e bens de capital. Os novos projetos – que entraram em fase de maturação no final da década – foram logo afetados pela crise da dívida externa, deflagrada pela moratória mexicana de 1982.

A economia brasileira passou por um período de baixo desempenho (taxas de crescimento anual do PIB de –3,1% em 1981, 1,1% em 1982 e –2,8% em 1983), mas já em 1984 (ajudado pelo desempenho exportador) começou novo ciclo de crescimento acelerado (aumentos do PIB de 5,4% em 1984, 7,8% em 1985 e 7,5% em 1986).

No início de 1986, foi adotada uma tentativa de controle de preços com o Plano Cruzado. As peculiaridades do Plano, associadas à conjuntura de crescimento acelerado da economia, provocaram uma situação de aumento expressivo e súbito da demanda interna, em uma conjuntura de ritmo acelerado de crescimento. A capacidade de oferta interna de diversos produtos mostrou-se insuficiente.

Por essa mesma época, a Argentina vinha experimentando pressões de demanda de outro tipo. Com o sucesso do seu próprio plano de estabilização de preços – Plano Austral – o país havia iniciado um processo de crescimento que demandava aumento da capacidade produtiva.

Essa conjunção peculiar levou a que os dois governos decidissem viabilizar a complementaridade das duas economias, criando-se uma área econômica comum. Em julho de 1986, os dois presidentes firmaram uma Ata de Integração e um conjunto de protocolos, que deram início ao processo de integração no Cone Sul.

Ao mesmo tempo em que isso ocorria, ambos os países tinham firmado com o Uruguai, no âmbito da ALADI, acordos comerciais preferenciais. Esses acordos foram intensificados, havendo assim uma aproximação econômica mais intensa entre os três países.

O conjunto de acordos e protocolos firmados entre 1986 e 1990 entre o Brasil e a Argentina é designado PICE – Programa de Integração e Comércio Exterior. Seu caráter inicial é refletido no fato de os primeiros protocolos referirem ao comércio bilateral de bens de capital, ao comércio bilateral de trigo e ao protocolo de complementação alimentar, reforçando o que foi dito acima.[5]

As negociações no PICE tinham como características a seletividade (cada produto beneficiado era explicitamente listado), a preocupação com complementaridade produtiva (dois dos protocolos referiam-se à criação de empresas binacionais e à formação de um fundo de investimento), e a adoção de mecanismos automáticos que assegurassem o equilíbrio comercial (déficits bilaterais além de certos limites catalisariam mecanismos compensatórios; no limite, have-

[5] Para os textos dos acordos e protocolos e uma primeira análise dos eventos ver Baumann & Lerda (1987).

ria uso de recursos do fundo de investimentos para compensar eventuais desequilíbrios estruturais de um dos participantes).

Como conseqüência, o comércio sub-regional cresceu a taxas sem precedentes, dobrando em valor entre 1985 (ano anterior à assinatura dos acordos) e 1990, com crescente participação de produtos manufaturados.

O final da década de 1980 coincidiu com mudanças de governo no Brasil e na Argentina. As novas equipes tinham uma visão muito mais proativa do que seus antecessores, no referente à abertura comercial, e nos dois países os programas de reforma das políticas comerciais externas foram intensificados. Nesse contexto, não era adequado seguir com o mesmo enfoque cauteloso que caracterizou as negociações nos anos anteriores. Ao mesmo tempo, tinha de dar sinais claros em relação à opção regional.

Em março de 1991, após negociações com o Paraguai, foi assinado o Tratado de Assunção, que cria o Mercado Comum do Sul, o Mercosul. Os objetivos explícitos no Tratado são: a) promover uma inserção mais competitiva das economias dos quatro países no cenário internacional; b) fortalecer economias de escala e, portanto, aumento de produtividade; c) estimular fluxos de comércio com o resto do mundo; d) promover esforços de abertura das economias dos quatro países; e e) balizar as ações do setor privado.

Entre outras características desse mercado comum almejado destacam-se: i) a livre circulação de bens e serviços e de fatores produtivos entre seus membros; ii) o estabelecimento de uma tarifa externa comum e a adoção de uma política comercial comum em relação a terceiros países ou grupos de países; iii) a coordenação de posições em foros internacionais e iv) a coordenação de políticas macroeconômicas e setoriais entre os Estados partes.

Um aspecto importante do processo de criação do Mercosul é a sinalização dada desde o início aos demais países da região: todos os acordos foram realizados no âmbito da ALADI, e sempre foi indicada a possibilidade de ampliação do bloco, com a inclusão de novos membros.

Além do caráter legalista de celebrar o Acordo no âmbito da ALADI, o Mercosul tem outra característica sem precedente na sua política externa comum, com a adoção de uma Tarifa Externa Comum que – pela primeira vez na história dos países envolvidos – representou um compromisso externo e uma limitação às variações de suas políticas em relação às importações.

A evolução do Mercosul é dividida em duas etapas: a) o "período de transição", de 1991 a 1994, quando se definiu a agenda negociadora e as características básicas da Tarifa Externa Comum e b) desde 1995, a etapa do Mercosul como união aduaneira – ainda que parcial – com a entrada em operação da Tarifa Externa Comum.

## Características iniciais da tarifa externa comum do Mercosul

Na IV Reunião do Conselho do Mercado Comum, em agosto de 1984, os presidentes concordaram com: i) uma tarifa externa comum para um conjunto de posições tarifárias que representavam 85% da nomenclatura tarifária do Mercosul (a proteção nominal passaria de 19% a uma média próxima a 11%, em 1995); e ii) de um total de 8.753 posições da nomenclatura comum, em 4.771 posições (51,5%) a proteção foi reduzida, em 715 posições (8,2%) houve aumento de proteção e em 503 posições (5,7%) o grau de proteção não se modificou. A redução do grau de proteção foi generalizada para todos os setores, sobretudo para celulose, produtos químicos e petroquímicos, papel e papelão, ferro e aço.

Foram admitidos três grupos de produtos como exceções à Tarifa Externa Comum:

- bens de capital – tarifa de 14%, mas os países teriam até 2001 para atingir esse patamar, partindo das tarifas que praticavam em 1994. Ao Uruguai e ao Paraguai foi concedido o prazo até 2006 para atingir esse nível.
- informática e telecomunicações – o Brasil tinha alíquota inicial de 35%, enquanto para os demais países a alíquota era de 0%. Definiu-se uma tarifa de 16% para os principais itens, a ser atingida em 2006.
- listas de exceções nacionais – cada país pode apresentar até 300 produtos (399 no caso do Paraguai) a serem incorporados à Tarifa Externa Comum até 2001, após um período de convergência. Para lidar com esses casos sensíveis se acordou um Regime de Adequação Final à União Aduaneira, que passou a incluir, a partir de janeiro de 1995, os produtos das listas de exceções e os produtos sujeitos a cláusulas de salvaguarda.

O setor automotivo foi beneficiado por um regime particular, mas um Grupo *ad hoc* ficou de definir as características do regime definitivo. De fato, apenas em 2002 foi possível se chegar a um Programa Automotivo do Mercosul, após intenso esforço negociador.

O único produto que jamais foi incluído nas negociações é o açúcar, uma vez que a Argentina sistematicamente acusa os produtores brasileiros de açúcar de contarem com benefício de competitividade derivada dos subsídios concedidos com base no programa de adição do álcool à gasolina.

O resultado citado com maior freqüência como indicador de sucesso do Mercosul é o crescimento do comércio entre os quatro países desde 1990. De 1990 a 1998, as exportações entre esses países mais do que quintuplicaram, passando de US$4 bilhões para US$21 bilhões, elevando a importância das transações intra-regionais no conjunto das transações externas desses países de 8,9% para 26% no mesmo período. Se comparado a outros exercícios de integração na América Latina, o desempenho do Mercosul merece claro destaque: no mesmo período, o comércio interno do Grupo Andino aumentou quatro vezes, e o comércio entre os países-membros do Mercado Comum Centro-americano aumentou três vezes.

Além disso, houve um aumento expressivo do volume de investimentos diretos entre os quatro países, que quintuplicou entre 1993 e 1997. Soma-se a essa cifra a importante dimensão do tipo de investimentos: até 1986, 80% dos investimentos entre esses países estavam concentrados no setor de serviços, sobretudo serviços financeiros. Dez anos depois, a maior parte dos investimentos bilaterais era destinada aos setores produtivos reais.

O ritmo de crescimento das transações sub-regionais sofreu uma inflexão a partir de 1997. Não apenas arrefeceu o aumento do comércio entre os quatro países, como o processo negociador começou a apresentar problemas, associados à falta de definições políticas em relação ao processo de "aprofundamento" da integração, com o tratamento conjunto de temas não-comerciais. Além disso, por essa época, a aproximação entre os quatro países passou a conviver com um cenário novo, derivado das negociações em nível hemisférico, para a criação da Área de Livre Comércio das Américas (ALCA), da aproximação com a União Européia e das negociações multilaterais na Organização Mundial do Comércio.

As condicionantes econômicas dos países envolvidos contribuíram igualmente para dificultar a aproximação. A Argentina havia adotado desde o início dos anos 90 o Plano de Conversibilidade, fixando a taxa de câmbio em 1:1 em relação ao dólar norte-americano, enquanto os outros três países tinham políticas cambiais variadas. Em janeiro de 1999, o Brasil mudou seu regime cambial (de forma unilateral, não negociada com os parceiros do Mercosul), permitindo à taxa de câmbio flutuar mais livremente, e isso implicou em poucos meses uma desvalorização de quase 60%. Dada a dependência dos três parceiros em relação ao mercado brasileiro para suas exportações (entre 30 e 40% nos três casos), isso significou uma perda de competitividade das exportações totais desses países da ordem de 20% em pouco tempo.

Logo esse diferencial resultou em conflitos comerciais localizados setorialmente. Em alguns casos – como nos contenciosos no comércio de frangos e de produtos têxteis – foi necessário recorrer a painéis de especialistas no âmbito da Organização Mundial do Comércio para se chegar a posições comuns (para descrição dos principais contenciosos, ver Baumann (2001)).

O Mercosul foi formalmente "relançado" pelos presidentes dos países-membros em mais de uma oportunidade, como sinal de que persiste a vontade política de se integrar. A sensação é de haver uma percepção de ganhos por parte dos agentes envolvidos, de modo que reverter o processo a esta altura implicaria provavelmente custos sociais expressivos.

Do ponto de vista das relações externas, é possível que haja ganhos associados ao Mercosul. Não se deve descartar a hipótese de ganhos de poder negociador pelo fato de os países se apresentarem como um grupo uníssono, que tem um mercado ampliado. Desde a segunda metade dos anos 90, o Mercosul conta com a adesão – como sócios associados, não-plenos – da Bolívia e do Chile, e há negociações em andamento com o Peru, com o conjunto dos países da Comunidade

Andina, com a África do Sul, com a União Européia e com os demais 30 países que tentam construir a ALCA.

## O Brasil e o GATT/OMC

O Brasil é – como já foi dito – um dos 23 países (desses, apenas 11 em desenvolvimento) que participaram da criação do GATT, e foram brasileiros três dos presidentes das Partes Contratantes e do Conselho do GATT. Assim, a relação do país com a regulamentação do comércio internacional é antiga, e data dos primeiros esforços de sistematização das normas disciplinadoras desse comércio.

As razões para a adesão do país ao GATT desde o início estariam aparentemente relacionadas à percepção de evitar o pagamento de um custo futuro maior, em termos de abertura comercial (Martone e Braga, 1994). Os países em desenvolvimento consideravam que a existência de uma organização multilateral disciplinadora do comércio permitiria considerar de forma mais explícita seus interesses comerciais.

A participação do Brasil – como de boa parte dos países em desenvolvimento – nas primeiras rodadas multilaterais foi fortemente influenciada pelos benefícios associados à Cláusula de Nação Mais Favorecida. As negociações eram tipicamente mais intensas entre os países industrializados, e os demais se beneficiavam da extensão das concessões acordadas às demais Partes Contratantes. Eventuais participações mais explícitas estavam associadas às negociações de produtos em que esses países eram importantes fornecedores em nível mundial, como é o caso dos produtos têxteis e dos produtos agrícolas, sobretudo aqueles de clima tropical.

Essa foi a tônica até pelo menos a Rodada Tóquio, quando os países em desenvolvimento tiveram de posicionar-se de forma mais explícita em relação aos Acordos firmados em paralelo, sobre temas pontuais, como normas para concessão de subsídios, políticas antidumping e compras governamentais. Até aquele momento, havia a possibilidade – como no caso do Brasil com o Acordo de compras governamentais – de optar por não participar de um determinado acordo.

O Brasil foi um dos países (junto com a Índia e outros) que tiveram papel relevante na defesa do tratamento diferenciado a ser concedido no âmbito do GATT aos países em desenvolvimento, já desde a Rodada Kennedy (1964-67) (ver descrição detalhada em Martone e Braga, 1994).

Essa estratégia de esperar os benefícios da negociação alheia, ao mesmo tempo em que mantinha perfil baixo, sob a proteção da condição de economia em desenvolvimento, adotada pelo Brasil e outros países, teve uma tripla conseqüência.

De um lado, permitiu ampliar o acesso aos principais mercados, cujas barreiras tarifárias eram cada vez menores. Mas, por outro, gerou uma crescente desconfiança por parte dos parceiros em relação a essa postura de "carona" com baixo grau de exposição e defesa das próprias barreiras com base em argumentos de desequilíbrios estruturais do Balanço de Pagamentos (ver Capítulo 7).

Além disso, e tão importante quanto as conseqüências anteriores, internamente essa postura adiou de forma significativa a tomada de consciência por parte dos agentes econômicos em relação à importância das negociações multilaterais.

No caso do Brasil, esse custo ficou explícito na preparação para a Rodada Uruguai, quando já se sabia que o país seria demandado a apresentar uma postura de maior exposição, negociando não apenas acesso a mercados de forma mais intensa, mas, sobretudo, novos temas de relevância para o processo de desenvolvimento. Houve resistência por vezes surpreendente por parte da sociedade civil em envidar esforços para a definição de projeto nacional que permitisse orientar melhor o desenho das estratégias negociadoras. Houve, em outras palavras, forte reação em participar de um processo que tradicionalmente pertencia ao âmbito puramente diplomático, com jargão próprio e lógica peculiar.

Esse envolvimento da sociedade civil com os temas de negociação externa só começou a existir de forma mais expressiva – no caso da sociedade brasileira – a partir do processo de formação do Mercosul, e tem se intensificado, principalmente, como resultado da articulação de diversos segmentos empresariais em relação às negociações para a formação da ALCA.

## *Experiência recente*

O Capítulo 7 mencionou diversos aspectos da Rodada Uruguai que têm motivado descontentamento nos países em desenvolvimento. Grosso modo, o Brasil compartilha dessa percepção de que restou muito a ser feito em relação a temas importantes, como o acesso a mercado por parte dos produtos agrícolas, a eliminação da concorrência desigual proporcionada pelos subsídios dos países industrializados aos seus produtores agrícolas, o aperfeiçoamento dos critérios para aplicação de medidas antidumping, a utilização de incentivos ao investimento, em relação à propriedade intelectual, aos procedimentos para solução de controvérsias etc.

Entre os casos de maior repercussão envolvendo diretamente o Brasil e a OMC, merecem referência alguns exemplos.

Um dos primeiros casos da participação do Brasil no atual sistema de solução de controvérsias da OMC foi deflagrado pela reclamação, por parte das Filipinas, quanto à imposição, pelo Brasil, de direitos compensatórios sobre as importações de coco desidratado provenientes desse país (informações baseadas em Suda, 2003). As Filipinas solicitaram a aplicação das regras do GATT 1994 e do Acordo sobre a Agricultura, enquanto o Brasil defendeu a legalidade de sua medida com base nos subsídios concedidos pelo governo filipino.

Esse processo teve início em janeiro de 1994, quando os produtores brasileiros pediram ao governo investigação sobre o produto, que resultaram em imposição de direitos compensatórios em março de 1995. Esse processo durou até fevereiro de 1997, quando o Órgão de Apelação da OMC apresentou suas conclusões, declarando a improcedência do pedido das Filipinas.

Certamente, o caso mais notável e conhecido da experiência recente do Brasil na OMC é o conflito na área dos subsídios à exportação de aeronaves para aviação regional.

Em junho de 1996, o Canadá deu início ao procedimento formal de consultas com o Brasil, no Órgão de Solução de Controvérsias da OMC, questionando os subsídios à exportação concedidos aos compradores estrangeiros de aeronaves brasileiras da empresa Embraer (Rondon e Lins, 2003).

Esses incentivos são concedidos no âmbito do Programa Brasileiro de Exportação (PROEX), e consistem no mecanismo de equalização de taxas de juros, compensando o produtor/exportador nacional pelo diferencial de custo de capital entre as taxas cobradas no mercado interno e as taxas internacionais. Esse incentivo é antigo e a taxa de referência é estabelecida de forma explícita, por comitê especializado. É permitido ao país compensar – com recursos do Tesouro Nacional – o valor correspondente ao diferencial de taxas interna e externa.

Em setembro de 1996, o Canadá requereu a constituição de painel de especialistas na OMC para analisar o caso. O interesse canadense derivava do argumento de que esses incentivos afetavam a competitividade das aeronaves produzidas e exportadas pela Bombardier, empresa canadense que competia também no mercado de aeronaves de médio porte, para aviação regional.

Em março de 1999, o painel emitiu seu relatório final, com decisão contrária à Embraer, mas dois meses depois o Brasil apelou da decisão. Após longo processo, com diversas manifestações e recursos, o Canadá foi autorizado a impor medidas compensatórias sobre produtos brasileiros. O Brasil entrou, por sua vez, com processo em relação aos subsídios concedidos pelo governo canadense à Bombardier, e em 2003 foi autorizado a também impor medidas compensatórias à importação de produtos canadenses.

O terceiro episódio está relacionado às negociações, ocorridas em Doha, para o lançamento da agenda para as próximas negociações multilaterais. Houve mobilização de países em desenvolvimento, inclusive o Brasil, para conseguir que a relação entre propriedade intelectual e patentes fosse alterada, no caso de medicamentos, em situações de necessidade para fins de saúde pública. Isso beneficia diretamente diversos países em desenvolvimento, dando-lhes a oportunidade de assegurar por produção própria, por exemplo, o abastecimento de medicamentos essenciais, quando o monopólio de patentes por parte dos grandes laboratórios impuser condições de custo e/ou oferta prejudiciais ao país.

Uma última referência é devida ainda ao tema de acesso a mercados. O Brasil – por dispor de um parque produtivo diversificado, um mercado interno que permite escala produtiva, e um agro-negócio dinâmico – tem sido objeto de fortes restrições comerciais, seja pela concentração dos "picos tarifários", seja pela imposição de barreiras de tipo não-tarifário. Alguns exemplos ilustram o ponto:[6] a) os Estados Unidos adotam tarifa específica para o suco de laranja reconstituído, equivalente a uma tarifa *ad valorem* de 56%, o que provocou queda na participação brasileira naquele mercado de 71% entre 1992 e 1999; b) os Estados Unidos impõem quotas à importação de açúcar, com equivalente tarifário igual a

[6] Informações disponíveis na página da Internet do Ministério do Desenvolvimento, Indústria e Comércio do Brasil.

170%, provocando queda de 60% das exportações brasileiras; c) a União Européia adota subsídio à produção de frangos e impõe quotas que correspondem a 46%; e d) o Japão adota "picos tarifários" para o açúcar, com alíquotas atingindo até 344%.

Essa lista poderia ser ampliada de forma expressiva. Ela ilustra a importância: i) de se incluir o tratamento da homogeneidade da estrutura tarifária; ii) da homogeneidade do tratamento por país de origem dos produtos; e iii) dos critérios para imposição de barreiras não-tarifárias, tanto nas negociações multilaterais, na OMC, quanto nas negociações bilaterais entre o Mercosul e a União Européia e nas negociações para a formação da ALCA.

## Exercícios

1. A economia brasileira é uma economia aberta? Por quê?
2. Qual é a relevância da política de importações para a industrialização brasileira?
3. O que você diria sobre o "viés" da política comercial brasileira?
4. A experiência brasileira com integração regional é bem-sucedida?
5. Há vantagens para o Brasil em pertencer à OMC?

## Referências bibliográficas


BAUMANN, R. "Ajuste externo: experiência recente e perspectivas para a próxima década". *In*: *Para a Década de 90: prioridades e perspectivas de políticas públicas. Setor Externo*. Brasília: IPEA/IPLAN, 1989, v.2.

_________. "Uma avaliação das exportações intrafirma no Brasil: 1980 e 1990". *Pesquisa e Planejamento Econômico*. IPEA, v.23, nº 3, dez.1993.

_________. "Befiex: efeitos internos de um incentivo à exportação". *Revista Brasileira de Economia*, FGV, v. 44, nº 2, abril/junho, 1990.

_________. *Exportações e crescimento industrial no Brasil*. Rio de Janeiro: IPEA, 1985. (Série Monográfica nº 33).

_________. "Intra-industry trade: a comparison between Latin America and some industrial countries". *Weltwirtschaftliches Archiv*. Band 130, Heft 3, 1994.

_________. "Mercosul: origens, ganhos, desencontros e perspectivas. *In*: _________ (org.). *Mercosul: avanços e desafios da integração*. Brasília: IPEA/, Escritório da CEPAL no Brasil, 2001.

_________. *A Political economy analysis of import tariff policy in Brazil: 1980-1988*. Santiago, Chile: CEPAL, 1993. (Série Reformas de Política Pública, nº 3).

_________ e BRAGA, H. *O Sistema brasileiro de financiamento às exportações*. Rio de Janeiro: IPEA/INPES, 1985. (Série Monográfica nº.34).

_________.e CARNEIRO, F.G. "El comportamiento de las empresas exportadoras brasileñas: implicaciones para el ALCA". *Revista de la CEPAL*. nº.78, Santiago, Chile: Dic. 2002.

________. e LERDA, J. C., (orgs.). *Brasil-Argentina-Uruguai: a integração em debate.* Brasília: Editora da UnB/Marco Zero, 1987.

________ e MOREIRA, H. C. "Os incentivos às exportações brasileiras de produtos manufaturados – 1969/85". *Pesquisa e Planejamento Econômico.* Rio de Janeiro: IPEA, 1987.

________. RIVERO, J.; ZAVATTIERO, Y. "As tarifas de importação no Plano Real". *Pesquisa e Planejamento Econômico.* IPEA, v. 27, nº 3, dezembro, 1993.

CARVALHO, J.L. e HADDAD, C. "Foreign Trade Strategies and Employment in Brazil". In: KRUEGER, A. et alli. *Trade and Employment in Developing Countries. Vol. I – Individual Countries.* Chicago: University of Chicago Press, 1981.

CLEMENTS, B. "The Hecksher-Ohlin Theorem: new empirical tests for Brazil". *The Journal of Applied Business Research.* Inverno, 1987.

________ e KIM, K. "Comércio exterior e distribuição de renda: o caso brasileiro". *Pesquisa e Planejamento Econômico.* V. 18, nº 1, abril, 1988.

FAJNZYLBER, F. *Sistema industrial e exportações de manufaturados: análise da experiência brasileira.* Rio de Janeiro: IPEA/INPES, 1981. (Relatório de Pesquisa nº 7).

FURTADO, C. *Análise do "Modelo" Brasileiro.* Rio de Janeiro: Civilização Brasileira, 1972.

________. *Formação Econômica do Brasil.* Rio de Janeiro: Civilização Brasileira, 1976.

GARCIA, H. "La política de desarrollo de las exportaciones de manufacturas en Brasil". *In: Seminario sobre Políticas de Promoción de Exportaciones.* Santiago, Chile: CEPAL, 1979.

HIDALGO, A B. "Intensidades fatoriais na economia brasileira: novo teste empírico do Teorema de Heckscher-Ohlin". *Revista Brasileira de Economia.* v.30, nº 1, janeiro/março, 1985.

KUME, H.; PIANI, G.; SOUZA, C.F. *A política brasileira de importação no período 1987-98: descrição e avaliação.* Brasília: IPEA, 2000. Mimeo.

LAFETÁ, D. *A qualificação da mão-de-obra no comércio internacional brasileiro: um teste do Teorema de Heckscher-Ohlin.* Rio de Janeiro: BNDES, 1997.

LERDA, S. *Comércio internacional intra-industrial: aspectos teóricos e algumas evidências, com aplicação ao caso brasileiro.* Brasília: Universidade de Brasília. Departamento de Economia, 1988. Mimeo. (Dissertação de Mestrado).

LITLLE, I.; SCITOVSKY, T.; SCOTT, M. *Industry and trade in some developing countries: a comparative study.* Oxford University Press, 1970.

MARTONE, C. L. e PRIMO BRAGA, C.A. "O Brasil e a Rodada Uruguai". *In:* ________ PELIN, E. R., (orgs.). *O Brasil, o GATT e a Rodada Uruguai.* São Paulo: IPE/USP, 1994.

MOREIRA, H. C. e ARAÚJO, A. B. *Política brasileira de importações: uma descrição.* Rio de Janeiro: IPEA/INPES, 1984. (Série Estudos de Política Industrial e de Comércio Exterior, nº 1).

NAIDIN, L. C. *Dumping e antidumping no Brasil: evolução da regulamentação, aplicação e efeitos sobre o comércio.* Rio de Janeiro: Universidade Federal do Rio de Janeiro. Instituto de Economia, 1998. Mimeo. (Tese de Doutorado).

NEWFARMER, R. "Multinationals and marketplace magic". *In*: KINDLEBERGER, C. P. & AUDRETSCH, D. B., (eds.). *The Multinational Corporation in the 1980s*. Cambridge: MIT, 1983.

NONNENBERG, M. "Vantagens comparativas reveladas, custo relativo de fatores e intensidade de recursos naturais: resultados para o Brasil – 1980/88". *Pesquisa e Planejamento Econômico*. v.25, nº 2, ago/1995

OLIVEIRA, F. *A Economia da dependência imperfeita*. Rio de Janeiro: Graal, 1975.

OLIVEIRA, M. H. "Evidências empíricas de comércio intra-indústria". *Revista Brasileira de Economia*. v. 40, nº 3, jul./set.1986.

PASTORE, A. C. et alli. *Promoção efetiva às exportações no Brasil*. Rio de Janeiro: FUNCEX, 1979. (Estudos nº 2).

PINHEIRO, A C. e MOREIRA, M.M. "O Perfil dos exportadores brasileiros de manufaturados nos anos 90: quais as implicações políticas?". *In*: VEIGA, P.M (org.). *O Brasil e os desafios da globalização*. Rio de Janeiro: SOBEET/Relume Dumará, 2000.

ROCCA, C. e BARROS, J. "Recursos humanos e estrutura do comércio exterior". *Estudos Econômicos*. São Paulo, v. 2, nº 5, 1972.

RONDON, R.C. e LINS, D. S. "Brasil. Programa de subvenções às exportações de aeronaves". *In*: PEREIRA, A. C. P. (org.) *Direito internacional do comércio: mecanismo de solução de controvérsias e casos concretos na OMC*. Rio de Janeiro: Lúmen Júris, 2003.

SAVASINI, J. A. e KUME, H. *Custo dos recursos domésticos das exportações brasileiras*. Rio de Janeiro: FUNCEX, 1979. (Estudos nº 3).

SUDA, V. Y. "Brasil. Medidas que afetam o coco desidratado (direitos compensatórios – subsídios)". *In*: PEREIRA, A. C.(org). *Direito Internacional do comércio: mecanismo de solução de controvérsias e casos concretos na OMC*. Rio de Janeiro: Lúmen Júris, 2003.

TAVARES, M. C. "Distribuição de renda, acumulação de padrões de industrialização: um ensaio preliminar". *In*: TOLIPAN, R.; TINELLI, A. C. (orgs.). *A Controvérsia sobre distribuição de renda e desenvolvimento*. Rio de Janeiro: Zahar, 1975.

________. *Da substituição de importações ao capitalismo financeiro*. Rio de Janeiro: Zahar, 1972.

TYLER, W. "O comércio de manufaturas e a participação do trabalho especializado". *Estudos Econômicos*. São Paulo: v. 2, nº 5, 1972.

________. *Manufactured export, expansion and industrialization in Brazil*. Tubingen, 1976. (Kielen Studien nº 34).

________. "Mão-de-Obra especializada e o comércio internacional do Brasil em manufaturados: mais uma vez". *Estudos Econômicos*. São Paulo: v. 3, 1973.

VON DOELLINGER, C. e CAVALCANTI, L. *Empresas multinacionais na indústria brasileira*. Rio de Janeiro: IPEA/INPES, 1975. (Coleção Relatórios de Pesquisa, nº 38).

WILLMORE,L. "The comparative performance of foreign and domestic firms in Brazil". *World Development*. v. 14, nº 4, 1986.

________. "Transnationals and foreign trade: evidence from Brazil". *Journal of Development Studies*. v. 28, nº 2, janeiro, 1992.

# Capítulo 9

# Fluxos de capitais e reservas internacionais

Neste capítulo, faz-se uma análise do movimento internacional dos fatores de produção e, principalmente, do capital. Nos últimos anos, as principais turbulências no sistema econômico internacional derivam da volatilidade dos fluxos internacionais de capitais. A importância desses fluxos é evidente e cada vez maior na medida em que se amplia e aprofunda a integração financeira em escala global. Ênfase é dada à distinção entre os diferentes tipos de capitais que se deslocam de um país para outro. Há, também, uma discussão teórica sobre o estoque de capital externo na forma de reservas internacionais. Essa discussão está centrada no nível ótimo de reservas internacionais. Em seguida, apresenta-se uma análise dos fluxos internacionais de capitais de curto prazo. A importância relativa dos capitais de curto prazo tem sido acentuada no debate recente sobre a vulnerabilidade externa dos países em desenvolvimento e a nova arquitetura financeira internacional.

## Movimento internacional de fatores

A migração internacional é um tema de grande relevância, inclusive quanto às implicações de natureza cultural, social, política e econômica. Os determinantes da migração internacional são diversos: diferencial de salários entre países; possibilidades e condições de emprego; perseguição política, étnica ou religiosa; pressão demográfica; similitude de formações sociais e culturais; e políticas governamentais de estímulo à migração. Nesse sentido, a interpretação do movimento internacional do trabalho transcende, em grande medida, os determinantes econômicos (por exemplo, diferencial de salários).

No que se refere às conseqüências da migração internacional, a discussão também tende a transcender os limites estreitos da economia. Isso ocorre porque o movimento de pessoas de um país para outro envolve não somente a dimensão social como também psicológica. A migração envolve um processo de adaptação que, freqüentemente, atravessa uma geração, e pode ocorrer em um ambiente hostil. Essa é uma diferença marcante entre o movimento internacional de pessoas e de capital, na medida em que pessoas podem ser induzidas, por falta de opções, a se movimentarem em direção a um meio hostil, enquanto o capital só se desloca para mercados com um clima favorável para investimentos.

Entretanto, há o caso do movimento internacional de pessoas com alto nível de qualificação profissional, isto é, o movimento internacional de capital humano, que também é conhecido como "fuga de cérebros". Nesse caso específico, a determinação básica da migração refere-se tanto ao diferencial de salários como às melhores condições de trabalho existentes nos países desenvolvidos.

A discussão sobre os efeitos do movimento internacional de trabalho na literatura econômica é, em grande parte, a mesma do movimento internacional de capital. *Ceteris paribus*, o deslocamento de um fator de produção de uma economia em que ele é relativamente abundante para outra em que ele é relativamente escasso, implica o aumento da produção e da produtividade no país de destino, como também melhor alocação de fatores em escala mundial e, portanto, maior renda e bem-estar. O teorema de Rybczynski (ver a seção "Crescimento via aumento na dotação de fatores – O teorema de Rybczynski" no Capítulo 5) trata dos efeitos do aumento de dotação de fatores. Conforme veremos mais adiante, o movimento internacional de fatores também tem efeitos sobre as estruturas de produção e de comércio internacional, bem como sobre a distribuição de renda (entre países e entre fatores).

Deve-se notar ainda que pode haver uma certa complementaridade no movimento internacional de diferentes tipos de fatores de produção. Assim, o investimento internacional, particularmente o investimento externo direto, conforme veremos mais adiante, pode estar vinculado à transferência internacional de tecnologia. O fluxo migratório, por seu turno, pode estar acompanhado do movimento internacional de capitais e tecnologia. Não é por outra razão que, por exemplo, os fluxos migratórios europeus no final no século XIX foram orientados para países que também se caracterizavam por serem importantes receptores de investimento internacional (Woodruff, 1977, p. 706). Na realidade, o processo de colonização caminhava sobre o tripé migração, comércio e investimento internacional.

## Fluxos internacionais de capitais e Balanço de Pagamentos

O movimento internacional de capitais tem recebido grande atenção na literatura econômica. A importância do tema decorre do fato de que o fluxo internacional de capitais tem múltiplas funções, principalmente o financiamento do crescimento econômico, a estabilização dos ciclos econômicos e o ajustamento das contas externas. De fato, os fluxos internacionais de capitais, suas tendências e flutuações são determinantes importantes do desempenho econômico dos países, bem como das diretrizes, opções ou escolhas de política econômica. Nos últimos vinte anos, o impacto do movimento internacional de capitais sobre as economias nacionais aumentou significativamente, tendo em vista o processo de globalização financeira.

A poupança externa pode desempenhar um importante papel no processo de financiamento do crescimento econômico de países com taxa de investimento maior do que a poupança interna. Ademais, uma economia experimentando um ciclo recessivo e com excesso de poupança externa pode exportar capital para uma outra economia que passe por uma fase expansionista. Dessa maneira, o aumento de renda nesta última pode aumentar a demanda por importações provenientes da primeira e, portanto, ter um impacto positivo sobre a renda da economia em recessão. E o desequilíbrio no comércio exterior de bens e serviços (déficit ou superávit) provoca um movimento internacional de capitais autônomos ou compensatórios, de forma que o Balanço de Pagamentos expressa o equilíbrio entre débitos e créditos.

O registro das transações entre residentes e não-residentes é o Balanço de Pagamentos (FMI, 1993). O Quadro 9.1 representa a estrutura básica do Balanço de Pagamentos. Esse registro de fluxos corresponde a um período dado de tempo, geralmente um ano, e inclui todas as transações de bens e serviços e o movimento de fatores. Assim:

$$X - M - K - R = 0 \qquad (1)$$

$$X - M = K + R \qquad (2)$$

As exportações de bens e serviços são representadas por X, enquanto as importações são representadas pela letra M. O movimento internacional de capitais (exportação líquida de capitais) é K, e o aumento das reservas internacionais é R. Essa identidade contábil mostra, simplesmente, que um excesso de exportação de bens e serviços sobre a importação de bens e serviços é idêntico à soma da exportação de capitais com o aumento das reservas internacionais do país.

Na estrutura do Balanço de Pagamentos, as exportações e importações de bens e serviços e a renda dos fatores compõem a Conta-Corrente, o fluxo internacional de capitais está registrado na Conta de Capital (e Financeira). Na Conta de Transações Correntes registra-se a transferência de mercadorias (bens e serviços) e a remuneração dos fatores, enquanto na Conta de Capital registra-se a transferência (aquisição e cessão) de direitos. O aumento das reservas internacionais também corresponde a uma transferência de direitos com o acúmulo de ativos monetários e financeiros de outros países, portanto, também está incluída na Conta de Capital. O aumento das reservas por meio do acúmulo da moeda escritural emitida e alocada pelo FMI – os Direitos Especiais de Saque – corresponde, também, a uma transferência de direitos. Entretanto, essa transferência não ocorre quando o aumento das reservas for feito com a importação de ouro (o chamado ouro monetário), visto que o ouro é uma mercadoria e sua posse não envolve a aquisição de direitos.

**Quadro 9.1** Balanço de Pagamentos: estrutura básica

**1. CONTA CORRENTE**
***A. Bens e serviços***
***a. Bens***
1. Exportação
2. Importacão

***b. Serviços***
1. Transporte
2. Viagem
3. Serviços de comunicação
4. Serviços de construção
5. Seguros
6. Serviços financeiros
7. Serviços de computação e informação
8. *Royalties* e taxas de licenciamento
9. Outros serviços
10. Serviços pessoais, culturais e entretenimento
11. Serviços governamentais

***B. Renda***
1. Compensação de empregados
2. Renda de investimento
    2.1. Investimento direto
        2.1.1. Renda sobre capital de risco
            2.1.1.1. Dividendos e lucros distribuídos
            2.1.1.2. Lucros reinvestidos
        2.1.2. Renda sobre dívida (juro)
    2.2. Investimento de portfólio
        2.2.1. Renda sobre capital de risco (dividendos)
        2.2.2. Renda sobre dívida (juro)
    2.3. Outros investimentos

***C. Transferências correntes***
1. Governo
2. Outros setores
    2.1. Remessas de trabalhadores
    2.2. Outras transferências (impostos, previdência etc)

***2. CONTA DE CAPITAL E FINANCEIRA***
***A. Conta de capital***
1. Transferências de capital
    1.1. Perdão de dívida
    1.2. Remessa de migrantes
    1.3. Outras (doações, heranças etc.)

2. Aquisição e disposição de ativos não-financeiros
2.1. Ativos tangíveis (terra, subsolo)
2.2. Ativos intangíveis (patentes, marcas, franquias etc.)

**B. Conta financeira**

1. Investimento direto
1.1. Capital de risco
1.2. Lucros reinvestidos
1.3. Outros (empréstimos intercompanhias)

2. Investimento de portfólio
2.1. Títulos de investimento
2.2. Títulos de dívida (bônus, notas, derivativos, outros)

3. Outros investimentos
3.1. Créditos comerciais
3.2. Empréstimos (inclusive leasing)
3.3. Moedas e depósitos
3.4. Outros

4. Ativos de reserva
4.1. Ouro monetário
4.2. Direitos especiais de saque
4.3. Posição de reserva no FMI
4.4. Divisas estrangeiras
4.4.1. Moeda e depósitos
4.4.2. Títulos
4.5. Outros

A estrutura do Balanço de Pagamentos nos permite uma melhor compreensão acerca do movimento internacional de capitais. O ponto central é que a Conta de Transações Correntes inclui o serviço relativo a fatores de produção e que a Conta de Capital e Financeira registra os fluxos de capitais. No que se refere ao capital, a Conta de Renda das Transações Correntes inclui os pagamentos e as receitas de juros, lucros e dividendos. Na realidade, concentrando-se nos pagamentos, pode-se afirmar que o serviço da dívida externa (juros) e o serviço do capital externo de risco (lucros e dividendos) correspondem ao serviço do movimento internacional de capitais. Nesse sentido, a remessa de juros e lucros para o exterior significa *o exercício do direito da transferência* e não *a transferência do direito.*

Na grande maioria dos modelos analíticos usados para comércio internacional, investimento externo ou ajuste de Balanço de Pagamentos, encontra-se a hipótese simplificadora de que o serviço relativo a fatores de produção é nulo. Contudo, para se ter uma visão mais próxima da realidade, convém conceber o movimento internacional de capitais como incluindo tanto as transações na Conta de Capital e Financeira quanto as transações na Conta de Renda das Transações Correntes (remuneração do capital externo). Do ponto de vista analítico, o exame mais criterioso do movimento internacional de capitais (por exemplo, empréstimos bancários) requer o conhecimento a respeito dos fluxos de pagamentos dos juros da dívida externa. O mesmo acontece no caso dos fluxos de investimento externo direto e a sua contrapartida na forma de pagamento de lucros e dividendos.

Cabe ainda uma observação importante quanto ao movimento internacional de capitais que não tem contrapartida alguma, seja a transferência de bens ou serviços, seja a cessão de um direito. No Balanço de Pagamentos, esses fluxos estão incluídos na Conta de Capital (transferências de capital), que inclui doações, ajuda externa, reparações de guerra, ajuda militar e remessas de migrantes. Ainda que esses fluxos de capitais não sejam, em geral, determinados por motivações econômicas, eles podem ser importantes para o financiamento do crescimento econômico e para o ajuste do Balanço de Pagamentos. Nesse sentido, o exame da questão do movimento internacional de capitais não pode deixar de lado esses fluxos de capitais que, na realidade, não são investimento internacional. Conforme veremos adiante, parte substantiva da literatura sobre os efeitos do movimento internacional de capitais esteve associada ao chamado "problema da transferência", e tem origem nos pagamentos correspondentes a reparações de guerra feitas pela Alemanha após a Primeira Guerra Mundial.

A Conta de Capital inclui, fundamentalmente, transferências unilaterais de capital que não envolvem cessão e aquisição de direitos, bem como a aquisição e a disposição de ativos reais (terra, subsolo) e ativos intangíveis (patentes, marcas, franquias etc.). Na Conta Financeira estão incluídos os fluxos de investimento, empréstimos e financiamentos.

Resta, então, apresentar uma definição precisa do investimento internacional, a forma mais importante do movimento internacional de capitais. O investimento internacional é definido como a aquisição de *direitos por parte de residentes de um país (de origem do capital) sobre residentes de um outro país (de destino do capital)*. Inversamente, a captação de investimento internacional significa que residentes fazem uma operação de cessão de direitos ou de geração de obrigação junto a um não-residente. Assim, diferente do comércio internacional – que envolve a transferência (fornecimento ou aquisição) de bens e serviços entre residentes e não-residentes –, o investimento internacional significa a transferência de ativos (ativos monetários contra ativos financeiros e ativos reais).

O investimento internacional para a aquisição de bônus ou ação de empresa representa a transferência de ativo financeiro, e para a compra de fábrica, fazenda ou edifício comercial constitui transferência de ativo real. O ingresso de investimento internacional por meio da compra de bônus ou ações emitidos por um residente envolve a transferência de um ativo financeiro para um não-residente e, conseqüentemente, a criação de um passivo externo para o residente e para o país. No caso de o investimento internacional corresponder à aquisição de um ativo real (por exemplo, uma fábrica), a transferência de um ativo para o investidor estrangeiro não significa a criação de passivo para um residente do país, mas um passivo externo para o país, já que o investidor estrangeiro pode, a qualquer momento, vender o ativo real e converter o valor da venda em divisas estrangeiras e remetê-las para o exterior.

A transferência de ativos tangíveis e intangíveis é registrada na Conta de Capital, enquanto a transferência de ativos financeiros é registrada na Conta Financeira do Balanço de Pagamentos. Deve-se notar, ainda, que tanto o investimento externo destinado à aquisição de uma empresa já existente (via fusão, aquisição ou privatização) quanto o aporte de capital para a formação de uma nova empresa (*greenfield investment*) estão incluídos no item investimento externo direto da Conta Financeira do Balanço de Pagamentos. O mesmo ocorre em relação aos empréstimos entre matrizes e subsidiárias (empréstimos intercompanhias).

## Reservas internacionais e fluxos de capitais

### *Nível ótimo de reservas*

A identidade contábil para o Balanço de Pagamentos apresentada na seção anterior nos permite uma análise taxonômica para o investimento internacional. Nessa identidade, temos dois tipos de fluxos internacionais de capitais. O primeiro corresponde ao *movimento oficial* de capitais associado às variações nas reservas internacionais sob controle da autoridade monetária do país (geralmente, o Banco Central), representado pela letra R. O segundo tipo corresponde ao movimento *não-oficial* de capitais, representado pela letra K, e provoca a transferência de um direito ou de um ativo. A taxonomia dos fluxos internacionais de capitais discutida neste capítulo é apresentada no Quadro 9.2.

A variação nas reservas internacionais de um país não deve ser vista como um resíduo ou como a variável que equilibra contabilmente o Balanço de Pagamentos. O tema das reservas internacionais será, também, tratado na análise do ajuste do Balanço de Pagamentos e do sistema monetário internacional. Entretanto, convém mencionar que os governos podem procurar atingir um nível *ótimo* de reservas internacionais. Essa discussão, freqüentemente deixada de lado na maioria dos livros-texto, é relevante na medida em que situações de excesso de liquidez internacional provocam aumentos extraordinários (e desnecessários) nas reservas internacionais dos países, mesmo daqueles com problemas sérios. Autoridades governamentais, principalmente em economias em desenvolvimento com problemas de estabilização e baixo dinamismo econômico, tendem a usar o nível elevado de reservas internacionais como um indicador de "perspectivas favoráveis". Por outro lado, no caso de países com problema crônico de Balanço de Pagamentos, o nível das reservas internacionais desempenha papel importante no enfrentamento de mudanças abruptas nos fluxos de capitais e nas expectativas.

Pode-se supor uma função de demanda por reservas internacionais que tem como variável dependente o benefício total de manter reservas, que é a soma da remuneração da aplicação (retorno financeiro) com o produto social marginal (benefício social) dessas reservas. O benefício social decorre, por exemplo, dos efeitos do nível de reservas internacionais sobre a estabilização da taxa de câmbio e sobre o nível geral de preços. O nível ótimo de reservas internacionais corresponde àquele em que o benefício social iguala-se ao custo social. Esse custo social corresponde ao custo de oportunidade das reservas, isto é, ao produto marginal dos recursos reais que poderiam ter sido adquiridos com as reservas internacionais acumuladas (Grubel, 1977, Cap. 2).

**Quadro 9.2** Fluxos internacionais de capitais: taxonomia

| | |
|---|---|
| **OFICIAL** | **Reservas internacionais** |
| **NÃO-OFICIAL** | |
| ***Médio e longo prazo*** | |
| Aquisição de ativos não-financeiros | Ativos reais (terra, subsolo)<br>Ativos intangíveis (marcas, patentes etc.) |
| Investimento direto | Ações ou cotas com controle<br>Ativo fixo (*greenfield* - novo investimento) |
| Empréstimos | Bancários<br>Intercompanhias<br>Organismos internacionais |
| Financiamentos | Créditos comerciais<br>Projetos |
| Investimento de portfólio | Ações<br>Bônus<br>Debêntures<br>Títulos governamentais<br>Outros |
| ***Curto prazo*** | Autônomo<br>Compensatório<br>Induzido<br>Especulativo |
| ***Transferências unilaterais*** | Doações<br>Ajuda externa<br>Remessa de migrantes |
| ***Serviço do capital*** | Juro<br>Lucro |

Caso as reservas internacionais incluam somente ouro, o benefício total corresponde exclusivamente ao benefício social, uma vez que as reservas em ouro não são remuneradas. Se as reservas foram formadas como resultado do saldo positivo nas Transações Correntes, a remuneração das reservas internacionais do país corresponde à taxa de retorno obtido com a aplicação dessas reservas no sistema financeiro internacional ou no Banco de Compensações Internacionais na Basiléia. Se as reservas foram acumuladas como decorrência do saldo positivo na Conta de Capital e Financeira, a taxa de retorno deve ser a diferença entre a aplicação das reservas no exterior e a taxa de retorno (em divisa estrangeira) obtida por investidores estrangeiros no país.

A Figura 9.1 mostra a curva de produto social marginal das reservas (PMR) como uma função decrescente do nível de reservas, isto é, a acumulação de reservas segue o princípio dos retornos decrescentes. A curva YY mostra o produto marginal constante dos recursos reais. Se as reservas não têm remuneração, o ponto de equilíbrio é A, no qual o produto marginal das reservas é igual ao produto marginal dos recursos reais, que corresponde ao nível $R_1$ de reservas. Entretanto, considerando-se que essas reservas são aplicadas e recebem um retorno, temos a curva de benefício social das reservas (BSR) como o deslocamento paralelo para a direita da curva PMR, sendo a distância constante entre essas duas curvas dada pela taxa de remuneração das reservas. O ponto de equilíbrio é B, no qual as curvas BSR e YY se interceptam, e esse ponto corresponde ao nível ótimo das reservas internacionais ($R_2$).

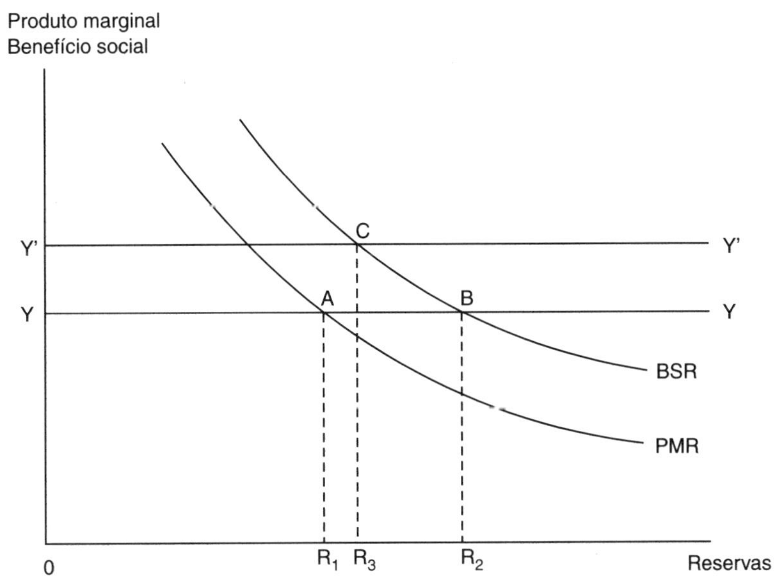


**Figura 9.1** *Nível ótimo das reservas internacionais.*

Caso haja uma alteração na taxa de remuneração das reservas internacionais, haverá um deslocamento da curva BSR. Pode ocorrer, inclusive, que haja um custo de manutenção das reservas internacionais, dado pelo diferencial entre a taxa de juros interna (recebida por investidores internacionais) e a taxa de juros internacional (de aplicação das reservas). Isso ocorre se a acumulação de reservas tem origem em empréstimos ou investimentos internacionais. Nesse caso, a curva BSR se deslocaria para baixo e ultrapassaria a curva PMR, situando-se abaixo dessa curva, e o nível ótimo de reservas internacionais seria menor do que $R_1$. Esse deslocamento da curva BSR para baixo, que reflete o custo do financiamento da manutenção de reservas, não é mostrado para não complicar desnecessariamente o gráfico.

Se houver um problema de escassez temporária na oferta de recursos reais na economia (por exemplo, queda de produção agrícola) ou, então, um excesso de demanda temporária (por exemplo, bolha de consumo), a curva de produto marginal dos recursos reais desloca-se para cima e aparece no gráfico como a curva Y'Y'. Portanto, o novo ponto de equilíbrio será C, onde a curva Y'Y' intercepta a curva BSR e corresponde a um novo nível de equilíbrio das reservas internacionais, $R_3$. Na análise do nível ótimo de reservas, consideram-se externalidades positivas na manutenção da taxa de câmbio estável com base na hipótese de que a mudança no produto marginal dos recursos reais é temporária. Caso contrário, convém ajustar a taxa de câmbio por meio da desvalorização.

## *Tipos de capitais*

O movimento *não-oficial* de capitais internacionais pode ser dividido em fluxos de *capitais do longo prazo* e *capitais de curto prazo*. A definição convencional é que os capitais de longo prazo têm maturidade superior a um ano, enquanto os capitais de curto prazo têm maturidade inferior a um ano. Entretanto, há consenso de essa diferenciação ser um tanto arbitrária, na medida em que instrumentos de curto prazo (por exemplo, créditos comerciais) podem ser renovados continuamente por longos períodos. Por outro lado, um título de longo prazo (por exemplo, bônus), com vencimento de trinta anos, pode ser comprado seis meses antes da data de vencimento. Ações também podem ser compradas em um mês e vendidas no outro. Empresas inteiras podem ser compradas por investidores estrangeiros e vendidas, inteiras ou em partes (divisões ou linhas de produto), quase que imediatamente, como mostram os processos de fusão e aquisição.

Os capitais internacionais de longo prazo podem ser classificados em *empréstimos* e *investimentos*. Essa distinção também deve ser vista com cuidado, já que, por meio da securitização, contratos de empréstimos podem ser transformados em títulos possíveis de ser adquiridos como forma de investimento. Como esses títulos podem ser emitidos com retornos fixos ou variáveis, a distinção entre capital de risco e capital de empréstimo perde significância. Há, ainda, os empréstimos intercompanhias (matriz e subsidiárias) que se confundem com os fluxos de investimento externo direto.

Não obstante, os empréstimos podem ser classificados em dois tipos: empréstimo *stricto sensu* e financiamento. Os empréstimos ocorrem, principalmente, na forma de empréstimos bancários em moeda, entre empresas e por organismos internacionais. O financiamento refere-se à abertura de créditos comerciais (agências governamentais, fornecedores) e ao financiamento de projetos específicos (principalmente por organismos internacionais).

No que diz respeito aos empréstimos e financiamentos, a distinção mais significativa está relacionada aos capitais privados *versus* capitais não-privados. No caso dos capitais privados, os empréstimos intercompanhias devem ser vistos como um mecanismo similar ao investimento externo direto. Não é por outra razão que em muitos países, como os Estados Unidos, os empréstimos intercompanhias são contabilizados no estoque de investimento externo direto.

Os empréstimos bancários seguem a mesma lógica do investimento de portfólio, respondendo, geralmente, aos diferenciais de taxas de retornos entre países. O portfólio ou carteira de investimentos refere-se ao conjunto de ativos mantidos pelo investidor, e pode incluir ativos financeiros, monetários ou reais. Entretanto, de modo geral, usa-se a expressão investimento de portfólio tendo como referência ativos financeiros.

No caso dos capitais não-privados, os empréstimos e financiamentos por organismos internacionais tendem a depender de considerações de ordem não-econômica, em geral, e a transcender a lógica do retorno financeiro, em particular. Na realidade, o comportamento dos organismos internacionais parece ser mais adequadamente explicado pela política internacional do que pela economia internacional. Nas últimas décadas, tem ficado cada vez mais evidente que organismos internacionais como o Fundo Monetário Internacional e o Banco Internacional de Reconstrução e Desenvolvimento (núcleo central do sistema Banco Mundial) tornaram-se instrumentos dos países desenvolvidos (pelo menos o seu núcleo duro ou hegemônico) para sua política externa com relação aos países em desenvolvimento – essa conclusão é encontrada, por exemplo, em Hobsbawm (1995, p. 420).

No Balanço de Pagamentos também é contabilizado um conjunto de transações ou operações que são consideradas movimentos internacionais de capitais de longo prazo. Esse é o caso das operações de conversão de dívida externa em investimento externo, reinvestimento de lucros e transações de leasing. No caso do leasing há internação do bem e, portanto, o seu valor deve ser contabilizado na Balança Comercial (importação), enquanto uma entrada correspondente deve ser feita na Conta Financeira FMI (1993, p. 78). Quando o leasing começar a ser pago, os juros são contabilizados na Conta de Serviços e a amortização na Conta Financeira. Essa contabilização depende, de fato, do tipo de operação de leasing. Entretanto, em nenhum desses casos há o efetivo movimento internacional de capitais, ainda que haja uma transação econômica. Isso ocorre porque o Balanço de Pagamentos não é o registro de operações cambiais (envolvendo compra e venda de moeda estrangeira), mas sim o registro de todas as transações (mesmo que não haja operações cambiais) entre residentes e não-residentes.

Deve-se ter em mente essa distinção entre balanço cambial e Balanço de Pagamentos. Geralmente, por um problema de coleta de dados, o Balanço de Pagamentos acaba se parecendo mais com o balanço cambial na medida em que o registro das relações entre residentes e não-residentes só inclui as transações que envolvem operações cambiais realizadas no sistema oficial de câmbio, isto é, operações realizadas por agentes autorizados pelo Banco Central a operar no mercado cambial.

## Investimento internacional e capital de curto prazo

Os investimentos internacionais considerados capitais de longo prazo podem ser classificados em *investimento direto* e em *investimento de* portfólio. O investimento externo direto (IED) envolve a compra de cotas ou ações em empresas no exterior com o propósito de exercer o controle sobre a empresa receptora do investimento. Conforme veremos mais adiante, o investimento externo direto é realizado, principalmente, por empresas transnacionais. O investimento externo de portfólio corresponde aos fluxos de capitais que não são orientados para o controle operacional da empresa receptora do capital externo. Nessa categoria pode-se incluir uma ampla gama de ativos ou instrumentos financeiros, como ações, bônus, debêntures, títulos governamentais e outros títulos e instrumentos, como os fundos de renda fixa, fundos de privatização, fundos de ações, *export securities, commercial papers* e diferentes tipos de *notes*.

A distinção entre investimento externo direto e de portfólio, ainda que seja conceitualmente clara, coloca um problema empírico de difícil solução. A questão central é como saber se um determinado fluxo de capital é de portfólio ou de IED. Naturalmente, se o investidor estrangeiro já possui ou passará a possuir mais de 50% do capital votante da empresa receptora do investimento externo, pode-se classificar esse fluxo como investimento externo direto. A complicação surge quando o investidor estrangeiro tem participação minoritária e, mesmo assim, exerce controle sobre a empresa mediante a cessão de uma patente ou de uma marca, ou da propriedade de qualquer outro ativo específico de sua propriedade que permita a competitividade (e, até mesmo, a existência) da empresa. Os governos optaram por definir um "ponto crítico" de participação do investidor estrangeiro no capital votante da empresa receptora do investimento externo que, apesar de ser inferior a 50%, poderia servir como um critério de classificação do investimento em ações ou quotas como investimento de portfólio ou investimento direto.

A experiência internacional mostrou que o "ponto critico" usado com maior freqüência pelos países é 10%. O Fundo Monetário Internacional, após análise da experiência internacional, passou a recomendar no Capítulo 18 do seu Manual de Balanço de Pagamentos que os países usassem um mínimo de 10% do capital votante (ações ordinárias ou poder de voto via quotas) nas mãos do investidor estrangeiro para classificar o ingresso de capital como investimento externo direto (FMI, 1993, Capítulo 18, p. 86). O Banco Central do Brasil, nos Censos de Capital Estrangeiro, usa esse critério. O BACEN, porém, tem outro critério: pelo menos 20% do capital total. Assim, toda empresa no Brasil que tiver pelo menos 10% do capital votante ou 20% do capital total na mão de não-residentes é considerada empresa estrangeira.

No que se refere aos determinantes dos fluxos de capitais internacionais de longo prazo, a teoria econômica evoluiu bastante nos últimos vinte anos. Nesse sentido, pode-se diferenciar claramente a teoria básica dos determinantes do investimento externo de portfólio da teoria moderna de investimento externo direto. Essas duas teorias serão tratadas em detalhes no Capítulo 10.

Os fluxos de capitais de curto prazo correspondem àqueles com maturidade inferior a um ano. Os capitais de curto prazo podem ser classificados em quatro categorias (Kindleberger, 1987, p. 41). Os capitais *autônomos* não são motivados diretamente pelas políticas governamentais ou pela evolução de outras contas do Balanço de Pagamentos. Esses capitais correspondem, por exemplo, aos financiamentos e empréstimos externos de curto prazo (capital de giro ou mesmo investimento) e aos fluxos de capital para escapar de mudanças na tributação. Os capitais *compensatórios* representam a contrapartida de outra transação com o exterior, como, por exemplo, recursos para financiar as exportações ou importações. Os capitais *induzidos* são aqueles fluxos decorrentes de variações efetivas ou esperadas na taxa de juros. E, por fim, os capitais *especulativos* respondem por alterações efetivas ou mudanças de expectativas com relação à taxa de câmbio.

Naturalmente, a classificação de um determinado fluxo de capital em uma das categorias acima é muito dificultada, sobretudo, tendo em vista a interação existente entre as variáveis econômicas como, por exemplo, taxa de juro e taxa de câmbio.

O tema dos capitais de curto prazo tem sido discutido na literatura econômica, geralmente em termos de três conjuntos de problemas (Caves e Jones, 1973, Cap. 24). O primeiro está relacionado ao tema clássico do "problema da transferência", que é analisado no Capítulo 10. Nesse caso, o impacto do capital de curto prazo sobre a economia (com destaque para os gastos e o comércio) depende, em grande medida, das políticas monetária e cambial do governo. Por exemplo, políticas de esterilização do excesso de moeda na economia ou de intervenção direta no mercado cambial são usadas com freqüência para neutralizar os efeitos de capitais de curto prazo.

O segundo conjunto de problemas refere-se à estreita relação existente entre os fluxos internacionais de capitais de curto prazo e o mercado futuro de câmbio. Na realidade, quando há uma exportação de capital de curto prazo – que, por ser de curto prazo, deve retornar em um período máximo de um ano –, há uma operação correspondente no mercado futuro de câmbio para, quando do retorno, o investidor realizar os ganhos relativos à exportação. Isso ocorre independente do tipo do fluxo de capital de curto prazo – autônomo, compensatório, induzido ou especulativo –, de tal forma que comerciantes, arbitradores e especuladores recorrem ao mercado futuro de câmbio para garantir o retorno esperado, pelo menos quanto à conversão de divisas estrangeiras em moeda nacional. Nesse sentido, o que o governo pode fazer para neutralizar os efeitos negativos do capital externo de curto prazo é atuar diretamente no mercado futuro de câmbio. Esse mecanismo tem a vantagem de não afetar o nível de reservas internacionais e a oferta de moeda no presente. Dessa forma, o governo pode afetar as expectativas e os retornos esperados do movimento internacional do capital externo de curto prazo e, portanto, as decisões presentes quanto ao seu volume e impacto.

O terceiro conjunto de problemas refere-se às situações críticas criadas pela volatilidade do capital externo de curto prazo. Nesse caso, os governos se defrontam com situações de alta instabilidade (efetiva ou potencial) nos mercados cambial e de capitais, que podem levar à imposição de controles sobre os capitais externos de curto prazo. Esses controles variam de uma simples tributação e da regulamentação específica, até a proibição absoluta de determinadas transações.

Deve-se ressaltar, também, que o capital externo de curto prazo agrava ainda mais a vulnerabilidade financeira externa de países com problemas crônicos ou estruturais no Balanço de Pagamentos. Isso ocorre em países, principalmente em desenvolvimento, que têm passivos externos de curto prazo muito altos. Isso também ocorre devido ao investimento internacional que, a princípio, é de longo prazo, mas cujos ativos podem ser liquidados em períodos curtos como trinta dias. Esse é o caso do investimento de portfólio, principalmente, aplicações em bolsa de valores, fundos de ações e fundos de renda fixa. Assim, uma massa extraordinária de ativos de propriedade de não-residentes pode ser mobilizada em um curtíssimo período e, como resultado, criar uma pressão enorme sobre o mercado cambial e as reservas internacionais do país. A reduzida capacidade de resistência diante dessa volatilidade de fluxos financeiros internacionais caracteriza mais uma dimensão do fenômeno da vulnerabilidade externa, sobretudo dos países em desenvolvimento.

A volatilidade dos fluxos financeiros internacionais e a vulnerabilidade externa das economias nacionais são temas que têm se tornado cada vez mais importantes, principalmente com o avanço do processo de globalização financeira. Globalização, volatilidade dos fluxos financeiros internacionais e vulnerabilidade externa são temas abordados no Capítulo 11. O fenômeno da globalização financeira tem sido, de fato, uma das características mais marcantes do movimento internacional de capitais nos últimos vinte anos. Antes, porém, no próximo capítulo faz-se um exame dos fundamentos teóricos do movimento internacional de capitais.

## Palavras-chave

- Nível ótimo de reservas
- Investimento internacional
- Investimento externo direto
- Investimento de portfólio
- Capitais de curto prazo
- Capital especulativo

## Exercícios

1. Por que a dimensão econômica é insuficiente para explicar a migração internacional?
2. Discuta, no caso do movimento internacional de capitais, a distinção entre transferência de direitos e exercício do direito de transferência.
3. O que caracteriza os diferentes tipos básicos de fluxo internacional de capitais de curto prazo?
4. Por que é difícil fazer uma clara distinção entre capital de curto e de longo prazo?

5. Qual é a distinção básica entre investimento externo de portfólio e investimento externo direto?
6. Qual o ponto crítico de participação no capital votante de empresas receptoras de investimento externo usado mais freqüentemente para definir esse tipo de investimento?
7. Como se define o nível ótimo das reservas internacionais?

## Referências bibliográficas


CAVES, R. E. e JONES, R. *World Trade and Payments*. Boston: Little, Brown and Company, 1973.

FMI, *Balance of Payments Manual*. Washington DC: International Monetary Fund, 1993.

GRUBEL, H. G. *International Monetary System*. Harmondsworth: Penguin Books, 1977.

HOBSBAWM, E. *Era dos Extremos. O Breve Século XX, 1914-1991*. São Paulo: Cia. Das Letras, 1995.

KINDLEBERGER, C. P. *International Capital Movements*. Cambridge: CUP, 1987.

WOODRUFF, W., "The emergence of an international economy, 1700-1914", *In:* CIPOLLA, C.M. (org.), *The Fontana Economic History of Europe*. Glasgow: William Collins & Sons, 1977, vol. 4, nº 2, p. 656-737.

# Capítulo 10

# Teorias do investimento internacional

Este capítulo trata das teorias básicas dos determinantes do investimento internacional. Inicialmente, discute-se a teoria básica do investimento de portfólio e, em seguida, examina-se a teoria dos determinantes do investimento externo direto. Essa discussão teórica sobre os fluxos internacionais de capitais é complementada com a discussão da moderna teoria da internacionalização da produção. Questões teóricas, relacionadas aos problemas da transferência, do comércio e do investimento internacional também são analisadas. O capítulo inclui, ainda, uma análise do impacto da empresa transnacional que, além de ser o agente privado mais importante operando na arena internacional, é o principal agente de realização do investimento externo direto.

## Investimento de portfólio

O determinante básico da teoria do investimento de portfólio é o diferencial de taxas de juros para o capital de empréstimo e de taxas de rentabilidade para o capital de risco. Há uma literatura extensa sobre movimento internacional de fatores de produção e, principalmente, dos fluxos de investimento externo (Ruffin, 1984). No modelo mais simples na tradição neoclássica, supõe-se que em situação de equilíbrio de concorrência perfeita o produto marginal do fator de produção é idêntico à sua remuneração. No modelo básico supõe-se, ainda, que o único fator móvel internacionalmente é o capital, e que há diferenças nas dotações de capital entre países e, portanto, diferenciais nas taxas de remuneração do capital. A mudança de uma situação de autarquia para uma de perfeita mobilidade do capital significa, então, movimentos internacionais de capitais determinados pelos diferenciais de taxas de juros ou rentabilidade.

Deve-se notar, aqui, uma diferença marcante entre o movimento internacional de bens e serviços (comércio) e o movimento internacional de capitais. Enquanto o comércio internacional responde a diferenças nos preços relativos dos bens entre países, o movimento internacional de fatores é determinado por diferenças absolutas nos preços dos fatores. Assim, o capital que se movimenta internacionalmente o faz como resposta a diferenças absolutas nas taxas de juro ou de rentabilidade. O investimento internacional é função direta do diferencial de taxas de remuneração do capital entre países.

No gráfico da Figura 10.1, supõe-se dois países: Brasil e Japão. O primeiro com escassez de capital e o segundo com abundância. O resultado é uma diferença marcante no produto marginal do capital de tal forma que no Brasil ao estoque de capital $K_1^b$ tem um produto marginal $R_1^b$, enquanto no Japão ao estoque de capital $K_1^j$ um produto marginal $R_1^j$. A esse diferencial de produto marginal de capital corresponde um diferencial equivalente de taxa de juros. Portanto, há um estímulo ao movimento internacional de capitais do Japão para o Brasil. O fluxo de saída de investimento internacional do Japão, isto é, a redução do estoque de capital desse país é de $K_1^j - K_2^j$, enquanto o ingresso de investimento internacional no Brasil implica um aumento do estoque de capital nesse país de $K_2^b - K_1^b$. Com esses novos estoques de capital ($K_2^b$ no Brasil e $K_2^j$ no Japão) não há mais estímulos à transferência de capital do Japão para o Brasil, visto que os produtos marginais são idênticos nesses países ($R^*$) e, desse modo, está anulado o diferencial de taxas de juros.

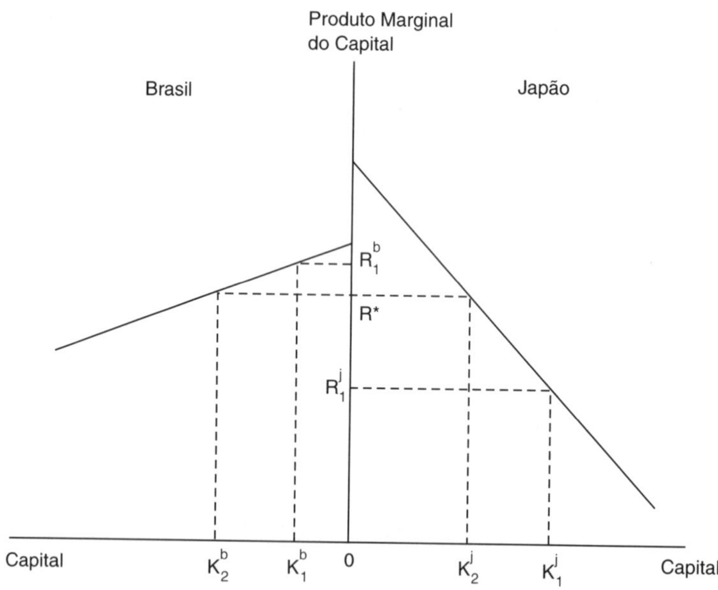


**Figura 10.1** *Movimento internacional de capitais.*

Esse modelo simples deve, entretanto, sofrer qualificações importantes tanto para uma análise teórica mais sofisticada quanto para a melhor compreensão dos fluxos que ocorrem efetivamente no sistema econômico mundial. De fato, o movimento internacional de capitais é influenciado pela interação de variáveis tais como expectativas, riscos e incertezas. O risco trata de eventos futuros esperados com probabilidades especificadas, enquanto a incerteza trata de resultados futuros com probabilidades desconhecidas.

Na análise do investimento de portfólio a substituição do conceito de produto marginal do capital, na tradição neoclássica, pelo de eficiência marginal do capital, na tradição keynesiana, já incorpora uma importante qualificação. Ainda que essa substituição não altere a relação básica de o investimento ser uma função inversa da taxa de juros, ela introduz a questão das expectativas dos investidores refletida no cálculo da taxa de retorno esperada do investimento, a qual é a eficiência marginal do capital.

No que se refere ao investimento internacional, as expectativas de maior relevância prendem-se ao comportamento futuro das taxas de juros e das taxas de câmbio. Aqui, há uma diferença fundamental entre investimento doméstico e investimento internacional. Para o investidor doméstico (brasileiros investindo no Brasil ou japoneses investindo no Japão), o que conta é a taxa de juros real, na qual o deflator da taxa de juro nominal é o indicador pertinente do nível geral de preços. Para o investidor internacional (por exemplo, japoneses investindo no Brasil) a taxa de juros relevante corresponde à correção da taxa de juro nominal pela variação da taxa de câmbio.

A taxa real de retorno do investidor doméstico ($R^d$) pode ser definida da seguinte forma:

$$R^d = (1 + r)/(1 + P) - 1 \qquad (1)$$

onde $r$ é a taxa nominal de juros na economia em questão e $P$ é a sua inflação. Entretanto, para o investidor internacional no Brasil a taxa de retorno relevante ($R^b$) é igual a:

$$R^b = (1 + r)/(1 + e) - 1 \qquad (2)$$

sendo $e$ a taxa esperada de variação cambial no período de realização do investimento externo.

O investidor japonês que pretende aplicar seu capital no Brasil se defronta, então, com essa taxa $R^b$, a qual deve ser comparada com a taxa de juro japonesa, isto é, a taxa internacional de referência para esse investidor. Nesse caso, a variável $e$ refere-se à desvalorização nominal da moeda brasileira em relação ao iene japonês. O fluxo de investimento externo é, então, uma função direta da diferença entre $R^b$ e a taxa de juro internacional ($R^*$), isto é:

$$D = R^b - R^* \qquad (3)$$

A variável D é conhecida como o *diferencial aberto de juros* e é a referência básica para o investidor japonês no Brasil. O fluxo de investimento externo é interrompido quando esse diferencial for igual a zero. Essa proposição deve-se a Irving Fisher, um dos pioneiros da economia monetária. O clássico livro de Fisher é *The Theory of Interest* de 1930. Nesse livro, Fisher define o conceito de taxa de retorno sobre custo, que tem o mesmo significado do conceito de eficiência marginal do capital desenvolvido por Keynes (1983, Cap. 11, p. 140-141).

O investidor internacional defronta-se, na realidade, com dois conjuntos de expectativas: o primeiro, quanto à evolução futura da taxa de juro nominal, e o segundo quanto ao comportamento futuro da taxa de câmbio.

Essas expectativas devem, portanto, ser levadas em consideração quando se analisa o investimento internacional, tanto do ponto de vista teórico quanto a partir de experiências específicas. Para ilustrar, expectativas de desvalorização cambial podem induzir a uma saída do investimento de portfólio. Por outro lado, expectativas de manutenção do câmbio sobrevalorizado, por exemplo, em programas de estabilização assentados na ancoragem cambial, podem induzir fluxos de investimento internacional de portfólio em ativos financeiros, tais como títulos do governo ou fundos de renda fixa.

A aversão ao risco é uma variável comportamental que parece ser muito mais a norma do que a propensão ao risco. A aversão ao risco é tida como uma variável de grande importância na determinação dos fluxos de investimento de portfólio. Os investidores internacionais podem, por exemplo, basear suas decisões de investimento de portfólio no princípio da diversificação de riscos, aumentando o número de receptores (títulos, empresas e países) nos quais aplicam seus recursos. Dessa forma, ao aumentar o número de receptores consegue-se uma redução da variação da taxa esperada de retorno do investimento, isto é, um menor grau de risco.

Na literatura da teoria da decisão, uma parte substantiva dos modelos incorpora uma combinação de taxas de retorno e taxas de risco (Lemes Jr, Rigo e Cherobim e Rigo, 2002, Cap. 5; Fleischer, 1973, Cap. 9. ). Pode-se definir, inclusive, uma fronteira de eficiência do investimento que é configurada como as combinações ótimas de taxa de retorno (taxa de retorno média esperada) e risco (variância das taxas esperadas em cada aplicação). Isto é, para cada taxa de retorno média esperada é possível definir a composição de carteira, ou seja, o portfólio que tem o menor risco. A escolha por parte de cada investidor depende, assim, de suas preferências quanto ao retorno e ao risco que podem ser expressas por curvas de indiferença.

No gráfico da Figura 10.2, o investidor com mais aversão a risco tem seu ponto de otimização em $J$, onde a curva de indiferença ($I_a$) tangencia a fronteira de eficiência do investimento ($EE$), que tem a taxa média de retorno esperado $R_a$ e o risco $V_a$ (medido pela variância). O investidor mais propenso a risco tem uma curva de indiferença ($I_p$) tangenciando a fronteira de eficiência do investimento em $B$ e otimiza seus investimentos com a composição de carteira que oferece uma taxa média de retorno $R_p$ e um risco $V_p$.

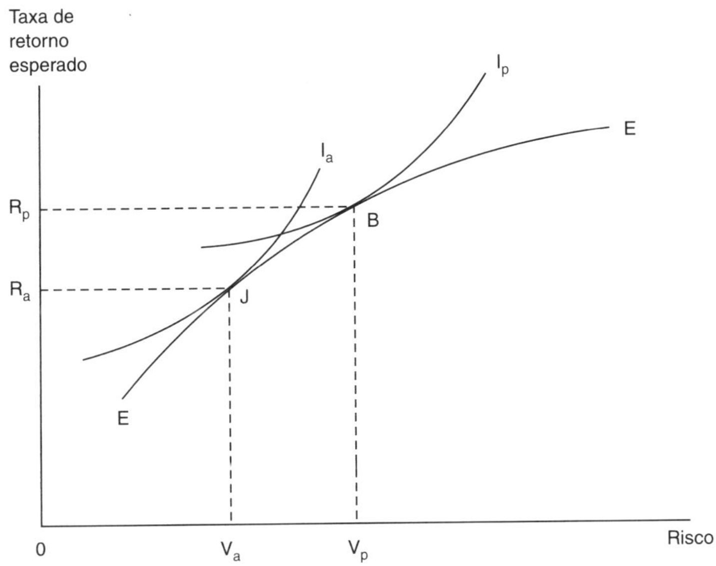


**Figura 10.2** *Investimento de portifólio: retorno e risco.*

A introdução da diversificação de risco em modelos de decisão é importante para explicar o investimento internacional entre países que têm a mesma taxa de juros. Assim, mesmo a taxa de juros na Alemanha sendo igual, por exemplo, à da França, investidores alemães aplicarão na França e investidores franceses aplicarão na Alemanha, tendo como único propósito a diversificação de portfólio que reduz o risco de comportamento da taxa média de retorno esperado. Nesse sentido, observam-se fluxos de investimento internacional até na ausência de diferencial de dotação de fatores e de taxas de juros.

Podem-se, também, incluir na determinação do investimento de portfólio os custos de transação associados ao fluxo internacional de capitais, principalmente quanto à aquisição de informações sobre o funcionamento dos mercados e à realização de transações em outros países. O conceito de custo de transação tem origem no trabalho de Coase, 1937. Os custos de transação podem ser classificados como *ex ante* ou *ex post*. O primeiro envolve "os custos de ações e tarefas envolvidas no estabelecimento de contratos", enquanto o segundo envolve "os custos associados às tarefas de administrar, informar, monitorar e fazer cumprir o desempenho prometido contratualmente" (Alchian e Woodward, 1988).

Investidores internacionais, mesmo aqueles que procuram minimizar riscos, tendem a concentrar seus investimentos em um dado conjunto de países (países desenvolvidos e os chamados "mercados emergentes"). Os investidores internacionais operam, assim, com base no princípio da racionalidade limitada. Isto é, o investidor internacional reconhece que tem uma capacidade restrita de receber, armazenar, recuperar e processar informação, bem como de tomar decisão. Por essa razão, ele se concentra em um determinado "núcleo central" de países ou mercados e, nesse núcleo, define as operações de investimento, segundo o retorno, o risco ou uma combinação (não necessariamente linear) dessas duas variáveis.

A terceira variável que entra na determinação do investimento é a liquidez. Para usar a expressão de Tobin, o foco da discussão é "a preferência pela liquidez como comportamento em relação ao risco". O modelo de composição de carteira pode incluir ativos financeiros com liquidez limitada e ativos monetários com liquidez plena. Nesse caso, os pressupostos são que o ativo monetário não gera retorno, e tem risco nulo. Nesses modelos, as variáveis independentes são as taxas de juro, as expectativas de retorno e os riscos. Cabe referência aqui ao modelo de composição de carteira de Tobin, que permite a derivação de uma teoria da demanda por moeda para especulação (Carvalho et al, 2000, Cap. 4). O resultado básico é bastante conhecido: a demanda especulativa por moeda é inversamente proporcional à taxa de juros.

O investimento de portfólio pode ser determinado, também, pelas perspectivas de crescimento econômico e pelo progresso técnico. Assim, mesmo que dois países sejam semelhantes no que se refere à dotação de capital e, portanto, não haja diferencial de taxas de juros, é possível ocorrer um movimento internacional de capitais na direção do país com maior dinamismo econômico em termos de crescimento econômico e da introdução do progresso técnico. Esse maior dinamismo significa um deslocamento da curva de eficiência marginal do capital (para a direita) nesse país e, por conseguinte, para a mesma taxa de juro a situação de equilíbrio envolve um volume maior de capital.

O investimento internacional também é afetado por incertezas relacionadas, por exemplo, às mudanças no aparato regulatório e fiscal. A questão do movimento internacional de capitais sempre esteve condicionada por um aparato regulatório e por barreiras de mercado. A própria volatilidade do investimento internacional de portfólio e a vulnerabilidade financeira externa dos países introduzem um elemento adicional de incerteza para o investidor internacional, tendo em vista a necessidade de os governos intervirem para controlar os efeitos dos riscos envolvidos no investimento internacional de portfólio. Os diversos tipos de risco do investimento internacional são discutidos no Capítulo 11.

## Investimento externo direto

A moderna teoria do investimento externo direto (IED) parte da crítica à teoria do investimento de portfólio e desemboca na chamada teoria da internacionalização da produção. O trabalho pioneiro da teoria moderna do IED foi a tese de doutorado de Stephen Hymer no MIT, em 1960 (somente publicada em 1976). Segundo esse autor, empresas engajam-se em operações externas por três razões (Hymer, 1960). A primeira razão é que empresas com investimento no exterior têm algumas vantagens que as firmas do país receptor do investimento não têm. Isso ocorre porque os custos associados com a operação internacional, causados pela falta de conhecimento do novo meio ambiente, discriminação eventual e outros tipos de riscos e incertezas, devem ser compensados por lucros extras derivados dessas vantagens.

Hymer apresenta uma segunda razão importante para o investimento externo: firmas algumas vezes investem no exterior a fim de antecipar-se à competição. Ele assinala, ainda, um terceiro objetivo para operações internacionais: reduzir riscos por meio da diversificação, em termos do número de mercados em que a firma tem atividades. Essa última explicação ("diversificação geográfica de risco") não é tão importante quanto aquelas baseadas nos argumentos de "vantagem específica" e de "investimento defensivo". Entretanto, no caso de empresas originárias de países em desenvolvimento (com limitadas vantagens específicas à propriedade, bem como reduzida capacidade de concorrência internacional), é provável que o IED seja determinado, em grande medida, por estratégias de diversificação geográfica de risco. Nesse caso, o IED assemelha-se ao investimento de portfólio. No Quadro 10.1, apresenta-se o caso de uma empresa brasileira.

**Quadro 10.1** A terceira hipótese de Hymer: A diversificação geográfica de risco

"O modelo da Weg pode ser considerado um caso de sucesso de empresa familiar.

Com três fábricas no exterior e projeto de novas aquisições, os homens da Weg descobrem o verdadeiro tamanho do mercado.

A Weg se tornou uma das primeiras empresas brasileiras a disputar o chamado mercado global, com presença comercial nos cinco continentes, filiais em 11 países, fábricas em outros dois – e a catapultar o negócio para dimensões nunca dantes imaginadas.

Assim como as multinacionais que se instalam no Brasil, a Weg decidiu comprar fábricas no exterior. De abril a julho deste ano (2003), três já foram adquiridas: duas na Argentina e uma no México. Em breve, deverá fazer novas aquisições e já está abrindo três filiais, além das 11 que possui no exterior. Pelas indicações, uma será na Ásia, outra na Europa e a terceira na América do Sul, provavelmente no Chile. Desde 1998, a Weg integra a lista elaborada pela *Forbes* com as 100 melhores pequenas empresas globais do mundo, ao lado da cadeia varejista Renner, de Porto Alegre – são as duas únicas empresas brasileiras presentes na relação.

Hoje, a companhia tem 8.000 funcionários. Desses, apenas 400 trabalham nas fábricas do exterior. Hoje, ela tem 75% de participação no mercado nacional de motores elétricos.

O caso da Weg é ainda mais instigante por provar que ser uma empresa global nada tem a ver com o tamanho.

A fase puramente exportadora foi a primeira etapa de internacionalização. A segunda foi a que resultou na abertura das filiais comerciais. A terceira foi a compra das primeiras fábricas no exterior. A primeira das aquisições, em abril deste ano, foi a fábrica argentina Morbe, em Buenos Aires. No início de junho foi a vez da segunda fábrica argentina, a Inermatic, em Córdoba. Finalmente, foi fechada em julho a compra da fábrica na Cidade do México. O vendedor foi uma gigante do ramo: a Asea Brown Boveri.

Outra característica da Weg é o fato de que, em vez da diversificação, ela preferiu concentrar-se no que sabe fazer bem.

No longo prazo seu crescimento é uma incógnita. *Commodity* com tendência a perder preço, o motor da Weg contém pouca tecnologia. Para gerar rentabilidade expressiva, a empresa precisa de escala, muita escala. Dessa forma, a obsessão da Weg pelo crescimento pode esconder uma estratégia defensiva."

Rubeny Goulart, "Grande como o mundo", *Forbes Brasil*, 27 de setembro de 2000, p. 80-86.

No que se refere ao argumento das "vantagens específicas", Hymer assinala que "a vantagem pode dever-se ao fato de a firma adquirir fatores de produção a um risco mais baixo do que outras firmas. Ou ela pode ter um conhecimento ou controle de uma técnica de produção mais eficiente. Ou a firma pode ter um melhor sistema de distribuição ou um produto diferenciado" (*Ibid*, p. 41-42).

Conforme foi visto, o argumento geral da teoria dos fluxos de investimento internacional é que esses fluxos são determinados pelo diferencial de taxas de retorno. Com origem no trabalho de Hymer, a teoria moderna critica esse argumento a partir da idéia de que a determinação teórica do investimento externo direto deve ser tratada não somente em termos de diferenças de atributos entre países (diferença na dotação de fatores e, portanto, o diferencial de remuneração), mas também, e principalmente, de diferenças existentes entre empresas de diferentes países (Cantwell, 2000; Caves, 1996; Jacquemot, 1990). Assim, o diferencial de rentabilidade de operações distintas de IED está determinado pela interação de um conjunto de características específicas a cada espaço possível de localização (fatores locacionais específicos) com os atributos de empresas (fatores específicos à propriedade).

Os desenvolvimentos teóricos recentes tratam o IED como uma das formas do processo de internacionalização da produção. A *internacionalização da produção* ocorre sempre que residentes de um país têm acesso a bens ou serviços originários de outro país. A questão teórica central é, então, explicar não somente o processo de internacionalização da produção, mas também a escolha da forma pela qual esse processo ocorre. A referência básica da moderna teoria da internacionalização da produção é Dunning (1977), que foi publicado em Ohlin (1977) e reproduzido em Dunning (1988, p. 13-40) (ver, também, Dunning, 2000).

A internacionalização da produção pode ocorrer por meio de três formas básicas, a saber, o comércio internacional, o investimento externo direto e a relação contratual. Há, ainda, a possibilidade do deslocamento internacional de consumidores e produtores (pessoa natural). Esse último não envolve fluxos de capital. Essas duas formas ou modalidades de internacionalização da produção (deslocamento de consumidores ou produtores, pessoa natural) são particularmente relevantes no caso de alguns segmentos do setor de serviços (por exemplo, serviços profissionais como saúde, educação e consultoria).

O comércio internacional significa que os bens cruzam as fronteiras nacionais de tal forma que, pela exportação de um produto produzido no Japão para o Brasil, os brasileiros têm acesso a um produto japonês. No caso de serviço, o que ocorre é que sendo o serviço (geralmente) um produto intangível que não pode ser armazenado, o comércio internacional de serviços envolve o deslocamento internacional dos consumidores (por exemplo, turismo, educação, saúde) ou dos produtores (por exemplo, consultoria). No caso menos freqüente do serviço embutido em um bem (por exemplo, programas de computador em disquetes ou bancos de dados em CD-ROM), o comércio internacional de serviços manifesta-se por meio de um bem que cruza fronteiras nacionais, bem como o comércio tradicional de bens.

Entretanto, bens e serviços com origem no Japão podem ser acessados por brasileiros no Brasil por meio da operação de empresas japonesas instaladas no Brasil. Isto é, o IED é uma outra maneira de realizar a internacionalização da produção. No caso da internacionalização de serviços, observa-se que o deslocamento do produtor (empresa, pessoa jurídica) não é provisório. Pelo contrário, esse deslocamento ocorre de forma permanente com a implantação de empresas no país receptor.

Assim, tanto a exportação de produtos japoneses para o Brasil quanto a instalação de empresas japonesas no país são diferentes modelos de internacionalização da produção do Japão ou de inserção internacional produtiva do Brasil. Exportação e IED são formas alternativas, que envolvem tanto relações de substituição quanto de complementaridade. Isto é, o fato de uma empresa japonesa instalar uma fábrica no Brasil pode significar um efeito de substituição, com a redução das importações brasileiras do produto japonês. Por outro lado, o IED pode ter uma relação de complementaridade com o comércio internacional, principalmente mediante o comércio intra-industrial (importação de insumos, peças ou componentes) ou o comércio intrafirma (importação proveniente da matriz ou de empresas associadas), que são utilizados na fábrica japonesa instalada no Brasil.

Há, ainda, o mecanismo de transferência de um ativo específico à propriedade que permite a internacionalização da produção. Desse modo, a empresa japonesa transfere um ativo específico (por exemplo, uma tecnologia de produção, patente ou marca) para uma empresa brasileira, que passa a produzir o bem ou o serviço no Brasil. Essa transferência manifesta-se, geralmente, por uma relação contratual, com preço e prazo.

A diferença fundamental entre, de um lado, a exportação e o IED e, do outro, a relação contratual, é que nas duas primeiras formas de internacionalização da produção, a própria empresa estrangeira produz o bem ou o serviço, enquanto na última o agente de produção é um residente. Na realidade, pela exportação e pelo IED a própria empresa estrangeira *faz*, enquanto por meio da relação contratual ela *faz fazer*.

Nesse sentido, a exportação e o IED envolvem a *internalização da produção*, enquanto a relação contratual significa a *externalização da produção*. A teoria moderna da internacionalização da produção procura, então, colocar dentro do mesmo arcabouço teórico uma explicação a respeito das diferentes formas de servir o mercado internacional. Essa teoria procura explicar, inicialmente, o que determina a internacionalização da produção, ou seja, o que está por trás dos diferenciais de rentabilidade que provocam o movimento internacional de bens, serviços e fatores. A teoria moderna procura, também, explicar os determinantes da escolha da forma da internacionalização da produção e, mais especificamente, o que determina a escolha do IED *vis-à-vis* a exportação e a relação contratual.

## Teoria da internacionalização da produção

A base da teoria da internacionalização da produção consiste na idéia de que agentes econômicos de um determinado país têm uma "preferência revelada" pelo mercado doméstico, em termos não somente de localização da produção, como também de canalização da produção (vendas). Essa preferência resulta dos custos diretos e, principalmente, dos custos de transação envolvidos nas operações internacionais, qualquer que seja a forma. Produzir no país de origem e orientar a produção para o mercado doméstico significa uma diferença marcante com relação à entrada em um novo mercado com o qual a empresa tem pouca familiaridade. O mesmo ocorre no referente à entrada em um mercado já conhecido, mas geograficamente distante, que significa custos de coordenação e monitoramento.

Em uma situação de concorrência perfeita, com lucros normais, mobilidade internacional de fatores e tecnologia disponível no mercado internacional, não há incentivo para a internacionalização da produção, já que a empresa estrangeira não tem como concorrer com produtores domésticos já familiarizados com o mercado. Quando há custos de entrada e de saída em um mercado externo, é necessário que a empresa estrangeira possua algum tipo de vantagem específica à propriedade, sobre a qual ela extrai uma quase-renda e, portanto, a empresa tem um lucro anormal, o qual compensa o custo adicional associado ao mercado externo. O processo de internacionalização da produção é resultante de imperfeições de mercado.

A *vantagem específica à propriedade* de uma empresa consiste na posse ou disponibilidade de capital, tecnologia e recursos gerenciais, organizacionais e mercadológicos. Naturalmente, qualquer empresa atuando no mundo real pleno de imperfeições de mercado possui vantagens específicas. Entretanto, a posse de vantagens de relevância na arena internacional é marcadamente associada a um conjunto de empresas, conhecidas como empresas multinacionais ou empresas transnacionais.

Conforme vimos, o IED é o investimento internacional que objetiva o controle da empresa receptora do capital. O fato *é* que esse investimento é realizado, em grande parte, pelas empresas transnacionais. A *empresa transnacional* (ET) pode ser definida como a empresa de grande porte que possui e controla ativos produtivos em pelo menos dois países (Gonçalves, 1992). O "grande porte" é, na realidade, a manifestação da posse de um estoque significativo de vantagens específicas à propriedade. No Quadro 10.2 apresenta-se uma lista das 20 maiores empresas transnacionais, cujos ativos e vendas são medidos em dezenas de bilhões de dólares.

Na teoria moderna o argumento central é, então, que a posse de vantagens específicas à propriedade – a qual dá à empresa estrangeira um certo poder monopolístico – é uma condição necessária à internacionalização da produção. A partir desse ponto, a questão teórica importante é saber quais são os determinantes da escolha da forma da internacionalização da produção. Uma determinada empresa pode ter o domínio de uma tecnologia de produção para lhe garantir um nível mais elevado de produtividade e, portanto, uma taxa de lucro maior do que a dos seus concorrentes operando em um determinado mercado externo. A internacionalização da produção permite à empresa ampliar seus mercados pela

**Quadro 10.2** As maiores empresas transnacionais

(ordenadas por ativos totais, valores em US$ bilhões)

| Empresa | Origem | Setor principal | Ativos totais | Vendas totais | Empregados total (mil) |
|---|---|---|---|---|---|
| General Electric | EUA | Eletrônica | 304 | 91 | 276 |
| Ford | EUA | Automotivo | 275 | 154 | 364 |
| General Motors | EUA | Automotivo | 229 | 178 | 608 |
| Shell | Reino Unido/ Holanda | Petróleo | 115 | 128 | 105 |
| Toyota | Japão | Automotivo | 105 | 89 | 159 |
| Exxon | EUA | Petróleo | 96 | 120 | 80 |
| IBM | EUA | Computadores | 82 | 79 | 269 |
| Daimler-Benz | Alemanha | Automotivo | 76 | 69 | 300 |
| Fiat | Itália | Automotivo | 69 | 51 | 242 |
| Siemens | Alemanha | Eletrônica | 67 | 61 | 386 |
| Nissan | Japão | Automotivo | 58 | 50 | 137 |
| Volkswagen | Alemanha | Automotivo | 57 | 65 | 280 |
| Mobil | EUA | Petróleo | 44 | 64 | 43 |
| Elf Aquitaine | França | Petróleo | 42 | 42 | 84 |
| Nestlé | Suíça | Alimentos | 38 | 48 | 226 |
| Roche | Suíça | Farmacêutico | 38 | 13 | 52 |
| Hoechst | Alemanha | Química | 34 | 30 | 137 |
| Unilever | Reino Unido/ Holanda | Alimentos | 31 | 46 | 269 |
| Asea Brown Boveri | Suíça | Equipamento elétrico | 30 | 31 | 213 |
| Bayer | Alemanha | Química | 30 | 32 | 145 |

*Fonte:* UNCTAD-*World Investment Report* (1999), p. 78.

exploração dessa vantagem específica à propriedade. Isso pode ocorrer via internalização (exportação ou IED) ou externalização (relações contratuais).

O processo de decisão depende dos benefícios e custos da internalização da produção. Os benefícios referem-se aos ganhos da empresa em decorrência de "economias" de custos de transação associados às relações contratuais que tratam da transferência de um ativo específico à propriedade. Isto é, toda vez que a empresa resolve ela mesma produzir em detrimento de uma relação contratual, a qual permite a outro agente econômico produzir, ela evita os custos de transação com agentes que agem de forma oportunista.

A transferência de um ativo envolve incerteza na razão direta da especificidade (e do valor esperado) do ativo. No caso de transferência de tecnologia observa-se, freqüentemente, a dificuldade de se estabelecer o valor do *know-how* que está sendo transferido. Persiste, também, um grau de risco de perda de controle sobre o ativo, mesmo quando os contratos têm especificações detalhadas. O exemplo mais comum é quando o produtor estrangeiro transfere uma certa tecnologia para o produtor doméstico que desenvolve essa tecnologia e passa a competir com o produtor estrangeiro no mercado internacional e, até mesmo, no mercado doméstico do produtor estrangeiro (ver a seção "Modelos baseados na tecnologia de produção", Capítulo 2).

À medida que o produtor estrangeiro evita as relações que envolvem maior risco e incerteza, os benefícios da internalização decrescem. Na realidade, os agentes econômicos e as relações contratuais podem ser classificados (em ordem decrescente) segundo o risco e a incerteza e, portanto, segundo os custos de transação. Dessa forma, a curva de benefício marginal da internalizacão da produção é decrescente.

Por outro lado, o avanço do movimento de internalização significa um custo marginal crescente. Isso ocorre porque a empresa que aumenta suas operações internacionais (via exportação ou IED) tem custos cada vez mais elevados de administração, monitoramento e controle dessas operações. A internalizacão cria o chamado "problema de agenciamento", surgido nas relações entre a empresa e os recursos necessários para que ela própria produza o bem ou o serviço (Fama, 1980). A internalização da produção envolve custos crescentes associados às relações entre a empresa e seus trabalhadores, a empresa e o mercado de capitais, os administradores e os proprietários da empresa, e a empresa e seus fornecedores. Os custos de agenciamento são, dentro da empresa, a contrapartida dos custos de transação que ocorrem na relação contratual com imperfeições de mercado.

Na Figura 10.3, o ponto ótimo de internalização da produção (P*) é dado pela interseção das curvas de benefício marginal (B) e de custo marginal (C). À esquerda do ponto P*, o benefício marginal é superior ao custo marginal da internalização da produção e, portanto, a empresa deve ela mesma explorar a vantagem específica à propriedade mediante a exportação ou o IED. Nos níveis de produção maiores do que P*, a empresa deve internacionalizar a produção por meio de relações contratuais, visto que operações internacionais diretas (comércio ou IED) têm um custo marginal maior do que o benefício marginal.

Definido o ponto ótimo de equilíbrio do processo de internalização, cabe discutir os determinantes da escolha da forma da internacionalização da produção via internalização. A escolha entre exportação e IED depende de fatores locacionais específicos, isto é, de atributos que são próprios a cada espaço possível para a operação internacional (localização da unidade de produção). Esses fatores locacionais específicos referem-se tanto ao país de origem da empresa quanto aos países de destino do produto. Dentre os principais fatores locacionais específicos pode-se mencionar: dotação de fatores, tamanho do mercado, potencial de crescimento do mercado, "clima" de investimentos, custo de transporte, barrei-

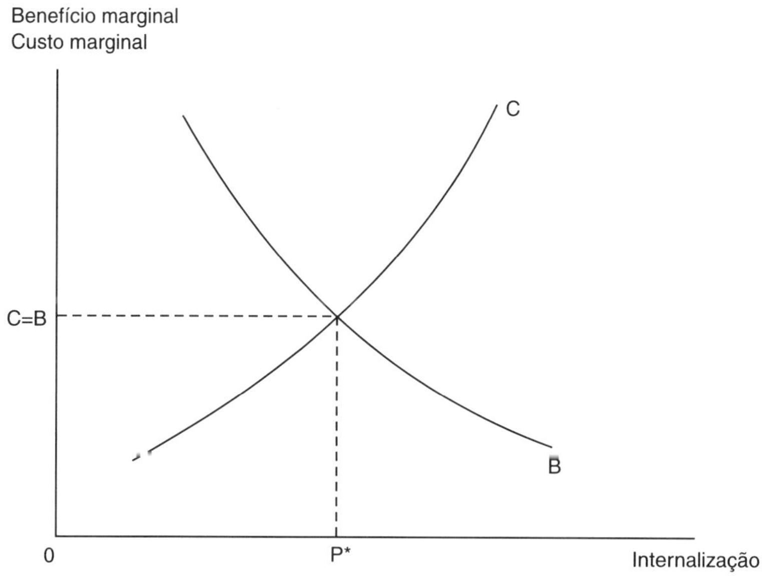


**Figura 10.3** *Internalização* versus *externalização.*

ras comerciais, disponibilidade de infra-estrutura, economias de escala e aparato regulatório (Dunning, 1988).

O exemplo mais usado de fator locacional específico é a política comercial. A adoção de barreiras comerciais (tarifárias e não-tarifárias) em um determinado país tende a estimular as empresas estrangeiras a substituírem suas exportações pela atuação direta, por meio do estabelecimento de uma subsidiária nesse país. A industrialização substitutiva de importações no Brasil e em outros países foi, em grande medida, impulsionada pelos investimentos das empresas estrangeiras que viram a colocação de barreiras comerciais à entrada no mercado interno como um obstáculo a ser superado com o IED (no caso do Brasil ver, por exemplo, Gordon e Grommers, 1962).

Deve-se notar, também, que o protecionismo nos Estados Unidos e na Europa durante os anos 80 (juntamente com a desvalorização do dólar) foi um importante fator determinante do IED do Japão nesses dois mercados (OMC, 1996, p. 16). Por outro lado, a redução de barreiras comerciais, por exemplo, no contexto de esquemas regionais de integração, pode também estimular o IED orientado a um mercado regional mais amplo ou a atividades de exportação para o mercado internacional. Esse é o caso, por exemplo, da relocalização de instalações manufatureiras japonesas nos diferentes países do Sudeste Asiático (desde o início dos anos 70), dos investimentos norte-americanos no Canadá e no México no contexto do NAFTA (a partir do final da década de 1980 e início da de 1990) e dos investimentos da indústria automobilística mundial no Brásil e na Argentina no processo de integração regional com a criação do Mercosul em 1991.

A posse de uma vantagem específica à propriedade é uma condição necessária para o investimento externo, mas não é uma condição suficiente. Na realidade, a escolha da forma do processo de internacionalização (exportação, investimento ou relação contratual) depende, em primeiro lugar, das vantagens da internalização, o que define a escolha entre, de um lado, a exportação e o investimento e, do outro, a relação contratual. Em segundo lugar, a escolha da forma do processo de internacionalização da produção via internalização (exportação *versus* IED) depende da interação de fatores locacionais específicos envolvendo o país de origem da empresa transnacional e os países receptores.

A dificuldade maior da teoria moderna da internacionalização da produção consiste em estabelecer relações definidas entre variáveis complexas (fatores locacionais específicos, vantagens de internalização e vantagens específicas à propriedade), que operam em planos distintos (produto, setor, empresa e país) e são heterogêneas (econômicas, políticas, sociais e culturais). Não obstante, pode-se afirmar que essa teoria fornece uma estrutura teórica e conceitual abrangente e útil para tratar a questão da internacionalização da produção em geral e do IED em particular.

### Problema da transferência

Na literatura econômica há uma longa tradição de análise dos efeitos do movimento internacional de capitais que remonta, pelo menos, ao início do século XX e trata do chamado "problema da transferência". Esse problema envolve um conjunto de efeitos sobre os países decorrentes do movimento internacional de capitais que, após a Primeira Guerra Mundial, manifestou-se na forma dos pagamentos por reparações de guerra. Essa discussão trata, em grande medida, dos efeitos desse movimento de capitais sobre as relações comerciais (valor do comércio, saldo da Balança Comercial e termos de troca), sobre o Balanço de Pagamentos e o nível de renda dos países envolvidos. A análise do problema da transferência foi estendida no pós-Segunda Guerra Mundial para tratar da questão da ajuda externa e seus efeitos.

Nesse tratamento inicial do problema da transferência pode-se observar um mecanismo teórico básico de ajustamento. A transferência de capital de um país J para um país B significa, antes de mais nada, um aumento do poder aquisitivo do país B. Supondo um modelo com somente dois países (J e B) operando em pleno emprego, parte desse aumento de renda de B é desviado para o país J pelo aumento das importações de B de produtos provenientes de J. Esse desvio depende da propensão marginal a importar de B. Dessa forma, há um efeito positivo da transferência de capital sobre a Balança Comercial de J decorrente tanto da queda de importações desse país, como resultado da redução da renda devido à transferência de capital para B, quanto do aumento das importações provenientes de B. A contrapartida é um efeito negativo sobre a Balança Comercial de B.

Com relação ao Balanço de Pagamentos do país J, observa-se que, sendo a propensão marginal a importar de B inferior à unidade, o Balanço de Pagamentos de J apresenta um déficit como resultado da diferença entre a exportação de capital e o aumento das exportações de bens para B. Para manter o pleno emprego e ajustar o Balanço de Pagamentos após a transferência de capital, o país J precisa reduzir seus preços relativamente a B, aumentando sua competitividade internacional. O resultado é uma piora nos termos de troca (preço de exportações/preços de importações) do país J. Isso envolve, na realidade, uma transferência de recursos reais e renda de J para B. Contudo, o país J pode realizar o ajuste interno (emprego e renda) e o externo (Balanço de Pagamentos) por meio da política cambial, com uma desvalorização (Johnson, 1956, reproduzido em Cooper, 1969, p. 62-86). A natureza do regime cambial (taxa de câmbio fixa ou flexível) é determinante do processo e dos efeitos da estabilização macroeconômica. Pode ocorrer, ainda, que a desvalorização cambial resulte em uma deterioração dos termos de troca, dependendo das elasticidades-preço das exportações e importações. O impacto da política cambial sobre o Balanço de Pagamentos é discutido nos Capítulos 13 a 15.

Entretanto, o resultado final sobre o Balanço de Pagamentos de J depende tanto do valor da propensão marginal a importar de B quanto das importações autônomas de B. A propensão marginal a importar de B pode ser suficientemente elevada de tal forma que o Balanço de Pagamentos não seja afetado, dependendo do valor das importações autônomas de B provenientes de J. Pode ocorrer, inclusive, que sendo as importações autônomas e a propensão marginal a importar de B muito elevadas, o Balanço de Pagamentos do país J continue superavitário, mesmo após a transferência de capital para o país B. Nesse sentido, o impacto da transferência de capitais depende, em grande medida, do valor da propensão marginal a importar.

O problema da transferência tem sido tratado também em termos dos efeitos do movimento internacional de capitais sobre os preços dos fatores, distribuição de renda e bem-estar mundial. O investimento internacional tende a reforçar a tendência de equalização dos preços dos fatores. O teorema da equalização dos preços dos fatores é discutido no Capítulo 2. A mudança de uma situação de autarquia para de livre comércio causa a equalização dos preços relativos dos bens e o estabelecimento de um padrão de produção com base no princípio da vantagem comparativa, de modo a cada país redirecionar sua produção para os produtos que usam de modo intensivo os fatores abundantes (isto é, relativamente mais baratos). O resultado é uma pressão no mercado do fator abundante e, portanto, um aumento do preço do fator abundante em relação ao fator escasso. Essa última proposição refere-se ao teorema de Stolper-Samuelson, que é apresentado no Capítulo 2. No modelo com dois países, o comércio internacional provoca um efeito distributivo a favor do fator abundante em cada país, bem como uma tendência à equalização ou convergência internacional nos preços dos fatores.

Na ausência do comércio exterior, o movimento internacional de fatores tem efeito idêntico, ao provocar convergência internacional de preços dos fatores. Conforme já vimos, o investimento internacional pelo país J aumenta o produto marginal do capital nesse país (rico em capital) e reduz o produto marginal do capital no país B (pobre em capital), receptor do investimento. Dessa maneira, há uma tendência à equalização das taxas de juros no sistema econômico internacional com a mobilidade internacional de capitais. Isto é, sempre que houver diferencial de taxa de juros haverá incentivo para o movimento internacional de capitais. Cabe ainda notar que o investimento internacional em B, ao aumentar o estoque de capital nesse país, aumenta o produto marginal do trabalho e, portanto, a relação de preços relativos salários/juros e, como resultado, há um estímulo ao uso de técnicas mais intensivas em capital. Assim, há uma distribuição de renda a favor do fator escasso (trabalho) no país receptor do investimento internacional, enquanto o contrário ocorre no país exportador de capital. Isso significa que existe, do ponto de vista teórico, uma convergência internacional de salários e taxas de juros em decorrência do movimento internacional de fatores.

A convergência internacional dos preços dos fatores nos leva também à discussão sobre a complementaridade ou substitubilidade entre comércio e investimento internacional. O comércio internacional pode ser visto como um *second best* (segundo melhor) para o movimento internacional de fatores de produção. Na realidade, se houvesse perfeita mobilidade internacional de todos os fatores de produção não haveria incentivo ao comércio, já que os preços relativos dos fatores seriam idênticos em todos os países. Contudo, a terra é um fator fixo, enquanto a tecnologia é, geralmente, um ativo específico à propriedade (com mobilidade limitada, em boa medida, a transferências intra-empresas transnacionais), e a mobilidade internacional do trabalho (migração) sofre restrições significativas.

Mesmo no que se refere ao capital, tem se observado historicamente diferentes padrões de restrição à sua mobilidade internacional no sentido de que períodos de maior desregulamentação são seguidos por períodos de maior controle e restrições. Outrossim, pode-se argumentar que o comportamento cíclico do investimento internacional e do seu padrão regulatório segue muito mais determinações políticas do que econômicas. Conforme assinala um especialista, "poder e política, estabelecidos pelo Estado-nação, definem o contexto para a mobilidade internacional de capitais" (Epstein, 1996, p. 221).

De modo geral, restrições à mobilidade internacional de fatores de produção tendem a estimular o comércio internacional. Por outro lado, restrições ao comércio internacional tendem a estimular o movimento internacional de fatores de produção (Mundell, 1957, reproduzido em Caves e Johnson, 1968, p. 101-114). Esse último ponto foi examinado quando da discussão a respeito dos efeitos do protecionismo sobre o IED via processo de industrialização substitutiva de importações. E, conforme vimos na seção anterior, o comércio e o IED (assim como as relações contratuais) são formas alternativas do processo de internacionalização da produção. Entretanto, as relações de complementaridade e substitubilidade entre comércio e investimento internacional nem sempre são evidentes. No mundo real há a interação de um conjunto de variáveis complexas de dimensão econômica, política, social, cultural, geográfica e histórica. Nesse sentido, toda cautela é recomendável quanto a generalizações com base em formulações teóricas simplificadoras da realidade.

## Impacto do IED e das empresas transnacionais

Há uma vasta literatura tratando da análise dos benefícios e custos do IED, em geral, e da atuação das empresas transnacionais, em particular. A conclusão geral dessa literatura é similar àquela apresentada na seção anterior, no que se refere à relação entre comércio e investimento internacional. Os estudos teóricos e empíricos indicam que toda generalização sobre o impacto do IED e da ET deve ser vista com grande cautela e que, portanto, o procedimento mais recomendável é o tratamento caso a caso (Hood e Young, 1979, p. 180).

Entretanto, com base na teoria moderna da internacionalização da produção apresentada anteriormente, podem-se discutir os principais efeitos do IED e da ET e explicitar as principais hipóteses encontradas na literatura. Esses efeitos podem ser classificados em quatro conjuntos distintos: transferência de recursos, Balanço de Pagamentos, concorrência e vulnerabilidade externa.

A posse de vantagens específicas à propriedade (disponibilidade de capital, tecnologia e capacidade gerencial, mercadológica e organizacional) é uma característica marcante da ET. Essas vantagens têm impacto sobre a economia do país receptor do investimento. A percepção geral é a de que a transferência de *know-how* é o principal benefício das ETs, pois o IED tende, geralmente, a representar uma fração diminuta da formação bruta de capital fixo. Ainda que tenha havido oscilações marcantes, o fluxo de IED representou em média cerca de 5% da formação bruta de capital fixo no mundo nas últimas duas décadas (UNCTAD-*World Investment Report* (WIR), diversos anos, anexo). Contudo, o ingresso de IED pode ter efeitos indiretos positivos sobre a economia nacional mediante o afrouxamento da restrição do Balanço de Pagamentos (fornecendo moeda estrangeira escassa) e pelos efeitos de encadeamento na formação de capital na economia do país receptor. Por outro lado, deve-se notar que a entrada do IED constitui a compra de um ativo real que deverá ter um retorno para o investidor estrangeiro no futuro na forma de lucros e dividendos, e isso significa um vazamento de renda.

A transferência de tecnologia e de capacidade gerencial, mercadológica e organizacional também tem um custo, geralmente embutido na remessa de lucros e dividendos. Essa transferência pode também ter um custo associado à escolha de tecnologias inapropriadas, tendo em vista a disponibilidade de fatores de produção. O argumento principal é que as ETs tendem a transferir tecnologias intensivas no uso do fator capital e, assim, criam uma ineficiência alocativa em países com abundância de trabalho. Na realidade, as ETs não desenvolvem esforços significativos de desenvolvimento de tecnologias apropriadas a diferentes configurações de dotação de fatores. Ou seja, a rigidez da escolha de técnicas de produção por parte das ETs provoca distorções no mercado de fatores do país receptor do IED.

Pelo lado dos benefícios, o argumento geral é que a transferência de ativos específicos à propriedade provoca um aumento da produtividade total dos fatores de produção (isto é, uso mais eficiente de capital e trabalho) e uma mudança na estrutura de produção do país receptor por meio da introdução de novos e melhores produtos. A posse de ativos específicos permite que as ETs gerem efeitos de encadeamento positivos "para trás" (fornecedores) e "para frente" (distribuidores). Há, ainda, o efeito positivo das ETs sobre a formação de recursos humanos, principalmente, por meio de atividades de treinamento de mão-de-obra e do processo de aprendizado diretamente na atividade produtiva.

No que se refere ao Balanço de Pagamentos, pelo lado dos custos, entre os efeitos das ETs deve-se mencionar não somente a remessa de lucros, dividendos, *royalties* e juros de empréstimos intrafirma, mas também os preços de transferência via comércio intrafirma (subfaturamento de exportações e superfaturamento das importações). Além disso, as subsidiárias de ETs são propensas a importar e a exportar mais do que as empresas nacionais, em decorrência da própria posse de vantagens específicas à propriedade, inclusive seus vínculos internacionais. Naturalmente, esse tipo de argumento depende da natureza da estratégia da ET; por exemplo, se sua produção está orientada para o mercado interno ou para o mercado externo. Pelo lado do benefício, a presença de ETs pode também significar uma alteração no padrão de vantagem comparativa do país receptor por meio da melhoria na estrutura de exportações, com produtos de maior valor agregado.

Quanto à questão da concorrência e aos efeitos distributivos, o principal argumento é que a posse de vantagens específicas à propriedade indica que ETs tendem a operar em estruturas de mercado caracterizadas por concorrência monopolística ou oligopólios. As ETs tendem a possuir um significativo poder econômico, superior ao das empresas nacionais, que lhes permite obter lucros anormais e afetar a distribuição da renda entre capital e trabalho, entre capital nacional e capital externo, e entre trabalhadores (se parte dos lucros anormais das ETs são distribuídos para seus trabalhadores). As ETs podem, assim, afetar não somente a dinâmica interna da economia do país receptor, mas também as suas relações econômicas internacionais. Cabe mencionar aqui o uso de práticas comerciais restritivas como, por exemplo, o aumento do *mark-up* quando da contração da demanda, o estabelecimento de cartéis (inclusive de exportação e importação) e operações intragrupo. Por outro lado, dependendo de condições específicas, a entrada de ETs em um determinado mercado pode desestabilizar estruturas de mercado existentes e aumentar a contestabilidade do mercado, aumentando, por sua vez, a concorrência.

A presença de ETs significa a transferência de tomada de decisão para agentes econômicos localizados no exterior e, portanto, maior vulnerabilidade externa do país receptor na esfera real-produtiva. Assim, decisões importantes para o país em relação, por exemplo, ao volume de investimentos, *quantum* e composição do comércio exterior e tipo de tecnologia estão subordinadas ou determinadas por variáveis exógenas (isto é, segundo os interesses de agentes econômicos externos) e não por variáveis endógenas. Não se trata, naturalmente, de negligenciar a importância fundamental dos fatores locacionais específicos que, conforme indica a própria teoria da internacionalização da produção, são determinantes não somente do fluxo de IED, mas também dos seus efeitos. Ocorre que as ETs possuem fontes externas de poder (por exemplo, vínculos estreitos com o governo do país de origem e grande flexibilidade no deslocamento internacional de fatores de produção), as quais proporcionam a essas empresas uma capacidade distinta e significativa de barganha ou pressão (Gonçalves, 1999, p. 45-49).

Desde o início dos anos 80, tem havido uma mudança na percepção quanto à relação benefício/custo do IED e da ET (Dunning, 1993, Cap. 14). Ainda que a evidência empírica continue não-conclusiva na grande maioria dos temas, a mudança tem sido no sentido de uma visão mais favorável quanto ao impacto das ETs. Essa mudança de percepção não altera o fato de que as ETs não somente têm impacto distinto daquele das empresas nacionais, como também reagem de forma diferente ao comportamento de variáveis endógenas das economias nacionais (por exemplo, políticas governamentais). Isso resulta, principalmente, do grande porte (capacidade de mobilização de recursos) e da flexibilidade de atuação em escala global. Dentre as razões determinantes dessa mudança de visão, cabe destacar a ascensão de idéias liberais (ou neoliberais) nos países desenvolvidos desde o início dos anos 80. Na concepção neoliberal, a criação de condições mais favoráveis para o funcionamento dos mercados tem como implicação a redução de restrições à atuação de ETs.

Outra razão importante é a chamada "agenda da competitividade", que passou a ter uma influência crescente na determinação das políticas governamentais, inclusive no que se refere ao IED. As ETs adquiriram um papel de destaque na agenda da competitividade, pois essas empresas têm, como ativos específicos à propriedade, a posse de capacidade tecnológica e de redes internacionais de comércio. O rápido progresso tecnológico dos últimos vinte anos, que teve nas ETs um agente importante de realização, afetou sobremaneira as estruturas de produção em escala global. O resultado da velocidade e da natureza das mudanças recentes (tecnológicas e organizacionais) é que as ETs adquiriram um novo status como agentes de difusão de tecnologia e de reestruturação produtiva em escala global.

Não se deve esquecer que ao longo dos últimos anos muitos países sofreram desequilíbrios significativos no Balanço de Pagamentos, com destaque para os países em desenvolvimento atingidos pela crise da dívida externa. Esses países foram levados a mudanças de atitude, estratégia e política com relação ao IED e às ETs, tendo em vista o processo de ajuste externo. Em um primeiro momento, o IED é visto como uma fonte alternativa para captação de recursos externos para financiar o desequilíbrio das transações correntes do Balanço de Pagamentos. Em seguida, as ETs aparecem como um agente de grande importância na reestruturação produtiva de países que experimentam crises profundas. As ETs desempenham, também, um papel-chave nos processos de integração regional, criados ou revitalizados como mecanismos de compensação de mercados domésticos estagnados. E, por fim, o IED e as ETs surgem como fonte de financiamento do déficit público (pela privatização do patrimônio público) e de investimentos em infra-estrutura (principalmente via processo de privatização) que o setor público não pode fazer, tendo em vista o próprio processo de ajuste e de estabilização macroeconômica que comprometeu a capacidade de financiamento do Estado em inúmeros países.

Governos podem ter uma política ativa com relação ao IED e às ETs. Da mesma forma que é possível desenhar políticas específicas de incentivo ao IED em determinadas atividades, os governos podem estabelecer critérios de desempenho para as ETs. Esses critérios de desempenho podem estar relacionados à criação de emprego, à exportação, à importação, à transferência de tecnologia, aos investimentos futuros etc. Na realidade, tanto os incentivos quanto os critérios de desempenho, vinculados ou não, devem envolver tanto uma dimensão de seleção quanto de temporalidade. Isto é, cabe escolher o tipo de investimento apoiado (ou restringido) e os critérios de desempenho estabelecidos, assim como definir por quanto tempo serão dados os incentivos e/ou mantidos os critérios de desempenho. Novamente, a lição é única: cada caso é um caso.

## Palavras-chave

- Ativo específico à propriedade
- Diferencial aberto de juros
- Investimento externo direto
- Investimento de portfólio
- Internacionalização da produção
- Internalização
- Externalização

## Exercícios

1. O que se entende por investimento externo direto?
2. O que é um ativo específico à propriedade?
3. Discuta os elementos básicos da teoria de diversificação de portfólio internacional.
4. O que se entende por internacionalização da produção?
5. Por que o IED é visto como uma das formas do processo de internacionalização da produção?
6. Quais os elementos básicos da moderna teoria da internacionalização da produção?
7. Quais são os principais ativos específicos à propriedade das empresas transnacionais?
8. Quais são os mais importantes fatores locacionais na determinação do processo de internacionalização da produção?
9. Defina empresa transnacional.
10. Dê um exemplo do problema de transferência.
11. Discuta os principais benefícios e custos relativos à empresa transnacional.

## Referências bibliográficas


ALCHIAN, A. e WOODWARD, S. "The firm is dead: Long live the firm: A review of Oliver E. Williamson's The Economic Institutions of Capitalism", *Journal of Economic Literature*, vol. 26, março, 1988, p. 26-79.

BOYER, R. e DRACHE, D. (orgs.). *States Against Markets. The Limits of Globalization*. Londres: Routledge, 1996.

CANTWELL, J. "A survey of theories of international production", *In:* Pitelis e Sugden (eds.), 2000, p. 10-56.

CARVALHO, F. J. *et al. Economia monetária e financeira*. Rio de Janeiro: Editora Campus, 2000.

CAVES, R. E. e JOHNSON, H. G. *Readings in International Economics*. Londres: George Allen & Unwin Ltd, 1968.

CAVES, R. E. *Multinational Enterprise and Economic Analysis*. Cambridge: Cambridge University Press, 2ª edição, 1996.

COASE, R. "The nature of the firm". *Economics*, vol. 4, novembro, 1937, p. 386-405.

COOPER, R. C. (org.). *International Finance*. Harmondsworth: Penguin Books, 1969.

DUNNING, J. H. "Trade, location of economic activity and the multinational enterprise: A search for an eclectic approach". *In:* Ohlin (ed.), 1977.

DUNNING, J. H. "The eclectic paradigm of international production: a personal perspective". *In:* Pitelis e Sugden (eds), 2000.

DUNNING, J. H. *Explaining International Production*. Londres: Unwin Hyman, 1988.

DUNNING, J. H. *The Globalization of Business*. Londres: Routledge, 1993.

EPSTEIN, G. "International capital mobility and the scope for national economic management". *In:* Boyer e Drache (orgs.), 1996, p. 211-224.

FAMA, E. "Agency problems and the theory of the firm". *Journal of Political Economy*, vol. 88, No. 2, abril, 1980, p. 288-307.

FLEISCHER, G. *Teoria da aplicação do capital: Um estudo de decisões econômicas de investimento*. São Paulo: Edgar Blucher, Edusp, 1973.

GONÇALVES, R. *Empresas transnacionais e internacionalização da produção*. Petrópolis: Editora Vozes, 1992.

GONÇALVES, R. *Globalização e desnacionalização*. Rio de Janeiro: Editora Paz e Terra, 1999.

GORDON, L. e GROMMERS, E. *United States Manufacturing Investment in Brazil. The Impact of Brazilian Government Policies, 1946-1960*. Boston: Graduate School of Business Administration, Harvard University, 1962.

HOOD, N. e YOUNG, S. *The Economics of Multinational Enterprise*, Londres: Longman, 1979.

HYMER, S. *The International Operations of National Firms: A Study of Direct Foreign Investment*. Cambridge: The MIT Press (1976), 1960.

JACQUEMOT, P. *La Firme Multinationale: Une Introduction Economique*. Paris: Economica, 1990.

JOHNSON, H. "The transfer problem and exchange stability". *Journal of Political Economy*, vol. 64, No. 3, 1956, p. 212-215.

JONES, R. W. e KENEN, P. B. (orgs.). *Handbook of International Economics*, vol. 1. Elsevier Science Publishers B.V., 1984.

KEYNES, J. M. *A Teoria Geral do Emprego, dos Juros e da Moeda*. São Paulo: Abril Cultural (1983), 1936.

LEMES Jr., A., RIGO, C. M. e CHEROBIM, A. P. *Administração financeira: Princípios, fundamentos e práticas brasileiras*. Rio de Janeiro: Editora Campus, 2002.

MUNDELL, R. "International trade and factor mobility". *American Economic Review*, vol. 47, No. 3, junho, 1957, p. 321-335.

OHLIN, B. (ed.). *The International Allocation of Economic Activity*. Londres: Macmillan, 1977.

OMC. *Trade and Foreign Direct Investment*. Genebra: World Trade Organization, 1996.

PITELIS, C. N. e R. SUGDEN (eds.). *The Nature of the Transnational Firm*. Londres: Routledge, 2ª edição, 2000.

RUFFIN, R. "International factor movements". In: Jones e Kenen (orgs.), 1984, p. 237-288.

UNCTAD. *World Investment Report*. Genebra: United Nations Conference on Trade and Development, 1999.

UNCTAD. *World Investment Report*. Genebra: United Nations Conference on Trade and Development, 2003.

# Capítulo 11

# Globalização financeira e globalização produtiva

A questão da globalização tem estado cada vez mais presente nos debates sobre transformações globais e nacionais, assim como nas discussões sobre alternativas de estratégias e políticas (Santos, 2000). A globalização é, na realidade, um tema de múltiplas dimensões, que dificultam significativamente a elaboração conceitual ou teórica (Baumann, 1996; Ianni, 1995; Gonçalves, 2003). Este capítulo trata de dois tipos específicos de globalização que estão relacionadas ao investimento internacional, a saber, a globalização financeira e a globalização produtiva. A primeira refere-se aos fluxos financeiros (empréstimos, financiamentos e investimento de portfólio) e a segunda trata dos fluxos de IED e da atuação das ETs.

## Globalização financeira

### *Definição*

A globalização financeira pode ser entendida como a interação de três processos distintos ao longo dos últimos vinte anos: a expansão extraordinária dos fluxos financeiros internacionais, o acirramento da concorrência nos mercados internacionais de capitais e a maior integração entre os sistemas financeiros nacionais.

O primeiro processo refere-se à aceleração dos fluxos financeiros internacionais nas suas diferentes formas, inclusive os empréstimos, financiamentos e os investimentos de portfólio. Por exemplo, o fluxo total de empréstimos internacionais mais o investimento de portfólio aumentou de US$395 bilhões em 1987 para US$1597 bilhões em 1996 (FMI-*International Capital Markets* (ICM), 1995, tabela 1; UNCTAD-*Trade and Development Report* (TDR), 1996, tabela

6). Nesse período de dez anos, tanto os empréstimos quanto os investimentos de portfólio cresceram a uma taxa média anual de aproximadamente 17%. Entretanto, deve-se ter muita cautela no exame dos dados agregados sobre fluxos financeiros internacionais. Por exemplo, os dados e os fluxos de empréstimos não incluem os empréstimos intercompanhias.

Não há dúvida de que houve extraordinária expansão dos fluxos de capitais em todos os mercados que compõem o sistema financeiro internacional (títulos, ações, empréstimos, financiamentos, moedas e derivativos). Para ilustrar, o volume médio diário das transações no mercado internacional de moedas aumentou de US$718 bilhões em abril de 1989 para US$1.572 bilhões em abril de 1995 (FMI-ICM, 1996, Tabela 41, p. 121). No que se refere ao mercado internacional de derivativos, o valor dos *swaps* de taxa de juros e moeda aumentou de US$560 bilhões em 1987 para US$7 trilhões em 1994. O valor dos contratos envolvendo operações nos mercados futuro e de opções de taxa de juros, moeda e índice de ações aumentou de US$730 bilhões em 1987 para US$9,2 trilhões em 1995, e o número de contratos negociados aumentou de 315 milhões para 1.210 milhões nesse mesmo período (*Ibid*, Tabela 12, p. 68, Tabela 13, p. 69, e Tabela 15, p. 71).

No que concerne ao investimento internacional, o crescimento extraordinário dos fluxos ocorreu na emissão tanto de títulos (bônus e notas) quanto de ações. Deve-se notar, ainda, que o fenômeno da expansão extraordinária do movimento internacional de capitais atingiu não somente os países desenvolvidos, mas também os países em desenvolvimento. Esse fenômeno atingiu até mesmo a América Latina que, após a eclosão da crise da dívida externa em 1982, viu um grande número de países da região experimentar trajetórias de crise econômica, política e social.

Os mercados emergentes têm, contudo, sofrido grandes oscilações no volume e na composição dos ingressos de investimento internacional. No período 2000-2002, a captação de recursos externos pelos chamados países com mercados emergentes reduziu-se a praticamente a metade (Tabela 11.1): em 2000, esses países captaram US$215,4 bilhões; em 2002, a captação total foi de US$135,6 bilhões. Todos os tipos de investimento internacional tiveram quedas expressivas, sendo a mais elevada a dos investimentos em ações, que incluem tanto o IED quanto o investimento de portfólio.

O segundo processo característico da globalização financeira é o acirramento da concorrência internacional. Esse fato manifesta-se pela maior disputa por transações financeiras internacionais envolvendo, de um lado, bancos e, de outro, instituições financeiras não-bancárias. Grupos transnacionais também passaram a atuar mais diretamente no sistema financeiro internacional por meio de instituições financeiras próprias. Os investidores institucionais (por exemplo, fundos de pensão, fundos mútuos e seguradoras) passaram a adotar estratégias de diversificação de portfólio em bases geográficas. Esses investidores podem atuar por meio de instituições financeiras internacionais ou diretamente nos mercados. Por fim, deve-se observar o avanço dos mercados de capitais situados fora dos países desenvolvidos. Esses "mercados emergentes" passaram a ter centros financeiros para aplicação ou intermediação de recursos. Esses centros estão em todos os continentes como, por exemplo, Cingapura e Hong Kong na Ásia, São Paulo e Cidade do México na América Latina, e Varsóvia e Budapeste na Europa.

**Tabela 11.1** Mercados emergentes: Captação de recursos externos, 2000-2002

(US$ bilhões)

| | **2000** | **2001** | **2002** |
|---|---|---|---|
| Total | 216,4 | 162,1 | 135,6 |
| Títulos | 80,5 | 89,0 | 61,6 |
| Ações | 41,8 | 11,2 | 10,4 |
| Empréstimos | 94,2 | 61,9 | 57,6 |

*Fonte:* FMI-*Global Financial Stability Report* (2003), Tabela 2.5

O terceiro processo refere-se à maior integração dos sistemas financeiros nacionais. Proporção crescente de ativos financeiros emitidos por residentes está nas mãos de não-residentes e vice-versa. Um indicador importante é o diferencial entre as taxas de crescimento das transações financeiras internacionais e nacionais. Por exemplo, nos cinco primeiros anos da década de 1990, o estoque de bônus emitidos nos mercados de capitais dos países desenvolvidos por esses países cresceu a uma taxa média anual de 9%, enquanto o estoque dos bônus emitidos no mercado internacional de capitais cresceu 12% (FMI-ICM, 1996, p. 58). Outro exemplo: a participação de títulos estrangeiros na carteira dos fundos de pensão norte-americanos aumentou de 0,7% em 1980 para 10,3% em 1993; no caso dos fundos de pensão britânicos, esse aumento foi de 10,1% em 1980 para 19,7% em 1993; e o aumento correspondente para os fundos de pensão japoneses foi de 0,5% em 1980 para 9,0% em 1993 (FMI-ICM, 1995, Tabela II,7, p. 168).

A globalização financeira corresponde, assim, à ocorrência simultânea dos três processos mencionados anteriormente. Deve-se notar que em momentos anteriores da história esses processos apareceram, em maior ou menor grau, de forma mais ou menos distinta. O exemplo mais evidente é a extraordinária expansão do movimento internacional de capitais nas quatro ou cinco décadas que precederam a Primeira Guerra Mundial. Entretanto, a especificidade da globalização financeira moderna consiste na simultaneidade dos processos de aceleração dos fluxos financeiros internacionais, no acirramento da concorrência no sistema financeiro internacional e na integração crescente entre os sistemas financeiros nacionais.

A questão central é, então, saber quais foram os fatores determinantes do fenômeno da globalização financeira.

## Determinantes

Os determinantes da globalização financeira podem ser agrupados em seis conjuntos de fatores. O primeiro refere-se aos fatores de ordem ideológica e trata da ascensão das idéias liberais ao longo dos anos 80. O resultado dessa ascensão foi uma onda de desregulamentação do sistema financeiro em escala global. A liberalização do movimento internacional de capitais já se observava no início dos anos 70 em alguns países desenvolvidos, talvez como resultado da própria pressão por maior liberdade para o capital após a ruptura do sistema de Bretton Woods. Essa ruptura foi acompanhada pela instabilidade de taxas de juros e câmbio, bem como pela crise econômica nos anos 70 (menores oportunidades de negócios).

Há o caso específico de vários países em desenvolvimento que, ainda em meados da década de 1980, defrontavam-se com as seqüelas da crise do endividamento externo. A reorientação da estratégia e da política governamental – na direção da liberalização cambial e da desregulamentação do movimento internacional de capitais – parece ter resultado, principalmente, de uma restrição imposta pela fragilidade das contas externas (e da necessidade de atrair capital). A escolha entre opções políticas e ideológicas mais liberalizantes parece ter desempenhado um papel coadjuvante no processo de liberalização frente à força avassaladora e à gravidade da realidade econômica.

O segundo conjunto de fatores é de ordem institucional e está relacionado à própria dinâmica do sistema financeiro internacional. A criação do mercado de euromoedas nos anos 50 e seu desenvolvimento nas décadas de 1960 e 1970 foram fundamentais para a configuração do atual sistema financeiro internacional. A instabilidade gerada pela ruptura do sistema de Bretton Woods, em um primeiro momento, e pelas políticas monetária e cambial dos países desenvolvidos a partir de então, provocou um processo de inovação e adaptação institucional no sistema financeiro internacional, inclusive o desenvolvimento de novos instrumentos financeiros de proteção frente a riscos e incertezas. O exemplo de maior destaque é o mercado de derivativos de moedas e taxas de juros.

O terceiro conjunto refere-se ao progresso tecnológico associado à revolução da informática e das telecomunicações. O resultado foi a extraordinária redução dos custos operacionais e dos custos de transação em escala global. Assim, as operações financeiras tornaram-se significativamente mais baratas, ao mesmo tempo em que se reduziram os custos de coleta de informações e de monitoramento dos mercados de capitais espalhados pelo mundo.

O quarto conjunto de fatores consiste nas mudanças das estratégias dos investidores institucionais e das ETs que operam em escala global. Ao longo dos anos 80, os fundos mútuos, as companhias de seguros e os fundos de pensão dos países desenvolvidos defrontaram-se com a instabilidade das taxas de juros e das taxas de câmbio e com os próprios limites de expansão dos mercados de capitais dos seus países. O resultado foi uma mudança de orientação na estratégia de diversificação dos seus recursos no sentido de uma maior dispersão geográfica.

Aqui, trata-se não somente do aumento dos investimentos cruzados dentro do grupo dos países desenvolvidos, mas também da penetração em mercados de capitais de países em desenvolvimento.

O quinto conjunto resulta das políticas econômicas adotadas pelos países desenvolvidos ao longo dos últimos anos. Deve-se destacar, em particular, o comportamento das taxas de juros. A partir do final dos anos 70, as taxas de juros reais aumentaram significativamente nos países desenvolvidos. A taxa média de juros reais de longo prazo dos Estados Unidos, Alemanha, França e Reino Unido, que fora de 1,7% no período 1956-73 e zero no período 1974-80, aumentou para 5,1% no período 1981-93 (UNCTAD-TDR, 1995, Tabela 47, p. 177. 8). A partir do início dos anos 80, houve aumento das taxas de juros reais, de curto e longo prazo. Esse aumento incentivou investimentos financeiros nos mercados de capitais dos países desenvolvidos, inclusive por parte de não-residentes nesses países, assim como investimentos cruzados entre países desenvolvidos para se beneficiar de diferenciais de taxas de juros.

A política monetária restritiva tornou-se a opção preferencial dos governos dos países desenvolvidos para manter sob controle a inflação a partir do início dos anos 80, o que estimulou o deslocamento de capitais da esfera produtiva para a esfera financeira. A rentabilidade financeira tornou-se um múltiplo da taxa de lucro nos países desenvolvidos ao longo da década de 1980 e início da de 1990. Para ilustrar, em 1990, a taxa média de lucro na indústria dos Estados Unidos, Japão, Alemanha, França e Reino Unido foi de 3,5%, enquanto a taxa média de rentabilidade financeira nesses países foi de 12,1%. O processo de financeirização das ETs é mais um dos resultados desse fenômeno. A financeirização significa que uma parcela crescente dos ativos totais das empresas está representada por ativos financeiros (Salama, 1995; Braga, 1993).

Ainda no que diz respeito às políticas econômicas, deve-se mencionar a instabilidade e o desalinhamento das taxas de câmbio envolvendo as moedas das principais economias do mundo. Nesse sentido, o destaque fica com as falhas de coordenação macroeconômica dos países desenvolvidos no sentido de ajustar as taxas de câmbio ao longo das últimas duas décadas. As turbulências no Sistema Monetário Europeu, por exemplo, em 1992-93, devem também ser levadas em consideração.

O sexto e último conjunto de fatores é de ordem sistêmica. A globalização financeira é vista como parte integrante de um movimento de acumulação em escala global caracterizado pelas dificuldades de expansão da esfera produtiva real. Neste ponto há duas questões importantes. A primeira envolve o menor potencial de crescimento dos mercados domésticos dos países desenvolvidos, ricos em capital. Isto é, trata-se do problema clássico de insuficiência de demanda agregada. Como resultado, há o deslocamento de recursos da esfera produtiva-real para a esfera financeira e, assim, o efeito de expansão dos mercados de capitais doméstico e internacional. De fato, há uma redução significativa da taxa de crescimento do produto potencial dos países desenvolvidos entre as décadas de 1960 e 1970, e a década de 1980 e os primeiros anos da década de 1990. No caso dos Estados Unidos, a taxa média anual de crescimento do produto potencial reduziu-se de 3,8% na década de 1960 para 2,3% no período 1990-94. No caso da Alemanha, a queda correspondente é de 4,1% para 2,7%, enquanto no Japão a redução é de 8,8% para 3,3% (UNCTAD-TDR, 1995, pp.171-173). Pode-se mencionar também que a taxa média anual de crescimento da formação bruta de capital fixo nos Estados Unidos caiu de 5,0% no período 1960-68 para 2,5% no período 1979-90. No caso da Alemanha, a queda correspondente foi de 3,1% para 1,9% e, no caso do Japão, a redução foi de 15,2% para 5,0% nos períodos mencionados (*Ibid*, p. 175).

A segunda questão trata dos processos de reestruturação produtiva dos últimos dez ou quinze anos, principalmente na Europa e nos Estados Unidos. Houve mudanças nas estruturas produtivas dos países, inclusive com base em fortes movimentos de fusão e aquisição de empresas, que envolveram fluxos financeiros internacionais. A revitalização do projeto de integração européia a partir de 1985 (para combater a "euroesclerose") e a reestruturação econômica norte-americana (para enfrentar a perda de competitividade internacional) foram determinantes do movimento internacional de capitais na direção desses pólos de acumulação de capitais do sistema econômico mundial.

Neste ponto, estamos prontos para fazer uma distinção entre globalização financeira e globalização produtiva.

## Globalização produtiva

A globalização produtiva envolve também a interação de três processos distintos, a saber, o avanço do processo de internacionalização da produção, o acirramento da concorrência internacional e a maior integração entre as estruturas produtivas das economias nacionais.

Conforme visto no Capítulo 10, a internacionalização da produção ocorre sempre que residentes de um país têm acesso a bens e serviços com origem em outros países. Esse acesso pode ocorrer pelo comércio internacional, IED e relações contratuais. Entretanto, em termos da inserção produtiva dos países no sistema econômico internacional, os mecanismos relevantes são o IED e as relações contratuais. As exportações e as importações são formas de inserção comercial no sistema econômico internacional. Nos termos da teoria da internacionalização da produção, por meio do IED a empresa transnacional produz no país hospedeiro e, mediante as relações contratuais, ela faz um residente produzir. Essa é a esfera produtiva. A internacionalização se restringe à esfera comercial com a exportação (na ótica do país de origem da empresa) ou a importação (na ótica do país receptor do produto externo).

Cabe ressaltar que o IED significa que um agente econômico estrangeiro atua dentro da economia nacional por meio de subsidiárias ou filiais, ao passo que as relações contratuais permitem que agentes econômicos nacionais produzam bens ou serviços que têm origem no resto do mundo. Os contratos de transferência de *know-how,* marcas, patentes, franquias e alianças estratégicas são os exemplos mais comuns.

Os dados da Tabela 11.2 mostram que a partir de meados dos anos 80 houve um aumento extraordinário dos fluxos de IED e das relações contratuais, assim como da atuação das ETs. Entretanto, os dados também mostram um comportamento marcadamente cíclico dessas variáveis e, como resultado, não há evidência a favor da aceleração do processo de internacionalização da produção. Na medida em que o IED, as operações das empresas transnacionais e as relações contratuais em escala mundial aumentaram mais do que o total da renda mundial, pode-se argumentar em termos de maior integração entre as economias nacionais. Por exemplo, no período mais recente (1996-2000), a renda mundial (em dólares correntes) cresceu a uma taxa média anual de 1,3%, enquanto o fluxo de IED aumentou 40,2% e o pagamento de royalties e taxas (usado como *proxy* para as relações contratuais) cresceu 6,2%. Entretanto, em 2001-2002, houve uma queda dos fluxos de IED em escala global.

**Tabela 11.2** Internacionalização da produção: Indicadores, 1982-2002

(Taxa de crescimento anual de fluxos em preços correntes)

| Item | 1986-1990 | 1991-1995 | 1996-2000 | 2001 | 2002 |
|---|---|---|---|---|---|
| Investimento externo direto (ingressos) | 23,1 | 21,1 | 40,2 | –40,9 | –21,0 |
| *Royalties* e licenças (receitas) | 21,3 | 14,3 | 6,2 | –3,1 | .. |
| Exportação de bens e serviços não-fatores | 15,6 | 5,4 | 3,4 | –3,3 | 4,2 |
| *Memorando* | | | | | |
| PIB mundial | 10,8 | 5,6 | 1,3 | –0,5 | 3,4 |
| Formação bruta de capital fixo | 13,4 | 4,2 | 1,0 | –3,9 | 1,3 |

*Fonte:* UNCTAD-*World Investment Report* (2003), Tabela I.1

O acirramento da concorrência internacional não é possível de ser mensurado diretamente. Contudo, a crescente importância da questão da competitividade internacional na agenda de política econômica dos países sugere que, de fato, há uma disputa cada vez maior no sistema econômico mundial.

Dados de crescimento nominal devem ser examinados com cautela, tendo em vista as variações nas taxas de câmbio e nos preços dos produtos no mercado internacional. Os dados da Tabela 11.2 mostram que o comércio mundial (exportação de bens e serviços não-fatores) cresceu a uma taxa inferior ao crescimento da renda na primeira metade dos anos 90. Dados de crescimento real mostram que no período 1991-94 o comércio mundial de bens cresceu a uma taxa média anual de 5,3%, enquanto a renda mundial teve uma taxa média anual de crescimento real de 1,2%. Não obstante essas discrepâncias, o que interessa aqui é chamar atenção para o crescimento significativo dos fluxos de IED, das operações das empresas transnacionais e das relações contratuais. Esses são os mecanismos que permitem a inserção produtiva dos países na economia internacional, isto é, a globalização produtiva.

## Volatilidade e vulnerabilidade

### *Riscos e volatilidade do investimento internacional*

O sistema financeiro internacional tem riscos específicos que configuram a instabilidade marcante desse sistema e a volatilidade dos fluxos de investimento internacional. Como resultado, as economias nacionais enfrentam um problema de vulnerabilidade externa (Akyüz, 1991).

Esses riscos podem ser classificados da seguinte forma: crédito; mercado; liquidação; liquidez; operacional; legal e sistêmico (UNCTAD-TDR, 1995, pp. 99-101). O risco de crédito significa a incapacidade do devedor de cumprir com suas obrigações, isto é, quando o devedor torna-se insolvente. O risco de mercado representa perdas decorrentes de queda no preço dos ativos. O risco de liquidação manifesta-se no descompasso de tempo entre uma operação de crédito e uma de débito, isto é, a contrapartida de uma operação não ocorre. O risco de liquidez é a falta temporária de recursos para saldar um débito. O risco operacional decorre de falha de controle ou de gerenciamento adequado das transações financeiras. O risco legal surge como resultado de imperfeições nos mecanismos jurídico e institucional que balizam as transações. Por último, o risco sistêmico ocorre quando o sistema financeiro internacional tem o seu funcionamento paralisado por um evento desestabilizador grave. Há uma interação entre os diferentes tipos de risco e, inclusive, é essa interação que pode gerar um risco sistêmico. A instabilidade do sistema financeiro internacional e a volatilidade dos fluxos de investimento internacional envolvem tanto o capital de curto prazo quanto o de longo prazo.

Quais são as principais causas da volatilidade do investimento internacional?

A atual volatilidade do investimento internacional pode ser explicada pela interação de três conjuntos de fatores. O primeiro refere-se ao desenvolvimento do mercado de euromoedas nos anos 60 e sua extraordinária expansão por mais de duas décadas. O mercado de euromoedas permitiu aos bancos, assim como às ETs, escapar das restrições existentes nos sistemas financeiros nacionais, em geral, e das limitações de operações em dólar impostas pelo Banco Central dos Estados Unidos, em particular. Como resultado, o mercado de euromoedas facilitou a expansão extraordinária dos fluxos internacionais de capitais de curto prazo e especulativos (Van der Wee, 1990, p. 415-418).

O segundo fator envolve uma série de "não-decisões" ou falhas de decisão por parte dos governos dos países avançados no que diz respeito à evolução do sistema monetário internacional após a ruptura do sistema de Bretton Woods em 1971 (ver Capítulo 17). Essas "não-decisões" referem-se, principalmente, à incapacidade dos países desenvolvidos de estabelecer um novo conjunto de regras, normas, práticas e procedimentos. Portanto, trata-se da existência de um "não-sistema" monetário internacional desde então. Dentre as questões de maior importância pode-se mencionar a falta de disciplina ou de regulação do mercado internacional de moedas e a inexistência de regras quanto ao funcionamento do sistema internacional de taxas de câmbio. Ademais, os "gerentes" do sistema monetário internacional foram incapazes de criar mecanismos de transferência de recursos após a crise do petróleo nos anos 70. Houve um desequilíbrio extraordinário no cenário internacional que colocou, de um lado, países superavitários, exportadores de petróleo, e, do outro, países deficitários, importadores de petróleo. O mercado internacional de capitais, com destaque para o mercado de euromoedas, mostrou-se um alocador ineficiente, tendo em vista a eclosão da crise da dívida externa nos anos 80, quando os países em desenvolvimento tiveram problemas de liquidez ou de solvência, e cujas conseqüências são observadas até hoje.

O terceiro conjunto de fatores, que tem gerado maior volatilidade do investimento internacional, envolve o fenômeno da globalização financeira, principalmente a partir do início dos anos 80. Conforme vimos, esse fenômeno é entendido como a interação de três fenômenos, a saber: a expansão extraordinária dos fluxos de investimento internacional, a maior concorrência no sistema financeiro internacional e a maior integração entre os sistemas financeiros nacionais.

A questão da volatilidade do capital internacional refere-se, em grande medida, ao investimento de portfólio, seja de curto ou de longo prazo, na medida em que o IED é visto tradicionalmente como um investimento com um horizonte de longo prazo. Entretanto, ainda que o IED não apresente o padrão de volatilidade do investimento de portfólio, ele apresenta um padrão de flutuação cíclica que pode ter efeitos importantes sobre os países receptores. Essas flutuações cíclicas do IED podem ser bastante significativas, dependendo das políticas e do desempenho econômico nos países desenvolvidos, assim como das estratégias das ETs. Nesse sentido, as flutuações cíclicas do IED também podem se tornar um fator desestabilizador externo para economias nacionais.

A volatilidade do investimento internacional tem efeitos macroeconômicos importantes sobre os países. Tais efeitos decorrem de alterações nas políticas macroeconômicas que, por seu turno, quando mudam os preços relativos, o nível e a composição e os agregados econômicos, têm impacto microeconômico também significativo.

## Vulnerabilidade das economias nacionais

A volatilidade do investimento internacional gera, também, um problema de vulnerabilidade externa para as economias nacionais.

A *vulnerabilidade externa* significa uma baixa capacidade de resistência das economias nacionais diante de pressões, fatores desestabilizadores ou choques externos. A vulnerabilidade tem duas dimensões igualmente importantes. A primeira envolve as opções de resposta com os instrumentos de política disponíveis, e a segunda incorpora os custos de enfrentamento ou de ajuste em face dos eventos externos (Jones, 1995, p. 7). A vulnerabilidade externa é tão maior quanto menores forem as opções de política e quanto maiores forem os custos do processo de ajuste.

O processo de globalização tem, sem dúvida alguma, levado a um sistema mais complexo de interdependências entre economias nacionais. Entretanto, esse sistema complexo de interdependência continua significativamente assimétrico, de tal forma que é possível falar de "vulnerabilidade unilateral" por parte da grande maioria de países do mundo com uma capacidade mínima de repercussão em escala mundial. Isto é, um país que tem vulnerabilidade unilateral é muito sensível a eventos externos e sofre de forma significativa as conseqüências de mudanças no cenário internacional, enquanto os eventos internos nesse país têm impacto nulo ou quase nulo sobre o sistema econômico mundial. De modo geral, os países em desenvolvimento têm como atributo a vulnerabilidade externa que, de fato, tem sido parte integrante do processo histórico desses países, inclusive aqueles que se livraram formalmente, há mais de um século, de laços coloniais.

A volatilidade do investimento internacional manifesta-se por meio de mudanças abruptas na "quantidade" e no "preço" do capital externo. Alterações de quantidade envolvem, invariavelmente, mudanças tanto no volume como na composição dos recursos externos. As alterações de "preço" afetam as condições de captação de recursos externos, com mudanças tanto de custo como de prazo.

A vulnerabilidade externa envolve resistência aos efeitos negativos da volatilidade do investimento internacional. Essa resistência é exercida, geralmente, com o uso de políticas macroeconômicas tradicionais – políticas monetária e fiscal restritivas. Outrossim, os governos podem usar controles diretos sobre os fluxos de capital, e as políticas cambial e comercial para enfrentar os problemas criados pela volatilidade do investimento internacional.

Mudanças abruptas no investimento internacional tendem, geralmente, a ter seus efeitos transmitidos para as economias nacionais por meio de três mecanismos: processo de ajuste das contas externas, impacto nas esferas monetária e financeira, e impacto sobre a dimensão real da economia.

O processo de ajuste das contas externas passa, inicialmente, pelo gerenciamento das reservas internacionais do país. Naturalmente, a turbulência no sistema financeiro internacional que afeta as fontes de financiamento externo pode levar ao esgotamento das reservas internacionais do país no curto prazo. Nesse caso, o país é forçado a implementar políticas de estabilização macroeconômica de natureza contracionista baseadas na redução do nível de gastos (absorção interna) e na mudança na composição dos gastos (redirecionando a produção para o mercado externo). Para isso, as políticas monetária, fiscal, cambial e comercial são os instrumentos tradicionais que afetam quantidades (volumes de produção, renda e gastos) e preços relativos *(tradeables* versus *non-tradeables).* A centralização do câmbio e outras medidas de controle direto sobre as contas externas são utilizadas como estratégia defensiva ou nas situações limite, quando os países são levados, por exemplo, à moratória sobre a dívida externa.

No caso oposto, quando há um excesso de liquidez internacional, a acumulação de reservas impõe um problema de controle da oferta monetária. A política de esterilização é freqüentemente utilizada, e isso gera, como resultado, um aumento da dívida mobiliária federal, já que há um diferencial entre taxas de juros externa e interna (margem de arbitragem). O acúmulo de reservas tem, assim, um custo de manutenção dado pela margem de arbitragem.

Nas esferas monetária e financeira, o impacto imediato se dá no mercado de câmbio. A volatilidade do investimento internacional tende a gerar não somente uma maior instabilidade nesse mercado, como também um desalinhamento da taxa de câmbio. Em uma situação de excesso de recursos externos, há pressão para a apreciação cambial, o que distorce preços relativos, barateando importações e encarecendo as exportaçoes, e causando perda de competitividade internacional. Essa apreciação cambial tende a ter efeitos negativos sobre a balança comercial.

A volatilidade financeira internacional também gera instabilidade no sistema monetário nacional, afetando a oferta de moeda e, conseqüentemente, o volume de crédito interno. A expansão da oferta monetária pode ter repercussões sobre o nível geral de preços. O governo é forçado a realizar alterações abruptas na taxa de juros interna para ter uma margem de arbitragem que estabilize os fluxos financeiros internacionais. Essas alterações abruptas nas taxas de juros geram incertezas na economia, que prejudicam a formação de expectativas e os planos de investimento.

A presença de não-residentes no mercado de capitais tende a aumentar a volatilidade dos preços dos ativos. O aumento extraordinário de preços de ativos pode gerar um efeito-riqueza que se manifesta, por exemplo, no aumento do consumo e das importações, além de repercutir sobre os preços de outros ativos financeiros ou reais na economia. A volatilidade dos fluxos financeiros internacionais aumenta, assim, a volatilidade dos preços dos ativos financeiros e reais na economia doméstica.

A vulnerabilidade externa se manifesta também quando o sistema financeiro doméstico fica com ativos e passivos denominados em moeda estrangeira. Dessa forma, aumenta-se a fragilidade do sistema financeiro nacional que, além das mudanças internas, passa a sofrer a influência e o impacto de mudanças (por vezes abruptas) no investimento internacional e torna-se mais sensível às alterações da taxa de câmbio.

No que se refere à esfera real da economia nacional, a volatilidade da taxa de câmbio tende a encurtar o horizonte dos investimentos tendo em vista riscos e incertezas, assim como os custos de transação. A maior volatilidade das taxas de juros, decorrente do impacto dos fluxos financeiros internacionais sobre a política monetária, também afeta negativamente os investimentos produtivos, visto que expectativas são alteradas com grande freqüência.

A volatilidade do investimento internacional gera alterações no padrão de comércio exterior por meio da taxa de câmbio. Em uma situação de excesso de liquidez internacional, a apreciação cambial resulta no aumento das importações e na redução das exportações, com perda da competitividade internacional. Tendo em vista a pressão dos exportadores, os governos são levados a fazer mudanças nas políticas fiscal e creditícia no sentido de criar condições compensatórias para a apreciação cambial.

O impacto mais direto e imediato da volatilidade do investimento internacional sobre a vulnerabilidade dos países é decorrente do aumento do passivo externo de curto prazo. Esse aumento resulta da importância crescente dos fluxos de investimento de portfólio com horizonte de curto prazo ou de natureza especulativa. Dentre esses fluxos, podem-se destacar os investimentos em bolsas de valores e em títulos de renda fixa com maturidade reduzida. As aplicações em títulos negociáveis no mercado doméstico de capitais, como títulos do governo e debêntures, também caracterizam um fenômeno de vulnerabilidade financeira externa. Nesse sentido, parte substantiva dos ativos monetários das reservas internacionais fica comprometida com aplicações especulativas (que se beneficiam de elevados diferenciais de taxas de juros ou de retorno) e aplicações de curto prazo. A partir de meados de 1990, inúmeros países latino-americanos e asiáticos, que apresentavam vulnerabilidade financeira externa, experimentaram o impacto da volatilidade dos fluxos financeiros internacionais sobre as políticas econômicas e sobre o desempenho das economia nacionais.

## *Volatilidade e vulnerabilidade: diferentes visões*

A volatilidade dos fluxos financeiros internacionais tem crescido de tal forma que, atualmente, não se pode desconsiderar o cenário de risco sistêmico. A perda de poder dos governos, por seu turno, resulta da menor capacidade de influenciar variáveis macroeconômicas fundamentais, como taxa de juros e taxa de câmbio. Para os países em desenvolvimento, coloca-se o problema da vulnerabilidade externa, visto que esses países são "atores menores" no cenário mundial e têm uma baixa capacidade de resistência frente à volatilidade do capital internacional.

As diferentes interpretações acerca da volatilidade do investimento internacional e seus efeitos podem ser agrupadas em sete visões distintas, a saber, liberal, diplomática, financeira, bancária, tributária, keynesiana e Estado-nacional (Gonçalves, 1996, p.72-88). Ver a síntese dessas visões no Quadro 11.1.

Na visão liberal, a volatilidade faz parte dos "custos" de um processo de globalização financeira que traz enormes benefícios. Seguindo a concepção liberal tradicional, o mercado é visto como o "alocador ótimo", no sentido de permitir aplicações em que o capital seja o mais produtivo possível. Os liberais vão além e argumentam que o mercado financeiro internacional crescentemente globalizado também funciona como um "justiceiro ótimo". Isso significa, simplesmente, que governos "bem-comportados" são premiados com entrada maciça de capitais, enquanto governos "malcomportados" são punidos com saída extraordinária ou fuga de capitais. A volatilidade reflete, assim, a rapidez na premiação ou na punição via mercado.

**Quadro 11.1** Globalização financeira e volatilidade dos fluxos financeiros internacionais: Visões

| Visão | Diagnóstico | Solução |
|---|---|---|
| Liberal | Mercado é alocador ótimo<br>Volatilidade: punição para os "malcomportados" | Eliminar falhas de mercado |
| Diplomática | Volatilidade é um problema, mas a globalização financeira é uma "janela de oportunidades" | Maior cooperação internacional. Ampliar a participação de países emergentes em fóruns internacionais (G-8, OECD, BIS, FMI, ONU) |
| Financeira | O problema é a ausência de mecanismos eficazes de prevenção e proteção. Fragilidade dos sistemas | Maior disponibilidade de recursos financeiros para ajustes de balanço de pagamentos e estratégias preventivas. Reforçar o papel do FMI |
| Bancária | Ausência de supervisão prudencial e fiscalização | Aperfeiçoamento e harmonização de normas. Acordo da Basiléia (BIS) |
| Tributária | Volatilidade de fluxos financeiros de curto prazo e nos mercados de moedas e de derivativos | Taxa Tobin |
| Keynesiana | Volatilidade decorre da "paranóia antiinflacionária" e da insuficiência da demanda agregada. Expansão do financeiro *vis-à-vis* o real | Coordenação macroeconômica dos países desenvolvidos (Estados Unidos, União Européia, Japão) na direção de políticas expansionistas |
| Estado-nacional | Rivalidade entre Estados-nacionais. Volatilidade aumenta a vulnerabilidade financeira externa e reduz a soberania nacional | Políticas nacionais de controle de capitais e do mercado de câmbio |

A visão diplomática enfatiza a cooperação internacional e envolve um certo "liberalismo qualificado", pois percebe o mercado financeiro internacional, principalmente, como um ofertante de oportunidades, ainda que reconheça a existência de ameaças, tais como aquelas derivadas da volatilidade. Essa visão centra esforços no sentido de ampliar a participação de países em desenvolvimento em fóruns internacionais que, de uma forma ou de outra, tratam de questões monetárias e financeiras internacionais. Esses foros seriam, por exemplo, BIS (Banco de Compensações Internacionais, Basiléia), FMI, G-8, OECD e ONU. A idéia principal é que a troca de informações, as negociações e, eventualmente, as resoluções em foros internacionais seriam as formas apropriadas de enfrentar os graves problemas causados pela globalização e pela volatilidade financeira.

A visão financeira destaca a necessidade de maior volume de recursos, provavelmente administrados pelo FMI. Esses recursos funcionariam como um fundo preventivo para evitar que a volatilidade do investimento internacional cause graves crises. O problema central com essa forma de cooperação internacional é que, no lugar de tratar das raízes do problema da vulnerabilidade financeira externa, ela estimula um padrão predatório de articulação dos países com o sistema financeiro internacional. É como se passasse a existir um seguro para estimular o comportamento mais ousado (ou mais irresponsável), principalmente daqueles governos que nem mesmo temeriam o risco moral *(moral hazard)* de acesso a dinheiro fácil no mercado internacional. A maior propensão ao risco por parte dos tomadores agravaria ainda mais a volatilidade do investimento internacional.

A visão bancária enfatiza a questão da supervisão prudencial e a fiscalização por parte das autoridades monetárias nos países. O FMI tem se colocado nessa posição, que destaca a importância da eficiência do aparato regulatório das atividades financeiras em cada país. Implícito nessa visão está o entendimento acerca da dificuldade de uma intervenção coordenada no plano internacional por parte dos bancos centrais, exceto no caso de operações de resgate, que tem alcance limitado. Outrossim, enfatiza-se a necessidade de harmonização de normas operacionais de instituições financeiras nos países via, por exemplo, universalização das recomendações do BIS.

A visão tributária defende a taxação dos fluxos financeiros internacionais, como também as transações no mercado internacional de moedas e nos mercados de derivativos. A proposta de James Tobin nos anos 70 (a chamada "Taxa Tobin") é parte dessa visão. O argumento central é que um tributo dessa natureza reduziria os fluxos internacionais de capitais e, portanto, a volatilidade desses fluxos. Além das dificuldades técnicas de tributação de diferentes tipos de mercados e instrumentos (por exemplos, derivativos), deve-se levar em consideração que alguns centros financeiros internacionais ("paraísos fiscais") poderiam não aceitar essa tributação.

A visão keynesiana destaca a influência determinante das políticas macroeconômicas dos principais países do mundo no sentido de se criar um viés deflacionário ou uma "paranóia antiinflacionária", que acaba inchando o setor financeiro em detrimento do segmento real das economias. Os documentos da UNCTAD refletem esse tipo de visão. A desregulamentação financeira, a expansão do mercado de derivativos e a financeirização das empresas (maior relação entre ativos financeiros e ativos produtivos) são fenômenos resultantes de políticas macroeconômicas de controle da demanda agregada, que são inibidoras do investimento produtivo. As políticas macroeconômicas contracionistas, sobretudo as políticas monetárias restritivas, possibilitam rentabilidade sobre aplicações financeiras relativamente mais elevada do que a lucratividade de ativos produtivos. Como resultado, políticas expansionistas nas principais economias do mundo promoveriam a expansão dos investimentos produtivos em escala mundial e desestimulariam a globalização financeira, portanto, a volatilidade do investimento internacional.

Por fim, há a visão do Estado-nacional. Apesar de a globalização financeira ser vista como um fenômeno que oferece oportunidades, essa visão enfatiza o fato de a globalização apresentar enormes problemas. A globalização pode ter um impacto devastador sobre países periféricos por meio da maior vulnerabilidade financeira externa desses países. A percepção é que o mercado global de capitais está longe de ser um "alocador ótimo" ou um "justiceiro ótimo". Esse mercado é, principalmente, um poderoso mecanismo de vulnerabilidade externa, crise econômica e de enfraquecimento do Estado-nacional. A rivalidade entre Estados-nacionais é, então, influenciada pelo sistema financeiro internacional. Ademais, tendo em vista a interpenetração dos interesses financeiros internacionais com os objetivos políticos, econômicos e geopolíticos dos países hegemônicos, é difícil imaginar que medidas mais efetivas sejam tomadas multilateralmente. Isto é, a cooperação internacional na área monetária-financeira dificilmente contemplaria os interesses de países periféricos. Nesse sentido, restaria o uso de medidas que controlassem de forma efetiva os fluxos internacionais de capitais em cada país. A idéia central é, então, colocar restrições, principalmente com relação aos fluxos de investimento de portfólio, que envolvem um horizonte de curto prazo ou são de natureza especulativa. Essa visão propõe, ainda, um baixo grau de liberalização cambial e, portanto, um controle efetivo e limitações restritas quanto ao funcionamento do mercado cambial, tanto no que se refere à conta de capital quanto às transações internacionais de serviços.

## Palavras-chave

- Globalização financeira
- Globalização produtiva
- Vulnerabilidade externa
- Taxa Tobin
- Vulnerabilidade unilateral
- Financeirização
- Risco de crédito
- Risco de mercado
- Risco de liquidação
- Risco de liquidez
- Risco operacional
- Risco legal
- Risco sistêmico

## Exercícios

1. Quais são os principais determinantes da globalização financeira?
2. Quais são os principais riscos associados ao investimento internacional?
3. Como se manifesta a volatilidade do capital internacional?
4. Quais são as principais visões a respeito da volatilidade dos fluxos internacionais de capital?

## Referências bibliográficas

AKYUZ, Y. "Inestabilidad e incertidumbre em los mercados financieros internacionales". *Boletin del CEMLA*. Novembro, 1991.

BAUMANN, R. "Uma visão econômica da globalização". *In:* BAUMANN, R. (org.), *O Brasil e a Economia Global*. Rio de Janeiro: Editora Campus, 1996.

BRAGA, J. C. S. "A financeirização da riqueza: a macroestrutura financeira e a nova dinâmica dos Capitalismos centrais". *Economia e Sociedade*. No. 2, agosto, 1993.

FMI. *Global Financial Stability Report. Market Developments and Issues*. Washington DC: 2003.

FMI. *International Capital Markets. Developments, Prospects, and Policy Issues*. Washington DC: 1995.

FMI. *International Capital Markets. Developments, Prospects, and Policy Issues*. Washington DC: 1996.

GONÇALVES, R. "Globalização financeira, liberalização cambial e vulnerabilidade externa da economia brasileira". *In:* BAUMANN, R. (org.), *O Brasil e a Economia Global*. Rio de Janeiro: Editora Campus, 1996.

GONÇALVES, R. "Globalização financeira e inserção internacional do Brasil". *Revista Brasileira de Política Internacional*. Nº 39, Nº 1, 1996.

GONÇALVES, R. *O Nó Econômico*. Rio de Janeiro: Ed. Record, 2003.

IANNI, O. *Teorias da Globalização*. Rio de Janeiro: Ed. Civilização Brasileira, 1995.

JONES, R. J. B. *Globalization and Interdependence, Rhetoric and Reality*, Londres: Pinter Publishers.

SALAMA, P. "La financiarisation excluante: l'exemple des économies latino-américaines". Paris: GREITD, 1995.

SANTOS, M. *Por uma outra globalização*. Rio de Janeiro: Ed. Record, 2000.

UNCTAD. *Trade and Development Report*. Genebra: 1995.

UNCTAD. *Trade and Development Report*. Genebra: 1996.

UNCTAD. *World Investment Report*. Genebra: 2003.

VAN DER WEE, H. *Histoire Économique Mondiale, 1945-1990*. Louvain-la-Neuve: Bélgica: 1990.

# Capítulo 12

# O Brasil e o investimento internacional

Poucos países no mundo têm uma inserção internacional tão ampla e profunda quanto o Brasil. Esse fenômeno histórico é particularmente evidente no que se refere ao investimento internacional, ou seja, a economia brasileira sempre apresentou um levado grau de internacionalização do seu aparelho produtivo. Neste capítulo, tratamos especificamente do investimento externo direto (IED), deixando a questão das relações entre o Brasil e os sistemas monetário e financeiro internacional para o Capítulo 19.

## Brasil: uma economia internacionalizada

O Brasil tem sido, historicamente, um dos países mais afetados pelo movimento internacional de fatores de produção. Com relação ao fator trabalho, o Brasil foi o quarto mais importante país receptor do fluxo migratório ocorrido entre meados do século XIX e as primeiras décadas do século XX. O Brasil recebeu 3,5 milhões de imigrantes no período 1861-1920, o que representou 8% do total da migração internacional nesse período. Somente os Estados Unidos, Canadá e Argentina superaram o Brasil como países receptores de fluxos migratórios no período 1861-1920 (Ashworth, 1958, p. 186).

Desde a independência política do país, o investimento internacional tem tido um papel de destaque na evolução da economia brasileira, seja em sua dinâmica interna, seja em suas relações com o resto do mundo. Ao longo do século XIX, o comportamento da economia brasileira foi, em grande medida, influenciado pelas suas relações com o sistema econômico internacional sob a hegemonia britânica. A presença inglesa no Brasil era ampla e profunda, e refletia, na realidade, um sistema mundial marcado pela *Pax Britannica* que perdurou até o início da Primeira Guerra Mundial (Manchester, 1973; Graham, 1968).

A Grã-Bretanha dominou inteiramente o cenário internacional como principal investidor ao longo de todo o século XIX, ainda que sua importância relativa tenha diminuído gradativamente nas últimas décadas desse século. A Grã-Bretanha ainda era o mais importante investidor internacional em 1914, quando respondeu por 43% do estoque total do investimento, seguida pela França (20%) e pela Alemanha (13%) (Kenwood e Lougheed, 1971, p. 41). No que se refere especificamente ao estoque de IED, a participação da Grã-Bretanha foi de 46% do total em 1914 (Dunning, 1988, p. 74).

Nesse cenário internacional, o Brasil foi um receptor importante do investimento internacional. Segundo os dados da Tabela 12.1, cerca de 80% do investimento internacional da Grã-Bretanha em 1913 estavam concentrados em sete países, sendo que o Brasil estava incluído nesse grupo, ocupando a sétima posição. Todos os cinco mais importantes países receptores de capital britânico eram ou haviam sido colônias inglesas. A Argentina, o sexto país no *ranking* dos maiores receptores de investimentos britânicos, tinha um papel de destaque na divisão internacional do trabalho, visto que era um grande exportador de produtos agrícolas de clima temperado, principalmente cereais (trigo), assim como exportador de carne e lã. O Brasil também tinha um papel na divisão internacional do trabalho como fornecedor de produtos agrícolas tropicais como café, cacau e borracha (Furtado, 1959, p. 66-67).

**Tabela 12.1** Distribuição geográfica do investimento internacional da Grã-Bretanha, 1913

| País | Percentagem* |
|---|---|
| Estados Unidos | 20,0 |
| Canadá | 13,7 |
| Austrália e Nova Zelândia | 11,1 |
| Índia e Ceilão | 10,0 |
| África do Sul | 9,8 |
| Argentina | 8,5 |
| BRASIL | 3,9 |
| Rússia | 2,9 |
| Subtotal | 79,9 |
| *Memorando* | |
| Império Britânico | 47,3 |
| América Latina | 20,1 |
| Estados Unidos | 20,0 |
| Europa | 5,8 |
| Outros | 6,8 |
| **Total** | 100,0 |

*Fonte:* Elaboração própria com base em Brinley (1967) em Dunning (1972) (org.), p. 27-58.

Nota: (*)Percentagem do valor total do estoque de investimento de portfólio e do investimento direto.

As mudanças significativas ocorridas ao longo do século XX, em especial a transição da *Pax Britannica* para a *Pax Americana*, não alteraram significativamente o fato de o Brasil ter uma ampla e profunda inserção internacional no que se refere aos fluxos de investimento. Usando a terminologia apresentada no Capítulo 11, pode-se afirmar que o Brasil tem participado intensamente do processo de globalização financeira e produtiva.

Na esfera financeira, a inserção internacional do Brasil tem sido muito significativa. Conforme mencionado, os fluxos de investimento de portfólio e os empréstimos internacionais serão tratados no Capítulo 19. Não obstante, vale mencionar que o Brasil tinha uma dívida externa total de quase US$200 bilhões em 1997, a maior dívida externa no conjunto dos países em desenvolvimento (Gonçalves e Pomar, 2000). Além disso, considerando a relação entre a dívida externa e as exportações de bens e serviços, os dados mostram que essa relação para o Brasil está entre as maiores no grupo de países em desenvolvimento (World Bank, 2001). Isso significa, entre outras coisas, que o Brasil tem uma ampla e profunda inserção no sistema financeiro internacional.

Quanto ao IED, os dados da Tabela 12.2 mostram a presença do Brasil entre os dez mais importantes países de destino desse tipo de investimento proveniente dos principais países investidores que constituem o "núcleo central" do sistema econômico mundial. Os Estados Unidos, a Alemanha e o Japão responderam por dois quintos do fluxo total de IED, além de serem responsáveis por cerca de metade do valor do estoque de IED no mundo nas últimas duas décadas do século XX. Deve-se notar que os maiores investidores, tanto em termos de fluxos como de estoque, são os Estados Unidos, o Reino Unido, o Japão, a Alemanha e a França (UNCTAD-WIR, 1996, Anexo, tabelas 2 e 3, p. 233-240). No caso dos Estados Unidos, o Brasil ocupava a nona posição; enquanto nos casos da Alemanha e do Japão, o Brasil ocupava a décima posição como mais importante país receptor de IED.

A Tabela 12.2 também mostra uma peculiaridade do IED, a saber, o fato desse tipo de investimento estar concentrado em um número restrito de países. Assim, cerca de dois terços do IED dos Estados Unidos, Japão e Alemanha estão concentrados em dez países. A lista dos maiores receptores naturalmente varia de país para país, dependendo da história, da geografia e das relações bilaterais entre país investidor e país receptor. É interessante observar, todavia, que somente três países aparecem nas três listas, isto é, somente o Reino Unido, a Holanda e o Brasil aparecem como destinos preferenciais comuns dos três grandes investidores internacionais (Estados Unidos, Alemanha e Japão). Outros países receptores importantes de IED, como Bélgica Luxemburgo, França, Suíça e Austrália, aparecem na lista de dois dos grandes investidores internacionais, mas não nas três. Os Estados Unidos aparecem como principal país tanto na lista japonesa quanto na lista alemã.

**Tabela 12.2** Os mais importantes países receptores de investimento externo direto dos Estados Unidos, Alemanha e Japão

| País | Participação (%)* |
|---|---|
| **Estados Unidos** | |
| Canadá | 16,2 |
| Grã-Bretanha | 15,4 |
| Alemanha | 6,5 |
| Suíça | 5,6 |
| Holanda | 5,4 |
| Japão | 5,0 |
| Bermudas | 4,5 |
| França | 4,0 |
| BRASIL | 3,6 |
| Austrália | 3,4 |
| **Total** | 69,6 |
| **Alemanha** | |
| Estados Unidos | 23,0 |
| Benelux | 9,5 |
| França | 8,6 |
| Grã-Bretanha | 7,3 |
| Holanda | 6,0 |
| Espanha | 5,3 |
| Itália | 4,8 |
| Suíça | 4,6 |
| Áustria | 3,4 |
| BRASIL | 2,8 |
| **Total** | 75,3 |
| **Japão** | |
| Estados Unidos | 42,0 |
| Grã-Bretanha | 7,3 |
| Panamá | 5,2 |
| Austrália | 5,2 |
| Holanda | 4,1 |
| Indonésia | 3,7 |
| Hong Kong | 3,2 |
| Cayman | 2,4 |
| Benelux | 2,4 |
| BRASIL | 2,1 |
| **Total** | 77,6 |

*Fonte:* Elaboração própria com base em United Nations (1993), Volume III, p. 289-291, p. 469-471, e p. 494-496.

Nota: (*) Participação percentual no valor total do estoque de investimento externo direto de cada país em 1990.

Para ficar ainda mais clara a profunda inserção produtiva do Brasil na economia mundial por meio de sua relevância como país receptor do investidor externo direto, vale notar que o Brasil é o único país em desenvolvimento presente na lista *top* dos Estados Unidos, Japão e Alemanha.

Os dados de estoque do IED, segundo o país receptor, também mostram a profunda globalização produtiva do Brasil. Dados das Nações Unidas mostram que o Brasil tinha o 15º mais elevado estoque de IED do mundo em 1995 (UNCTAD-WIR, 1997). Entre os países em desenvolvimento, somente China, México, Cingapura e Indonésia tinham uma presença do investimento internacional, em termos absolutos, maior do que o Brasil. O crescimento extraordinário dos fluxos de IED no Brasil a partir de 1995 provocou uma alteração nessa posição. Os dados da Tabela 12.3 indicam que o Brasil tinha o 8º maior estoque de IED no mundo em 2002. Naturalmente, esses dados de estoque devem ser vistos com cautela. Entretanto, não resta dúvida de que a economia brasileira por meio, principalmente, das privatizações e aquisições de empresas nacionais, experimentou um aumento significativo do capital estrangeiro no seu aparelho produtivo na segunda metade dos anos 90.

**Tabela 12.3** Estoque de Investimento Externo Direto, anos selecionados, 1980-2002

(US$ bilhões)

| | 1980 | 1990 | 2000 | 2001 | 2002 |
|---|---|---|---|---|---|
| Total | 699 | 1954 | 6147 | 6607 | 7123 |
| 1. Estados Unidos | 83 | 395 | 1214 | 1321 | 1351 |
| 2. Reino Unido | 63 | 204 | 435 | 552 | 639 |
| 3. Alemanha | 37 | 120 | 471 | 414 | 452 |
| 4. China | 6 | 25 | 348 | 395 | 448 |
| 5. Hong Kong, China | 178 | 202 | 455 | 419 | 433 |
| 6. França | 26 | 87 | 260 | 289 | 401 |
| 7. Holanda | 19 | 69 | 247 | 285 | 315 |
| 8. Brasil | 17 | 37 | 197 | 219 | 236 |
| 9. Canadá | 54 | 113 | 205 | 209 | 221 |
| 10. Espanha | 5 | 66 | 145 | 165 | 218 |

*Fonte:* UNCTAD-*World Investment Report*, 2003, Anexo, tabela B.3.

## Empresas transnacionais no Brasil

A empresa transnacional (ET) é o principal agente de realização do IED. O censo de Capital Estrangeiro de 2000 (BACEN) mostra que há cerca de 11 mil subsidiárias ou filiais de empresas transnacionais (ETs) atuando no país. A maior presença dessas empresas esteve associada aos crescentes fluxos de IED, principalmente a partir de 1995. Os dados da Tabela 12.4 mostram que o ingresso bruto aumentou de US$3,2 bilhões em 1994 para U$22,1 bilhões em 1997 e para U$40,3 bilhões em 2000. A queda do IED em 2001-2002 reflete tanto a conjuntura internacional desfavorável quanto a desestabilização macroeconômica do Brasil e um certo esgotamento do processo de privatização.

**Tabela 12.4** Investimento externo direto no Brasil, 1982-2002

(fluxos em US$ milhões)

| | **Líquido**<br>**A = B – C** | **Ingressos**<br>**B = E + H** | **Saídas**<br>**C = F + I** |
|---|---|---|---|
| 1990 | 989 | 1388 | 400 |
| 1991 | 1102 | 1402 | 300 |
| 1992 | 2061 | 2620 | 559 |
| 1993 | 1291 | 2357 | 1066 |
| 1994 | 2150 | 3222 | 1072 |
| 1995 | 4405 | 6370 | 1965 |
| 1996 | 10792 | 12034 | 1242 |
| 1997 | 18993 | 22081 | 3088 |
| 1998 | 28856 | 34982 | 6127 |
| 1999 | 28578 | 36254 | 7676 |
| 2000 | 32779 | 40290 | 7511 |
| 2001 | 22457 | 30017 | 7559 |
| 2002 | 16566 | 26436 | 9870 |

*Fonte:* BACEN.

Os fluxos de IED têm representado uma ampla e profunda desnacionalização da economia brasileira (Lacerda *et al*, 2000). Os dados da Tabela 12.5 mostram a participação percentual das empresas transnacionais na indústria de transformação nos países com maior presença dessas empresas. Nessa tabela pode-se constatar que a economia brasileira apresenta o sexto maior grau de internacionalização da produção industrial no mundo, com 32% da produção industrial controlada por ETs.

Ademais, se compararmos o Brasil aos Estados Unidos, verificamos em todos os segmentos industriais uma maior presença de ETs no Brasil do que nos Estados Unidos (ver Tabela 12.6). A única exceção, que parece confirmar a regra, é o da indústria editorial e gráfica, na qual empresas inglesas, canadenses e australianas operam nos Estados Unidos para se beneficiar do grande mercado de língua inglesa nesse país.

**Tabela 12.5** Grau de desnacionalização da indústria de transformação, por país (em percentagem)

| País | Produção |
|---|---|
| Cingapura | 62,9 |
| Canadá | 56,6 |
| Bélgica | 44,0 |
| Malásia | 44,0 |
| Venezuela | 35,9 |
| BRASIL | 32,0 |
| Argentina | 29,4 |
| Colômbia | 29,0 |
| Austrália | 28,7 |
| Chile | 28,0 |
| França | 27,8 |
| México | 27,0 |
| Peru | 25,2 |
| Itália | 23,8 |
| Áustria | 22,7 |
| Alemanha | 21,7 |
| Grã-Bretanha | 21,2 |
| Coréia do Sul | 19,3 |
| Hong Kong | 13,9 |
| Estados Unidos | 11,5 |
| Uruguai | 11,5 |
| Espanha | 11,2 |
| Noruega | 10,4 |
| Dinamarca | 8,8 |
| Suécia | 7,3 |
| Índia | 7,0 |
| Japão | 4,2 |

*Fonte:* Elaboração do autor. UNCTC (1988), Tabela X.1, e Safarian (1983), Tabela 2.
Nota: O grau de desnacionalização refere-se à participação de empresas de capital estrangeiro no valor da produção industrial. Os dados referem-se, na maior parte dos casos, ao final dos anos 70.

No último ciclo longo de expansão da economia brasileira, entre o final da década de 1960 e o final da década seguinte, o fluxo acumulado de IED representou cerca de 3% da formação bruta de capital fixo. Se considerarmos os lucros reinvestidos, essa participação aumentou para 5% (CEPAL, 1983). Entretanto, essas cifras são um tanto enganadoras se não levarmos em conta as principais características das ETs – principais agentes do IED – atuando no Brasil.

**Tabela 12.6** Empresa estrangeira na indústria de transformação: Brasil e Estados Unidos

| **Indústria** | **Empresas estrangeiras Participação (%)** | | | |
|---|---|---|---|---|
| | **Vendas** | | **Emprego** | |
| | **Brasil** | **EUA** | **Brasil** | **EUA** |
| Minerais não-metálicos | 23 | 22 | 12 | 12 |
| Metalurgia | 16 | 13 | 19 | 7 |
| Mecânica | 34 | 6 | 25 | 6 |
| Material elétrico | 83 | 12 | 68 | 9 |
| Material de transporte | 78 | 3 | 81 | 3 |
| Papel | 13 | 7 | 11 | 6 |
| Borracha e plástico | 38 | 10 | 31 | 7 |
| Química, farmacêutica, perf. | 44 | 31 | 63 | 24 |
| Têxtil | 16 | 4 | 13 | 3 |
| Alimentos, bebidas, fumo | 23 | 8 | 1 | 5 |
| Editorial e gráfica | 1 | 8 | 1 | 5 |
| Outras | 7 | 6 | 5 | 4 |
| Total | 32 | 11 | 23 | 7 |

*Fonte:* Gonçalves (1994), p. 157.

O setor industrial foi a "locomotiva" da economia brasileira no período em questão, tanto na primeira fase, entre 1968 e 1973, quando do crescimento extraordinário do segmento de bens de consumo duráveis, como na segunda fase, a partir de 1974, quando da substituição de importações de insumos intermediários e bens de capital. Em ambas as fases do ciclo longo de crescimento, as ETs desempenharam um papel de fundamental importância. As ETs responderam por cerca de um terço da produção industrial brasileira no final dos anos 70, sendo que essa participação variou de pouco mais de 1% no caso da indústria editorial e gráfica para mais de 95% no caso da indústria de fumo. Embora a participação das ETs na indústria brasileira pareça um fenômeno generalizado, o fato é que há uma significativa concentração de investimentos em determinadas indústrias. Na realidade, as ETs concentram seus investimentos em indústrias mais intensivas em tecnologia. Nesse sentido, vale notar que mais da metade da produção das ETs na indústria brasileira está em material elétrico, material de transporte, produtos farmacêuticos e química. Além disso, nessas indústrias, caracterizadas por oligopólios ou concorrência monopolística, as ETs tendem a ter um papel de liderança. Nota-se, também, uma concentração de empresas na medida em que as 100 maiores ETs atuando no Brasil responderam por cerca de dois terços da produção do conjunto de ETs no país (*Ibid*, p. 70).

Outro aspecto de destaque é a participação de ETs nas diferentes categorias de uso dos produtos. Dados para o final dos anos 70 mostram que as ETs tinham uma participação bastante significativa na produção de bens de consumo duráveis (56%) e de bens de capital (46%), mas uma presença menos expressiva nos segmentos produtores de bens intermediários (35%), e menor ainda nos produtores de bens de consumo não-duráveis (16%) (*Ibid.*, p. 71).

A partir da crise do petróleo em 1973, a economia brasileira entrou em uma trajetória de desequilíbrio externo, que passou a ser determinante das políticas governamentais e da atuação das empresas. Nesse sentido, a orientação central da estratégia de ajuste passou a ser a redução do déficit na Balança Comercial. As ETs tiveram um papel importante nesse processo de ajuste estrutural.

Devido às suas vantagens específicas, as ETs têm uma presença bastante significativa nas indústrias mais intensivas em tecnologia e, conseqüentemente, também respondem por uma participação substantiva das exportações de produtos mais sofisticados em termos tecnológicos, que foram responsáveis por mais da metade do valor total de manufaturados exportados por ETs em 1980 (Gonçalves, 1987, p. 411-436). As atividades de exportação das ETs na indústria de transformação no Brasil estão em grande parte (cerca de 4/5) concentradas em indústrias tecnologicamente mais sofisticadas (nas quais elas têm vantagens específicas) e no setor de processamento de alimentos (no qual o país possui uma enorme vantagem comparativa devido à sua dotação de fatores). Considerando a natureza oligopolista das vantagens específicas das ETs e a estrutura industrial brasileira, não constitui uma surpresa o fato de que um número relativamente pequeno de grandes empresas (entre elas algumas dezenas de ETs) responda por uma proporção muito elevada do total das exportações de manufaturados.

Vale destacar ainda que durante quase duas décadas o desempenho exportador das ETs (e também das empresas nacionais) foi influenciado por incentivos e subsídios bastante significativos. Mecanismos de promoção de exportação foram usados extensivamente do início dos anos 70 até o final dos anos 80. As ETs receberam incentivos especiais por meio de mecanismos criados para estimular suas exportações de tal forma que a relação média subsídio/valor exportado para as ETs foi da ordem de 50%. Nos anos 70, os dados disponíveis também mostram que as ETs receberam uma fração mais do que proporcional dos incentivos e subsídios à exportação em comparação a sua participação nas exportações de manufaturados (Braga, 1981). Nesse sentido, deve-se destacar a relevância do comércio intrafirma, entre matriz e filial (Baumann, 1993).

A estratégia de ajuste adotada pelo governo após os choques externos em 1974 acarretou uma maior interação com a economia internacional, cada vez mais adversa e volátil, em vez da menor dependência pretendida pelos tomadores de decisão. A estratégia envolvia uma maior dependência externa devido à influência determinante das exportações de manufaturados, petróleo importado, tecnologia estrangeira, endividamento externo e IED.

A Balança Comercial tornou-se cada vez mais dependente da expansão das exportações de manufaturados em um quadro de ascensão do protecionismo. A política energética no período 1974-79 não mudou a estrutura de oferta de energia de forma significativa, e, ademais, manteve-se um sistema de transportes com um forte viés rodoviário. A oferta de material de transporte ficou centrada nas ETs e altamente dependente do petróleo importado. O processo de substituição de importações nos insumos básicos e nos bens de capital também foi altamente dependente, seja da tecnologia estrangeira, seja do capital externo (via, inclusive, *joint ventures* no chamado "modelo tripartite").

Dessa maneira, o processo de ajuste após o primeiro choque do petróleo seguiu a "linha de menor resistência" ao procurar reduzir a vulnerabilidade externa (associada ao petróleo importado) por meio da "trajetória natural" de fases mais avançadas da substituição de importações. Entretanto, esse processo de ajuste estrutural acabou reforçando ainda mais a vulnerabilidade externa do país. Isso ocorreu porque o processo de ajuste envolveu um enorme endividamento externo – gerando uma vulnerabilidade financeira sem precedentes na área externa – e ampliou ainda mais o papel das ETs na economia brasileira e, portanto, aumentou a vulnerabilidade externa do país na esfera produtiva-real.

## Instabilidade macroeconômica e investimento internacional

Desde o início dos anos 80, quando se iniciou um longo período marcado pela estagnação econômica ("década perdida"), as ETs no Brasil tiveram reações estratégicas em áreas distintas que lhes permitiram conciliar o paradoxo aparente entre geração de lucros e o recuo dos investimentos no país (Gonçalves, 1994). As mudanças nas estratégias comercial, industrial, financeira e de investimento das ETs foram centradas, de modo geral, na expansão das exportações, na racionalização de custos, na demissão de trabalhadores, no exercício do poder de mercado e no incremento dos lucros financeiros e dos fluxos de saída de IED.

No que se refere aos fluxos líquidos de IED, os dados mostram claramente que as subsidiárias de ETs no Brasil conseguiram, no contexto de crise econômica, gerar lucros para pagar a "taxa" crescente de inserção internacional da economia brasileira cobrada pelas matrizes. Outrossim, as ETs parecem ter adotado uma estratégia de recuo gradual com relação ao mercado brasileiro.

As ETs reduziram significativamente seus investimentos no Brasil no período da "década perdida" com a crise da dívida externa nos anos 80. Considerando-se todos os fluxos de entrada e saída de recursos de investimento (inclusive conversão da dívida externa e reinvestimentos), verifica-se que houve uma queda abrupta na década de 1980 em comparação à de 1970 (os dados referem-se aos períodos 1971-81 e 1982-91). O fluxo médio de IED na "década perdida" representou um sexto do fluxo médio na década anterior – caiu de US$2,3 bilhões anuais para cerca de US$350 milhões. Os dados indicam tendência de recuo das ETs, principalmente via redução dos fluxos de entrada e aumento da repatriação de capital e das remessas de lucros. Na realidade, as ETs optaram por uma estratégia de recuo gradual – *retrenchment*. Em um contexto de profunda e longa crise econômica, houve uma desaceleração do crescimento do estoque de capital estrangeiro ao longo da "década perdida".

A estratégia financeira e patrimonial das ETs também se modificou ao longo das últimas duas décadas. As ETs reduziram drasticamente seus níveis de endividamento no Brasil, tanto o externo quanto o interno. Ocorreu uma reestruturação de ativos no sentido de maior diversificação de investimentos em empresas associadas, sobretudo a partir de 1984. As ETs se beneficiaram das elevadas taxas de juros vigentes no mercado financeiro doméstico para obter lucros financeiros que compensaram a queda do lucro operacional. A despeito da crise econômica generalizada e, em função de processos de ajuste ineficazes e recessivos, as ETs – assim como os grandes grupos privados nacionais – mantiveram sua capacidade de acumulação de capital, principalmente com origem nos lucros financeiros.

Apesar das significativas transformações globais, as ETs atuando no país parecem ter realizado, de modo geral, um esforço incipiente de reestruturação, na medida em que adotaram estratégias defensivas (ou simplesmente reativas) ao longo da "década perdida". Essa afirmação deve, entretanto, ser vista com cautela, pois há diferenças significativas entre setores, empresas e mesmo em termos de linhas de produção dentro de cada empresa. Somente a recessão profunda do início dos anos 90 e o avanço da liberalização comercial parecem ter tido efeitos mais determinantes sobre o processo de reestruturação das ETs, agregando-lhe, inclusive, um componente "ofensivo" ou "ativo".

No que diz respeito à estratégia industrial das ETs, não há como negar a ampliação do atraso tecnológico e organizacional das subsidiárias operando no Brasil. De fato, a incipiente reestruturação produtiva só parece ter sido mais perceptível no período mais recente, sobretudo como uma estratégia reativa ao aprofundamento da crise desde 1990. Os dados disponíveis mostram o baixo nível de difusão de procedimentos técnicos modernos (por exemplo, automação industrial) e de inovações organizacionais (como as relações mais avançadas com os fornecedores, tipo *just-in-time*). Todavia, a abertura comercial e a instabilidade econômica forçaram as ETs a realizar um processo de reestruturação industrial. Esse processo passou, inicialmente, por racionalização de custos, redução da verticalização, fechamento ou redução do tamanho de plantas e demissões. Algumas ETs abandonaram determinadas linhas de produção, substituindo-as por produtos importados, enquanto outras empresas aproveitaram para realizar fusões e aquisições, que lhes permitissem maior predominância no mercado interno.

A estratégia de comércio exterior das ETs no Brasil mudou significativamente ao longo das últimas duas décadas. Durante o regime militar, as ETs foram induzidas a ter um desempenho comercial mais favorável para o país, exportando mais e importando menos. Essa política iniciou-se, inclusive, antes do primeiro choque do petróleo. Os governos militares foram pródigos na concessão de estímulos à exportação, principalmente subsídios e incentivos fiscais e, ao mesmo tempo, aumentaram as barreiras de acesso ao mercado brasileiro, em particular com utilização de medidas não-tarifárias. Durante a década de 1980, a crise econômica interna forçou as ETs a procurarem o mercado internacional como canal alternativo para colocação dos seus produtos. A recessão tornou-se um importante fator indutor das estratégias comerciais, envolvendo maiores volumes de exportação. E, mais recentemente, o crescimento das importações resultou da liberalização comercial iniciada com a reforma tarifária em 1988 e da apreciação cambial associada ao plano de estabilização a partir de 1994. A partir de 1999, o quadro recessivo e a desvalorização cambial interromperam o crescimento extraordinário das importações.

Em síntese, ao longo da "década perdida" as ETs no Brasil tiveram reações estratégicas em áreas distintas que lhes permitiram conciliar o paradoxo aparente entre a geração de lucros e o recuo dos investimentos no país. Houve mudanças nas estratégias comercial, industrial e financeira das ETs. Correndo o risco da simplificação e reconhecendo eventuais diferenças setoriais e em termos de empresas individuais, pode-se argumentar que essas estratégias estiveram centradas na expansão das exportações, na racionalização de custos e na demissão de trabalhadores, no exercício do poder de mercado e nos lucros financeiros elevados.

## Globalização produtiva e financeira da economia brasileira

No passado recente o IED no Brasil, após anos de desempenho medíocre, tem apresentado taxas extraordinárias de crescimento (Gonçalves, 1999; Lacerda, 2003). O ingresso médio anual do IED no Brasil foi um pouco maior do que US$2 bilhões no período 1990-94, aumentou para US$12 bilhões em 1995, e superou US$40 bilhões em 2000. Ainda que o IED tenha caído em 2001-2002, fluxos anuais da ordem de US$20 bilhões mostram a importância do IED para a economia brasileira nos últimos anos.

De fato, as mudanças observadas quanto ao investimento e financiamento externo do Brasil seguem o padrão internacional e refletem, na realidade, uma inserção passiva do país no sistema econômico internacional. Os fluxos de investimento de portfólio, assim como a expansão do IED e a emissão de bônus, refletem a conjuntura internacional.

Não resta dúvida de que o aumento do IED, comparativamente ao investimento de portfólio, representa uma evolução positiva para o país. Nesse sentido, os dados são irrefutáveis. Em 1996, o fluxo líquido de IED correspondeu à metade do ingresso líquido de investimento de portfólio. Em 2000, o IED foi 3,8 vezes maior do que o ingresso de investimento de portfólio. Em 2002, para um ingresso de IED de US$17 bilhões, houve uma saída de US$5 bilhões de investimento de portfólio. Ocorreu, também, uma queda da importância relativa dos empréstimos externos (BACEN, *Boletim Mensal*).

Esses fatos significam um avanço se considerarmos que o IED tem um horizonte de longo prazo, quantitativamente superior aos empréstimos de médio prazo por meio de bônus e outros instrumentos financeiros e qualitativamente superiores ao investimento de portfólio (independentemente do prazo de aplicação, de curto prazo ou não). Assim, a vulnerabilidade das contas externas do país foi acompanhada por uma "muleta mais robusta" com mudanças nas formas de financiamento e endividamento externo. Isto é, o déficit em Transações Correntes da ordem de 4% do PIB na segunda metade dos anos 90 foi financiado com recursos de mais longo prazo.

Porém, há o problema de sustentabilidade do padrão de financiamento externo, visto que os fluxos de IED também têm um comportamento marcadamente cíclico, em resposta, inclusive, à conjuntura macroeconômica internacional, incluindo não somente as flutuações de renda, mas também as mudanças de estratégias das empresas transnacionais como, por exemplo, ondas de aquisição e fusão mundiais. No período 2001-2003, por exemplo, a contração de IED refletiu, em grande medida, a conjuntura internacional desfavorável. O ingresso de IED no Brasil despencou continuamente de US$33 bilhões em 2000 para US$11 bilhoes em 2003 (BACEN, www.bacen.gov.br).

Vale mencionar ainda o problema não-trivial de custo, na medida em que a remessa de lucros e dividendos pode passar a onerar de forma significativa o Balanço de Pagamentos. No debate atual sobre o IED, tende-se a negligenciar o "serviço do capital" na forma de remessas, como também a sua repatriação. Para ilustrar, ao ingresso de US$40,3 bilhões em 2000 correspondeu uma repatriação de US$7,5 bilhões, enquanto para um ingresso de US$26,4 bilhões em 2002 a repatriação foi de US$9,9 bilhões. Ou seja, a relação repatriação/ingresso bruto no Brasil duplicou entre 2000 (18,6%) e 2002 (37,5%). Deve-se notar que isso ocorreu em um contexto (2001-2002) de estagnação da renda *per capita*.

O fluxo de IED tem se caracterizado, principalmente na América Latina nos últimos anos, por movimentos "espasmódicos". A volatilidade dos fluxos de IED ocorre como decorrência da participação de investidores estrangeiros em projetos com elevada exigência de capital (por exemplo, investimentos em projetos de infra-estrutura e privatização de empresas estatais), assim como resultado de "ondas" esporádicas de fusão e aquisição (UNCTAD-WIR, 1996, p. 57-58). O resultado é que fluxos extraordinariamente elevados em um ano podem ser seguidos por fluxos significativamente baixos no ano seguinte.

Não menos importante, deve-se notar que o Brasil não tem uma política seletiva de atração de IED, com base em uma avaliação de custo-benefício. Não é por outra razão que alguns analistas defendem a introdução de critérios de desempenho para as ETs (Lacerda, 2003, Cap. 6, p. 128). A ausência de uma política específica torna-se ainda mais importante e grave quando consideramos a reforma constitucional iniciada em 1995 e a abertura de setores de interesse para o capital estrangeiro (cabotagem, telecomunicações, mineração, petróleo etc.) (CEPAL, 1995, p. 24; Gonçalves, 1999).

## Desnacionalização econômica: antigos problemas

Houve um processo amplo, rápido e profundo de desnacionalização econômica no Brasil no período 1995-99. A crescente participação do capital estrangeiro no controle da atividade produtiva é um fenômeno com sérias implicações econômicas e políticas. A evidência empírica a respeito da desnacionalização da economia brasileira é conclusiva (ver Tabela 12.7). A relação entre o fluxo de IED e a formação bruta de capital fixo aumentou de 2,5% em 1995 para 24,6% em 1999. Como resultado, houve aumento da participação estrangeira no valor bruto da produção de 13,5% em 1995 para 24,6% em 1999. Vale ainda mencionar que a participação estrangeira no valor das vendas das 550 maiores empresas aumentou de 33,3% em 1995 para 44,7% em 1999. Ou seja, o "núcleo central" do capitalismo moderno ficou ainda mais submetido às decisões de empresas com matrizes no exterior, que têm estratégias globais de investimento, inovação e produção. Também houve significativa desnacionalização em setores que podem ser considerados estratégicos para a economia brasileira, em decorrência do impacto sobre as contas externas, (bancos e agronegócios). Apesar de as estimativas anteriores estarem sujeitas a revisão, o fato incontestável é que houve um "salto quântico" da desnacionalização da economia brasileira a partir de 1995, principalmente, no setor de *non-tradeables.*

**Tabela 12.7** Desnacionalização da economia brasileira: indicadores, 1995-99

(estimativas preliminares da participação do capital estrangeiro em %)

| Participação do capital estrangeiro | 1995 | 1996 | 1997 | 1998 | 1999 |
|---|---|---|---|---|---|
| Fluxo de investimento bruto | 2,5 | 6,1 | 10,2 | 15,4 | 24,6 |
| Vendas das grandes empresas | 33,3 | 34,1 | 36,3 | 43,5 | 44,7 |
| Ativos do sistema bancário | 11,9 | 13,6 | 21,1 | 22,5 | 24,5 |
| Exportações do *agrobusiness* | 20,2 | 18,8 | 31,8 | 30,2 | – |
| Vendas do setor de *tradeables* | 52,2 | 53,9 | 55,5 | 58,5 | 60,6 |
| Vendas do setor de *non-tradeables* | 9,1 | 10,2 | 11,4 | 38,2 | 39,0 |

*Fonte:* elaboração própria a partir de ANDIMA (2001), Exame (2001), Gonçalves (2000), tabela 5.18, Zockun (1998) e Jank et al. (1999)

*Notas:*
(–) não disponível.
Fluxo de investimento bruto = investimento externo direto (excluindo conversão e repatriação) / formação bruta de capital fixo; (em valores correntes).
Vendas das grandes empresas = vendas das empresas estrangeiras / vendas das 550 maiores empresas do País; (em valores correntes).
Ativos do sistema bancário = ativos dos bancos estrangeiros / ativos totais do sistema bancário brasileiro; (em valores correntes).
Vendas dos setores de *tradeables* e *non-tradeables* referem-se às vendas das 550 maiores empresas do País; (em valores correntes).
Exportações do agrobusiness referem-se à participação de empresas estrangeiras no valor das exportações de fumo, soja, suínos, laranja, aves, café, açúcar e outras *commodities* agrícolas.
O dado para o setor bancário em 1999 é uma estimativa preliminar.

Temas como capital estrangeiro e desnacionalização envolvem tanto problemas antigos, já amplamente analisados nos debates econômico e político no Brasil e no exterior, como novos problemas, nos quais, inclusive, o Brasil apresenta uma certa especificidade. Esses temas e problemas têm sérias implicações, principalmente no que se refere à inserção internacional e à política externa brasileira.

O debate atual sobre a desnacionalização da economia brasileira tem se centrado em dois efeitos conhecidos: o "efeito Balanço de Pagamentos" e o "efeito soberania nacional". O primeiro diz respeito ao fato de que cerca de dois terços do valor total do ingresso de capital estrangeiro no Brasil têm sido no setor de *non-tradeables*, principalmente nos serviços de utilidade pública (energia, telecomunicações etc.). Esses setores exploram, invariavelmente, monopólios e têm experimentado um agudo processo de desnacionalização a partir de 1995 (Tabela 12.8). Esse tipo de investimento deve gerar pressões crescentes sobre as contas externas. Esses serviços não geram receitas em moeda estrangeira e, por outro lado, pressionam perpetuamente a conta de remessa de lucros para o exterior. Esse é o conhecido "efeito Balanço de Pagamentos".

O efeito Balanço de Pagamentos pode ser ilustrado de uma forma simples. No âmbito do processo de privatização, um grupo estrangeiro compra uma empresa estatal por um preço abaixo do valor efetivo do seu patrimônio. O grupo estrangeiro dá uma entrada e amortiza a dívida ao longo do ano. Essa amortização será paga com lucros correntes. Além disso, o grupo é financiado pelo BNDES (por exemplo, Embratel e Eletropaulo, leia-se MCI e AES, respectivamente, que são as matrizes estadunidenses). Há remessas anuais de lucros para o exterior em um setor que não exporta bens ou serviços (exemplo, energia, bancos e telefonia). O resultado é que o ingresso de investimento externo é uma fração do valor atual da remessa perpétua de lucros.

O impacto sobre o Balanço de Pagamentos pode também estar relacionado à maior propensão a importar das empresas estrangeiras, bem como ao uso de mecanismos de preços de transferência para encobrir remessas de recursos para o exterior. Naturalmente, pode-se argumentar que a empresa estrangeira promove a modernização do País e, portanto, reduz o "custo Brasil" e causa uma melhora da competitividade internacional do conjunto da economia brasileira. Esse efeito indireto, além de enfrentar sérios problemas de mensuração e comprovação empírica, defronta-se com o fato de que a origem da propriedade (estrangeira, privada nacional ou estatal) não necessariamente significa maior eficiência, externalidades e *spill-overs effects* (Gonçalves, 1986).

Os efeitos macroeconômicos (investimento, renda, emprego e Balanço de Pagamentos) das empresas estrangeiras podem ser mensurados em nível agregado. Isso pode ser feito, por exemplo, com um modelo de "situações alternativas", isto é, um exercício contrafactual. (Bos *et al*, 1974)

O segundo efeito – soberania nacional – manifesta-se na esfera política e diz respeito à entrada de empresas estrangeiras, com fontes externas de poder. Para ilustrar, os governos dos países de origem das empresas estrangeiras intercedem em favor delas e pressionam o governo do país receptor. É difícil acreditar que empresas como General Motors, Citibank, Mercedes Benz, Honda e Rhône Poulenc não possuam "nacionalidade". Há, ainda, outras fontes externas de poder, como o grau de integração do sistema matriz-subsidiárias, a capacidade de mobilização de recursos e a assimetria de informação. Essa dimensão política refere-se tanto ao plano externo, quanto ao interno.

**Tabela 12.8** Participação das empresas estrangeiras no conjunto das maiores no Brasil, setores *tradeables* e *non-tradeables*, 1994-99

(participação percentual nas vendas)

| **Setor** | **1994** | **1995** | **1996** | **1997** | **1998** | **1999** |
|---|---|---|---|---|---|---|
| *Non-tradeables* | 7,1 | 9,1 | 10,2 | 11,4 | 38,2 | 39,0 |
| Comércio varejista | 18 | 23 | 23 | 25 | 37 | 37 |
| Construção | 0 | 0 | 0 | 3 | 4 | 7 |
| Serviços de transporte | 2 | 2 | 4 | 2 | 4 | 8 |
| Serviços públicos | 0 | 0 | 5 | 7 | 14 | 18 |
| Telecomunicações | 0 | 0 | 0 | 0 | 75 | 73 |
| *Tradeables* | 49,5 | 52,2 | 53,9 | 55,5 | 58,5 | 60,6 |
| Alimentos | 41 | 50 | 56 | 57 | 56 | 60 |
| Auto-indústria | 91 | 93 | 98 | 95 | 93 | 91 |
| Computação | 69 | 78 | 76 | 81 | 67 | 74 |
| Confecções e têxteis | 8 | 10 | 12 | 13 | 16 | 15 |
| Eletroeletrônica | 34 | 45 | 40 | 48 | 79 | 88 |
| Farmacêutica | 73 | 63 | 73 | 79 | 75 | 75 |
| Higiene e limpeza | 91 | 89 | 87 | 87 | 89 | 87 |
| Material de construção | 32 | 31 | 29 | 29 | 34 | 29 |
| Mecânica | 44 | 44 | 45 | 45 | 73 | 78 |
| Mineração | 6 | 7 | 7 | 12 | 15 | 14 |
| Papel e celulose | 16 | 16 | 16 | 18 | 18 | 16 |
| Plásticos e borracha | 58 | 49 | 51 | 62 | 63 | 58 |
| Química e petroquímica | 24 | 22 | 17 | 22 | 25 | 26 |
| Siderurgia e metalurgia | Nd | 21 | 26 | 24 | 28 | 34 |
| Total | 32,0 | 33,3 | 34,1 | 36,3 | 43,5 | 44,7 |

*Fonte:* Revista Exame, *As 500 Maiores Empresas do Brasil*, São Paulo, 1994 e 1995, *Exame 1996*, p, 45; 1996, *Exame 1997*, p, 11; 1997, *Exame 1998*, p, 13; 1998 e 1999, *Exame 2000*, p. 11.

Nota: Os dados referem-se as 500 maiores empresas privadas e as 50 maiores empresas estatais. Setores excluídos da tabela devido à não continuidade das séries: bebidas, fumo, comércio atacadista e comércio exterior.

## Desnacionalização econômica: novos problemas

A desnacionalização da economia é um fenômeno ainda mais relevante quando se levam em conta dois novos efeitos surgidos no âmbito de processos específicos, que não têm sido mencionados ou destacados no debate atual. O primeiro pode ser chamado de "efeito multiplicador da vulnerabilidade externa", e o segundo de "efeito fragilidade institucional".

O primeiro processo específico é que a desnacionalização econômica aumenta ainda mais a vulnerabilidade externa do Brasil. A economia brasileira tem uma baixa capacidade de resistência a pressões, fatores desestabilizadores e choques externos nas esferas comercial, financeira-monetária, tecnológica e produtiva-real. A desnacionalização dos últimos anos representou um "salto quântico" de vulnerabilidade externa na esfera produtiva-real por meio do crescente controle do aparelho produtivo do país pelo capital estrangeiro. Podemos chamar esse fenômeno de "efeito multiplicador da vulnerabilidade externa".

Na esfera comercial, a desnacionalização da economia brasileira tende a reduzir o multiplicador de rendas na medida em que as empresas de capital estrangeiro têm maior propensão a importar. O resultado é uma maior rigidez na pauta de importações. A remuneração dos empregados não-residentes representa renda líquida enviada para o exterior e, como conseqüência, a desnacionalização aumenta a diferença entre o PIB e a renda nacional bruta. Precisa-se, assim, de maior produção para se obter a mesma renda nacional.

No caso brasileiro, deve-se destacar o papel das empresas estrangeiras na exportação do *agrobusiness*, principalmente, aqueles produtos nos quais o País possui um peso relativo importante no mercado mundial. Dados recentes mostram, por exemplo, que 17 empresas responderam por 43% das exportações do *agrobusiness* brasileiro no período 1990-98 (Jank *et al*, 1999). Ademais, esse setor tem experimentado um significativo processo de concentração por meio de fusões e aquisições. O maior número de operações de fusões e aquisições na segunda metade dos anos 90 tem sido no setor que inclui as indústrias de alimentos, bebidas e tabaco. Há evidência, ainda, de aumento da concentração em segmentos do setor exportador de frango, tabaco, laranja, carne e soja. Esse aumento da concentração tem sido acompanhado pela desnacionalização, principalmente na exportação de frango, carne suína, fumo, e açúcar. Na medida em que grandes grupos transnacionais controlam parcelas crescentes do mercado mundial de produtos primários em geral, e do agrobusiness em particular, países como o Brasil cada vez mais "enfrentam um poder dominante e uma lógica econômica, polarizada nos Estados Unidos, na Tríade ou no G-7, que não aceita uma negociação Norte-Sul em cima de uma agenda que contenha a discussão de um preço 'justo' a ser arbitrado para os produtos primários" (Fernandes, 2000, p. 36).

Na esfera tecnológica, a desnacionalização tende a comprometer cada vez mais o sistema nacional de inovações. A hipótese de internacionalização das atividades de pesquisa e desenvolvimento tecnológico não passou no teste da evidência empírica. Na medida em que a empresa estrangeira tem preferência revelada por seus fornecedores globais, os efeitos de *spill-over* tecnológico no sistema produtivo nacional tendem a se reduzir com a desnacionalização. O resultado é o aumento da dependência tecnológica.

O comportamento errático dos fluxos de IED também deve ser ressaltado. Esses fluxos apresentam ciclos marcantes, com flutuações que dependem da situação econômica dos países desenvolvidos, da política macroeconômica desses países e das estratégias das ETs. A volatilidade desses fluxos é ainda mais evidente quando consideramos que os processos de fusão e aquisição também se manifestam de forma marcadamente cíclica. Houve uma onda de fusões e aquisições transnacionais na segunda metade dos anos 80, que foi interrompida no final dessa década, e cuja origem foi, principalmente, a revitalização do projeto de integração européia e o ajuste estrutural da economia norte-americana frente aos desafios da competitividade asiática. Somente em 1994 ocorreu uma nova onda de fusões e aquisições, que arrefeceu com a crise econômica internacional em 2001-2002.

Ainda no que se refere à questão financeira internacional, pode-se argumentar que a desnacionalização do setor bancário aumenta ainda mais a já elevada vulnerabilidade financeira externa do País. A participação estrangeira nos ativos do setor bancário brasileiro aumentou de 10,4% em junho de 1995 para 22,5% em dezembro de 1998 (Freitas, 1999, p. 42). Nesse mesmo período, a participação estrangeira na captação de recursos externos pelo sistema bancário aumentou de 34,6% para 49,9%. A maior vulnerabilidade externa ocorre na medida em que os bancos estrangeiros são mais sensíveis às alterações do nível de liquidez internacional do que os bancos brasileiros. Não se deve esquecer que, em várias situações de crise cambial, o governo recorreu aos bancos brasileiros atuando no exterior (principalmente, os públicos) no sentido de captar recursos negados pelo sistema financeiro internacional (leia-se, os bancos estrangeiros) ao País.

O segundo processo específico refere-se ao fato de a desnacionalização ocorrer no contexto de um fenômeno mais amplo que é o de deterioração política e institucional. Há, dessa forma, um impacto político específico e importante, na medida em que avança o processo de fragilização do aparelho de Estado.

A desestabilização macroeconômica é marcada, entre outros aspectos, pela vulnerabilidade externa que leva o governo a atrair capital estrangeiro a qualquer custo. Os financiamentos para a Embratel (leia-se MCI) e para a Ford, bem como a absurda guerra fiscal dos estados e municípios são somente dois resultados da vulnerabilidade externa e da crise econômica.

O desmantelamento do aparelho produtivo – por meio seja das privatizações, seja das fusões e aquisições envolvendo empresas privadas nacionais – é permeado pela "preferência revelada" que o governo manifesta por compradores estrangeiros. Por exemplo, a extraordinária desnacionalização no setor bancário. Conforme já foi mencionado, os bancos estrangeiros aumentaram sua participação nos ativos do setor de 10,4% em 1995 para 22,5% em 1998 e cerca de 24% com a aquisição recente do Meridional/Bozano em janeiro de 2000. Com a venda do Banespa para o banco espanhol Santander em novembro de 2000, chegou-se a 28% de desnacionalização do setor bancário.

A fragilização das instituições no Brasil dificulta ainda mais as suas relações com o capital estrangeiro. É possível tomar dois exemplos concretos. Na esfera pública, há um evidente subinvestimento institucional no CADE (Conselho Administrativo de Defesa Econômica, do Ministério da Justiça) que é desproporcional aos casos de práticas comerciais restritivas (por exemplo, indústria farmacêutica, na qual as empresas estrangeiras respondem por 80% das vendas das maiores empresas do setor). No que diz respeito ao setor privado, também há um processo de fragilização das entidades representativas (por exemplo, FIESP), na medida em que o capital estrangeiro controla os sindicatos patronais e exerce crescente influência na entidade. O avanço do processo de fragilização institucional implica que a relação custo-benefício do capital estrangeiro tende a ser mais desfavorável.

## Palavras-chave

- Desnacionalização
- Efeito Balanço de Pagamentos
- Efeito soberania nacional
- Efeito multiplicador da vulnerabilidade externa
- Efeito fragilidade institucional

## Exercícios

1. Por que o Brasil tem uma das economias mais internacionalizadas do mundo?
2. Discuta a importância das empresas transnacionais na economia brasileira.
3. Por que as empresas transnacionais têm uma presença particularmente significativa nas indústrias intensivas em tecnologia?
4. Discuta o tema da desnacionalização econômica.
5. Quais são os novos efeitos da desnacionalização da economia brasileira?

## Referências bibliográficas


ANDIMA. *O novo perfil do sistema financeiro*. Rio de Janeiro: 2001.

ASHWORTH, W. *Breve Historia de la Economia Mundial, 1850-1950*. México: Fondo de Cultura Económica: 1958.

BACEN. *Boletim do Banco Central do Brasil*. Brasília, mensal.

BACEN. *Censo de Capitais Estrangeiros no Brasil. Ano-Base 1995*. Brasília: 1998.

BACEN. *Censo de Capitais Estrangeiros no Brasil. Ano-Base 2000*. Brasília: *www.bacen.gov.br*.

BAUMANN, R. "Uma avaliação das exportações intrafirma do Brasil: 1980-90". *Pesquisa e Planejamento Econômico*. Vol. 23, No. 3, dezembro,1993.

BOS, H. C., M. SANDERS G., SECCHI. *Private Foreign Investment in Developing Countries. A Quantitative Study on the Evaluation of the Macroeconomic Effects*. Dordrecht, Holland: D. Reidel Publishing Company, 1974.

BRAGA, H. "Aspectos distributivos do esquema de subsídios fiscais à exportação de manufaturados". *Pesquisa e Planejamento Econômico*. vol. 11, No. 3, 1981.

BRINLEY, T. (1967). "The historical record of international capital movements to 1913". *In:* DUNNING, J. H. (org.), *International Investment*, Penguin Books Ltd, 1972.

CEPAL. *Dos Estudios sobre Empresas Transnacionales em Brasil*. Santiago, 1983.

CEPAL. *Inversión Extranjera em América Latina y el Caribe. Informe 1995*. Santiago, 1995.

DUNNING, J. H. *Explaining International Production*. Londres: Unwin Hyman, 1988.

EXAME. *Melhores e Maiores. As 500 Maiores Empresas do Brasil*. São Paulo, Editora Exame, anual.

FERNANDES, F. R. "O comércio internacional dos produtos primários (agrícolas, minerais e energéticos)", CETEM, mimeo, 2000.

FREITAS, M. C. P. "A ampliação recente da participação estrangeira no sistema bancário brasileiro". *Análise Econômica*, Ano 17, No. 32, setembro, 1999.

FURTADO, C. *Formação Econômica do Brasil*. Rio de Janeiro: Cia. Editora Nacional, 1959.

GONÇALVES, R. e POMAR, V. *O Brasil Endividado*. São Paulo: Ed. Fundação Perseu Abramo, 2000.

GONÇALVES, R. "Competitividade internacional, vantagem comparativa e empresas multinacionais: O caso das exportações brasileiras de manufaturados". *Pesquisa e Planejamento Econômico,* vol. 17, No. 2, agosto, 1987.

GONÇALVES, R. "Technological spill-overs and manpower training: a comparative analysis of multinational and national private enterprises in Brazilian manufacturing". *Journal of Economic Development*, vol. 11, No. 1, julho, 1986.

GONÇALVES, R. *Globalização e Desnacionalização*. São Paulo: Ed. Paz e Terra, 1999.

GONÇALVES, R. *Ô Abre-alas. A Nova Inserção do Brasil na Economia Mundial*. Rio de Janeiro: Ed. Relume-Dumará, 1994.

GONÇALVES, R. *O Brasil e o Comércio Internacional*. São Paulo: Ed. Contexto, 2000.

GRAHAM, R. *Britain and the Onset Modernization in Brazil, 1850-1914*. Cambridge: CUP, 1968.

JANK, M. *et al*. "Multinationals and intra-industry concentration: The case of Brazilian agribusiness exporters", trabalho apresentado na *AAEA International and Industry Conference,* Nashville, 1999.

KENWOOD, A. G. e LOUGHEED, A. L. *The Growth of the International Economy*, 1820-1960. Londres: George Allen & Unwin, 1971.

LACERDA, A. C. et al. *Desnacionalização: Mitos, Riscos e Desafios*. São Paulo: Ed. Contexto, 2000.

LACERDA, A. C. *Globalização e Investimento Estrangeiro no Brasil*. São Paulo: Editora Saraiva, 2003.

MANCHESTER, A. K. *Preeminência Inglesa no Brasil*. São Paulo: Brasiliense, 1973.

SAFARIAN, A. E. *Governments and Multinationals: Policies in the Developed Countries*. Washington D.C.: British-North American Committee, 1983.

UNCTAD. *World Investment Report*. Genebra, 1996.

UNCTAD. *World Investment Report*. Genebra, 1997.

UNCTAD. *World Investment Report*. Genebra, 2003.

UNCTC. *Transnational Corporations in World Development. Trends and Prospects*. Nova York, 1988.

UNITED NATIONS. *World Investment Directory, 1992*. Nova York, 1993.

WORLD BANK. *World Development Indicators, 2001*. Washington DC, 2001.

ZOCKUN, M. H. "Capital Estrangeiro". São Paulo, FIESP/CIESP, mimeo, 1998.

# Capítulo 13

# O Balanço de Pagamentos e o mercado cambial

## O Balanço de Pagamentos

O Balanço de Pagamentos consiste no registro contábil dos pagamentos efetuados entre os agentes residentes e os não-residentes em determinado país, tomando-se como residentes os agentes que produzem e utilizam (para consumo ou investimento) bens e serviços dentro do país.

A estrutura do Balanço de Pagamentos retrata os fluxos de entrada e saída de mercadorias, ativos financeiros e monetários no país, ao longo de um certo período. Trata-se da expressão monetária das relações econômicas do país com o "exterior" ou "resto do mundo". A abertura da economia introduz o "exterior" nos quatro mercados agregados em torno dos quais a macroeconomia é abordada: bens e serviços, trabalho, capitais (ativos financeiros não-monetários) e moeda.

A estrutura básica do Balanço de Pagamentos, apresentada no Quadro 13.1, reflete tal presença do "exterior" nos quatro mercados agregados:

1. a *Balança comercial e de serviços não-de-fatores* corresponde à presença das exportações nas vendas de bens e serviços localmente produzidos, bem como ao conteúdo de importações nas compras domésticas (bens finais ou intermediários);
2. os *serviços de fatores* são as rendas de capitais externos investidos no país, abatendo-se as rendas de capitais de residentes aplicados no exterior. Os diversos tipos de capitais externos são examinados no Capítulo 9. O ingresso líquido (entrada menos saída) de capital, fazendo variar seu estoque no país, está expresso no *movimento de capitais*. Se deduzirmos o saldo dos serviços de fatores do saldo desse movimento de capitais, saberemos quanto de "novo capital" entrou no país.

3. as *transferências unilaterais* incorporam as eventuais remessas e/ou recebimentos de dinheiro por migrantes, refletindo entre outros aspectos a integração de estrangeiros em mercados de trabalho domésticos e vice-versa; e
4. o deslocamento de *moeda* estará expresso na variação em reservas oficiais, somando-se o saldo líquido referente aos bancos comerciais, caso estes possam reter reservas em moeda estrangeira e caso o interesse seja mensurar a alteração de reservas oficiais e privadas.

Na contabilidade nacional, o Balanço de Pagamentos é a conta do agente "exterior". Como todos os registros contábeis, o Balanço de Pagamentos e a contabilidade nacional seguem o "princípio das partidas dobradas", de acordo com o qual toda e qualquer transação entre dois agentes é registrada como dois fluxos em sentidos contrários e seus correspondentes registros como crédito e débito. Um registro representa a natureza econômica da transação e o outro expressa sua contrapartida monetária ou financeira. Mesmo quando não há efetivamente um deslocamento de dinheiro (uma doação, por exemplo), adota-se o procedimento de atribuir e registrar um valor monetário correspondente.

Tudo se passa como se o governo fizesse registros junto ao "caixa" – digamos, o Banco Central – que guarda divisas estrangeiras para o país. Por exemplo:

- uma venda à vista de mercadoria pelo país A ao país B implica um fluxo monetário na direção oposta à da entrega física da mercadoria (mercadoria de A para B e dinheiro de B para A). No país A, registra-se o valor como crédito para o país na conta de exportações e, simultaneamente, um débito para sua conta "variação de reservas" (no caixa, digamos o Banco Central) em que vai ser depositado o dinheiro. No país B, simetricamente, o mesmo valor é lançado na conta de importações e, com o sinal trocado, na conta "variação de reservas", já que seu Banco Central é quem vai transferir dinheiro para o congênere do país A. Por seu turno, uma aquisição à vista de automóveis importados pelo país A leva a um débito em sua conta de importações e a um crédito na conta "variação de reservas", dado que agora seu Banco Central liberou divisas para a compra;
- o ressarcimento de uma dívida no exterior – ou seja, o resgate de um título de dívida sob posse de um credor externo – significa movimento inverso de moeda (quando é feito o pagamento em dinheiro) ou de outro ativo (quando a dívida é rolada e o título original é substituído por um novo). Em ambos os tipos de ressarcimento da dívida, há uma saída na conta de capitais. No caso do pagamento em dinheiro, ocorre um correspondente crédito ao caixa ("reservas", nas mãos do Banco Central) que cedeu as divisas. Já no caso da rolagem do principal da dívida, ocorrerá simultaneamente uma saída na conta de "amortizações" e uma igual entrada na conta de "empréstimos e financiamentos", ambas dentro da conta de capitais;
- uma compra financiada de uma máquina fornecida por uma empresa estrangeira corresponde à troca de um produto importado por um título de dívida;

- uma doação de produtos em espécie, de residentes para não-residentes, pode ser vista como uma transação na qual os residentes dão dinheiro a não-residentes e estes automaticamente compram produtos domésticos, etc.

Ao final de cada período, os itens do balanço assumem valores positivos ou negativos conforme predomine, respectivamente, o ingresso ou a saída de *divisas* (moedas de circulação internacional) como resultado líquido. Mas o balanço está sempre "fechado": a soma de créditos e débitos necessariamente se anula, já que cada transação tem dois lados.

Vale observar o caráter também necessariamente "fechado" do Balanço de Pagamentos em nível mundial. Em cada uma das contas, se pegarmos o saldo líquido de n-1 países, necessariamente por construção contábil o saldo do n-ésimo país será a contrapartida do resto do mundo. Afinal, como todas as transações envolvem fluxos de mercadorias, títulos financeiros ou moeda, em sentidos contrários, em cada uma delas o que é entrada para um país é saída para outro. Se olharmos uma conta específica no Balanço de Pagamentos de um certo país, o saldo positivo ou negativo será exatamente a imagem refletida no espelho daquela conta nos demais países.

Voltando ao caso de cada país, deve-se notar que, quando repartirmos as contas do balanço acima e abaixo de uma linha divisória, os saldos nos dois grupos de contas serão simétricos, um sendo a imagem invertida no espelho do outro, independente de onde seja colocada a linha. O Quadro 13.1 mostra os seis tipos principais de saldos "acima da linha", a partir dos quais aspectos específicos são realçados para análise.

Por exemplo, para efeito de verificação do papel cumprido pelo exterior nos mercados de produtos, observa-se a Balança Comercial de mercadorias ou, melhor, sua soma com o saldo dos "serviços não-de-fatores", ou seja, serviços exceto rendas de capitais. O registro de exportações e importações de mercadorias se dá com valores FOB (*free on board*), vale dizer, sem incluir o valor de fretes e seguros pagos ou recebidos pelo país, os quais são lançados nas contas de serviços correspondentes.

O saldo em Conta Corrente revela a variação no estoque líquido de obrigações (passivos) locais em relação ao resto do mundo, variação que tem como contrapartida necessariamente um saldo inverso "abaixo da linha". No caso de um déficit no Balanço de Pagamentos em Conta Corrente, por exemplo, terá havido necessariamente uma combinação de ingresso líquido de capitais e/ou saque nas reservas monetárias em divisas. De um modo ou de outro, aumentou o *Passivo Externo Líquido* (PEL) do país. Retomaremos adiante tais transações correntes.

Para obter-se o saldo do balanço básico, desloca-se para cima o saldo líquido das contas de capital de médio e longo prazos (vencimentos acima de um ano). Nesse caso, a contrapartida "abaixo da linha" se torna a variação líquida no estoque de direitos e obrigações de curto prazo entre o país e o exterior. Por exemplo, suponhamos um déficit em Conta Corrente e um ingresso líquido de investimentos e empréstimos de longo prazo. Nessa situação, o saldo do balanço básico significará o abatimento de uma parcela do déficit corrente que estaria sendo financiada a prazos mais largos, restando tão somente o déficit corrente financiado por capitais de curto prazo e variação em reservas monetárias de divisas.

Conforme abordado no Capítulo 9, os itens de investimentos compreendem os investimentos diretos e os investimentos em carteira ou de portfólio. Os reinvestimentos de lucros, por sua vez, ganham um lançamento de saída no balanço de serviços (rendas de capitais) e outro simultâneo de ingresso no item reinvestimentos da Conta de Capital.

O saldo global do Balanço de Pagamentos – também chamado de balanço dos fluxos não-monetários – passa para acima da linha os fluxos de capitais de curto prazo associados ao setor privado não-bancário. Desse modo, aponta, "abaixo da linha", o impacto das transações com o exterior sobre os estoques locais de divisas e de meios de pagamento na economia. Um saldo global positivo significa: agentes privados não-bancários locais e do exterior venderam mais do que compraram divisas (e simetricamente compraram mais do que venderam moeda local) junto a bancos locais e/ou autoridades monetárias.

O balanço de compensações oficiais, por sua vez, destaca o resultado específico sobre as reservas oficiais, detidas pelo Banco Central. A distinção entre esse saldo e o global só se aplica quando bancos privados também podem manter reservas em divisas. Caso contrário, o saldo global e o balanço de compensações oficiais tornam-se a mesma coisa.

Uma forma também possível de colocar a linha entre o saldo global e as demais contas consiste em distinguir estas acima da linha como *contas operacionais*, geradoras ou gastadoras de divisas, contrapondo-se às *contas de caixa* abaixo da linha.

A rigor, nas definições tradicionais das contas do balanço, costumava-se separar *capitais autônomos* e *capitais compensatórios*. Os primeiros seriam aqueles cujo movimento não seria determinado por fatores vinculados ao balanço, enquanto os segundos decorreriam dos ajustes que "fecham" o balanço, estando, portanto, determinados de modo endógeno ao ocorrido nos fluxos de entrada e saída de divisas. Os capitais compensatórios incluiriam tanto as reservas internacionais quanto os empréstimos tradicionais de regularização do FMI e os atrasados (contas vencidas e não pagas do país). De certa forma, a distinção tornou-se relativamente arbitrária, posto que, com a crescente mobilidade de capitais, nenhum fluxo deixa de acompanhar e eventualmente antecipar mudanças bruscas "endógenas" no balanço.

Como se vê, cada local de posicionamento da linha divisória dará lugar a dois saldos simétricos acima e abaixo da linha, em cada caso com um conceito de saldo "acima da linha" relevante para objetivos específicos de análise.

Afinal, se os Balanços de Pagamentos estão, por construção, sempre fechados, qual é o sentido de "equilíbrio" ou "desequilíbrio externo"? No caso de "equilíbrio interno", a referência é mais clara, tratando-se da combinação entre, de um lado, inflação baixa e estável e, de outro, baixo desemprego involuntário. Mediante manejo de instrumentos fiscais e monetários – e cambiais, quando se aplica, conforme veremos –, a administração da demanda agregada tenta fazer com que sua interação com a capacidade de oferta agregada na economia se dê com baixos desemprego e inflação. E no caso do Balanço de Pagamentos e seus saldos?

Quando um certo padrão de saldos das contas no Balanço de Pagamentos de um país é insustentável, ou seja, os agentes econômicos e suas transações que estão compondo aqueles saldos não tendem a permanecer estáveis, tem-se um "desequilíbrio externo". Envolvendo ou não mudanças significativas nas taxas de câmbio ou em variáveis macroeconômicas domésticas – conforme veremos –, os saldos das contas têm de sofrer mudanças, de modo a recompor uma situação sustentável nos saldos das diversas contas. Quando, em qualquer dos conceitos de saldo citados anteriormente, os fluxos abaixo e acima da linha não são coerentes entre si e auto-sustentáveis, tem-se um desequilíbrio externo.

Tome-se, por exemplo, o caso de *economias emergentes*, ou seja, um grupo de economias com renda *per capita* média na economia global e que, a partir do

**Quadro 13.1** O Balanço de Pagamentos

TRANSAÇÕES CORRENTES

Balança Comercial
- Exportações de mercadorias
- Importações de mercadorias

(I)

Balança de Serviços
- Viagens Internacionais
- Transportes (fretes e outros) e Seguros
- Serviços Diversos

(II)

Renda Líquida Enviada ao Exterior (RLE)
- Rendas de Capitais (juros, lucros e dividendos, lucros reinvestidos)
- Transferências Unilaterais (remessas de dinheiro por emigrantes e imigrantes, donativos, ajuda militar)

(III)

MOVIMENTO DE CAPITAIS

Investimentos estrangeiros (líquidos de repatriação)
Investimentos de firmas locais no exterior (líquidos de repatriação)
Reinvestimentos
Empréstimos e Financiamentos (médio e longo prazos) (V)
Amortizações (médio e longo prazos)

(IV)

Capitais de curto prazo
- Setor privado não-bancário (créditos de fornecedores, empréstimos de curto prazo)

(V)

- Setor bancário

(VI)

–R VARIAÇÃO EM RESERVAS OFICIAIS (créditos de curto prazo, operações com o FMI, ouro monetário)

(I) Balança Comercial
(II) Balança Comercial e de Serviços Não-de-Fatores
(III) Balanço de Transações em Conta Corrente
(IV) Balanço Básico
(V) Balanço Global
(VI) Balanço de Compensações Oficiais

início dos anos 90, passou a receber volumes maciços de capital das economias desenvolvidas (Canuto e Lima, 1999). Pelo menos até as crises da segunda metade dos anos 90 – abordadas no Capítulo 16 – seus "equilíbrios externos" envolviam déficits em Conta Corrente, financiados pelos saldos positivos na conta de capitais. Quando se alteraram suas condições de financiamento externo, seus Balanços de Pagamentos tiveram de sofrer ajuste, de modo a recompor seus equilíbrios externos pela redução nos requisitos de financiamento, processos ao longo dos quais seus equilíbrios internos foram também afetados.

A articulação entre os equilíbrios externo e interno será justamente o objeto dos Capítulos 14 e 15. Antes, porém, necessitaremos abordar o significado da Conta Corrente, além do mercado e da taxa de câmbio.

## Transações Correntes, passivo externo líquido e absorção

O saldo do balanço de transações em Conta Corrente, conforme já observado, captura a variação no estoque líquido de obrigações (passivos) locais em relação ao resto do mundo. Isso se expressa nas equações (1) e (2) a seguir:

$$X - M - K - R = 0 \tag{1}$$

$$X - M = K + R \tag{2}$$

X e M são respectivamente as exportações e importações de bens e serviços (serviços não-de-fatores e rendas de capitais) e transferências unilaterais, perfazendo o saldo de transações em Conta Corrente no lado esquerdo da equação (2). O lado direito dessa equação expressa a exportação líquida de capital (K) mais a variação de reservas (R), correspondendo tal soma ao acréscimo de direitos (ativos) sobre o resto do mundo, como contrapartida do saldo no lado esquerdo. Um X – M positivo (negativo) significa que o país está aumentando (diminuindo) os ativos acumulados sobre o resto do mundo ou reduzindo (aumentando) seu passivo, dependendo do caso de ser um credor ou devedor externo.

O **Passivo Externo** do país equivale, conforme observamos, ao somatório desses fluxos passados – o estoque – em um certo momento no tempo. Se o país acumulou déficits em Conta Corrente, financiados de algum modo – posto que despender reservas tem um limite óbvio dado por seu saldo zero –, haverá como contrapartida um estoque de capitais externos (investimentos diretos, investimentos em carteira, empréstimos e financiamentos) dentro do país.

A remessa de rendas de capitais e a eventual repatriação desses capitais será a contrapartida pelo fato de que o país sustentou importações acima de exportações ao longo de períodos anteriores. O Passivo Externo Bruto torna-se **Líquido** quando subtraímos o estoque de divisas mantido como reservas, posto que estas são direitos (ativos) sobre o Resto do Mundo.

Observemos agora o que se passa no mercado doméstico de bens e serviços simultaneamente ao que se dá no Balanço de Pagamentos em Transações Correntes. Da macroeconomia e da contabilidade nacional na economia fechada, temos (3) e (4):

$$C + I + G \equiv C + S + T \tag{3}$$

$$I \equiv S + (T - G) \tag{4}$$

Onde C é o consumo privado, I é o investimento privado e público, G é o gasto público em Conta Corrente (pessoal, material de consumo), S é a poupança do setor privado e T é a arrecadação tributária do governo. A identidade (3) mostra as duas faces de uma mesma moeda:

- o lado direito decompõe a Renda Nacional em dois itens, ou seja, a renda apropriada pelo setor público via arrecadação (T) e a renda do setor privado, destinada a consumo e poupança; e
- o lado esquerdo, por seu turno, aponta em que foi gasta essa renda e, portanto, o que produziu essa economia no período.

A identidade (4) nos diz que, *a posteriori*, a contrapartida do investimento terá sido a poupança do setor privado, somada (diminuída) pelo superávit (déficit) corrente do governo.

A abertura (no comércio exterior e nos fluxos de capitais) da economia modifica as duas identidades. As exportações significam demanda por produtos locais pelos agentes do exterior, enquanto as importações implicam que parte da renda doméstica é dirigida à compra de bens e serviços no exterior. Ao mesmo tempo, supondo-se que o país tenha recebido ingresso de capital no passado, ou seja, que tenha sustentado compras externas maiores que suas vendas fora do país, haverá um serviço de pagamentos de juros e/ou lucros e dividendos a ser remetido ao exterior. Independente de esse ser rolado ou pago e, também, independente de estar ou não sendo abatido o principal de dívidas ou repatriado o investimento direto externo.

Temos agora, em lugar de (3) e (4):

$$C + I + G + (X - M) \equiv C + S + T \tag{5}$$

$$I \equiv S + (T - G) + (M - X) \tag{6}$$

Parte da renda – lado esquerdo de (5) – terá se destinado à redução do Passivo Externo Líquido se $X - M > 0$, ou seja, se houve um superávit do Balanço de Pagamentos em Conta Corrente. A **Absorção** doméstica da produção de bens e serviços (C + I + G) terá sido menor que a renda gerada.

Caso tenha ocorrido um déficit em Conta Corrente no Balanço de Pagamentos ($X - M < 0$), a absorção terá sido maior que a renda e, conforme (6), o déficit nas Transações Correntes com o exterior terá representado um aporte de **poupança externa**, vale dizer, não-residentes estão financiando aquele excesso de absorção doméstica em relação à renda (independente de qual seja o destino final – consumo privado e público ou investimento – dessa poupança externa).

Trata-se de uma identidade contábil, ou seja, inevitavelmente as partidas dobradas da contabilidade nacional mostrarão tal resultado. O investimento terá tido como contrapartida a poupança privada, o saldo corrente ou a poupança pública e a poupança externa. Esta é a razão de falar-se em **déficits gêmeos**: quando há déficit na Conta Corrente no Balanço de Pagamentos, ocorre necessariamente que o investimento terá sido maior do que a poupança doméstica (soma dos setores público e privado) e terá existido algum déficit no lado doméstico. O setor privado e/ou o setor público terão apresentado gastos acima de suas correspondentes receitas.

No entanto, embora esse seja o resultado contábil, o central é o ocorrido na economia durante o processo. Tanto pode ser que a poupança externa – o déficit em Conta Corrente – tenha sido acionada para cobrir o déficit de poupança doméstica, quanto pode se dar o contrário, com o déficit corrente no Balanço de Pagamentos induzindo a um ajustamento na absorção doméstica e na relação entre poupança doméstica e investimento. Além disso, de antemão não se pode garantir que a posição final da igualdade represente uma situação de pleno emprego e, portanto, máxima renda e poupança domésticas possíveis. Para examinar o processo pelo qual os déficits ou superávits gêmeos aparecem, precisamos saltar da contabilidade para a teoria macroeconômica, como no Capítulo 14.

Para finalizar esta seção, convém lembrar os conceitos de PIB e Renda Nacional da contabilidade nacional. O Produto Interno Bruto (PIB) mede o valor agregado de bens e serviços gerado dentro dos limites geográficos do país. Se subtrairmos a depreciação dos investimentos, teremos o Produto Interno Líquido. Caso, além disso, seja abatida a parcela desse Produto cuja renda correspondente é enviada ao exterior (líquida dos recebimentos, é claro), chegamos à **Renda Nacional** apropriada pelos residentes. Consulte o Quadro 13.1 para observar o que é a Renda Líquida enviada ao Exterior (RLE).

## A taxa de câmbio

As transações comerciais e financeiras entre os países, com seus sistemas monetários distintos, são intermediadas pela conversão (câmbio) entre suas moedas. As operações de conversão cambial cresceram com a internacionalização das economias, abordada no Capítulo 11.

A taxa *de câmbio* é a taxa em que se dá essa conversão. Depois de definirmos os tipos de taxa de câmbio, descreveremos as operações constitutivas do mercado cambial, inclusive a cobertura do risco cambial e a tomada de posições especulativas. Finalmente, a última seção fará um esboço inicial de alguns dos fatores determinantes ("fundamentos") apontados na literatura para as taxas de câmbio, a partir dos movimentos de capitais e do comércio com bens e serviços não-defatores. A dinâmica da macroeconomia aberta, de acordo com as abordagens teóricas tratadas nos Capítulos 14 e 15, tem na eventual atuação desses fundamentos um de seus objetos centrais.

A taxa *nominal de* câmbio é o preço de uma unidade monetária local expressa em outra unidade monetária. Como é o normal no Brasil, definiremos a taxa nominal de câmbio tendo uma unidade monetária de divisas (moedas de circulação internacional) no denominador, ou seja, a taxa mede quantas unidades de reais são necessárias, por exemplo, para aquisição ou venda de um dólar dos Estados Unidos.

Assim como uma elevação de preços deprecia o valor real da moeda na qual tais preços são expressos, um aumento (diminuição) na taxa nominal de câmbio representa uma depreciação ou desvalorização (apreciação ou valorização) da moeda local em relação à divisa tomada como referência. Da mesma forma, a taxa nominal de câmbio ($e$) converte um preço qualquer expresso em divisas ($P^*$) em seu equivalente local ($P$) e vice-versa:

$$P = e \cdot P^* \qquad (7)$$

Tudo o mais permanecendo constante, uma depreciação nominal da moeda local aumenta o preço em moeda local de mercadorias ou ativos do exterior e reduz o preço em divisas de mercadorias e ativos locais. No que tange à competitividade via preços, portanto, uma depreciação reduz a competitividade local de ativos e mercadorias estrangeiros e abre uma margem de manobra para redução de preços em divisas de seus congêneres locais. A valorização nominal, evidentemente, tem efeito inverso.

A posição real dos preços locais em relação aos externos, contudo, depende da evolução simultânea da taxa nominal de câmbio e dos preços locais e externos. A taxa real de câmbio ($e_r$) expressa, em moeda local, o preço de produtos e ativos estrangeiros em termos relativos ao preço local:

$$e_r = (e \cdot P^*)/P \qquad (8)$$

Tanto P* como P são, no caso, índices de preços que refletem variações médias. A taxa real de câmbio é, portanto, um índice médio. A evolução nominal da taxa de câmbio e de preços locais e externos afeta a competitividade-preço de modo setorialmente desigual se ocorrer, no período, divergência entre os movimentos de preços relativos no país e no exterior.

A taxa real de câmbio apresentada anteriormente foi definida a partir da evolução entre dois países, sendo assim, *bilateral*. Dada a pluralidade de parceiros externos do país, existem muitas taxas bilaterais. A taxa de câmbio *efetiva* busca captar uma média entre essas taxas de câmbio, uma média ponderada de acordo com o peso relativo dos países nas transações comerciais da economia local. Só desse modo é possível obter uma avaliação mais precisa de como a evolução das taxas nominais de câmbio e de preços, no local e no exterior, vai afetando a competitividade-preço do país em questão.

A taxa nominal de câmbio, enquanto preço de mercado, depende do cotejo entre demandantes e ofertantes de divisas, o que inclui a ação de autoridades monetárias sobre a demanda e a oferta. Há duas situações extremas quanto ao movimento da taxa. O governo pode estabelecer uma taxa fixa e comprometer-se a comprar e suprir, respectivamente, os excessos de oferta e demanda de divisas, utilizando o seu estoque de reservas externas. No outro extremo, pode deixar que a taxa seja *perfeitamente flexível* e determinada ao sabor das flutuações de mercado, caso em que, em princípio, não haveria motivo para manter estoques de divisas como reservas. Essas duas situações são as mais utilizadas para efeito de abordagem teórica.

Concretamente, os regimes cambiais (regras quanto ao câmbio) se localizam entre os extremos: taxas semifixas dentro de faixas ("bandas"), com variação ampla ou estreita; flutuação "suja" por intervenções do Banco Central; taxas reais de câmbio estabelecidas como objeto de política e cujo controle comanda a taxa nominal etc. Esses exemplos são sempre enfocados teoricamente como combinações de taxas fixas e flexíveis.

Vale também observar que um país pode manter políticas cambiais distintas em relação aos diversos parceiros. Por exemplo, faixas estreitas de flutuação em relação a uma moeda-chave dentro de um bloco comercial podem ser acordadas, ao mesmo tempo em que há uma flutuação mais livre em relação às áreas externas. Uma economia internacional com n países implica a presença de (n – 1) taxas de câmbio, sobre as quais pode tentar atuar cada um dos n bancos centrais.

## O mercado cambial e a cobertura do risco cambial

Os principais operadores do mercado cambial são os bancos comerciais que executam o serviço de câmbio para seus clientes, bem como os corretores especializados no repasse de divisas entre bancos, além dos bancos centrais. De modo ainda mais acentuado do que nas transações monetárias dentro das economias nacionais, trata-se de um mercado basicamente escritural, no qual depósitos bancários ou outros ativos de curto prazo em moedas nacionais são transferidos via meios de telecomunicação.

A existência de custos de transação – ou seja, de realização das operações de compra e venda – e a remuneração pelos correntes serviços impõem um mínimo de *spread* entre os preço de compra *(bid price) e* venda *(ask price)* de divisas pelos bancos, preços a que correspondem as taxas nominais de câmbio. A oferta e a demanda das moedas vão se expressando em variações dessas taxas, no curso das transações entre clientes e bancos e nas compensações de saldos entre esses últimos.

Na ausência de restrições às operações cambiais e de custos de transação significativos, a operação dos bancos comerciais e corretores garante coerência no cruzamento das (n – 1) taxas de câmbio entre os **n** países, em todas as praças. Se emerge alguma diferença entre cotações – acima dos *spreads* de compra e venda – em diferentes pontos do mercado cambial, em nível mundial, há ganho de *arbitragem* entre os diferentes preços de moedas nacionais que são rapidamente auferidos pelos bancos, dada a difusão de informações e a facilidade de transação entre eles.

A arbitragem ocorre sempre que há dois preços diferentes entre dois bens ou ativos iguais, pois tal discrepância cria oportunidade para um ganho fácil mediante simples compra onde é mais barato e venda onde é mais caro. Ora, a arbitragem também aparece no caso de taxas de câmbio entre moedas, como no caso de qualquer outro ativo.

A variabilidade das taxas de câmbio introduz uma dimensão própria às operações cambiais em relação às operações monetárias nacionais. Vejamos por quê.

Transações a prazo internas em um país têm uma dimensão de rendimento e outras, de risco. Essas dimensões podem ou não ser repassadas a bancos comerciais ou outras instituições financeiras. Por exemplo, um vendedor a crédito pode repassar com desconto o título de dívida recebido a um banco ou pode mantê-lo em carteira. Pode ainda tomar um empréstimo tendo como caução a quitação futura do título.[1]

Transações internacionais a prazo envolvem, também, a possibilidade de mudança cambial e, portanto, acrescenta-se o *risco* cambial aos riscos inevitavelmente presentes nas transações a prazo. Por essa razão, o mercado abre a possibilidade, também, de negociação prévia da taxa de câmbio. As operações cambiais podem ser à *vista* (quando integralizadas em 48 horas), a uma cotação da taxa de câmbio a termo ou futura (*forward*). Uma distinção entre os mercados *forward* e *futures* será estabelecida adiante.

Um agente com créditos ou débitos a serem monetizados no futuro tem duas alternativas diante do risco cambial:

- "Fechar" sua posição em aberto, fazendo um *hedge* (cobertura de risco) mediante, por exemplo, uma operação de venda (compra) da moeda referente ao crédito (débito) de vencimento futuro, no mercado a termo, à taxa de câmbio a termo vigente. Nesse caso, qualquer que venha a ser a evolução das taxas correntes de câmbio entre o presente e o futuro, o agente não será afetado porque se defrontará com créditos e débitos em uma mesma moeda. A rentabilidade da operação que gerou o crédito ou débito deixa de ser afetada pela variação cambial.

---

[1] No caso, a venda a crédito envolve, entre outros, os riscos de crédito (inadimplência) e de preço (taxa de juros em relação à inflação). Quando o vendedor a crédito repassa o título recebido, livra-se dos dois riscos, pagando um certo prêmio, embutido no fato de que repassa o título da dívida para o banco com algum desconto no valor. No terceiro caso (tomar empréstimo com o título como colateral), assume o risco de inadimplência, livrando-se do risco de preço. A segunda opção, por sua vez, assumiu todos os riscos. O pleno desenvolvimento de mercados financeiros corresponde, entre outros aspectos, à emergência de mercados para negociação de dimensões de risco de contratos primários, com baixos custos de transação, de acordo com os gostos e necessidades dos agentes econômicos (**mercados de derivativos**).

- Manter a posição em aberto – longa (creditícia) ou curta (em débito) – por avaliar como favorável a evolução esperada dos preços das moedas (taxas correntes de câmbio no presente e no futuro), dentro das margens de risco atribuídas pelo agente à operação. Nesse caso, há especulação.[2] Evidentemente, a posição especulativa pode ser o próprio objetivo da operação, quando, por exemplo, um exportador com recebimento à vista em dólares retarda sua conversão cambial por esperar uma depreciação da moeda local.

Três são os mecanismos básicos pelos quais os agentes podem cobrir-se (*hedge*) do risco cambial: compras e vendas a prazo por meio dos bancos, compras e vendas nos mercados organizados de contratos cambiais a termo padronizados (*futures*) ou compras de opções de compra e venda.

No primeiro caso, há um mecanismo básico – o *swap* interbancário de moedas – no qual as taxas a termo (*forward*) e à vista (*spot*) tendem em direção à seguinte relação:

$$e_f = e\ .\ (1 + i)/(1 + i^*) \tag{9}$$

onde $e$ é a taxa nominal corrente de câmbio e $e_f$ é a taxa a termo referente a determinado período (30, 60, 90 ou 120 dias), enquanto $i$ e $i^*$ são as taxas nominais de juros básicas, respectivamente, no país e no exterior para o período concernente à taxa a termo.

Para entender por que (9) é uma tendência, suponha, por exemplo, que em determinado momento $e_f/e > (1 + i)/(1 + i^*)$. Supondo-se condições de estabilidade no funcionamento dos mercados: se há facilidade de empréstimos internacionais a baixos custos de transação, há uma oportunidade de ganho fácil e garantido via arbitragem de taxas de juros para qualquer agente com acesso aos dois mercados financeiros – como particularmente os bancos que operam com divisas. Um agente, no caso, pode contrair um empréstimo no país à taxa $i$, converter em dólares à taxa $e$, aplicar no exterior à taxa $i^*$ e simultaneamente vender os dólares no mercado a termo à taxa $e_f$, e isso lhe dá um montante em reais, garantido ao final do período, maior que aquele necessário para pagar o empréstimo inicial.

A reversão do sinal de desigualdade propiciaria, por sua vez, um lucro puro e garantido por meio de uma operação inversa, tomando empréstimo no exterior, vendendo à vista os dólares obtidos, aplicando localmente e comprando a termo os dólares necessários ao pagamento externo no futuro, sobrando necessariamente um excedente livre em reais. Agentes externos também poderiam montar operações que lhe rendessem excedentes em divisas.

---

[2]A definição clássica de especulação é de Kaldor (1939), como a atividade de compra (ou venda) de mercadorias tendo em vista a revenda (ou recompra) em uma data posterior, quando o motivo de tal ação é a expectativa de uma mudança nos preços em vigor e não uma vantagem resultante de seu uso, uma transformação ou uma transferência de um mercado a outro. Difere da arbitragem porque esta se dá entre preços vigentes e conhecidos, enquanto a especulação se baseia em expectativas. No nosso caso, dada a possibilidade de fazer a operação de *hedge* no mercado a termo, não fazê-lo é assumir uma posição especulativa.

A existência de créditos transfronteiras que só necessitem ser compensados periodicamente pode até suprimir a operação cambial à vista – como é o caso dos *swaps* de moeda entre bancos comerciais (Rivera-Batiz e Rivera-Batiz, 1994, 117-9).

A equação (9) implica a chamada *paridade coberta de taxas de juros (PCJ)*, na qual o diferencial de taxas de juros corresponde aproximadamente a um prêmio (ou desconto) entre as taxas de câmbio à vista e a prazo. Quando $i > i^*$ e, portanto, $e_f > e$, tem-se um prêmio que o banco cobra para comprar ou vender dólares a prazo, para compensar o custo de oportunidade da operação de *hedge* em dólares a ser feita com seus correspondentes no exterior. Um desconto se aplica quando as taxas de juros internas são menores que no exterior.

Empiricamente, a paridade coberta vem de fato tendendo a prevalecer nas transações de *swap* interbancário e na evolução dos prêmios (descontos) do mercado a termo. Para tanto têm influído a redução sistemática de custos de transação cambial e, nos mercados de títulos, a queda nos custos de coleta e processamento de informações, bem como menores barreiras à movimentação financeira nos países. Restam os riscos políticos ou de inadimplência dos países, mas, no tocante ao risco cambial de mercado, a paridade coberta funciona particularmente para as operações de curto prazo, até mesmo porque o prêmio (desconto) a termo se adequa diretamente aos diferenciais de taxas de juros.

As operações de cobertura de agentes não-bancários por meio dos bancos são "de balcão", negociadas caso a caso e com alto custo de reversão. Uma segunda opção para cobertura do risco cambial está nos mercados de **futuros** (*futures*), mercados organizados em que se negociam contratos a prazo padronizados. Os "formadores dos mercados" (*market makers*), nesse caso, não são os bancos e suas operações interbancárias em nível internacional, mas sim instituições de compensação das trocas que atuam como terceira parte e garantidoras das transações. A principal característica diferenciadora aqui é a possibilidade de mudança contínua de posição do agente, na medida em que este pode mudá-la a partir de operações de compra e venda de contratos padronizados negociados como *commodities*: o comprador ou vendedor em última instância não tem importância.

Os participantes vão ajustando na margem seus depósitos de garantia junto às instituições de compensação, a partir da evolução das taxas correntes. As instituições de compensação vão computando diariamente os ganhos e as perdas nos contratos e adicionando ou subtraindo o valor correspondente na conta de margem de garantia das partes contratantes. Diferentemente das transações a termo com os bancos, aqui o investidor lida com contratos líquidos e impessoais. Podem ser liquidados a qualquer momento, com a realização de ganhos ou perdas. Por outro lado, o ajuste contínuo de margens de garantia exige comprometimento de liquidez, de maneira diferente da operação com os bancos.

Vejamos um exemplo. Um investidor japonês adquire ações na bolsa de valores de Nova York ou constrói uma fábrica na Flórida. Uma forma pela qual ele pode neutralizar os riscos cambiais associados à conversão dólar-iene – e permanecer, portanto, apenas com os riscos próprios dos investimentos – é a venda simultânea de montantes equivalentes de dólares em um mercado de futuros em Tóquio. Uma apreciação (depreciação) do dólar estaria compensada por uma simultânea e equivalente perda (ganho) de valor em suas operações no mercado futuro.

Não se trata de imobilizar uma segunda soma em ienes, porque o mercado opera a partir de depósitos de garantia – em geral, algo entre 2% e 5% do valor da operação – e seus ajustes na margem. Não há necessidade de encerrar a operação primária, a não ser, no exemplo, se o investidor vender o investimento nos Estados Unidos e extinguir-se o motivo da cobertura de risco. Os desembolsos dizem respeito a mudanças nos preços dos ativos e não à aquisição/venda dos próprios.

São os agentes detentores de portfólios no exterior que em geral buscam a cobertura do risco cambial nos mercados de futuros. Por sua vez, o mercado bancário a termo se presta melhor à cobertura no caso de operações singulares, com negociação específica no mercado de balcão.

Os mercados de futuros – existentes desde o século passado para produtos primários que são *commodities* e estendidos a partir da década de 1970 para taxas de câmbio, taxas de juros e até índices de bolsas de valores – são **derivativos**, ou seja, lidam com características (no caso preços) derivadas de outros ativos (os ativos primários). Por outro lado, os *market makers* em geral buscam cobertura de sua posição, necessariamente oposta à do mercado, por meio de operações inversas nos mercados dos ativos primários. Esse é um dos modos pelos quais uma posição de venda ou compra do mercado de futuros, em termos líquidos, se transmite aos mercados primários. Com maior ou menor influência, como pressão respectivamente também de venda ou compra nos mercados primários à vista (Kregel, 1994).

Por sua vez, no caso do mercado a termo via bancos, os saldos líquidos de compra ou venda da moeda estrangeira por agentes não-bancários têm como conseqüência pressões, com maior ou menor peso, sobre o nível de atividade e/ou taxas de juros nos mercados financeiros de ativos de curto prazo – além das pressões sobre as taxas de câmbio à vista, se operações cambiais correntes se fizerem necessárias. Por exemplo, uma venda líquida de divisas a prazo pelos clientes locais dos bancos ao longo de um período – a uma paridade coberta de taxas de juros em que o prêmio ou desconto da taxa a termo acompanhe diferenciais de juros e a taxa nominal de câmbio à vista – implicará que os bancos captem empréstimos no exterior, vendam dólares no mercado à vista e apliquem localmente. Desse modo, ao final terão montantes em moeda local para os clientes e usarão os dólares inicialmente negociados para liquidar o empréstimo externo. Comparando-se ao que aconteceria na ausência das operações a termo, o que se passa é uma antecipação de futuras vendas líquidas no mercado à vista.

Operações puramente especulativas podem ser realizadas com facilidade nos mercados de futuros, sobretudo devido ao fato de que estes exigem apenas margens de garantia e não alguma operação primária a ser coberta. Dependendo de ser oposta ou convergente com a posição líquida dos *hedgers*, a influência da especulação será amortecedora ou amplificadora do efeito dessa posição líquida de cobertura de risco sobre as instituições de compensação e, por conseqüência, sobre os mercados primários.

Uma terceira possibilidade de cobertura do risco cambial vem de outro tipo de mercado de derivativos, o mercado de *opções*. Como os mercados de futuros, elas se estendem a vários ativos financeiros, inclusive as divisas.

Uma opção é um direito de comprar ou vender uma certa quantidade de um ativo a uma certa data (versão européia) ou ao longo de um período (versão americana) a uma cotação prefixada. O comprador da opção pode ou não exercer o contrato. A contrapartida desse direito (sem obrigação) é o pagamento de um prêmio que remunera o vendedor da opção pelo risco incorrido por este.[3] Trata-se de uma espécie de seguro, uma proteção vendida pelo emitente da opção.

Um exportador ou um aplicador em títulos no exterior pode adquirir uma opção de venda de divisas (*put option*), enquanto um importador ou um devedor em divisas pode comprar uma opção de compra (*call option*). Há mercados de balcão e mercados organizados, podendo-se, nesses últimos, até revender opções. *Market makers* (cobrindo suas posições em outros mercados) e especuladores constituem a ponta de venda das opções. Os organizadores garantem as transações, mediante a imposição de requisitos de margem para os vendedores (subscritores) das opções.

Enfim, existem três modos básicos pelos quais, a um certo custo, os agentes podem se cobrir em relação ao risco cambial: (a) incorrendo no custo de transação bancária, no caso das operações do mercado a termo bancário; (b) investindo liquidez nas margens de garantia dos mercados de futuros ou (c) pagando um prêmio por opções de venda ou compra. Em cada um dos casos, as operações funcionam como uma antecipação da conversão cambial.

A especulação, por sua vez, materializa diretamente uma pressão sobre o mercado, pressão esta correspondente às expectativas dos agentes sobre a direção para a qual esse mercado tende. Quando o conjunto de agentes considera que o mercado e as taxas de câmbio estão em condições de estabilidade, dentro de flutuações normais, a cobertura de risco cambial assume apenas o papel de livrar agentes daquelas flutuações, sendo compensada por posições especulativas simétricas, ou seja, na posição oposta. Já quando a avaliação do mercado é de mudanças iminentes em alguma direção, tanto a antecipação da conversão cambial via *hedge* quanto a especulação convergem em direção a reforçar tais mudanças. Tanto quanto a especulação, as operações de cobertura de risco adquirem então um viés de reforço em direção à mudança esperada.

---

[3] A velocidade de inovações financeiras tem levado à emergência de sucessivas gerações de produtos, das quais os aqui mencionados pertencem à primeira. Hoje em dia, grandes empresas e grandes bancos montam operações estruturadas, com múltiplas coberturas de risco, caso a caso (no balcão), conforme as necessidades específicas das empresas.

Um dos temas centrais da macroeconomia aberta reside exatamente na existência ou não, a curto ou longo prazos, de centros de gravidade – valores "fundamentais" – para as taxas de câmbio, centros gravitacionais que acabariam conduzindo a operação dos participantes do mercado em direção a eles. A eventual atuação de tais fundamentos seria exercida pelas operações de comércio de bens e serviços e/ou de movimentos de capitais – passando pelas inter-relações entre estas operações e os agregados macroeconômicos –, as quais, por sua vez, balizariam as operações monetárias à vista e a prazo do mercado cambial. A próxima seção introduz uma versão simplificada de dois desses possíveis fundamentos, aos quais retornaremos nos Capítulos 14 e 15.

## Fundamentos da taxa de câmbio: uma primeira aproximação

Compensação bancária, arbitragem, cobertura de risco e especulação, além da intervenção de bancos centrais, são as operações que compõem o cotidiano do mercado cambial. A interação entre essas operações pode gerar uma dinâmica própria dentro do mercado.

No entanto, se por um lado as operações de comércio exterior e de movimento de capitais têm relações próprias e independentes com as taxas de câmbio, elas, por outro, exercem um potencial balizamento daquelas operações do cotidiano do mercado cambial. Vejamos algumas possibilidades de que tais operações atuem como âncora para o mercado e a taxa de câmbio.

### *Movimento de capitais e a paridade não-coberta das taxas de juros*

Vimos que, pelos próprios mecanismos de operação do mercado bancário a termo, a condição de paridade coberta de juros tende a adequar, conforme o diferencial de taxas de juros, o prêmio (desconto) da taxa de câmbio a termo em relação à vista. Por seu turno, movimentos de capitais a descoberto dependem da efetiva taxa de depreciação cambial das taxas à vista ($\hat{e}$) ao longo do período, definida como:

$$\hat{e} \equiv (e_1 - e_o)/e_o \tag{10}$$

Uma igualdade *ex post* de rendimentos em aplicações transfronteiras no caso equivale a:

$$(1 + i) = (1 + i^*) \,.\, (1 + \hat{e}) \tag{11}$$

No contexto do cálculo decisório dos aplicadores, a taxa efetiva de depreciação cambial é substituída por uma expectativa a seu respeito. Supondo-se que todos os agentes são "neutros em relação ao risco", a igualdade *ex ante* – *a paridade não-coberta de taxas de juros (PNCJ)* – corresponde a:[4]

$$(1 + i) = (1 + i^*) \,.\, (1 + \hat{e}^{o}{}_{k}) \qquad (12)$$

[k = 1, ..., m agentes]

onde $\hat{e}^{o}{}_{k}$ é a taxa *esperada* de depreciação cambial pelo agente k. A paridade indica que, por exemplo, taxas de juros locais acima das externas, com o diferencial estando acima da depreciação cambial esperada pelo agente, apontam para este um rendimento externo *ex ante* superior ao local.

Quando há uma convergência nas leituras dos agentes quanto às tendências da taxa de câmbio (nos $\hat{e}_{ok}$), então a equação (12) se transforma em:

$$(1 + i) = (1 + i^*) \,.\, (1 + \hat{e}^{0}) \qquad (13)$$

A força gravitacional dessa condição de PNCJ decorre do seguinte: em condições de plena mobilidade de capital (ou seja, sem barreiras e restrições a entradas e saídas) e de neutralidade em relação a riscos (ou sua inexistência), toda vez em que a equação (13) não estiver prevalecendo, quando estivermos comparando ativos com características similares, haverá uma saída volumosa de capital (quando o lado esquerdo for menor) ou uma entrada também extremamente volumosa (quando for maior o lado esquerdo).

Os juros domésticos se ajustam, no caso de uma economia pequena, ou as expectativas quanto à evolução da taxa de câmbio se alteram. O que não vai acontecer é a permanência de uma desigualdade, pois a oportunidade de ganho fácil via arbitragem disparará deslocamentos significativos de capital – para dentro ou para fora – até a diferença ser eliminada.

A diferença em relação ao exemplo anterior, das operações de *swap* interbancário no mercado a termo ou *forward*, é que, neste caso, o prêmio ou desconto na taxa de câmbio do contrato já se adaptava, de modo endógeno, fechando a equação na hora da firmação dos contratos. Na PNCJ, são os juros domésticos que tendem a se adequar, caso a desvalorização cambial esperada seja determinada por outros fatores que não as próprias taxas de juros.

[4] A importância do risco, tomada como alguma medida de dispersão em torno de uma média esperada para uma variável, abordada no Capítulo 14, assim como seu papel na macroeconomia aberta. Os agentes podem ser classificados como "neutros em relação ao risco", "avessos ao risco" ou "apreciadores do risco". Em relação aos rendimentos esperados de uma transação, os primeiros não são influenciados pelo risco. Os avessos ao risco, por sua vez, estabelecem um desconto, enquanto os apreciadores do risco até pagam um prêmio, em ambos os casos refletindo a magnitude do risco. A suposição de neutralidade em relação ao risco aqui serve para abstraí-lo temporariamente. Mas reconhece-se que, na realidade, a maioria dos agentes econômicos mostra aversão ao risco. Vale frisar também que a vigência plena da PNCJ adicionalmente supõe ausência de barreiras à mobilidade de capital.

Uma questão central no tocante aos fundamentos da taxa de câmbio se coloca, portanto, no lado do **balanço básico** de pagamentos (Quadro 13.1) ou quaisquer outros determinantes da desvalorização cambial esperada. Um ponto de partida para a discussão, agora mais controverso, se encontra na chamada "doutrina da paridade do poder de compra (PPC)".

## *A "paridade do poder de compra"*

Suponha custos negligenciáveis de frete e seguro, ausência de barreiras ao comércio e de barreiras à entrada nos diversos mercados, baixos custo de transação (inclusive cambiais) e, finalmente, perfeita substitubilidade (homogeneidade) entre bens e serviços locais e estrangeiros do ponto de vista de seus usuários. Nesse caso, coloca-se como tendência:

$$P_j = e \,.\, P^*_j \qquad [j = 1, ..., m \text{ bens e serviços}] \qquad (14)$$

onde $P_j$ e $P^*_j$ representam respectivamente os preços local e externo de j. A equação (14) tenderia a prevalecer porque a desigualdade implicaria a possibilidade de ganhos fáceis de arbitragem mediante translado do produto do lado em que fosse mais barato para o outro. Tal arbitragem só se encerraria com a igualação de preços absolutos, em dólares e na moeda local, para cada bem e serviço: essa é *a lei do preço único*. Quer pela mudança de preço(s), quer por alteração na taxa nominal de câmbio ou ambas, mais cedo ou mais tarde a arbitragem forçaria a vigência de (14), quaisquer que viessem a ser os resultados em termos de emprego, especialização do país etc.

A paridade do poder de compra (PPC) das moedas nacionais vem como um corolário da lei do preço único. PPC entre moedas significa dizer que as unidades monetárias locais equivalentes a uma unidade de divisas podem adquirir as mesmas cestas de bens que esta, dado que preços externos e locais se igualam quando expressos na mesma moeda.

A versão *absoluta* da PPC contida em (14) pode ser relaxada. Digamos que há em algum grau certos impedimentos à atuação da lei do preço único. Dados os níveis desse impedimento, teríamos algo como um desvio sistemático ($\Omega_j$) para cada produto:

$$P_j = \Omega_j \,.\, e \,.\, P^*_j \qquad (15)$$

Entre dois períodos, mantendo-se estáveis aqueles impedimentos, a PPC imporia:

$$(1 + p_j) = (1 + p^*_j) \,.\, (1 + \hat{e}) \qquad [j = 1, ... \text{ m bens e serviços}] \qquad (16)$$

 ou seja,

$$(1 + \hat{e}) = (1 + p_j)/(1 + p^*_j) = (1 + p)/(1 + p^*) \qquad (17)$$

Em que $\mathbf{p_j}$ e $\mathbf{p^*}$ são taxas de variação percentual dos preços local e externo para cada produto, enquanto **p** e $\mathbf{p^*}$ são as taxas de inflação no país e no exterior. Nessa versão *relativa da* PPC, a arbitragem impõe uma proporcionalidade entre, de um lado, as diferenças nos ritmos inflacionários e, de outro, a taxa de variação na taxa nominal de câmbio à vista.

O objeto de ajuste entre eles pode variar. Se a taxa de câmbio é fixa ou varia dentro de certa trajetória preestabelecida, a inflação doméstica da economia pequena se ajustará em relação à inflação no exterior. Se a taxa é flexível e se ajusta mais rapidamente que os preços, a direção será a inversa: o diferencial entre as taxas de inflação vai determinar a variação cambial. A versão relativa não supõe igualação absoluta de preços, mas supõe apenas constância nos fatores de divergência, o que já é suficiente para a vigência de (17).

Observe que, prevalecendo (17), os agentes convergiriam para a PPC relativa em suas expectativas de variação cambial, conforme (13). A equação (17) provê um fundamento possível para a taxa de câmbio, no caso até mais forte que a PNCJ. De (11) e (17) se seguiria a igualdade de taxas reais de juros (**r** e $\mathbf{r^*}$), como mais um preço que seria unificado:

$$(1 + r) = (1 + i)/(1 + p) = (1 + i^*)/(1 + p^*) = (1 + r^*) \qquad (18)$$

Por outro lado, cumpre observar a presença de um grupo de produtos fora do raio de alcance da lei do preço único, vale dizer, os produtos *não-comercializáveis (non-tradeable)* através das fronteiras. Razões para a existência de tais tipos de produto podem advir da própria natureza muito diferenciável entre países, de altos custos de transporte por unidade de produto ou de outro tipo de restrição à arbitragem.

Exemplos de bens não-comercializáveis internacionalmente podem ser localizados na habitação, na geração de energia, no transporte, nos serviços educacionais, serviços pessoais etc. As estimativas do Banco Mundial quanto à proporção de bens não-comercializáveis no Produto Interno Bruto de países incorporam: comércio varejista e atacadista, transportes e comunicações, serviços de seguros, corretagem imobiliária e comerciais, serviços pessoais, sociais e comunitários, administração pública, segurança e defesa.

Caso haja apenas um conjunto de preços relativos de equilíbrio, sua vigência impõe uma acomodação dos preços dos não-comercializáveis aos comercializáveis em cada país. Contudo, coloca-se a possibilidade de evoluções diferenciadas, no país e no exterior, dos preços relativos entre não-comercializáveis/comercializáveis ao longo do tempo, abrindo-se a possibilidade de divergência sistemática entre índices médios de inflação (refletindo a evolução de todos os preços) e a eventual atuação da PPC apenas sobre os comercializáveis.

A PPC, na realidade, é um fundamento que em geral exerce sua força gravitacional dentro de largos horizontes de tempo. Na prática, os agentes formam suas expectativas quanto à taxa de câmbio para intervalos de tempo mais curtos. Quando muitas vezes se fala em "fundamentos da taxa de câmbio", nem sempre o significado é o da PPC.[5]

Em geral, como exercício concreto, os agentes projetam os fluxos que compõem o Balanço de Pagamentos, verificam sua probabilidade de "fechar" o balanço sem recursos a reservas e, a partir daí, projetam até onde a taxa de câmbio precisa ir para alterar esses fluxos e provocar, de algum modo, o "equilíbrio externo". Diz-se que a taxa está "desalinhada" ou fora dos fundamentos quando a taxa virtual projetada difere substancialmente da vigente, especialmente caso se trate de um regime de câmbio fixo. Com freqüência, é ao balanço básico (projetado) que os agentes se voltam para avaliar se a taxa de câmbio está ou não desalinhada com seus fundamentos.

## Palavras-chave

- Passivo Externo Líquido
- Déficit em Conta Corrente
- Poupança Externa
- Equilíbrio Externo
- Déficits Gêmeos
- Renda Nacional
- Taxa Real Efetiva de Câmbio
- Arbitragem
- Mercados Futuros
- Cobertura de Risco Cambial
- Paridade de Taxas de Juros
- Paridade de Poder de Compra

## Exercícios

1. Durante 2003, nas transações com o exterior, o país X:
    - exportou US$200 milhões em mercadorias, dos quais 90% foram pagos à vista pelos clientes e os demais 10% foram financiados, pelo banco oficial de X, em prazos acima de cinco anos (longo prazo);
    - importou US$240 milhões, dentre os quais 2/3 pagos à vista e 1/3 correspondeu às máquinas e aos equipamentos financiados pelos fornecedores, para pagamentos no longo prazo;
    - empresas estrangeiras investidoras em X remeteram lucros de US$20 milhões a suas matrizes, dos quais metade foi em seguida reinvestida no país. Além disso, para aquisições de firmas locais ou novos investimentos (*greenfield*), entraram mais US$10 milhões de investimentos diretos;

[5] Veja Marçal *et al.* (2003) sobre a PPC no caso brasileiro. A aplicabilidade da Paridade de Taxas de Juros contrasta com os limites da PPC.

- toda a amortização da dívida externa (pública e privada) foi rolada ou trocada por novos títulos, mas os juros – US$20 milhões – foram pagos;
- X recebeu US$10 milhões de ajuda contra a pobreza, em forma de mercadorias;
- receitas líquidas com turismo e com remessas de pessoas de X trabalhando no exterior renderam US$10 milhões.

Calcule o saldo comercial, o saldo em Conta Corrente do Balanço de Pagamentos e a variação nas reservas.

2. Explique: "o déficit público norte-americano deu lugar à poupança negativa do setor privado, nos anos 90, como contrapartida da poupança externa aplicada nos Estados Unidos".
3. O Brasil tem uma pauta de exportações geograficamente diversificada, na qual mais ou menos 1/3 vai para a Europa e outro 1/3 para os Estados Unidos. Mas o real brasileiro é referenciado ao dólar. Você acha que uma desvalorização do dólar em relação ao euro levará inevitavelmente a uma equivalente desvalorização também do real em relação ao euro?
4. Explique: "derivativos não eliminam o risco cambial, mas em geral podem transferi-lo para quem tem maior disposição e capacidade de gerenciá-lo".
5. Estudos empíricos mostram que a Paridade Coberta – e a Não-coberta – das Taxas de Juros funciona melhor entre as economias avançadas, do que entre estas e as economias emergentes, mesmo quando há suficiente mobilidade de capitais. Explique como a heterogeneidade entre ativos, em termos de riscos, pode impedir a operação plena da PTJ e da PNTJ.
6. Catherine fez uma grande compra de vinhos franceses, para estocar, e resolveu adiar uma viagem à Flórida com as crianças. Perguntada sobre a decisão, respondeu que o dólar terá de cair fortemente em relação ao euro para reequilibrar a Conta Corrente norte-americana. Qual foi o raciocínio de Catherine?

## Referências bibliográficas


CANUTO, O. e LIMA, G. T. "Crises Bancárias, Redes de Segurança Financeira e *Currency Boards* em Economias Emergentes". *Revista Econômica do Nordeste*, vol. 30, edição especial, dez. 1999.

KALDOR, N. "Speculation and Economic Stability". *Review of Economic Studies*, nº 1, 1939.

KREGEL, J. "Global Portfolio Application, Hedging and September 1992 in the European Monetary System". *In:* KREGEL, J.A. e DAVIDSON, P. (orgs.), *Employment, Growth and Finance: Economic Reality and Economic Growth*. Aldershot: Edward Elgar, 1994 .

MARÇAL, E.; PEREIRA, P. V. L.; CANUTO, O. "Paridade do Poder de Compra: testando dados brasileiros". *Revista Brasileira de Economia*, Rio de Janeiro, vol. 57, nº 1, 2003.

RIVERA-BATIZ, F.L., RIVERA-BATIZ, L.A. *International Finance and Open Macroeconomics*. Nova York: Macmillan, 1994.

# Capítulo 14

## Políticas de ajustamento macroeconômico

Neste capítulo, um modelo de macroeconomia aberta será construído em duas etapas. Primeiro, apresenta-se, em economia aberta, aquilo que é chamado na literatura de **modelo keynesiano simples**. Trata-se de um modelo agregado, sobre o mercado de bens e serviços, que toma como exógenas as taxas reais de juros, abstraindo o mercado monetário. Alternativamente, pode ser visto como um modelo que supõe uma política monetária acomodatícia, de manutenção de alguma meta em termos de taxas de juros mediante a adequação contínua dos meios de pagamento a sua demanda. Também são supostos fixos os salários nominais no mercado de trabalho e os preços no mercado de bens e serviços. Portanto, identifica-se a dinâmica macroeconômica com a dinâmica da renda nominal ou real nos mercados de bens e serviços e o Balanço de Pagamentos com a Balança Comercial.[1]

O modelo keynesiano simples aberto foi o primeiro a ser desenvolvido entre os modelos de macroeconomia aberta da era moderna. Começa com taxas fixas de câmbio e mostra como fica a determinação do nível de renda de equilíbrio, no mercado de bens e serviços, quando entram as exportações e as importações. A condição Marshall-Lerner aborda então os requisitos para que uma desvalorização (valorização) cambial nominal resulte em elevação (redução) do saldo comercial. Esse enfoque pelas *elasticidades-preço de exportações e importações* – lida com os "efeitos-preço" e é complementado, em seguida, pelo enfoque da *absorção* e do efeito-renda.

---

[1] Por preços fixos entenderemos aqui que as variáveis estão estabelecidas em termos reais, deflacionadas por algum índice comum de preços, ou seja, abstrai-se a dinâmica de mudança nominal nos preços.

Em seguida, o **modelo Mundell-Fleming** estende o anterior, mediante introdução do mercado monetário e dos fluxos de capital para dentro e fora do país. Assim como o modelo IS-LM estende e completa o modelo keynesiano simples na economia fechada, a versão "aberta" deste é complementada pelo modelo Mundell-Fleming. Ao final, introduzimos a flexibilidade de preços no modelo, mostrando como hipoteticamente os ajustes de salários e preços podem conciliar os equilíbrios externo e doméstico, qualquer que seja o regime cambial.

## Balança Comercial, taxa de câmbio e determinação da renda: o modelo keynesiano simples aberto

Comecemos por recordar a determinação da renda no mercado de bens e serviços, no modelo keynesiano simples com o qual começam os cursos de macroeconomia fechada. Tomando-se os preços como variáveis exógenas, o nível do produto – e da demanda no mercado de trabalho – é determinado pelas despesas. Eventuais diferenças entre produção e vendas que provoquem variações não planejadas em estoques levarão as empresas a alterar suas produções planejadas, até se igualarem a renda gerada, o produto e as despesas dos agentes. A diferença agora, em nosso contexto, será o reconhecimento de que exportações se acrescentam às despesas com o produto local, enquanto as importações desviam tais despesas para o exterior.

Suponhamos que os componentes da identidade (3), do capítulo 13, podem ter seu comportamento conforme descrito a seguir. À medida que fazemos hipóteses sobre o comportamento das variáveis e sobre suas inter-relações, transitamos da contabilidade nacional para a teoria macroeconômica.

$$C = C_0 + c \,.\, (1 - t) \,.\, Y \qquad (0 < c < 1) \qquad (1)$$

O consumo **C** tem uma parte exógena e outra endógena, que depende da Renda Nacional disponível para as famílias após o pagamento de tributos, cuja alíquota é fixa sobre a renda. Qualquer incremento na renda disponível $(1 - t) \,.\, Y$ é parcialmente devotado ao consumo das famílias.

$$I = I_0 \qquad (2)$$

O investimento **I** é inteiramente determinado exogenamente ao cenário em questão. Posteriormente, faremos o investimento refletir a taxa de juros. Também poderia ser afetado parcialmente pela própria renda, respondendo ao maior ou menor dinamismo do mercado, mas mantenhamos o investimento por enquanto constante.

$$G = G_0 \qquad (3)$$

O gasto do governo **G** é definido de fora, como variável de política fiscal.

$$X_n = X_n (e_r ; Y^*) \tag{4}$$

As exportações crescem quando sobe a taxa real de câmbio $\mathbf{e_r}$ e quando aumenta o nível da renda no resto do mundo **Y***. Por enquanto, a taxa real de câmbio está dada, por exemplo, por serem fixados os níveis de preços domésticos e externos e a taxa nominal de câmbio. Nesse caso,

$$X_n = X_0. \tag{4a}$$

As importações $\mathbf{M_n}$ diminuem quando sobe a taxa real de câmbio e aumentam quando cresce a renda doméstica do país. Suponhamos que, como o consumo, essa relação seja linear.

$$M_n = M (e_r ; Y) = m_0 + m \,.\, Y \qquad \text{com } 0 < m < 1 \tag{5}$$

A Figura 14.1 mostra então o equilíbrio entre despesas e renda, no mercado de bens e serviços, com este incorporando o comércio exterior. Como estamos provisoriamente abstraindo os fluxos de capital, tanto a Conta Corrente quanto o próprio Balanço de Pagamentos, no conceito "acima da linha" (visto no Capítulo 13), se identificam com a Balança Comercial.

Na figura, tem-se a renda resultante ($Y^e$) como aquela à qual $Y_D = Y$, onde $Y_D$ é:

$$Y_D = C + I + G + X_n - M_n = (C_0 + I_0 + G_0 + X_0 - M_0) + [c \,.\, (1 - t) - m] \,.\, Y \tag{6}$$

No exemplo, a renda está aquém daquela de pleno emprego $\mathbf{Y^f}$.

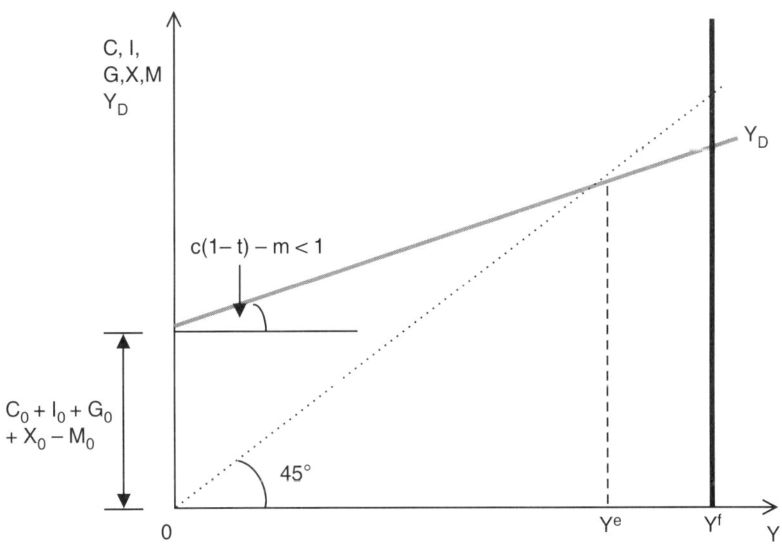


**Figura 14.1** *Determinação da renda pelas despesas.*

Com a imposição de **X = M**, retirando-se a possibilidade de variação de reservas, o nível de $Y_D$ terá de ser compatível com essa *restrição de divisas* sobre o nível da renda. De algum modo, as importações e/ou as demais variáveis de gasto terão de se adaptar a essa restrição, a qual se torna até dominante em relação àquela explorada na versão de economia fechada, vale lembrar: a restrição da demanda agregada sobre o produto quando há insuficiência de gastos com investimentos ou com consumo autônomo ou com gastos do governo. Vejamos então os requisitos para que a taxa de câmbio possa exercer a função de ajuste da macroeconomia.

## O enfoque pelas elasticidades e a curva em J

Sejam Tn e T, respectivamente, saldos comerciais em termos nominais e reais, com estes sendo deflacionados em termos de preços locais. Sejam também M e M*, respectivamente, quantidades físicas de bens e serviços importados e de bens domésticos importados pelo resto do mundo, enquanto Xn e Mn representam os valores nominais de exportações e importações, conforme anteriormente. Como, apesar de continuarem fixos os preços domésticos e externos, a taxa nominal de câmbio agora mudará, torna-se relevante distinguir quantidades físicas e valores nominais. Recorde-se ainda a definição, no Capítulo 13, da taxa real de câmbio ($e_r$) como o preço relativo de bens estrangeiros em termos de bens domésticos:

$$Tn = Xn - Mn = P \,.\, M^* - e.\, P^* \,.\, M \qquad (7)$$

$$T = Tn/P = M^* - [e \,.\, P^* /P] \,.\, M^* = M^* - e_r \,.\, M \qquad (8)$$

Quantidades de exportações e de importações são funções da taxa real de câmbio e das rendas reais do resto do mundo e local (Y* e Y). Como supomos pequena a economia local, a renda do resto do mundo é considerada fixa. Temos:

$$M^* = M^* (e_r, Y^*) \qquad \text{onde } \partial M^*/\partial Y^* > 0 \text{ e } \partial M^*/\partial \, er > 0 \qquad (9)$$

$$\mathbf{M = M (e_r , Y) \qquad onde\ \partial M/\partial Y > 0\ \ e\ \ \partial M/\partial\, e_r < 0} \qquad (10)$$

Em cada equação, as derivadas têm sinais inequívocos. Por outro lado, não se pode afirmar de antemão o sinal de $\partial T/\partial e_r$ em (11), já que o segundo termo no meio subirá com a taxa real de câmbio, enquanto o anterior responderá positivamente:

$$T = M^* (e_r , Y^*) - e_r \,.\, M (e_r , Y) = T (e_r , Y) \qquad (11)$$

Se alterações nas taxas nominais de câmbio não se fizerem acompanhar por mudanças nos preços locais, implicam mudança na taxa real de câmbio e afetam o saldo comercial. Supondo-se constantes a renda doméstica real e os preços locais, o sinal de $\partial T/\partial er$ tenderá a ser positivo quanto mais sensíveis forem os montantes físicos de exportações ($M^*$) e importações ($M$) em relação a uma depreciação/desvalorização cambial. Supondo-se, por exemplo, que a economia parte de um saldo comercial nulo ($M^* = e_r \cdot M$, ou seja, $M = M^*/e_r$):[2]

$$\Delta T = \Delta M^* - e_r \cdot \Delta M - M \cdot \Delta e_r$$

$$\Delta T/\Delta e_r = (\Delta M^*/\Delta e_r) - e_r (\Delta M/\Delta e_r) - M$$

$$\mathbf{\Delta T/\Delta e_r = (\Delta M/\Delta e_r) \cdot (M^*/e_r) \cdot (e_r/M^*) - e_r (\Delta M/\Delta e_r) (M/M) - M}$$

onde, explicitando M (igual a $M^*/e_r$), tem-se:

$$\Delta T/\Delta e_r = [\, M^*/e_r \,] \cdot [\, (\Delta M^*/\Delta e_r) \cdot (e_r/M^*) - (\Delta M/\Delta e_r) \cdot (e_r/M) - 1]$$

$$\Delta T/\Delta e_r = (M^*/e_r) \cdot [\, \varepsilon^* + \varepsilon - 1) \qquad (12)$$

Em (12), as variáveis $\varepsilon^*$ e $\varepsilon$ significam, respectivamente, as elasticidades-preço das demandas por exportações e por importações. Essa é uma formulação simplificada da chamada condição Marshall-Lerner: a desvalorização real do câmbio só aumenta o saldo comercial, tudo o mais permanecendo constante, se a soma absoluta das elasticidades-preço das demandas por exportações e importações foi maior que 1.[3]

Há dois efeitos em curso, definindo o resultado. De um lado, o *efeito termos-de-troca*: localmente, aumentam os preços locais das importações e mantêm-se os preços das exportações, enquanto externamente se reduzem os preços das exportações. Se não há mudanças nas quantidades, o saldo comercial diminui, tanto em divisas quanto em moeda local. De outro lado, tem-se o *efeito-competitividade,* pelo qual sobem os volumes de exportação e caem os de importação.

A desvalorização tende a gerar um déficit se os preços têm baixa influência sobre as quantidades e, portanto, o efeito-competitividade for dominado pelo efeito termos-de-troca. Em regimes de câmbio flexível, isso significaria dese-

---

[2] O exemplo a seguir é o de uma economia com saldos comerciais nulos que, digamos, é obrigada a gerar superávits para cumprir com serviço de dívida externa contraída anteriormente, antes de se estabelecer o cenário com o qual estamos trabalhando, ou seja, conta de capitais fechada.

[3] Hellier (1994, Cap. 5) apresenta a formulação geral do argumento, incluindo situações com saldos comerciais diferentes de zero, elasticidades-preço menores que infinito também para a oferta das exportações e importações, bem como variação de preços locais acompanhando parcialmente a taxa de câmbio, como nas espirais entre taxas nominais de câmbio e inflação. Os efeitos da desvalorização real aqui abordados podem ser vistos também como o resultado de uma vitória das taxas nominais de câmbio em sua corrida contra os preços nominais de bens e serviços.

quilíbrios cumulativos, ou seja, espirais déficits-desvalorizações ou superávits-valorizações.[4]

Um aspecto relevante é o fato de que os dois efeitos exigem tempos distintos para atuar plenamente e, então, a soma efetiva de elasticidades na condição Marshall-Lerner depende do período de análise. Enquanto o efeito termos-de-troca é imediato, o efeito-competitividade toma algum tempo. Razões para tal são, por exemplo, defasagens na difusão de informações sobre mudança de preços, a presença de estoques de intermediários e suas defasagens de comando de compra, hiatos nas compras e na produção de bens duráveis etc. (Hellier, 1994).

Essa defasagem é uma das explicações da famosa "curva em J" (Figura 14.2), que descreve a trajetória do saldo comercial concernente a uma desvalorização real de câmbio, constituindo-se em um fenômeno empírico freqüentemente observado (Rivera-Batiz e Rivera-Batiz, 1994, pp. 402-4). Pode ocorrer uma deterioração transitória do saldo corrente, mesmo que a condição Marshall-Lerner seja ao final atendida. Como efeito colateral, a desvalorização pode exercer, portanto, um impacto recessivo no curto prazo. Ao final, esgotado o processo de adequação do saldo comercial, em t*, o patamar desse saldo estará estabilizado em nível acima do inicial.

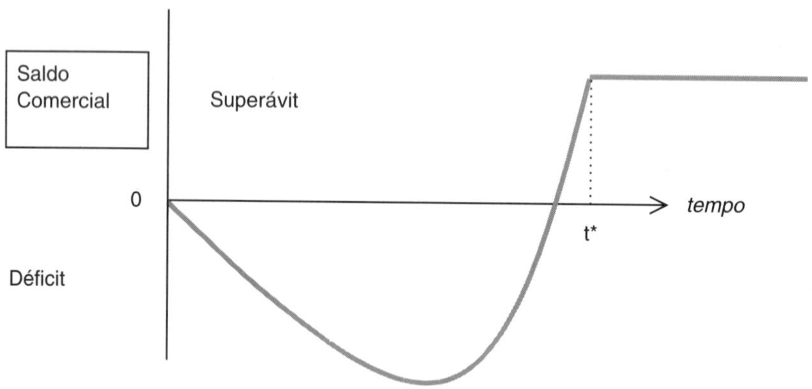


**Figura 14.2** *A curva em "J".*

## *O enfoque pela absorção*

A "abordagem pelas elasticidades" da taxa de câmbio e do Balanço de Pagamentos (Balança Comercial) se inscreve na determinação da renda pela demanda agregada em uma economia aberta conforme o modelo keynesiano simples. Mas é preciso complementá-la com a "abordagem pela absorção", dado que a análise das elasticidades supôs níveis reais de renda constantes, de modo a derivar os efeitos termos-de-troca e de competitividade.

[4] Muitos economistas, no passado, manifestaram receio quanto a uma instabilidade intrínseca a regimes cambiais flexíveis tendo como base o que veio a ser chamado de "pessimismo quanto às elasticidades", particularmente no caso de economias primário-exportadoras.

Conforme vimos no Capítulo 13, a soma de consumo, investimentos e gastos governamentais correntes corresponde à *Absorção* (A) doméstica, assim chamada porque, para uma dada renda, eles significam a absorção de excedentes exportáveis.

Um $T < 0$ ou um $T > 0$ significam, respectivamente, que os residentes estão absorvendo mais ou menos do produzido:

$$C + I + G + (X - M) \equiv C + S + T \quad \text{(Equação 5 do Capítulo 13)}$$

$$A = Y - T \tag{13}$$

A condição Marshall-Lerner se circunscreve ao efeito-preço, ou seja, à substituição entre consumo de produtos locais e do exterior, por agentes locais e do resto do mundo, supondo rendas reais dadas. Contudo, há uma retroatividade entre o comércio e a renda, o que faz do efeito-preço uma descrição incompleta do processo.[5]

- Quando a condição Marshall-Lerner é satisfeita, uma desvalorização cambial faz crescerem as exportações e caírem as importações por unidade de renda, mas há um efeito multiplicador da mudança no saldo comercial sobre a renda e, por conseguinte, acrescenta-se um aumento nas importações.
- Da mesma forma, tem-se, de um lado, a elevação da renda levando a um aumento induzido na absorção doméstica, mas, por outro lado, a deterioração dos termos de troca significa um efeito de redução da renda real local em termos de moeda externa, diante da ascensão dos preços de produtos do exterior.
- Na verdade, enquanto o "deslocamento de gastos" (*expenditure switch*) provocado pela desvalorização tem o resultado previsto pelas elasticidades-preço, o resultado final dependerá também do efeito-renda, ou seja, de A não crescer relativamente a Y, conforme a equação (13). A compatibilização entre metas de níveis de emprego e o ajuste comercial via câmbio poderá exigir uma "redução ou aumento de gastos" acompanhando seu deslocamento.

Suponhamos:

$$A = A_0 + a.Y - b\,.\,r_0 - \delta\,.\,e_r \tag{14}$$

$$T = T_0 - m\,.\,Y + \varphi.\,e_r \tag{15}$$

[5] Os pontos a seguir emergiram da crítica ao "enfoque das elasticidades" feitas pelo "enfoque da absorção" desenvolvido por Sidney Alexander e o FMI entre os anos 40 e 50. Ver Zini Jr. (1993, Cap. 2) sobre a evolução dos modelos macroeconômicos aqui abordados. Também cumpre observar que a renda em (13) não tem por que ser de pleno-emprego, situação na qual o saldo comercial só poderia ser melhorado com redução da absorção.

onde φ (maior que zero se a condição Marshall-Lerner é atendida) e δ são coeficientes capturando a influência da taxa real de câmbio, respectivamente, sobre o saldo comercial e sobre a absorção; *m* é a propensão marginal a importar; *a* é a propensão marginal a absorver domesticamente em consumo, investimento e gastos governamentais correntes; *b* é um coeficiente captando o efeito das taxas de juros (fixa em $\mathbf{r}_0$) sobre o investimento autônomo; A é o componente da absorção autônomo em relação a câmbio, renda e juros; e T é a parcela do saldo comercial autônoma em relação à taxa real de câmbio e à renda. Substituindo (14) e (15) em (13), depreende-se:

$$Y = [A_0 + T_0 - b \,.\, r_0 + (\varphi - \delta) \,.\, e_r]/(1 - a + m) \qquad (16)$$

onde $\alpha = 1/(1 - a + m)$ é o multiplicador keynesiano para economias abertas e o impacto da variação na taxa real de câmbio sobre a renda é dado por $(\varphi - \delta)/(1 - a + m)$. Por sua vez, o saldo comercial varia conforme:

$$\Delta T = \varphi \,.\, \Delta e_r - [m \,.\, (\varphi - \delta) \,.\, \alpha] \,.\, \Delta e_r \qquad (17)$$

Vê-se, pois, que o manejo da taxa real de câmbio para manipulação do saldo comercial também tem de considerar o efeito-renda, ou seja, o segundo termo à direita da equação (17). Além disso, a compatibilidade entre os dois objetos de política econômica – o "equilíbrio interno ou doméstico" em termos de nível de renda/emprego e o "equilíbrio externo" em termos de saldo comercial (Balanço de Pagamentos) – pode exigir um mix de políticas: a simultaneidade do deslocamento de gastos via política cambial ($e_r$) e do aumento ou redução de gastos via política fiscal (sobre $A^0$) ou monetária (sobre $r^0$ ).

É possível estender essa análise de uma economia pequena para um caso mais amplo, em que as economias sejam interdependentes por meio de sucessivos ajustes cada uma, como resultados de mudanças nas demais. Ressalta-se então a possibilidade de transmissão internacional de choques de demanda (expansivos ou recessivos), possibilidade que cresce com as propensões a importar entre os países, dado um patamar de taxa real de câmbio entre eles. Da mesma forma, depreende-se que o equilíbrio externo entre as economias, quaisquer que sejam o correspondente conjunto de saldos nacionais e o patamar da taxa real de câmbio, é compatível tanto com a recessão quanto com a expansão de demanda no conjunto de países.

Pode ocorrer uma assimetria entre recessões e booms globais, assimetria colocando um viés em direção a recessões na ausência de coordenação de políticas macroeconômicas em nível internacional. Suponha que países com déficits comerciais sejam instados a reagir, via políticas de redução de gastos, mais rapidamente do que na situação de superávits, na qual políticas de aumento de gastos seriam acionadas. Em tal cenário, países que tentam isoladamente a expansão esbarram em déficits, ao passo que, no caso de um movimento isolado de recessão, os demais países são induzidos a acompanhá-lo. Apenas a coordenação macroeconômica ou os mecanismos automáticos de aquecimento da atividade econômica em países superavitários é que poderiam superar o viés. Mesmo nesse caso, é preciso que os superavitários não estejam muito próximos do pleno emprego e, portanto, com dificuldade para crescer sem inflação.

O modelo também ilustra como uma recessão global pode ser disparada por guerras competitivas mediante desvalorizações. Suponha que a economia doméstica aumente sua demanda agregada via desvalorização cambial acentuada ou por manipulação de seu saldo comercial autônomo ($T_0$), deslocando gasto do resto do mundo para dentro. O resto do mundo, se não puder reverter, sofrerá um efeito recessivo sobre sua renda e seu saldo comercial, efeitos que poderão ou não ser compensados pelo aumento das exportações induzido pelo crescimento maior doméstico, ou seja, do país responsável pelo deslocamento de gastos. Caso não haja tal compensação, a recuperação do equilíbrio comercial exigirá um decréscimo na renda do resto do mundo adicional àquele resultante do movimento inicial da economia doméstica. Isso exigirá políticas de redução de gastos de cunho fiscal e/ou monetário no resto do mundo. Esses, por sua vez, são parâmetros também para a economia doméstica e sua queda acarreta um efeito recessivo sobre Y, diminuindo o ganho inicial de renda doméstica.

A não ser que o multiplicador doméstico e/ou a propensão marginal a importar da economia doméstica sejam muito maiores do que os do resto do mundo, amplificando intensamente em termos globais os gastos no momento de seu deslocamento inicial, o resultado final será, no caso, uma demanda/renda global menor que no início, em face da redução no total dos gastos autônomos. Encontra-se aqui uma "falácia da composição" similar à que Keynes apontou no caso da poupança. Vale lembrar o fato de que tentativas individuais de aumento de poupança podem levar a seu decréscimo no agregado, ao provocarem uma recessão no mercado de bens e serviços. Em nosso caso, a tentativa de um país de "exportar" seu problema de desemprego, por meio de um deslocamento de gasto, pode simplesmente resultar em recessão global.

Por isso mesmo, o modelo keynesiano simples aberto, exemplificado neste item, tornou-se uma referência no imediato pós-guerra, inspirando-se na experiência de aprofundamento da depressão mundial, no período entre as guerras, provocada pela disputa em termos de desvalorizações competitivas entre alguns países. Em sua simplicidade o modelo realça o risco de o dinamismo macroeconômico global ser diminuído pela presença de restrições externas entre economias interdependentes.

Por outro lado, a mobilidade internacional de capitais que reemergia a partir da segunda metade dos anos 50 exigia o desdobramento do modelo em direção à Conta de Capitais do Balanço de Pagamentos e aos mercados monetário e financeiro. Esse foi o passo efetuado pelo modelo Mundell-Fleming, adaptando a versão IS-LM do modelo keynesiano. Contudo, mesmo antes de passarmos adiante, cumpre observar que, caso a mobilidade internacional de capitais atue no sentido de reforçar – e não contrarrestar – a interação macroeconômica internacional por meio do comércio exterior, o modelo keynesiano simples aberto apresenta-se como ferramenta adequada para entender os mecanismos de transmissão de choques e de ciclos na economia internacional.

## Mobilidade de capital e ajustamento macroeconômico: o modelo Mundell-Fleming

### *As curvas IS-LM e a curva BP*

O modelo IS-LM introduz uma interação entre os mercados de bens e serviços, abordados pelo modelo keynesiano simples, e o setor monetário-financeiro da economia nacional. Pretende, desse modo, introduzir um tratamento explícito da política monetária, definida como controle do volume de meios de pagamentos.

Quando estendido a economias abertas, o modelo IS-LM incorpora uma nova condição de equilíbrio, derivada do Balanço de Pagamentos, que corresponde às posições nas quais o saldo global é zero, ou seja, não há entradas ou saídas líquidas de divisas e o mercado cambial está em equilíbrio. Tal modelo IS-LM aberto, desenvolvido por Robert Mundell e Marcus Fleming nos anos 60, introduz a conta de capitais e seus nexos com o sistema monetário-financeiro local.

Repartamos a absorção entre consumo privado, gastos governamentais e um componente autônomo dos investimentos em relação à renda e às taxas de juros (supondo ausência de investimentos induzidos pela renda, bem como do efeito da taxa de câmbio sobre a absorção). Suponhamos a existência de um único ativo financeiro, com cuja emissão o investimento é financiado e as famílias alimentam seus portfólios. Obtemos, assim, as combinações entre renda e taxas de juros nas quais há equilíbrio no mercado de bens e serviços (a curva ou relação IS), mediante simples ampliação de (6):[6]

$$\begin{aligned} Y = C_0 + c.\,(1 - t)\,.\,Y + G_0 + (I^a - b\,.\,r) + {} & (X - M)^a \\ & - m\,.\,Y + \varphi\,.\,e_r \end{aligned} \qquad (18)$$

As únicas diferenças em relação a (6) são: abrimos o investimento em dois componentes, com o segundo refletindo a taxa de juros (não mais fixa) e o primeiro sendo o investimento autônomo em relação tanto à renda quanto à taxa de juros (**$I^a$**); e separamos o efeito da taxa real de câmbio sobre exportações e importações no último termo, restando, portanto, um saldo comercial autônomo em

---

[6] Tanto no caso keynesiano simples quanto agora, a estrutura de taxas de juros – a "curva de rendimentos" (*yield curve*) que vai das taxas de redesconto, pelo Banco Central, até as taxas de curto e longos prazos – está reduzida à taxa do único título. A dinâmica financeira não está dentro da análise. Mas não devemos esquecer que a taxa de juros do mercado monetário se reporta à concorrência entre ativos monetários e de curto prazo, enquanto a taxa de referência para os investimentos no modelo é aquela paga sobre títulos de longo prazo. Implicitamente supõe-se, no modelo Mundell-Fleming, uma curva de rendimentos (estrutura intertemporal de taxas de juros) constante.

relação ao câmbio e à renda doméstica: $(X - M)^a$. Note também que, para simplificar, tornamos a absorção autônoma independente da taxa de câmbio ($\delta = 0$).

Resolvendo (18), temos:

$$Y = \alpha' . [C_0 + G_0 + I^a + (X - M)^a + \varphi . e_r ] - \alpha' . b . r \quad (19)$$

onde $\alpha' = 1/[1 - c. (1 - t) + m]$

O primeiro termo em (19) depende da política fiscal e da taxa de câmbio, enquanto o segundo reflete a taxa de juros e dá a inclinação da curva IS, ou seja, o *locus* de combinações de renda e juros nas quais há equilíbrio no mercado de bens e serviços. Veja a IS no diagrama juros-renda da Figura 14.3.

Por seu turno, a curva ou relação LM é obtida no contexto dos mercados de ativos. No lado da oferta de ativos, a emissão efetiva de moeda envolve tanto as estratégias do Banco Central no tocante à oferta de meios de pagamento, quanto a intermediação pelas estratégias dos bancos comerciais a respeito de seus ativos e passivos. Para uma mesma configuração de política monetária – taxa de redesconto, metas de política de mercado aberto, proporção compulsória de reservas –, o volume de meios de pagamento, constituído a partir da multiplicação da base monetária, depende também dos montantes absolutos de redesconto buscados pelos próprios bancos comerciais à taxa vigente.

A variabilidade da demanda por liquidez – e da própria disposição ao endividamento pelos bancos – encontra aí uma ponte para parcialmente "endogenizar" a base monetária e, por conseguinte, o volume de meios de pagamento, do ponto de vista do setor privado. No modelo keynesiano simples, implicitamente o Banco Central e os bancos comerciais acompanhavam de modo passivo a demanda, dada uma estrutura temporal de taxas de juros erigida a partir da taxa de redesconto. Supomos aqui que o Banco Central é capaz de implementar continuamente uma política de mercado aberto pela qual compensa cada variação endógena dos meios de pagamento e mantém a oferta monetária (em termos reais) fixada em M/P, para tanto abdicando de fixar a taxa de juros de curto prazo diante de mudanças na demanda por liquidez.

Tomemos a demanda por moeda em termos reais como possível de ser linearizado sob a forma:

$$M_d = k . Y - h . r \quad (20)$$

O coeficiente *h* capta a demanda especulativa por moeda, vale dizer, o deslocamento de riqueza entre o ativo **M** e o ativo não-monetário (**D**) a partir da avaliação dos agentes quanto à evolução provável das taxas de juros, dada a taxa vigente. Se há heterogeneidade em tais expectativas, uma elevação em *r* transfere alguns "altistas" (agentes que esperam alta) para o grupo de "baixistas" e, conseqüentemente, há alguns agentes que transferem riqueza da forma monetária para a de ativos.

A inclinação negativa da demanda por moeda também pode ser compreendida reportando-se simplesmente ao fato de que, quando sobe a taxa de juros, aumenta o "custo de oportunidade" de deixar recursos ociosos sob a forma monetária. O movimento inverso, de ativos para moeda, se passa com uma queda na taxa de juros. O coeficiente *k*, por sua vez, exprime a demanda por motivos transacionais e de precaução.[7]

A condição de equilíbrio no mercado monetário (demanda por moeda igual ao volume de meios de pagamento controlado pelo Banco Central) permite obter as combinações entre taxas de juros e renda monetária compatíveis com os meios de pagamento dados (a curva ou relação LM):

$$M/P = k \cdot Y - h \cdot r$$

$$Y = (M/P \cdot k) + (h/k) \cdot r \qquad (21)$$

Como o estoque de riqueza financeira (estoques de moeda e do título único) da economia necessariamente se distribui entre os agentes, depreende-se que o equilíbrio no mercado monetário implica também estar ocorrendo equilíbrio no mercado do título não-monetário. O ajuste da taxa de juros terá sido aquele necessário para que a demanda se distribua entre ativos monetários e não-monetários de acordo com a disponibilidade de oferta monetária. A taxa de juros será o prêmio exigido para a liquidez ser liberada e para o estoque existente do título ter detentores. Podemos ignorar o mercado do título, tomando-o como redundante *vis-à-vis* o equilíbrio nos demais mercados. Essa passividade do mercado de ativos financeiros será revista no Capítulo 15.

A Figura 14.3 exibe as curvas IS-LM e os movimentos de ajustes em direção a sua intercepção (renda e juros em E). Posições à direita (esquerda) de IS implicam excesso de oferta (demanda) e conseqüente pressão recessiva (expansiva) na produção e no emprego. À direita (esquerda) de LM, por sua vez, têm-se situações de escassez (excesso) de saldos reais de liquidez, bem como uma correspondente tendência a elevação (declínio) de taxas de juros de forma a induzir a liberação de saldos monetários para fins transacionais e precatórios (para sua absorção em saldos especulativos).

Sempre que o saldo global do Balanço de Pagamentos for diferente de zero, abrem-se duas possibilidades, conforme o *regime cambial* em vigor. No caso de um *regime de taxas fixas de câmbio*, estarão variando as reservas externas (**R**), quer sejam guardadas apenas pelo Banco Central ou por este e os bancos privados. Ora, se houver um déficit (superávit) global, isso significa dizer que os guardiões das divisas estarão recebendo um maior (menor) volume de moeda local, em troca de divisas, do que o volume entregue como contrapartida das divisas que sejam repassadas pelos agentes econômicos. Um superávit (déficit) global do Balanço de Pagamentos leva a um aumento (queda) no volume local de meios de pagamento em circulação.

[7] O motivo tipicamente keynesiano de preservação de saldos sob formas líquidas – em decorrência de incerteza e estados de maior ou menor confiança dos investidores em sua expectativas – não é abordado neste contexto. Tratamos o ponto no Capítulo 15.

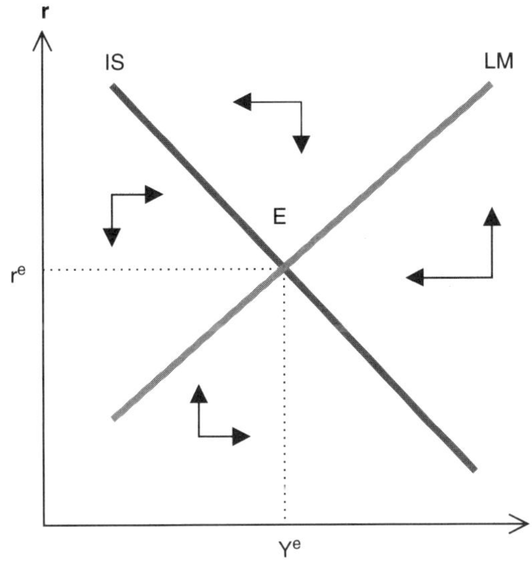


**Figura 14.3** *Equilíbrio simultâneo nos mercados monetário e de bens e serviços.*

Na hipótese de que o Banco Central mantenha uma política de fixar o volume de meios de pagamentos em circulação, aquele impacto monetário do saldo global do Balanço de Pagamentos terá de ser *esterilizado*. Se há um déficit (superávit) global, o Banco Central compensa aquele impacto, mediante manejo dos instrumentos de política monetária na direção oposta: comprando (vendendo) títulos do governo em poder do público; afrouxando (apertando) os requisitos de reservas compulsórias dos bancos; e/ou suavizando (endurecendo) os termos dos empréstimos do Banco Central aos bancos comerciais, com os quais estes podem contar para aumentar seus encaixes compulsórios.

Por outro lado, observe-se que essa esterilização não pode perdurar para sempre. Em um regime de câmbio fixo, caso haja uma tendência continuada de déficits (superávits) no Balanço de Pagamentos, as reservas em divisas do país acabarão sumindo (crescendo explosivamente). Portanto, a esterilização pode impedir uma correção do desequilíbrio no saldo global, se tal correção vier a exigir a adequação dos meios de pagamento locais como resposta ao saldo global. Mais cedo ou mais tarde, a esterilização tem de findar e se manifesta o mecanismo de impacto monetário do saldo global do Balanço de Pagamentos, caso a tendência deste não seja revertida.

Já no caso de um *regime de flutuação livre da taxa de câmbio*, a taxa se moverá conforme se materializem as demandas e ofertas de divisas: valorização (desvalorização) da moeda local se a oferta (demanda) se apresenta superior. Em princípio, não há impacto monetário, já que não há compromisso de compra/venda das reservas oficiais de divisas. Concretamente, só haverá impacto quando houver intervenções no mercado cambial pelo Banco Central, algo que tornará na prática o regime cambial de "flutuação suja". De qualquer modo, pode-se presumir que, em relação ao regime de câmbio fixo, no regime de câmbio flexível, tanto são menores as reservas oficiais de divisas necessárias quanto são menos significativos os impactos monetários do Balanço de Pagamentos.

Seja qual for o regime cambial, sabemos que o saldo global do balanço é:

$$SG = T(e_r, Y) + F(r, r^*, \hat{e}^0) \qquad (22)$$

O primeiro termo é o saldo comercial de bens e serviços não-de-fatores, dependente – como vimos antes – da taxa real de câmbio e da renda doméstica, dada a renda real do resto do mundo considerada exógena. Já o segundo termo do lado direito corresponde ao ingresso líquido de capital movido pela PNCJ homogênea (vista no Capítulo 13) com taxas de juros externas exógenas.

Observe que, no presente contexto de preços fixos em termos reais, a PNCJ se dá entre taxas de juros reais (equivalentes às nominais). Cumpre apenas lembrar que o investimento externo orientado pela rentabilidade nos mercados de bens e serviços entraria como receita no primeiro termo, compensando eventualmente importações de equipamentos associadas a tal investimento. A idéia é representarmos no termo à direita o movimento de capital que se orienta pela PNCJ.

Caso tenhamos *mobilidade perfeita de capital*, ou seja, ausência de qualquer barreira – e também lembrando que, por enquanto, abstraímos os riscos e/ou supomos neutralidade perante estes –, a arbitragem fará necessariamente com que a diferença entre as taxas de juros reais local e do resto do mundo seja igual à desvalorização cambial esperada. Qualquer diferencial para cima (para baixo) na taxa local, suscitará ingresso (saída) substancial de capital, provocando pressão por desaparecimento da diferença. A arbitragem garante isso. Podemos então representar a relação entre $F$ e $r$ (dados $r^*$ e $\hat{e}^0$) como uma na qual $\Delta F/\Delta r = \infty$ (infinito).

Já se for o caso de *mobilidade imperfeita de capital*, pode-se imaginar $0 < \Delta F/\Delta r < \infty$, ficando mais próxima de zero quanto maior for a fricção que impeça a arbitragem de fazer convergirem os diferenciais de taxas de juros e as desvalorizações cambiais esperadas. A *ausência de mobilidade de capital* será o caso extremo em que a sensibilidade de ingresso/saída de capital é nula.

As repercussões monetárias do Balanço de Pagamentos (caso de taxas fixas de câmbio sustentadas via uso de reservas externas do Banco Central) ou as variações na taxa de câmbio estarão exauridas apenas quando **SG** se igualar a zero, o que nos dá a relação **BP**, definida como o conjunto de combinações de renda e juros no qual isso acontece.

Maior renda local implica menor saldo comercial, por sua vez só compensável mediante elevação da taxa de juros e atração de capital movido a juros e/ou por desvalorização cambial. A Figura 14.4 mostra as quatro situações possíveis, para uma dada taxa real de câmbio, uma dada taxa de juros externa e uma dada (des) valorização cambial esperada:

a. mobilidade perfeita de capital e BP horizontal, ou seja, dada a taxa de juros real externa, exógena, e o patamar de desvalorização ou valorização cambial esperada, a taxa de juros doméstica é compatível com o equilíbrio externo e a renda é única;

b. ausência de mobilidade de capital e BP vertical, isto é, dada a taxa de câmbio real e a renda real do resto do mundo, há apenas uma renda doméstica compatível com o equilíbrio externo, qualquer que seja o nível doméstico da taxa de juros;

c. baixa mobilidade, o que implica alguma possibilidade de compatibilizar maior renda doméstica com o equilíbrio externo, bastando para isso elevar substancialmente a taxa de juros doméstica; e

d. alta – embora imperfeita – mobilidade, situação na qual a subida na taxa de juros local, para atrair capital e financiar as maiores importações associadas aos maiores níveis locais da renda, não precisa ser tão acentuada quanto em (c).

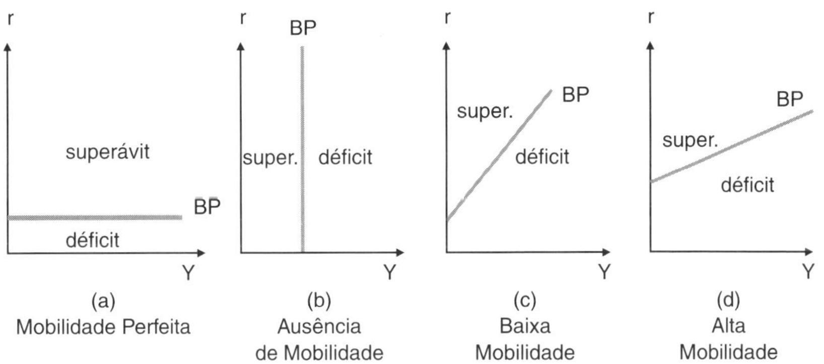


**Figura 14-4** *A curva BP.*

A inclinação nula de (a) decorre da perfeita mobilidade de capitais. Qualquer superioridade (inferioridade) da taxa local de juros em relação à externa gera ingressos (saídas) de capital tão expressivos que impedem a manutenção da diferença.

A curva (b) pode ser compreendida como expressão de metas estabelecidas para o saldo comercial ou, simplesmente, o caso de um certo saldo comercial exigido em decorrência de um volume fixo de entrada ou saída de capital. Os casos (c) e (d) refletem, respectivamente, baixa e alta mobilidade de capitais e/ou alta e baixa propensão marginal a importar. Em todos os quatro casos, a divisão de áreas superavitárias e deficitárias mostra as combinações de renda e juros nas quais, respectivamente, as entradas de capital superam ou são menores que o déficit comercial.

Mudanças em $\mathbf{Y^*}$, $\mathbf{e_r}$, $\mathbf{r^*}$ ou em $\mathbf{\hat{e}^0}$ movem a curva BP. Quando se eleva a renda no exterior e quando há desvalorização cambial (efetiva), as curvas se deslocam para a direita, com exceção do caso de mobilidade perfeita. Inclusive nesse último caso, menos ingresso de capital é requerido para sustentar cada nível de renda interna. Vale observar que a taxa real de câmbio e, por conseguinte, a curva BP também se alteram com variações de preços locais ou externos.

Por sua vez, expectativas de desvalorização cambial ou aumentos nos juros externos movem a curva BP para cima, com exceção do caso de imobilidade total de capitais. Note que a introdução de expectativas cambiais pode introduzir um elemento de forte instabilidade na relação BP.

Vejamos agora como as curvas IS, LM e BP se relacionam nos regimes de câmbio fixo e flexível.

## *Taxas fixas de câmbio*

As duas Figuras 14.5 apresentam a interseção entre as curvas IS-LM-BP com taxa fixa de câmbio, em situações respectivamente de baixa e alta mobilidade de capitais. Ambos exemplificam a maneira como o desequilíbrio externo (saldo global diferente de zero) suscita deslocamentos na LM por força de mudança na base monetária, como repercussão daquele saldo. A economia então move-se ao longo de IS até a interseção das três curvas, já que – exceto se forem esterilizados – os saldos globais positivos (negativos) farão a LM deslocar-se para direita e para baixo (esquerda e acima), até o saldo global se tornar nulo de um modo ou de outro.

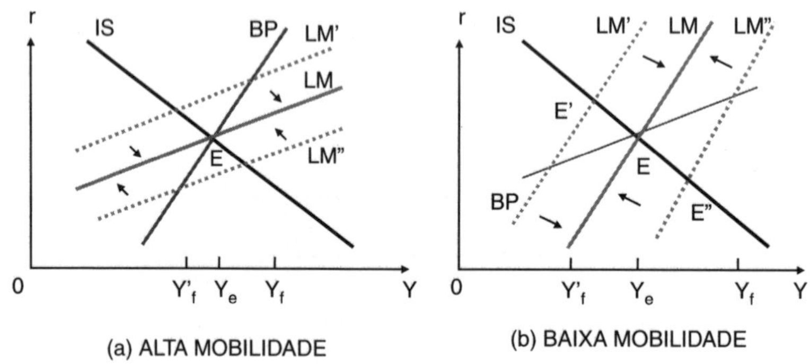


**Figura 14.5**

Chama-se de *equilíbrio pleno* à posição em E nos dois gráficos.

Há sempre a possibilidade da esterilização do impacto das reservas, conforme mencionamos há pouco, com sustentação do ponto fora da curva BP. Contudo, a continuidade da esterilização só poderia se dar com exaustão total de reservas no caso de déficit ou de acumulação de reservas até o infinito nas posições de superávit. Pode-se presumir, porém, um maior fôlego de esterilização no caso de superávits.

Conforme exemplificado em ambos os gráficos, há um conflito entre a política cambial e a política monetária no caso das taxas fixas de câmbio. O equilíbrio externo impõe uma posição final para a curva LM e a política monetária – atuação sobre o volume real de meios de pagamento – se torna fortemente condicionada (endogenizada) pelas operações com divisas para manutenção da taxa de câmbio. Já os deslocamentos em IS, incluindo os provocados pela política fiscal, têm condição de alterar o nível de renda e/ou a taxa de juros, com o efeito recaindo mais sobre a renda e menos sobre os juros quanto maior for a mobilidade de capitais respondendo a essa taxa de juros.

Cada um dos gráficos, (a) e (b), mostra três níveis específicos de renda: aquele associado ao equilíbrio pleno ($Y_e$) e duas posições possíveis de pleno emprego, uma menor ($Y'_f$) e outra maior ($Y_f$) que $Y_e$. Nesses dois casos, os equilíbrios externo e interno – tomando-se este como pleno emprego sem pressões inflacionárias de demanda – não convergem e, tudo o mais permanecendo constante, o primeiro predomina sobre o segundo. O equilíbrio externo se impõe sobre o interno.

Estando a política monetária endogenizada pelo equilíbrio externo com câmbio fixo, recai sobre a política fiscal, deslocando IS, a responsabilidade de conciliar os equilíbrios interno e externo, nos casos de alguma mobilidade de capital. De qualquer forma, a taxa de juros final é definida – de modo independente – pela taxa de juros externa quando há mobilidade perfeita de capitais, com a sensibilidade das importações em relação às variações na renda cumprindo também um papel quando a mobilidade é imperfeita.

As restrições colocadas pelo câmbio fixo aparecem com clareza ainda maior no caso de imobilidade de capital ou de restrições ao tamanho do saldo comercial. Quando, por exemplo, mesmo com alta mobilidade de capitais, o mercado estabelece tetos de financiamento externo, algo como uma proporção máxima de ingresso de capital em relação ao PIB (veremos no Capítulo 15).

O lado (a) na Figura 14.6 mostra um caso de um país estruturalmente deficitário, ao passo que o lado (b) apresenta um país estruturalmente superavitário. Os equilíbrios interno e externo só podem ser conciliados, respectivamente, com desvalorização e valorização cambial, ou seja, com BP se deslocando para a direita em (a) e para a esquerda em (b). A mesma observação caberia para o caso de baixa mobilidade de capitais, em que a curva BP teria inclinação positiva porém muito alta.

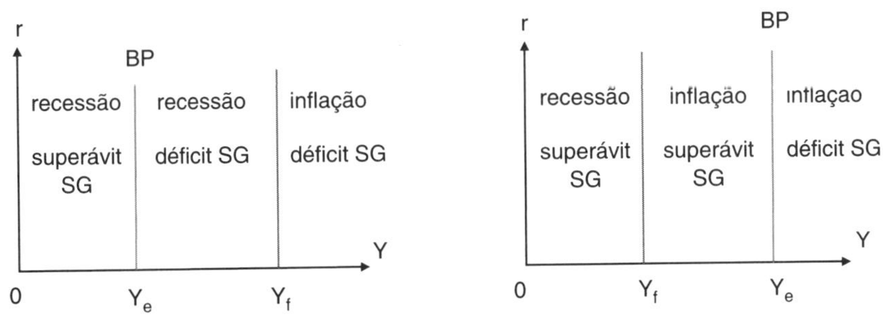


**Figura 14.6** *Déficits e superávits estruturais.*

Mudanças em patamares de taxas de câmbio atuariam como substitutos da mudança de preços em termos reais. Em se tratando de um mero realinhamento de taxas fixas, as curvas BP e IS se deslocariam de uma vez por todas. A mudança cambial provocaria também um efeito imediato – esterilizado ou não em um primeiro momento – sobre a base monetária e a LM, por meio do valor doméstico das reservas externas, mas sua posição final continuaria sendo ditada pela interseção entre as curvas IS e BP.

## *Taxas flexíveis de câmbio*

O regime de taxas de câmbio livremente flutuantes dá às taxas flexíveis a responsabilidade pelo ajuste externo e liberta a política monetária. O equilíbrio no mercado monetário passa a independer do Balanço de Pagamentos. A *eficác*ia da política monetária se distribuirá entre as taxas de juros e a renda, recaindo sobre esta última quanto maior for a mobilidade de capital e, dessa forma, os efeitos da política sobre os ingressos e saídas de capital.

Por sua vez, a política fiscal perde força se há mobilidade de capital em resposta a seu impacto sobre a taxa de juros, haja vista essa resposta tender a provocar variações cambiais que revertem o efeito da política fiscal sobre o mercado de bens e serviços. Expansão por via fiscal leva a aumento local de juros, ingresso de capital e, agora, valorização cambial, com esta última atuando no sentido inverso sobre o comércio. Acontece uma seqüência simétrica no caso de políticas fiscais contracionistas.

Já em situações de imobilidade ou baixa mobilidade de capitais, ambas as políticas, fiscal e monetária, teriam liberdade para determinar uma combinação escolhida de renda e taxa de juros, com a taxa de câmbio acompanhando de modo a manter o equilíbrio externo.

Vejamos esses pontos pela introdução, na curva IS, tanto do papel cumprido pelos movimentos de capitais em resposta às taxas de juros quanto das conseqüências da variabilidade da taxa de câmbio. Suponhamos uma formação inteiramente passiva das expectativas cambiais, ou seja, $\hat{e}^0 = 0$ todo o tempo: trata-se de *expectativas extrapolativas ou passivas*, sempre projetando o presente no futuro. As expectativas são examinadas no Capítulo 15.

Se há imobilidade de capital e taxas flexíveis de câmbio, estas se movem todo o tempo mantendo $\mathbf{T}\ (\mathbf{e_r}, \mathbf{Y})$ igual a zero. Aumentos (quedas) de renda são automaticamente seguidos de depreciação (apreciação) cambial, como resultado do efeito da variação de renda sobre importações e a demanda por divisas. Nesse caso, já que o saldo comercial é continuamente equilibrado pela taxa flexível de câmbio, a partir da equação (8), pode-se ver que o equilíbrio no mercado de bens e serviços implica sempre:

$$Y = C_0 + c.\ (1 - t)\ .\ Y + G_0 + (I^a - b\ .\ r) \qquad (23)$$

A curva IS – relação (19) – neste caso se torna:

$$Y = \alpha''\ .\ [C_0 + G_0 + I^a] - \alpha''\ .\ b\ .\ r \qquad (24)$$

onde $\alpha'' = 1/[1 - c. (1 - t)]$

O equilíbrio no mercado de bens e serviços se dá como se a taxa de câmbio flexível isolasse os efeitos do exterior sobre a economia, impondo-se saldos comerciais nulos (uma IS de economia fechada).[8] Sem reservas externas condicionando a LM, e com a IS autonomizada em relação ao comércio, as políticas fiscal e monetária agiriam como se se tratasse de uma economia sem relações com o exterior. Ambas podem então ser acionadas para a escolha da combinação de renda e juros.

No outro extremo, se há mobilidade perfeita tem-se $r = r^*$ e a IS constitui-se em:

$$Y = \alpha' . [C_0 + G_0 + I^a + (X - M)^a + \varphi . e_r ] - \alpha' . b . r^* \qquad (25)$$

onde $\alpha' = 1/[1 - c. (1 - t) + m]$

A única diferença em relação a (19) é a substituição de r por r*, fixa e exógena. Porém, há apenas uma renda compatível com o equilíbrio no mercado monetário, dada a taxa de juros, conforme LM. Quaisquer que sejam os movimentos nos componentes de absorção doméstica autônoma em (25), terão de ser compensados por uma mudança em sentido contrário através da flutuação da taxa de câmbio. A política fiscal se torna ineficaz com mobilidade perfeita de capitais e taxas flexíveis de câmbio.

No tocante aos países grandes e à interdependência, cabe notar os seguintes aspectos. Em situações de imobilidade de capital e taxas fixas de câmbio, os resultados quanto à determinação da renda em relação ao modelo keynesiano simples não mudaram substancialmente, a não ser pela possibilidade agora introduzida de políticas sobre o nível de taxas de juros acompanhando cada nível de renda em cada país. Por seu turno, taxas flexíveis de câmbio sem mobilidade de capital eliminariam os efeitos de repercussão (expansivos ou recessivos) dos deslocamentos e variações de gastos entre os países, algo que também se poderia depreender do modelo keynesiano simples.[9]

Já a mobilidade de capital, nos termos do modelo Mundell-Fleming, traz novidades. Em caso de câmbio flexível, quaisquer tentativas isoladas de expansão

---

[8] Não esqueçamos, contudo, que há o pressuposto de que a absorção autônoma não é afetada pela taxa de câmbio. Cumpre também observar que não há consideração das implicações dinâmicas da estrutura de gastos que compõem a renda, uma das fragilidades dos modelos IS-LM e Mundell-Fleming em suas formas básicas. Também vale notar que tende a se tornar pouco convincente o suposto de expectativas cambiais passivas (extrapolativas) em um ambiente de flutuação cambial. Da mesma forma, a tradução de variações nominais na taxa de câmbio em variações reais se torna um processo mais complexo em condições de taxas de câmbio flutuantes, envolvendo provavelmente corridas contra preços nominais que dificilmente estarão fixos diante da volatilidade cambial. Finalmente, cabe lembrar o simplismo do suposto de que o saldo comercial se amolda facilmente a partir da flutuação cambial.

[9] Ressalvando-se, porém, que, assim como Keynes, vários economistas consideram problemático o suposto de que mudanças nominais em preços se traduzem automaticamente em mudanças reais. Em relação ao mundo de preços nominais flexíveis que se ajustam e mantêm rígidos os preços reais de equilíbrio, as alternativas não se resumem a tratar os preços nominais como rígidos.

(recessão) por via fiscal são rapidamente frustradas pela atração (expulsão) de capitais. Portanto, no caso de taxas flexíveis de câmbio, apenas um movimento por via fiscal conjunto dos países pode afetar os níveis de renda e/ou de taxas de juros na economia mundial. O mesmo aconteceria com políticas monetárias isoladas no caso de câmbio fixo.

O modelo Mundell-Fleming tornou-se uma espécie de caixa de ferramentas no tocante às possibilidades de políticas de ajustamento macroeconômico em condições de preços (e salários) estáveis. Dois níveis (alto e baixo) representativos de mobilidade de capital, dois regimes de taxas de câmbio (fixa e flexível), duas políticas além da cambial (fiscal e monetária) e duas posições no nível de atividade (inflação e recessão) perfazem dezesseis situações no tocante a cada país pequeno. Cada uma delas pode ser encontrada nos exemplos aqui mostrados. O Quadro 14.1 apresenta um resumo dos resultados quanto às políticas fiscal e monetária.

**Quadro 14.1** Políticas fiscal e monetária, taxas de câmbio e mobilidade de capital

| | **Taxas Fixas de Câmbio** | | **Taxas Flexíveis de Câmbio** | |
|---|---|---|---|---|
| | **Baixa Mobilidade de Capital** | **Alta Mobilidade de Capital** | **Baixa Mobilidade de Capital** | **Alta Mobilidade de Capital** |
| Política Fiscal | eficaz sobre a taxa de juros | eficaz sobre a renda | eficaz sobre a renda | ineficaz |
| Política Monetária | ineficaz | ineficaz | eficaz sobre a taxa de juros | eficaz sobre a renda |

Com efeito, para o regime de *taxas fixas de câmbio*, tomando-se como referência a Figura 14.5:

- a **política monetária** é ineficaz qualquer que seja o grau de mobilidade de capital, já que ela está sobredeterminada pelas políticas fiscal e cambial (as quais definem as posições da IS e da BP e, assim, a combinação de renda e juros à qual ocorrem o equilíbrio externo e o equilíbrio no mercado de bens e serviços). Este é um resultado importante: não há política monetária ativa quando a taxa de câmbio é fixa, só restando à primeira ajustar-se; e no caso da **política fiscal**, seus efeitos de expansão (retração), movendo a IS para a direita (esquerda), elevarão (reduzirão) tanto mais a renda em vez dos juros quanto maior for a mobilidade de capital;

Para o *regime de taxas flexíveis de câmbio*:

- a baixa mobilidade de capitais dá margem de manobra para ambas as políticas fiscal e monetária, particularmente sobre a renda no primeiro caso e sobre os juros domésticos no segundo. O câmbio flexível vai acomodando o saldo comercial à restrição de divisas sem o movimento de capitais;

- a alta mobilidade de capitais retira poder da política fiscal: qualquer expansão (retração) da demanda no mercado de bens e serviços leva a aumento (queda) na taxa local de juros e, automaticamente, ingresso (saída) de capitais, provocando assim uma valorização (desvalorização) cambial que anula o efeito inicial da política fiscal. A IS volta a sua posição original, mudando apenas a composição da demanda doméstica, entre gastos públicos e saldos comerciais; e
- a política monetária, por seu lado, terá seu poder de fogo ampliado por movimentos na taxa de câmbio que amplificam seu efeito sobre a demanda: uma expansão (retração) monetária – ou seja, deslocamento para a direita (esquerda) da LM – leva a uma queda (subida) na taxa de juros doméstica e, assim, à desvalorização (valorização) cambial. Quanto maior a mobilidade de capitais e, portanto, a sensibilidade de seus fluxos em relação à taxa de juros local, maior será o impacto da política monetária sobre a renda e menor sobre os juros domésticos.

A Figura 14.7 representa os "dilemas" (*trade offs*) de políticas – quanto a câmbio, política monetária e mobilidade de capitais – revelados no modelo Mundell-Fleming. Para uma economia pequena no contexto internacional, é impossível alcançar simultaneamente os três objetivos presentes nos lados do triângulo. Pode-se combiná-los dois a dois, recorrendo-se necessariamente ao que estiver no vértice.

A remoção de controles de capital e a crescente integração financeira internacional, nas duas últimas décadas, tenderiam então a forçar o direcionamento a um dos dois vértices de baixo. Essa é a hipótese lançada recentemente quanto a uma tendência à sobrevivência apenas de "soluções de canto" quanto aos regimes cambiais em economias emergentes, vale dizer, a polarização entre regimes cambiais ultra-rígidos e flexíveis (Canuto e Holland, 2001).

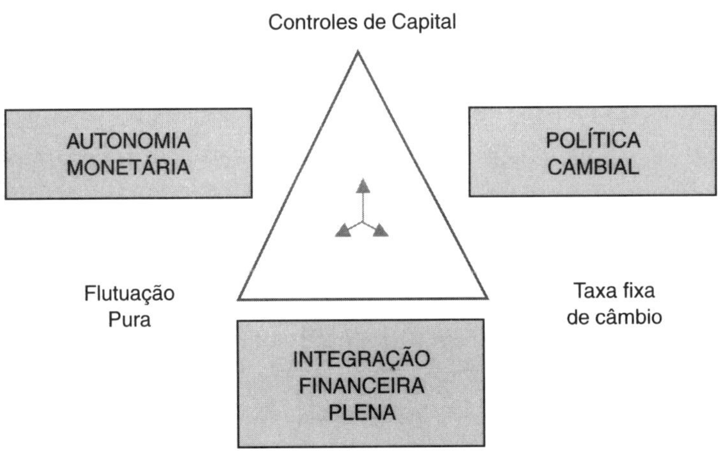


**Figura 14.7** *A trindade impossível.*

A criação do modelo Mundell-Fleming se inscreveu na agenda da macroeconomia de sua época (a síntese neoclássica-keynesiana dos anos 50 e 60), tempo em que as preocupações se voltavam para a "sintonia fina" da demanda agregada. Dado um certo ritmo de crescimento exógeno "normal", discutia-se a funcionalidade de políticas anticíclicas ou de ajustamentos macroeconômicos no bojo de tal crescimento, de modo inclusive a atender às preocupações levantadas pelo modelo keynesiano simples aberto.

O modelo Mundell-Fleming passou a servir como exemplo de como a mobilidade de capitais poderia suavizar transmissões de choques, evitando, por exemplo, recessões em seqüência nos países, por meio de ajustes cumulativos diante de choques (como no exemplo ao final do item anterior). Ao mesmo tempo, o modelo refinou a caixa de ferramentas teoricamente colocada à disposição dos gestores da demanda agregada, revelando também a interação de seus efeitos.

Vários desdobramentos históricos provocaram crescente desconfiança quanto ao modelo Mundell-Fleming. Uma combinação entre estagnação e inflação nas economias avançadas nos anos 70 impôs a prática de políticas econômicas de *stop and go*, em função dos surtos inflacionários que seguiam a qualquer crescimento e das recessões profundas resultantes de qualquer política de desaquecimento. Desgastou-se a confiança na gestão da demanda agregada característica do modelo. Ao mesmo tempo, a vigência de um regime de taxas flexíveis de câmbio (ver Capítulo 17) foi acompanhada de forte volatilidade cambial e de preços, além de não revelar as propriedades de cura automática de desequilíbrios externos e de liberdade para as outras políticas econômicas, contrariando a previsão do modelo Mundell-Fleming.

Três foram as principais direções de crítica e esforço de superação do modelo Mundell-Fleming:

1. A análise estaria insuficiente por não levar em conta a dinâmica de ajustamento via preços, particularmente no mercado de trabalho e em sua relação com os mercados de bens e serviços.[10] O tratamento do *equilíbrio pleno* – com equilíbrio externo – envolveria tempo e, portanto, teria de contemplar também os mecanismos de ajuste de salários e preços. Essa crítica está exemplificada na próxima seção.

2. O modelo estaria deixando de fora interdependências temporais de grande importância entre os períodos de ajuste, interdependências que condicionam os resultados do modelo. O caso mais evidente é o das implicações dinâmicas da composição dos gastos. Não é indiferente para a economia, no longo prazo, a escolha entre níveis de juros para um dado nível de renda no curto prazo, em decorrência dos efeitos sobre a capacidade produtiva de mais ou menos investimentos.

---

[10] Trata-se aqui de uma extensão à macroeconomia aberta da crítica à estabilidade da curva Philips feita pelos economistas monetaristas e pelos novos clássicos. As expectativas são objeto do Capítulo 15.

Da mesma forma, para um mesmo conjunto de políticas, as curvas se deslocariam em função de efeitos induzidos em estoques que só se desdobram com o passar do tempo. As possibilidades de ingresso de capital atraído por taxas de juros para a cobertura de déficits comerciais têm como contrapartida o serviço da dívida externa em períodos posteriores. Por sua vez, políticas fiscais com déficits públicos também implicam serviços da dívida pública ao longo dos períodos.

Tratando-se de políticas de amortecimento dentro de ciclos, com fases simétricas, os déficits comerciais ou públicos seriam compensados nos períodos posteriores, sem deixar conseqüências significativas. Contudo, nos casos em que se esteja lidando com uma situação prolongada, como tendência persistente, a eficácia daquelas políticas cairá ao longo do tempo se houver um limite de absorção de títulos de dívida pública ou externa, digamos, em termos de determinadas razões dívida pública/PIB ou dívida externa/PIB. Uma vez alcançados tais limites, a emissão de títulos teria de ser crescentemente usada para a rolagem do serviço da dívida prévia e exigiria adequação do orçamento público ou do saldo comercial.

Dinâmicas intertemporais dos estoques de ativos e passivos entre os agentes privados locais também alteram os parâmetros dos curtos prazos. Revela-se enfim a necessidade de superar o modelo Mundell-Fleming mediante uma abordagem que incorpore a dinâmica patrimonial. Particularmente diante do fato de que o mercado monetário (a curva LM) é ele próprio um mercado de estoques, não há justificativas para abstrair os demais.

3. As curvas IS-LM-BP supõem uma elasticidade zero de respostas das expectativas em relação a mudanças nas políticas e nas variáveis básicas, como taxas de juros e de câmbio. As expectativas são perfeitamente extrapolativas ou passivas, ou seja, projetam sempre o estado da arte para o futuro, independentemente de mudanças ocorridas ou que se possa esperar a partir da dinâmica patrimonial. Caso contrário, as curvas seriam instáveis e a implementação de políticas teria de se defrontar com deslocamentos das curvas em resposta a essas políticas.

A segunda e a terceira críticas serão desdobradas no Capítulo 15.

## Ajustamento macroeconômico com preços flexíveis

Vejamos o desdobramento da primeira crítica ao modelo Mundell-Fleming, ou seja, a introdução de salários e preços flexíveis, com algum mecanismo de operação que garanta o pleno emprego no mercado de trabalho. Apresentamos neste item um caso simplificado de ajustamento macroeconômico via salários e preços em que há contratos nominais rígidos no curto prazo no mercado de trabalho. Mantidos constantes os parâmetros, no longo prazo os trabalhadores e os empregadores chegam à única posição estável possível: o salário real $(S/P)_e$ e o pleno emprego $N_f$ do gráfico (a) da Figura 14.8.[11] Em cada curto prazo, porém, tem-se curvas de oferta no mercado de bens e serviços conforme 14.8(b), uma para cada nível nominal de salários.

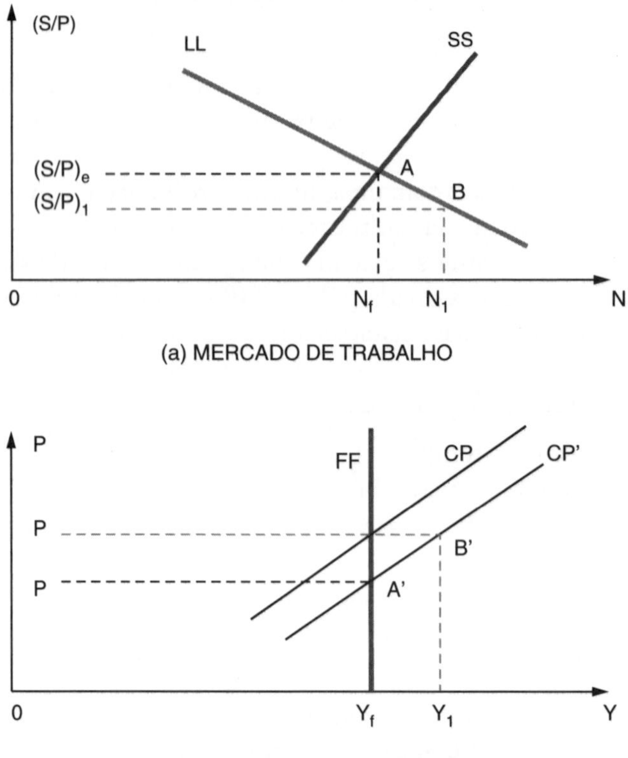


**Figura 14.8** *Mercado de trabalho e oferta agregada de bens e serviços.*

SS e LL (produtividade marginal do trabalho) constituem a oferta e a demanda por trabalho. Suponhamos que, após algum choque não antecipado, revelem-se incompatíveis o vigente emprego $N_1$ e o salário real $(S/P)_e$. Dado o salário nominal vigente, as firmas ajustam preços a partir dos custos salariais reais conforme LL, sem poder mudar salários nominais e emprego. O comportamento dos preços está definido na curva CP' (oferta agregada de curto prazo aos salários nominais em vigor).

Com o passar do tempo, a única combinação de emprego e salários reais em que não haveria mudança na relação salários-preços seria o ponto A do

[11] A produtividade está mensurada em termos de um índice de eficiência e os trabalhadores têm preferências homotéticas, ou seja, mantêm a mesma proporção de tempo dedicado ao lazer caso seus salários reais cresçam na mesma proporção que a produtividade. Desse modo, a combinação de $(S/P)_e$ e o pleno emprego $N_f$ permanecem em como referência enquanto aumenta a produtividade no longo prazo.

mercado de trabalho. Se $P_1$ se mantém, a curva de oferta agregada de curto prazo se desloca para CP, refletindo a correspondente elevação de salários nominais que acompanham o trajeto de B para A no gráfico 14.8a. Caso contrário, caem preços e emprego e a quantidade ofertada de bens e serviços declina ao longo de CP'.

A rigidez nominal dos contratos salariais, do ponto de vista de ambos, trabalhadores e empresários, poderia ser contornada apenas no longo prazo. Um exemplo inverso, com choque implicando desemprego involuntário, será mostrado adiante.

Por sua vez, a posição de demanda agregada de bens e serviços a que corresponde o equilíbrio no modelo Mundell-Fleming é alterada com a variação no nível de preços de dois possíveis modos:

- O *efeito Keynes* ou *efeito de saldos monetários reais*. O volume real de meios de pagamento muda na direção oposta ao nível de preços e, por conseguinte, a LM se desloca de forma correspondente.[12] O efeito é equivalente ao de uma política monetária ativa e, dessa maneira, só será significativo se for flexível a taxa de câmbio (conforme Quadro 14.1).
- O *efeito de comércio exterior* em regimes de câmbio (nominal) fixo. Nestes, a taxa real de câmbio também varia na direção oposta aos preços, o que afeta IS e BP. Trata-se, portanto, do equivalente a uma política fiscal ativa e, em caso de alta mobilidade de capitais e taxas flexíveis de câmbio, terá pouca capacidade de repercussão.

De qualquer modo, quer via efeito de comércio exterior e/ou efeito Keynes – o que dependerá do grau de mobilidade de capitais e do regime cambial – ter-se-á uma demanda agregada por bens e serviços negativamente associada ao nível de preços, como, por exemplo, as curvas **DD** e **DD'** na Figura 14.9(b).[13]

A Figura 14.8 mostra um exemplo de ajustamento macroeconômico – interno e externo – via preços, em um regime de câmbio fixo. No lado 14.9(a), tem-se a curva de oferta agregada vertical no longo prazo (FF). Adicionalmente, para

---

[12] Uma variante desse efeito dos preços sobre a demanda é o "efeito Pigou". Se introduzirmos a riqueza como um dos determinantes positivos do consumo autônomo, uma queda nos preços de bens, com valores nominais de ativos líquidos constantes, implicaria aumento real nessa riqueza e, conseqüentemente, no consumo. Levando em conta o resultado nulo da consolidação entre agentes privados dessa variação real em valores de ativos, restaria ainda o efeito do aumento na riqueza correspondente aos saldos monetários reais, conforme o economista Don Patinkin. De qualquer modo, o efeito ressaltado aqui é o de aumento no volume real de meios de pagamento acompanhando a deflação no nível geral de preços.

[13] A relação é mais crível no caso de inflação (subida de P). Na deflação, o efeito-Keynes findará levando a taxa nominal de juros a zero, antes da qual todos os saldos monetários reais adicionais passarão a ser entesourados (a "armadilha pela liquidez"). Isso caso não haja deflação absoluta de preços e, dessa forma, taxas reais de juros crescentes em face de taxas nominais próximas de zero. Além disso, ao aumentar o peso dos passivos dos devedores, a deflação pode suscitar uma onda de falências. Sem contar a emergência de expectativas pessimistas e a retração de gastos (o inverso do efeito Pigou).

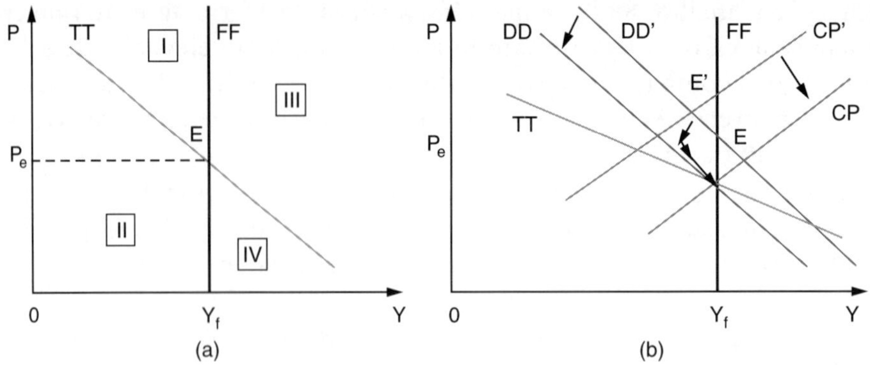


I- desemprego involuntário e déficit externo (caem preços e salários nominais mais ainda; salários reais diminuem)
II- desemprego involuntário e superávit externo (caem salários nominais e preços caem ou sobem, dependendo do ponto de partida; salários reais diminuem)
III- superemprego involuntário e déficit externo (sobem salários nominais e preços caem ou sobem, dependendo do ponto de partida; salários reais aumentam)
IV- superemprego involuntário e superávit externo (sobem preços e salários nominais mais ainda; salários reais aumentam)

**Figura 14.9** *Ajustamento macroeconômico com preços flexíveis.*

uma dada taxa nominal de câmbio, a cada nível de P corresponde uma certa taxa real de câmbio. Dado um certo patamar de saldo na conta de capitais, podemos delinear uma curva como TT, a qual descreve as combinações de P e Y compatíveis com o correspondente nível de saldo comercial necessário para o equilíbrio externo.

A cada nível de P e da taxa nominal de câmbio, corresponde uma BP como aquelas mostradas na Figura 14.6, cuja posição mais à direita ou à esquerda dependerá do saldo na conta de capitais. Há apenas uma e única taxa real de câmbio, na interseção de FF e TT, na qual se terá pleno emprego e equilíbrio externo.

Na Figura 14.8(b), mostra-se uma situação inicial em que, no curto prazo, o equilíbrio entre oferta e demanda agregadas levam a desemprego e déficit no Balanço de Pagamentos (E'). Os ajustes contratuais no mercado de trabalho fazem a curva CP deslocar-se para baixo e à direita, ou seja, para cada nível de preços torna-se atraente uma maior produção pelas firmas, em decorrência de salários nominais mais baixos e igual produtividade do empregado. Isso continuará até que a renda e o emprego cheguem aos patamares correspondentes a $\mathbf{Y_f}$.

No lado da demanda, haverá redução da base monetária e dos meios de pagamento a partir do saldo global negativo no Balanço de Pagamentos, caso seja fixa a taxa nominal de câmbio. De uma forma ou de outra, **E** será o centro de gravidade, para que ocorram os equilíbrios externo e interno.

Por seu turno, se o regime é de câmbio flexível, o desequilíbrio no Balanço de Pagamentos provocará desvalorização cambial e deslocamento para cima e à direita de TT. Nesse caso – não desenhado – o equilíbrio conjunto, ou seja, a interseção entre **CP, DD, TT** e **FF** se daria em algum ponto de **FF** acima de **E**, com deslocamento menos intenso da curva de oferta de curto prazo. Se o ajuste cambial elimina automaticamente o déficit no Balanço de Pagamentos, a curva DD não se move.

Como mostram Rivera-Batiz e Rivera-Batiz (1994), compreende-se assim a lógica subjacente aos programas de ajustamento exigidos pelo Fundo Monetário Internacional (FMI) como condicionalidade para seus empréstimos aos países às voltas com a crise da dívida externa na primeira metade dos anos 80 (ver Capítulo 17). Esses países endividados se defrontavam com déficits em Conta Corrente em decorrência do desaparecimento do crédito bancário externo, inclusive para rolagem do serviço da dívida anterior (um choque para baixo e à esquerda de TT). Além disso, pressões inflacionárias e/ou de desemprego também eram regra geral, com regimes cambiais geralmente "deslizantes em termos nominais" (*crawling peg*), acompanhando a inflação.

Nesse contexto, invariavelmente o FMI propugnava uma combinação de política fiscal recessiva e desvalorização cambial real. Essa última deslocaria gastos e moveria para cima a curva TT, acelerando o ajuste monetário externo da demanda agregada, o que encurtaria a trajetória até o equilíbrio pleno e de pleno emprego. Ao mesmo tempo, os efeitos expansivos da desvalorização sobre DD' seriam revertidos pela política fiscal contracionista.

O caso do ajuste com câmbio fixo também pode ser útil para explicar a confiança de alguns economistas no tocante à autocorreção de programas de estabilização com base em valorização cambial (deslocamento de TT para baixo), cujos resultados em termos de inflação em geral se fizeram acompanhar por déficits comerciais e de desemprego. A deflação de preços e salários, desde que não desacelerada por políticas fiscal e monetária expansivas, tenderia a eliminar tais efeitos colaterais no longo prazo. A flexibilização ou desregulamentação do trabalho facilitaria a deflação. Aumentos de produtividade acima do resto do mundo, por sua vez, poderiam vir a recuperar para cima a posição de TT. Na verdade, o exemplo mostra por que regimes de câmbio fixo só podem funcionar na presença de flexibilidade nominal para baixo de salários e preços.

Observe também que, nessa fundamentação clássica do modelo Mundell-Fleming, a desvalorização cambial tem apenas efeitos nominais inflacionários no longo prazo, sem exercer nenhum impacto sobre as variáveis reais. Partindo-se de **E** no lado (b) da Figura 14.9, uma desvalorização cambial elevaria TT. No longo prazo, no entanto, o retorno a alguma interseção com **FF** exigiria uma inflação à mesma taxa que a da desvalorização.

Para ver isso, basta observar que, caso **T** $(e_r, Y_f, Y^*)$ tenha de ser simétrico a um certo saldo na conta de capitais, a taxa real de câmbio tem de ser a mesma antes e depois da desvalorização e, portanto, ocorrerá uma aceleração em P exatamente proporcional àquela da taxa nominal de câmbio. A longo prazo, prevaleceria a Paridade Relativa do Poder de Compra (Capítulo 13).

No longo prazo, o patamar nominal de taxas de câmbio não afetaria o emprego, a renda real, a taxa real de câmbio e os preços relativos de bens e serviços na economia, sendo estes os de equilíbrio. Variáveis monetárias seriam neutras no longo prazo, o que incluiria os regimes cambiais, pois as diferenças estariam apenas nos processos de ajuste implicados por taxas fixas ou flexíveis de câmbio.

A posição real do poder de compra externo da renda doméstica, no longo prazo, dependeria do nível de ingresso de capitais e/ou de aumentos na produtividade local *vis-à-vis* o exterior. O ingresso de capitais permite o déficit em Conta Corrente, ou seja, a compra externa de um excedente de absorção em relação à renda doméstica. Aumentos de produtividade *vis-à-vis* o mundo, por seu turno, elevam o poder real de compra do produto doméstico, desde que não repassados integralmente ao exterior sob a forma de deterioração nos termos de troca.

Em relação ao modelo Mundell-Fleming básico do item anterior deste capítulo, as políticas fiscal e monetária – e cambial, no caso de regimes de taxas fixas e ajustáveis – continuariam servindo para acelerar o ajustamento macroeconômico, simultaneamente nos lados interno e externo. Só que agora levando em conta o ajustamento doméstico de preços. O papel das políticas ativas de ajustamento seria evitar o prolongamento do movimento de ajuste, particularmente quando este implicasse redução de preços e salários nominalmente rígidos para baixo.

Nesse contexto, abre-se um dilema (*trade-off*): taxas flexíveis de câmbio aceleram os ajustes da taxa real de câmbio, mas ao custo de maior volatilidade nos preços de bens e serviços. Ao mesmo tempo, com a crescente mobilidade de capitais, tornou-se mais premente a escolha: necessariamente as políticas monetárias têm de ser passivas se forem fixas as taxas de câmbio ou, como alternativa, as taxas de câmbio têm de ser deixadas flutuantes caso se pretenda dar autonomia à política monetária.

No Capítulo 15, além de examinarmos os mercados financeiros e a formação de expectativas – superando a passividade destas, adotada neste capítulo –, veremos algumas das etapas complexas do ajuste visualizado neste último item.

## Palavras-chave

- Condição Marshall-Lerner
- Curva em J
- Absorção
- Modelo Mundell-Fleming
- Mobilidade de Capital
- Curvas IS-LM-BP
- Regimes Cambiais
- Políticas de Esterilização
- Efeito-Keynes
- Restrição de Divisas
- Trindade Impossível
- Ajustamento segundo FMI

## Exercícios

1. Aponte razões pelas quais o saldo comercial brasileiro demorou a responder à desvalorização do real a partir de 1999.
2. Suponha que uma economia emergente, com câmbio administrado, inflação alta e déficit na Conta Corrente do balanço de pagamentos, recorra ao FMI. Por que provavelmente o FMI exigirá uma política fiscal e/ou monetária de aperto, em simultâneo com uma desvalorização cambial?
3. Por que se diz que, caso os preços ou contratos fossem perfeitamente flexíveis, o tipo de regime cambial não faria grande diferença no longo prazo?
4. Explique: "o manejo anticíclico de políticas fiscais e monetárias supõe que os estoques de dívida pública e de passivo líquido externo estejam em níveis não problema".
5. Alguns economistas, no Brasil, defendem uma combinação de metas cambiais (com desvalorização real do real) e metas monetárias (baixas taxas de juros) como base da política macroeconômica. Qual seria o requisito em termos de mobilidade de capitais?
6. Quais são as principais insuficiências do modelo Mundell-Fleming no que diz respeito à abordagem da estabilização macroeconômica em economias não-desenvolvidas?

## Referências bibliográficas


CANUTO, O. e HOLLAND, M. "Ajustamento externo e regimes de taxa de câmbio na América Latina". *Economia Ensaios*, vol. 15, n. 2, julho, 2001.

HELLIER, J. *Macroéconomie ouverte*. Paris: PUF, 1994.

RIVERA-BATIZ, F.L., RIVERA-BATIZ, L.A. *International Finance and Open Macroeconomics*. Nova York: Macmillan, 1994.

ZINI Jr, A. A. *Taxa de câmbio e Política Cambial no Brasil*. São Paulo: Edusp, 1993.

# Capítulo 15

## Mercados financeiros e macroeconomia aberta

Este e o próximo capítulo abordam três aspectos relevantes não considerados na macroeconomia aberta delineada no Capítulo 14:

1. O foco esteve até aqui nos ajustes de fluxos (comércio e fluxos de capital, renda e Balanço de Pagamentos). No entanto, é preciso observar que os fluxos líquidos alteram o tamanho de estoques. Especificamente em nosso caso, não se pode ignorar que as políticas fiscais afetam o estoque da *dívida pública líquida*, nem que, em decorrência da política monetária e dos fluxos de ingresso de capital externo, mudará ao longo do tempo o estoque de *passivos externos líquidos* da economia. Além, é claro, dos diversos tipos de estoques de ativos e passivos que compõem a riqueza nacional dos residentes, um aspecto foi mantido à parte pelo fato de termos trabalhado apenas com dois ativos: moeda e um único título financeiro. Certamente, os impactos de fluxos sobre estoques não devem ser ignorados, não só porque vão impor requisitos sobre a evolução dos próprios fluxos ao longo do tempo, como porque os agentes econômicos vão levar isso em conta.
2. Em parte por causa dessa relevância dos estoques e suas implicações sobre as trajetórias dos fluxos, inclusive a sustentabilidade desses fluxos no tempo, há outra dimensão ignorada até aqui e que não pode permanecer como tal: a *substituição imperfeita entre os ativos*. Mesmo que dois ativos tenham características aparentemente similares – em termos de prazos de vencimento ou vida útil e de taxas de retorno prometidas – não necessariamente são perfeitamente substituíveis entre si. Tal suposição de substitubilidade perfeita esteve presente na apresentação da *paridade não coberta das taxas de juros* (PNCJ), no Capítulo 13, bem como na abordagem do modelo

Mundell-Fleming no Capítulo 14, em que apenas as fricções impedindo a mobilidade perfeita de capitais podiam criar diferenças de rendimento entre os ativos doméstico e externo. No entanto, basta haver, de um lado, **aversão a riscos** por parte dos agentes econômicos e, de outro, diferentes **avaliações de riscos** associados a dois ativos para que, entre estes, o ativo de maiores riscos tenha de oferecer rendimento maior, como forma de compensação. Devemos, portanto, revisitar a macroeconomia aberta levando em conta os riscos específicos às transações com o exterior.

3. Finalmente, como a interação entre estoques e fluxos, e os riscos associados aos ativos são questões que envolvem o tempo e as **expectativas** dos agentes quanto ao futuro, será necessário considerar a formação dessas expectativas além do suposto até aqui. Nos Capítulos 13 e 14, supôs-se certa passividade dos agentes na construção de suas expectativas, com estas não cumprindo nenhum papel relevante. Uma vez ocorrida uma mudança nos parâmetros e o subseqüente ajuste do sistema, os agentes passavam a extrapolar o quadro em vigor como definitivo. Porém, cabe examinar o que tende a acontecer quando as expectativas em relação ao longo prazo, por exemplo, afetam os curtos prazos nos quais operam os mecanismos de ajustes de fluxos previstos no modelo Mundell-Fleming.

Este capítulo apresenta as abordagens a partir dos equilíbrios de estoques de ativos na macroeconomia aberta, a saber, o "enfoque monetário" e o "enfoque de equilíbrio de portfólios". Neste segundo caso, os riscos associados aos ativos assumem um papel central. O capítulo se encerra com um tratamento das condições de sustentabilidade do crescimento com endividamento (público ou externo), como base na avaliação do risco-país e dos riscos de conversibilidade (ou "riscos de retenção de divisas").

## O enfoque monetário do Balanço de Pagamentos e da taxa de câmbio

### *Taxas fixas de câmbio e Balanço de Pagamentos*

Mecanismos automáticos de ajustamento por meio dos preços em economias abertas foram abordados por David Hume no século XVIII, com seu argumento formulado em um contexto de Padrão-Ouro – sistemas monetários em que o volume de moeda em circulação seria conversível a uma taxa fixa em unidades de ouro e, dessa maneira, proporcional ao estoque disponível deste ou de outro metal precioso atuando como lastro (veja "regimes monetário-cambiais" adiante). Sendo o autor um dos formuladores iniciais da Teoria Quantitativa da Moeda, essa cumpria papel central em seu raciocínio.

Os argumentos de Hume foram retomados modernamente pelo autodenominado enfoque monetário do Balanço de Pagamentos e da taxa de câmbio. Só que agora prescindindo da referência ao Padrão-Ouro.

A Teoria Quantitativa da Moeda (TQM) parte da identidade $\overline{M}_S.V \equiv P.T$, em que V corresponde à velocidade de circulação da moeda e T, ao volume bruto de transações, um resultado necessariamente verdadeiro *ex post*. Torna-se uma teoria quando formula a hipótese de estabilidade em V e, portanto, de tradução direta do volume de meios de pagamentos em valor nominal bruto das transações. Se a relação de estabilidade é estabelecida com respeito à renda, a TQM assume sua chamada versão de Cambridge, em que $\overline{M}_s = M_d = (1/\overline{V}) . P. Y = \overline{k} . P. Y$.

Essa TQM foi revisitada por Milton Friedman nos anos 50, reformulando-a no contexto de seu confronto com os keynesianos. Uma das implicações da demanda especulativa por moeda, como reserva de valor, teoricamente formulada por Keynes, era a variabilidade da velocidade de circulação. Friedman por sua vez incorpora a moeda como um ativo, submetendo-a a um cálculo maximizador de alocação de riqueza pelos agentes, em que a moeda é confrontada com as demais formas de reserva de riqueza e sua atratividade é função decrescente da taxa de juros. Adicionalmente, Friedman recupera um conceito proposto por Knut Wicksell: a idéia de uma "taxa natural de juros" ou de equilíbrio no longo prazo ($r_e$), vale dizer, uma taxa de juros na qual ocorreria igualdade entre poupança e investimento em condições de pleno emprego na economia e que tenderia a atuar como centro de gravidade da taxa de juros de mercado. Ora, uma vez alcançada essa taxa natural, a estabilidade da TQM retorna, mesmo com a possível variabilidade de V, no curto prazo, por conta de eventuais saldos especulativos de moeda guardados como forma de riqueza:

$$\overline{M}_s = M^d = k\,(r_e)\,.\,P.\,Y \qquad (1)$$

Excessos (ou escassez) de saldos monetários desejados em relação à oferta são eliminados mediante corte (ou aumento) de compras de bens e/ou ativos não-monetários, ou seja, por meio de redução (ou elevação) do lado direito da equação. Se a economia está no pleno emprego – na "taxa natural de desemprego" –, o ajuste se dá por deflação (ou inflação) nos preços de bens ou ativos não-monetários. De um modo ou de outro, o ajuste nos estoques de ativos determina o movimento nos fluxos.

Voltemos ao raciocínio original de David Hume, no século XVIII, sobre o ajustamento externo automático. Esse pode ser assim resumido, de modo simplificado: qualquer excedente (déficit) na Balança Comercial (identificada com o Balanço de Pagamentos) implicaria tendência à apreciação (depreciação) da moeda local. Dada a taxa de câmbio definida a partir do conteúdo oficial das moedas em ouro, a partir de certo ponto – "pontos do ouro" – se tornaria lucrativo importar (exportar) ouro. Conseqüentemente, em função de uma supostamente obedecida relação entre volume de moeda em circulação na economia e seu lastro em ouro, aumentaria (diminuiria) o estoque de moeda. Pela TQM, os deficitários comerciais exportadores de ouro passariam por uma deflação, enquanto os superavitários comerciais importadores de ouro sofreriam inflação. Superavitários perderiam competitividade e o inverso se passaria com os deficitários.

O enfoque monetário do Balanço de Pagamentos em regimes de câmbio fixo mantém a mesma seqüência, mas substituindo o papel dos deslocamentos do ouro pela variação de reservas externas do Banco Central. Seus formuladores sempre insistiram em seu caráter não necessariamente monetarista, ou seja, associado à TQM. A ênfase nas repercussões monetárias dos saldos globais ou de compensações oficiais no Balanço de Pagamentos em regimes de câmbio fixo foi até, de fato, parte básica do modelo Mundell-Fleming, como vimos no Capítulo 14. Repercussões que, de fato, não eram devidamente contempladas nos enfoques de elasticidade e absorção.

A novidade aqui seria a incorporação explícita do cálculo *otimizador* aplicado à moeda e os demais ativos ou, dito de outro modo, a fundamentação em um equilíbrio de estoques que comanda a posição final de equilíbrio dos fluxos, algo que em tese poderia ser compatível com qualquer modelo do mercado de trabalho, dos mercados de bens e serviços e da Conta Corrente do Balanço de Pagamentos. A filiação a Friedman e à escola de Chicago das quais vinham seus formuladores (Harry Gordon Johnson, Jacob Frenkel etc.), contudo, se revela na adoção quase exclusiva da TQM com pleno emprego como referência. Até porque o enfoque perde sua força de predição quanto ao caráter monetário dos desequilíbrios de Balanço de Pagamentos se não há estabilidade entre as variáveis reais e os estoques monetários.

Em relação a Hume, a TQM de Friedman já havia introduzido a novidade do direcionamento do excesso ou escassez de saldos monetários reais incluindo ativos e não mais apenas bens. Por sua vez, o enfoque monetário para economias abertas incorpora também a possibilidade de direcionamento do excesso ou escassez para compra ou venda de ativos no exterior, supondo que agentes locais não mantêm reservas de liquidez em moeda estrangeira e supondo também homogeneidade entre ativos domésticos e externos (a "perfeita substitubilidade"). Além disso, supõe também a vigência da lei do preço único e, então, da *paridade do poder de compra* (veja Capítulo 13). Decorre daí uma outra diferença em relação a Hume: em regimes de câmbio fixo, o ajustamento entre estoques existentes e desejados de moeda deixa de estar centrado em inflação ou deflação domésticas e se efetiva mediante déficits ou superávits externos (Conta Corrente mais capitais), cujo impacto sobre a base monetária não pode ser esterilizado indefinidamente.

A renda de pleno emprego e a taxa natural de juros estarão definidas na posição de equilíbrio. Portanto, há uma única quantidade estável de encaixes reais, endogenamente determinada. A implicação do enfoque monetário é que todo e qualquer desequilíbrio global de Balanço de Pagamentos é um fenômeno monetário, de desajuste entre disponibilidade e necessidade de liquidez:

$$(M_s/P)_e = k\,(\bar{r}_e)\,.\,\bar{Y}_f \qquad (2)$$

$$SG = \phi\,.\,[\,(M_s/P)_e - (M_s/P)\,] \qquad (3)$$

onde $r_e$ é a taxa natural de juros emanada da posição de equilíbrio geral, $(M_s/P)_e$ é a única quantidade estável de liquidez real e $\phi$ é um parâmetro para medir a velocidade de ajuste na qual o excesso ou a escassez de liquidez são eliminados via compra ou venda de bens e títulos, não sendo possível resolver o desequilíbrio localmente.

Observe ainda que, como os agentes não detêm reservas em liquidez externa, o excesso ou escassez de liquidez real reflete o componente de "crédito do Banco Central" (CBC) ou crédito doméstico no volume de meios de pagamento.[1] O CBC é em geral o alvo de metas de políticas de ajustamento externo no enfoque monetário até porque as mudanças nas reservas refletem no caso o ajustamento de liquidez, cujo desajuste é gerado pelo CBC.

## Taxas flexíveis de câmbio

O ajuste monetário se torna automático e restrito ao país em desequilíbrio no regime de taxas flutuantes de câmbio. Seja (4) o equivalente de (2) para o resto-do-mundo:

$$(M_s{}^*/P^*)_e = k^* (\bar{r}^*{}_e) \,.\, \bar{Y}^*{}_f \tag{4}$$

A lei do preço único, por sua vez, implica uma taxa real de câmbio igual a um, como vimos no Capítulo 13, ou seja:

$$e = P/P^* \tag{5}$$

A partir de (2), (4) e (5), obtemos:

$$e = (M_s/M^*{}_s) \,.\, [\, k^* (\bar{r}^*{}_e) \,.\, \bar{Y}^*{}_f \,]/[\, k (\bar{r}_e) \,.\, \bar{Y}_f \,] \tag{6}$$

Excesso ou escassez de liquidez real se traduzem em variações na taxa nominal de câmbio e o seu efeito sobre preços domésticos trata de eliminar o desequilíbrio de liquidez. A posição nominal da taxa de câmbio é ditada pelas proporções efetivas entre liquidez nominal disponível (oferta de moeda) e liquidez real necessária (demanda por moeda) que vigoram no país e no resto-do-mundo.[2]

No caso de taxas fixas de câmbio, a exogeneidade dos meios de pagamento postulada nos modelos monetaristas de economia fechada deu lugar a sua endogeneidade nominal (exogeneidade em termos reais), pelo menos no caso de eco-

---

[1] Os ativos do Banco Central são o Crédito do Banco Central (CBC) a agentes domésticos e as reservas oficiais de divisas. A contrapartida no lado dos passivos corresponde à "base monetária".

[2] Um resultado que vai contra os modelos anteriores, como o modelo Mundell-Fleming, é o de que uma expansão na renda real doméstica, com oferta monetária fixa, implica escassez de liquidez e apreciação cambial. Vale também lembrar que, com a substitubilidade perfeita entre ativos domésticos e estrangeiros, a igualação de taxas reais de juros continua dependendo do grau de mobilidade dos capitais.

nomias pequenas. As flutuações de curto prazo correspondem a fenômenos monetários, dado que as variáveis reais – inclusive a demanda por saldos monetários reais – são vistas como inerentemente estáveis. A exogeneidade da moeda reaparece agora nos regimes de câmbio flexível.

Vejamos o caso de economias grandes, com repercussão global. No caso das taxas fixas de câmbio, a lei do preço único implica inflações ou deflações iguais no conjunto da economia mundial, em conformidade com o total de liquidez disponível excedente ou escasso, o qual se distribui pelos saldos globais de Balanços de Pagamentos nacionais. Isso aconteceria independente da origem nacional dos desequilíbrios.

Esse "monetarismo global" foi usado como uma das explicações da inflação mundial dos anos 60, sendo esta vista como processo disparado pelos déficits norte-americanos no contexto de taxas fixas de câmbio. Tornou-se uma adicional fonte de defesa de um sistema de taxas flexíveis de câmbio.

O desempenho empírico do enfoque monetário mostrou-se fraco (Caves, Frankel e Jones, 1996). Ao mesmo tempo, o funcionamento do sistema de taxas flutuantes a partir dos anos 70 caracterizou-se por forte instabilidade cambial e de juros, em contraste com suas propriedades estabilizadoras anunciadas pelo enfoque monetário e pelo modelo Mundell-Fleming com preços flexíveis. Por outro lado, o foco nos equilíbrios de estoques de ativos seria aprofundado em uma nova família de modelos que emergiu na segunda metade dos anos 70 e nos anos 80, abordada a seguir.

Um aspecto do enfoque monetário em contraste com a evidência empírica é a ausência de importância atribuída aos saldos em Conta Corrente, enquanto se sabe, por exemplo, que mudanças cumulativas nessa conta exercem influência sobre as taxas nominais de câmbio (Baillie e McMahon, 1989). A dinâmica macroeconômica aberta é vista por aquele enfoque exclusivamente a partir do saldo global do Balanço de Pagamentos, não importando se o ajuste de estoques monetários se dá via compra/venda de ativos ou bens. Também no modelo Mundell-Fleming, tinha-se a desconsideração das diferenças entre estruturas de Balanço de Pagamentos no que diz respeito à composição entre saldos correntes e movimentos de capitais.

As abordagens a partir do equilíbrio de portfólios buscam introduzir a substitutibilidade imperfeita entre ativos, além da interação entre a Conta Corrente e a conta de capitais. As dinâmicas de estoques de ativos e de fluxos se tornam então interdependentes.

## O enfoque pelo equilíbrio de portfólios

A crescente integração financeira internacional provocou uma reviravolta na teoria da macroeconomia aberta a partir dos enfoques de equilíbrio de portfólios internacionalizados, estendendo os modelos macroeconômicos desenvolvidos com base em equilíbrios de portfólio para além do que foi incorporado no enfoque monetário. Se a introdução da mobilidade de capitais trouxera modificações de peso na macroeconomia aberta com o modelo Mundell-Fleming, o foco direto em tais movimentos de capitais o faria com maior força ainda. Em sintonia com a generalizada percepção de que a integração financeira estava implicando modificações nucleares no modo de funcionamento das economias nacionais, tratava-se de endogenizar na teoria macroeconômica os determinantes da órbita financeira internacionalizada. Veremos aqui uma amostra seletiva e simplificada dessa agenda de discussões.

Tanto na primeira aproximação aos fundamentos da taxa de câmbio (no Capítulo 13), quanto no modelo Mundell-Fleming (Capítulo 14) e no enfoque monetário, observamos então a abstração da não-equivalência entre ativos, tomando-os como substitutos perfeitos ou – o que resulta no mesmo – supondo agentes neutros em relação aos riscos e que levam em conta exclusivamente os rendimentos médios esperados. Contudo, os ativos, além de variarem em liquidez e vencimentos, incorporam atributos de riscos diferenciados, que vão desde uma variabilidade possível nos resultados reais da aplicação dos recursos nos casos de investimento de risco, riscos de preços associados à inflação não antecipada, até a possibilidade de inadimplência (*default*) do emissor de títulos em carteira, riscos políticos que independentes do emissor do passivo e outros. No caso de transações internacionais de ativos, acrescentam-se os riscos próprios às transações cambiais, o que vem a se constituir em uma das possíveis explicações de não prevalecer, empiricamente, a PNCJ entre ativos equivalentes, mesmo quando há alta mobilidade e baixos custos de transação (Baillie e McMahon, 1989) (Rivera-Batiz e Rivera-Batiz, 1994).

Um ponto de partida geral da economia financeira é justamente tomar os agentes como avessos ao risco. Em sua comparação entre portfólios contendo ativos de distintas classes de risco, exigem maiores retornos como forma de compensar uma tomada de riscos maiores (um prêmio de risco). Uma questão a ser respondida se torna então como os agentes estabelecem esse cálculo de risco e de prêmios, ou seja, em que medida os agentes estabelecem uma compensação entre rentabilidade e risco.

**Riscos**, em finanças, dizem respeito à probabilidade de que os resultados do investimento no ativo não se dêem conforme o esperado. Entre o **retorno esperado** e o retorno efetivo há diversos **desvios** possíveis, cujas probabilidades de ocorrência – estimadas de modo puramente subjetivo, mas recorrendo em maior ou menor grau a informações objetivas disponíveis – são levadas em conta pelo aplicador.

Quando as probabilidades associadas a cada um dos possíveis retornos seguem uma **distribuição normal** (Figura 15.1), a *esperança matemática* e a *variância* – veja encarte – dessa distribuição servem como referência, respectivamente, para a observação de retorno e o risco do ativo. Senão, vejamos.

A Figura 15.1 justapõe duas distribuições normais descrevendo as probabilidades dos retornos de dois ativos: ambas têm o mesmo retorno médio esperado ($R_a = R_b$), mas o ativo B tem uma variância maior que a de A. Não por acaso, a probabilidade de o retorno efetivo das duas aplicações acabar sendo menor que $R^*$ – ou seja, a área à esquerda dessa taxa em cada uma das duas distribuições – é maior no caso de B. A probabilidade (risco) de B render menos do que $R^*$ é maior do que no caso de A.

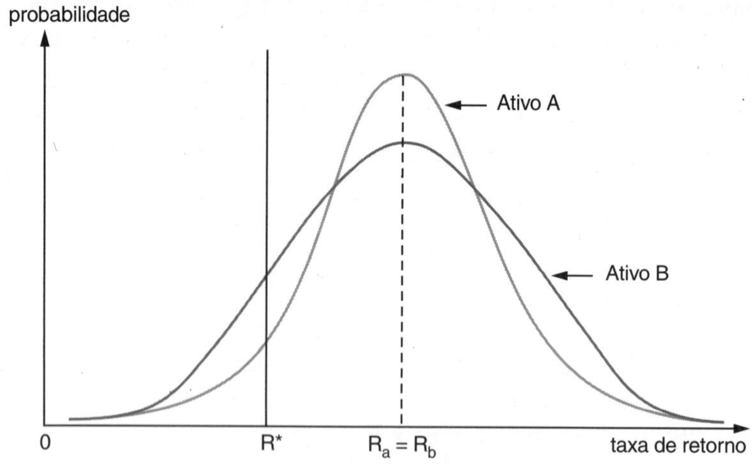


**Figura 15.1** *Retorno e risco de ativos.*

Depreende-se o seguinte: para tornar-se minimamente atraente diante de A, o ativo B terá necessariamente de oferecer um retorno maior que $R_b$. Caso contrário, tende a ser preterido em favor de A se há aversão a riscos por parte do investidor.

O diferencial positivo de retorno médio esperado que B tem de oferecer será tanto maior quanto maiores forem:

- seu diferencial de riscos em relação ao outro ativo; e
- o grau de aversão a riscos dos investidores.

Para ver isso de forma simplificada, vejamos o caso de uma **seleção de carteira** (ou **escolha de portfólio**) com apenas dois ativos, um dos quais (A) com risco nulo (variância e desvio-padrão iguais a zero), enquanto o outro apresenta um desvio padrão constante e igual a $\sigma_b$. Os retornos esperados são $R_a$ e $R_b$. Por seu turno, $0 < x < 1$ é o percentual do portfólio aplicado no ativo com risco (B)

## Encarte

**ESPERANÇA MATEMÁTICA:** é o valor médio esperado – portanto, um valor teórico – que associa os diversos resultados possíveis (valores assumidos pela variável) às respectivas probabilidades/freqüências de ocorrência. É diferente da média por ser esta última palavra usada preferencialmente em estatística descritiva.

**VARIÂNCIA:** valor sempre positivo, é a soma dos desvios (ao quadrado, porque a soma dos desvios, por definição, é nula) em relação à média (ou à esperança matemática). Informa a respeito da variabilidade dos dados em relação à tendência central. O **DESVIO-PADRÃO** é a raiz quadrada dessa variância.

**COVARIÂNCIA**: é o valor médio do produto dos desvios para cada par de pontos de dados, vale dizer, a média do produto dos desvios de pontos de dados em relação às respectivas médias. Mede a relação entre dois intervalos de dados, informando se se movem juntos ou não: 1) a covariância é positiva quando os maiores valores de um conjunto são associados aos maiores valores do outro conjunto; 2) é negativa quando os menores valores de um conjunto de dados correspondem aos maiores valores do outro conjunto; 3) é nula quando os valores dos dois conjuntos não se relacionam, vale dizer, quando as variáveis são independentes.

**CORRELAÇÃO**: medida por um coeficiente cujo valor é sempre compreendido entre –1 e 1 inclusive, é a razão entre a covariância e o produto dos desvios padrão (esses últimos sendo apenas a raiz da variância). Compara o movimento conjunto das variáveis com o produto das variabilidades individuais: 1) a correlação é positiva (podendo ser perfeita) quando o coeficiente tem valor próximo de 1 (igual a 1): descreve variáveis tendo um mesmo movimento plenamente relacionado; 2) a correlação é negativa (perfeita) quando o valor do coeficiente é próximo de –1 (igual a –1): descreve variáveis tendo um movimento inverso porém altamente relacionado; 3) a correlação é quase nula (ou nula) quando o coeficiente é próximo de zero (igual a zero): revela a independência entre os comportamentos das variáveis. Nota: a correlação igual a zero decorre (isso é visível por sua própria expressão) de uma covariância nula, isto é, da independência entre as variáveis.

Suponhamos que a escala do portfólio não afete os riscos e o retorno por unidade monetária investida. Dito de outro modo, a análise que se segue independe do tamanho da riqueza a ser investida: as proporções escolhidas para os ativos serão as mesmas para R\$1 ou qualquer outro volume de riqueza do agente.

Tanto o retorno esperado quanto o risco (desvio-padrão) da carteira – respectivamente, $R_p$ e $\sigma_p$ – serão no caso funções lineares das proporções investidas em A e B:[3]

---

[3] O desvio-padrão (risco) da carteira não é em geral linear. Seja $-1 \leq \rho \leq 1$ o índice de correlação entre os retornos dos dois ativos, vale dizer, a covariância entre seus retornos dividida pelo produto dos desvios-padrão (veja encarte). O risco do portfólio ou carteira é a raiz quadrada de (Mishkin, 2001):

$$\sigma^2_p = \sigma^2_a \,.\, (1-x)^2 + \sigma^2_b \,.\, x^2 + 2 \,.\, \sigma_a \,.\, \sigma_b \,.\, x \,.\, (1-x).$$

Quanto mais negativamente correlacionados forem os ativos (se aproximando de –1), mais o risco pode ser minimizado mediante diversificação, já que resultados acima (abaixo) do esperado em um ativo serão acompanhados de resultados abaixo (acima) no outro ativo e, portanto, a variância nos retornos do portfólio se reduz quando este se distribui entre os dois ativos. Por seu turno, as possibilidades de redução de risco via diversificação caem quando se aproxima de +1 (correlação positiva perfeita) e, desse modo, a contribuição de cada ativo ao risco da carteira passa a depender exclusivamente de seu risco.

Em nosso caso simplificado, temos $\sigma_a = 0$ e o risco da carteira ($\sigma_p$) reduz-se a (8).

$$R_p = (1 - x) \cdot R_a + x \cdot R_b \quad (7)$$

$$\sigma_p = x \cdot \sigma_b \quad (8)$$

A linha reta $R_aR'$ na parte de cima da Figura 15.2 mostra as diversas combinações de risco e retorno para os portfólios que vão da total aplicação sem risco ($x = 0$, $R_p = R_a$ e $\sigma_p = 0$) até a total aplicação em B ($x = 1$, $R_p = R_b$ e $\sigma_p = \sigma_b$). A inclinação da reta $R_aR'$, ou seja, a intensidade em que cresce o retorno esperado da carteira para cada incremento na parcela do ativo com risco e no risco da própria carteira, será tão maior quanto menor for o diferencial de risco de B em relação ao risco nulo de A.

Caso, por exemplo, o risco de B caia de $\sigma_p$ para $\sigma_p$*, a linha OP no diagrama de baixo se desloca para OP* a sudoeste e, simultaneamente, a $R_aR'$ muda para $R_aR''$ a noroeste. Melhoram as combinações de risco e retorno para todas as carteiras com alguma aplicação em B.

Vejamos agora o lado subjetivo da escolha, ou seja, a manifestação das preferências de um investidor quanto à compensação entre risco e retorno. O espaço risco-retorno é ordenado em um "mapa de curvas de indiferença", conforme cada um dos dois casos na Figura 15.3.

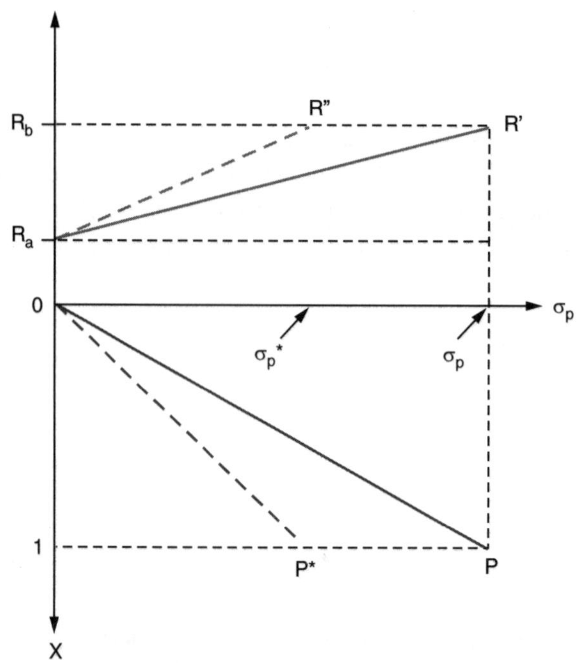


**Figura 15.2** *Risco e retorno de portfólios.*

Os mapas de indiferença τ' e τ" representam dois investidores – ou um investidor em dois momentos no tempo – com distintos graus de aversão ao risco. No caso de τ", é maior o grau de tolerância ao risco, ou seja, é menor a aversão a ele:

para manter-se em um mesmo patamar de preferência, exige-se, como compensação por incremento no risco, um aumento no retorno menor do que no caso de τ'. De qualquer modo, em ambos os casos a exigência em termos de maior retorno vai crescendo com o nível de risco do portfólio.

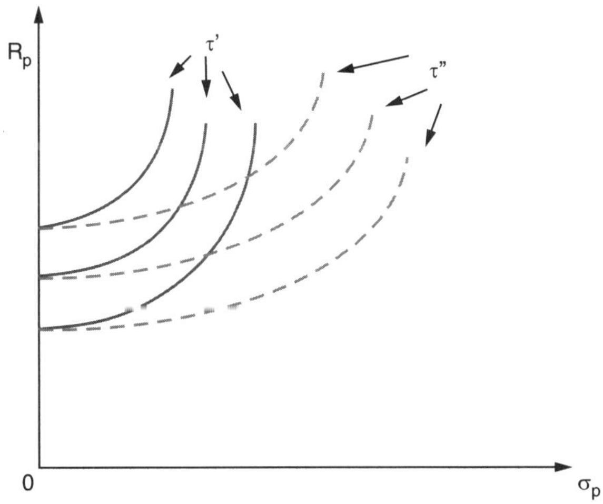


**Figura 15.3** *Tolerância ao risco.*

Juntando os dados objetivos e subjetivos, a Figura 15.4 representa a escolha do portfólio ótimo, ou seja, aquele que maximiza o bem-estar do investidor, sob a restrição das combinações de risco e retorno possíveis. No ponto E, igualam-se os *trade offs* objetivo e subjetivo entre risco e retorno, ou seja, são iguais as inclinações da reta $R_aR'$ e da curva correspondente de indiferença que a tangencia. Apenas assim o investidor não poderá mais elevar seu bem-estar mediante alteração nas parcelas de A e B, as quais, no caso, serão ambas menores que 100%.

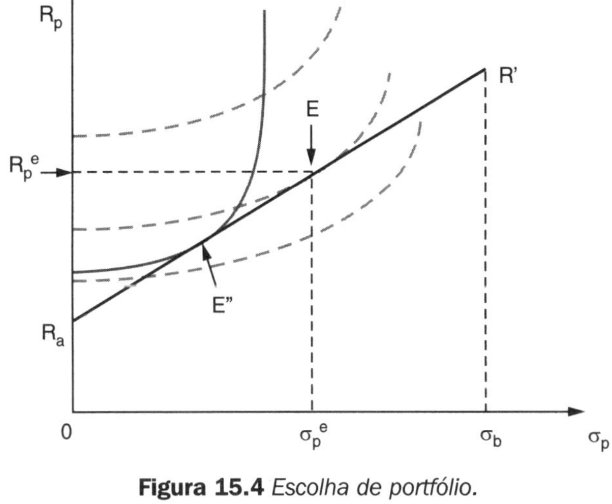


**Figura 15.4** *Escolha de portfólio.*

Podemos observar o seguinte:

- suponha uma queda (aumento) no risco de B, ou seja, um deslocamento para a esquerda (direita) em $R_aR'$, mantendo-se o interceptor em $R_a$. A proporção de investimento em B só se manterá caso seu retorno aumente (caia), de modo a recuperar $R_aR'$ de volta ao ponto de partida;
- supondo-se constante o risco de B, o modo pelo qual seus emissores poderão aumentar (reduzir) sua proporção nos portfólios será em geral uma elevação (diminuição) em $R_b$, dessa forma aumentando (decrescendo) a inclinação de $R_aR'$. Sob condições usuais nas preferências do investidor, a maior (menor) inclinação de $R_aR'$ encontrará tangência com outra curva de indiferença, em patamar mais alto (baixo) de bem-estar, a nordeste (sudoeste) de E. Será suficiente para tanto que, por exemplo, o *trade off* subjetivo entre risco e retorno (a inclinação das curvas de indiferença) não suba muito, para cada um dos níveis de risco da carteira, à medida que subam os níveis de bem estar; e
- suponha agora inalteradas as condições objetivas de risco e retorno, mas com uma redução subjetiva no grau de tolerância ao risco, ou seja, uma maior aversão ao risco (algo como uma mudança no mapa de indiferença, de $\tau''$ para $\tau'$, na Figura 15.3). Nesse caso, o ativo com risco (B) perde espaço no portfólio, na medida em que o novo ponto de tangência entre uma curva de indiferença e a reta $R_aR'$ estará a sudoeste de E (por exemplo, E" na Figura 15.4). Aos seus emissores, só restará reduzir seu risco e/ou elevar a taxa de retorno para compensar a maior aversão ao risco, caso pretendam manter sua parcela original na aplicação.

Depreende-se, assim, uma associação positiva entre, de um lado, a proporção de cada ativo na alocação de riqueza pelos aplicadores e, de outro, a própria taxa de retorno (Figura 15.5). A posição dessa curva de demanda, por sua vez, será positivamente (negativamente) afetada por reduções (elevações) no risco do ativo e por quedas (aumentos) no retorno oferecido por ativos concorrentes. Esses efeitos serão reforçados ou atenuados de acordo com a existência de correlação (positiva ou negativa) entre os retornos dos ativos (vide a nota de rodapé 3).

Na Figura 15.5a, supondo que se trata de um ativo com risco, uma redução nesse risco ou no retorno de ativos concorrentes desloca DD para cima. O mesmo efeito resultará de uma queda no grau de aversão ao risco. Por seu turno, caso DD se refira à demanda pelo ativo sem risco, o resultado de uma maior tolerância ao risco pelo investidor, bem como de uma queda nos riscos e de subidas nas taxas de retorno do ativo com risco, será uma mudança de DD para baixo.

Na determinação da posição da demanda pelo ativo – ou seja, a relação entre sua proporção no portfólio do investidor e sua taxa de retorno prometida –, cabe ressaltar o papel do desenvolvimento de **instituições** que permitam a operação plena e eficiente de mercados secundários para os títulos (arcabouço legal adequado, presença de investidores institucionais, regras de conduta e transparência, supervisão e regulação financeira eficazes, freqüência e número de participantes potencialmente envolvidos nas transações etc.). Quando há uma melhora nesses aspectos, tanto a volatilidade (desvios-padrão, riscos calculados) nos mercados de risco arrefece, como cai a aversão ao risco.

Tal melhora altera a posição relativa da demanda por ativos de risco em relação à segurança dos ativos de risco baixo ou nulo (DD para DD'). O movimento inverso corresponde à **fuga para a segurança** ou **para a qualidade** ou ainda **para a liquidez** (DD move-se para baixo se o ativo é de alto risco e para cima se o ativo é de risco baixo ou nulo).

A curva DM, na Figura 15.5b, representa a demanda pelo ativo em nível de mercado, ou seja, a soma horizontal das curvas de demanda individuais, com a escala no eixo horizontal agora se dando em termos do volume total de recursos cuja aplicação no ativo é buscada em cada nível de retorno. A posição de DM refletirá, além dos fatores subjacentes às demandas individuais em termos de percentuais de portfólio, o nível da riqueza financeira a ser alocada. Caso haja muita discrepância nas preferências de risco e retorno dos agentes, a DM dependerá da distribuição da riqueza.

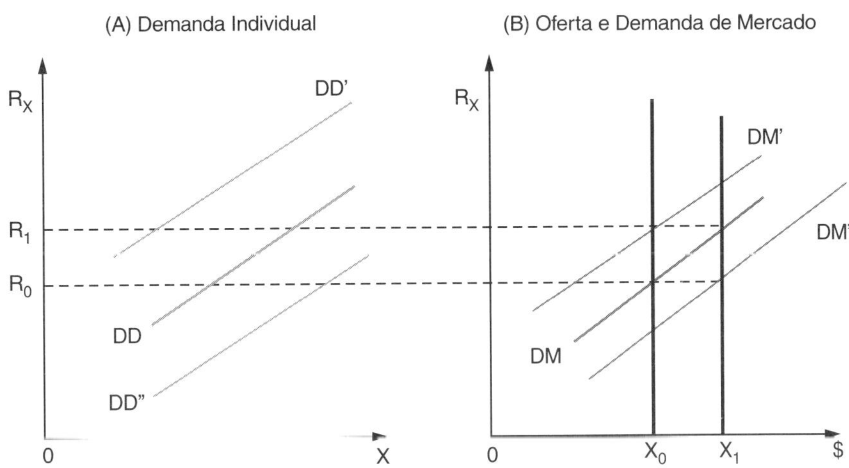


**Figura 15.5** *Demanda e oferta de ativos.*

Suponhamos agora, em cada mercado de ativo em particular, um certo estoque ofertado ($X_0$ em 15.5b). Quer envolvendo venda e compra entre os agentes, quer via manutenção em carteira de quem o detém no início da operação do mercado, o fato é que a taxa de retorno acabará sendo fixada em $R_0$ se a demanda de mercado for DM.

Haveria também uma taxa de retorno de equilíbrio caso o horizonte de tempo analisado fosse suficientemente longo para que os ofertantes pudessem mudar os estoques disponíveis e, assim, termos uma curva de oferta negativamente inclinada e não horizontal. Os captadores de recursos por meio do título em questão teriam interesse maior na captação à medida que caísse seu custo.

Quando os mercados financeiros são observados em conjunto com seus efeitos sobre o lado "real" de bens e serviços, bem como o feedback desses efeitos sobre as finanças, o natural se torna considerar a oferta negativamente inclinada de títulos. Aqui, para simplificar, manteremos a oferta fixa em cada momento no tempo.

Quando há perfeita mobilidade entre os diversos mercados de ativos, o **equilíbrio geral nos mercados financeiros** determinará as taxas de retorno de cada ativo, dado o patamar de remuneração do ativo sem risco. Se colocarmos curvas de oferta negativamente inclinadas, conforme sugerido, o equilíbrio geral financeiro determinará simultaneamente as quantidades negociadas de todos os ativos e as taxas de retorno relativas à remuneração sem risco.

O ponto central é o seguinte. Suponha os dados:

i. os gostos e preferências dos aplicadores em relação a risco e retorno;

ii. a estrutura de riscos dos ativos e a correspondente escala de riscos das carteiras, definidas conforme proporção dos ativos (levando em conta as covariâncias e os graus de correlação entre retornos, quando for o caso);

iii. o conjunto de ofertas em valor dos ativos (cuja soma é a riqueza financeira a ser distribuída entre os ativos); e,

iv. finalmente, a taxa de retorno do ativo sem risco.

Tem-se então, como resultado, uma certa configuração das taxas de retorno dos demais ativos. O **prêmio de risco** de cada ativo será justamente esse diferencial de retorno em relação ao ativo sem risco.

Seja o título na Figura 15.5 um ativo com risco. Uma oferta maior ($X_1$ em 15.5b) só será viável mediante pagamento de retorno mais alto ($R_1$) em relação ao patamar sem risco. Da mesma forma, para um mesmo estoque do ativo em $X_0$, a taxa de retorno também tem de subir (descer) caso haja um aumento (queda) no risco do ativo ou uma redução (elevação) na tolerância em relação a este: DM move-se para DM' (DM").

Se a composição da oferta de títulos não muda com o crescimento da riqueza financeira ao longo do tempo – e, portanto, as ofertas se deslocam proporcionalmente de $X_0$ para $X_1$ em cada caso – teremos proporções de ativos nos portfólios e suas taxas de retorno constantes, com as demandas de mercado também se movendo proporcionalmente, de DM para DM".

Observe que o equilíbrio geral de mercados financeiros descrito anteriormente é compatível com hipóteses de *exogeneidade* ou de *endogeneidade* na base monetária tentativamente controlada pelo Banco Central. Definamos a taxa de juros cobrada pelo Banco Central em seus empréstimos de redesconto aos bancos comerciais como a base da pirâmide de aplicações e da estrutura das taxas de retorno no sistema. O Banco Central tem sempre duas possibilidades: fixar a base monetária, mediante operações de mercado aberto (compra e venda de títulos públicos em seus mercados secundários), ou estabelecer a taxa de redesconto e empréstimos aos bancos comerciais. No primeiro caso, a taxa de redesconto – a taxa sem risco – se torna endógena, conforme as demandas pelos títulos envolvidos na operação no mercado aberto. No segundo, a quantidade ofertada do ativo de base – sem risco – se torna endógena.

A oferta de meios de pagamento depende da seleção de portfólio pelos bancos comerciais, decidindo entre usar plenamente suas reservas junto ao Banco Central para criar moeda por meio de empréstimos ao setor privado ou aplicá-las em títulos públicos. Nesse sentido, sua determinação faz parte do equilíbrio geral de mercados financeiros.

De qualquer modo, o poder da política monetária se dá sobre a taxa básica de juros, com a estrutura de rendimentos – erguida a partir dessa taxa – dependendo de outros fatores, em nível dos mercados (avaliação de riscos, aversão a riscos, ofertas etc.). É claro também que, conforme veremos adiante, a política monetária não poderá fugir em muito da taxa de retorno estabelecida nos mercados para os títulos que servem de instrumento para a política de mercado aberto e de redesconto, em decorrência da *arbitragem* (veja Capítulo 13).

Enfim, erige-se uma pirâmide de taxas de juros diferenciadas, refletindo características de riscos de cada ativo e o grau de tolerância ao risco, bem como as demandas por financiamento (ofertas de ativos) pelos captadores de recursos. A estrutura de taxas de retorno de equilíbrio incorpora, por exemplo:

- os *spreads* (diferença entre taxa de captação e taxa de aplicação) entre, de um lado, a taxa de redesconto do Banco Central ou a taxa de empréstimo cobrada pelos bancos comerciais entre si e, de outro, a taxa cobrada por esses bancos comerciais a seus melhores clientes;
- a avaliação de **riscos de crédito** ou **de inadimplência** (ou seja, a probabilidade de que o captador de recursos venha a tornar-se incapaz de cumprir – ou decidir não cumprir – os pagamentos estabelecidos no contrato) de cada classe de cliente dos bancos estará presente nos *spreads* entre a taxa paga por esses bancos para captar depósitos e a taxa cobrada em seus empréstimos. Os próprios riscos associados aos bancos estarão presentes nos *spreads* entre o que pagam em sua captação de depósitos a prazo e a taxa básica sem risco;
- comparando-se uma debênture (título de dívida) conversível em ação e uma ação, haverá um prêmio de risco que o retorno dessa ação deverá oferecer. A posse da debênture conversível paga menos porque dá a *opção* de escolha ao detentor;
- tomemos dois ativos com prazos idênticos de vencimento e ambos negociados secundariamente em bolsas de valores, ou seja, mercados organizados nos quais há garantia pelos organizadores contra a inadimplência nas partes que negociam, com os preços dos ativos flutuando livremente. Os riscos envolvidos no caso são **riscos de preço** ou **de mercado** (a probabilidade de que, na flutuação, os preços caiam em momentos inconvenientes para seus detentores). Se um dos mercados exibe maior *volatilidade* (maior dispersão ou desvio-padrão nas flutuações), o correspondente ativo pagará certo prêmio de risco em relação ao outro;

- títulos de dívida não-indexados à inflação pagarão um prêmio de risco em relação àqueles indexados, já que os primeiros não estarão cobertos diante do risco de preço (mercado) derivado da possibilidade de que a taxa de inflação efetiva não corresponda à esperada;
- no caso de um mesmo ativo com vencimentos distintos ao longo do tempo (por exemplo, títulos do governo de 30 dias, 60 dias, 1 ano, 30 anos...), o equilíbrio geral financeiro determinará a chamada **curva de rendimentos** (*yield curve*) ou **estrutura a termo de juros**. Em geral, será uma curva ascendente, por causa dos prêmios de risco que as versões mais longas do título tendem a pagar (compensando pelos riscos maiores de que as taxas de juros ou outros parâmetros venham a mudar de modo inesperado antes do vencimento). Poderá, no entanto, ter inclinação negativa caso a expectativa seja a de queda nas taxas de curto prazo no futuro, bem como de essa queda ser ainda maior do que a inflação e o prêmio de risco; etc.

Trazendo o equilíbrio geral dos mercados financeiros para nosso contexto de uma macroeconomia aberta e financeiramente integrada ao exterior, o que se tem é a emergência de um risco adicional, a saber, o **prêmio de risco cambial.** A presença de uma transação cambial introduz uma fonte adicional de risco.

Um dos fundamentos da taxa de câmbio apresentados no Capítulo 13 foi a ***paridade não coberta da taxa de juros*** **(PNCJ)**, uma relação cuja força gravitacional seria elevada em cada curto prazo. Tomando-se quaisquer dois ativos comparáveis, um doméstico e outro externo (digamos, títulos do governo brasileiro e títulos do tesouro dos Estados Unidos, ambos com vencimentos em dez anos), a PNCJ estipulava a tendência de que o diferencial de juros entre eles seguiria a expectativa de desvalorização cambial. Recordando a equação 13 do Capítulo 13, em que $\boldsymbol{i}$ é a taxa doméstica de juros, $\boldsymbol{i^*}$ é taxa de juros no exterior e $\boldsymbol{\hat{e}^0}$ é a desvalorização cambial esperada:

$$(1 + i) = (1 + i^*) \, . \, (1 + \hat{e}^0)$$

dos quais (desprezando o insignificante produto de $\boldsymbol{i^*} \, . \, \boldsymbol{\hat{e}^0}$):

$$i - i^* = \hat{e}^0 \tag{9}$$

Essa relação não tem respondido bem a testes empíricos, mesmo em condições de alta mobilidade de capital, quaisquer que sejam os tipos de instrumentos financeiros usados para aferição (Rivera-Batiz e Rivera-Batiz, 1994). Na verdade, a partir da abordagem pelos equilíbrios de portfólio, pode-se observar a ausência, na PNCJ, da consideração do risco cambial, bem como da eventual diferença de riscos associados a cada um dos dois ativos envolvidos (se esses são similares apenas em termos de tipo de instrumento e de prazo de vencimento, permanecendo não perfeitamente substitutos no que tange aos demais aspectos).

A PNCJ é um caso especial de neutralidade em relação ao risco ou de ausência deste. A PNCJ homogênea (ou seja, quando convergem as expectativas quanto à taxa de câmbio), em sua formulação geral, na verdade corresponde a:

$$(1 + i) = (1 + i^*) \cdot (1 + \hat{e}^0) \cdot (1 + Pr) \qquad (10)$$

onde ***Pr*** é um prêmio de risco pago em decorrência da discrepância de qualidade dos ativos envolvidos, isto é, de sua substitubilidade imperfeita. Caso o ativo estrangeiro seja avaliado como tendo menor risco, a taxa de juros doméstica terá de ser maior do que a soma da taxa externa e da desvalorização cambial esperada. O prêmio pelo risco cambial poderá estar presente na determinação do nível do ***Pr***.

Mais uma vez desprezando os pequenos produtos entre as taxas, a PNCJ se reduz a:

$$i = i^* + \hat{e}^0 + Pr \qquad (11a)$$

No plano internacional, a mobilidade de capitais faz dos mercados de ativos globalizados o cenário de alocação de portfólios, submetendo-os a sua lógica de operação. Dada uma estrutura de avaliação de riscos quanto aos ativos, bem como um estado das artes quanto às expectativas cambiais, há uma estrutura de taxas de retorno compatível com a quantidade ofertada de cada ativo. Alternativamente, há quantidades ofertadas de cada ativo compatíveis com as taxas de retorno oferecidas por estes.

Em geral, maiores quantidades de cada ativo só podem ser colocadas mediante oferecimento de maior retorno. Da mesma forma, um aumento (redução) nos riscos associados a ativos em particular – riscos *específicos a ativos* e/ou *a países* – altera a taxa de retorno exigida pelo ativo na mesma direção.

Em face da negociabilidade dos ativos e da mobilidade de capitais, a arbitragem leva ao ajuste automático dos mercados. Taxas de retorno dos ativos e/ou taxas de câmbio são obrigadas a mover-se de modo a estabilizar a distribuição internacional de riqueza. Trata-se do estabelecimento simultâneo da "curva de rendimentos" (*yield curve*) para cada classe de ativos de cada país, dos prêmios de risco entre tais classes e, finalmente, das PNCJ que incluem os prêmios de risco entre os ativos de cada classe internacionalmente comparável (na forma da equação 10 anterior).

Uma das principais insuficiências apontadas no modelo Mundell-Fleming foi a não-endogenização dos impactos dos fluxos associados à política fiscal sobre o estoque da dívida pública. A mesma crítica foi posta no tocante aos reflexos de déficits em Conta Corrente e ingressos de capital sobre o estoque de dívida externa. O enfoque monetário, por sua vez, deu ênfase a limites na estocagem de moeda pelos agentes, o que equivale a dizer restrições à política monetária. O equilíbrio internacional de portfólios, por seu turno, indica **capacidades de absorção** dos diversos ativos pelos portfólios internacionalizados (tanto dos agentes domésticos quanto dos agentes externos), em termos de combinações factíveis entre quantidades e taxas de juros oferecidas.

O presente enfoque, portanto, apresenta-se como um preenchimento da lacuna dos enfoques anteriores, ao propor determinantes dos limites e possibilidades que as políticas fiscal e monetária teriam para atuar. O enfoque monetário, com sua abstração dos aspectos dos riscos, pode ser visto como um caso particular, um no qual a estrutura de riscos e a distribuição da riqueza entre ativos financeiros não-monetários e monetários permaneçam constantes.

Do mesmo modo, o modelo Mundell-Fleming também pode ser tomado como uma análise de fluxos em particular, uma na qual se supõe que o manejo de políticas fiscal, monetária e cambial não altera a percepção de riscos dos ativos do país. Implicitamente, o modelo Mundell-Fleming supõe que as variações nos estoques de dívida pública – conforme a política fiscal – e de Passivo Externo Líquido – refletindo a Conta Corrente do Balanço de Pagamentos, os correspondentes fluxos de capital e a política monetária – não chegam a se afastar da vizinhança de suas posições nos equilíbrios de portfólio internacionais. Caso contrário, o exercício de tais políticas – segue-se da lógica descrita neste item – teria de levar em conta os efeitos sobre riscos e correspondentes taxas de retorno mínimo cobradas sobre seus ativos.

Há duas formas básicas de risco cambial, cuja presença podemos associar aos regimes cambiais em vigor:

a. **Risco de conversibilidade ou transferência:** probabilidade de quebra de compromisso, de contrato (explícito ou implícito) entre as autoridades monetárias e os investidores em ativos do país. Esse é o caso quando o Banco Central declara-se incapaz de cumprir ordens de vendas de divisas; e
b. **Risco de mercado ou de preço**: o risco derivado da *volatilidade* (variância) e/ou de mudanças abruptas na taxa de câmbio.

Vale observar que, na prática, mesmo no caso de câmbio flexível, por vezes pode emergir o receio de quebra de regime, caso a flutuação possa levar a taxa de câmbio a níveis considerados excessivos. Assim como os regimes cambiais puramente flexíveis não existem, prevalecendo na realidade a "flutuação suja", nem sempre a separação entre os dois fatores de risco anteriores é perfeita no mundo real.

Em nível de país, há ainda o peso do *risco-país* (ou "risco soberano") associado à dívida pública: um risco de crédito (de moratória ou inadimplência) nesses títulos. Embora se trate de riscos de um ativo em particular – do setor público –, tendem a contaminar, em maior ou menor grau, também os ativos privados do país.

Por isso, a forma mais geral da PNCJ, aplicada sobre um título público negociado internacionalmente, será:

$$i = i^* + \hat{e}^0 + risco\ cambial + risco\ país \qquad (11b)$$

No que segue, apresentamos a racionalidade de dois indicadores freqüentemente usados na avaliação dos riscos de inadimplência: na área cambial (a razão Passivo Externo Líquido/PIB) e na área de risco-país (a razão Dívida Pública/PIB). Esses indicadores incluem-se entre os principais chamados **fundamentos** da macroeconomia aberta.

Os indicadores expressam, conforme veremos, os limites para o exercício de políticas fiscais e monetárias no estilo Mundell-Fleming, quando estas implicam a obtenção dos equilíbrios externo e interno apenas mediante desequilíbrios cumulativos no orçamento público e/ou na Conta Corrente do Balanço de Pagamentos. Dito de outro modo, quando tais políticas implicam absorção de títulos do país muito acima de sua *capacidade de absorção* nos portfólios internacionalizados, a reavaliação de riscos tenderá a elevar substancialmente os prêmios cobrados de ativos do país, modificando, dessa forma, os parâmetros do próprio modelo Mundell-Fleming e do ajustamento macroeconômico abordado no Capítulo 14.

## Dinâmica do endividamento, risco cambial e risco país

Suponhamos a possibilidade de financiamento público pela via monetária como circunscrita à **senhoriagem**, definida aqui como o aumento no estoque monetário demandado em decorrência do crescimento nominal da renda, incluindo, portanto, o "imposto inflacionário". Estará incluída aqui na conta do superávit primário, isto é, receitas menos despesas do governo, com estas excluindo o serviço da dívida pública.[4]

O déficit público (***DefP***), no período ***t***, ao qual estará associada uma certa política fiscal, corresponde então a (12) (onde ***J*** é a conta *nominal* de juros e ***SP*** é o superávit primário):

$$DefP_t = J_t - SP_t \tag{12}$$

A conta de juros corresponde à aplicação da taxa nominal de juros, determinada pela correspondente PNCJ, sobre o estoque da dívida pública (***Div***) herdada do período anterior:

$$J_t = Div_{t-1} \, . \, i \tag{13}$$

O PIB nominal, por sua vez, corresponde ao PIB nominal anterior acrescido conforme a taxa de inflação ($\pi$) e a taxa real de crescimento da economia ($q$):

$$PIB_t = PIB_{t-1} \, . \, (1 + \pi) \, . \, (1 + q) \tag{14}$$

Sejam ***d*** a razão dívida pública/PIB, ***sp*** o superávit primário enquanto proporção do PIB, e ***r*** a taxa real de juros, onde $(1 + r) = (1 + q)/(1 + \pi)$. Colocando (13) em (12) e dividindo por (14) obtém-se:

$$d_t = d_{t-1} \, . \, [\,(1 + r)/\,(1 + q)] - sp_t \tag{15}$$

Para haver estabilidade na razão dívida pública/PIB ($d_t = d_{t-1}$), será, portanto, necessário que o superávit primário seja igual a:

[4] Sobre o que se segue, veja Giambiagi & Além (2001, Cap. 6).

$$sp_t = d_{t-1} \, [\, (r - q)/(1 + q)] \tag{16}$$

Conclui-se que, mesmo partindo-se de uma certa razão dívida pública/PIB absorvida à taxa de juros vigente nos portfólios internacionalizados, há limites aos saldos do orçamento público impostos pelo requisito de sustentabilidade do endividamento público. Mais precisamente, a trajetória de crescimento da dívida pública em relação ao PIB se tornará explosiva e provavelmente insustentável ("inconsistente") caso $(r - q)/(1 + q)$ permaneça por muito tempo maior do que *sp*. Nesse caso, haverá revisões para cima nos riscos de inadimplência e nos "prêmios de risco soberano", afetando de volta a taxa nominal de juros correspondente à PNCJ.

A margem para políticas fiscais depende, portanto, do tamanho do endividamento público em relação ao PIB, da taxa real de juros imposta pela PNCJ e da taxa de crescimento real do PIB, podendo deteriorar-se endogenamente caso tais parâmetros se revelem insustentáveis. Há uma interdependência intertemporal entre o equilíbrio de portfólios (estoques) e o manejo de instrumentos de ajuste macroeconômico (fluxos).

A mesma dinâmica de crescimento-com-endividamento sustentável pode ser estabelecida para a consistência entre os saldos comerciais de bens e serviços, a taxa de retorno dos ativos domésticos em posse de não-residentes (abatidos os retornos de ativos externos possuídos por residentes) e o Passivo Externo Líquido (PEL). Em cada uma das equações (12), (16) anteriores, substitua-se:

- *sp* por saldo comercial de bens e serviços não-de-fatores como proporção do PIB (*sc*);
- ***Dív*** por PEL, ***DefP*** por saldo em Conta Corrente do Balanço de Pagamentos, e ***J*** por saldo na conta de serviços de fatores (rendas de capitais), supondo-se transferências unilaterais zero;
- *d* por razão PEL/PIB (*pel*); e
- ***i*** e ***r*** por taxas médias nominal e real de retorno, respectivamente, dos ativos domésticos possuídos por não-residentes, estabelecidas no equilíbrio de portfólios ($r^f$ e $i^f$).

Suponhamos também que a taxa de câmbio esteja em certo nível considerado – temporariamente ou não – estável, de modo a estabelecer os valores em divisas ou nos montantes equivalentes em moeda local. A idéia é aferir a sustentabilidade de certo padrão de endividamento externo da economia, independente do regime cambial ser flexível ou fixo.

Evidentemente, o regime de câmbio flexível implicará maior velocidade de ajustes diante da manifestação de insustentabilidade, exibindo, em contrapartida, maior volatilidade nominal e real na taxa de câmbio diante de choques. O ponto central aqui é que, não importa o regime cambial, desequilíbrios estruturais na relação PEL/PIB são uma fonte de instabilidade macroeconômica.

Tem-se a condição de estabilidade na razão PEL/PIB como base da avaliação dos riscos de inadimplência cambial:

$$sc_t = pel_{t-1} \cdot [\,(r^f - q)/(1 + q)] \tag{17}$$

O saldo comercial de bens e serviços e o saldo em Conta Corrente do Balanço de Pagamentos (contrapartida do ingresso bruto de capitais) não poderão afastar-se em muito daquilo ditado pela não-explosividade da relação entre o estoque de PEL, a taxa real de crescimento do PIB e o retorno dos ativos de propriedade de não-residentes. A política monetária, enquanto instrumento usado para objetivos domésticos e/ou para atrair capitais e obter o equilíbrio externo, também tem de enquadrar-se em requisitos de consistência ao longo do tempo. Caso contrário, perderá eficácia, até porque o prêmio de risco associado à possibilidade de moratória cambial subirá como conseqüência.

A Figura 15.6 ilustra tais trajetórias de crescimento com endividamento, podendo servir tanto para o caso do Passivo Externo Líquido quanto da Dívida Pública. Partindo-se hipoteticamente de razões Dívida Pública/PIB e PEL/PIB de 60% ($d_0 = pel_0 = 0{,}6$) e supondo-se uma taxa real média de crescimento do PIB em torno de 4% ao ano ($q = 0{,}04$), bem como uma taxa real de juros de 8% ao ano ($r^f = r = 0{,}08$), sabe-se a partir de (16) e (17) que $d$ e $pel$ permanecerão estáveis caso, respectivamente, $sp$ e $sc$ sejam positivos e em torno de 2,4% do PIB (linha DD na Figura 15.6). $DD_0$ e $DD_1$ representam, respectivamente, as trajetórias para superávits (primários ou comerciais, conforme o caso) abaixo e acima de 2,4% do PIB.

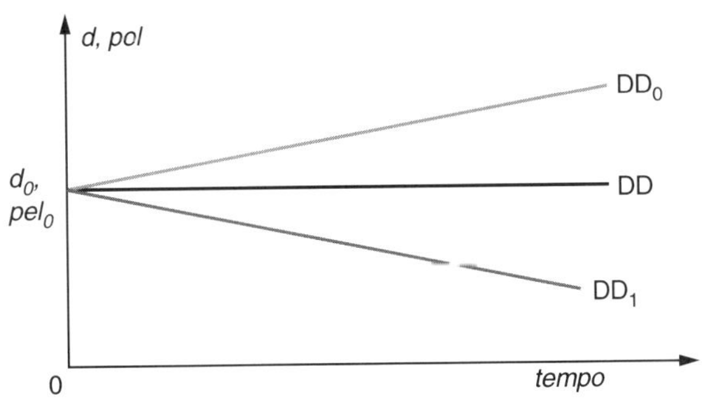


**Figura 15.6** *Crescimento com endividamento.*

Trajetórias como $DD_0$ só são sustentáveis se o ponto de partida, em termos de endividamento público ou externo, é baixo em relação à capacidade de absorção dos correspondentes ativos pelos portfólios e, de qualquer forma, apenas durante algum tempo. Cabe notar que mudanças na aversão a riscos e/ou na avaliação de riscos, por investidores, podem alterar a avaliação de uma mesma trajetória de endividamento, de sustentável para insustentável e vice-versa, em momentos distintos no tempo. De qualquer forma, quando isso acontece, a própria taxa de juros estabelecida nos mercados financeiros para o país também sobe, alimentando a vulnerabilidade. Por seu turno, uma trajetória como $DD_1$ tende a levar a quedas nas taxas de juros e ao reforço da queda na variável *d* ou *pel*.

Importa muito o patamar de endividamento em que se encontra a economia, no momento da análise ou projeção, para a sensibilidade virtuosa ou viciosa da trajetória. Na definição de limiares para as zonas consideradas como de baixo ou alto endividamento, por sua vez, a aversão a riscos por investidores deixa sua influência.

Para finalizar este capítulo, vale observar o seguinte:

- os "déficits gêmeos" do Capítulo 13 se desdobraram aqui em "dívidas gêmeas". Valem as mesmas observações que foram feitas quanto à possibilidade de sua retro-alimentação, com a origem da interação podendo estar localizada em qualquer uma das duas;
- o equilíbrio de portfólios e os correspondentes prêmios de risco (cambial e país) variam ao longo do tempo. Tal variação pode ser endógena, a partir das dinâmicas de endividamento público e externo aqui abordada, mas também pode resultar de variações no grau de aversão ao risco dos investidores internacionais. Tanto "choques" de origem doméstica (erros de políticas econômicas, catástrofes etc.), quanto de origem externa, podem tornar insustentável uma trajetória antes sustentável, momento a partir do qual perde importância a origem do choque;
- a análise realçou a importância, para a macroconomia aberta, da *capacidade de* – e *disposição a* – responder aos choques, de modo a contrarrestar os efeitos de tais choques via reavaliação de riscos em nível do país; e
- enquanto o Capítulo 14 abordou os instrumentos e as políticas de ajustamento macroeconômico de fluxos, depreendeu-se aqui o **ajustamento estrutural** como requisito de sustentabilidade daquelas políticas. Quando os parâmetros de sustentabilidade de dívida são tais que, diante de pequenas alterações, a trajetória de endividamento se torna insustentável, os instrumentos fiscais e monetários ficam limitados em seu poder anticíclico ou de defesa perante choques.

Veremos, no Capítulo 16, o papel estabilizador ou desestabilizador das expectativas, bem como as funções que a esse respeito podem ser cumpridas por âncoras nominais e regimes monetário-cambiais. Abordaremos também as crises gêmeas e os ataques especulativos que tendem a ocorrer quando há fragilidade nos fundamentos macroeconômicos, fragilidade freqüentemente induzida por tais âncoras e regimes.

## Palavras-chave

- Substituição Imperfeita entre Ativos
- Aversão a Riscos
- Enfoque Monetário do Balanço de Pagamentos

- Enfoque pelo Equilíbrio de Ativos
- Curva de Rendimentos ou Estrutura a Termo de Juros
- Sustentabilidade da Dívida
- Riscos de Crédito ou de Inadimplência
- Riscos de Preço ou Mercado
- Risco-país
- Risco de Conversibilidade ou Transferência
- Prêmios de Risco
- Fuga para a Segurança ou para a Liquidez

## Exercícios

1. Desde o início do milênio, os déficits em Conta Corrente dos Estados Unidos têm sido viabilizados pela compra de dólares por vários bancos centrais asiáticos, os quais têm coberto parcialmente o espaço deixado pela retração de compradores privados externos de títulos norte-americanos. Como resultado, a desvalorização do dólar em relação às moedas dos correspondentes países tem sido menor que a esperada, ao mesmo tempo em que as reservas daqueles bancos centrais não param de acumular. Tomando como referência o enfoque monetário do Balanço de Pagamentos, você diria que tal processo é sustentável?
2. Explique, a partir da abordagem de equilíbrio de portfólio: "os investidores ficaram mais fugidios em relação aos riscos depois das quedas de preço de ações na bolsa de Nova York. Como conseqüência, subiram prêmios de risco nos mercados secundários de títulos de dívida de economias emergentes consideradas de alto risco, mesmo em casos em que as condições macroeconômicas em nada haviam se alterado".
3. Por que uma desvalorização cambial aguda, em uma economia emergente cuja dívida pública seja fortemente indexada ao câmbio, tende a provocar acentuada alta em seus prêmios de risco?
4. Explique por que, quando os parâmetros de sustentabilidade de dívida são tais que, diante de pequenas alterações, a trajetória de endividamento se torna insustentável, os instrumentos fiscais e monetários ficam limitados em seu poder anticíclico e de defesa perante choques.
5. Explique: "prêmios de risco são afetados pela aversão a riscos dos investidores, pela estrutura de riscos dos ativos, pelos volumes ofertados pelos captadores de recursos e pela taxa de retorno do ativo sem risco".

## Referências bibliográficas


BAILLIE, R. e McMAHON, P. *The Foreign Exchange Market: Theory and Econometric Evidence*. Cambridge: Cambridge Univ. Press, 1989.

CAVES, R. E.; FRANKEL, J. A.; JONES, R. W. *World Trade and Payments: An Introduction*. Nova York: HarperCollins, 1996.

GIAMBIAGI, F. e ALÉM, A. C. *Finanças Públicas: teoria e prática no Brasil*, Rio de Janeiro: Campus, 2001.

MISHKIN, F. *Moeda, Bancos e Mercados Financeiros*. Rio de Janeiro, LTC, 2001.

RIVERA-BATIZ, F.L. e RIVERA-BATIZ, L. A. *International Finance and Open Macroeconomics*. Nova York: Macmillan, 1994.

# Capítulo 16

## Regimes monetários e crises cambiais

Neste capítulo, abordam-se inicialmente as **expectativas** e seu papel no ajustamento da macroeconomia aberta. Como ilustração do que acontece quando há algum descompasso entre a formação de expectativas e os processos de ajuste em nível de mercados, são apresentados os casos de "hiper-reação" ou ultrapassagem (*overshooting*) na taxa de câmbio, "bolhas especulativas" e heterogeneidade na formação de expectativas.

Ressalta-se então o papel dos diferentes **regimes monetário-cambiais**, ou seja, conjuntos de regras de gestão da moeda e da taxa de câmbio, regras que inclusive orientam a formação de expectativas, a avaliação de riscos e a evolução de estoques e fluxos. Regimes monetário-cambiais e sua relação com estabilidade na formação de expectativas, em conjunto com as noções de crescimento com sustentabilidade de dívidas vistas no Capítulo 15, constituem um arsenal básico de conceitos para lidar com a dinâmica macroeconômica em economias emergentes.

Em seguida, apresenta-se um breve resumo das principais linhas de interpretação de crises em macroeconomias abertas, a partir de mercados financeiros e cambiais ("**crises gêmeas**"), típicas de **economias emergentes** (economias em desenvolvimento receptoras líquidas de capital externo na era das finanças globalizadas nos anos 90). Além das chamadas "gerações" de **ataques especulativos**, destaque é dado à análise do **contágio** e do **pânico financeiro**.

Para finalizar, examina-se a experiência brasileira com regimes monetário-cambiais e crises gêmeas desde o início dos anos 90. Neste exercício, teremos oportunidade de aplicar, na verdade, vários elementos do arcabouço de macroeconomia aberta construídos desde o Capítulo 13.

## Expectativas e fundamentos dos ativos

### *Expectativas cambiais, de inflação e de taxa de juros*

A abordagem aos mecanismos de ajuste macroeconômico com preços flexíveis, no Capítulo 14, realçou o papel potencialmente ajustador dos preços (inclusive salários nominais) flexíveis na trajetória para os equilíbrios externo e interno. Havendo suficiente flexibilidade de todos os preços, nem mesmo a escolha entre taxas fixas ou flexíveis de câmbio mostrou-se crucial. A diferença estaria apenas na eventual maior velocidade de ajuste no caso de taxas flexíveis, trocando-se por outro lado a estabilidade pela volatilidade cambial.

O ajuste com preços flexíveis foi então mostrado como ocorrendo em um horizonte temporal de *longo prazo*, ou seja, um período de tempo suficiente para que contratos possam ser reajustados, refletindo as tendências de ajuste dos preços relativos à condição de equilíbrio. Os contratos são necessariamente estabelecidos em termos nominais, em uma economia em que as trocas são feitas com o uso da moeda, e desse modo o normal é os preços não se ajustarem automaticamente aos níveis em termos reais impostos pelos equilíbrios interno e externo.

No Capítulo 14, o foco da rigidez foi colocado no mercado de trabalho – nos contratos de salários nominais – supondo-se rapidez no ajuste de preços de bens e serviços e nos preços de ativos financeiros.[1] Como no mundo real os contratos nominais são em geral mais rígidos para baixo do que para cima, coloca-se uma assimetria entre, de um lado, as dificuldades de ajustes de salários reais via deflação de preços ou de salários nominais e, de outro, a maior facilidade de ajustamentos via inflação de preços ou salários. Não por acaso, as análises macroeconômicas concentram-se na "Curva de Philips" e em suas combinações entre inflação (de preços ou salários nominais) e desemprego.

De qualquer forma, a rigidez – mais ou menos temporária – de contratos com prazos maiores se combina com o fato de que as transações são firmadas com base inevitavelmente em *expectativas* dos agentes econômicos em relação ao movimento de preços no futuro. No caso da macroeconomia aberta, são peculiarmente centrais três preços básicos (genéricos) no sistema, os quais afetam toda a estrutura de preços relativos na economia: a *inflação*, a *taxa nominal de câmbio* e a *taxa básica de juros*.

Afinal, a trajetória em direção aos equilíbrios interno e externo será tão mais rápida quanto menos lentos forem os ajustes de salários reais, taxa real de câmbio e taxas reais de retorno dos ativos financeiros em direção a seus *fundamentos*. E, nesse contexto, importará a velocidade da convergência de expectativas em direção a tais fundamentos.

---

[1] Recorde-se, dos livros-texto de macroeconomia, as várias linhas de argumentação acerca das dificuldades desse ajuste ao equilíbrio: rigidez de salários reais (mercado de trabalho), rigidez em preços ou margens de lucro (mercados de bens e serviços), racionamento de crédito (mercados financeiros) etc.

Vejamos exemplos de processos básicos de formação de expectativas estilizados na literatura macroeconômica.

Seja $u$ o preço nominal objeto das expectativas, enquanto $u_f$ é seu "valor fundamental". No caso de um ativo, esse corresponde ao valor presente de todos os rendimentos, inclusive as variações cambiais quando se tratar de aplicações internacionais.

Trata-se da recíproca da taxa de retorno do ativo. Quanto maior for a taxa oferecida pelo ativo, incorporadas aí todas as dimensões de risco, menor será o montante pago em termos de fração de cada unidade monetária com ele despendida. Por exemplo, um título de dívida que prometa render 25% ao ano, com vencimento em um ano, será vendido a um preço de 80% de seu valor de face: R$0,80 por R$1 prometido ao final do ano. Caso ocorra uma desvalorização do ativo para o patamar de R$0,75 à vista, pelo mesmo valor de face de R$1, estará refletindo um requisito de rendimento em torno de 33%.

A definição de $u$ é suficientemente genérica para aplicar-se também ao preço de divisas (a taxa real de câmbio, cujo $u_f$ é determinado pela *Paridade de Poder de Compra*, PPC, abordada nos Capítulos 13 e 14), ao preço básico da liquidez (a taxa real básica de juros) e ao valor real da moeda em termos de bens e serviços locais (a recíproca da inflação). A definição vale, portanto, para todo e qualquer tipo de ativos.

As funções (1)-(4) descrevem exemplos distintos de processos de aprendizado e revisão de expectativas dos agentes no tocante ao preço do ativo (Frankel e Foot, 1987) (Hellier, 1994). Nelas $z$ representa um coeficiente que mede o grau no qual a informação passada é incorporada. O sobrescrito " $^0$ " designa o caráter expectante da variável.

A equação (1) é o caso das *expectativas extrapolativas*, segundo as quais os agentes projetam o presente para o futuro. É o caso das expectativas estáticas ou constantes do modelo Mundell-Fleming, sem aprendizado quanto aos movimentos da gestão macroeconômica e um dos objetos de crítica às versões de curto prazo do modelo.

A segunda e a terceira equações correspondem a dois tipos de *expectativas adaptativas*: os agentes buscam aprender com o passado, incluindo nas lições os "erros" (desvios) provocados por choques anteriores de política macroeconômica. A importância de cada momento na memória utilizada vai caindo à medida que se torna passado. A equação (3) é um caso particular de (2). Nesta, quanto mais alto for $z$, mais curta será a memória.

Por seu turno, a quarta, (4), mostra as *expectativas regressivas*. A variável $u^m$ na quarta equação representa algum valor fundamental médio extraído das séries históricas do passado. O coeficiente $z$ nesse caso indica a velocidade de regressão das expectativas em relação a alguma média passada, média essa periodicamente revista.[2]

[2] As chamadas "análises técnicas" comumente empregadas nos mercados financeiros (média móvel, análise gráfica etc.) se inscrevem nesta categoria ou nas expectativas adaptativas.

$$u^0_{t+1} = u_t \tag{1}$$

$$u^0_{t+1} = z \,.\, u_t + z \,.\, (1-z) \,.\, u_{t-1} + z \,.\, (1-z)^2 \,.\, u_{t-2} + \ldots + z \,.\, (1-z)^k \,.\, u_{t-k} \tag{2}$$

com $0 < z < 1$

$$u^0_{t+1} - u^0_t = z.\, [u_t - u^0_t] \tag{3}$$

$$u^0_{t+1} - u_t = -\, z \,.\, [u_t - u^m] \tag{4}$$

As *expectativas racionais* constituem uma crítica às suposições de expectativas extrapolativas e adaptativas. Essas duas últimas revelam-se freqüentemente falsas, com um processo de aprendizado e revisão incompleto. A racionalidade, no entanto, levaria os agentes a utilizarem sistematicamente todas as informações a seu alcance, sem incorrer duas vezes no mesmo erro de previsão. As relações (5a) e (5b) representam tal formação de expectativas:

$$u^0_{t+1} = E\,[u_{t+1} \mid Inf_t] = u_{t+1} + \varepsilon_{t+1} \tag{5a}$$

$$E\,[\varepsilon_{t+1} \mid Inf_t] = 0 \tag{5b}$$

onde $E\,[u_{t+1} \mid Inf_t]$ é a esperança matemática condicional quanto a $u$ formulada a partir do conjunto de informações (***Inf***) disponíveis para o agente no momento t. Como, por definição, a esperança matemática dos erros ($\varepsilon_{t+1}$) é nula, bem como não pode haver correlação entre os erros e qualquer uma das informações disponíveis, não há viés nas expectativas. Todos os agentes compartilham um mesmo modelo de como a economia funciona. Seria o caso de "previsão perfeita" (*perfect foresight*) se estivéssemos em um mundo determinístico, ou seja, se o conjunto de informações fosse completo e se o processo não tivesse um caráter estocástico (sujeito a erros aleatórios).

A formação de expectativas "não-racionais", por ser "voltada para o passado" (*backward looking*), abre a possibilidade de ajustes mais lentos. Já no caso das expectativas racionais e seu caráter "voltado para o futuro" (*forward looking*): caso se faça presente um ajustamento sem fricções maiores na operação dos mercados, absorvendo em pouco tempo as eventuais modificações nos parâmetros, as expectativas racionais e os preços nesses mercados convergem rapidamente em direção aos preços de equilíbrio.

No tocante aos ativos, os agentes projetariam valores fundamentais a partir das condições de equilíbrio em vigor ou esperadas e tais valores fundamentais deveriam em tese constituir-se em centros de gravidade para seus preços, via arbitragem. Qualquer afastamento em relação a esses fundamentos significaria oportunidades de ganho não aproveitadas, o que seria irracional nessa abordagem.[3]

Observe, porém, que nos mercados (tanto de bens e serviços como de trabalho e de ativos), o mecanismo de auto-reforço entre expectativas racionais e preços depende, entre outras, de duas suposições cruciais: há um conjunto suficientemente abrangente de informações igualmente disponível para todos os agentes e a normalidade dos mercados é a realização de transações a preços de equilíbrio. Caso contrário, não seria racional estabelecer o cálculo de maximização exclusivamente com preços de equilíbrio e valores fundamentais de ativos.

Prevalecendo tais premissas, teríamos a *paridade do poder de compra* (PPC) nas taxas de câmbio, além da *paridade das taxas de juros nominais e reais*, descontando-se desta os prêmios de risco, como poderosos centros de gravidade. Tais fundamentos para taxas de juros e de câmbio deveriam atuar com maior liberdade e força ainda no caso de regimes cambiais flexíveis e economias financeiramente integradas.

Por outro lado, a experiência com taxas flexíveis de câmbio a partir de 1973, realizada ao mesmo tempo em que se materializava a integração financeira abordada em outros capítulos, registrou forte volatilidade cambial e desvios na maior parte do tempo em relação à PPC. Em lugar dos equilíbrios automáticos de Balanço de Pagamentos via ajustamento de preços, assistiu-se à emergência de desequilíbrios profundos e duráveis em Conta Corrente. Veremos a seguir algumas tentativas com as quais o arcabouço de equilíbrio com expectativas racionais buscou responder a tal evidência.

## Especulação, ultrapassagem (overshooting), bolhas especulativas e heterogeneidade de comportamentos

Conforme abordamos no Capítulo 13, em condições de estabilidade nos fluxos associados ao balanço básico de pagamentos, a **especulação** tende a atuar de modo a reforçar tal estabilidade. Em termos gerais, a especulação estabiliza qualquer mercado financeiro em que se façam presentes duas condições. A primeira é a existência de valores fundamentais cuja imposição se acredita ser feita pelos mecanismos de mercado. A segunda é a de que os especuladores se caracterizem pelo acesso mais rápido a informações e antecipem mais rapidamente os efeitos de mudanças nos fundamentos. A especulação, em tal contexto, acelera a transição rumo aos equilíbrios.

Contudo, basta a gravitação em torno de valores fundamentais exigir tempo para que se abra a possibilidade de a especulação deixar de ser estabilizadora.

---

[3] "A hipótese de expectativas racionais delineia um comportamento no qual os agentes agem *como se* conhecessem o *verdadeiro* modelo da economia. Notemos que esse conhecimento não é de modo algum obrigatório. As expectativas racionais também podem ser interpretadas como uma hipótese instrumental. Elas podem igualmente decorrer da presença, no mercado, de um pequeno número de operadores que conhecem este modelo e cumprem o papel da arbitragem" (Hellier, 1994:242). Cumpre observar, porém, que em pequeno número, tais operadores podem exatamente tentar subverter a ordem estabelecida pelos fundamentos.

Como observa Hellier (1994: 91), a "especulação não é uma atividade de longo prazo".

Os modelos de ultrapassagem ou de hiper-reação (*overshooting*) da taxa de câmbio, iniciados por Dornbusch (1976), buscam mostrar que, caso exista algum retardo no ajuste de preços nos mercados de bens e serviços em relação aos preços de ativos em mercados financeiros, com expectativas racionais, ajustes no tempo envolvem um período intermediário no qual a taxa de câmbio ou outro preço de ativo se afasta de (ultrapassa) seu valor de equilíbrio, hiper-reagindo em relação a mudanças em seus fundamentos. Na ausência de operação plena da PPC, a atuação da PNCJ leva a tal *overshooting*.

A Figura 16.1a – de Dornbusch e Fisher (1991: 899) – ilustra uma situação de ultrapassagem em um enfoque monetário do Balanço de Pagamentos, em que se supõe a vigência da PPC apenas no longo prazo e a PNCJ (ignorando riscos, ou seja, com substituição internacional perfeita de ativos) todo o tempo, via arbitragem. Após um choque de expansão monetária, os ajustes de preços e da taxa nominal de câmbio apontam para uma mudança do índice nominal de ambos – de $\mathbf{I}_0$ para $\mathbf{I}_e$ – de modo a manter-se a taxa real de câmbio. No entanto, um ajuste lento nos preços implica um excesso de liquidez real e uma redução na taxa de juros doméstica no curto prazo.

A arbitragem levaria a uma explosiva saída de capital que só seria detida quando a desvalorização cambial fosse suficientemente alta para gerar uma expectativa de valorização da moeda local, de maneira a compensar o diferencial de juros. Isso só aconteceria com uma ultrapassagem na desvalorização, conduzindo o patamar nominal de câmbio a níveis acima daquele de equilíbrio. A partir daí, a elevação dos preços domésticos e a redução da liquidez real, aumentando a taxa de juros doméstica, permitiriam o ajuste nominal da taxa de câmbio em direção ao patamar de equilíbrio. Expectativas racionais e eficiência no mercado cambial (inexistência de assimetrias no acesso a informações e reflexos dessas informações diretamente na taxa de câmbio) realizam automaticamente a hiper-reação, sem necessariamente se materializar a saída de capital.

A Figura 16.1b exibe uma ultrapassagem – para baixo – que atravessa vários períodos, por conta de um retardo de um período nos ajustes deflacionários nos preços no caso de uma política monetária deflacionária cuja implementação é efetuada em três períodos. As expectativas racionais dissolvem e recriam a ultrapassagem a cada período, como resultado da PNCJ diante do retardo da PPC.

As direções na Figura 16.1b poderiam ser revertidas para cima, no caso da política monetária expansiva. Na verdade, o fenômeno da ultrapassagem, na presença de expectativas racionais, pode ser estendido a outras variáveis monetário-financeiras (taxas de juros, ações e títulos de dívida negociáveis), caso haja o descompasso entre os ajustes nas órbitas financeira e real.

A literatura chama de **bolha especulativa racional** um desvio entre o preço de um ativo e seu valor fundamental em condições de expectativas racionais. Tal possibilidade de bolhas, mesmo em presença de expectativas racionais e de eficiência no mercado de um ativo, está mostrada nas equações (6a-6c) a seguir (Bourguinat, 1989) (Canuto e Laplane, 1995). Digamos tratar-se de uma ação cujos dividendos previstos por período são $x_t$ ou de uma debênture negociável que promete pagamentos reais de juros nesse mesmo montante por período.

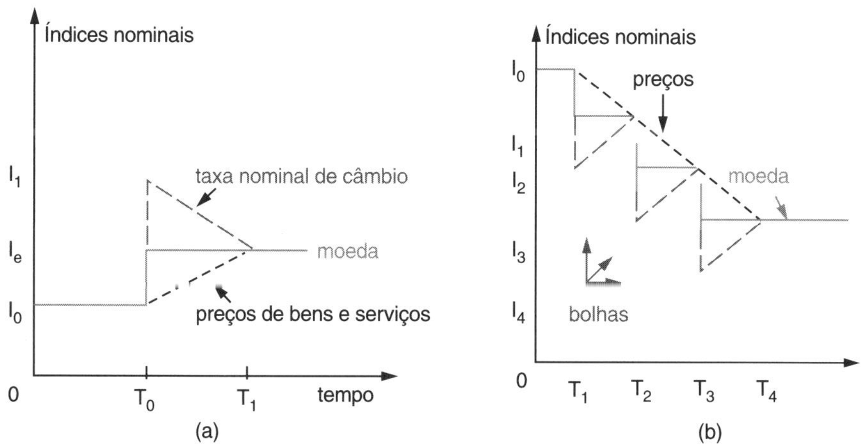


**Figura 16.1** *Ultrapassagem.*

Dado um preço de ponto de partida para o ativo ($u_t$), sabe-se que a arbitragem fará sua variação de preço no período adequar-se de modo a prover um ganho ou perda de capital cuja soma com os dividendos ou juros ($x_t$), descontando-se o prêmio de risco ($pr_t$), não supere o rendimento alternativo em uma aplicação sem risco ($r_b . u_t$), como em (6a). O valor fundamental do ativo ($u_f$), por sua vez, equivale ao valor presente da soma de dividendos ou juros e prêmios esperados, conforme (6b). Finalmente, a solução geral da equação (6a), compreendendo todos os valores possíveis para $u_t$, está apontada em (6c), em que o preço do ativo sem uma bolha ($b_t$) revela-se apenas uma entre muitas possibilidades.

$$E\,[u_{t+1} \mid Inf_t] - u_t + x_t - r_b \,.\, u_t + \mathrm{pr}_t \qquad (6a)$$

$$u_f = \sum_{i=0}^{\infty} m^{i+1} \,.\, E\,[(\,x_t) \mid Inf_t]$$

com $m = (1 + r_b)^{-1} < 1$ (6b)

$$u_t = u_f + b_t \qquad (6c)$$

Bolhas especulativas racionais (estocásticas ou determinísticas), assim como os modelos de ultrapassagem, incorporam então a possibilidade de que transações com ativos sejam feitas a preços divergindo de seus valores fundamentais. Depreende-se, portanto, a possibilidade de que não necessariamente todos os agentes com expectativas racionais pautem suas previsões e comportamentos tendo como referência exclusiva tais valores fundamentais.

Por exemplo, suponha a presença de uma bolha em certo mercado. A não ser que os agentes operadores regulares – inclusive especuladores – nesse mercado considerem a bolha próxima de uma explosão e sejam levados a tomar os preços em desvio como referência, sem importar sua opinião sobre o valor fundamental.

Evitar a bolha durante muito tempo antes de seu desaparecimento pode significar um elevado custo de oportunidade, em termos de perda de rendimento ou de parcela de mercado. Ao mesmo tempo, operar com o ativo – e eventualmente vendê-lo – em meio à bolha exige que o agente se paute por preços correntes esperados para o futuro (desajustados ou não), independente de sua opinião sobre os valores fundamentais, sob pena incorrer em prejuízo se assim não proceder.

Na verdade, basta haver **heterogeneidade** nos procedimentos ou nas expectativas dos participantes para que desvios sistemáticos possam se efetivar entre os valores fundamentais e as expectativas quanto aos preços correntes dos ativos. Suponha que, por exemplo, no mercado cambial estejam presentes três tipos de agentes: (i) "fundamentalistas" que se orientam pela PPC; (ii) corretores especializados que utilizam as chamadas "análises técnicas", as quais extrapolam tendências para o futuro imediato a partir do comportamento recente do mercado em relação a alguma referência (média móvel, gráficos); e (iii) agentes com um comportamento *mimético* que tomam a expressão imediatamente passada dos preços como manifestação de fundamentos. Sobre esses últimos, cumpre notar, para agentes que se sentem pouco informados, uma possibilidade *racional* é partir das informações indiretamente reveladas pelos preços de equilíbrio de mercados, se acreditam na eficiência desses mercados (o "mimetismo racional").

A expectativa média quanto à taxa de câmbio no mercado será a média ponderada representada em (7), onde o primeiro termo à direita corresponde aos fundamentalistas (expectativas racionais); o segundo, às análises técnicas (expectativas regressivas); e o terceiro, aos miméticos (expectativas extrapolativas), com seus pesos respectivamente dados por $a^f$, $a^r$ e $a^m$ (com $a^f + a^r + a^m = 1$).

$$u^0_{t+1} = a^f \,.\, E\,[PPC \mid I_t] + a^r \,.\, [u_t - z \,.\, (u_t - u^m)] + a^m \,.\, u_t \qquad (7)$$

A expectativa média muda com deslocamentos de agentes entre os grupos ou por eliminação de seus componentes. Se a PPC prevalece por algum tempo, há uma convergência em direção ao primeiro grupo. Por seu turno, caso os fundamentalistas se mostrem bons preditores apenas fortuitamente, serão os outros grupos que crescerão e, com eles, a possibilidade de divergência entre expectativas e fundamentos.

A formulação dos modelos de bolhas e ultrapassagem significa um afastamento em relação à crença quanto ao automatismo do equilíbrio. A possibilidade de comportamentos voláteis na formação de expectativas e a potencial instabilidade decorrente reforçam, então:

- a idéia de que existem vantagens na adoção de *regras* claras – **regimes** – na gestão monetária e cambial, de modo a facilitar a convergência e a confiança nas expectativas dos agentes; e
- a adoção de **âncoras nominais** para um ou mais preços básicos em macroeconomias às voltas com forte instabilidade. Cabe lembrar, por outro lado, a *Trindade Impossível* mostrada como uma das derivações do Mundell-Fleming no Capítulo 14: em condições de plena mobilidade de capitais, pode-se fixar a taxa de câmbio e deixar a política monetária endógena ou, alternativamente, pode-se manejar a política monetária desde que, para tanto, a taxa de câmbio possa flutuar. Em uma economia pequena, não é possível manejar ativamente ambas as políticas monetária e cambial sem restrições à mobilidade de capitais.

## Âncoras nominais e regimes monetário-cambiais[4]

A adoção de regras explícitas para a regência da política monetária e/ou cambial tem vários argumentos em sua defesa. Antes de tudo, a atuação das autoridades monetárias torna-se mais **transparente** e objeto de prestação de contas (*accountability*). Regras e metas permitem a mensuração do desempenho dos responsáveis pelas políticas, além de tornarem visíveis e cercearem movimentos discricionários de política. No caso das economias não-avançadas, a implementação de regimes de política monetária e cambial é também vista como forma de obtenção gradual de **credibilidade**.

### *Regimes de metas cambiais*

A fixação de metas ou âncoras cambiais é o regime monetário e cambial mais antigo. Já no século passado, os regimes de Padrão-Ouro (ou com base em outro metal precioso) continham taxas fixas de câmbio entre a moeda local e a correspondente mercadoria. Em princípio, o volume de meios de pagamento em circulação deveria guardar uma paridade em valor com o valor de estoques de mercadorias mantidos como lastro.

Por tabela, a taxa de câmbio entre as moedas de dois países que compartilhassem o regime de taxas fixas de conversão em uma mercadoria também se tornava quase-fixa, flutuando dentro de uma margem (banda) estreita. Os limites dessa banda (os *gold points*) eram definidos pelos diferenciais de preços da mercadoria, nas moedas locais, a partir dos quais se tornaria lucrativa a arbitragem, para tanto ocorrendo inclusive o translado da mercadoria através das fronteiras.

Regimes de câmbio fixo entre a moeda local e alguma moeda externa de referência, mantendo-se a livre conversibilidade, obedecem aos mesmos princípios,

---

[4] O foco dos regimes monetário-cambiais aqui está no plano da gestão macroeconômica nacional, supondo-se um "país pequeno". A interdependência no plano internacional será objeto dos Capítulos 17 a 19. Sobre o conteúdo deste item, consulte Canuto e Lima (1999, 2001), Canuto (2000; 2001; 2002) e Canuto e Holland (2002).

apenas eliminando a vinculação a alguma mercadoria física. Em diversos momentos do século XX, regimes de câmbio fixo foram adotados, em diversas circunstâncias (veja os Capítulos 17 a 19).

Nas últimas décadas, economias com alta inflação e problemas de credibilidade em sua política antiinflacionária adotaram regimes de metas cambiais mirando a moeda de alguma outra economia, em geral de grande tamanho e com baixa inflação. A taxa doméstica de inflação nesse caso tende a gravitar em torno da taxa de inflação do país-âncora. Variantes desses regimes incluem o *currency board* (veja a seguir), bandas (faixas) para flutuação cambial anunciadas pelas autoridades monetárias, bem como o *crawling peg* ou *target* (administração da flutuação da taxa nominal de câmbio para que não implique afastamento do diferencial de taxas de inflação doméstica e externa e/ou de algum nível para a taxa real de câmbio).

A âncora cambial oferece a gravitação da taxa de inflação no exterior. Caso se trate de âncoras com credibilidade, as expectativas inflacionárias e a inércia da inflação oferecem menor resistência para a queda desta. Trata-se também de regras e metas de fácil compreensão pelos agentes econômicos. Por outro lado, perdem-se graus de liberdade quanto às políticas macroeconômicas.

Vejamos a forma mais restrita de ancoragem cambial: o *currency board*. Diferente de outros regimes que combinam conversibilidade cambial e taxas de câmbio rígidas ou administradas, neste a credibilidade do compromisso de conversibilidade a taxas fixas é buscada com a manutenção de reservas externas (divisas, ouro ou outros ativos líquidos) em geral acima do valor correspondente de moeda local em circulação. Caso seja implantado de forma "pura" ou "ortodoxa" (com obediência estrita das regras), o *currency board* restringe fortemente, em nível doméstico, as funções clássicas do Banco Central.

O volume de dinheiro local passa a depender automaticamente da disponibilidade de reservas externas oficiais que sirvam de lastro para a "caixa de conversão" (outro nome histórico para o regime, inicialmente criado pela Inglaterra para implantação em suas colônias, no século XIX). Diante de variações naquela disponibilidade, restam as alternativas de adequar o montante de moeda local em circulação e/ou de mudar no sentido inverso as taxas domésticas de juros, como tentativa de reverter a variação de reservas.

Por seu turno, o papel de emprestador em última instância cumprido junto ao sistema bancário e financeiro local torna-se limitado, visto que o Banco Central fica proibido de variar autonomamente os montantes de passivos contra si próprio em moeda local. Trata-se de uma espécie de delegação das funções monetárias ao exterior, visto que a política monetária (volume de liquidez, taxas de juros, recursos para redes de segurança financeira etc.) passa a depender do montante líquido de créditos externos privados ou públicos para o país e/ou de superávits acumulados na Conta Corrente do Balanço de Pagamentos.

Isso ocorrerá quer o *currency board* monopolize a responsabilidade de retenção de divisas ou permita a coexistência entre a moeda por ele emitida e algum sistema de crédito doméstico erigido a partir de reservas de divisas dos agentes privados (ou seja, a coexistência doméstica das duas moedas, além da plena conversibilidade). Por outro lado, a coexistência abre a possibilidade de que, em tese, parte das fugas da moeda local venha a ocorrer dentro do próprio sistema bancário doméstico, sem necessariamente implicar fuga de capital do país e conseqüentes crises de liquidez dos bancos locais. Nesse caso, o *currency board* perde divisas para os bancos e se vê obrigado a destruir moeda local, mas ao menos não diminui o volume total de liquidez nos bancos e na economia. O suposto é que a fuga não se desdobre em uma crise de confiança no próprio sistema bancário.

A limitação aos empréstimos em última instância, no *currency board* "ortodoxo", não é absoluta porque ainda permanece certa margem de manobra no manejo das reservas disponíveis. No entanto, esse manejo sofre circunscrição estrita.

O Banco Central clássico tem, como contrapartida da base monetária – moeda em poder público mais depósitos dos bancos comerciais no Banco Central – que compõe seu passivo, tanto reservas em ativos líquidos estrangeiros quanto ativos domésticos públicos e privados. Quando abre empréstimos aos bancos comerciais para que estes elevem suas reservas, em seu lado passivo, o Banco Central acumula, em contrapartida nos ativos, os títulos de crédito correspondentes e/ou outros colaterais da operação. A não ser que, ao mesmo tempo, o Banco Central esterilize o aumento da base monetária mediante venda ao público de outros ativos detidos em sua carteira, haverá impacto de expansão da moeda em circulação todas as vezes em que realizar aquele empréstimo.

Ora, no *currency board* "ortodoxo", a base monetária no dinheiro doméstico tem de se manter abaixo dos limites ditados pelo estoque de reservas externas, o que tende a impor a esterilização imediata de tais impactos monetários, a partir pelo menos de certo ponto. Há, portanto, margem apenas para redistribuição dos depósitos dos bancos comerciais junto ao *currency board*, entre os próprios bancos. Além disso, caso haja fuga da moeda local, essa capacidade de redistribuição de depósitos bancários na moeda local perde sua significância quantitativa, permaneçam as reservas externas oficiais perdidas ou não no âmbito doméstico.

No balanço do Banco Central, pelos mesmos motivos patrimoniais, torna-se também limitado o financiamento público pela via monetária. Os títulos governamentais não podem ser carregados nos ativos do Banco Central – com sua contrapartida de elevação de depósitos dos bancos comerciais – em montantes que impliquem colocar em risco a proporcionalidade entre oferta monetária e reservas externas. Por outro lado, evidentemente a causalidade não opera no sentido inverso, ou seja, para que haja limitação ao financiamento monetário do gasto público não se supõe necessariamente a presença de um *currency board*.

O financiamento de gastos públicos acima da arrecadação tributária e de outras fontes de receitas torna-se estritamente dependente da absorção de títulos pelo público local ou no exterior. Por sua vez, os empréstimos em última instância aos bancos locais, em níveis além do permitido pela redistribuição da base monetária, passam a depender de aportes adicionais de recursos externos que viabilizem a expansão dos meios de pagamento em moeda local.

No *currency board*, a vigência de mecanismos mais duros de "disciplina de mercado" sobre os bancos – em decorrência dos limites rígidos à política monetária e, por conseguinte, ao exercício das funções de emprestador em última instância pelo Banco Central – induz os bancos a deter maior liquidez em suas carteiras de ativos. Como conseqüência, reduz-se qualquer disposição que haja quanto a elos locais de alavancagem de investimentos de longo prazo ou de baixa liquidez por meio do crédito bancário. Cumpre observar, não obstante, que a causalidade também não é biunívoca no caso, ou seja, em princípio não se supõe um *currency board* para as "redes de segurança financeira" e o perfil dos portfólios bancários terem tais características (Canuto e Lima, 1999).

A adoção do *currency board* pretende oferecer – como fontes de credibilidade e de taxas médias de juros mais próximas daquelas vigentes nas economias emissoras dos ativos líquidos que lhe sirvam de lastro – a previsibilidade do comportamento regido por regras rígidas e a garantia de conversibilidade plena à taxa cambial fixada. No fundo, é como se fosse parcialmente tomada de empréstimo a credibilidade monetária do(s) país(es) emissor(es) do(s) ativo(s) líquido(s) que sirva(m) como lastro. Abdicar da autonomia nas políticas cambial e monetária traria, como contrapartida, menores taxas de risco atribuídas à economia local, no contexto das finanças globais.

Por um lado, o regime elimina ou reduz fortemente a possibilidade de choques monetários e ciclos de crédito e de inflação com origem doméstica. Por outro, porém, amplia-se a vulnerabilidade do país em relação a choques ou ciclos reais, domésticos ou provenientes de suas relações com o exterior, dado que a taxa de câmbio e a liquidez doméstica deixam de estar disponíveis enquanto variáveis de ajuste.

Desde logo, a rigidez do compromisso de conversibilidade a uma paridade fixa se torna dramática se algum excesso de inflação em relação à externa levar à supervalorização da moeda local, levando-se inclusive em conta que o regime em geral é adotado com forte motivação antiinflacionária. Os possíveis problemas decorrentes do ajustamento incompleto de preços da economia à âncora cambial foram observados no Capítulo 15.

Além disso, a permanência de diferenciais de juros entre empréstimos na moeda local e na moeda-âncora – em função da permanência de algum diferencial de riscos – tende a suscitar deslocamentos do endividamento doméstico para a moeda estrangeira, especialmente no caso da livre circulação dupla de moedas. Com o tempo, tornam-se crescentes o custo e os riscos de uma saída do *currency board* para outro regime monetário-cambial.[5]

---

[5] Em relação à adoção voluntária da moeda do principal país de referência – como na "dolarização" ou "euro-ização" – a diferença principal repousa na "senhoriagem" que o *currency board* pode auferir na diferença entre, de um lado, os rendimentos dos ativos líquidos externos mantidos como reserva no Banco Central e, de outro, dos passivos correspondentes à base monetária na moeda local. Tais ganhos se dissipam se há afastamento dos residentes em relação à moeda local. Nesse caso, abre-se uma disjuntiva: quebra-se o *currency board* ou a economia avança para a utilização direta da moeda estrangeira.

Da mesma forma, choques nos termos de troca do país ou em outras dimensões de suas relações econômicas externas não mais podem ter seus efeitos domésticos atenuados via ajustes nas taxas de câmbio. As flutuações cíclicas na economia mundial transmitem-se diretamente sobre a economia "real" doméstica, na ausência de ajustes cambiais e de taxas de juros que amorteçam tais impactos. O *currency board* constitui, no fundo, uma aposta de maior estabilidade nas relações externas da economia do que em sua dinâmica doméstica.

Os demais regimes de metas cambiais rígidas ou administradas (bandas, *crawling peg*) apresentam restrições em menor grau sobre a política monetária, na medida em que não há o compromisso de paridade entre volume de moeda local em circulação e as reservas em divisas da "caixa de conversão". O caráter reajustável das bandas ou da *amarra* (*peg*) cambial confere maior flexibilidade cambial e monetária. Contudo, essa mesma flexibilidade, aliada ao descompromisso quanto à garantia de conversibilidade total, abre oportunidades para **ataques especulativos** contra a moeda, ou seja, para apostas na insustentabilidade da âncora cambial (veja a seguir).

Por último, cumpre ressaltar que a aposta de represar a dinâmica endógena doméstica, submetendo-a às relações com o exterior pela âncora cambial, tende a ser menos atraente no caso das economias grandes e com baixa proporção do comércio exterior no PIB. Afinal, mesmo supondo-se regimes comerciais abertos, importa muito o grau de abertura da economia. Se esse grau é baixo, diminui a probabilidade de sincronia e convergência entre os choques domésticos e do exterior, bem como das correspondentes políticas macroeconômicas necessárias diante de tais choques. Além disso, a mudança cambial exerce maior capacidade de ajuste, sem alteração inflacionária, quando a economia é grande e com peso menor do comércio exterior em seu PIB.

Além de sua contribuição ao Mundell-Fleming, o Prêmio Nobel Robert Mundell iniciou a discussão sobre critérios para **áreas monetárias ótimas**. Nestas, as simetrias de choques e de políticas, bem como o grau de integração econômica (intensidade do comércio e mobilidade de bens e de fatores) das economias envolvidas na unificação monetária, são cruciais para a garantia de que os benefícios superem os custos de se abdicar dos ajustes monetários e cambiais nacionais, conforme vimos no Capítulo 6. O mesmo raciocínio se aplica no que tange à implantação de regimes de taxas de câmbio rígidas, com tal cálculo econômico tendendo a tornar-se desfavorável no caso de economias maiores, desprovidas daquelas características.

## *Regimes de metas monetárias*

A adoção de metas monetárias, como regra explícita de política, teria em princípio duas vantagens em relação a âncoras cambiais:

- a possibilidade de revisão e ajustes na política macroeconômica diante de choques ou outras questões domésticas; e

- uma unidade de medida de desempenho, para a política macroeconômica, mais transparente. Conforme observam Mishkin (1999) e outros, desequilíbrios macroeconômicos podem passar desapercebidos devido à aparente estabilidade da taxa de câmbio no caso da âncora cambial.

Além disso, para economias de grande tamanho – assim como para uma união monetária ou blocos de economias com câmbio fixo entre si, em suas relações externas com as demais regiões –, a âncora cambial deixa de ser opção.

Por outro lado, aquelas vantagens dependem fortemente de duas precondições (Mishkin, 1999:13):

a. que haja relações estáveis e confiáveis entre as variáveis objetivos da política (inflação ou renda nominal) e os instrumentos monetários sobre os quais se estabelecem as metas; e

b. que o(s) agregado(s) monetário(s) objeto das metas sejam efetivamente controláveis pelas autoridades monetárias.

Os experimentos com metas monetárias restritas, em economias avançadas entre os anos 70 e 80, foram em geral um fracasso. A instabilidade nas relações entre os agregados monetários e variáveis como taxas de juros, renda nominal e inflação revelou-se acentuada. Além disso, evidenciou-se que, se por um lado os Bancos Centrais podem razoavelmente controlar os agregados monetários mais restritos (M1), por outro é muito menor sua capacidade de comandar os agregados mais amplos (como M2 e M3). A maleabilidade e as inovações nos instrumentos financeiros, a volatilidade nas posições financeiras dos agentes – na lógica dos equilíbrios de mercados financeiros vistas neste capítulo – etc. mostram grande capacidade de subverter as duas precondições para o sucesso das metas monetárias. Pouco a pouco, as metas monetárias restritas foram caindo em prestígio.

Mesmo durante a vigência oficial de regimes de metas monetárias, nos Estados Unidos, no Reino Unido e no Canadá nos anos 70, as autoridades monetárias acabavam permitindo *overshootings* ou *undershootings* em relação às faixas de variação anunciadas para seus agregados monetários, por longo período de tempo. O pragmatismo impunha metas simultâneas para vários agregados, o adiamento ou a ausência de anúncios de metas em períodos regulares, o uso de mecanismos não convencionais para trazer os agregados dentro das faixas e muitos outros (Mishkin, 1999:14). Segundo as palavras de um ex-presidente do Banco do Canadá: "Não fomos nós quem abandonou os agregados monetários, mas sim eles que nos abandonaram (*ibidem*)."

Mesmo os casos da Alemanha pré-euro e da Suíça, mencionados freqüentemente como exemplos de sucesso com regimes de metas monetárias explícitas, estão longe de corresponder à adoção de regras rígidas quanto à política monetária. Aqueles países estiveram mais próximos de uma forma híbrida de regime de metas de inflação do que de um regime ortodoxo de metas monetárias. Mishkin (1999:14) cita Otmar Issing, economista-chefe do *Bundesbank*, como dizendo: "um dos segredos do sucesso da política alemã quanto ao crescimento da oferta de moeda foi o de... nunca se deixar limitar pela ortodoxia monetarista no que diz respeito aos detalhes mais técnicos".

Na prática, depois do breve entusiasmo com as metas monetárias rígidas, a gestão monetária voltou a focalizar as taxas nominais de juros básicas, ao alcance dos bancos centrais e do Tesouro por meio dos títulos de dívida deste, bem como dos instrumentos de redesconto e de mercado aberto. A liquidez passou a ser tentativamente administrada apenas de modo indireto, assim com os níveis reais de taxas de juros e a inflação, assumindo-se, porém, relativa passividade quanto à magnitude de agregados monetários e a sua velocidade *vis-à-vis* a renda nacional.

## *Regimes de metas de inflação (inflation targeting)*

O regime de metas de inflação muda o foco, deslocando-o dos instrumentos de política monetária e cambial em direção aos próprios objetivos desta. Assume, portanto, a inaplicabilidade ou inconveniência da rigidez colocada por metas explícitas quanto a taxas de câmbio, agregados monetários ou taxas de juros.

Com responsabilidades definidas em termos de taxas ou bandas de taxas de inflação – ou de níveis de preços – o manejo dos instrumentos se torna prerrogativa do arbítrio dos executores das políticas. A transparência e a prestação de contas, razões subjacentes à existência de um regime explícito de política monetária, podem em princípio ser alcançadas mediante anúncios públicos de metas numéricas de médio prazo para a inflação e o comprometimento oficial das autoridades monetárias com estas. Por centrar diretamente na variável objetivo, de mais clara compreensão pelo público em geral e pelos poderes executivo, legislativo ou judiciário, torna-se mais fácil conciliar o monitoramento externo da ação das autoridades monetárias com a flexibilidade na sua conduta. Há maior poder discricionário dos formuladores e executores de políticas, mas a maior possibilidade de prestação de contas constrange tal exercício de poder.

O regime de metas de inflação embute maior grau de liberdade no tocante às duas instabilidades enfrentadas pelas metas monetárias rígidas. Sem a camisa-de-força de regras rígidas quanto aos agregados monetários básicos – cujas relações com a inflação e outras variáveis macroeconômicas mudam constantemente e em direções nem sempre previsíveis – há maior adaptabilidade dos meios no tocante aos fins. Como a âncora monetária – e diferentemente da âncora cambial – o regime de metas de inflação pode incorporar considerações domésticas quanto à adaptação a choques e outras mudanças de cenários. Ao mesmo tempo, não fica sujeito aos problemas e choques na velocidade de circulação monetária e financeira.

Tomando-se como referência o modelo Mundell-Fleming, usado para ilustrar os papéis esperados para as políticas cambial e monetária, é como se o regime de metas de inflação incorporasse a possibilidade de freqüentes choques inesperados sobre vários dos parâmetros, sem atribuir todo o poder de ajuste à eficácia de uma única variável nominal.

Suponhamos, por exemplo, que a economia apresente uma faixa de níveis medianos de taxas de juros e de crescimento do PIB ao longo da qual não haja muita diferença entre as correspondentes taxas de inflação, faixa essa difícil de ser conhecida de antemão. Nesse caso, utilizando-se a inflação como termômetro e sinal do extremo superior dessa faixa, pode-se tentar explorá-la até a proximidade de tal limite. A rigidez de regras monetárias pode, ao contrário, levar ao desperdício de tais oportunidades de crescimento sem conflito com a prioridade em termos de inflação.

De qualquer modo, tanto em regimes de metas cambiais quanto nos de metas de inflação, a estabilidade macroeconômica dependerá da sustentabilidade do padrão de crescimento, nos marcos discutidos na última seção do Capítulo 14.

## Crises gêmeas, ataques especulativos e contágio[6]

A crescente mobilidade de capitais e a integração dos sistemas financeiros domésticos tornaram-se características marcantes da economia mundial a partir dos anos 80, após processos de desregulamentação e de acelerada inovação nas finanças das economias desenvolvidas. A partir do final da década de 1980 e, principalmente, na primeira metade da de 1990, um conjunto de economias em desenvolvimento de renda média – as **economias emergentes** – passou a integrar esses novos circuitos financeiros.

A maioria dessas economias emergentes havia recentemente completado renegociações de suas dívidas externas junto a bancos privados internacionais, dívidas assumidas nos anos 70 e cuja crise nos anos 80 havia lhes retirado dos circuitos financeiros internacionais. Adicionalmente, várias entre elas tinham implementado algumas reformas estruturais (liberalização financeira, privatização, estabilização antiinflacionária etc.) que viabilizaram seu reaparecimento como destinatários de fluxos de capital das economias avançadas. Assistiu-se então a uma onda de recursos em sua direção, sob a forma de aplicações financeiras por investidores institucionais ou de investimentos diretos externos de empresas.

Nessa era das "finanças globais", por outro lado, assistiu-se a vários episódios de crises cambiais, em intensidade e formas distintas das experiências anteriores vividas, por exemplo, pelas economias em desenvolvimento:

- o quase colapso do sistema cambial europeu em 1992-93;
- o "efeito Tequila", sobre a América Latina, da crise e desvalorização cambial mexicana em 1994-95;
- as crises gêmeas (cambial e financeira), com reversão súbita de fluxos de capital, na Ásia (Tailândia, Malásia, Indonésia, Filipinas e Coréia do Sul) e seus efeitos de contágio em 1997-98;
- a moratória russa e suas repercussões globais, inclusive sobre economias desenvolvidas;
- a crise e a ruptura do regime cambial brasileiro em 1998 e início de 1999;
- as crises na Turquia e na Argentina em 2000-2001, etc.

[6] Para as referências da vasta literatura sobre o conteúdo deste item, consulte Canuto & Lima (1999; 2001), Curado & Canuto (2001) e Canuto (2002).

A seguir, resumimos várias linhas de interpretação dessas crises, a partir de velhos e novos enfoques. Depois de apresentarmos um conjunto de fatos estilizados acerca das simultâneas crises cambial e financeira, recorreremos ao conteúdo examinado neste e no Capítulo 14 para distinguir, de um lado, os casos de crises geradas a partir da gestão macroeconômica e subseqüentes ataques especulativos e, de outro, situações de pânico e contágio financeiro.

## *Crises gêmeas*[7]

As crises em economias emergentes estiveram associadas a alguma forma de regime de metas cambiais, explícitas ou implícitas. O caso típico envolvia um Banco Central comprometido – ou atuando de modo tal que era visto como comprometido – com a preservação de taxas ou bandas de taxas nominais de câmbio.

O objetivo inicial quase sempre foi o uso de âncora cambial como instrumento de estabilização inflacionária. Dado o efeito direto e imediato da âncora sobre os preços de bens comercializáveis, a política obtinha sucesso rápido na redução ou manutenção de taxas domésticas de inflação sob controle. Por outro lado, principalmente por causa do retardo nos ajustes de preços relativos de bens e serviços não-comercializáveis, em geral permanecia um resquício inflacionário por algum tempo. A âncora se desdobrava em valorização real da moeda local.

Como subproduto da ancoragem cambial, assistiu-se a *booms* domésticos de gastos privados (consumo, investimento e/ou valorização de ativos existentes). Esses gastos foram facilitados pela valorização de termos de troca (barateamento de importações) e pela supressão do risco cambial na PNCJ e nas taxas domésticas de juros (em nível da avaliação dos mercados, nos primeiros momentos da ancoragem). Na verdade, os gastos privados aumentados pela estabilização, em conjunto com a valorização cambial, levavam a déficits comerciais tornados compatíveis pelo substancial ingresso de capital.

As correias de transmissão entre os fluxos de capital externo e o *boom* macroeconômico foram diferentes nos diversos casos. Nos países onde o otimismo e a ausência de regras rígidas de regulação financeira eram máximos, o aporte de "poupança externa" foi acompanhado de hipertrofia na intermediação financeira privada doméstica e em investimentos privados com alta alavancagem financeira (passivos de curto prazo como contrapartida de ativos com retorno de longo prazo e elevados riscos). Já em outros, o canal de absorção de recursos externos e o correspondente financiamento do Balanço de Pagamentos se deram pelo endividamento público. O comum em todas essas experiências de estabilização e posterior crise cambial, na era das finanças globalizadas, foi a magnitude relativa dos dois endividamentos gêmeos: externo e doméstico (público ou privado, conforme o caso).

À medida que se acumulavam os estoques de PEL e/ou de endividamento público ou privado doméstico, a confiança na âncora cambial começava a desvane-

[7] O estereótipo traçado a seguir já havia se materializado nas crises do Cone Sul (Chile, Argentina e Uruguai) entre as décadas de 1970 e 1980.

cer-se, reaparecendo os correspondentes riscos na avaliação privada. Em graus distintos em cada país, a partir de certo ponto teve-se a combinação de um ou mais entre os seguintes elementos, os quais na maior parte dos casos apareceram súbita e simultaneamente:

- as reservas oficiais disponíveis para a gestão cambial pelo Banco Central começaram a escassear, tornando-se cada vez menores em relação aos compromissos com o PEL;
- depositantes no sistema bancário retiravam depósitos, fazendo crescer os receios com falências no sistema financeiro;
- investidores nos mercados de capitais liquidavam seus ativos, provocando quedas nas cotações;
- credores externos começavam a recusar-se a renovar empréstimos vencidos; e
- a liquidação de ativos por esses aplicadores de recursos no sistema financeiro doméstico (depositantes, detentores de ações e títulos de dívida negociáveis, credores internacionais) se desdobrava na busca de conversão da liquidez em divisas. Esse era o caso tanto quando a liquidação se tratava de ativos privados domésticos, como quando era pública a dívida liquidada e convertida em moeda estrangeira.

Seguia-se então uma crise gêmea. No mercado cambial, a saída abrupta de capitais e a pressão por desvalorização cambial acentuada. Nas finanças domésticas, crises financeiras no setor privado (a partir da liquidação em massa e deflação nos preços de ativos) ou no financiamento do setor público (elevação de risco soberano).

Dadas as características do processo subjacente, a partir de certo ponto tornava-se impossível distinguir os lados cambial e financeiro das crises. Os déficits e o endividamento gêmeos (vistos nos capítulos anteriores) tornavam-se ainda mais parecidos na crise. A marca das crises financeiras globais (**crises do século XXI**, nos termos do ex-economista chefe do FMI, Stanley Fischer) tornou-se a simetria entre enormes ingressos e saídas abruptas de capital, bem como a rapidez de seus efeitos domésticos e de sua repercussão financeira internacional.

Ao final, o regime de metas cambiais abria espaço para alternativas bipolares da "Trindade Impossível" do Capítulo 14: deu lugar à moeda-âncora (como na dolarização do Equador); implodiu (a crise da saída do regime de *currency board* na Argentina e da transição para metas de inflação no Brasil); e/ou só sobreviveu com controles de capitais e metas cambiais com desvalorização cambial real (vários países asiáticos). Em geral, a transição para o câmbio flutuante atravessou episódios de *hiper-reação* como os abordados no primeiro item deste capítulo.

## Gestão macroeconômica e ataques especulativos

Na literatura sobre instabilidade e crise cambial, a abordagem clássica as aponta como resultados inevitáveis de desequilíbrios estruturais ou de políticas econômicas insustentáveis, em um contexto de integração financeira ao exterior. Com efeito, como vimos no Capítulo 14, trajetórias insustentáveis de endividamento externo e/ou público acabam se refletindo na avaliação de riscos em nível de mercados e, em algum momento, ocorre a liquidação de ativos e fuga de capital.

A saída em massa de divisas, em um regime de metas cambiais, resulta necessariamente em uma crise de divisas, ao passo que, em um regime com câmbio flutuante, a expressão dos problemas se dá sob a forma de desvalorizações agudas da moeda local. Há, por outro lado, a diferença de que, em geral, a desvalorização cambial no regime de câmbio flutuante não acontece de repente e, conforme que se desenrola, vai apontando pelo menos para atenuação de problemas com o Balanço de Pagamentos.

Do enfoque monetário do Balanço de Pagamentos, no Capítulo 15, já se poderia depreender esse tipo de crise cambial gerada por fundamentos macroeconômicos inconsistentes. Naquele caso, emissões de moeda doméstica acima de sua demanda se desdobram em déficits globais no Balanço de Pagamentos, sendo esses incompatíveis com o caráter finito das reservas oficiais usadas para defender compromissos do Banco Central com taxas fixas de câmbio.

A "primeira geração" de modelos de ataques especulativos, Krugman (1979), estendeu esse enfoque monetário, incorporando as possibilidades teóricas abertas pelas expectativas racionais para dar conta de um fenômeno observado em experiências concretas de crises de regimes de câmbio fixo, a saber, o fato de ocorrerem corridas (ataques) às reservas de divisas do Banco Central e sua exaustão súbita, muito antes do momento em que isso deveria se materializar de acordo com a projeção dos fluxos de déficit. As expectativas racionais levariam os agentes a um deslocamento simultâneo em seus portfólios, com vendas de ativos domésticos e aquisição de ativos denominados em divisas, tão logo se vislumbre um retorno positivo seguro na especulação com a desvalorização cambial.

O modelo pode ser adaptado de modo a se aplicar em qualquer caso de inconsistência entre a macroeconomia e as reservas finitas de divisas: déficits fiscais financiados pela via monetária; déficits em Conta Corrente tornados explosivos após choques de termos de troca e não financiados na conta de capitais etc. A grande ausência nesta "geração" de modelos, por outro lado, era a explicação do porquê da persistência das políticas inconsistentes, ou seja, o caráter estritamente exógeno da gestão macroeconômica insustentável.

Obstfeld (1994), referenciando-se à crise no sistema monetário europeu em 1992-93, abriu uma "segunda geração" sobre ataques especulativos, na qual se buscou endogenizar a mudança de regime cambial (ou outras políticas) como decisão dos governos. Em certas circunstâncias de crise e mudança cambial, como na Inglaterra em 1992, o governo pode ter a opção de manter o câmbio fixo, com a decisão pela mudança decorrendo de um cotejo entre custos e benefícios de tal opção. No caso da Inglaterra, embora fosse viável, sua entrada no sistema monetário europeu com a cotação fixada para a libra então vigente significaria problemas políticos crescentes com o desemprego.

O ponto central da segunda geração é focalizar a interação entre as opções de política e as expectativas dos investidores privados, vale dizer, o modo como o cálculo custo-benefício no primeiro caso pode ser alterado pela evolução das expectativas dos agentes privados. Essa é a razão pela qual esses modelos são também conhecidos como de *expectativas auto-realizáveis* ou de *equilíbrios múltiplos*.

No caso inglês, por exemplo, os mercados começaram a vislumbrar o crescente custo político da libra supervalorizada e cobraram prêmios de risco correspondentes. Por essa via, mudaram o cálculo de custo-benefício do governo e acabaram materializando seu prognóstico pessimista.

Essa segunda geração de modelos – e de interpretação de crises no mundo concreto – incorpora *equilíbrios múltiplos*. O resultado final possível não é unicamente a quebra do regime, podendo ser este preservado, caso os mercados se convençam de sua sustentabilidade.

Por isso mesmo, a segunda geração deixa um ponto em aberto, cuja resposta vai depender da suposição feita quanto à relação entre, de um lado, os cálculos e a tolerância perante o risco que influenciam o equilíbrio de portfólios (conforme o primeiro item do Capítulo 15) e, de outro, a sustentabilidade macroeconômica (também conforme o Capítulo 15). Caso suponhamos que basta "transparência de informações" para uma grande aderência entre as duas esferas, problemas como os derivados das expectativas auto-realizáveis não existem se a macroeconomia mostra bons fundamentos. Já se considerarmos freqüentes as oscilações de confiança nos mercados e outras *anomalias* de comportamento que amplifiquem a propagação de pequenos choques (conforme ilustradas no primeiro item deste capítulo), então as expectativas auto-realizáveis podem levar a crises – o "equilíbrio" indesejado entre os múltiplos – mesmo na ausência de fundamentos frágeis.

As duas gerações de modelos de ataques especulativos prevêem a presença de deterioração em indicadores macroeconômicos como indicadores prévios às crises. Contudo, entre as economias asiáticas que entraram em crise em 1997, não se pode dizer que seus indicadores fiscais, monetários e de Balanço de Pagamentos (com algumas exceções) estivessem apontando para essa direção (Canuto, 2001, 2002).

Seguiu-se então uma "terceira geração" de modelos e análises de ataques especulativos, geração também elaborada a partir de fundamentos problemáticos, mas observando como esses não se reduzem àqueles manifestos de forma explícita e imediatamente visível como problemas macroeconômicos (déficit público, inflação, desemprego) (Corsetti *et al*, 1999). No caso asiático, essas análises apontaram para a fragilidade em nível microeconômico de seus sistemas financeiros domésticos, fragilidade decorrente de processos de liberalização financeira sem a adequada **supervisão e regulação financeira**.

Combinem-se os seguintes elementos: baixo risco cambial associado a âncoras; superotimismo doméstico e externo quanto ao crescimento; ausência de restrições à alavancagem financeira dos agentes domésticos; abundância de liquidez internacional; e presunção de seguros implícitos contra riscos fornecidos por autoridades governamentais locais. O resultado tende a ser uma *bolha* de investimentos (produtivos ou meramente especulativos) de baixo retorno, de superalavancagem financeira doméstica e de ingresso de capital. Todos os ingredientes para as crises gêmeas descritas anteriormente.

Entre os componentes dos fundamentos e de política econômica a serem observados na compreensão de ataques especulativos e crises gêmeas, cabe então incluir a saúde e a estabilidade do sistema financeiro doméstico, em particular dos bancos. Há até uma das versões de modelo dessa "terceira geração" que traduz o desequilíbrio cumulativo e o gatilho do ataque especulativo em termos de um montante implícito de dívida pública (virtual), correspondente aos gastos públicos necessários ao resgate e à reestruturação do sistema financeiro (Corsetti *et al*, 1999). Em decorrência de uma inadequada supervisão e regulação financeira, a fragilidade em nível microeconômico se traduz em um mau fundamento macroeconômico, mesmo que de forma não perceptível pelos da dos fiscais.

## Contágio e pânico financeiro

Um aspecto marcante das crises financeiras recentes foi sua ocorrência simultânea em vários países, com rápida difusão. Embora a transmissão regional tenha se mostrado mais intensa, não deixou de ser surpreendente seu impacto sobre outras economias aparentemente desvinculadas, a não ser pelo fato de serem todas emergentes. Após a crise russa, houve até reverberação sobre as finanças das economias avançadas – como na crise dos "fundos de hedge" (Canuto, 2001). Esse fenômeno tem sido chamado de **contágio**.

Vários canais possíveis de transmissão – e menos óbvios à primeira vista – podem ser apontados para o contágio:

- os países afetados podem estar sendo atingidos por um choque comum. Todas as economias asiáticas, por exemplo, tiveram sua competitividade negativamente afetada pela desvalorização cambial chinesa, bem como pela valorização do dólar, o qual cumpria peso importante em suas âncoras cambiais;
- o comércio exterior pode constituir-se em canal de contágio entre economias sem vínculos comerciais diretos, mas concorrentes em terceiros mercados. Por exemplo, a desvalorização cambial nos países asiáticos, em 1997-98, afetou a competitividade de quem com eles disputava os mercados norte-americanos, mesmo travando baixo comércio direto com aquelas economias em crise;
- a interdependência financeira entre as aplicações dos portfólios globalizados – e das redes financeiras em que se integram – pode também gerar contágios. Prejuízos em um canto do sistema podem gerar necessidades de caixa e liquidação de ativos alhures, particularmente no caso de fundos especializados em classes de economias existentes em vários continentes (como os "fundos emergentes"); e

- avaliações e graus de tolerância em relação ao risco podem ser revistos para baixo no referente a economias com características similares às que entram em crise. Esse foi, por exemplo, o principal canal de contágio da moratória russa sobre a economia brasileira em 1998 (veja adiante).

Tais mecanismos de contágio são compatíveis com as duas visões das *expectativas auto-realizáveis com equilíbrios múltiplos* há pouco mencionadas.

A descrença na idéia de que o mundo virtual dos equilíbrios de portfólio acompanha como uma sombra os fundamentos leva à idéia de existir a possibilidade de *crises por iliquidez temporária*, nas quais situações patrimoniais solventes podem se ver às voltas com problemas de falta de liquidez e risco de falência, a despeito de sua solidez de rendimentos potenciais. A necessidade de obtenção de liquidez, sob pressões imediatas, pode levar um patrimônio sólido a vender precocemente seus ativos, com forte desconto, antes de materializarem seus retornos. A resposta de quem supõe *eficiência* dos mercados financeiros é que patrimônios sólidos não encontram dificuldades de refinanciamento.

A vulnerabilidade potencial é maior nos casos de patrimônios bancários, cuja característica básica é conciliar passivos líquidos exigíveis à vista ou de curto prazo (depósitos) com ativos intrinsecamente menos líquidos (crédito ao setor privado, títulos do governo). O *risco sistêmico*, em nível do conjunto de bancos comerciais, existe por causa da possibilidade de **pânicos financeiros** e **comportamentos em manada** (*herding behaviour*) de seus depositantes, cuja corrida aos bancos é de impossível atendimento. Para reduzir tal risco sistêmico existem as *redes de segurança financeira* (seguros de depósitos, empréstimos do Banco Central, mercado interbancário) e uma supervisão e regulação financeira para impedir excessos de "descompasso" (*mismatch*) de prazos, de taxas de juros, de denominação de moedas etc. (Canuto e Lima, 1999, 2001).

Algumas entre as crises gêmeas de economias emergentes – como a da Coréia do Sul – foram interpretadas como casos de pânico financeiro e comportamento em manada, por parte de credores em nível internacional. Por causa de contágio de expectativas e de aversão a riscos, os credores provocaram liquidação precoce de ativos em economias solventes mas vulneráveis diante de súbitos desaparecimentos de liquidez internacional.

Por um lado, essa literatura também reconhece o papel da insuficiência na supervisão e na regulação financeira nacional que, nesses países, permitiu os descompassos de prazos de vencimento e cambial. Por outro, diferente das interpretações em termos de fundamentos e ataques especulativos, leva à conclusão da necessidade de *redes de segurança financeira internacional* para acompanhar a globalização financeira. A estabilidade financeira internacional, além dos consertos em fundamentos das economias incorporadas (inclusive de regimes cambiais), exigiria um redesenho na "arquitetura financeira internacional".

## Regimes cambiais e crises gêmeas no Brasil

Entre 1994 e início de 1999, o Plano Real, no Brasil, correspondeu ao uso da âncora cambial como peça central de um programa de estabilização. No início, dado o contexto de taxas reais de juros domésticas colocadas em níveis bem altos e de superabundância de fluxos de capital externo, a livre flutuação cambial levou as taxas nominal e real de câmbio a patamares de supervalorização premeditada da moeda local. Em meados de 1995, após a ruptura da âncora cambial no México, o regime foi alterado, com a adoção de bandas (faixas) de flutuação cambial, com bandas e centro periodicamente reajustados para cima.

A Figura 16.2 mostra o caráter administrado da taxa de câmbio, com evolução sustentada e gradual desvalorização nominal, até a ruptura do Plano Real no começo de 1999. Na Figura 16.3, por seu turno, vê-se como a taxa mensal de inflação desceu até a deflação, em 1998, acompanhando a permanência da taxa real de câmbio em patamares valorizados desde o início do Plano Real.

O regime de metas cambiais brasileiro atravessou um processo com várias semelhanças em relação a outras âncoras cambiais dos anos 90 (por exemplo, México, entre 1988 e 1995, e o *currency board* da Argentina, de 1991 a 2001). Como se vê na Figura 16.4, a valorização cambial em termos reais implicou a transição para déficits comerciais e em Conta Corrente no Balanço de Pagamentos com o Plano Real; déficits facilmente financiáveis diante da virtual *bolha* de recursos disponíveis para aplicação em economias emergentes.

De qualquer modo, o nível valorizado da taxa real de câmbio permitido pelo ingresso de capital, durante a vigência da âncora, teve como contrapartida doméstica uma política de juros reais extremamente elevados de 1994 a 1998, como se pode ver na Figura 16.5. Com tais taxas reais de juros – e sem a criação de um espaço no orçamento público para cobrir o serviço da dívida pública forte mente acrescido pelos juros reais aumentados – cresceram substancialmente as "dívidas gêmeas": dívida pública interna e dívida externa. O déficit em Conta Corrente no período (Figura 16.4) e a expansão da dívida externa (Figura 16.6), assim como a trajetória para cima da dívida pública doméstica (Figura 16.7), refletiram em parte a conta pesada de juros reais.

A crescente vulnerabilidade simultânea nos *fronts* da dívida externa e da dívida pública doméstica desdobrou-se em uma crise gêmea aberta, após a moratória russa em 1998, e atingiu o fundo do poço no início de 1999. O contágio da crise russa abateu-se sobre a macroeconomia já vulnerável e as taxas reais domésticas de juros não evitaram a fuga de capital, detonando uma crise cambial (exaustão de reservas) e uma crise de confiança fiscal.

O prêmio de risco cobrado nos títulos de dívida brasileiros no exterior evoluiu conforme gestação e erupção da crise (Figura 16.8). Para compreender a trajetória desse indicador, pelo menos no que diz respeito aos efeitos da percepção de risco de crédito sobre tal prêmio, vale ter como referência a dinâmica de sustentabilidade de dívida abordada no Capítulo 15. O caráter gêmeo da vulnerabilidade também se encontra na insustentabilidade gêmea de ambos, o Passivo Externo Líquido e a Dívida Pública Líquida, em relação ao PIB. Uma vez em curso a trajetória insustentável, torna-se difícil atribuir primazia – fiscal ou de Balanço de Pagamentos – na origem, já que as duas dimensões se exacerbam durante a saída massiva de capitais.

De qualquer modo, seguiu-se a quebra da âncora, com o regime cambial transitando para a flexibilidade, não sem antes passar por um *overshooting* (Figuras 16.2 e 16.3). A macroeconomia aberta brasileira passou a apresentar, desde 1999, a combinação entre um regime de câmbio flexível, um regime monetário de metas de inflação e, no lado fiscal, uma transição para superávits primários, suavizando, dessa forma, o caráter explosivo parcialmente associado à conta de juros da dívida pública.

Como se vê na Figura 16.5, a nova combinação de regimes fiscal, monetário e cambial permitiu taxas reais básicas de juros ainda altas, mas sensivelmente menores que as anteriores. Cabe realçar, porém, que a indexação cambial na dívida pública, no segundo período, ensejava juros reais menores, implicando riscos de impactos explosivos do dólar sobre a dívida. Riscos que acabariam se tornando reais.

Em termos do modelo Mundell-Fleming visto no Capítulo 15, houve uma realocação de instrumentos em relação a objetivos, acompanhada da geração de superávits primários. Antes, a taxa de câmbio cuidava da inflação, deixando a gestão do Balanço de Pagamentos para a política monetária; a partir de 1999, o câmbio ficou responsável pelo Balanço de Pagamentos e a taxa de juros, pela gestão da demanda agregada.

A taxa real de câmbio transitou para patamares de real desvalorizado, passando a apresentar, como seria de se esperar com a mudança de regime, maior volatilidade nominal e real. Os novos níveis da taxa de câmbio foram um dos fatores responsáveis pelo ajuste da Conta Corrente visível na Figura 16.4 – com certa defasagem temporal, explicável pela Curva em J do Capítulo 14.

Dois momentos ulteriores de tensão na área cambial aparecem nas Figuras 16.2 e 16.3, a saber, 2001 (contágio da Argentina, crise de energia) e 2002 (crise de confiança durante a transição de governo). A inflação, depois de ameaçar retomar ritmo elevado, voltou a estabilizar-se em direção às metas inflacionárias estabelecidas pelo governo. Em 2003, tanto a taxa nominal quanto a real de câmbio devolveram parte da depreciação acentuada, ajudando na absorção e na diluição do choque de confiança sobre a inflação.

2002-03 também foi uma "crise gêmea", ainda que, nesse caso, se possa dizer que a fuga de capitais e a desvalorização aguda da taxa de câmbio tiveram claramente origem na desconfiança quanto ao lado fiscal, ou seja, quanto ao risco de crédito da dívida pública. Enquanto, com certo retardo, a vulnerabilidade em termos de Balanço de Pagamentos foi diminuindo a partir de 2000, em decorrência dos saldos comerciais, a trajetória da dívida pública manteve-se desfavorável, apesar dos superávits primários do setor público consolidado (Figura 16.7).

Em termos do equilíbrio de portfólios do Capítulo 15: depois da mudança de regime cambial, prêmios de risco elevados no tocante ao risco cambial passaram a estar embutidos nos títulos de dívida de juros fixos, não-indexados, em relação a títulos com correção cambial. A isso se seguiu grande aumento na proporção de títulos indexados ao câmbio emitidos pelo governo, como alternativa a pagar juros mais elevados no caso de outros títulos. Com a proporção de títulos indexados ao câmbio, a mudança de patamar real da taxa de câmbio e os momentos de tensão cambial, em 2001 e 2002, se traduziram em trajetória explosiva da dívida pública como percentual do PIB, mais que anulando o efeito dos saldos primários do setor público consolidado.

A crise de confiança de 2002 teve certo componente da *segunda geração de ataques especulativos* descrita no item anterior. A probabilidade de calote e/ou de erosão inflacionária da dívida pública brasileira aumentava, durante a crise, por causa da desvalorização aguda do real, a qual elevava substancialmente a dívida como percentual do PIB; ao mesmo tempo, essa própria desvalorização estava sendo disparada pela fuga de capitais, dado o temor de que o governo Lula buscasse uma reestruturação da dívida. Expectativas e profecias auto-realizáveis estiveram a ponto de provocar uma ruptura de contratos de crédito, independente das intenções do governo.

Para finalizar, vale retomar a discussão da sustentabilidade da dívida, aspecto subjacente aos prêmios de risco da Figura 16.8. Com os atuais superávits primários apresentados pelo setor público brasileiro e caso a inflação não venha a colocar obstáculos para uma política monetária mais permissiva, o crescimento do PIB acima de 3,5% será suficiente para garantir um ciclo virtuoso, com quedas nos juros e na dívida/PIB se retroalimentando.

O grande desafio será a obtenção de um percentual de investimentos no PIB que evite gargalos na capacidade produtiva em relação ao crescimento do PIB. Para abordar tal tema, porém, temos de nos voltar para aspectos microeconômicos e da oferta agregada, indo além da macroeconomia aberta e da gestão da demanda agregada.

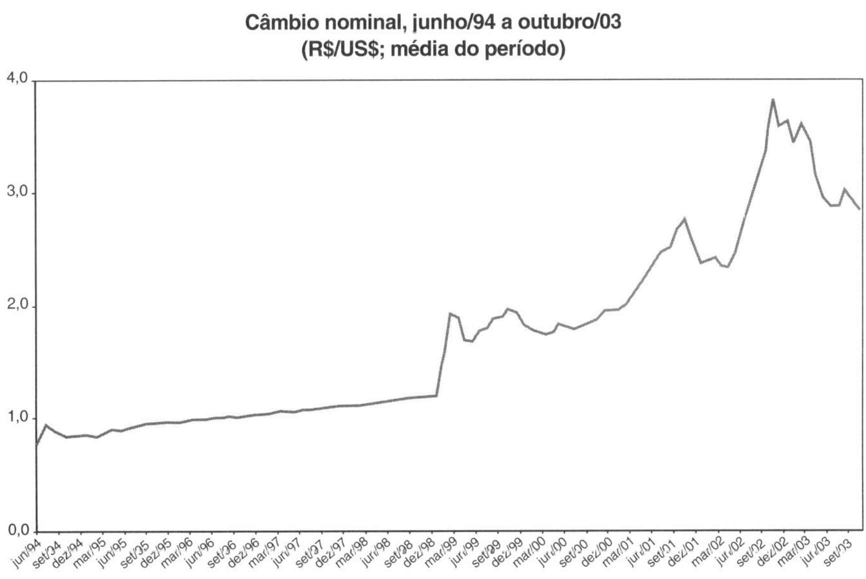


*Fonte:* Banco Central do Brasil.

**Figura 16.2**

**Inflação* mensal e câmbio real efetivo**, junho/94 a outubro/03**

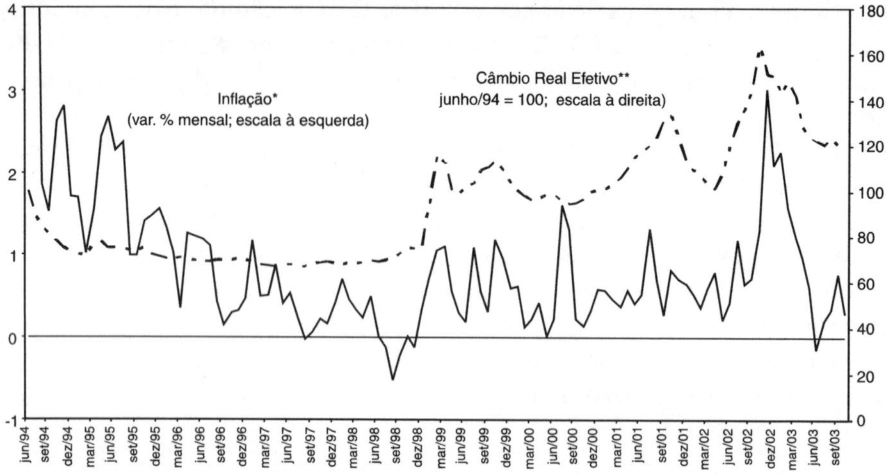


*Fonte:* Banco Central do Brasil.
* IPCA (índice nacional de preços ao consumidor
** Média da cotação da moeda brasileira em relação às moedas de 15 países, ponderada pela participação desses no total das exportações brasileiras para esse grupo de países. Ponderação: de 1992 a 1996, pela participação nas exportações do período 1992/1995. De 1997 a 2001, pela participação nas exportações do período 1994/1997. A partir de 2002, pela participação nas exportações do período 1998/2001, assim considerados: EUA 32,4%; Argentina 15,8%; Países 7,5%; Alemanha 7,2%; Japão 6%; Itália 5,2%; Bélgica 5,2%; Reino Unido 4,1%; França 3,9%; México 3,8%; Chile 3,1%; Espanha 2,9%; Canadá 1,5%; Suíça 0,9% e Suécia 0,6%.
Aumento do índice significa desvalorização cambial. Deflator doméstico IPCA; deflator externo IPC.

**Figura 16.3**

**Exportações, importações e resultado em transações correntes do Balanço de Pagamentos (% do PIB; dados mensais)**

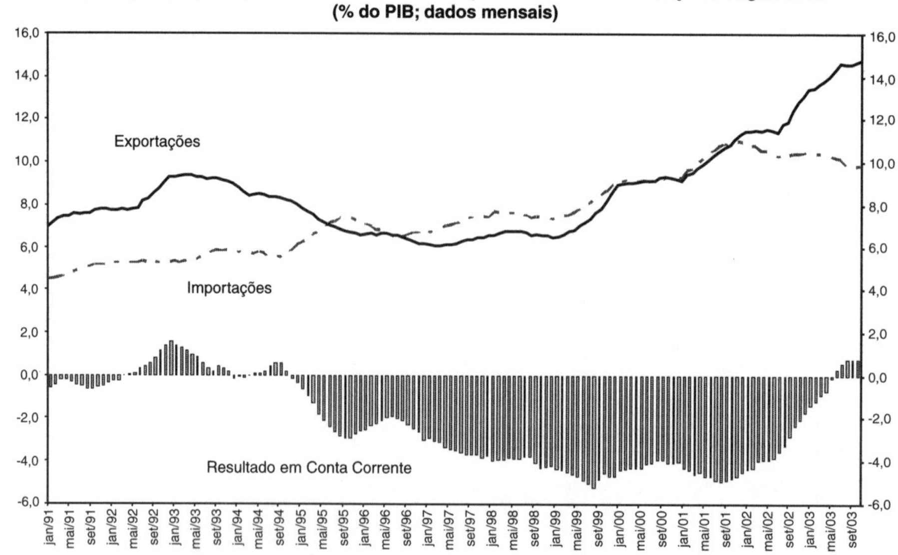


*Fonte:* Banco Central do Brasil.

**Figura 16.4**

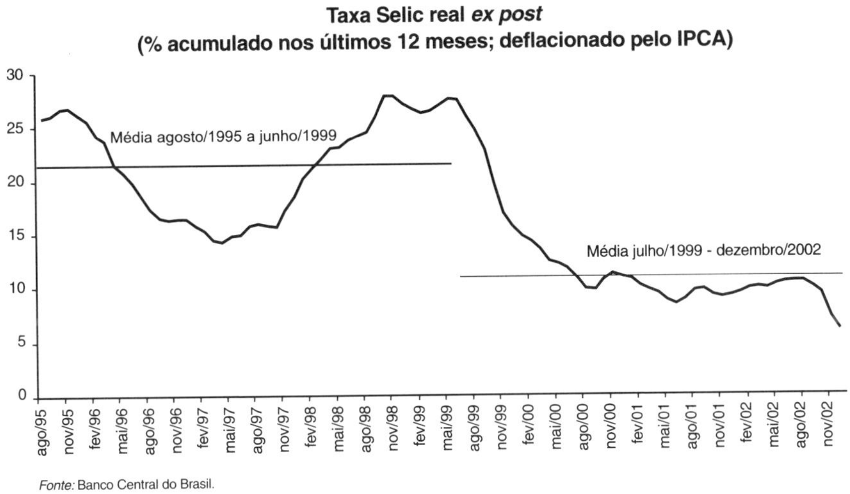


**Figura 16.5**

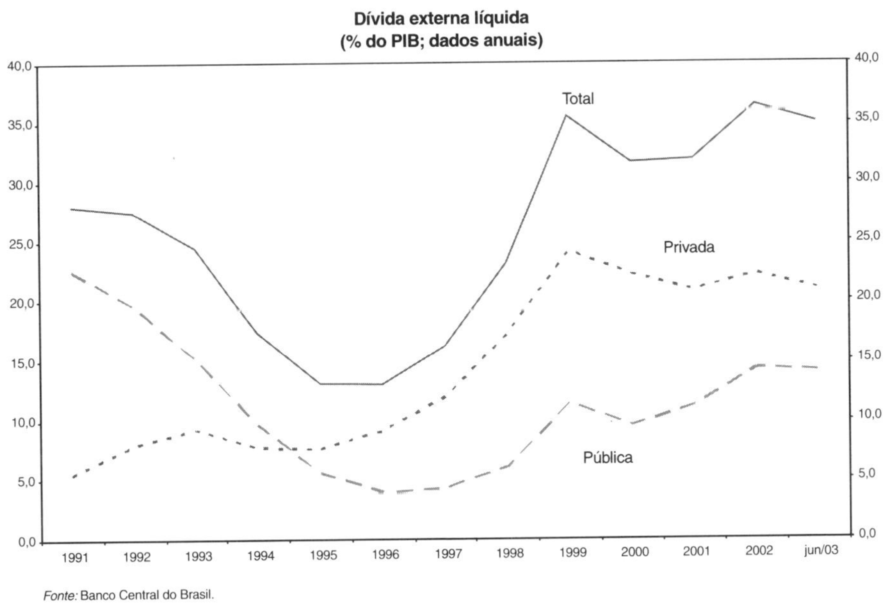


**Figura 16.6**

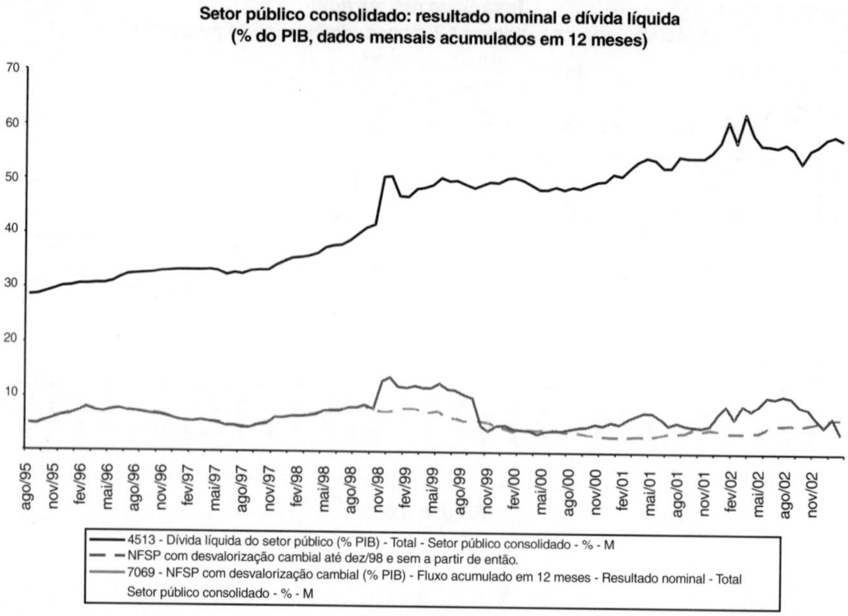


**Figura 16.7**

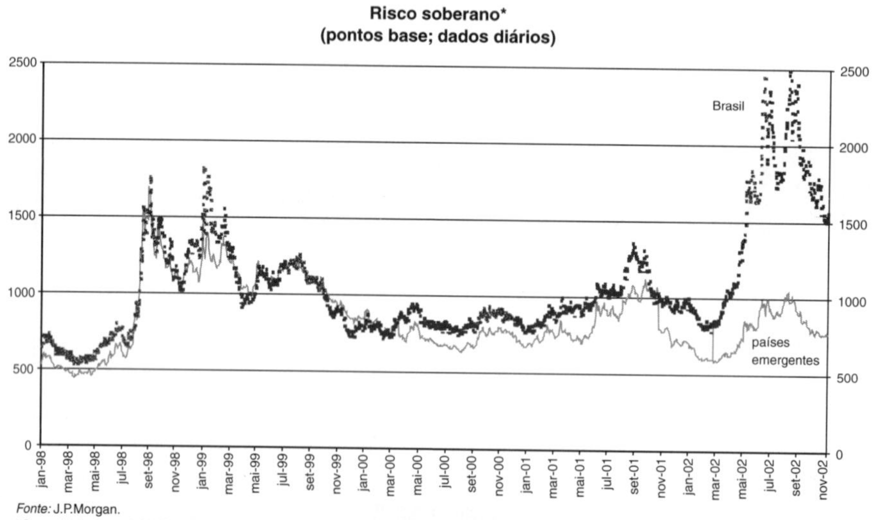


*Fonte:* J.P.Morgan.

**Spread* Soberano do EMBI+ (Emerging Markets Bond Index). Média ponderada das diferenças entre os rendimentos dos títulos da dívida externa e dos títulos do tesouro americano de características semelhantes, descontadas as garantias.

**Figura 16.8**

## Palavras-chave

- Expectativas Racionais
- Bolhas
- Metas de Inflação
- Profecias Auto-realizáveis
- Credibilidade
- Âncora Cambial
- Área Monetária Ótima
- Crises do Século XXI
- Ataques Especulativos
- Crises Gêmeas
- Contágio e Pânico Financeiro
- Rede de Segurança Financeira

## Exercícios

1. Comente: "o fato de os agentes econômicos prestarem atenção cada vez maior às variáveis macroeconômicas e tentarem extrair o máximo das informações existentes não eliminou a instabilidade potencial em mercados financeiros".
2. Compare as virtudes e fragilidades dos regimes de metas cambiais e de metas monetárias.
3. Diferencie as "gerações de ataques especulativos".
4. Quais são os traços comuns das "crises gêmeas"?
5. Compare as crises cambiais brasileiras de 1999 e 2002.

## Referências bibliográficas

BOURGUINAT, H. "Les Structures Dissipatives de la Finance Globale". *In*: BOURGUINAT, H. e ARTUS, P. (orgs.) *Théorie Economique et Crises des Marchés Financiers*. Paris: Economica 1989.

CANUTO, O. "Regimes de Política Monetária em Economias Abertas". *In*: FONTES, R. e ARBEX, M. A. (eds.), *Economia Aberta: Ensaios sobre Fluxos de Capitais, Câmbio e Exportações*. Viçosa: UFV, 2000.

CANUTO, O. "Crisis y Recuperación en Asia". *Momento Económico*, n. 116, julho-agosto. 2001.

CANUTO, O. "Fluxos de Capital, Crise e Recuperação na Coréia". *In*: GUIMARÃES, S. P. (org.), *Coréia: visões brasileiras*. Brasília: IPRI, 2002.

CANUTO, O. e LIMA, G. T. "Crises Bancárias, Redes de Segurança Financeira e *Currency Boards* em Economias Emergentes". *Revista Econômica do Nordeste*, vol. 30, edição especial, dezembro, 1999.

CANUTO, O. e LIMA, G. T. "Regulação Bancária no Mercosul". *In*: BAUMANN, R. (org.), *Mercosul: Avanços e Desafios da Integração*, Brasília: IPEA/CEPAL, 2001.

CANUTO, O. e HOLLAND, M. "Flutuações cambiais, estratégias de política monetária e metas de inflação". *Ensaios FEE*, vol. 23, n. 1, 2002.

CURADO, M. e CANUTO, O. "Modelos de Crises Cambiais de 'Terceira Geração' *versus* Fatos estilizados na América Latina". *Economia e Sociedade*. Campinas, vol. 16, 2001.

CORSETTI, G.; PESENTI, P. e ROUBINI, N. "What Caused the Asian Currency and Financial Crisis? I. A Macroeconomic Overview", http://www.stern.nyu.edu/~nroubini/asia/AsianCrisis.pdf, 1999

DORNBUSCH, R. "Expectations and Exchange Rate Dynamics". *Journal of Political Economy*. vol. 84, 1976.

DORNBUSCH, R. e FISHER, S. *Macroeconomia*. São Paulo: Makron, McGraw-Hill, 1991.

FRANKEL, J.A. e FROOT, K.A. "Using Survey Data to Test Propositions Regarding Exchange Rate Expectations". *American Economic Review*, vol. 77, março, 1987.

HELLIER, J. *Macroéconomie ouverte*. Paris: PUF, 1994.

KRUGMAN, P. "A Model of Balance of Payments Crises". *Journal of Money, Credit and Banking*, vol. 11, n. 3, 1979

MISHKIN, F. International Differences with Different Monetary Policy Regimes. NBER Working Paper n. 7044, 1999

OBSTFELD, M. "The logic of currency crises". *Cahiers Economiques et Monetaires*, n. 43, 1994.

# Capítulo 17

# Do Padrão-Ouro a Bretton Woods

Este capítulo trata das relações monetárias internacionais. Ele começa com algumas considerações sobre o que se entende por sistema monetário internacional, as condições básicas para sua identificação. Apresenta a seguir as características centrais do chamado Padrão-Ouro, e da evolução – no período que se seguiu à Segunda Guerra Mundial – do sistema de taxas de câmbio fixas. O capítulo termina com a descrição dos principais problemas que levaram a flexibilizar os sistemas cambiais, pela maior parte dos países.

## Sistemas monetários internacionais

A expressão *sistema monetário internacional* refere-se ao conjunto de regras e convenções que governam as relações financeiras entre os países. Elas formam o aparato institucional que mantém as relações entre as diversas economias.

Essas normas referem-se em geral a dois aspectos – a conversão de uma moeda a outra e o padrão monetário adotado.

A conversão de uma moeda a outra está associada aos padrões de ajuste das taxas de câmbio, os preços relativos das diversas moedas. Existe uma variedade de possibilidades, desde sistemas de taxas fixas a taxas totalmente flexíveis, e outros, sistemas mistos, como flutuação administrada, faixas de variação de paridades, desvalorizações marginais e freqüentes, entre outras.

Os padrões monetários são definidos, por sua vez, pela natureza dos ativos de reserva. Essencialmente, podem ser baseados em reservas em espécie (com freqüência o ouro), com valor intrínseco, ou reservas fiduciárias, nas quais as relações estão baseadas no valor que os agentes econômicos outorgam a cada momento aos diversos ativos.

A eficiência de um sistema monetário internacional não é um fim em si mesmo. Seu principal objetivo é viabilizar a fluidez das relações econômicas entre países, proporcionando a maximização dos ganhos com o comércio e os benefícios derivados dos movimentos de capital.

Um sistema eficiente permite que os produtores se especializem naqueles bens em relação aos quais cada país tem vantagens comparativas e, que os poupadores busquem no exterior oportunidades rentáveis de investimento. Isso ocorre por meio das virtudes da *estabilidade* – as quais contribuem para minimizar a volatilidade dos preços de exportação e importação – e da *complementaridade,* que permite a compatibilização de objetivos díspares das autoridades monetárias dos diversos países.

## Os fundamentos da moeda internacional

O uso de um instrumento monetário aceitável como meio de pagamento e como unidade de conta para os participantes das transações internacionais é um pré-requisito para o desenvolvimento do comércio internacional. Sem um meio de pagamento aceitável e uma unidade de conta, o comércio internacional tende a reverter a simples trocas. O problema de um sistema de trocas simples é que um agente que deseje adquirir um determinado produto não tem certeza de que o produto que ele fabrica é aceitável pelo produtor do bem que ele deseja adquirir, o que torna limitado o potencial de expansão do sistema.

Em nível internacional, existe concorrência entre as moedas nacionais. No mundo moderno nenhum país até hoje conseguiu impor sua moeda como referência única para as trocas internacionais. Isso leva a dois conjuntos de questões: aquelas associadas ao fato de que a moeda é um bem coletivo (tanto nacional como internacional) e as questões relacionadas à confiança na moeda.

Um país que consegue ter sua moeda aceita para um número significativo de transações internacionais está de fato ofertando um bem coletivo ao mundo. Esse país terá condições de capturar os benefícios derivados dessa posição ao obter uma diferença entre seus ativos e suas dívidas. Se uma moeda nacional ganha aceitação como unidade de transação, o país que emite essa moeda pode se beneficiar dessa maior aceitabilidade expandindo suas operações.

A oferta de moeda envolve uma operação dupla. O país emissor "emite uma obrigação", que é usada como moeda, e compra um ativo (dá crédito). A fonte do ganho é a diferença entre a taxa de juros ganha sobre o ativo e a taxa de juros paga sobre a "obrigação". Quando a "obrigação" do país emissor ganha aceitação crescente como moeda, os usuários aceitam "pagar mais pelo serviço", isto é, abrem mão de taxas de juros mais elevadas em troca da posse dessa moeda. Como resultado, a margem entre os juros dos ativos e os juros das "obrigações" do país emissor pode aumentar: o emissor lucra com os rendimentos crescentes de escala.

Isso faz com que exista uma disputa constante entre os diversos países para apropriar-se dessa fonte de ganhos. Como não existe uma autoridade monetária internacional que monopolize a emissão de moeda, a oferta de moedas de curso internacional permanecerá ainda por um bom tempo como uma questão em aberto e um estímulo à competição entre países.

## A questão básica da confiança

Boa parte da história do sistema monetário internacional tem sido caracterizada pelas tentativas de encontrar estruturas institucionais capazes de minimizar os efeitos da concorrência na oferta de moeda internacional. A questão básica é como o emissor de uma moeda pode convencer potenciais usuários estrangeiros de que sua moeda é estável e tem um valor previsível.

A maneira mais comum de induzir confiança é anunciar que uma determinada moeda é conversível livremente em outro ativo – freqüentemente ouro ou outras moedas – sobre a emissao do qual o pais nao tem controle.

Isso envolve, entre outras, a questão da *credibilidade*, uma vez que o país pode anunciar hoje a equivalência de sua moeda a tantos gramas de ouro ou a um preço dado em termos de outra moeda, mas nada garante esse compromisso ser honrado no futuro. Manter um preço determinado como referencial pressupõe a subordinação da política monetária interna do país às necessidades da conversibilidade. Ao mesmo tempo, a confiança dos agentes econômicos em uma moeda abre ao país emissor a possibilidade de apropriar-se de ganhos de escala. Desse modo, ao mesmo tempo em que vários países competem para consolidar suas moedas como unidades de troca internacionais, esses países enfrentam a cada momento a potencial desconfiança dos usuários dessas mesmas moedas.

A história do sistema monetário internacional nos últimos cem anos é uma seqüência de tentativas de construir instituições internacionais que permitam capturar os benefícios do processo de criação de moeda internacional, evitando ao mesmo tempo as crises inerentes a esse sistema competitivo.

## O problema da consistência

Um sistema monetário internacional requer a existência de regras claras, aceitas por todos os países que dele participam. Qualquer conjunto de regras implica, no entanto, o que se convencionou chamar de "problema da consistência".

Esse problema deriva do suposto básico de que a soma dos déficits e superávits dos balanços de pagamentos de todos os países em um determinado período de tempo tem de ser igual a zero. Com *n* países, isso significa que *n-1* países podem determinar suas posições quanto ao Balanço de Pagamentos de forma independente, enquanto o *n-ésimo* país deve aceitar passivamente o resultado do Balanço de Pagamentos imposto pela ação dos demais países. Alternativamente, o sistema deve compreender algum mecanismo que induza à consistência entre os objetivos dos *n* países.

Um sistema monetário internacional pode lidar com esse tipo de problema por meio de: (1) um enfoque do tipo *n-1*, em que o *n-ésimo* país abre mão de definir metas externas, (2) mecanismos de ajuste automático, como taxas de câmbio flexíveis, ou (3) coordenação de políticas entre países.

É possível associar uma alternativa como (1) ao chamado sistema de Bretton Woods, abordado mais adiante neste capítulo (em que um país permite que sua posição em divisas se ajuste ao nível requerido para acomodar as políticas aplicadas pelos demais países). A alternativa (2) refere-se às experiências de diversos países nos anos 70, enquanto a alternativa (3) tem predominado a partir da segunda metade dos anos 70, quando as tentativas de coordenação entre as principais economias passaram a ser um exercício sistemático.

No caso de um sistema do tipo do de Bretton Woods, a questão básica é por que um país (no caso, os Estados Unidos) abriria mão de sua capacidade de influenciar suas contas externas. A resposta está em sua posição diferenciada: o fato de sua moeda nacional ser usada como reserva de valor permitia a esse país absorver ganhos *(senhoriagem)* derivados da não-necessidade de manter entre seus ativos outras moedas (que rendem retornos limitados) para financiar eventuais déficits futuros. Por intermédio da captação de recursos a baixo custo, uma vez que os outros (n-1) países aceitam seus títulos, o país hegemônico tem facilidade para financiar a aquisição, por exemplo, de ativos produtivos no exterior.[1]

Um sistema desse tipo exige da economia hegemônica a esterilização dos efeitos dos movimentos de reservas. Existem, portanto, limites ao seu funcionamento: (a) quando não apenas esse, mas também os demais países procuram esterilizar esses efeitos, tornando o sistema instável; (b) quando o país emissor da moeda de referência não controla seus custos em relação aos dos demais países, comprometendo a evolução do seu saldo em Conta Corrente.

A análise do sistema monetário internacional é mais bem compreendida quando apresentada de acordo com sua seqüência cronológica, uma vez que a evolução das diversas economias e das próprias instituições envolvidas determina – a cada período – os tipos de arranjos viáveis. Historicamente, o primeiro sistema identificado como tal foi o Padrão Ouro, objeto da próxima seção.

## O Padrão-Ouro

A existência de um Padrão-Ouro está associada à adesão de um número expressivo de países a três características básicas: (1) conversibilidade das moedas nacionais em ouro; (2) liberdade para o movimento internacional de ouro (entrada e saída de cada país); e (3) um conjunto de regras que relacionem a quantidade de moeda em circulação em um determinado país ao estoque de ouro disponível por esse país.

Com cada país disposto a converter sua moeda a uma quantidade predefinida de ouro, e com o preço do ouro definido nos mercados internacionais, na prá-

---

[1] Alguns analistas argumentam, contudo (Oppenheimer, 1979), que não é correto identificar no sistema de Bretton Woods um "problema do tipo (n-1)", uma vez que o ouro funcionava de fato como a *n-ésima* moeda à qual as demais moedas deveriam estar referenciadas.

tica isso significa que o Padrão-Ouro estabelece uma paridade fixa entre cada moeda e o preço do ouro, e, portanto, entre as diversas moedas. Eventuais desequilíbrios de Balanço de Pagamentos são sanados por meio de transferências internacionais de ouro, e o equilíbrio é obtido pelo impacto dos fluxos de ouro sobre o sistema econômico interno. Dado que as autoridades monetárias em cada país estavam sujeitas às mesmas limitações, um dos resultados desse sistema foi uma harmonização efetiva das políticas monetárias, sem necessidade de esforços de coordenação.

A vigência do Padrão-Ouro é freqüentemente associada à existência de um mecanismo eficiente para assegurar a estabilidade de preços, por limitar o raio de ação das autoridades monetárias nacionais, evitando desequilíbrios do Balanço de Pagamentos. É geralmente aceito pelos historiadores hoje que esse sistema vigorou de forma plena e em escala global[2] apenas por um período de tempo limitado, de aproximadamente vinte anos.

## *Origens do Padrão-Ouro*

Já em 1816, uma disposição legal (*The Coinage Act*) na Inglaterra autorizava a cunhagem de moedas em ouro. Três anos depois, outra lei específica determinava ao Banco da Inglaterra que as cédulas emitidas pela instituição fossem resgatáveis em valor correspondente em barras de ouro, tornando a libra esterlina referenciada em termos de sua paridade em relação ao ouro.

Os Estados Unidos por essa época adotavam padrão bimetálico, baseado em ouro e prata. Disposições legais em 1834 e 1837 alteraram a relação do dólar com os dois metais, elevando o peso do ouro na composição (levando de fato a um Padrão-Ouro). O Gold Standard Act de 1900 oficializou a adesão ao novo padrão.

Na Alemanha, em 1871, os recursos recebidos a título de reparação de guerra com a França (juntamente com a descoberta de novas minas de prata, o que reduziu o preço desse metal) permitiram a substituição do padrão-prata, adotado até então, por emissões monetárias baseadas em ouro. A queda na demanda por prata e o aumento paralelo de sua oferta induziram outros países que adotavam esse metal como referência a seguirem o exemplo alemão, de modo que já em 1879 o ouro havia se convertido em referencial para as emissões monetárias em boa parte da Europa, nos Estados Unidos, na Rússia, no Japão e em diversos países latino-americanos.

Vários autores concordam que é mais fácil determinar o período em que o Padrão-Ouro chegou ao fim – 1914, como início do conflito bélico – do que a data efetiva de sua origem. Como indicado por Yeager (1976): sabe-se com alguma certeza que o Padrão-Ouro não existia em 1870, mas operava plenamente em 1900.

---

[2] Adotaram esse padrão países tão diversos quanto a Grã-Bretanha, os Estados Unidos, França, Alemanha, Holanda, Dinamarca, Noruega, Finlândia, Suécia, Bélgica, Suíça, Itália, Grécia, Áustria-Hungria, Rússia, Japão, Austrália, Chile, Portugal, China, África do Sul e Egito (Eichengreen, 1985).

### *Funcionamento do modelo básico: a versão de Hume*

O funcionamento do Padrão-Ouro requer que a economia opere em condições de concorrência perfeita, com preços e salários totalmente flexíveis, pleno emprego de fatores de produção, com a demanda por moeda sendo total ou predominantemente para fins de transação e a oferta de moeda uma função do estoque de ouro. Sendo satisfeitas essas condições, a chamada teoria quantitativa da moeda[3] passa a ser representativa.

O modelo clássico do processo de ajuste sob o Padrão-Ouro foi descrito por David Hume (1752) e pode ser apresentado em forma resumida da seguinte maneira, em um modelo com apenas dois bens – ouro e o conjunto de todos os demais produtos.

Um aumento da quantidade de moeda em circulação eleva o nível de preços internos, o que afeta negativamente o saldo comercial externo da economia. Como resultado do déficit em suas transações com o exterior, o país demandará uma quantidade maior de ouro para fazer face aos seus compromissos externos. Esse processo reduz o estoque de reservas (ouro) disponíveis, afetando negativamente a oferta de moeda, até o ponto em que essa oferta retorne ao seu nível original. Como resultado da menor oferta de moeda, tanto o nível de preços quanto o ritmo da atividade econômica são reduzidos. Esse movimento continua até o ponto no qual – a um nível de produção física mais baixo que o original – a quantidade ofertada de moeda seja apenas suficiente para manter a economia operando a um nível de preços que permita recuperar o equilíbrio nas transações com o exterior.

É importante notar que o processo é simétrico. Mesmo com a atividade econômica tendo recuperado seu patamar original, o nível de preços permanece relativamente baixo (como, por hipótese, M e V são constantes, a um nível de Q mais elevado corresponde um nível de P reduzido, de modo a manter-se válida a relação MV=PY). Isso dá ao país um adicional de competitividade temporário no mercado internacional, levando a um superávit. Como conseqüência desse superávit e da correspondente entrada de ouro, ocorre expansão da oferta de moeda, o que afetará o nível de preços, e no final o equilíbrio das contas externas será necessariamente restabelecido.

Essa racionalização do processo levou a serem enfatizadas como vantagens inerentes ao Padrão-Ouro: a tendência à estabilização de preços nos diversos países participantes do sistema, a manutenção de taxas de câmbio razoavelmente constantes (com implicações importantes para o estímulo ao comércio internacional), a liquidez internacional que o sistema torna possível ao agilizar o fluxo de recursos reais entre países superavitários e deficitários, e a possibilidade criada pelo sistema de assegurar posição de equilíbrio sem intervenção estatal significativa.

---

[3] Essa teoria é representada pela identidade MV=PY, em que M é a quantidade de moeda em circulação; V, a velocidade de circulação da moeda; P, um índice representativo dos preços na economia; e Y, um índice do volume físico de transações. Considerando-se que no curto prazo V é constante (ou sofre alterações imperceptíveis), existe uma relação direta entre a quantidade de moeda em circulação e o nível de preços e de produção.

## Aspectos controversos

O modelo básico de funcionamento do Padrão-Ouro tem sido objeto de diversas revisões críticas. Entre os aspectos que têm merecido atenção nas análises do período em que se considera que o sistema vigorou para a maior parte dos países estão (Triffin (1985), Eichengreen (1985)): os critérios efetivos para a emissão de moeda (que nem sempre correspondia de fato a uma relação fixa com a disponibilidade de ouro, com alguns países adotando uma regra de proporcionalidade), o papel do sistema bancário na expansão da quantidade de moeda em circulação, a existência de rigidez à redução nos salários (afetando a capacidade de atuação do mecanismo equilibrador do sistema), a atuação dos bancos centrais,[4] os efeitos diferenciados entre os países industrializados e os demais países,[5] a existência de movimentos de capital (investimentos) que ajudaram a neutralizar os efeitos dos superávits comerciais dos países industrializados, a evidência de que mesmo no período de vigência do Padrão-Ouro as flutuações de preços foram consideráveis, os efeitos – sobre os preços relativos – das variações na produção internacional de ouro, a distribuição desigual de ouro entre os países,[6] entre outros.

Em suma, uma revisão crítica do funcionamento do Padrão-Ouro indica que o processo teve de fato um grau bem mais pronunciado de intervenção do que o modelo básico de ajustamento sugere.

## A tentativa de retorno ao Padrão-Ouro nos anos 20

Da mesma forma que sua origem, a data precisa do final do Padrão-Ouro é de difícil identificação. Uma série de fatores – desde o fechamento das operações financeiras externas no mercado londrino até o comportamento dos agentes econômicos que consideravam impatriótico o ato de exigir a contraparte em ouro das cédulas que detinham, e incluída a própria dificuldade de movimentação internacional do metal durante o período bélico – determinou esse final.

O importante a reter, contudo, é que talvez pelo fato de não se identificar uma causa específica, o comportamento dos agentes econômicos durante o conflito – e sobretudo ao se aproximar o armistício – refletia a expectativa de que naturalmente as taxas de câmbio retornariam ao seu nível "normal" de antes da guerra. Essa era uma expectativa não totalmente descabida, se for considerado

---

[4] Em particular, o Banco da Inglaterra, ao influir no fluxo de entrada e saída de ouro na economia britânica, mediante política ativa de juros (Yeager, 1976; Eichengreen, 1985).

[5] Para os primeiros o mecanismo parece ter sido (Triffin, 1985) bem-sucedido em preservar a estabilidade da taxa de câmbio, reduzindo a necessidade de política comercial ativa. Nos países não-industrializados, diferentemente, o que se observa são variações pronunciadas e depreciação das taxas de câmbio.

[6] Um aspecto adicional está associado ao papel da Inglaterra como economia mais importante na época, com grau de abertura comercial e financeira sem paralelo e, portanto, com grande interesse na manutenção da estabilidade das transações internacionais. Para tanto, atuou de forma importante como "emprestador de última instância", emprestando volumes consideráveis de recursos a países deficitários.

que as taxas de câmbio de países como Holanda, Espanha, Estados Unidos, Inglaterra, Japão, França, Suécia, Argentina, Brasil e Itália haviam se alterado relativamente pouco durante o conflito (Yeager, 1976).

### A taxa de câmbio no Padrão-Ouro

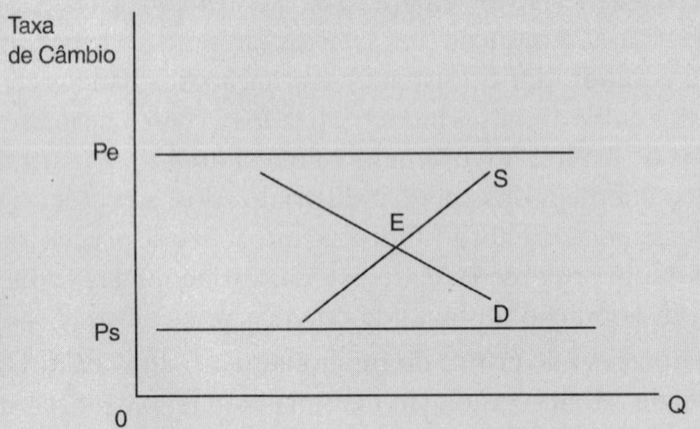


O Padrão-Ouro tem implícito um mecanismo de reequilíbrio automático do Balanço de Pagamentos. De acordo com a figura anterior, um deslocamento da curva de demanda por divisas que levasse a uma taxa de câmbio superior à taxa **Pe** não seria sustentável: taxas de câmbio acima de **Pe** estimulariam a entrada de divisas (ouro), elevando a oferta de divisas e, dessa maneira, trazendo o preço de equilíbrio entre oferta e demanda de volta a algum ponto abaixo de **Pe**. Logo, existe um nível máximo para a taxa de câmbio, vinculado ao influxo de divisas. Isso determina um nível para a taxa de câmbio que é chamado de Ponto de Entrada de ouro.

O mesmo raciocínio se aplica ao caso de um excesso de oferta de divisas. A curva S se deslocaria para a direita, pressionando para baixo o preço da divisa. Existe, entretanto, um nível considerado excessivo de oferta de divisas (ouro) no mercado, de tal forma que a partir desse nível haveria saída de divisas (ouro), reequilibrando as posições de oferta e demanda e trazendo como resultado a taxa de câmbio para um nível acima de **Ps**. Existe, então, um nível mínimo para a taxa de câmbio, que é chamado de Ponto de Saída de ouro. Como resultado, o conjunto de taxas de câmbio relevantes para o funcionamento de um Padrão-Ouro é aquele compreendido entre as taxas **Pe** e **Ps**. Nesse intervalo, a taxa de câmbio é determinada pela interação da oferta e demanda por divisas (ouro).

Essa perspectiva de uma volta aos padrões do pré-guerra não considerava as profundas modificações ocorridas durante o conflito no âmbito político (surgimento de novos países), físico (destruição de parques produtivos, sobretudo em países europeus importantes) e financeiro (endividamento público para a reconstrução das economias e pagamento de reparações de guerra).

Nos anos imediatos após o fim da guerra (1919-23), as paridades entre as principais moedas oscilaram de forma pronunciada. Isso estimulou as autoridades de diversos países a buscar a volta da estabilidade obtida nos vinte anos anteriores à guerra. Entretanto, as pressões inflacionárias nesse período levaram à escassez relativa de estoques de ouro. Para superar essa escassez, o Comitê Financeiro da Conferência de Genebra, de 1922, recomendou a adoção mundial do Padrão-Ouro.

Em que pesem as novas condições, a década de 1920 testemunhou uma série de esforços no sentido de recuperar a experiência anterior. Aproximadamente 50 países retornaram a esse padrão no período entre as duas guerras mundiais. Em geral, a referência mais importante (pelo seu peso específico) é o retorno da Inglaterra ao Padrão-Ouro em 1925. Já em 1931, contudo, como o desequilíbrio externo da Inglaterra aumentava, levando à saída de ouro, com conseqüências sobre a liquidez e o ritmo de atividade internos, aquele país saiu do Padrão-Ouro e desvalorizou a libra esterlina. Essa medida foi seguida em pouco tempo por outros 25 países. Os Estados Unidos permaneceram no sistema até 1933. A Alemanha e a Itália também permaneceram no Padrão-Ouro, mas adotaram medidas de controle sobre o movimento de capitais. França, Holanda, Bélgica, Suíça e Polônia permaneceram atreladas ao Padrão-Ouro até 1936 (segundo Yeager (1976), pelo menos 35 países abandonaram o Padrão-Ouro entre 1929 e 1933).

No segundo período histórico é possível identificar com nitidez a existência de um sistema monetário com início no final da Segunda Guerra Mundial, cuja concepção foi fortemente influenciada pela instabilidade que caracterizou o período entre as duas guerras mundiais, sobretudo a década de 1930.

## O sistema de Bretton Woods

Em 1944, os delegados de 45 países não-comunistas participaram de uma conferência em Bretton Woods, estado de New Hampshire, nos Estados Unidos, com o propósito de reformar o sistema monetário internacional. O conjunto de medidas acordadas naquela oportunidade passou a ser conhecido como o Sistema de Bretton Woods, e compreende tanto iniciativas para lidar com desequilíbrios externos dos diversos países participantes (parâmetros para eventuais alterações nos valores das moedas nacionais, como forma de evitar a repetição das crises vividas na década de 1930; a referência clássica a respeito é Kindleberger (1987)), quanto a definição do aparato institucional para prover liquidez e financiar o desenvolvimento econômico, como o Fundo Monetário Internacional e o Banco Mundial. Naquela oportunidade, também esteve a ponto de ser criada uma instituição (a Organização Internacional do Comércio) encarregada de um terceiro aspecto importante das relações internacionais: a regulamentação do comércio entre países.

Os acordos para pagamentos internacionais podem ser de tipo bilateral ou multilateral. A experiência do imediato pós-guerra (meados da década de 1940) é ilustrativa de um processo de evolução de mecanismos bilaterais de pagamentos para um sistema multilateral.

Naquele momento, os Estados Unidos acumulavam um superávit considerável em relação ao resto do mundo (a Tabela 17.1 ilustra a evolução da posição norte-americana ao longo do tempo) e os pagamentos deveriam ser feitos em dólares ou ouro. Todavia, as reservas disponíveis no resto do mundo eram insuficientes para concretizar esses pagamentos, o que só foi possível com recursos associados ao Plano Marshall[7] e créditos comerciais do Eximbank norte-americano.

**Tabela 17.1** Estados Unidos: saldo de Conta Corrente – períodos selecionados

(média do período)

| Período | Saldo (US$ bilhões) | Número de anos com Saldo Negativo |
|---|---|---|
| 1947-49 | 4,09 | 0 |
| 1950-70 | 1,98 | 3 |
| 1971-76 | 7,88 | 0 |
| 1977-81 | –4,47 | 3 |
| 1982-94 | –96,76 | 13 |

*Fonte:* McCallum (1996), tabela 1-1, pg.7, FMI, *International Financial Statistics.*

Esse movimento teve ao menos dois efeitos importantes, como se verá a seguir. Primeiro, aumentou a preocupação dos diversos países em adotar medidas que evitassem a redução do nível de reservas. Outro efeito foi levar à aproximação gradual de um sistema de pagamentos multilateral, no qual um crédito de um país A junto a um país B pudesse ser saldado com moeda de um terceiro país, digamos C, desde que a moeda do país C cumprisse com certas condições de aceitabilidade universal.

## *A etapa bilateral: 1945-49*

No período do imediato pós-guerra havia duas áreas monetárias – a área do dólar e a da libra esterlina –, moedas então utilizadas como meios de pagamento internacional. De fato, o cenário se caracterizava até o momento por um conjunto de acordos bilaterais, pelos quais distintos países aceitavam formas diferenciadas de pagamentos (para uma descrição detalhada, ver Tew, 1977): (1) os débitos com o Reino Unido deveriam ser saldados em libras; (2) alguns países aceitavam libras apenas até um limite predefinido, a partir do qual os pagamentos deveriam ser feitos em dólares ou em ouro; e (3) outros países (como a Suíça) aceitavam apenas pagamentos em ouro.

Esse sistema – sobretudo a dependência em relação à libra – mostrou-se crescentemente inadequado à medida que – entre outros motivos – os países europe-

[7] Entre 1948 e 1952 o Plano Marshall proporcionou aproximadamente US$12 bilhões em ajuda e outros US$2 bilhões em empréstimos, contribuindo para aliviar a escassez de dólares das economias européias.

us recipientes dos dólares derivados do Plano Marshall (a partir de 1947) passaram a tentar superar o caráter estritamente bilateral dos acordos monetários do pós-guerra. Já em novembro de 1947 foi assinado um Acordo para Compensações Monetárias Multilaterais, resultante dos esforços do Comitê Europeu para a Cooperação, criado para a implementação do Plano Marshall. Em outubro de 1948 e novamente em julho de 1949, esse mecanismo foi substituído por Acordos para Pagamentos Intra-Europeus, envolvendo todos os países-membros da Organização para a Cooperação Econômica Européia.

Em 1950, um mecanismo ainda mais poderoso foi adotado pelos países europeus – a União Européia de Pagamentos –, por meio do qual os débitos e créditos de cada país europeu com seus parceiros eram saldados (em sua maior parte em libras esterlinas) com base na posição líquida de cada país ao final de cada período. Ou seja, o que interessava agora não era mais a posição bilateral, mas o saldo das diversas transações intra-européias. Esse mecanismo converteu-se, de fato, em um primeiro sistema multilateral, e permitiu a convivência – durante a maior parte da década de 1950 – da área do dólar com a área dominada pela libra.

## Convertibilidade e ajuste: 1958-71

A rigor, um sistema verdadeiramente multilateral de pagamentos internacionais só passa a existir de fato a partir do momento em que os agentes têm acesso – via mercado – às quantidades desejadas de divisas. Em dezembro de 1958, treze países europeus adotaram medidas que não apenas significaram o desmantelamento dos controles existentes nos mercados de divisas, mas permitiram sua plena convertibilidade para não-residentes, isto é, os possuidores de uma moeda passaram a poder adquirir outras moedas por meio de operações de mercado.

O sistema, após 1958, incluía um dado sem precedentes. Não apenas as moedas dos diversos países tornaram-se conversíveis entre si, via operações de mercado, como incluía a conversibilidade do dólar em ouro, à taxa de US$35 por onça de ouro.

Os países que faziam parte do sistema de Bretton Woods aceitavam o fato de a conversibilidade oficial implicar que suas reservas de divisas fossem mantidas sob a forma daqueles ativos aos quais eles pretendiam converter suas moedas nacionais. Desse modo, os Estados Unidos mantinham boa parte de suas reservas em ouro, o Reino Unido em dólares norte-americanos e um terceiro país, por exemplo, a Austrália, em libras esterlinas.

Essa diversidade na composição das reservas chegou a um nível tal que as transações entre moedas nacionais passaram a ocorrer não apenas via mercado, mas também entre bancos centrais e entre estes e o FMI: freqüentemente foram necessárias operações para apoiar países com problemas de déficits persistentes em seus balanços de pagamentos.

Outro aspecto relevante e associado a esse é que a posição deficitária norte-americana perante as demais economias industrializadas freqüentemente levava os bancos centrais dos países superavitários a converterem seus dólares em ouro, provocando preocupação crescente quanto às reservas de ouro do Tesouro norte-americano. Em março de 1961, os Estados Unidos e outros nove países criaram o GAB (General Agreement to Borrow), pelo qual se comprometiam a aportar recursos ao FMI quando um desses países demandasse empréstimos em grande escala.

As regras básicas para a política cambial do período Bretton Woods estavam centradas em critérios associados à atuação do FMI: os países-membros deveriam manter suas paridades dentro de uma faixa de ±1% em torno dos valores acordados. Isso refletia o enfoque adotado pelo FMI: desequilíbrios *temporários* do Balanço de Pagamentos deveriam ser financiados por reservas do país; desequilíbrios *persistentes* deveriam ser solucionados com políticas fiscais e monetárias restritivas. Apenas quando os desequilíbrios fossem fundamentais é que se deveria recorrer à desvalorização cambial.

A década de 1960 foi caracterizada pela desconfiança em relação ao dólar: (a) a recuperação das economias européias, associada à expansão do mercado de Eurodólares e aos investimentos norte-americanos no exterior causaram freqüentes déficits de Balanço de Pagamentos por parte dos Estados Unidos; (b) o financiamento via emissão da Guerra do Vietnã, do programa espacial e os esforços relacionados à Guerra Fria provocaram pressão inflacionária que reforçou a tendência ao desequilíbrio externo; e (c) a oferta de ouro não aumentou de forma proporcional à demanda, gerando pressão no mercado desse metal.

As condições para a convertibilidade oficial, estabelecidas originalmente no sistema de Bretton Woods, esgotaram-se em agosto de 1971 – quando foi suspensa a convertibilidade do dólar em relação ao ouro – e esgotaram-se subseqüentemente em relação à convertibilidade entre o dólar e outras moedas (as cotações deixaram de ser feitas exclusivamente em termos da paridade em relação à moeda norte-americana).

## A institucionalidade criada em Bretton Woods

### *O Fundo Monetário Internacional*

A chamada Carta de Bretton Woods criou o Fundo Monetário Internacional e o Banco Internacional para a Reconstrução e o Desenvolvimento, ou Banco Mundial. Com isso, estariam criadas as condições para tratar das questões relacionadas às finanças internacionais e à retomada do desenvolvimento. Ambas as instituições iniciaram suas operações em 1947. A parte mais polêmica e resolvida apenas parcialmente do ponto de vista institucional era a regulamentação do comércio entre países. A alternativa factível foi um arranjo parcial – o Acordo Geral sobre Tarifas e Comércio – que esteve em vigor por quase 50 anos.

Conforme o acordo inicial, ao Fundo Monetário são atribuídas duas funções: prover os países membros de um código de conduta internacional e zelar pelo seu cumprimento.[8]

[8] A importância da instituição pode ser medida em termos do número de países participantes: de 45 países fundadores para cerca de 170 atualmente, incluídas aí as principais economias.

Um país com problemas em seu Balanço de Pagamentos pode impor controles sobre as operações externas de capital. Não lhe é permitido, contudo, impor restrições sobre os fluxos de comércio, a menos que o Comitê Executivo do Fundo reconheça formalmente a existência de dificuldades de pagamento.

O sistema pelo qual caberia ao Fundo zelar foi desenhado a partir das experiências traumáticas com flutuações de taxas de câmbio no período entre as duas guerras mundiais, que estimularam movimentos de desvalorização competitiva e levaram de fato à redução do volume de comércio internacional. Assim, o novo sistema estava centrado na manutenção da estabilidade das taxas de câmbio e na provisão de liquidez, quando necessário.

Os países-membros adotaram como compromisso a manutenção de suas taxas de câmbio em relação ao dólar norte-americano variando em uma margem de 1% dos níveis estabelecidos, embora o mecanismo contemplasse a possibilidade de variações mais pronunciadas, caso justificadas, por meio da compra e venda de divisas: para variações superiores a 1% mas inferiores a 10%, o Fundo deveria ser comunicado formalmente sem, no entanto, poder objetar; variações superiores a 10% tinham de ser autorizadas pelo Fundo.

O segundo aspecto que define a base de operação do Fundo desde sua criação é atuar como provedor de liquidez.

Desde sua criação e até 1969 – quando foram criados os Direitos Especiais de Saque –, as operações financeiras do Fundo eram feitas exclusivamente em ouro e nas moedas nacionais dos países-membros. Cada país-membro tem uma quota – normalmente de 25% em ouro e 75% em sua própria moeda – que serve como referencial para o montante ao qual o país pode aceder nos financiamentos feitos pelo Fundo: cada país tem direito automático a tomar emprestado valor correspondente a até 25% de sua quota sem qualquer condicionalidade específica. A partir desse limite as autoridades nacionais devem se submeter a um conjunto de medidas, definidas em conjunto com o corpo técnico do Fundo.

As linhas básicas de atuação do FMI estão centradas em sete tipos de facilidades de crédito: (a) Acordos *Stand-By* –freqüentemente com duração entre 12 e 24 meses, são destinados a corrigir desequilíbrios no setor externo dos países, e seu desembolso em parcelas é condicionado ao desempenho econômico segundo metas predefinidas; (b) *Extended Fund Facilities* – créditos de três anos, originalmente programados como fonte de crédito de longo prazo para lidar com desequilíbrios externos; (c) *Structural Adjustment Facility* – criado em março de 1986, destina-se a países de baixa renda com problemas recorrentes de Balanço de Pagamentos; (d) *Compensatory and Contingency Financing Facility* – mecanismo de crédito criado em 1963 para países (sobretudo exportadores de produtos primários) com dificuldades de Balanço de Pagamentos derivadas de queda nas relações de troca; (e) *Enhanced Structural Adjustment Facility* – criado em 1988 para apoio à facilidade (f); *Buffer Stock Financing Facility* – criado em 1969 para financiar a amortização de capital; e (g) *Oil Facility* – criado em 1974, permite ao FMI receber empréstimos de exportadores de petróleo e emprestá-los a países deficitários.

## O Banco Mundial

À época de sua criação o Banco Mundial foi concebido como um instrumento para ajudar na reconstrução das economias européias afetadas pelo esforço de guerra. Na prática, contudo, esse papel ficou a cargo do chamado Plano Marshall, e o Banco passou a lidar de modo crescente com o tema do "desenvolvimento econômico", e a atuar sobretudo junto a países subdesenvolvidos. Formalmente, seu propósito era o de prover capital para investimentos que permitissem elevar a produtividade, o padrão de vida e as condições de trabalho nos países-membros.[9]

Até os anos 60, o Banco concentrou suas atividades na provisão de recursos para o setor público dos países, financiando grandes projetos de infra-estrutura (transporte e energia em particular). A partir de meados daquela década, o Banco passou a se ocupar também de projetos nas áreas educacional, de desenvolvimento urbano e agrícola, entre outras; o Banco passou também a intermediar a concessão de ajuda econômica de parte dos países industrializados, por meio da IDA (Agência Internacional para o Desenvolvimento). O processo de diversificação da forma de atuar da instituição prosseguiu na década de 1970 com o recurso a empréstimos não vinculados a projetos, mas sim a programas de política econômica e, a partir dos anos 80, por meio de empréstimos para ajustes estruturais, destinados a viabilizar reformas em setores econômicos específicos, como liberalização da política comercial externa, mudanças nos preços relativos do setor agrícola e desregulamentação do setor financeiro, entre outros.

O Banco inovou ainda ao criar (em meados dos anos 50) uma agência – IFC (Corporação Financeira Internacional) – destinada a prover empréstimos e capital de risco diretamente ao setor privado. Além disso, o Banco desenvolve atividades de pesquisa econômica aplicada e capacitação.

A maneira como o Banco opera na maior parte dos programas é levantando recursos junto ao mercado financeiro a taxas preferenciais e emprestando aos países a essas taxas, acrescidas de uma margem para cobrir custos operacionais: desse modo, o Banco provê crédito em condições preferenciais a países que dificilmente teriam acesso a essas condições por meio dos mecanismos de mercado.

## O GATT[10]

No processo de definição da institucionalidade no imediato pós-guerra, caberia ao FMI regular a política cambial e as soluções para dificuldades do Balanço de

[9] Ver Feinberg & Bacha (1988) para uma análise de desempenho do Banco Mundial. Outros bancos multilaterais que visam a promoção do desenvolvimento econômico são o Banco Interamericano de Desenvolvimento, criado em 1959 e sediado em Washington; o Banco de Desenvolvimento Africano, criado em 1964 e sediado em Abidjã; o Banco de Desenvolvimento Asiático criado em 1966 e sediado em Manila; o Banco de Desenvolvimento do Caribe, criado em 1969 e sediado em Barbados; e o Banco Europeu para a Reconstrução e o Desenvolvimento, criado em 1991 e com sede em Londres. Todos eles têm fundos especiais para empréstimos a taxas preferenciais, assim como facilidades para empréstimos ao setor privado.

[10] As características principais e os temas controversos relacionados ao GATT são tratados no Capítulo 7.

Pagamentos e, ao Banco Mundial, prever as condições para o desenvolvimento econômico.[11] A tentativa de criar uma Organização Internacional do Comércio foi frustrada pelo Congresso norte-americano que via nessa iniciativa o risco de perda de autonomia. A solução factível foi um acordo – o Acordo Geral sobre Tarifas e Comércio (GATT) – que veio a se constituir de fato no foro básico para as questões relacionadas à regulamentação do comércio internacional.

Existe consenso entre os analistas a respeito da atuação do GATT no sentido de que as diversas rodadas de negociação multilaterais para redução de barreiras ao comércio foram decisivas para o desempenho de diversas economias, assim como para a própria criação de novas condições para as relações internacionais.

O GATT foi criado em 1947 e durou até sua substituição pela Organização Mundial do Comércio, criada pelo Acordo de Marrakesh, de 1994, que consolidou os pontos negociados durante a chamada Rodada Uruguai.

## *Relações institucionais*

Das organizações originais do sistema de Bretton Woods apenas o FMI e o GATT têm relações estatutárias definidas. O Fundo tem um papel ativo nas consultas do Comitê de Balanço de Pagamentos do GATT, que é o foro no qual se examinam as restrições às importações impostas por cada país para evitar a deterioração de suas contas externas, ao mesmo tempo em que tem proporcionado informações macroeconômicas sobre as diversas economias que são objeto de consultas.[12]

As relações entre o Fundo e o Banco Mundial, no entanto, têm se intensificado nos últimos anos e tornaram-se objeto de crítica freqüente por parte dos países em desenvolvimento.

Até a década de 1970 era razoavelmente clara a demarcação dos papéis respectivos do FMI e do Banco Mundial, com o primeiro provendo referencial para solucionar problemas de Balanço de Pagamentos e o segundo assessorando o Fundo em questões relacionadas ao desenvolvimento econômico.

A partir de meados daquela década, quando ficou clara a existência de distorções na estrutura produtiva e política comercial dos países em desenvolvimento, que se traduzia em desequilíbrios externos recorrentes, o Fundo criou a *Extended Fund Facility* em 1974, e no início da década seguinte o Banco passou a prever programas de ajuste estruturais, não se limitando mais a financiar apenas projetos.

---

[11] À Organização das Nações Unidas (à qual o Banco e o Fundo estão vinculados) caberia a promoção da paz e a discussão de temas de interesse geral.

[12] O Artigo II do GATT reconhece que a manipulação das taxas de câmbio e os controles cambiais podem ser usados como formas de proteger os mercados nacionais contra importações, e o Artigo XV detalha em quais áreas as partes contratantes (países-membros) devem estabelecer relações com o FMI, provendo informações sobre restrições cambiais inconsistentes com o Acordo GATT e sobre acordos cambiais com países não-membros, entre outros. Para mais detalhes ver Durán (1995).

As condicionalidades que passaram a ser exigidas em ambos os casos têm clara superposição: os programas financiados pelo Banco passaram a incluir temas de política macroeconômica, enquanto os acordos com o Fundo passaram a incluir reformas estruturais que antes eram objeto exclusivo dos programas do Banco. Ao final da década de 1980 todos os países que receberam empréstimos para ajuste estrutural fizeram acordos do tipo "stand-by" com o Fundo, em um cenário não-previsto de condicionalidades cruzadas (ver, a respeito, os Relatórios do Grupo dos 24; por exemplo, o Suplemento publicado no IMF *Survey*, agosto de 1987).

## Os problemas no sistema de Bretton Woods

### *A falta de mecanismos de ajuste adequados*

O sistema de Bretton Woods permitia o recurso a uma desvalorização cambial como última instância, depois de fracassados os ajustes internos possibilitados por política monetária e comercial. Ainda assim, a variação cambial deveria ser adotada na hipótese de um "desequilíbrio fundamental" nunca definido de forma clara. Essa falta de definição de uma regra básica para o ajuste entre as economias é apontada como uma das causas da falência do sistema.

Um sistema baseado no padrão de taxas fixas de câmbio era particularmente frágil pelo fato de que a economia de referência – a norte-americana – se caracterizava por baixa relação comércio-produto, ou seja, era relativamente fechada. Os desequilíbrios observados deveriam ser idealmente corrigidos por desvalorização do dólar. No entanto, se a margem de variação da paridade fosse pequena, isso comprometeria os esforços para evitar uma corrida pela conversão dos estoques de reservas em ouro. Já a alternativa de uma desvalorização em proporções expressivas esbarrava na resistência por parte dos países que detinham a maior parte de suas reservas internacionais em dólares.

Na prática, havia um componente político que se sobrepunha à lógica puramente econômica. Os países industrializados evitavam ao máximo desvalorizar suas moedas – uma desvalorização era freqüentemente interpretada como sinal de debilidade nacional –, e só o faziam quando pressionados por movimentos especulativos desestabilizadores: nos 14 anos entre 1957 e 1971, a Inglaterra só desvalorizou a libra uma única vez, em 1967; a França, duas vezes, em 1957 e 1969; os Estados Unidos, a Itália e o Japão mantiveram inalteradas suas paridades, e a Alemanha Ocidental valorizou o marco em 1961 e 1969. Os países em desenvolvimento, por sua vez, usaram o recurso da desvalorização cambial com mais freqüência.

De modo semelhante, os países superavitários – Alemanha Ocidental, Japão e Suíça em particular – relutavam em valorizar suas moedas tanto quanto os países deficitários relutavam em desvalorizar: era precisamente graças a essa posição relativa nas paridades que esses países haviam conseguido ser mais competitivos e gerar superávits. Valorizar a moeda poderia comprometer seu desempenho exportador e eventualmente levar à destruição de segmentos de seu parque produtivo.

A resistência dos países industrializados a variar a paridade de suas moedas contribuiu para comprometer de forma significativa a flexibilidade do sistema de Bretton Woods para lidar com desequilíbrios externos, ao mesmo tempo em que originou um enorme fluxo de capitais que encontrou fonte importante de remuneração nos movimentos especulativos nos mercados de divisas. Exemplo disso foi a experiência da Inglaterra: deficitário desde a Segunda Guerra Mundial, o país experimentou pressão de recursos especulativos apostando em uma desvalorização da libra, o que acabou ocorrendo em 1967 apesar dos esforços para evitá-la, via deflação.

## Problemas com a liquidez internacional: o "dilema de Triffin"

A desconfiança em relação a um sistema baseado no lastro em ouro da principal moeda de troca e reserva de valor tornou-se mais explícita a partir da publicação do trabalho de Triffin (1960), o qual originou o que ficou conhecido como o "Dilema de Triffin".

O argumento básico era o de que um sistema do tipo do Padrão-Ouro – no qual as reservas consistiam tanto de ouro quanto de dólares conversíveis em ouro – era intrinsecamente instável: a expansão do comércio internacional (portanto, o crescimento do produto) só poderia ser mantida com uma expansão paralela da liquidez internacional.

A conversibilidade do dólar em ouro leva a um aumento da demanda por dólares, uma vez que sua disponibilidade facilita as transações comerciais. No entanto, os déficits de Balanço de Pagamentos continuados por parte dos Estados Unidos levam a uma erosão da confiança em sua moeda. Nesse contexto, a menos que houvesse uma reforma que tornasse a provisão de liquidez mais racional, o mundo experimentaria um estrangulamento crescente da atividade comercial como resultado do déficit norte-americano, ou haveria uma corrida contra o dólar, na qual os agentes tratariam de converter seus estoques de dólares em ouro, a exemplo do ocorrido em 1931.[13] Para lidar com essa situação, Triffin propunha três alternativas: tornar as taxas de câmbio flexíveis, elevar o preço do ouro ou criar um Banco Central universal e uma moeda única.

O problema do diagnóstico de Triffin foi supor que a convertibilidade dólar-ouro seria mantida inalterada. Assim, a solução definitiva para o problema identificado só poderia ocorrer depois que fosse sanado o déficit comercial norte-americano. Na ausência de uma moeda universal, a solução para o problema

[13] Houve, de fato, uma crescente tendência dos bancos centrais dos países superavitários de converterem seus dólares em ouro, com forte impacto negativo sobre as reservas de ouro do Tesouro norte-americano: a relação entre reservas e disponibilidades líquidas passou de 2,73 em 1950 para 0,31 em 1970 (Pilbeam, 1994).

do dólar só poderia ocorrer por meio de modificações na paridade do dólar, o que significaria alterar a relação dólar-ouro[14] ou abandonar o sistema de taxas fixas de câmbio.

O reconhecimento da situação potencial apontada por Triffin levou, no entanto – ainda na década de 1970 – à adoção de medidas que induzissem os países a manter seus estoques de dólares em lugar de tentar convertê-los em ouro, enquanto se buscava a redução do déficit norte-americano e formas alternativas de prover liquidez mundial.[15]

Uma das prescrições de Triffin era que algum mecanismo deveria ser criado para permitir o aumento de liquidez, evitando ao mesmo tempo o surgimento de crises de confiança. Uma possibilidade era o FMI ser convertido em um banco de depósitos para os bancos centrais, de modo que os países mantivessem parte de suas reservas na forma de depósitos no Fundo, e por meio de um "multiplicador bancário" fosse possível ampliar a capacidade de prover empréstimos ou adquirir títulos, em um processo sob controle do Fundo. Um novo ativo de reserva seria criado. Isso acabou ocorrendo na reunião do Fundo no Rio de Janeiro em 1967.

## *Os anos 60: a criação dos Direitos Especiais de Saque*

As discussões sobre reforma do sistema monetário internacional durante a década de 1960 estiveram centralizadas na idéia de tornar as reservas internacionais administráveis sob algum tipo de controle central, que as mantivesse protegidas de fatores adversos. Os Estados Unidos buscavam mecanismos para evitar variações bruscas na paridade ouro-dólar, enquanto outros países – sobretudo europeus – procuravam formas de evitar as facilidades encontradas pela economia norte-americana em manter posições deficitárias por longos períodos de tempo. Essas foram as motivações de longo prazo subjacentes à criação dos Direitos Especiais de Saque.

A criação do novo ativo de reserva não foi a única solução aventada para lidar com os problemas levantados por Triffin. A discussão de diversas medidas (como a flexibilização das taxas de câmbio ou a valorização do ouro) de fato caracterizou boa parte da segunda metade da década de 1960. Entretanto, não se pode es-

[14] Desde o final da Segunda Guerra Mundial a oferta de ouro tendeu a ser superada pela demanda. Essa situação tornou-se particularmente aguda a partir de 1966; entre os meses de novembro de 1967 e março de 1968 estima-se que o excesso de demanda tenha alcançado US$3 bilhões, graças à especulação motivada pela desvalorização da libra (Oppenheimer, 1979).

[15] Como lembra Williamson (1977), em meados da década de 1960 parecia razoável apostar na correção do déficit norte-americano: a taxa de inflação americana era mais baixa que nos países europeus, o superávit em Conta Corrente havia atingido um nível recorde em 1964 e os ganhos com investimentos externos aumentavam a taxas elevadas. Note, contudo, que de acordo com os artigos do FMI uma alteração na paridade do dólar seria o procedimento mais recomendável. No entanto, essa alternativa foi afastada por razões políticas e pela suspeita de que ela serviria apenas para financiar o déficit norte-americano, em vez de corrigi-lo, e ao mesmo tempo implicaria perda de valor das reservas dos demais países.

quecer que por essa época a escalada do conflito no Vietnã, a corrida espacial e a Guerra Fria – financiadas em boa medida por expansão monetária – reverteram a tendência de correção do desequilíbrio externo da economia norte-americana.

Entre as soluções paliativas, em 1961 um grupo de sete países industrializados, liderado pelos Estados Unidos, constituiu o chamado "Grupo do Ouro" para vender o ouro de suas reservas no mercado de Londres com o objetivo de evitar que o preço do metal ultrapassasse os US$35 por onça. Esse grupo durou até 1968, quando foi estabelecido um mercado duplo para evitar o esgotamento das reservas de ouro do Tesouro norte-americano; para transações entre bancos centrais persistia a paridade de US$35 por onça; para as demais transações, o mercado passaria a determinar as cotações.

Os Direitos Especiais de Saque (DES) foram a solução adotada a partir de 1967 com o propósito de elevar o estoque de reservas internacionais. Originalmente, o valor dos DES foi definido em termos de ouro, mas à mesma paridade do dólar, ou seja, cada unidade de DES equivalia a 35 onças de ouro, e o estoque inicial foi alocado entre os diversos países de acordo com suas quotas do Fundo.

Entre outros argumentos favoráveis aos DES está o de que eles são não apenas um substituto perfeito ao ouro, mas, na verdade, superior a ele, por não estarem vulneráveis aos efeitos-preço das variações de estoque, como o ouro (o preço do ouro é afetado por fatores como progressos técnicos na indústria de mineração, variações na indústria de joalheria etc.). Além disso, os DES funcionam como moeda de curso internacional, com seu poder definido pelo seu uso – por parte dos bancos centrais – como meio de pagamento e reserva de valor.

A discussão relativa aos Direitos Especiais de Saque ganhou novo impulso a partir de 1971, tornando necessário redefinir a questão básica do valor dos DES. Entre outros fatores, destacam-se: a) a proposta do ministro das Finanças inglês de que os DES substituíssem o ouro como referencial para definir as paridades das diversas moedas; b) a possibilidade de adotar margens mais amplas para a variação das paridades em relação ao dólar, a partir do Acordo Smithsonian, em comparação com o sistema prevalecente à época de lançamento dos DES; c) as discussões no âmbito do Comitê dos 20; e d) o cenário – desde 1973 – no qual diversas moedas dos países industrializados passaram a flutuar livremente.

A discussão envolveu duas dimensões: (1) o método para fixar o valor dos DES e (2) os critérios para a alocação dos DES.

Em relação ao primeiro, as discussões foram centradas em quatro critérios básicos: (a) o método da paridade (as transações com DES ocorreriam em valores próximos aos da paridade dólar/cada moeda); (b) o método de uma "cesta básica" (que define as paridades para um conjunto de moedas, com pesos variados); (c) o método da "cesta ajustável" (pelo qual o peso relativo de uma moeda é alterado quando ela é desvalorizada ou revalorizada); e (d) uma "cesta assimétrica" (o peso das moedas desvalorizadas aumenta relativamente, o mesmo não ocorrendo com as moedas que revalorizam, de modo a evitar uma deterioração no valor dos DES). O critério finalmente aprovado foi o item (b), o método de uma cesta básica de moedas. A aceitação dos DES pode ser ilustrada por seu peso relativo na composição das reservas internacionais: de 3,2% do total de reservas (incluindo ouro, divisas, DES e posições de reservas no FMI) em 1970, já em 1973 representavam 5,9% (no início da década de 1980 essa participação havia voltado ao nível de 3%), segundo o *International Financial Statistics*, do FMI.

Mais complicada politicamente foi a discussão sobre a alocação dos DES. A proposta era utilizar o mecanismo dos DES para transferir recursos reais aos países em desenvolvimento sem prejuízo de sua função básica de ativo monetário dos bancos centrais, o que acabou não se verificando.

A paridade inicial de um para um com o dólar foi finalmente alterada em 1974 para ser uma função de uma cesta de 16 moedas (com predominância do dólar), e novamente em 1981 o valor dos DES foi redefinido como uma média ponderada das paridades do dólar, marco alemão, iene, franco francês e libra esterlina (os pesos relativos são: dólar – 43%; marco – 19%; iene – 17%; franco francês – 10% e libra esterlina – 10%).

O volume dos DES é controlado pelo FMI e não pode ser ampliado, a menos que haja decisão favorável nesse sentido por parte de ao menos 80% dos países-membros do Fundo.

## A questão das reservas internacionais

O sistema de Bretton Woods chegou ao fim em 1971-73, período de altas taxas de inflação nos países industrializados. No período 1970-73, o índice de preços ao consumidor acumulou um aumento de 14,4% nos Estados Unidos, 22,9% na Comunidade Européia e 24,4% no Japão. A discussão sobre estabilidade das paridades entre moedas não pode ser completa sem alguma consideração desse aspecto.

Existe uma relação direta entre a aceleração do processo inflacionário nesses países, a desconfiança crescente em relação ao papel central do dólar e o aumento do nível das reservas internacionais.

A persistência de déficits comerciais norte-americanos[16] possibilitou um aumento substancial das reservas disponíveis nos bancos centrais dos demais países. O volume mundial de reservas internacionais (excluindo-se ouro, DES e posições de reservas junto ao FMI) aumentou em média em US$2 a 3bilhões ao ano na década de 1960. Em 1970 o aumento foi de US$12 bilhões, no ano seguinte de US$36 bilhões e de US$23 bilhões em 1972 (ou seja, US$71 bilhões em apenas três anos), refletindo operações de empréstimos oficiais entre países outros que não os Estados Unidos, mas resultando sobretudo de superávits gerados nas tran-

---

[16] Entre 1945 e 1949 os Estados Unidos acumularam sistematicamente enormes superávits comerciais em relação aos países europeus. Com a recuperação das economias européias, a balança comercial norte-americana passou a deficitária, com resultados negativos em torno de US$1 bilhão anuais, entre 1950 e 1957. A partir de 1958 os déficits do Balanço de Pagamentos norte-americano passaram a aumentar em grandes proporções, aproximadamente US$3 bilhões ao ano, graças aos investimentos diretos feitos na Europa e – a partir de meados dos anos 60 – pelo esforço bélico, financiado por emissões de dólares.

sações com a economia norte-americana.[17] Entre 1969 e 1979 o volume mundial total de reservas passou de US$79 bilhões para US$349 bilhões.

Esse aumento de reservas contribuiu para estimular o processo inflacionário tanto diretamente, via aumento de oferta monetária, quanto indiretamente, por meio do impacto sobre os mercados de bens primários: o preço dos produtos primários triplicou entre 1971 e 1974.

Ao mesmo tempo, esse aumento de reservas tornou sem sentido a preocupação de criar liquidez internacional, que levou, em 1969, à criação de US$9,5 bilhões de DES: mesmo com a crise do petróleo em 1973, o volume de reservas internacionais seguiu aumentando, tendo ampliado um total de US$242 bilhões entre 1974 e 1978.

## O fim do sistema de Bretton Woods

Em 15 de agosto de 1971, o presidente Nixon anunciou um pacote de medidas destinado a demonstrar a gravidade com que sua administração via a necessidade de ajuste nas contas externas dos Estados Unidos. Esse conjunto de medidas compreendia a suspensão da conversibilidade dos dólares em ouro, além de impor sobretaxas às importações norte-americanas e conceder incentivos fiscais à aquisição de bens de capital produzidos internamente.

O resto do mundo reagiu a essas medidas com apreensão (os Estados Unidos demandavam uma apreciação geral das demais moedas, como forma de contribuição para o próprio desequilíbrio externo, ao mesmo tempo em que relutavam em reduzir as sobretaxas cobradas pelas importações) e teve início então uma série de negociações pelos três anos seguintes, destinadas a reconstruir o sistema monetário internacional.

A primeira das negociações com resultados substantivos teve lugar no Instituto Smithsonian, em Washington, em dezembro de 1971. Essas negociações ocorreram no âmbito do G-10 (os dez países industrializados mais ricos do mundo), e foram as primeiras nas quais se procurou promover ajustes de taxas de câmbio em bases multilaterais, ao mesmo tempo em que – igualmente sem precedentes – se buscou reconciliar objetivos de Balanço de Pagamentos de diversos países.

Pelo acordo obtido (em 18 de dezembro), os Estados Unidos se comprometiam a eliminar as sobretaxas sobre importações, em troca de uma redefinição das paridades das nove moedas em relação ao dólar, significando de fato uma desvalorização substantiva do dólar.[18] Além disso, a margem permitida para flutua-

---

[17] Dados de Oppenheimer (1979). Esses aumentos estiveram fortemente concentrados nos países industrializados: os aumentos de reservas para os países em desenvolvimento (inclusive produtores de petróleo) foi de apenas US$2 bilhões em 1970 e US$4 bilhões em 1971.

[18] A valorização resultante do acordo foi, segundo Tew (1977), de: 11,6% para a Bélgica, 8,6% para a França, 13,6% para a Alemanha, 7,5% para a Itália, 16,9% para o Japão, 11,6% para a Holanda, 7,5% para a Suécia, 8,6% para a Inglaterra, e o Canadá manteve a cargo do mercado a definição da nova paridade.

ções futuras passou a ser de 2,25%, superior em 1,25 pontos de percentagem aos limites impostos pelo sistema de Bretton Woods, e a cotação do dólar foi elevada de US$35/onça para US$38/onça.

A nova faixa de variação permitida para as taxas de câmbio constituiu um problema para os países europeus: um limite de 2,25% significa uma faixa de possibilidades de variação em relação ao dólar de amplitude igual a 4,5%; tomando-se dois países quaisquer (exclusive os Estados Unidos) em um dado período, isso significa que a flutuação possível entre suas moedas pode ser expressiva. As características do comércio entre esses países – com um componente preponderante de transações entre os membros da atual União Européia – e os propósitos de consolidar a união econômica entre esses países tornaram necessário estreitar a margem de variação possível entre as paridades de suas moedas.

Os ministros de finanças europeus adotaram então um sistema que ficou conhecido como a "serpente européia": (a) seus países permaneceram adeptos das decisões do Acordo Smithsonian, com faixa de variação de suas moedas em relação ao dólar da ordem de 2,25%; (b) mas, ao mesmo tempo, definiu-se um esquema específico para os países europeus limitando a faixa de variação entre pares de moedas européias – quando a moeda européia mais valorizada atingisse um diferencial em relação à moeda européia menos valorizada igual a 2,25% (metade, portanto, do permitido pelo Acordo Smithsoniano), ocorreria compra da moeda menos valorizada utilizando a moeda mais valorizada.[19] Esse tema é retomado no Capítulo 18.

O ano de 1972 foi caracterizado por dois eventos importantes para a evolução do sistema monetário internacional.

No primeiro deles, a Inglaterra passou a apresentar novos sinais de desequilíbrio externo expressivo, e em junho daquele ano anunciou duas medidas relevantes: a libra esterlina se desligava da serpente européia do Acordo Smithsoniano e passava a flutuar, tendo seu valor estabelecido pelo mercado, ao mesmo tempo em que impunha controles sobre movimentos de capital.

A importância dessas medidas é que de fato o exemplo inglês foi seguido por outros países: a percepção de que o dólar poderia voltar a ser desvalorizado levou a uma falta de confiança generalizada, ao mesmo tempo em que os agentes percebiam que os dois países superavitários – Alemanha e Japão – acumulavam reservas em proporções incompatíveis com seu equilíbrio macroeconômico.

Essas expectativas foram concretizadas em fevereiro de 1973: o Japão fechou as operações do seu mercado de divisas, dado o excesso de oferta de dólares, e uma nova rodada de negociações multilaterais restabeleceu o equilíbrio, agora com não apenas a libra e o dólar canadense flutuando, mas também a libra irlandesa, a lira, o franco suíço e o ien. Em março, as operações nos mercados de divisas tiveram de ser suspensas mais uma vez, e o acordo que levou à retomada

[19] Essa compra podia ser realizada por um dos dois países envolvidos. Para tanto, criou-se um mecanismo de ajuste mensal no âmbito da Comunidade Européia, pelo qual os países credores e devedores podiam trocar entre si moedas menos valorizadas por outros ativos.

dos negócios representou de fato o fim do padrão-dólar para os países industrializados: os países-membros da Comunidade Econômica Européia passaram a adotar uma flutuação conjunta, enquanto Canadá, Japão e Suíça seguiram adotando regimes de taxas flexíveis.

O segundo evento importante com início no ano de 1972 foi a criação do Comitê dos 20, assim chamado por ser formado pelos vinte países ou grupos de países que indicam diretores executivos do FMI. Esse comitê foi encarregado pelos governadores de propor um novo Sistema Monetário Internacional. As discussões duraram até a publicação (em junho de 1974) do relatório *Outline of Reform*.

A falta de consenso político, as dificuldades técnicas para propor um sistema internacional equilibrado, além dos eventos ocorridos durante o longo processo de discussão – entre eles, destaque deve ser dado à quadruplicação dos preços do petróleo em outubro de 1973 – fizeram com que os planos originais de desenhar um novo sistema fossem abandonados e transformados no que foi possível alcançar: acordos parciais sobre temas específicos: composição da cesta para formar os Direitos Especiais de Saque, criação de uma linha de crédito no FMI para os países afetados pela crise do petróleo, criação do Comitê para o Desenvolvimento, envolvendo o FMI e o Banco Mundial, reformas internas no FMI, entre outras medidas.

Esses acordos não eliminavam um obstáculo formal básico: a existência de moedas cujas paridades eram determinadas livremente pelo mercado era algo não contemplado nos artigos constitutivos do FMI, o que tornava necessário algum tipo de alteração dos textos básicos.

Em novembro de 1975, em Rambouillet, na França, representantes das principais nações industrializadas concordaram em modificar os artigos constitutivos do FMI para comportar a existência do regime de taxas de câmbio flutuantes. Isso foi obtido em janeiro do ano seguinte, em conferência realizada em Kingston, Jamaica, quando foi decidido legitimizar a prática de taxas flutuantes de câmbio, abolir o preço oficial do ouro e aumentar a importância dos Direitos Especiais de Saque como reserva internacional, que deveriam passar a ser o principal ativo dos bancos centrais.

## Palavras-chave

- Padrão-Ouro
- Sistema de Bretton Woods
- Dilema de Triffin
- Acordo Smithsoniano
- Direitos Especiais de Saque

## Exercícios

1. A determinação da taxa de câmbio sob o Padrão-Ouro é semelhante à obtida em um modelo monetarista com taxas flexíveis. Discuta.
2. "O sistema monetário no período 1946-71 foi ao mesmo tempo função de acordos formais e das variações no mercado de ouro." Comente, explique e justifique sua resposta.
3. "À diferença dos acordos multilaterais de comércio nas diversas versões de sistema monetário internacional, os países em desenvolvimento jamais conseguiram obter tratamento diferenciado." Comente, explique e justifique sua resposta.
4. O que é o chamado Dilema de Triffin?
5. O que é o "problema da consistência" em um sistema monetário internacional?
6. Por que a conversibilidade foi importante para a construção do chamado Sistema de Bretton Woods?

## Referências bibliográficas


DURÁN, E. "El Sistema de Bretton Woods a los Cincuenta Años: El futuro de la cooperación internacional y la visión latinoamericana". Bogotá: SELA, SP/DFGAN/Di No.8, mimeo, 1995.

EICHENGREEN, B. "Editor´s Introduction". *In*: EICHENGREEN, B. (ed.) *The Gold Standard in Theory and History*. Nova York: Methuen, 1985.

EICHENGREEN, B. *Globalizing capital: A history of the International Monetary System*. New Jersey: Princeton University Press, 1998.

FEINBERG, R. BACHA, E. "When Supply and Demand Don´t Intersect: Latin America and the Bretton Woods Institutions in the 1980s". *Development and Change*. Vol. 19, 1988.

McCALLUM, B. T. *International Monetary Economics*. Nova York: Oxford University Press, 1996.

OPPENHEIMER, P. "International Monetary Arrangements: The Limits to Planning, Bank of England". Londres: Papers presented to the Panel of Academic Consultants, No. 8, 1979.

PILBEAM, K. *International Finance*. Londres: The Macmillan Press, 1994.

TEW, B. *The Evolution of the International Monetary System: 1945-77*. Londres: Hutchinson University Library, 1977.

TRIFFIN, R. "The Myth and Realities of the so-called Gold Standard". *In*: EICHENGREEN, B. (ed.) *The Gold Standard in Theory and History*. Nova York, Methuen, 1985.

WILLIAMSON, J. *The Failure of the World Monetary Reform: 1971-74*. Thomas Nelson & Sons, 1977.

YEAGER, L. *International monetary relations: theory, history and policy*. Nova York: Harper&Row, 1976.

# Capítulo 18

## A experiência européia com unificação monetária e a evolução recente do Sistema Monetário Internacional

O Capítulo 17 mostrou que o sistema monetário internacional, baseado no sistema de taxas fixas de câmbio e centrado na conversão ao ouro, entrou em crise no início da década de 1970. Este Capítulo mostra o que se seguiu ao fim do chamado Sistema de Bretton Woods e as diversas tentativas de coordenação internacional. Antes, porém, é contada a experiência européia com mecanismos comuns de pagamento e sua evolução até a criação do euro.

### A experiência européia

O Sistema Monetário Europeu teve origem em setembro de 1950, quando os países membros da Organização para a Cooperação Econômica Européia firmaram acordo para a criação da União Européia de Pagamentos (UEP), sob os auspícios do BIS (Banco Internacional de Compensações, da Basiléia). Esse era um sistema de *clearing* dos pagamentos entre os países-membros, pelo qual cada país deveria honrar apenas sua posição *líquida* com os demais parceiros (mecanismo posteriormente adotado por diversos países da América Latina, por meio de Convênios de Crédito Recíproco, e que veio a constituir instrumento importante para o financiamento do comércio regional).

Cada país tinha direito a uma quota de 15% do valor de seu comércio externo (exportações mais importações) em 1949. Um débito inferior a 20% da quota podia ser resgatado com crédito da UEP. Acima de 20%, o débito tinha de ser coberto parcialmente com a quota, parcialmente em ouro. Esse mecanismo, ao mesmo tempo em que viabilizava as transações entre economias com baixa liquidez em divisas, tinha a fragilidade intrínseca de instabilidade quando um país esgotasse sua quota (o que ocorreu já em 1950: a Alemanha esgotou sua quota, e foram necessários a adoção de política monetária restritiva, o controle de importações e o crédito especial por parte da UEP).

Esse sistema contribuiu para estabilizar as relações entre os países envolvidos. Um benefício adicional derivou das crescentes importações por parte dos Estados Unidos, responsáveis por reverter o sinal da balança comercial com os países europeus, contribuindo para reduzir o problema de "escassez de dólares", que caracterizou os debates na maior parte da década de 1950. Isso possibilitou que em 1958 os países envolvidos tivessem um volume tal de reservas internacionais que tornou possível sua plena conversibilidade para não-residentes. Em dezembro daquele ano, a União Européia de Pagamentos foi desfeita e substituída por um Acordo Monetário Europeu, que criava facilidades para os pagamentos bilaterais em ouro ou dólar.

A década de 1960 foi caracterizada por grande preocupação na Comunidade Européia, em relação à ocorrência de ajustes cambiais que afetavam o funcionamento da união aduaneira e a Política Agrícola Comum. Os acontecimentos do final dessa década – os episódios de 1968 que levaram à desvalorização do franco francês e à adoção de controles de capital pela França, associados aos superávits recorrentes da Alemanha em suas relações comerciais com os demais países europeus – fizeram, no final de 1969, o Conselho Europeu reafirmar formalmente o propósito de prosseguir os esforços para a criação de uma união monetária.

O Acordo Monetário vigorou até dezembro de 1972, quando os países-membros da Comunidade Econômica Européia decidiram – em vista do fim da paridade-ouro do dólar e da desconfiança crescente em relação ao Acordo Smithsoniano – manter a paridade de suas moedas variando em limites inferiores (± 2,25%) aos limites estabelecidos pelo Acordo Smithsoniano para as variações das diversas moedas em relação ao dólar (± 4,5%). Essa medida levou a uma flutuação coordenada das moedas européias, que se tornou conhecida como "a serpente européia".

Anos mais tarde, em agosto de 1993, pressionados por movimentos especulativos que afetavam a maior parte das moedas envolvidas, as autoridades monetárias dos países envolvidos decidiram ampliar de forma substantiva a faixa de variação permitida pelo Sistema Monetário Europeu para as paridades das moedas participantes dos ± 2,25% para ± 15%.

O conjunto de países que aderiram a esse sistema variou bastante ao longo do tempo, e alguns analistas (McCallum, 1996) enfatizam como um indicador de seu insucesso o fato de em seus últimos tempos não incluir outro país europeu de expressão além da Alemanha. O argumento a favor, de a evidência dos ajustes das paridades entre as moedas remanescentes ter sido limitada, sugere de fato que o mecanismo foi bem-sucedido.

## A serpente européia se amplia e se reduz
### (baseado em Fernández de Lis e Santillan, 1995)

Originalmente a "serpente" compreendia todos os membros da Comunidade Européia exceto Dinamarca, Irlanda e Reino Unido, que aderiram em maio de 1972, mas por pouco tempo. A Dinamarca e a Irlanda voltaram a aderir, mas novamente se retiraram, do mesmo modo que a Itália em 1972 e a França em 1974 e 1976. Ao final de sua existência (1979), a "serpente" compreendia apenas a Dinamarca, a Alemanha, a Holanda e Bélgica-Luxemburgo. A história da "serpente" pode ser resumida nos seguintes movimentos: 1972 – *abril:* entra em vigor o Acordo de Basiléia (participam Alemanha, Bélgica, França, Holanda, Itália, Luxemburgo); *maio:* incorporação da Inglaterra e Dinamarca (que saem em junho) e Noruega; *outubro:* regressa a Dinamarca. 1973 – *fevereiro:* Itália se retira; *março:* flutuação conjunta frente ao dólar, Suécia adere, marco é valorizado em 3%; *junho:* marco se valoriza 5,5%; florim se valoriza 5%. 1974 – *janeiro:* França se retira, volta em julho de 1975 e se retira novamente em março de 1976. 1976 – *outubro:* desvalorização da coroa dinamarquesa (6%), do florim e do franco belga (2%) e das coroas sueca e norueguesa (3%). 1977 – *abril:* desvalorização das coroas sueca (6%) (que se retira em agosto), dinamarquesa e norueguesa (3% e 6% em agosto). 1978 – *fevereiro:* coroa norueguesa se desvaloriza 8%; *outubro:* valorização do marco (4%), do florim e do franco belga (2%); *dezembro:* Noruega se retira.

De qualquer forma, a "serpente" serviu de base para a criação, em março de 1979, do Sistema Monetário Europeu, centrado no Mecanismo de Taxas de Câmbio, que mantinha as paridades fixas entre si. Foi criada a UME (Unidade Monetária Européia)[1] – essencialmente uma "cesta" referencial de moedas[2] –, e foi definido para cada moeda participante um valor em termos de UMEs, devendo ser mantida sua paridade dentro de uma faixa de variação limitada em relação à UME (entre 1979 e 1992, uma faixa de variação de ± 2,25%, com exceção de Itália, Espanha e Inglaterra, a quem se permitiu uma variação de até ± 6%), por meio de intervenções dos bancos centrais e ajustes nas políticas monetárias.

O Sistema Monetário não se limitava apenas à fixação das paridades das diversas moedas. A UME passou a funcionar de fato não apenas como um referencial para as diversas taxas de câmbio, mas também como a unidade de conta oficial da União Européia, utilizada na elaboração de orçamentos e na provisão de créditos pelos organismos oficiais, além de servir igualmente como reserva de va-

[1] Em inglês e francês, ECU, que significa *European Currency Unit;* é igualmente o nome de uma antiga moeda adotada na França, nos séculos XIV e XV.

[2] Em dezembro de 1991 a composição percentual da "cesta" que compunha a UME era a seguinte (McCallum, 1996): franco belga –7,86; coroa dinamarquesa –2,49; franco francês – 19,13; marco alemão – 30,64; libra irlandesa – 1,12; lira italiana – 9,88; franco luxemburguês – 0,31; guinéu holandês – 9,57; libra esterlina – 12,32; dracma grega – 0,62; peseta espanhola – 5,29; escudo português – 0,77.

lor para os bancos centrais europeus. O sistema compreendia ainda regras para a fixação do valor da UME, regulamentações das intervenções nos mercados de divisas, e outros dispositivos.

### Características técnicas do Sistema Monetário Europeu
**(baseado em Gros e Thygesen (1998))**

O Sistema Monetário Europeu (SME) apresentava (ao menos) quatro características básicas que tornaram viável sua operação:

a) obrigação de intervir em situações de desequilíbrios entre as paridades:

- cada país aceitava uma paridade em relação à média das moedas participantes do SME
- a intervenção por parte das autoridades monetárias do país seria compulsória quando a paridade bilateral superasse em *m*% a taxa central de referência. Até agosto de 1993, *m*=2,25%.
- as margens de intervenção eram definidas ao se multiplicar a taxa central por (1+x) e (1-y), com *x* e *y* determinados pelo sistema:

$$(1 + x)\ (1 - y) = 1$$

$$x + y = 2m$$

Assim, para m=2,25%, a solução desse sistema dá: (1+x) = 1,022753 e (1-y) = 0,977753

(por exemplo, se 100 marcos alemães valem 335,386 francos francês, os limites aceitáveis para as paridades bilaterais seriam 327,92 e 343,05. Quando as taxas superassem qualquer dessas duas taxas, os Bancos Centrais da Alemanha e da França eram obrigados a intervir).

b) adoção de um "indicador de divergência"

O SME adotava uma unidade de medida que levava o país cuja moeda se distanciasse do valor médio das demais moedas do Sistema a intervir no mercado de divisas. Essa medida era o "indicador de divergência", dado por:

$$D_i = ((s_i - c_i) / c_i) \ .\ (1 / 1 - w_i)) \ .\ (100 / m)$$

em que:

$s_i$, $c_i$ = taxa de mercado e taxa oficial da moeda i
$w_i$ = peso da moeda i na cesta de moedas que formam o ECU, unidade de conta e de referência adotada pelo SME a partir de 1974

c) facilidades de crédito

Os países do SME reconheciam os custos de ajuste envolvidos nas eventuais intervenções. Assim, criaram o Fundo Europeu de Cooperação Monetária (FECM), de tal modo que os países que procediam a ajustes podiam contar com: i) crédito de curtíssimo prazo; ii) apoio monetário; iii) assistência técnica de médio prazo

d) mecanismo de facilitação do uso do ECU

Os países depositavam 20% de suas reservas de ouro e dólares no FECM, e essas reservas eram convertidas em ECUs, e podiam ser usadas como unidades de compensação de créditos bilaterais

As análises do SME indicam que houve de fato quatro etapas, razoavelmente definidas nessa experiência: i) a etapa de orientação – 1979 a 1983 – quando houve sete realinhamentos entre as paridades; ii) a etapa de consolidação – 1983 a 1987 – com quatro realinhamentos; iii) a etapa de reorientação – 1987 a 1989 – com um realinhamento; iv) a etapa final – 1989 a 1995 – com seis realinhamentos. A característica básica e essencial desses realinhamentos era que – à diferença do início dos anos 70, quando os países desvalorizavam suas moedas de forma unilateral – agora tratava-se de ajustes feitos de comum acordo entre os países participantes.

Os dados relativos ao desempenho das economias européias indicam uma convergência crescente em termos de taxas de inflação e aumento do volume de comércio intra-regional. Parte da explicação para esses resultados está associada ao caráter de intenso intercâmbio regional e intra-setorial – sem paralelo em outras regiões (as transações entre os países-membros da Comunidade Européia absorvem mais de dois terços do comércio externo total desses países, com índices de transações intra-setoriais tipicamente da ordem de 70-80% (Baumann, 1994 e Globerman e Dean, 1990)), mas parte é igualmente devida ao funcionamento do sistema monetário e às condicionantes que ele impõe sobre as economias nacionais.

Em maio de 1985, teve início um primeiro movimento para a internacionalização do ECU, como parte do processo que levaria à moeda comum. Naquela oportunidade o Conselho Europeu aprovou que: i) os Bancos Centrais passassem a poder comprar dólares ou outra moeda européia com ECUs em dois períodos consecutivos; ii) foi dado estímulo aos Bancos Centrais com posição credora em ECUs para os manter em reserva; iii) foi permitido a Bancos Centrais de países não-membros do SME adquirir ECUs.

Em setembro de 1987, o Acordo de Basle/Nyborg aprovou medidas importantes para a coordenação de políticas monetárias dos países participantes do SME: i) ampliou as facilidades de crédito do Fundo Europeu de Cooperação Monetária; ii) permitiu o uso das Facilidades de Crédito de Curtíssimo Prazo para financiar intervenções intramarginais; iii) ampliou os limites para liquidação de débitos em ECUs, de 50% para 100%; iv) recomendou melhor articulação no uso conjunto da política cambial, mudanças nos diferenciais das taxas de juros e intervenções.

Para melhor entender a evolução desse sistema na década de 1990 é preciso antes compreender as medidas adotadas para compensar a relativa perda de competitividade da produção européia em relação, sobretudo, aos concorrentes asiáticos e americanos. Desde abril de 1989, o chamado Relatório Delors (assim chamado por associação ao então presidente da Comissão Européia, Jacques Delors) estabeleceu um conjunto de etapas a serem cumpridas para a integração monetária européia e para a consolidação de um sistema produtivo competitivo, a partir de 1992.

Do ponto de vista monetário, as etapas previstas pelo Relatório Delors começaram a ser cumpridas em julho de 1990, com a adesão da Itália e da Inglaterra ao Mecanismo de Taxas de Câmbio. Em dezembro de 1991 foi acordado em Maastricht que a partir de janeiro de 1994 começaria a operar uma organização de bancos centrais europeus, com o propósito de preparar os sistemas econômicos dos países europeus – promovendo convergência crescente em termos de taxas de câmbio, inflação, taxas de juros e estrutura fiscal – para uma eventual união monetária, prevista para ter início em 1997, ou – se as condições básicas não fossem satisfeitas – no mais tardar em 1999. A idéia de criar uma união monetária européia teve um forte componente político, uma vez que traduzia o temor – por parte de diversos países – quanto a um eventual papel preponderante do marco alemão após a reunificação da Alemanha.

## *O euro*

O processo de unificação monetária na Europa teve início nos anos 70. O final do chamado Sistema de Bretton Woods impôs aos países europeus – que tradicionalmente têm no comércio regional a maior parte de suas relações comerciais externas – o desafio de encontrar mecanismos para evitar, no contexto de paridades cambiais não mais fixas, grandes disparidades entre suas moedas.

Desde 1979, os países da Comunidade Européia puderam optar pelo Sistema Monetário Europeu (SME), em que esses países definem as paridades de suas moedas em termos do ECU, a Unidade Monetária Européia, cujo valor é calculado a partir de uma cesta de moedas dos países-membros.

A adesão ao SME sofreu diversas modificações ao longo do tempo, e apenas em 1992 todos os países da União Européia (exceto Grécia) aderiram ao sistema. O período de relativa estabilidade estimulou o debate sobre a possibilidade de se promover plena união monetária.

Em junho de 1988, o Conselho Europeu confirmou o propósito de formação de uma união monetária. Em abril de 1989, foi divulgado o Relatório Delors, que recomendava a união monetária, e que isso ocorresse a partir de três estágios:

i. a partir de 1990, promover a coordenação de políticas econômicas, em paralelo à liberalização dos movimentos de capitais; fortalecer a comunidade para eliminar equilíbrios regionais; remover obstáculos à integração financeira; conseguir que todos os países-membros do SME passassem a participar do Mecanismo da Taxa de Câmbio (*ERM – Exchange-Rate Mechanism*);

ii. estreitar as bandas cambiais para ajustes de paridades; criação do Sistema Europeu de Bancos Centrais. Este último não foi adiante, e em 1994 foi criado o Instituto Monetário Europeu, para coordenar as políticas econômicas e monetárias, assim como promover convergência dos indicadores macroeconômicos, como preparação para o terceiro estágio. O grau de convergência seria medido a partir de critérios específicos (a serem discutidos adiante);

iii. o terceiro estágio (que teria início em 1997, mas acabou adiado para 1999) fixaria as taxas de câmbio, com a mudança para uma moeda única e políticas monetária e cambial homogêneas.

O Tratado de Maastricht – firmado em 7 de fevereiro de 1992 – estabelece o arcabouço legal para a União Monetária Européia (UME). Os países-membros da União Européia que não atendessem aos critérios de convergência ou optassem por permanecer fora da União Monetária poderiam manter a paridade de suas moedas em relação ao euro usando um processo semelhante ao Mecanismo de Taxas de Câmbio (ERM).

O Tratado definiu quatro critérios a serem satisfeitos ao final de 1997, para admissão à união monetária:

a. taxa de inflação (medida pelos preços ao consumidor) não superior a 1,5 pontos percentuais acima da média para os três países da União com as taxas mais baixas;

b. taxas de juros nominais de longo prazo não superando dois pontos percentuais acima das taxas para os três países com as taxas de inflação mais baixas;

c. os países deveriam ter participado do ERM sem realinhamentos de suas paridades por pelo menos dois anos;

d. deficit público inferior a 3% do PIB e uma relação dívida/PIB inferior a 60%. As únicas exceções aceitas seriam no caso de déficit "excessivo" temporário e/ou relação dívida/PIB declinante a um ritmo satisfatório.

O Tratado prevê igualmente que a convergência deveria ser medida também pela situação do Balanço de Pagamentos, pela integração de mercados, pelos custos unitários da mão-de-obra e por outros índices de preços. Esses aspectos são menos considerados no debate sobre o tema. Note-se ainda que os critérios não são 'de convergência' em sentido estrito, uma vez que as dívidas públicas podem oscilar, por exemplo, entre 0% e 60% (IRELA/BID, 1997).

Os critérios relativos às taxas de inflação e taxas de juros foram mais facilmente cumpridos, uma vez que as taxas de inflação em todos os membros da União Européia decresceram na primeira metade dos anos 90. Foi menos fácil atingir as condições acordadas em relação às contas públicas.

O fato de o Tratado de Maastricht não definir orientação em termos de política fiscal para o período posterior à formação da União Monetária levou os países-membros a acordarem em dezembro de 1996 um *Pacto de Estabilidade e Crescimento*, que define exceções automáticas para os casos de déficits fiscais "excessivos" associados a uma recessão.

Desde 1º de janeiro de 1999, onze Estados-Membros da União Européia passaram a participar do euro: Bélgica, Alemanha, Espanha, França, Irlanda, Itália, Luxemburgo, Holanda, Áustria, Portugal e Finlândia. Ficaram fora da UME por opção política o Reino Unido, a Dinamarca e a Suécia, e a Grécia não satisfez os critérios básicos.

## *Principais características*

O processo de constituição de uma moeda única envolveu inicialmente a criação do Instituto Monetário Europeu, que viabilizou a homogeneização de padrões e estatísticas entre os países, criando as condições básicas para o surgimento do Banco Central Europeu. Com a entrada em operação deste, em janeiro de 1999, o Instituto deixou de existir.

O Tratado de Maastricht estabelece explicitamente que o objetivo do Banco Central Europeu é a "estabilidade de preços", e o proíbe de compensar esse objetivo por qualquer outro. O Tratado deixou a critério do banco decidir o que significa "estabilidade de preços", assim como determinar metas monetárias e de aumento do nível de preços (o BCE definiu *estabilidade* como uma inflação anual de 2% ou menos; para atingir seus objetivos o BCE conta com dois instrumentos de política – a fixação de uma taxa de juros de recompra (*repo rate*) e a imposição de reservas compulsórias (remuneradas) aos bancos).

Pelo Tratado, o único instrumento de política macroeconômica que resta aos governos nacionais é a política fiscal, e ainda assim limitada às metas acordadas. O BCE é impedido de ajudar governos nacionais; os governos endividados serão punidos pelo próprio mercado, ao pagar *spreads* mais altos. Um motivo de preocupação em relação ao funcionamento da UME é o número limitado de instrumentos macroeconômicos disponíveis para lidar com as diferenças entre os países-membros e com as respostas possíveis a choques externos

As taxas de conversão adotadas em 31 de dezembro de 1998 para entrar em operação a partir de 1º de janeiro de 1999 foram: 1 euro = 40,3399 francos belgas; 1,95583 marcos alemães; 166,386 pesetas espanholas; 6,55957 francos franceses; 0,787564 libras irlandesas; 1936,27 liras italianas; 40,3399 francos luxemburgueses; 2,20371 florins holandeses; 13,7603 xelins austríacos; 200,482 escudos portugueses; 5,94573 markas finlandesas.

Desde 1º de janeiro de 1999, as empresas de todos os tipos e as administrações públicas foram autorizadas a utilizar o euro sob a forma de moeda escritural, isto é, cheques, cheques de viagem, transferências bancárias, cartões de crédito e caixas eletrônicos.

## Efeitos do euro sobre o mercado financeiro europeu

O número de emissões de títulos no mercado da União Européia variou entre 249 e 289 ao ano entre 1995 e 1998, saltando para 504 nos primeiros três trimestres de 1999. Os valores envolvidos aumentaram de algo próximo a US$40 trilhões na média de 1995-98 para cerca de US$200 trilhões nos primeiros três trimestres de 1999.

As causas desse aumento são variadas. Em primeiro lugar, os governos europeus captam menos recursos, uma vez que estão forçados a manter seus déficits orçamentários sob controle, em função do Pacto de Crescimento e Estabilidade. Isso permite maior liquidez ao mercado privado (*crowding in*), refletindo na confiança dos investidores e aplicadores.

Além disso, as empresas européias têm demandado recursos em magnitudes crescentes, como resultado do aumento de fusões e aquisições, estratégia adotada para adquirir escala e melhor competir no mercado ampliado. Apenas no primeiro semestre de 1999 foram realizadas operações no valor aproximado de US$500 bilhões, o quíntuplo do valor observado em 1990 e quase o mesmo número de todo o ano de 1998.

Acrescente-se a esses efeitos o fato de os investidores institucionais, tradicionais fontes de capital do sistema bancário, que antes estavam limitados a manter parte de seus ativos em moeda local, agora poderem diversificar suas carteiras. Administradores de fundos em toda a Europa têm passado a diversificar seus ativos em mercados de outros países da área do euro: em junho de 1999, os títulos externos correspondiam a 24% das carteiras dos fundos mútuos alemães, comparados com 12% ao final de 1997 e 19% no final de 1998, segundo a revista *The Economist* (20/Setembro/2003).

A redução dos riscos de câmbio intra-Europa e dos custos de transação para investidores na área européia deve significar, em princípio, mercados mais líquidos para todos os papéis. Os riscos de câmbio não desaparecem, mas passam a ficar limitados às transações com países fora da UME. No entanto, considerando-se que mais de 2/3 das transações comerciais dos países da União Européia ocorrem entre os países-membros, esse risco afeta de fato um percentual limitado das transações totais dos países envolvidos. Por esse mesmo motivo, cabe destacar a evolução da paridade euro-libra esterlina, ao menos enquanto o Reino Unido não se dispuser a aderir à UME. Com a redução adicional de outros custos, os investidores estariam mais propensos a aceitar maiores riscos nos papéis que eles compram. O mercado de capitais ampliado abriria, assim, novas possibilidades para tomadores de recursos, o que é uma terceira razão para explicar o *boom* verificado em 1999.

Em relação à atração de recursos externos, a partir da adoção do euro aumentou o investimento direto entre os 11 países participantes, uma vez que as empresas podem comparar estruturas de custos mais facilmente, sem ter de se preocupar com variações cambiais.

## O atual regime internacional de taxas de câmbio

O regime atual permite que os países adotem qualquer tipo de política cambial.[3] À diferença do final do século passado – com a vigência do Padrão-Ouro – e dos trinta anos que se seguiram à Segunda Guerra – com o padrão de Bretton Woods –, o que se observa na década de 1990 é uma multiplicidade de regimes cambiais, tanto no que se refere à moeda usada como referência (diversos países usam como referencial o dólar norte-americano, outros o franco francês, outros ainda os DES ou outras moedas) quanto em termos dos critérios de ajuste (se referenciados às variações de uma moeda ou de uma cesta de moedas, se determinados pelo mercado ou estabelecidos por acordos etc.).[4] Talvez mais importante que todo o resto, contudo, é o fato de as três moedas mais importantes – dólar, iene e marco – serem deixadas livres para flutuar entre si.

A inexistência de padrões comuns que determinem as paridades das principais moedas é freqüentemente vista como um fator de instabilidade, e tem levado à proposição de diversas medidas que visam introduzir um grau maior de convergência no sistema, aumentando sua estabilidade.

### *Volatilidade e acesso ao capital (a taxa Tobin)*

De acordo com o prêmio Nobel James Tobin (1982), boa parte das oscilações entre as diversas taxas de câmbio observadas a partir da adoção de taxas flutuantes tem sido causada pelos movimentos de capital de curto prazo. Em um cenário globalizado, os graus de liberdade das autoridades monetárias nacionais para adotar políticas independentes são limitados (um aspecto discutido recentemente por Lerda (1996)): uma elevação da taxa de juros interna pode provocar entrada maciça de recursos e levar a uma apreciação cambial, com o oposto ocorrendo na hipótese de redução da taxa de juros em relação ao nível praticado por outros países.

A proposta de Tobin consiste na taxação de todas as transações com divisas, o que reduziria o estímulo para os especuladores movimentarem recursos de um país para outro em função de pequenos movimentos das taxas de juros. Uma taxa

[3] A Segunda Emenda aos artigos do Acordo do FMI dispõe, na Seção 2(b) do Artigo IV: "Sob o sistema monetário internacional do tipo prevalecente em 1º de janeiro de 1976 as políticas de taxas de câmbio podem incluir: (1) a manutenção, por parte de um país-membro, do valor de sua moeda em termos de Direitos Especiais de Saque ou outro denominador, exceto ouro, escolhido pelo próprio país; ou (2) acordos cooperativos pelos quais países-membros mantenham o valor de suas moedas em relação ao valor de outra moeda ou conjunto de moedas de outros países-membros, ou (3) outro sistema que o país-membro escolher."

[4] Por exemplo, Pilbeam (1994) ilustra a seguinte situação encontrada ao final de 1990, em número de países: (a) moeda referencial: dólar – 25; franco francês – 14; outras moedas –5; DES – 7; outros arranjos – 35; (b) flexibilidade limitada, em termos de uma moeda ou grupo de moedas: flexibilidade em relação a outra moeda – 4; acordos cooperativos – 9; ajuste de acordo com conjunto de indicadores variados – 3; flutuação administrada – 23; flutuação livre ou quase livre –26. Para mais informações, ver FMI, International Financial Statistics.

moderada seria suficiente para afetar o movimento de capitais de curto prazo sem comprometer os capitais de longo prazo.

Entre outras críticas a essa proposta, para ser efetiva essa taxa teria de incidir sobre todas as transações em divisas e não apenas sobre movimentos de capitais de curto prazo (o que poderia comprometer o dinamismo comercial), e, como algumas transações de curto prazo são de fato estabilizadoras, portanto, com uma taxação, esse benefício poderia ser perdido. Além disso, é discutível se a menor autonomia da autoridade nacional é um elemento negativo, uma vez que o próprio risco de variações não-planejadas na taxa de câmbio impõe disciplina macroeconômica à formulação das políticas nacionais.

## *Meta monetária global: a proposta McKinnon*

A proposta de McKinnon (1982) parte de um diagnóstico próximo, mas distinto, do de Tobin, uma vez que para McKinnon o fator de instabilidade do sistema monetário não são os movimentos de curto prazo em geral, mas – algo diretamente associado – a facilidade com a qual ocorrem as transações no mercado de divisas.

Em um cenário globalizado, com pouca possibilidade de controle centralizado, alguns agentes – como empresas transnacionais e investidores institucionais – procuram manter suas carteiras com o mínimo de risco e o máximo de retorno, e isso significa que a composição dessas carteiras pode ser bastante flexível, com impactos significativos sobre as cotações das diversas moedas nacionais.

Para lidar com esse elemento de distorção, McKinnon sugere uma alteração básica na função-objetivo da política monetária de cada país (ou, ao menos, daqueles países que têm suas moedas transacionadas no mercado internacional). Em lugar de perseguir metas fixas em termos nacionais, deveria haver um componente compensatório de tal forma que, ao se observar uma queda na demanda pela moeda do país A e um aumento simultâneo da demanda pela moeda de um país B, se buscasse equilibrar o mercado por meio de acordo cooperativo que usasse moeda de B para comprar moeda de A em quantidade suficiente para restabelecer o equilíbrio entre oferta e demanda pelas duas moedas, de maneira a manter as duas economias isoladas dos efeitos das mudanças na composição das carteiras dos aplicadores.

Entre as principais críticas ao argumento de McKinnon as de Dornbusch (1983), de que o efeito de substituição relevante não ocorre entre moedas, mas entre títulos emitidos por países distintos. Além disso, não é claro qual deveria ser a taxa de paridade usada como referencial a ser mantido na hipótese de um mecanismo como o proposto ser efetivamente adotado.

## *Proposta de área-objetivo para as taxas de câmbio*

À diferença dos diagnósticos de Tobin e McKinnon – que vêem no movimento de capitais e nas flutuações da demanda por divisas os principais elementos desestabilizadores – Williamson (1991) enfatiza a necessidade de se aperfeiçoar o próprio manejo da política cambial. Para ele, as paridades das principais moedas deveriam flutuar de forma limitada a uma faixa de variação, definida – para cada caso – a partir de um conjunto de indicadores básicos e não apenas com base em diferenciais de preços, como, por exemplo, indicado pelo critério da Paridade do Poder de Compra.

Williamson propõe um método para estimar a chamada de Taxa de Câmbio Efetiva de Equilíbrio Fundamental, que é a taxa de câmbio efetiva consistente com uma posição sustentável das transações correntes de cada país. Essa taxa de câmbio referencial poderia ser periodicamente ajustada para levar em consideração modificações estruturais de cada sistema econômico, e seria permitido à taxa nominal de câmbio oscilar livremente dentro de uma faixa que não se distanciasse muito desse valor referencial, sem exigir das autoridades intervenções freqüentes a cada variação, e supostamente assegurando relativa estabilidade das paridades bilaterais.

Entre as críticas a essa proposta, Krugman (1990) argumenta que a explicitação de uma área para a variação das taxas de câmbio faz com que se obtenha de fato uma taxa fixa, uma vez que pode levar o mercado a operar a uma taxa estável e, portanto, ao risco de provocar ataques especulativos.

## Novas tentativas de coordenação

Ao final de 1978, a tomada de poder no Irã afetou suas exportações de petróleo, e o conseqüente excesso de demanda no mercado internacional do produto elevou o preço do barril, dando origem à segunda crise do petróleo em menos de uma década.

Os países industrializados procuraram minorar o impacto inflacionário – conhecedores da experiência de 1973 – e suas autoridades adotaram políticas ativas de juros (Tabela 18.1) com forte impacto recessivo generalizado (a maior preocupação na época era com a reciclagem dos chamados *petrodólares*, e não com a definição de novas paridades. A experiência européia recente com taxas flutuantes recomendava cautela e respeito): entre 1979 e 1982 os Estados Unidos tiveram uma taxa média de crescimento de sua produção industrial de –1,1%, no Japão essa taxa foi de –4,4% e na Alemanha de –1,6% (estimativas com base em dados publicados em McCallum (1996)).

**Tabela 18.1** Taxas de juros nominais de curto prazo em países selecionados (taxas (%) anualizadas)

| Período | Estados Unidos(a) | Japão(b) | Alemanha Ocidental(c) |
|---|---|---|---|
| 1960-69 | 4,0 | 7,8 | 4,6 |
| 1973-79 | 6,9 | 7,6 | 6,6 |
| 1980-82 | 12,1 | 8,4 | 10,2 |

*Fonte:* UNCTAD (1990). (a) Notas do Tesouro de três meses *(3-months Treasury bills)*; (b) taxa do mercado monetário *(money market rate)*; (c) taxa de empréstimos interbancários de três meses.

No entanto, a falta de sincronia entre as políticas – sobretudo entre os Estados Unidos (que adotaram política restritiva de juros, em paralelo a uma relativa liberalidade fiscal) e os europeus e japoneses (que adotaram critérios rígidos em suas políticas monetária e fiscal) – levou a que já em 1977 se observasse significativa apreciação do dólar em relação às moedas dos principais parceiros comerciais norte-americanos (Tabela 18.2), o que provocou, de um lado, um crescente déficit nas contas correntes dos Estados Unidos, durante toda a primeira metade dos anos 80 (Tabela 17.1) (que induziu à adoção de medidas protecionistas), ao mesmo tempo em que o diferencial de taxas de juros atraía capitais ao mercado norte-americano. Em novembro de 1978, foi anunciado um pacote de medidas para promover a recuperação do dólar, incluindo um fundo de US$30 bilhões, o qual permitiu que já em agosto de 1979 a paridade dólar-iene tivesse recuperado seu nível de dois anos antes.

Entre 1981 e 1985, houve forte apreciação do dólar, refletindo a política fiscal expansionista do governo norte-americano. Em setembro de 1985, os ministros de finanças dos cinco países mais ricos do mundo reuniram-se no Hotel Plaza, em Nova York, e chegaram ao que ficou conhecido como o Acordo Plaza, segundo o qual seriam feitas aquisições no mercado de marcos alemães e ienes, como forma de compensar a excessiva valorização do dólar.

**Tabela 18.2** Variações (%) nas paridades do marco e do iene em relação ao dólar (– = desvalorização do dólar)

| Período | DM/US Dólar | Iene/US Dólar |
|---|---|---|
| 1973-74 | –28 | +1 |
| 1979-80 | +10 | +7 |
| 1986-87 | –30 | –30 |

*Fonte:* De Grauwe (1991), Tabela 6.7

A desvalorização do dólar como resultado dessas operações foi tão expressiva (Tabela 18.2) – apesar de um acordo (outubro de 1986) entre o Japão e os Estados Unidos, para sustentar a paridade iene-dólar – que em fevereiro de 1987 os ministros de finanças dos cinco países mais ricos reuniram-se novamente em Paris e chegaram ao chamado Acordo do Louvre, pelo qual tornaram público seu entendimento de a paridade do dólar haver atingido um nível compatível com os fundamentos econômicos, e se comprometeram a manter as taxas de câmbio próximas aos níveis observados então.

Imediatamente a partir desse acordo, as cotações permaneceram estáveis por diversos meses, até que uma sucessão de eventos novamente levou a variações expressivas dessas cotações. Na segunda metade dos anos 70, o dólar sofreu depreciação de 26% em relação ao marco e 24% em relação ao iene. Na segunda metade dos anos 80 o dólar depreciou 45% em relação ao marco e 40% em relação ao iene. Nos primeiros anos da década de 1990, os problemas associados à reunificação alemã levaram a uma valorização do dólar em relação ao marco (4% em 1990-93), enquanto persistia a queda em relação ao iene (25% no mesmo período). Além disso, ocorreram a crise das bolsas de valores de outubro de 1987, a reunificação alemã de 1990, a crise do mercado financeiro japonês, a crise de diversas instituições de poupança e empréstimos nos Estados Unidos, entre outros. Segundo Krugman (1990), nunca antes existiu tanta instabilidade das taxas de câmbio na ausência de altas taxas de inflação.

A partir de 1988, o Grupo dos Sete países mais ricos passou a desenvolver esforços de coordenação macroeconômica, sob a forma de reuniões de cúpula periódicas, de tal forma que as políticas de câmbio passaram a ser parte de discussões mais amplas.

## A percepção dos países em desenvolvimento

As discussões sobre a reforma do sistema monetário internacional estiveram por muito tempo concentradas no âmbito do Comitê de 20 países. Isso motivou os países em desenvolvimento a manifestarem seu desejo de participar de maneira mais ativa nesse processo: como foi visto, estavam em questão alguns temas – como a alocação de DES – de interesse direto por parte desses países. Para ilustrar a importância dos argumentos distributivos envolvidos, considerem 90% das reservas internacionais em poder de 22 países industrializados e dezoito países em desenvolvimento, sendo que 110 países dispõem apenas de 8% das reservas internacionais (Buira, 1995).

Em novembro de 1971, a reunião ministerial do Grupo dos 77 (países em desenvolvimento com voz ativa em diversos foros das Nações Unidas) iniciou o processo de consulta que resultou na formação, em 1972, do chamado Grupo dos 24, destinado a focalizar aspectos substantivos da reforma monetária.

Esse grupo marcou posições dos países em desenvolvimento não apenas nos debates sobre a reforma monetária internacional, mas também no desenho de facilidades a serem oferecidas no âmbito do FMI e do Banco Mundial, assim como na análise do próprio funcionamento dessas instituições.

As propostas feitas pelo Grupo dos 24 são variadas. No que se refere à sua visão geral do sistema, o grupo enfatizava em seus dois documentos principais, em 1979 e 1984: (a) o estabelecimento de um processo de ajuste simétrico, provendo os países em desenvolvimento de acesso a linhas de crédito oficiais e privadas; (b) a adoção de regime de taxas de câmbio flexíveis, mas estáveis; (c) maior monitoramento de parte do FMI em relação a países deficitários e superavitários; (d) a criação de liquidez internacional, usando os DES como instrumento de reserva; (e) a promoção dos fluxos de recursos para os países em desenvolvimento como um elemento integral do sistema monetário internacional; (f) o estabelecimento do vínculo entre DES e programas de ajuda ao desenvolvimento; (g) maior papel para os países em desenvolvimento no desenho do sistema monetário internacional; (h) a melhora da coordenação macroeconômica entre países industrializados; (i) a melhora dos termos de reestruturação da dívida externa dos países em desenvolvimento; (j) o aumento dos recursos disponíveis para empréstimos por parte das instituições financeiras internacionais; e (k) o vínculo da expansão do comércio com a solução dos problemas de balanço de pagamentos (por meio de ação coordenada do FMI, Banco, GATT e UNCTAD), entre outras (SELA (1994)). Note que a própria importância relativa do Fundo se reduz, quando considerada em termos do cenário mundial: a participação do volume de quotas do FMI no valor total do comércio de mercadorias caiu de 7% em 1950 para menos de 3% em 1992 (Buira, 1995).

Em sua apreciação do papel das instituições multilaterais, o Grupo dos 24 apresentou fortes restrições, sobretudo ao papel do FMI. Entre outros motivos, pelos próprios indicadores de desempenho do próprio Fundo: segundo Killick e Malik (1992), entre 1979 e 1989 mais da metade dos programas do Fundo fracassaram, uma vez que os países não cumpriram as metas impostas e não puderam sacar os recursos previstos. Entre essas restrições destacam-se: (a) o Fundo não foi capaz de tornar os DES o principal ativo de reserva; (b) não foi capaz de complementar a liquidez internacional por meio da alocação dos DES; (c) o Fundo tem tido uma atuação assimétrica, ao não assegurar que as políticas dos países industrializados fossem consistentes com as necessidades do crescimento internacional e a estabilidade financeira; (d) as recomendações em termos de ajuste de balanço de pagamentos devem reconhecer que os países nem sempre são capazes de proceder aos ajustes necessários de maneira unilateral; (e) os programas do Fundo deveriam ser reformulados para um contexto de médio (em vez de curto) prazo, e com financiamento suficiente.

Uma preocupação maior em relação às instituições multilaterais tem sido estabelecer de forma inequívoca o papel a ser desempenhado por cada uma delas, evitando as condicionalidades cruzadas que caracterizaram os programas de ajuste nos anos 80. Não apenas os modelos teóricos adotados pelos técnicos das diversas instituições deveriam ser ajustados para a realidade dos países em desenvolvimento, como deveria haver maior consistência entre eles: em diversas oportunidades, alguns países não puderam ter acesso a linhas de crédito do Banco Mundial porque a internalização dos recursos era incompatível com as metas de expansão monetária acordadas com o FMI (Williamson, 1995).

## A expansão e a integração dos mercados financeiros internacionais

Um dos fenômenos econômicos mais significativos das últimas décadas tem sido o conjunto de modificações nas estruturas financeiras internacionais. Entre outras características, temos: os mercados financeiros têm se tornado mais internacionalizados e integrados; o tamanho desses mercados vem aumentando de forma expressiva na maior parte dos países; há, em diversos países, uma tendência nítida ao desaparecimento de barreiras entre atividades bancárias e outras atividades de intermediação; observa-se uma crescente institucionalização da poupança (graças à expansão dos fundos de pensão) e o volume e a velocidade de circulação do fluxo de recursos entre países aumentaram consideravelmente, superando em larga margem os valores gerados pela atividade comercial (Zini (1996)). De acordo com UNCTAD (1990), os empréstimos bancários internacionais representavam 26% do valor do comércio mundial de bens em 1972, percentagem que foi elevada para 35% em 1980, e 73% em 1987. O mesmo indicador para o total das operações financeiras não-bancárias é ainda mais expressivo: 44% em 1972, 68% em 1980 e 137% em 1987.

Esse fenômeno, freqüentemente chamado de "globalização financeira", tem origem na década de 1970, com o relaxamento – por parte dos principais países industrializados – dos controles sobre o movimento de capitais.

Em 1970, o governo americano iniciou um processo de liberalização do seu sistema financeiro ao abolir os regulamentos sobre o pagamento de comissões aos corretores na Bolsa de Valores de Wall Street. Essa medida acarretou não apenas o aumento da concorrência entre as instituições e um rápido processo de desintermediação financeira, mas teve impacto também sobre a competitividade das operações no mercado financeiro de Londres.

O processo de liberalização do mercado financeiro foi intensificado após a desvalorização do dólar em 1974, e por volta de meados da década de 1980, seis dos países industrializados mais importantes – Estados Unidos, Alemanha, Reino Unido, Canadá, Holanda e Suíça – haviam tornado seus mercados nacionais totalmente abertos aos capitais externos. No Japão, esse processo teve início em 1984, a partir de acordo com os Estados Unidos, que permitiu o acesso de não-residentes ao mercado financeiro.

O resultado da liberalização foi a expansão da atividade do setor financeiro, com expressivo aumento da liquidez e do nível de concorrência entre instituições. Isso possibilitou uma redução dos *spreads* entre taxas de aplicação e captação de recursos, o que levou à queda na capitalização dos bancos. Ao mesmo tempo em que essas inovações possibilitaram maior eficiência, elas expuseram a incapacidade e a inadequação do sistema regulatório existente para lidar com esse novo cenário. Entre os episódios significativos que marcam esse processo, destacam-se as quebras dos bancos Franklin National Bank nos Estados Unidos e do Bankhauss Herstatt na Alemanha, ambos em 1974, e do Banco Ambrosiano, na Itália, em 1982.

Um subproduto da liberalização foi o surgimento de inovações financeiras que criaram mercados secundários para ativos e títulos de dívida de longo prazo (em particular, dívida externa dos países em desenvolvimento), contribuindo para a expansão da liquidez do sistema. Ao mesmo tempo, ocorreu uma redução dos prazos de aplicação em ativos financeiros, aumentando o risco de quebra de instituições financeiras, em um contexto de internacionalização em que a ação das autoridades monetárias nacionais encontrava-se cada vez mais limitada.

Uma das peculiaridades dos anos 80 foi a alteração da forma de intermediação financeira do sistema bancário para os mercados de securitização, com os empréstimos bancários perdendo importância relativa (como resultado, em parte, da suspensão dos financiamentos aos países em desenvolvimento, que tiveram sua credibilidade afetada com a crise da dívida). Ademais, outros tipos de instituições financeiras canalizaram a maior parte dos recursos e os próprios bancos entraram no segmento de operações de securitização.

De acordo com dados citados por Zini (1996), em 1950 os bancos e as empresas seguradoras nos Estados Unidos detinham 76% dos ativos financeiros, proporção que havia sido reduzida para 41% em 1993, enquanto a parcela de mercado dos fundos de pensão, fundos mútuos e outros tipos de agentes não-bancários aumentou de menos de 10% para 51% no mesmo período. Esse fenômeno refletiu a importância dos menores custos para investidores institucionais em relação a investidores privados, a maior propensão de parte dos pequenos poupadores a permitirem que seus recursos fossem administrados por profissionais dessas instituições, e a apropriação de vantagens tributárias diferenciadas para poupadores.

Na segunda metade da década de 1980, o movimento no sentido da liberalizaçao recebe novo estímulo, sobretudo na Comunidade Econômica Européia onde a maior parte das restrições deveria ser eliminada como parte do Projeto Europa-92, de intensificação da unidade econômica.

Um estímulo adicional ao processo de internacionalização financeira foi o tratamento fiscal favorável adotado por diversos países. Em 1984, os Estados Unidos eliminaram os impostos sobre os juros pagos a não-residentes, sendo seguidos por medidas semelhantes por parte da França, da Alemanha e do Reino Unido.

A liberalização dos movimentos de capital passou a ser um objetivo de política em diversos países (o número de países sem restrições sobre movimentos de capital aumentou de 23 em 1975 para 38 em 1993, de acordo com Mussa et al. (1994)), com a adoção de isenções tributárias para não-residentes, acesso de não-residentes aos mercados financeiros internos (estima-se (Mussa et al., 1994) que o percentual de títulos públicos em poder de não-residentes supere os 20% nos principais países industrializados), remoção de restrições existentes em relação a determinados instrumentos financeiros, entre outras medidas. Como conseqüência, o tema da regulação do sistema financeiro passou a ser objeto de negociações internacionais.

A preocupação não é apenas com a eficiência microecônomica do setor, ou mesmo de âmbito nacional. A expansão dos mercados financeiros e o processo de abertura das contas de capital afetam a distribuição da poupança e do investimento internacional, a formulação de políticas macroeconômicas e a própria estrutura do sistema de reservas internacionais.

A interação entre os sistemas financeiros nacionais e internacionais dá à questão da credibilidade uma importância elevada na determinação do acesso ao crédito e do custo do crédito obtido. A percepção de que a política de um determinado país é inconsistente ou mal implementada pode ter efeitos imediatos, não apenas no custo dos recursos captados, mas sobre sua própria capacidade de manter um determinado nível de taxa de câmbio ou uma dada política monetária. Se, por um lado, a maior interação com o mercado impõe disciplina às autoridades de um país, por outro, ela tem contribuído para intensificar os esforços de coordenação e supervisão de políticas.

A preocupação com o risco crescente de vulnerabilidade do sistema bancário e os possíveis impactos sobre as economias nacionais levaram os dez países mais ricos a definir a distribuição de responsabilidades na supervisão dos bancos internacionais entre países de origem e receptores, em 1975. E, posteriormente, a firmar-se o chamado Acordo de Basiléia, de 1988, que estabelece as condições básicas a serem adotadas pelos sistemas bancários dos países signatários, de modo a assegurar a solvência do sistema.

O principal argumento a favor de políticas de abertura financeira é o de que essa abertura contribui para aumentar a eficiência na alocação internacional de recursos: por meio de mecanismos de arbitragem, e – sem barreiras – o capital fluirá entre países em resposta às expectativas de taxas de retorno. Em princípio, esse movimento deveria contribuir para reduzir os diferenciais de remuneração do capital entre países distintos e – como as paridades entre as principais moedas são determinadas livremente via mercado – também o mercado de divisas deveria apresentar um grau crescente de convergência, ao mesmo tempo em que, sem a necessidade de intervenção para manter os níveis de paridade, como em um contexto de taxas fixas, deveria haver menor necessidade de manutenção de estoques elevados de reservas internacionais.

A experiência dos últimos anos tem sido, entretanto, rica em movimentos imprevistos pela teoria convencional, no que se refere a variações e níveis de algumas variáveis centrais, como taxas de câmbio, taxas de juros, preços de ativos financeiros e outros, conforme mostra a próxima seção.

## O período recente

Desde o fim do sistema de Bretton Woods (início da década de 1970), o sistema monetário internacional tem se caracterizado pela inexistência de fixação prévia de valores a serem honrados e pela eliminação de diversos controles. O "não-sistema" (Pilbeam (1992)) resultante dessa liberalidade permite maior liberdade de atuação aos agentes em distintos países, ao mesmo tempo em que não dá garantias em relação aos preços (sobretudo taxas de câmbio) futuros.

Isso deu origem a dois tipos de visões sobre como as taxas de câmbio devem ser estabilizadas: por meio de políticas macroeconômicas (sobretudo políticas monetárias ativas) ou de compromissos para assegurar essa estabilização (a exemplo do Sistema Monetário Europeu). A política monetária é o instrumento mais potente para se conseguir a estabilidade cambial, uma vez que, por exemplo, políticas fiscais são inflexíveis, associadas a objetivos de médio prazo e têm uma relação pouco clara com a política cambial (Mussa et al, 1994).

A experiência acumulada desde os anos 70 tem sido de as flutuações nas taxas de câmbio tenderem a ser mais pronunciadas do que as expectativas quanto à sua variação, surpreendendo sistematicamente os agentes, em relação à intensidade e ao sentido das alterações nas paridades das principais moedas, os quais superaram os níveis indicados pelo diferencial de inflação entre os países envolvidos (evidências são apresentadas em De Grauwe (1991) e em Pilbeam (1994)).

Ainda mais importante, a partir do momento no qual as taxas de câmbio passaram a ter seu valor determinado preponderantemente pelo mercado, é possível observar que esses desalinhamentos tenderam a ser mais intensos (embora De Grauwe, 1991) com a característica de, no período de taxas flutuantes, terem um caráter cíclico e serem, então, reversíveis). Comparando-se os períodos 1961-1972, 1974-1979 e 1980-1989, a variação percentual mensal das taxas de câmbio efetivas das principais moedas foi, respectivamente: dólar –0,18, 1,06, 1,76; iene –0,24, 1,64, 1,73; marco –0,31, 1,04, 0,89 e libra esterlina –0,32, 1,01 e 0,89 (UNCTAD, 1990, tabela 33).

Ao mesmo tempo em que ocorre essa maior amplitude na variação das paridades, não se observa uma maior instabilidade na atividade produtiva. Por exemplo, Eichengreen (1995) faz uma resenha de diversas comparações feitas entre os desvios-padrão de produtos nacionais de nove países industrializados em 1950-70 e 1973-90, e não encontra evidência de que o período de taxas flexíveis tenha sido caracterizado por maior instabilidade da atividade produtiva.

Além disso, na década de 1980 houve maior estabilidade da atividade econômica em relação à de 1970, embora associada à instabilidade dos mercados financeiro e de divisas, e a uma taxa mais alta de desemprego. Mais recentemente, o desempenho da União Européia tem sido menos alentador: o crescimento do produto caiu de uma média de 3,3% entre 1986-90 para 1,4% em 1991-95, e o déficit público aumentou de 3,4% para 5,3% no mesmo período, embora a taxa de inflação tenha ficado em 2,5%, abaixo dos 3,9% observados 1986-90.

Desde meados da década de 1970, os déficits fiscais dos Estados Unidos, da Alemanha e do Japão aumentaram significativamente. As divergências nas políticas fiscais desses países tornaram-se mais pronunciadas, em comparação ao período de taxas fixas. As variações nas taxas de juros ocorridas na década de 1980 foram efetivamente mais freqüentes do que em qualquer outro período do pós-guerra. A Tabela 18.3 ilustra o argumento conforme o qual, com maior liberdade do regime cambial, as políticas monetária e fiscal nas três principais economias variaram com maior intensidade do que antes.

**Tabela 18.3** Desvio-padrão das taxas de crescimento do estoque de moeda (M2) e do déficit fiscal (medidos em percentagem do PIB) em países selecionados

| **Estoque de Moeda** | **EUA** | **Japão** | **Alemanha** |
|---|---|---|---|
| 1960-70 | 1,6 | 3,6 | 1,4 |
| 1973-85 | 3,0 | 4,2 | 2,3 |
| **Déficit Fiscal** | | | |
| 1960-70 | 0,6 | 0,8 | 0,7 |
| 1973-85 | 1,6 | 2,5 | 1,1 |

*Fonte:* De Grauwe (1991), Tabela 8.1

Os dados comprovam a maior variação, tanto da política fiscal quanto da monetária, nos anos 70 e 80, em comparação aos 60: o sistema de taxas flexíveis induziu ao uso mais intenso dos instrumentos de política econômica. O mesmo resultado se verifica para outros países industrializados:

Eichengreen (1995) indica que para o conjunto de Canadá, França, Alemanha, Japão, Reino Unido e Estados Unidos o desvio-padrão da relação entre os gastos do governo e o PIB aumentou de 1,7 no período de Bretton Woods (1945-70) para 2,5 no período 1974-89, indicando ser generalizada a relação entre maior flutuação da taxa de câmbio e maior grau de intervenção na economia.

Uma discussão dos diversos aspectos envolvidos nas várias tentativas de interpretação do período recente transcende o espaço e os objetivos deste capítulo. A seguir são apresentados apenas – e de forma muito resumida – alguns dos principais fatos dignos de registros e alguns dos argumentos que têm sido apresentados a respeito. A seqüência de apresentação não reflete prioridade.

Fatos relevantes do período de taxas de câmbio flexíveis:

- Na década de 1980 observa-se maior estabilidade da atividade econômica nos países da OCDE (embora com maior nível de desemprego), em contraste com a década de 1970. No entanto, aumentou consideravelmente a instabilidade dos mercados financeiro e de divisas, com um grau de internacionalização significativo: a percentagem de não-residentes detentores de títulos do governo norte-americano aumentou de 7% em 1970 para 17% ao final dos anos 80, enquanto o número de representações de bancos estrangeiros naquele país aumentou de 50 para quase 800, no mesmo período. Isso ocorreu graças aos vários tipos de interação desestabilizadora em políticas monetárias, de taxas de juros e taxas de câmbio.
- As taxas de câmbio das principais moedas na década de 1980 foram muito mais instáveis que suas taxas de juros (sobretudo porque as políticas monetárias passaram a adotar como objetivo metas de expansão monetárias, e não níveis de taxas de juros).
- Uma elevação pronunciada do fluxo de capitais entre os países industrializados foi a contraparte dos desequilíbrios em conta corrente: embora esses desequilíbrios fossem evidentes em 1973-75 e 1979-81, o fluxo líquido de capitais entre esses países se expandiu mais rapidamente depois de 1982. A entrada líquida de capitais nos Estados Unidos aumentou de uma média de US$2 bilhões (0,1 % do PIB) em 1970-72 para US$139 bilhões (3% do PIB) em 1985-88 (Mussa et al, 1994). No caso da Alemanha essa entrada variou de 0,5% do PIB em 1970-72 para 4% em 1985-88. Cabe registro adicional de que a maior parte desses fluxos foi de capitais privados, ao contrário de períodos anteriores.
- Outra diferença entre as décadas de 1970 e 1980 é que até 1982, quando o dólar declinava em valor, as autoridades monetárias na Europa e no Japão intervinham para reduzir a depreciação do dólar, e isso provocava expan-

são da base monetária nesses países. Como resultado, a economia mundial experimentou expansão monetária nos períodos de queda do dólar e contração monetária nas apreciações do dólar. Nos anos 80, ocorreu o oposto: o dólar apreciou e as taxas de expansão monetária na Alemanha e no Japão caíram significativamente. Isso implicou que os movimentos das taxas de câmbio estiveram fortemente correlacionados com os movimentos das taxas de juros nos principais países industrializados, e os movimentos das taxas de juros na Alemanha e no Japão tenderam a coincidir com os movimentos nos Estados Unidos (De Grauwe, 1991).

- O modelo teórico de taxas flexíveis sugere não ser necessário um volume muito expressivo de reservas, uma vez que não existe o compromisso de manter um nível predefinido de paridade. A evidência mostra, contudo, que o tamanho das reservas em 1973-90 (média anual de 379 milhões de DES) era bastante superior ao de 1960-70 (média anual de 72 milhões de DES). a intensidade das intervenções governamentais no período de taxas flexíveis superou fortemente as intervenções durante o período de taxas fixas (dados do FMI, publicados em Salvatore, 1995).
- A discussão sobre a importância de se obter compromissos relativos a paridades encontra algum apoio na experiência do Sistema Monetário Europeu: em 1973-86, os movimentos entre as taxas de câmbio dos países membros do SME foram menores que entre eles e outros países.
- Existe pouca transferência de capital de países com altas taxas de poupança para países com baixas taxas de poupança (tese de Feldstein e Horioka, 1980), mesmo no âmbito da OCDE, em que há grande mobilidade de capital. Isso tem implicações importantes para a determinação do investimento.
- O comportamento das taxas de câmbio no período posterior a 1973 sofreu influência não apenas das expectativas dos agentes e políticas macroeconômicas dos países. Alguns eventos, como as crises do petróleo, a crise da dívida dos países em desenvolvimento (em 1982, os países em desenvolvimento tinham uma dívida total de US$278 bilhões com os bancos comerciais e de US$115 bilhões com os credores oficiais (Dooley, 1995), as modificações na forma de operação do sistema financeiro, diferenciais de produtividade e outros, associados à lógica microeconômica, tiveram influência não desprezível no comportamento dessas taxas.

Alguns argumentos explorados na literatura:

- Os movimentos da taxa de câmbio real das principais moedas apenas em alguns poucos casos podem ser explicados por alterações no *mix* de políticas dos países envolvidos. Para as intervenções serem efetivas, elas devem ser acompanhadas de compromissos explícitos em relação a um nível de taxa de câmbio. Esse argumento está baseado na experiência européia e na suposição de que – em cenários de incerteza, como os de taxas de câmbio flutuantes – os fundamentos econômicos não são suficientes para prever as taxas futuras, e os compromissos funcionam como âncoras para fixar as expectativas sobre as taxas futuras.[5]

- A instabilidade das taxas de câmbio resultou não apenas nas respostas de mercado às mudanças de políticas, mas também nas falhas nos mercados financeiros internacionais. Um mercado eficiente é aquele em que os prêmios de risco são pequenos. A evidência é o diferencial de juros não ter sido capaz de indicar elementos do comportamento futuro das taxas de câmbio e, freqüentemente, ele ter apontado na direção errada.
- Também é importante levar em conta o tipo de comércio entre os países ofertantes das principais moedas. A maior parte dos produtos exportados pelos países industrializados é de manufaturas. Em um mundo de incertezas, as firmas adotam uma atitude de cautela antes de reagir a mudanças nos preços relativos, sobretudo quando os *sunk costs* são significativos. Mas, quando reagem, é difícil fazê-las reverterem suas decisões (hipótese da histerese, Krugman (1990)).

## A discussão sobre a nova arquitetura financeira internacional

O cenário financeiro internacional apresenta hoje diversas características que tornam oportuna a discussão sobre a necessidade de reformar os mecanismos e instituições vigentes (Swoboda (2000)). Os esforços para identificar como deveria ser uma "nova arquitetura financeira internacional" derivam de um conjunto de fatores: a adoção de regulamentações mais liberais por parte de diversos países em relação aos movimentos de capitais; flutuação sem precedentes nas paridades entre as principais moedas; surgimento de um provável sistema internacional com base em duas moedas fortes (admitindo-se que o euro deverá recuperar, a médio prazo, sua importância relativa, de modo compatível com o potencial econômico das economias associadas); papel preponderante dos capitais privados no financiamento do balanço de pagamentos; inexistência – dada a magnitude dos fluxos envolvidos – de um "emprestador de última instância" com recursos suficientes para fazer face a uma eventual crise de confiança; e experiências recentes de transmissão de crises de liquidez.

Esse novo cenário impõe às autoridades de cada país o desafio de lidar com as questões de volatilidade dos fluxos de recursos externos e de *contágio* (Bingham, 2000; Ocampo, 1999) de crises externas. Por exemplo, no caso dos países da Amé-

---

[5] Este ponto é elaborado em De Grauwe (1991). A comparação do desvio-padrão das alterações trimestrais das taxas de câmbio reais efetivas entre países membros do SME e de suas taxas relativas a outros países extra-acordo mostra uma variação menos pronunciada no âmbito do SME. Comparem-se, por exemplo, os desvios-padrão para o marco alemão e o franco francês no período 1979-86: para o marco, 1,2 intra-SME e 2,7 extra-SME; para o franco, 2,0 e 3,0, respectivamente. Araujo Jr (1994) argumenta de forma semelhante que para os países da América Latina o mecanismo de Convênio de Crédito Recíproco facilitou a atuação dos bancos centrais em momentos de turbulência cambial durante a década de 1980.

rica Latina, a década de 1990 foi caracterizada pelas crises de 1992-93 (que afetou o sistema monetário europeu), a de 1994-95 (que afetou o México e a Argentina; chamada de crise *tequila*), a crise de 1997 (que afetou os países da Ásia), a crise de 1998 (que afetou a Rússia) e pela crise de 1999 (que afetou o Brasil e outros países da América Latina). Em todas essas oportunidades, houve fortes repercussões sobre a entrada de recursos na região, em que pesem as situações macroeconômicas internas favoráveis, com inflação baixa e menores déficits fiscais.

A Tabela 18.4 apresenta indicadores da volatilidade dos fluxos de capital para a América Latina. Graças a essas diversas crises – sua magnitude, sua concentração no tempo e a rapidez de transmissão dos efeitos – na década de 1990, o influxo de capitais externos para a região apresentou coeficiente de variação duas vezes e meia superior ao observado nos 15 anos anteriores à chamada "década perdida" dos anos 80 (sobretudo emissão de bônus e créditos oficiais; a exceção notável foram os investimentos externos diretos, crescentes e estáveis), quando o exíguo acesso dos países da região ao mercado internacional de capitais foi atípico.

**Tabela 18.4** América Latina: volatilidade dos fluxos de capital – 1966-1998

| Período | Coeficiente de Variação |
|---|---|
| 1966-1981 | 29.5 |
| 1991-1998 | 68.5 |

*Fonte:* Ocampo (1999), Cuadro 1, p. 23

As análises dessas crises identificam algumas características básicas (Bingham, 2000, Ocampo, 1999). Primeiro, os mercados financeiros tendem a apresentar ciclos de auge e retração pronunciada, alternando momentos de "contágio de otimismo" com períodos de "contágio de pessimismo". Segundo, esse comportamento por parte dos investidores é racional, na medida em que reflete uma recomposição de carteiras a partir de choques adversos. Terceiro, as economias mais vulneráveis são geralmente aquelas menos desenvolvidas e com maior desequilíbrio em relação aos *fundamentos* macroeconômicos no momento de crise. Quarto, dado o elevado grau de integração entre os mercados, mesmo aqueles com elevada liquidez não estão imunes a crises iniciadas em outras praças (em um mercado globalizado as decisões dos investidores estão associadas à gestão de carteira, e as perdas em um mercado os obriga a vender títulos em outros para conseguir liquidez). Quinto, em fases de bonança há uma tendência a subestimar os riscos de investir ou conceder créditos a economias cujos indicadores objetivos não são de todo favoráveis. Sexto, os mercados têm demonstrado baixa capacidade de distinguir adequadamente entre prestamistas potencialmente bons e maus, afetando a todos indistintamente (os mercados tendem a dar peso excessivo a informações negativas de curto prazo, afetando a liquidez em geral).

O reconhecimento da intensidade e das características desse processo de "contágio" tem levado ao reconhecimento de que existe uma disparidade marcante entre as dimensões e o volume de recursos disponíveis nos mercados financeiros, e nas instituições encarregadas de regular a atuação desses mercados.

Entre as ações tópicas adotadas nos últimos anos no âmbito oficial para lidar com essa situação, merecem destaque (Ocampo, 1999): a aprovação de novas linhas de crédito[6] e a ampliação dos recursos do Fundo Monetário Internacional, o reconhecimento da necessidade de estímulos para que países em desenvolvimento adaptem seu perfil de dívida, esforços para estabelecer padrões para regulação e supervisão dos sistemas financeiros, ajustes na Iniciativa para Países Pobres Altamente Endividados, entre outros. Outras iniciativas oficiais têm sido tentadas em nível regional, com bancos de desenvolvimento regional viabilizando o acesso de países individuais a crédito em condições mais favorecidas, tentativas de criação de Fundo Monetário regional (proposta para a Ásia), e outras (Ocampo, 2000).

No que se refere aos países da América Latina, mesmo superados os maiores impactos internos das crises asiática (1997), russa (1998) e de especulação contra o real (1999), há dificuldades no acesso ao crédito internacional, refletidas em prazos relativamente curtos e custos elevados, como ilustra o gráfico a seguir.

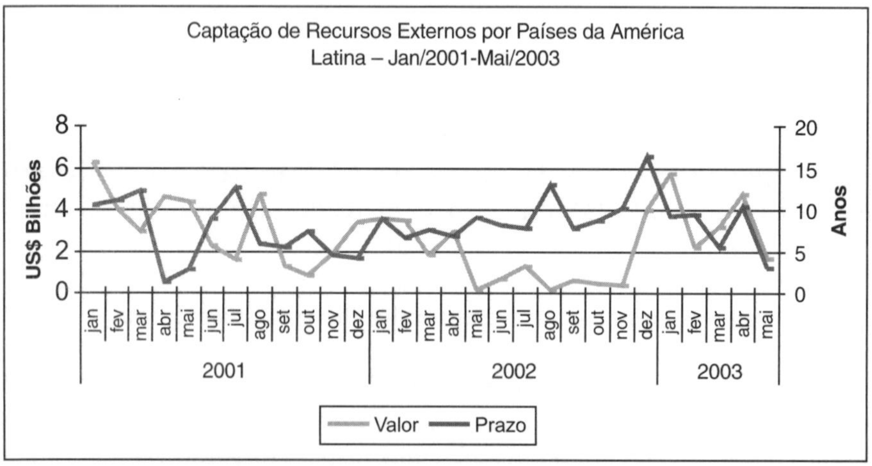


[6] Em dezembro de 1997 foi lançada no FMI nova facilidade para empréstimos extraordinários a países em crise, a partir do final de 1998 o FMI teve aumento de dotação de recursos e foram redefinidos os critérios para empréstimos, e em abril de 1999 foi criada uma Linha de Crédito Contingenciado para países com risco de serem 'contagiados' por crises financeiras externas. Tais medidas são, contudo, consideradas inadequadas e insuficientes: os recursos são limitados em relação à demanda potencial, essas novas linhas demandam compromissos extremos em termos de políticas macroeconômicas, dadas as características do mercado globalizado um pedido de recursos desse tipo pode sinalizar de fato uma debilidade da economia, e acelerar uma corrida contra as reservas do país etc. Ver Griffith-Jones (2000) para uma discussão detalhada.

Certamente o desempenho marcante e prolongado da economia norte-americana, como a recuperação do dinamismo das economias européias e asiáticas, tem favorecido o ajuste de diversas outras economias e contribuído para minorar os efeitos das crises. Persiste, no entanto, a percepção de que são necessárias mudanças bem mais expressivas nas relações financeiras internacionais.

Alguns mecanismos para minorar as crises financeiras e seu contágio têm igualmente sido considerados pelo setor privado. Cabe referência, entre outros, a: linhas de crédito bancárias contingenciadas para serem utilizadas em caso de crise; redução do uso de cláusulas em contratos de financiamento que permitam a redução do prazo da obrigação de forma antecipada (chamadas de opções *put*); inclusão de cláusulas contratuais que contemplem ajustes em situações de choques adversos não previsíveis, entre outros.

A discussão quanto a uma nova arquitetura do sistema financeiro internacional tem, portanto, avançado mais no mapeamento das dificuldades do que na adoção de medidas satisfatórias.

De modo geral, existe razoável consenso (Ocampo, 1999) quanto aos seguintes aspectos: reconhecimento de que a crise financeira internacional requer a manutenção de políticas macroeconômicas expansionistas no mundo industrializado; necessidade de prover financiamento de contingência a países em dificuldades; necessidade de aperfeiçoar o marco institucional no qual operam os mercados financeiros, com adoção de padrões mínimos comuns sobre regulação e supervisão prudencial e contabilidade financeira, códigos de conduta sobre políticas fiscais, monetárias e financeiras, e princípios de bom manejo corporativo; e necessidade de adotar dispositivos para a suspensão de pagamentos com anuência internacional.

Ao mesmo tempo, permanecem divergências quanto ao financiamento dos créditos de contingência, às condicionalidades a serem exigidas pelo FMI, à preservação da autonomia dos países em desenvolvimento para administrar sua conta de capitais e liberdade para escolher o regime cambial, assim como ao papel das instituições regionais na nova arquitetura financeira internacional.

Tal discussão tem como condicionantes adicionais o desejo de parte dos países em desenvolvimento de preservar uma condição diferenciada no acesso a recursos em situações de choques externos adversos, tendo em vista sua condição mais frágil e a importância de que os mecanismos sejam desenhados de tal maneira a estarem disponíveis de forma preventiva (de modo a influenciar a ação dos mercados e evitar com antecedência eventuais ataques especulativos), e não apenas como soluções *a posteriori*.

O aspecto mais importante da discussão sobre uma nova arquitetura financeira internacional é talvez sua própria existência: à diferença da percepção comum ao final da década de 1980 e início da de 1990, quando se tinha como assentada a noção de transparência e regulação como antídotos contra crises externas, o aprendizado com as crises dos anos 90 foi de que a questão não é apenas de transparência: o setor oficial tem capacidade limitada de intervir nos fluxos de capitais e o estabelecimento de novos padrões é útil e oportuno, mas provavelmente agrega pouca informação aos conhecimentos do mercado.

Persiste o desafio de como estabelecer novos padrões que evitem a instabilidade do sistema, sobretudo quando boa parte dos fluxos financeiros está associada aos mercados de bônus – e não diretamente sujeitos às regulações bancárias que regem os empréstimos – e quando boa parte das transações ocorre em paraísos fiscais, ou seja, em mercados relativamente à margem de regulações internacionais.

## Palavras-chave

- Sistema Monetário europeu
- Acordo Louvre
- Acordo Plaza
- "serpente" européia
- Euro
- Tratado de Maastricht
- Globalização financeira
- Nova arquitetura financeira internacional

## Exercícios

1. A intensidade do comércio intra-regional na Europa Ocidental é uma condição importante para a convergência macroeconômica dos países dessa região?
2. Por que se diz que os acordos de coordenação macroeconômica desde os anos 70 são uma forma peculiar de lidar com a questão da consistência entre n países?
3. A globalização financeira contribui para tornar ainda mais remota a volta a um sistema de taxas de câmbio fixa?
4. A discussão sobre a nova arquitetura financeira internacional inclui a criação de novas instituições? Por quê?
5. Quais os principais temas não resolvidos nos debates sobre o sistema monetário internacional?

## Referências bibliográficas


ARAUJO Jr., J. T. "The Latin American Monetary system After the End of Inflation". *Revista de Economia Política*, Vol.14, No. 4, 1994.

BAUMANN, R. "Intra-Industry Trade: A Comparison Between Latin America and Some Industrial Countries". *Weltwirtschaftliches Archiv*. Band 130, Heft 3, 1994.

BINGHAM, G. "International Financial Architecture: Foundations and Framework". *In*: OCAMPO, J.A.; ZAMAGNI, S.; FFRENCH-DAVIS, R.; PIETROBELLI, C. (eds.). *Financial Globalization and the Emerging Economies*. Santiago: CEPAL/Jacques Maritain, 2000.

BUIRA, A. "Reflexiones sobre el Sistema Monetario Internacional". Bogotá, mimeo, 1995.

DE GRAUWEE, P. "International money: post-war, trends and theories". Oxford: Clarendon Press, 1991.

DOOLEY, M. "A Retrospective on the Debt Crisis". *In*: KENEN, P. (org) *Understanding Interdependence – the Macroeconomics of the Open Economy*. Princeton: Princeton University Press, 1995.

DORNBUSCH, R. "Flexible Exchange Rates and Interdependence". *IMF Staff Papers*. Vol. 30, 1983

FERNANDEZ DE LIS, S. e SANTILLÁN, J. "Regímenes Cambiarios e Integración Monetaria en Europa". *Pensamiento Iberoamericano*. Vol.27, 1995.

GLOBERMAN, S. DEAN, J. "Recent Trends in Intra-Industry Trade and their Implications for Future Trade Liberalization". *Weltwirtschaftliches Archiv*. Band 126, 1990.

GRIFFITHS-JONES, S. "Towards a New Financial Architecture: The Management of Crises". *In*: OCAMPO, J.A.; ZAMAGNI, S.; FFRENCH-DAVIS, R.; PIETROBELLI, C. (eds.). *Financial Globalization and the Emerging Economies*. Santiago: CEPAL/Jacques Maritain, 2000.

GROS, .D. e THYGESEN, N. *European Monetary Integration: from the European Monetary System to Economic and Monetary Union*. Nova York: Addison Wesley Longman, 1998.

IRELA/BID. "European Economic and Monetary Union: Recent Progress and Possible Implications for Latin America and the Caribbean". Barcelona: documento praparado para o seminário *Single Currency of the European Union – Euro*, mimeo, 1997.

KILLICK, T. e MALIK, M. Country Experience with IMF Programmes in the 1980s. *The World Economy*. Setembro, 1992

KRUGMAN, P. *Exchange-Rate Instability*. Massachussetts: The MIT Press, 1990.

LERDA, J. "Globalização da Economia e Perda de Autonomia das Autoridades Fiscais, Bancárias e Monetárias". *In*: BAUMANN, R. *O Brasil e a Economia Global*. Rio de Janeiro: SOBEET/Ed. Campus, 1996.

MCCALLUM, B. *International monetary economics*. Oxford: Oxford University Press, 1996.

McKINNON, R. "Currency Substitution and Instability in the World Dollar Standard". *American Economic Review*. Vol. 72, 1982.

MUSSA, M.; GOLDSTEIN, M.; CLARK, P; MATHIESON, D.; BAYOUMI, T. "Improving the International Monetary System – Constraints and Possibilities. Washington: IMF Occasional Paper" No.116, 1994.

OCAMPO, J. A. *La Reforma del Sistema Financiero Internacional: un debate en marcha*. Santiago, Chile: CEPAL/ Fondo de Cultura Económica, 1999.

PILBEAM, K. *International Finance*. Londres: Macmillan, 1994.

SALVATORE, D. *Economía Internacional*, 4a. Ed. Colombia, McGraw Hill, 1995.

SELA, "50 Years of the Bretton Woods Institutions: Viewpoint of the Developing Countrie". Caracas: Document of the Group of 24 and Elements for Latin American and Caribbean Action, SP/DRE/Di, No. 5, 1994.

SWOBODA, A. "Beyond Bretton Woods: What International Monetary and Financial System for the Twenty-First Century?" *In*: OCAMPO, J.A.; ZAMAGNI, S.; FFRENCH-DAVIS, R.; PIETROBELLI, C. (eds.). *Financial Globalization and the Emerging Economies*. Santiago: CEPAL/Jacques Maritain, 2000.

UNCTAD. *Trade and Development Report 1990*. Nova York, 1990.

WILLIAMSON, J. "Advice on the Choice of an Exchange Rate Policy". *In*: CLASSEN, E.M. (org.) *Exchange Rate Policies in Developing and Post-Socialist Economies*. San Francisco: IC Press, 1991.

WILLIAMSON, J. "Reform of the International Financial Institutions". *Canadian Foreign Policy*, Vol. III, No.1, 1995.

ZINI, A. "Política Cambial com Liberdade ao Câmbio". *In*: BAUMANN, R. *O Brasil e a Economia Global*. Rio de Janeiro: SOBEET/Ed. Campus, 1996.

# Capítulo 19

# O Brasil e o sistema monetário internacional

A relação da economia brasileira com o sistema monetário internacional tem um duplo caráter: ela é cíclica, com aproximações alternadas por posições de relativa autonomia, mas ao mesmo tempo mantém envolvimento permanente com a institucionalidade vigente a cada período.

Este capítulo relata de forma resumida alguns dos principais aspectos dessa relação, desde meados do século passado, com as diversas tentativas de adoção do Padrão-Ouro. Em seguida, são apresentados indicadores relativos ao período de Bretton Woods, uma análise das relações do país com os organismos multilaterais, digressões específicas sobre as questões da dívida externa e a fuga de capitais, e as principais características e implicações das relações com o sistema monetário no período recente.

## O Brasil no Padrão-Ouro

A adoção de um Padrão-Ouro por parte do Brasil data de meados do século passado: em setembro de 1846 foi estipulado que o governo passaria a aceitar nas repartições públicas moedas de ouro. No ano seguinte, o governo foi autorizado a cunhar moedas de ouro e prata, tornando generalizado o uso dos metais para pagamentos (Peláez e Suzigan, 1976).

Como visto no Capítulo 17, esse sistema supostamente levaria a ajustes automáticos do Balanço de Pagamentos, assegurados pelo movimento de entrada e saída de divisas. Para que isso ocorra, um dos requisitos básicos do modelo de funcionamento do sistema é a inexistência de rigidez na oferta e demanda de produtos. Os efeitos de choques externos podem em princípio ser compensados pela realocação de fatores produtivos entre setores, que poderia ser conseguida por intermédio do manejo de políticas monetária e de crédito externo.

O Brasil – como a maior parte dos países da América Latina – apresentava na época um elevado coeficiente de importação, com baixa elasticidade-preço e uma capacidade limitada de substituição por produção interna. Além disso, suas exportações (produtos primários) se caracterizavam pela baixa elasticidade-renda e freqüente oscilação de preços no mercado internacional. A rigidez de oferta interna e a recorrência de choques externos levavam a freqüentes expansões monetárias, como forma de viabilizar o financiamento dos gastos públicos (Furtado, 1970).

Como resultado, o Brasil e outros países da região (como a Argentina) recorreram várias vezes a um "padrão papel não-conversível", freqüentemente acompanhado de déficits fiscais e inflação (Bacha e Diaz-Alejandro, 1981; Peláez e Suzigan, 1976; Franco, 1989). Uma das características da política monetária na segunda metade do século passado foi seu caráter anticíclico: em períodos de crise econômica, as autoridades monetárias reduziam o encaixe obrigatório, pilar do Padrão-Ouro, freqüentemente para até 25%, gerando liquidez e agindo assim na direção oposta à postulada pelo modelo (dados relevantes em Peláez e Suzigan, 1976; e análise em Fritsch, 1989).

A segunda experiência do Brasil com o Padrão-Ouro teve lugar em 1888, em uma situação cambial favorável, e com a mesma paridade de 1846 (27 *pence* por mil-réis). Uma terceira experiência ocorreu no período 1906-14, com a criação da Caixa de Conversão, com poderes para emitir notas conversíveis em ouro. Por último, a reforma monetária de Washington Luís em 1926 (com duração até 1930) proporcionou nova volta ao Padrão-Ouro, com conversão a uma taxa fixa e criação da Caixa de Estabilização, com capacidade para emitir notas nos moldes da anterior Caixa de Conversão (Fritsch, 1989).

As apreciações dos períodos de adesão ao Padrão-Ouro ao longo da história do Brasil (Fritsch, 1989, Peláez e Suzigan, 1976, entre outros) enfatizam o aspecto recessivo derivado da contração monetária imposta por esse sistema e o paralelismo entre os efeitos desse sistema, que possibilitava maior estabilidade aos países mais ricos, enquanto desestabilizava as economias menos avançadas. Nos períodos de aumento do ciclo de investimento internacional e recuperação dos termos de troca do país, a entrada de recursos induzia a uma valorização da taxa de câmbio, ao mesmo tempo em que expandia o crédito interno, estimulando as importações. Como resultado, o equilíbrio externo tendia a se deteriorar. Quando a esses movimentos se somavam a escassez de crédito externo e a queda nas relações de troca, a contração monetária resultante tinha efeitos desastrosos sobre a atividade interna (Fritsch, 1989).

## O Brasil no sistema de Bretton Woods

Ao final da Segunda Guerra Mundial, o Brasil dispunha de um estoque considerável de reservas internacionais, da ordem de US$650 milhões (comparados a menos de US$100 milhões em 1939), mas com uma característica: parte considerável dessas reservas era constituída de moedas bloqueadas (sobretudo libras esterlinas), o que dificultava sua utilização (uma alternativa foi a liquidação de saldos via nacionalização de investimentos britânicos, sobretudo em serviços públicos).

Além disso, nos anos subseqüentes ao final da guerra (1945 a 1951), a economia brasileira apresentou superávits comerciais, mas esse saldo era obtido em relação a países com moedas então inconversíveis, ao mesmo tempo em que o país era deficitário em suas relações comerciais com a área de moedas conversíveis, sobretudo os Estados Unidos (Malan et al. (1977)).

Entre 1939 e 1953, o Brasil manteve a taxa oficial de paridade, declarada oficialmente ao FMI em 14 de julho de 1948, de Cr$18,50 por dólar (igual à taxa média no período 1938-44), apesar de ter uma taxa de inflação interna acumulada próxima aos 400% e da duplicação do produto real.

Esse contexto levou a uma dupla tendência. De um lado, o controle cambial, por meio da adoção de um sistema de leilões de câmbio e a imposição crescente de barreiras comerciais (ver Bergsman, 1970; e Baer, 1975: a Lei Nº 1.807 (janeiro de 1953) criou um mercado livre de câmbio [para movimentos de capital de risco e operações de turistas] e uma taxa oficial para transações comerciais. Em outubro daquele ano, a Instrução 70 da SUMOC introduziu o sistema de taxas múltiplas de câmbio via leilões em cinco categorias de importações).

De outro lado, havia crescente dependência da conta de capital para equilibrar o balanço de pagamentos. Malan et al. (1977) apresentam (Tabela III.25) as seguintes informações: o superávit comercial em 1939-45 foi de US$1.360 milhões, caindo para US$1.070 milhões em 1946-52, enquanto o total de empréstimos externos aumentou, no mesmo período, de US$25 milhões para US$194 milhões, e o movimento líquido de capitais privados de longo prazo variou de US$40 milhões negativos para US$137 milhões positivos.

Nos anos de 1955 a 1961, a economia brasileira apresenta dois novos elementos, de importância crescente: o aumento da participação direta do Estado no processo produtivo e a entrada de capital estrangeiro (tanto oficial como privado) para financiar o investimento, estimulado sobretudo pela Instrução Nº 113 da SUMOC (de 1955) e pela Lei das Tarifas, de 1957 (Bergsman, 1970; e Tavares, 1972). A entrada de investimentos privados externos diretos – que havia sido em média de US$13 milhões em 1947-54 – passa a uma média de US$102 milhões em 1955-61.

A política cambial sofreu alterações adicionais em 1957, com a redução das categorias de importação para duas, e em 1959, com a transferência ao mercado livre de diversos produtos de exportação. Em 1961, a taxa de câmbio foi desvalorizada em montante expressivo (100%) e teve início a convergência a um sistema de taxa única, com a redução gradual dos subsídios às importações essenciais. Nos dois anos seguintes, houve acúmulo de atraso cambial e, apesar das desvalorizações de 19%, 23% e 18% ocorridas entre 1964 e 1968, estima-se que houve uma valorização significativa da moeda nacional (segundo Suplicy, 1976, entre

1960 e 1968 houve uma queda da taxa de câmbio real efetiva para os produtos manufaturados da ordem de 24%). A partir de agosto de 1968, o regime cambial passou a ser o de minidesvalorizações, permitindo reduzir o diferencial entre as taxas de inflação interna e externa, ao mesmo tempo em que trouxe maior estabilidade ao mercado de câmbio.

A evolução das contas externas do Brasil no período de Bretton Woods é apresentada de forma resumida na Tabela 19.1.

O período de Bretton Woods foi uma etapa de crescente internacionalização da economia brasileira. Esse processo esteve bem mais concentrado no âmbito do movimento de capitais (como mostram as entradas autônomas de capital e os montantes de dívida externa) do que no intercâmbio comercial (ver Capítulo 8).

**Tabela 19.1** Brasil – Itens selecionados do Balanço de Pagamentos – 1947-1971 (US$ milhões)

| Volume de Comércio | 1947-49 | 1950-54 | 1955-59 | 1960-67 | 1968-71 |
|---|---|---|---|---|---|
| (Exp+Imp) | 6.319 | 14.509 | 12.639 | 21.671 | 19.375 |
| Transações Correntes | –235 | –1027 | –764 | –878 | –2388 |
| Entradas Autônomas de Capital | 103 | 325 | 2.045 | 3.493 | 6.772 |
| Variação de Reservas | 84 | 503 | 140 | –264 | –1.430 |
| Dívida Externa Bruta | Total | 1.823 | 4.244 | 8.820 | 26.214 |

*Fonte:* Abreu (1990), Anexo Estatístico

## As relações do Brasil com as instituições multilaterais[1]

O Brasil é um dos países signatários do Acordo de Bretton Woods, de 1944, e como tal sua relação com o FMI e o Banco Mundial remonta ao início das operações dessas instituições.

O primeiro registro de intervenção técnica por parte do Fundo está relacionado ao pedido de aval feito pelo governo brasileiro em 1954 para obtenção de um empréstimo junto ao Eximbank norte-americano (pedido que foi atendido). No ano seguinte, o desconforto com a política de taxas múltiplas de câmbio adotada pelo Brasil gerou relatório específico por parte do corpo técnico do Fundo, recomendando unificação das diversas taxas, e em 1957 o Fundo deu apoio formal à adoção da Lei das Tarifas, que vigoraria praticamente inalterada até 1987.

A primeira operação direta de empréstimo do FMI ao Brasil teve lugar em 1958, quando foi negociado um crédito de tipo *stand by* (destinado a corrigir desequilíbrios externos e com desembolso subordinado ao cumprimento de metas econômicas acertadas com o staff técnico do Fundo), para fazer face às dificulda-



[1] Esta seção é fortemente baseada em Oliveira (1993), Forero et al. (1990) e Araújo (1991).

des de Balanço de Pagamentos. O conjunto de medidas de política econômica recomendadas não chegou a ser implementado, e as negociações foram suspensas em meados de 1959 (Oliveira, 1993), com o previsível impacto político sobre o governo Kubitschek. A falta de aval técnico por parte das agências internacionais à política econômica do governo contribuiu para dificultar o acesso aos recursos internacionais, e o país passou a depender de modo crescente das linhas de financiamento de curto prazo a custos elevados, deteriorando substancialmente o perfil da dívida externa.

As relações com o Fundo foram retomadas de forma substantiva em 1961, com novo empréstimo *stand by* em valor correspondente a 160 milhões de DES. A renúncia de Jânio e as posições da administração Goulart levaram à desconfiança da comunidade financeira e, por conseguinte, das instituições multilaterais com relação à política econômica. Apenas em 1965 – com a mudança de orientação geral – ocorreu uma operação de empréstimo *stand by* de 75 milhões de DES.

Na segunda metade da década de 1960, a economia brasileira experimentou melhora considerável de suas contas externas. Entre 1967 e 1973 as exportações totais cresceram a uma taxa média anual de 25% em valor e 13% em volume, com as relações de troca melhorando 18,8% no período. As reservas líquidas passaram de uma posição negativa de US$777 milhões em 1965 para um saldo de US$6,4 bilhões em 1973 (Batista Jr. 1988). Isso facilitou o acesso aos financiamentos provenientes de fontes privadas e tornou desnecessária a utilização dos recursos disponíveis no FMI (como mostra Oliveira (1993), entre 1966 e 1972 houve saque dos recursos disponíveis do Fundo apenas em 1968).

Essa situação perdurou durante toda a década de 1970 – quando a reciclagem da liquidez proveniente dos petrodólares facilitou de forma sem precedentes o acesso dos países em desenvolvimento a recursos privados. As autoridades brasileiras voltaram a recorrer ao FMI, iniciando um novo ciclo de aproximações e atritos, apenas em 1982, depois de duas crises do petróleo (1973 e 1979) e em função das dificuldades criadas pela moratória da dívida mexicana em 1982.

Em janeiro de 1983, o Brasil assinou com o FMI a primeira do que viria a ser um conjunto de seis cartas de intenções de metas não-cumpridas de política econômica. Por essa época, os bancos credores haviam constituído seu comitê negociador com os países devedores, de modo que a negociação tinha de fato duas faces: de um lado, o Fundo requeria um acordo com os bancos; de outros, os bancos exigiam o aval técnico do Fundo.

Naquele momento, o Brasil propôs ao comitê dos bancos um conjunto de projetos que ficaram conhecidos por sua numeração: Projeto 1 – US$4,4 bilhões para novos empréstimos de médio prazo; Projeto 2 – negociação de oito anos de US$4 bilhões para a dívida de médio prazo vencendo em 1983; Projeto 3 – manutenção de US$8,8 bilhões de créditos comerciais de curto prazo; Projeto 4 – compromisso de restaurar os depósitos interbancários dos bancos brasileiros no exterior aos níveis anteriores aos da crise do México.

Em fevereiro de 1983, foi assinada a segunda Carta de Intenções do governo brasileiro com o Fundo. Em meados daquele ano, o Fundo declarou que o país não estava cumprindo adequadamente o acordado, e isso afetou a disposição dos bancos credores. E a dívida brasileira aumentou de US$66 bilhões ao final de 1982 para US$77 bilhões em 1983.

Em setembro de 1983, foi assinada a terceira Carta de Intenções. As negociações envolveram – além do compromisso com metas a serem cumpridas – o desembolso de recursos por parte do Fundo (US$1,6 bilhão), dos bancos comerciais (US$6,5 bilhões para o Projeto 1, US$5,3 bilhões para o Projeto 2 e US$10,3 bilhões para o Projeto 3), do Eximbank norte-americano (US$2,5 bilhões) e do Banco Mundial (US$1,5 bilhão).

A quarta Carta de Intenções foi assinada em novembro de 1983, e no ano seguinte, em março e em setembro, foram assinadas a quinta e sexta Cartas de Intenções. Duas das dificuldades básicas para o cumprimento dos compromissos embutidos nesses diversos documentos estiveram associadas ao ajuste do conceito de necessidades de financiamento do setor público não-financeiro adotado pelo Fundo às peculiaridades da economia brasileira, bem como às dificuldades técnicas para incluir as expectativas sedimentadas por anos de indexação generalizada nos diagnósticos de excesso de demanda, base para os ajustes postulados pelo staff técnico daquele organismo. Os desvios entre o valor efetivo para algumas variáveis centrais das cartas de intenções – como a variação das reservas internacionais e os desembolsos líquidos da divida externa – chegaram em alguns meses a superar em mais de 50% os valores compromissados (Marques (1988), Almeida (1989)).

Em novembro de 1998, o Brasil firmou acordo com o FMI, Banco Mundial, BID e alguns países, compondo pacote de ajuda financeira da ordem de US$41 bilhões, a serem utilizados nos três anos seguintes. Uma das bases do acordo foi o compromisso com a disciplina fiscal.

O acordo com o FMI foi alterado em março de 1999 e revisto em junho, quando os primeiros resultados da desvalorização expressiva do real já se faziam sentir. Tendo o país atingido a maior parte das metas acordadas, naturalmente se credenciou para uma renovação. O término do acordo coincidiu com o período eleitoral no segundo semestre de 2002, quando a economia brasileira passou por forte choque externo (ver a seção “A institucionalidade criada em Bretton Woods” no Capítulo 17). Nesse contexto, foi possível obter algo sem precedentes: a renovação de um acordo com o FMI ao final de uma administração, mas com o apoio de todos os candidatos à presidência do país.

Os recursos obtidos por um país por meio de um acordo *stand-by* estão limitados a um percentual da cota que o país tem depositado no Fundo. O conjunto das cotas dos países-membros compõe o capital do Fundo. No caso do Brasil, essa cota corresponde a 1,43% do capital do Fundo. Em três oportunidades – 1998, 2001 e 2002 – o país conseguiu empréstimos em valor que superaram o valor total da cota. No início de 2004, o valor devido pelo país ao Fundo representava um terço do total dos empréstimos a receber, sendo o principal país devedor.

As relações do Brasil com o Banco Mundial são mais constantes do que com o FMI. O primeiro empréstimo realizado (US$75 milhões) data de 1949 – no setor de energia –, e a partir daí a participação dos recursos do Banco (sobretudo nos anos 70) na constituição da infra-estrutura produtiva do país tem sido uma constante, tendo o Brasil chegado a ser, em alguns momentos, o principal tomador de recursos: a participação brasileira no total de empréstimos aprovados pelo BIRD foi de 54,7% em 1949, 22,2% em 1972 e de pouco mais de 13% entre 1983 e 1986 (Forero et al., 1990).

Durante a década de 1950 os empréstimos do Banco Mundial ao Brasil foram essencialmente destinados a projetos de infra-estrutura, sobretudo nos setores de energia (90%) e transportes, de forma consistente com os objetivos do Plano de Metas.

Nos anos 60, o setor energético continuou a absorver a maior parte (76%) dos recursos, mas ocorreu um início de diversificação setorial, com empréstimos destinados também ao setor agrícola (11%) e à indústria de transformação. Esse processo de diversificação dos setores de destino dos empréstimos se intensificou nos anos 70. Nesse período, o setor de transportes absorveu 26% dos recursos, e a área energética outros 24%, enquanto a outra metade foi destinada à agricultura, à indústria de transformação, aos projetos sociais e ao financiamento de bancos de desenvolvimento.

A grande mudança na forma de atuação do Banco teve lugar na década de 1980. Como visto no Capítulo 18, ao mesmo tempo em que ficava clara a incapacidade do FMI em lidar com os problemas dos países endividados, o Banco passou a atuar no financiamento de programas de política, e não apenas em projetos. No caso do Brasil, o número de projetos aprovados nesse período esteve assim distribuído: agricultura – 30; projetos sociais – 26; transportes – 12; energia – 11; indústria – 2; bancos de desenvolvimento – 2; ciência e tecnologia – 1 e gerenciamento do setor público – 1. Nesse período (1983-96), a participação do Brasil no valor total dos empréstimos do Banco atingiu 13%, comparados a uma participação de 9% nos cinco anos anteriores (Almeida, 1990).

Ainda com relação às instituições financeiras multilaterais, vale mencionar que o Banco Interamericano de Desenvolvimento (BID) foi criado em 1961. O processo que levou à sua constituição esteve sempre relacionado à percepção – por parte dos países da América Latina – de que os países da região tinham uma participação relativamente pouco importante nas instituições criadas em Bretton Woods, no referente a acesso a recursos, mas sobretudo quanto às discussões sobre as linhas gerais de operação dessas agências.

A forma de atuação do BID guarda forte semelhança com a do Banco Mundial, no tocante a financiamento de projetos e – mais recentemente – de políticas específicas. Um aspecto que sempre diferenciou a atuação das duas instituições é que os governos da região desde o início demandaram assistência técnica por parte do staff do BID (nesse aspecto as semelhanças são mais nítidas entre as atuações do BID e da CEPAL).

O Brasil – como maior economia da região – ocupa naturalmente posição de destaque no conjunto das operações do BID, absorvendo mais de 20% dos empréstimos na década de 1960 e algo mais que 15% nas duas décadas seguintes. A distribuição setorial dos recursos emprestados pelo BID ao Brasil é semelhante à estrutura dos empréstimos do Banco Mundial, com predominância de projetos de infra-estrutura em energia, transporte e fornecimento de água, mas envolve uma diversificação maior, compreendendo linha de crédito para exportação, apoio a educação, ciência e tecnologia, apoio ao setor industrial e outros.

Duas considerações de ordem geral podem ser feitas quanto ao relacionamento do Brasil com as instituições multilaterais (outra instituição da qual o país foi recentemente convidado a participar – junto com outras oito economias emergentes – é o Banco de Compensações Internacionais (BIS), um foro privilegiado dos bancos centrais). Em primeiro lugar, elas desempenharam papel de inegável importância no financiamento da construção da infra-estrutura produtiva do país, sobretudo em momentos – até os anos 80 – em que os grandes projetos eram tipicamente financiados (em países em desenvolvimento) por recursos públicos, por falta de acesso a linhas de crédito de longo prazo.

Uma segunda observação, derivada sobretudo das relações com o Banco Mundial e o FMI na década de 1980, é que elas tiveram conseqüências políticas e institucionais de parte a parte. Do lado do FMI, as discussões – sobretudo no início da década – sobre as metas-limite para o déficit do setor público levaram a um gradual reconhecimento da necessidade de consideração metodológica dos mecanismos de indexação, e, portanto, do tratamento diferenciado das metas em relação a diversos conceitos de déficit (primário, operacional etc.).

Do lado do governo brasileiro, os recursos do Banco Mundial tornaram possível uma série de reformas na estrutura da administração pública e na área de comércio exterior, embora algumas reformas pretendidas não pudessem ser concretizadas, pois implicariam entrada de recursos que superavam as metas de expansão de base monetária acordadas com o FMI. Talvez o exemplo mais transparente dos resultados dessa interação seja o esforço de monitoramento e posterior controle dos gastos públicos nas diversas esferas administrativas, o que acabou levando à criação da Secretaria do Tesouro.

## A dívida externa

A origem da dívida externa brasileira é anterior ao período republicano: ainda em 1889 o país devia no total o equivalente a US$150 milhões. Em 1921, o Brasil negociou seu primeiro empréstimo direto com os Estados Unidos, no valor de US$50 milhões. Nove anos depois, os norte-americanos já detinham 30% da dívida externa brasileira. Ao final da República Velha (a partir de 1926), a dívida externa brasileira havia atingido um valor correspondente a US$1 milhão. Desde o início do século XIX, o país esteve inadimplente no pagamento de sua dívida externa em diversos períodos, em um total de 38 anos.

Em 1934, o Brasil pagou, pela primeira vez, parcelas de sua dívida externa. Em 1937, teve lugar a primeira moratória, sendo os pagamentos reiniciados apenas em 1943.

É no período mais recente, contudo (anos 70 e 80), que esse tema adquire destaque, entre outros motivos pelo fato de o Brasil passar a ocupar – no final dos anos 70 – a posição de principal devedor.

Ao final dos anos 60, o Brasil passou a adotar uma estratégia de utilização de recursos externos como forma de ampliar a capacidade de importar e prover os recursos para financiar a retomada do processo de crescimento. O endividamento externo era, portanto, parte central do modelo de desenvolvimento adotado após 1968 (Pereira, 1974).

No período entre 1968 e 1973, ocorreram dois movimentos em relação aos empréstimos em moeda: seu crescimento – a dívida bruta total triplicou, passando de US$3,8 bilhões para US$12,6 bilhões – e uma preocupação com o alongamento do prazo dos créditos. Quanto ao prazo, a participação dos compromissos com vencimento no primeiro ano caiu de 83% para 17%. Isso permitiu financiar com sobras o déficit em Conta Corrente, e como resultado o crescimento das reservas internacionais elevou seu nível de um percentual de 14% do valor das importações em 1968 para 104% desse valor em 1973. A partir desse ano, o aumento substantivo do valor importado (104% de aumento entre 1973 e 1974) reduziu a relação reservas/importações a 43% em 1974 e 33% em 1975 (Batista Jr., 1979).

Outra característica da dívida externa nesse período foi a transformação de sua estrutura. Em 1961, o Banco Mundial e o FMI controlavam 23% da dívida externa brasileira. Em 1969, os empréstimos junto a organismos internacionais e agências governamentais correspondiam a 43% da dívida externa brasileira, percentual que foi reduzido para 23% em 1973. Isso significa, entre outros aspectos, que a opção por captar volumes crescentes de recursos – além da provisão de créditos oficiais – levou a um custo mais elevado e a uma vulnerabilidade maior, em virtude de os contratos no mercado privado serem feitos a taxas de juros mais elevadas: por exemplo, em 1973 o custo do crédito do Banco Mundial era de 7,25% e as linhas do BID tinham um custo de 8%, enquanto a captação no mercado teve um custo para o Brasil de 10,13% (Batista Jr., 1979).

Essa vulnerabilidade foi manifestada em 1973, com o aumento do preço do petróleo e a conseqüente deterioração do Balanço de Pagamentos brasileiro. Em dois anos, a dívida externa brasileira praticamente dobrou, passando de US$9,5 bilhões (1972) para US$17,2 bilhões (1974).

A política adotada para enfrentar esse choque foi reduzir a demanda por importações – via controles e estímulos à produção competitiva interna – e aumentar (estimulada pelas condições favoráveis criadas pela reciclagem dos petrodólares) a captação de recursos por meio de novos empréstimos. Ao final de 1978, a dívida externa total havia atingido US$43,5 bilhões de dólares.

Esse aumento continha um elemento adicional importante. Como parte da estratégia de manter a presença do país no mercado internacional e conseguir condições mais favoráveis, o Brasil utilizou como elementos de captação de recursos diversas empresas estatais, o que fez o componente "estatizado" da dívida externa passar a ser cada vez mais importante (63% da dívida em 1978 eram de compromissos envolvendo o governo federal).

Novos choques exógenos vieram a demonstrar a fragilidade da estratégia de endividamento externo. O aumento dos preços do petróleo em 1979 afetou negativamente a balança comercial brasileira, e as taxas de juros no mercado internacional experimentaram elevação pronunciada – a *prime rate* subiu de 7,5% em 1977 para 21% em 1982 e a *Libor* de 7,6% para 16,4% no mesmo período – praticamente dobrando o nível da dívida externa em cinco anos, que passou de US$50 bilhões em 1979 para US$91 bilhões em 1984.

O processo de negociação da dívida externa brasileira é longo e superposto à análise da própria relação do país com os organismos multilaterais (Batista Jr., 1988). Entre os movimentos mais recentes são dignos de nota: (i) a troca (abril de 1994) de dívida "velha" por títulos com trinta anos de maturidade, contando com a adesão de 97% dos mais de setecentos bancos credores, e sem a necessidade de um monitoramento formal por parte das instituições multilaterais; e (ii) a liquidação (em outubro de 1995) da última parcela das garantias exigidas na renegociação da dívida, adquirindo o direito de recomprar os papéis de sua dívida no mercado secundário (Carneiro, 1996).

A partir da renegociação da dívida, na primeira metade da década de 1990, ganharam destaque duas características sem precedentes. Primeiro, os recursos externos de médio prazo passaram a ser predominantemente captados a partir de colocação de títulos nos mercados de capitais externos, substituindo os empréstimos bancários. Em 2002, 68% da dívida externa registrada do país eram relacionados à emissão de bônus e *notes* (50%) e empréstimos intercompanhias (18%). Em segundo lugar, aproximadamente a metade (47%) da dívida externa (se incluídos os compromissos com o FMI (aproximadamente 9% do total da dívida externa ao final de 2002)) é devida pelo setor privado.

Essas duas características refletem o maior acesso das empresas localizadas no Brasil ao mercado de capitais internacional. Ao mesmo tempo, contudo, indicam que é cada vez menor a possibilidade de renegociação nos moldes da ocorrida na década de 1980 e início da de 1990, com comitê negociador eleito pelos bancos credores. Eventuais desequilíbrios tendem agora a ser sanados por meio de mecanismos de mercado, a menos que uma eventual crise sistêmica leve o governo a intervir de forma a impedir o caos econômico, social e político.

Como mostrado no Capítulo 18, as condições de custo e prazo da captação de recursos externos por parte dos países da América Latina pioraram bastante após a crise asiática de 1997. A economia brasileira não esteve imune a esse efeito. Ao final de 2002, a dívida externa brasileira total era de US$228 bilhões, com um prazo médio de pagamento de sete anos e um custo implícito de aproximadamente 7%. Medida em termos do PIB essa dívida sempre foi menor que em outros países em desenvolvimento; em 2002, ela representava aproximadamente 40% do PIB. Já em termos da geração de divisas para o seu pagamento (isto é, a relação dívida externa/exportações de bens e serviços) ela correspondia a 3,8 vezes, um nível considerado excessivamente alto.

## A fuga de capitais

Entre outras características, a década de 1980 foi marcada, nos países da América Latina, por uma intensificação da saída de recursos reais por intermédio de diversos mecanismos, entre os quais o superfaturamento de importações ou subfaturamento das exportações (além, evidentemente, de uma variedade de medidas ilegais) são os mais conhecidos.

As razões para essa fuga de capitais estão relacionadas a movimentos preventivos de desvalorizações cambiais, a diferenciais de retorno a aplicações financeiras em países distintos, ou simplesmente proteção de ativos.

O Brasil não foi exceção a esse comportamento geral, embora segundo indicação de diversos analistas esse fenômeno tenha sido relativamente menos intenso aqui do que em outros países da região, em especial a Argentina e o México (ver Erbe, 1985; Khan e Haque, 1987; e Cumby e Levich, 1987; entre outros), tendo em vista o sistema de controle de capitais externos (baixo grau de liberalização cambial e financeira) existente no país.

As estimativas dos valores envolvidos no processo de fuga de capitais não são nada além de aproximações, uma vez que – por definição – não existe registro para servir de referencial. Isso faz com que as diversas estimativas sejam sensíveis à metodologia adotada, ao período considerado e até mesmo à fonte das informações (Cumby e Levich, 1987).

Com essas observações em mente, a Tabela 19.2 mostra algumas estimativas feitas para o montante de fuga de capitais do Brasil a partir de meados da década de 1970.

Os números apresentados na Tabela 19.2 são indicativos da relativa precariedade das estimativas de fuga de capital. Ao longo do tempo, as indicações disponíveis são de que esse processo teria atingido pontos de máximo em 1978 e 1984 (Cumby e Levich, 1987), quando teria superado os US$10 bilhões; para Meyer e Marques (1989), os pontos máximos para o período 1975-88 foram 1978, 1983 e 1984, com valores estimados da ordem de US$3 a 5 bilhões nesses anos). De todo modo, a reversão desse processo, com a volta dos recursos de residentes depositados no exterior, foi aparentemente um fator importante para o influxo total de recursos externos na economia brasileira no período recente.

**Tabela 19.2** Brasil: estimativas diversas da fuga de capitais (US$ bilhões)

| | **1976-84** |
|---|---|
| Banco Mundial (*) | 3,5 |
| Erbe (*) | 7,8 |
| Morgan (*) | 3,0 |
| Cuddington (*) | –0,3 |
| Khan & Haque (**) | 3,9 |
| Meyer & Marques (***) | 1,4 |

*Fontes:* (*) Cumby e Levich (1987)
(**) Khan e Haque (1987). Estimativas para 1974-82
(***) Meyer e Bastos Marques (1989)

Mais recentemente, esse tema voltou a motivar debates. A Carta-Circular No.5, de 1969, do Banco Central criou a modalidade de conta de depósito bancário em moeda nacional, no país, para pessoa física ou jurídica residente no exterior. Em meados da década de 1990, o Banco Central flexibilizou a operação desse tipo de conta, com o argumento de que isso permitiria identificar movimentações de recursos antes ocorridos de forma anônima via mercado de câmbio flutuante.

A movimentação de recursos nessa conta (registrada como "moeda e depósito" na rubrica; "outros investimentos" na conta financeira do Balanço de Pagamentos) foi marginal até 1993. Já em 1994 e 1995 houve entradas expressivas de recursos (US$1 e 4 bilhões, respectivamente) e entre 1996 e 1999 essa rubrica apresentou saldos líquidos negativos que chegaram a um máximo de US$9,7 bilhões em 1997 e 1998, anos de forte valorização do real.

Mais recentemente, entre junho e outubro de 2002, a desconfiança do mercado financeiro quanto à concentração dos prazos de pagamentos da dívida externa e aos resultados eleitorais elevou os déficits mensais nessa rubrica a níveis superiores a US$1,4 bilhão, mais que quatro vezes acima do observado em períodos normais.

## O Brasil e o mercado financeiro internacional nos anos 90

A economia brasileira esteve excluída do expressivo aumento dos fluxos de capital para os países em desenvolvimento durante vários anos, em função das desconfianças em relação à capacidade de lidar com o desequilíbrio macroeconômico e das dificuldades na negociação da dívida. Essa não foi uma peculiaridade brasileira, mas regional: o conjunto dos países latino-americanos absorveu 77% do fluxo de capital destinado aos países em desenvolvimento no período 1975-82, e apenas 16% em 1983-90 (Turner, 1995).Desde 1991, no entanto, o Brasil – assim como diversas outras economias da América Latina (notadamente México, Argentina e Chile) – tem recebido uma quantidade substancial de recursos externos: em 1990-91 o país recebeu um total de US$3,3 bilhões (0,8% do PIB), comparados a US$8,9 bilhões em 1992-94 (2% do PIB) (considerando-se os capitais de curto e longo prazo, transferências unilaterais e erros e omissões (UN/CEPAL)).

A maior parte desses recursos derivou de investimentos em carteiras de ações (embora parte tenha sido destinada também ao mercado de títulos) e empréstimos em divisas, via colocação de títulos no exterior. O influxo de capitais na economia brasileira no início da década de 1990 está relacionado à política macroeconômica (taxa de juros, liberalização financeira, preservação da taxa de câmbio), à conjuntura política e à evolução das condições de liquidez internacional.

Outros fatores, contudo, foram igualmente determinantes. Em primeiro lugar (e de forma comparável a outros países da América Latina), o Brasil foi beneficiado pelas condições internacionais – em particular, o diferencial de taxas de juros, comparativamente mais baixas nos Estados Unidos. Para o caso específico do Brasil, a taxa de juros interna (média anualizada) foi – entre 1992 e 1994 – oito vezes superior às taxas internacionais (Libor em dólares, seis meses; dados de Gonçalves, 1996a). Como argumentado em Calvo et al. (1992), as reformas de política interna dos países beneficiados pelo influxo de recursos nos anos recentes não são suficientes para explicar esse movimento, até porque esse influxo não ocorreu de forma tão pronunciada em países que promoveram essas reformas há mais tempo, como o Chile. Há evidência também de que a entrada de capital na economia brasileira após 1991 foi determinada preponderantemente pela arbitragem de juros, e que as medidas adotadas para controlar a entrada de capitais de curto prazo não surtiram efeito (Garcia e Barcinski, 1996).

Assim, um fator explicativo para esses resultados está relacionado às rentabilidades relativas para os investidores na América Latina e em outras regiões, como nos países asiáticos, por exemplo. Comparando-se as taxas de retorno ao investimento (definidas como a recíproca da relação incremental capital-produto (Turner, 1995) no período 1975-82), encontramos que para o conjunto da América Latina elas situavam-se em 24%, inferiores aos 31% dos NICs asiáticos. Em 1984-93, para as economias dinâmicas da Ásia, essas taxas eram superiores aos 20% (China e NICs Asiáticos – 27%; outros países dinâmicos daquela região – 22%), enquanto para os países da América Latina elas foram em média 13%, percentual semelhante à taxa para o Brasil (Turner, 1995) e à taxa estimada para os países industrializados: os estímulos aos investidores externos eram muito mais limitados na América Latina em geral.

Outros elementos que explicam o aumento expressivo de capitais na economia brasileira no período recente são as mudanças na legislação – que permitiram a concretização desses fluxos (sobretudo a partir de 1991) – e o processo de privatização de empresas públicas. Dias Carneiro (1995) lista entre os principais canais pelos quais investidores estrangeiros podem investir no Brasil: Sociedades de Investimento – Capital Estrangeiro; Fundos de Investimento – Capital Estrangeiro; Carteiras de Valores Mobiliários; *Depository Receipts;* Fundos de Renda Fixa – Capitais Estrangeiros, Contratos de Fechamento de Câmbio; Carta Circular nº 5 do Banco Central e outros instrumentos, como a Bolsa de Futuros. As principais medidas envolvendo investimento direto são apresentadas em Baumann (1992). Garcia e Barcinski (1996) apresentam as principais medidas recentes relacionadas ao estímulo à entrada de capitais, bem como as tentativas de controlar os fluxos de curto prazo.

Essa retomada do acesso aos recursos externos com forte componente financeiro também tem semelhança com o padrão geral latino americano. O padrão de investimento direto externo esteve fortemente influenciado pelos movimentos de conversão da dívida e privatizações, ao contrário do padrão asiático, em que tomou forma sobretudo de aquisição de novas empresas. Como resultado, a estrutura dos fluxos de recursos destinados aos asiáticos foi preponderantemente de investimentos diretos, enquanto para os países latino-americanos as inversões em carteira têm tido maior expressão. No período 1983-90, os países da

Ásia absorveram em média um total de US$2 bilhões anuais em inversões em carteira (22% da soma de investimentos diretos e de carteira), enquanto para a América Latina essa média foi de US$3 bilhões (30% da soma de investimentos diretos e de carteira) (Turner, 1995). Em 1994, as proporções permaneciam mais ou menos as mesmas.

Historicamente, o Brasil atraiu um volume expressivo de investimento direto externo. Entre 1971 e 1980, por exemplo, o país atraiu 6% do total dos fluxos de investimentos diretos mundiais; e entre 1960 e 1982, em apenas oito desses 22 anos deixou de haver aumento no ingresso de recursos, sendo que o saldo líquido do movimento de capitais de investimento foi positivo durante todo o período. No período 1985-95, o Brasil foi – entre os vinte maiores receptores de investimento direto externo – o 18º colocado, com US$20 bilhões (e 19º em termos de FDI *per capita*, com US$130) (dados de *Focus,* World Trade Organization *Newsletter*, nº 13, outubro-novembro).

No período mais recente, o sucesso com a estabilização macroeconômica e a retomada do crescimento do produto estimularam novo influxo de investimento direto. O ano em que esse influxo atingiu seu ponto máximo foi 2000, quando alcançou um total de US$32,8 bilhões. Desde então tem havido forte retração, com entrada de investimento externo direto em 2002, sendo a metade do valor registrado dois anos antes. A Tabela 19.3 ilustra essa evolução.

As explicações para esse menor influxo de recursos estão associadas em parte à retração dos investidores de um modo geral (os investimentos diretos a nível mundial caíram 40% entre 2001 e 2002), e parte deriva do próprio baixo dinamismo da economia brasileira.

A esses indicadores caberia agregar o surgimento, embora ainda incipiente, de investimentos brasileiros no exterior. O estoque de capital brasileiro investido no exterior é da ordem de US$50 bilhões, e está associado sobretudo a empresas do setor de serviços, mas crescentemente também à instalação, em outros países, de unidades de produção e comercialização por parte de empresas brasileiras.

**Tabela 19.3** Investimento direto externo no Brasil – médias anuais (US$ milhões)

| Período | Investimento |
|---|---|
| 1973-1977 | 903 |
| 1978-1982 | 1471 |
| 1983-1989 | 327 |
| 1990-1993 | 813 |
| 1994-1996 | 5725 |
| 1997-1999 | 25476 |
| 2000-2002 | 23934 |

*Fonte:* Banco Central do Brasil

Em que pese a retomada dos investimentos diretos nos últimos anos, contudo, merece destaque especial a volta do país ao mercado financeiro internacional por meio da colocação de títulos. Os primeiros lançamentos de bônus brasileiros no mercado internacional de títulos foram feitos por empresas estatais de grande porte (57% dos lançamentos em 1991 e 1992). No início do processo de reentrada dos países latino-americanos no mercado financeiro internacional, a maior parcela dos recursos captados pode ser atribuída ao retorno de capitais que haviam fugido nos anos 80: o conhecimento da região e os elevados *spreads* tornaram esses títulos atraentes para os investidores latinos.

Em uma segunda etapa, os fundos mútuos especializados e investidores individuais também foram atraídos pela alta remuneração e pela perspectiva criada pelo fato de as flutuações nos mercados financeiros dos países em desenvolvimento serem relativamente independentes das flutuações nos mercados dos países industrializados.

Uma análise das taxas de juros reais de curto prazo indica que para a América Latina essas taxas em 1988-90 foram negativas em 20% (-0,1% no Brasil), enquanto nos NICs asiáticos eram de 2,6% nesse período. Em 1994, a situação era inversa. Essas taxas foram de 3% na América Latina (24% no Brasil), superiores aos 2% dos países asiáticos (Turner, 1995). Estima-se, entretanto, que 60% a 70% dos bônus da região foram absorvidos por capitais emigrados da região na década passada, 20% a 25% por investidores e fundos de investimentos e apenas 5% por investidores institucionais (Horta, 1993).

A emissão internacional de bônus por parte do Brasil aumentou de US$1,8 bilhão em 1991 para um valor estimado de US$9,5 bilhões em 1996 (dados da CEPAL; compare esses números com as emissões mexicanas, de US$3,8 bilhões em 1991 e US$16,9 bilhões em 1996). O conjunto de bônus, *notes* e investimento em carteira representou uma entrada de US$200 milhões em 1990, e já em 1995 havia atingido um total de US$32 bilhões, elevando a relação entre ingresso de capital especulativo e PIB de 0,04 para 4,5 (Gonçalves, 1996b), e implicando diversos efeitos para a administração da dívida externa, como indicado no Capítulo 17.

## O Brasil e o euro

De modo geral, as expectativas ao início do processo de entrada em operação do euro em relação aos seus efeitos para os países da América Latina eram positivas a médio prazo. Por exemplo, a União Monetária Européia (UME) significa maiores oportunidades para empresas pequenas e médias ampliarem suas atividades comerciais além das fronteiras nacionais, dada a eliminação do risco cambial entre os países participantes.

A importância do euro como moeda para as transações comerciais deveria aumentar em relação à importância das moedas européias individuais antes da criação do euro, uma vez que o PIB combinado dos países-membros é semelhante ao dos Estados Unidos e três vezes o do Japão.

Os Bancos Centrais dos países envolvidos na UME necessitariam de menos dólares porque não precisariam manter reservas para proteger suas moedas nacionais, e porque as importações na UME seriam menores: em torno de 60% do comércio passam a ser classificados como transações domésticas. Os Bancos Centrais tenderiam a reduzir seu nível de reservas e a diversificá-las, no sentido de uma menor dependência de dólares.

O tamanho do mercado de capitais da UME e o esperado aumento do euro em portfólios oficiais e privados – em comparação à situação anterior, relativa ao uso das moedas européias – implicam que a política monetária da UME deveria desempenhar um papel crescentemente mais importante na determinação da estrutura internacional de taxas de juros do que nas últimas décadas.

De fato, o processo de criação da UME tem levado a uma convergência das taxas de juros dos países participantes, em uma trajetória decrescente.

Acrescenta-se a isso o fato de que o sistema bancário europeu deve adaptar-se ao euro, com crescente integração e provavelmente fusões entre grandes bancos. Na medida em que os sistemas de regulação e fiscalização consigam assegurar que esse movimento não comprometa o grau de concorrência nesse setor, é possivel esperar um movimento de redução dos *spreads* entre taxas ativas e passivas.

No que se refere aos efeitos prováveis para a economia brasileira, cabe distinguir entre as conseqüências do euro para os fluxos de investimento, para os fluxos comerciais bilaterais entre o Brasil e a União Européia, e para a oferta potencial de recursos às empresas em operação no país.

## A União Européia como fonte de investimentos

Segundo a UNCTAD, os 15 países que compõem a União Européia (portanto, quatro a mais que os 11 membros da UME) tinham investido no exterior um total de US$559 bilhões em 1988. Em 1997, esse total havia sido ampliado para US$1309 bilhões. Em ambos os períodos, o Brasil esteve entre os principais mercados de destino.

Segundo os Censos de Capital Estrangeiro realizados pelo Banco Central do Brasil em 1995 e 2000, a participação dos dez principais países investidores europeus – Espanha, Holanda, França, Alemanha, Portugal, Itália, Reino Unido, Suíça, Suécia e Noruega – no estoque de capital estrangeiro investido no Brasil aumentou, de 42% em 1995 para 47% em 2000.

Permanece a expectativa de aumento nesse volume de investimentos europeus no Brasil a partir do próprio processo de fusões e aquisições entre empresas européias. A produção em maior escala e o maior fôlego financeiro podem levar essas novas unidades ampliadas a buscar parcerias e/ou penetrar em terceiros mercados. O estoque de capital de propriedade européia instalado no Brasil tornaria esse país em princípio um atrativo natural para esses investidores (sempre e quando o cenário macroeconômico seja favorável e as políticas específicas não impeditivas).

## *A União Européia como parceira comercial*

A evolução recente do saldo comercial brasileiro com a União Européia e com os países europeus que representam mais de – do produto da UME, e a maior parte do comércio entre o Brasil e a União Européia (60% das exportações e 78% das exportações brasileiras em 1998 – com Alemanha e Itália em conjunto correspondendo a 1/3 das exportações brasileiras para a União Européia e metade das importações daquele bloco) foi a seguinte:

**Tabela 19.4** Brasil – saldos comerciais com a Europa (US$ milhões)

| Ano | União Européia (15 países) | Alemanha | França | Itália | Países Baixos |
|---|---|---|---|---|---|
| 1994 | 3230 | -1342 | 37 | -415 | 2698 |
| 1995 | -935 | -2636 | -344 | -1158 | 2315 |
| 1996 | -1405 | -2778 | -438 | -1379 | 2962 |
| 1997 | -1359 | -2350 | -527 | -1691 | 3422 |
| 1998 | -2141 | -2245 | -748 | -1326 | 2048 |
| 1999 | -1310 | -2222 | -790 | -752 | 1998 |
| 2000 | 714 | -1900 | -153 | -25 | 2098 |
| 2001 | 43 | -2309 | -435 | -374 | 2327 |
| 2002 | 1990 | -1882 | -252 | 54 | 2647 |

*Fonte:* SECEX/MDIC

A partir da intensificação do processo de abertura em 1994, os déficits brasileiros no comércio com a Europa aumentaram sistematicamente, ao menos até 1998. Desde 2000, contudo, e em grande medida por causa do baixo crescimento econômico, da desvalorização do real e – mais recentemente – da valorização do euro em relação ao dólar (ver Tabela 19.5) os produtos brasileiros voltaram a ganhar competitividade no mercado europeu, revertendo o sinal da balança comercial bilateral (embora persistam déficits no intercâmbio com alguns países europeus).

A criação do euro pode, então, ter efeitos sobre as exportações brasileiras através de:

a. redução dos preços relativos dos produtos brasileiros no mercado europeu. Como o real é preponderantemente cotado em relação ao dólar norte-americano, eventuais valorizações do euro *vis-à-vis* o dólar significam um relativo barateamento das exportações brasileiras, e, portanto, um estímulo potencial ao aumento das vendas;

b. uma recuperação da atividade econômica nos países-membros da UME pode acarretar aumento da demanda por produtos exportados pelo Brasil;

c. a realocação geográfica dos investimentos dentro da área da UME pode gerar novas demandas por produtos de exportação do Brasil;
d. empresas européias de maior escala, criaturas do processo de fusões e aquisições, podem vir a demandar produtos brasileiros em maior volume, ou mesmo novos produtos. A tendência recente da indústria brasileira – de especialização em segmentos específicos de mercado – aumenta as chances de satisfazer boa parte da nova demanda que deverá surgir como resultado desse processo.

No entanto, esse processo pode ter igualmente impactos desfavoráveis:

a. a maior volatilidade entre as paridades dólar-euro-iene pode ser uma dificuldade para o comércio, sobretudo em contratos de longo prazo;
b. as alterações previstas na legislação européia – trabalhista, de seguridade social e outras – podem vir a reduzir em certa medida a vantagem comparativa em termos de diferencial de custo de fatores, o que demandaria uma postura mais ativa por parte do Brasil, de modo a neutralizar tais perdas;
c. uma trajetória de desvalorização do euro em relação ao dólar pode comprometer a competitividade dos produtos brasileiros no mercado europeu, caso não ocorra desvalorização correspondente do real em relação ao dólar. Por ser este o principal mercado de destino das exportações brasileiras, o monitoramento da relação real/euro deve merecer particular atenção.

Os impactos do euro sobre a balança comercial bilateral entre o Brasil e os 11 países da UME estão de todo modo condicionados à evolução das barreiras comerciais impostas aos produtos brasileiros e à trajetória da taxa de câmbio do euro.

Se considerada a partir de 1995, a taxa de câmbio do ECU e do euro, em relação ao dólar norte-americano e ao iene, a trajetória é a seguinte:

**Tabela 19.5** Evolução das paridades entre o euro (*), o dólar e o iene – 1995-2002

| | ECU e Euro(*)/Dólar | ECU(*) e Euro/Ien |
|---|---|---|
| 1995 | 1,308 | 123,0 |
| 1996 | 1,270 | 138,1 |
| 1997 | 1,134 | 137,1 |
| 1998 | 1,121 | 146,4 |
| 1999 | 1,066 | 121,3 |
| 2000 | 0,924 | 99,5 |
| 2001 | 0,892 | 108,7 |
| 2002 | 0,984 | 117,2 |

*Fonte:* Boletim Mensal do BCE (www.ecb.int)

(*) até Dez/98, taxas relativas ao ECU; a partir de Janeiro/99, taxas relativas ao euro

As cotações do ECU (até 1998) indicavam trajetórias distintas, com uma redução continuada (14%) entre 1995 e 1998 em relação ao dólar e elevação (19%) em relação ao iene. A valorização do euro frente ao dólar tem significado uma fonte de ganho de competitividade para os produtos brasileiros no mercado europeu, e explica parte dos resultados mostrados na Tabela 19.4.

De todo modo, ainda é a política comercial da União Européia em seu conjunto que deverá condicionar as possibilidades exportadoras brasileiras, sobretudo se mantida a composição atual dos fluxos de comércio, com exportações predominantemente de produtos intensivos em recursos naturais, particularmente sujeitos à concorrência dos produtos europeus subsidiados pela Política Agrícola Comum da União Européia, e vulneráveis a barreiras tarifárias e não-tarifárias, associadas a questões fitossanitárias, ambientais e outras.

## *A atratividade do mercado de capitais da União Monetária Européia*

Os efeitos do euro para o Brasil são mais facilmente identificáveis na área financeira. O euro gerou um mercado bem-sucedido de bônus. As emissões em euros até outubro de 1999, equivalentes a US$389 bilhões, foram quase quatro vezes superiores aos US$102 bilhões emitidos em 1998 nas moedas originais dos onze países. O mercado conjunto tem se mostrado mais atraente, os investidores europeus têm revelado interesse por papéis latino-americanos, e há perspectivas concretas de redução dos *spreads*.

O Brasil já desde 1997 voltou a ter acesso ao mercado financeiro europeu, com lançamentos de títulos em moedas variadas, que depois foram transformados em euros. A Tabela 19.6 mostra a participação das captações brasileiras recentes naquele mercado, no total de recursos financeiros captados no exterior.

**Tabela 19.6** Participação (%) de títulos em euro no total das captações brasileiras – 1993-2000

| | Setor Privado | Setor Público | Total |
|---|---|---|---|
| 1994 | 12,9 | – | 11,5 |
| 1995 | 6,5 | 34,7 | 15,7 |
| 1996 | 2,2 | 30,5 | 13,6 |
| 1997 | 3,9 | 29,1 | 16,6 |
| 1998 | 3,6 | 32,5 | 17,7 |
| 1999 | 4,5 | 58,3 | 43,2 |
| 2000 | 16,8 | 25,3 | 24,4 |

*Fonte:* Motti; Plihon; Quenan (2002)

Os poucos anos de funcionamento do euro comprovam que sua importância em operações financeiras supera em muito os papéis originalmente esperados de seu uso como unidade de referência nos contratos comerciais e como componente na reserva dos países. Certamente, esse é o caso nas relações entre os países da área do euro e a América Latina.

A experiência recente tem mostrado, no entanto, que em situações de insegurança – como a ocorrida nos meses que antecederam o conflito no Iraque, em 2003 – a opção pelo euro como reserva de valor superou as expectativas.

Cabe esperar, portanto, que nas relações entre o Brasil e a área do euro permaneçam ou se intensifiquem as captações de recursos nesse mercado, assim como – a longo prazo – algum aumento da participação do euro na composição das reservas internacionais do país.

## Exercícios

1. Apesar dos exemplos de crescimento e estabilidade em alguns países no período do Padrão-Ouro, no Brasil – como em outros países latino-americanos – os resultados da adesão a esse sistema foram bem menos favoráveis. Discuta.
2. O Brasil esteve entre os primeiros países em desenvolvimento a aderir desde o início às instituições internacionais formadas após a Segunda Guerra Mundial, mas sua relação com algumas dessas instituições envolveu conflitos ao longo do tempo. Exatamente a que se refere essa afirmativa?
3. Dada a distribuição geográfica do comércio externo brasileiro e a origem de boa parte do capital estrangeiro instalado no Brasil, esse é um dos países latino-americanos a ser mais afetado pelo sucesso ou fracasso do euro. Você concorda? Por quê?
4. A história das relações entre o Brasil e os organismos financeiros multilaterais mostra grandes benefícios, mas também momentos de crise, que provocaram até o afastamento temporário do país. Explique e discuta.
5. O tipo e a composição da dívida externa brasileira na década de 1980 são bastante diferentes do tipo e composição da dívida externa ao final da década de 1990, e isso tem implicações para se identificar mecanismos para seu pagamento ou renegociação. Explique e discuta.

## Referências bibliográficas

ALMEIDA, S. "O papel dos organismos financeiros internacionais nas economias em desenvolvimento". *In: Para a década de 90 – Prioridades e perspectivas de políticas públicas, vol.II – Setor externo*. Brasília: IPEA/IPLAN.

ARAÚJO, Aloísio Barbosa de. *O governo brasileiro, o BIRD e o BID: cooperação e confronto*. Rio de Janeiro: IPEA, 1991. (Série IPEA, nº 131).

BACHA, E. e DIAZ-ALEJANDRO, C. "Mercados financeiros internacionais: Uma perspectiva latino-americana". *Estudos econômicos*. vol.11, Nº 3, 1981.

BAER, W. *A industrialização e o desenvolvimento econômico do Brasil*, 2ª ed. Rio de Janeiro: Fundação Getúlio Vargas, 1975.

BATISTA Jr, P. "Participação brasileira no mercado financeiro internacional: Custo e perfil da dívida externa". Rio de Janeiro: IBRE – Fundação Getúlio Vargas. Mimeo, 1979.

BATISTA Jr., P. "Fluxos financeiros internacionais para o Brasil desde o final da década de 1960". *In*: BATISTA Jr. P. (org.) *Novos ensaios sobre o setor externo da economia brasileira*. Rio de Janeiro: Fundação Getúlio Vargas, 1988.

BAUMANN, R. "Recent measures affecting foreign investment in Brazil". São Paulo. UN/UNCTAD e Universidade de Campinas. Trabalho apresentado no Seminário sobre Tendências do Investimento Direto Externo e Estratégias de Corporações Transnacionais no Brasil. Mimeo, 1992.

BERGSMAN, J. *Brazil: industrialization and trade policies*. Londres: Oxford University Press, 1970.

CALVO, G.; LEIDERMAN, L.; REINHART, C. M. "Capital Inflows to Latin America: The 1970s and the 1980s". Washington: IMF Working Paper No.92, 1992.

CARNEIRO, D. D. *Private international capital flows to Brazil*. Santiago. CEPAL/PNUD, Série Financiamiento del desarrollo No. 33, 1995.

CARNEIRO, F. G. "Dívida externa: do império aos Brady Bonds". *Conjuntura econômica*. Setembro, 1996.

CEPAL. *Anuario Estadístico de América Latina y el Caribe*. Santiago. Diversos números.

CUMBY, R. e LEVICH, R. "On the definition and magnitude of recent capital flight". *In*: LESSARD, D.R. & WILLIAMSON, J. (orgs.) *Capital flight and third world debt*. Washington Institute for International Economics, 1987.

ERBE, S. "The flight of capital from developing countries". *Intereconomics*. Novembro-dezembro, 1985.

FRANCO, G. "A primeira década republicana". *In:* ABREU, M. (org.) *A ordem do progresso: cem anos de política econômica republicana – 1889-1989*. Rio de Janeiro: Campus, 1989.

FRITSCH, W. "Apogeu e Crise na Primeira República: 1900-1930". *In:* ABREU, M. (org.) *A Ordem do Progresso: cem anos de política econômica republicana – 1889-1989*. Rio de Janeiro: Campus, 1989.

FURTADO, C. *Formação Econômica da América Latina*. Rio de Janeiro: Lia, Editor S.A., 1970.

GARCIA, M.; BARCINSKI, A. "Capital flows to Brazil in the nineties: macroeconomic aspects and the effectiveness of capital controls". Águas de Lindóia. Anais do XXIV Encontro Nacional da ANPEC. 1996.

GONÇALVES, R. "Globalização financeira, liberalização cambial e vulnerabilidade externa da economia brasileira". *In:* BAUMANN, R. (org.) *O Brasil e a Economia Global*. Rio de Janeiro: SOBEET/Ed. Campus, 1996a.

______________. "Globalização financeira e inserção internacional do Brasil". *Revista Brasileira de Política Internacional*. Ano 39, No. 1, 1996 b.

GONZÁLEZ, M. Forero; et al. *O Brasil e o Banco Mundial: um diagnóstico das relações econômicas: 1949-1989*. Brasília: IPEA/IPLAN, 1990.

KHAN, M. S. e HAQUE, N. U. "Capital flight from developing countries". *Finance & Development*. Março, 1987.

MALAN, P; BONELLI, R.; ABREU, M; PEREIRA, J. E. C. *Política econômica externa e industrialização no Brasil (1939/52)*. Rio de Janeiro: IPEA, Relatório de Pesquisa No.36, 1977.

MARQUES, M. S. B. "FMI – A experiência brasileira recente". *In:* BATISTA Jr. P. (org.) *Novos ensaios sobre o setor externo da economia brasileira*. Rio de Janeiro: Fundação Getúlio Vargas, 1988.

MEYER, A. MARQUES, M.S.B. "A fuga de capital no Brasil". Rio de Janeiro: IBRE-Fundação Getúlio Vargas. Texto para Discussão No.06/89, 1989.

MOTTI, L; PILHON, D.; QUENAN, C. *Euro and the financial relations between Latin América and Europe: medium- and long-term implications*. Santiago, Chile: CEPAL, 2002. (Serie Macroeconomía del Desarrollo, nº 13).

OLIVEIRA, G. *Brasil – FMI – Frustrações e Perspectivas*. São Paulo: Bienal, 1993.

PELÁEZ, C.M. e SUZIGAN, W. *História monetária do Brasil: análise da política, comportamento e instituições monetárias*. Rio de Janeiro: IPEA, 1976. (Monografia, nº 32).

PEREIRA, J. E. C. *Financiamento Externo e Crescimento Econômico no Brasil: 1966/73*. Rio de Janeiro: IPEAINPES, Relatório de Pesquisa No. 27, 1974.

SUPLICY, E. M. *Os efeitos das minidesvalorizações na economia brasileira*. Rio de Janeiro: Editora da Fundação Getúlio Vargas, 1976.

TAVARES, M. C. *Da substituição de importações ao capitalismo financeiro*. Rio de Janeiro: Zahar Editores, 1972.

TURNER, P. *Capital flows in Latin America: A new phase*. BIS Economic Papers No. 44, May, 1995.

# Índice

# Os autores

## *Renato Baumann*

Professor do Departamento de Economia da Universidade de Brasília, do Instituto Rio Branco e da Fundação Getúlio Vargas. Bacharel e mestre em economia pela UnB, D.Phil em economia pela Universidade de Oxford, Inglaterra. Técnico licenciado do IPEA. Diretor do escritório da CEPAL no Brasil desde 1995. Recebeu o prêmio BNDES (tese de mestrado) em 1978 e o prêmio Haralambos Simeonidis da ANPEC em 1983 (tese de doutorado) em economia.

Autor de *Os ciclos na indústria de transformação: Um estudo da utilização da capacidade – Brasil 1955-1975* (publicado pelo BNDE) e *Exportações e crescimento industrial no Brasil* (publicado pelo IPEA), e organizador de *O Brasil e a economia global, Brasil: Uma década em transição* (Editora Campus), *Mercosul – Avanços e desafios da integração* (CEPAL/IPEA), *A ALCA e o Brasil: Contribuição ao debate* (CEPAL/IPEA), e co-autor de *Brasil-Argentina-Uruguai: A integração em debate* (Editora UnB e Editora Marco Zero), *O sistema brasileiro de financiamento às exportações* (publicado pelo IPEA), *e A nova economia internacional – Uma perspectiva brasileira* (Editora Campus), além de dezenas de artigos técnicos publicados no Brasil e no exterior.

## *Otaviano Canuto*

Professor (licenciado) da FEA-USP e, atualmente, Diretor Executivo no Banco Mundial. Ex-Secretário de Assuntos Internacionais do Ministério da Fazenda. Ex-Secretário-executivo da ANPEC. Ex-Professor do Instituto de Economia da UNICAMP. Doutorado em economia no IE/UNICAMP. Autor de *Brasil e Coréia do Sul: Os (Des) caminhos da industrialização tardia* (Editora Nobel). Co-autor do livro *Reestruturação industrial e competitividade internacional* (Editora Seade), ganhador do prêmio Haralambos Simeonidis da ANPEC (1989). Autor de mais de uma centena de artigos técnicos e capítulos de livros no Brasil e no exterior.

### Reinaldo Gonçalves

Professor titular de Economia Internacional da UFRJ; Diretor da Sociedade Brasileira de Economia Política (1998-2002); Diretor da Associação Nacional dos Cursos de Graduação em Economia (2000-2003); Conselheiro titular, Conselho Federal de Economia (2001-2003); Vice-presidente do Conselho Regional de Economia, RJ (1997-99); Presidente do Instituto de Economistas do Rio de Janeiro (1995-96); Livre-docente em Economia Internacional (UFRJ, 1991); Ph.D. em Economia pela University of Reading (Inglaterra, 1986); Mestre em Economia pela EPGE-FGV (1976); Mestre em Engenharia da Produção na COPPE (1974); e Bacharel em Economia (UFRJ, 1973).

Professor visitante (*Directeur d'Etudes*), École des Hautes Études en Sciences Sociales, Maison des Sciences de l'Homme, Paris, 1996; Professor Visitante, Universidade de Paris XIII, 1990; e economista das Nações Unidas (UNCTAD, Genebra, 1983-87).

Autor de mais de duas centenas de trabalhos publicados em 19 países: Europa (Alemanha, Espanha, França, Inglaterra, Itália, Suécia, Suíça, Portugal e Iugoslávia); Ásia (Japão, Coréia do Sul e Índia); África (Cabo Verde); América do Norte (Estados Unidos e México); e, América do Sul (Brasil, Chile, Uruguai e Venezuela).

No Brasil, os seus principais trabalhos são os livros: *Empresas transnacionais e internacionalização da produção* (Editora Vozes, 1992); *Ô abre-alas: A nova inserção do Brasil na economia mundial* (Editora Relume-Dumará, 1994); *Globalização e desnacionalização* (Editora Paz e Terra, 1999); *O Brasil e o comércio internacional* (Editora Contexto, 2000); *Vagão descarrilhado* (Editora Record, 2002); *A herança e a ruptura* (Editora Gramond, 2003); e, *O nó econômico* (Editora Record, 2003). É co-autor de outros livros: *A nova economia internacional – Uma perspectiva brasileira*, (Editora Campus, 1998); *O Brasil endividado* (Editora Perseu Abramo, 2000); e, *A armadilha da dívida* (Editora Perseu Abramo, 2002). É ganhador do Prêmio Jabuti 2001, como primeiro lugar da categoria Economia, Direito e Administração. Também recebeu a comenda. Personalidade Econômica do Ano de 2004 do Conselho Federal de Economia.

Este livro foi impresso nas oficinas gráficas da
Editora Vozes Ltda.,
Rua Frei Luís, 100 — Petrópolis, RJ,
com filmes e papel fornecidos pelo editor.